다다 혁명 운동과
니체의 디오니소스주의

Movement Dada & Nietzsche's Dionysianism

다다 혁명 운동과
니체의 디오니소스주의

Movement Dada & Nietzsche's Dionysianism

정상균 지음

보고사

머리말

그동안 인간은 그들의 부족한 지혜와 허약한 용기, 험악한 주변 환경으로 인해 제대로 학습할 대상이 없었고 '주인'이 무엇이고 '자유'가 무엇인지를 알지 못하고 막연한 '수사(修辭)'와 추상적 관념(개념)의 구름 속에서 시간과 정력을 허비했었다.

F. 니체의 저술은 1881년부터 1889년 대략 10년 사이에 저술된 것이다. 그 '비유'가 어렵고 분량이 방대하고, 그 생각이 '혁명적'이서 수용보다는 반발을 부추기는 경우가 허다했다.

저자는 세상의 여러 책을 읽고 번역도 해 보았다. 그렇게 해도 남은 힘이 있어 그 '어려운 니체'를 '가장 쉬운 니체'로 간결하게 읽도록 마련을 하게 되었다.

F. 니체 사상을 한마디로 요약하면 '생명 긍정'의 '실존주의(Existentialism)'이다.

F. 니체의 유사(類似)한 진술, 군더더기는 과감히 생략하고 세상에서 '가장 바른 니체', '쉬운 니체'가 될 것을 계속 다짐을 하였다. 그래서 필요한 경우, 그 유사(類似) 진술을 서로 대조하게 하여 F. 니체의 본 모습을 쉽게 확인할 수 있도록 하였다.

한마디로 'F. 니체 읽기'가 없으면, 진정한 '자유'도 '민주주의'도 '행복'도 알 길이 없다. 부디 F. 니체와 마주해서 그 '자유', '민주주의', '행복'을 당신의 소유로 하기 바란다.

2014년 10월 15일

추수자(秋收子) 서.

차례

제3장 디오니소스 정신 · 63

제4장 '힘(권력)에의 의지' · 113

제6장 '관념(이념)'주의 비판 · 192

제8장 〈누이와 나〉 : '디오니소스의 증언' · 303

제9장 '동시주의' 창시(創始)와 운용 · 338

제10장 '다다 혁명 운동' : '모든 가치의 재평가 운동' · 371

제14장 한국의 F. 니체 수용(受容)사 · 599

제1장

총론

F. 니체(차라투스트라, 디오니소스, 超人)의 7대 사상은,
1. '생명(본능, 무의식) 긍정(Affirmation of Life)'의 '실존주의(Existentialism)',
2. '개인주의(Individualism)', 3. '동시주의(Simultaneism)',
4. '힘에의 의지(Will to Power)', 5. '모든 가치의 재평가(Revaluation of all Values)',
6. '과학적 사고(Scientific Thought)', 7. '영원회귀(Eternal Recurrence)'이다.

이들은 명목상 분할 나열일 뿐, 상호 긴밀히 연관되어 있어, 어느 한 항목에의 이해를 결여(缺如)하면 역시 다른 항목의 몰(沒)이해로 연계되는 유기적(有機的) 연대 속에 있는 사항이다.

1-1
'생명(본능, 무의식) 긍정(Affirmation of Life)'의 '실존주의(Existentialism)'

F. 니체의 '생명(본능, 무의식) 긍정(肯定)' 문제는, 그가 평생 주장했던 '실존주의(Existen-tialism)'의 중핵(中核)이다.

F. 니체에게 '생명(Life, 본능, 무의식)'은 '육체적', '자연적', '생리학적', '의학적', '현실적'인 세속적 개념이다. 만약 그 '생명 개념'을 일단 곡해(曲解)하면 그밖에 모든 논의가 불필요한 것으로 변하고, F. 니체의 사상을 고려할 필요 자체를 망실(亡失)하게 된다.

F. 니체의 '생명 긍정'은 바로 '건강한 육체주의'이니, 무용(舞踊)과 체조를 통한 건강 단련도 F. 니체의 권장(勸奬) 사항이었다.

1-2
'개인주의(Individualism)'

F. 니체가 '차라투스트라'라는 다른 이름으로, 가장 확실하게 최초로 주장했던 중요 사고는 '개인주의(個人主義)', '이기주의(Egoism)' 문제였다.

이것은 과거 '국가주의', '전체주의', '봉사주의', '도덕주의'에서, '개인 우선', '욕망 우선', '자유 우선' 사상으로의 복귀(復歸)이다.

이 사상은 오늘날 '자본주의 국가 사회'의 기본 전제가 된 사항이니, 역시 '생명 긍정' 사상과 불가분리의 관계 속에 있다.

1-3
'동시주의(Simultaneism)'

'동시주의(同時主義)'는 F. 니체가 모범으로 증명해 보인, 그 '자유사상'의 기본 공식이다.

즉 모든 사물에 어떤 전제를 두면 그 반대를 바로 연상(聯想)하는 것으로, 그 양극단(兩極端)을 동시(同時) 상정(想定)해 놓고, 행동 주체(選擇의 主體, 개인)가 방향을 선택 결정하도록 하는 것이다.

인간의 행동 결정에는 '욕망의 발동'과 '그 억압'이 궁극적으로 문제되는데, 그것은 마지막 그 행동 주체가 알아서 선택 결정하게 하는 기본 구도(構圖)가 그 '동시주의'이다.

그러기에 특별할 것도 없는 사항을, F. 니체는 그것(兩極的 同時主義=箴言-Aphorism)을 자신의 최장기(最長技)로 자랑을 하였다.

과거의 철학은 '도덕(억압) 일방주의(Unilateralism)'이므로 행동 주체의 의사를 묻거나 선택의 여지가 없이, 그 의무(義務)만 '당위(當爲, What one should be)'로 강조되었다.

그런데 F. 니체는 '생명(육체, 욕망) 중심' 사고에는 무엇보다 그 '욕망⇔억압'의 동시주의가 가장 큰 쟁점으로 부상(浮上)한 것이다.

F. 니체는 자기의 모든 생각을 그 '동시주의'로 펼쳐, 궁극적으로는 수용자 자신의 판단에 일임하는 방법을 스스로 활용해 보였으니, F. 니체의 저서에 그 '당위(當爲)'로 주장(요구)하는 사항은 없다.

그러기에 F. 니체의 사후(死後)에 발생한 '나치(Nazi)의 만행(蠻行)'을 F. 니체에게 전가(轉嫁)하려는 해석과 주장[M. 하이데거 등]은, 'F. 니체 학에 대한 무지(無知)의 극치(極致)'이다.

1-4
'힘에의 의지(Will to Power)'

F. 니체는 생명력의 자연스런 발동, 즉 '모든 인간 행동'을 '힘에의 의지'라 하였다.

F. 니체의 '힘'이란 그대로 '체력(體力, physical strength)'에 '지(知, knowledge)'와 '부(富, wealth)'의 다른 이름일 뿐이니, 인간 '생존력의 발동'을 바로 '힘에의 의지'라고 말한 것이다.

F. 니체는 '생명(육체)'이 '물질'에 의존함을 긍정하였고, 그에 '물질'에 향한 추구를 '힘에의 의지'로 규정하였으니, 애덤 스미스의 〈국부론〉, 칼 마르크스의 〈자본론〉을 다 읽은 결과이다.

F. 니체는 특히 그 정보를 '각 개인'의 경우로 되돌려 준 결과가 '힘'이니, 그것의 '추구', '관리', '운영'에 필수불가결한 '정보(情報, News) 확보 능력－지력(知力)'도 역시 '힘'으로 규정됨은 물론이다.

그래서 F. 니체는, '힘에의 의지'를 '생명의 자유 실현'의 근거로 전제하여, 부(富)를 향한 경쟁(전쟁)을 당연한 '생명력의 발동'으로 옹호하였다.

1-5
'모든 가치의 재평가(Revaluation of All Values)'

F. 니체 이전의 사상은, 동서양을 불문하고 '국가 사회 중심', '일방주의', '전체주의', '도덕(봉사)주의', '허무주의(Nihilism)'였다.

이에 대해 차라투스트라(F. 니체)는 '개인 중심', '육체 중심', '동시주의－다원(多元)주의'로 그 방향을 반대로 잡았다.

그래서 이전의 사고는 '영혼 중심', '관념주의', '내세(來世, The Next World)주의', '허무주의'로 규정이 되었고, '육체(생명) 중심', '현세 중심', '자기중심'이 그 '가치 평가' 기준으로 자리를 잡게 되었다. 이에 불가피하게 제기되는 것이 '모든 가치의 재평가' 운동이었다.

F. 니체의 사망 후 발생한 제1차 세계대전은, 기존의 '관념주의', '내세주의', '도덕주의' 사고 체계의 무용(無用)함을 세계에 공표(公表)하는 것이었다.

이에 1916년 취리히 다다이스트는 F. 니체의 '생명 중심', '실존주의' 사상 등을 바탕으로, '생명 존중', '제국주의 전쟁 반대'의 '다다 혁명 운동'이 일으켰다. 그것은 한마디로 F. 니체가 당초에 제기했던, '모든 가치의 재평가' 운동 그것이었다. 그리하여 오늘날 세계는, '생명 우선'이 그 '지구촌(The Global Village)'의 최고(最高) 공론(公論)임을 인정하게 되었다.

1-6
'과학적 사고(Scientific Thought)'

F. 니체의 '사상적 혁명'은, 사실상 18~9세기에 크게 발흥한 '과학 사상(볼테르 사상)'을, 인문 사회학에 처음 도입해 크게 성공을 한 대표적 사례이다.

F. 니체는 '생리학', '의학'의 이론을 인간과 사회 해석에 그대로 대입(代入)하여 새로운 인생관 세계관을 펼쳤다.

즉 기존한 사회 운영의 지침은, 국가 중심의 '당위(當爲)', '법체계'와 '인간의 죽음'을 기준으로 '영혼불멸'의 내세(來世)를 전제한 '도덕 체계'가 그 중심이었다.

그런데 F. 니체가 '생명 중심', '현세 중심 사고'로 혁명적으로 그 '가치 기준'을 바꿀 수 있었던 것은, '과학적 사고'가 가장 큰 힘이었다.

1-7
'영원회귀(Eternal Recurrence)'

F. 니체의 '생명 중심'의 주장이 처음부터 해결해야 할 가장 큰 문제가 인간의 '죽음(사망)'과 '허무주의(虛無主義)' 극복 문제였다. 즉 F. 니체의 '생명 긍정' 사상에서 '죽음'에 대한 문제에 대안을 못 내면, 기존 '허무주의(Nihilism)'에 함몰(陷沒)을 막을 수가 없기 때문이다.

F. 니체는 그 대안(代案)을, '희랍(希臘)의 비극(悲劇)' 즉 '디오니소스의 고통(苦痛)'에서 찾았다.

F. 니체는 희랍의 비극(悲劇)이 '풍요(豊饒)와 다산(多産)을 위한 디오니스의 고통과 죽음'이나, 그것은 동시에 '기쁨의 축제', '풍요를 위한 축제', '출산을 향한 축제의 연출(演出)'로 해석을 하였다. 그리고 그것은 '후예(後裔)와 목표가 있는 사멸(犧牲)'이므로, '어떠한 허무주의'도 있을 수 없는 '축복'과 '감사의 축제'라는 의미 부여였다.

즉 '영원회귀(永遠回歸)'란 '생명의 영원한 연속(連續)의 의미'이니, 모든 개체는 결국 그 후예(後裔, 생명)를 창조하고 살리어 번영으로 이끄는 그 기쁨의 '생'('=죽음')을 이루는 것이니, 어떠한 '허무주의'도 있을 수 없다는 것이 F. 니체의 '디오니소스 정신의 실현', '영원회귀' 론의 요지(要旨)이다.

제2장

과학(의학)적 접근

'정보(情報)의 공유(共有)'와 '과학사고(思考)'[3]는, 오늘날 '자유 민주 시민 사회'에 최고의 미덕(美德)이다. 우리의 속담에 '병(病)은 자랑을 해야 낫는다.'는 말이 있다. 신체적인 질병은 물론이고 국가 사회의 질병도 남의 나라, 세계 모든 지역에서 행하고 있는 고급 정보를 입수하여 최선의 방책으로 나가면 '그 최고의 선진(先進) 사회'가 왜 이루어지지 않을 것인가?

'귀 모양의 조개껍질(1956)'[1] ▲

'알아야 한다.(1965)'[2] ▶

1916년 '생명 긍정'의 '다다 초현실주의 혁명 운동'이 일어나기 30년 전에, F. 니체는 '인간 생명(生命-육체-욕망)에 대한 바른 확신'을 확립하여 '지구촌(地球村, The Global Village)'에 널리 알렸던 대(大) 선각자였다.

---

1) D. Sylvester, *Rene Magritte*, Manil Foundation, 1994, Fig.1389 'Shell in the Form of an Ear(1956)' : '연이은 귀⇔계속 듣자' 동시주의.

2) Ibid., Fig.1580 'The Must Lesson(1965)' : '종 달린 귀⇔모두 함께 배우자' 동시주의.

3) '과학적 사고'란 계몽주의자 볼테르(Voltaire, 1694~1778)가 당초 '자연 과학(Natural Science)', '자연 법(Natural Law)', '자유(理性) 의지(Free Will)'를 통합하여, **자연(自然-天體 人體 萬物)을 지배하고 있는 그 원리(原理)를 알아내어, 그 이치에 따라 예상하고 행동하고 대처해야 할 것**을 주장하였다(Voltaire, *The Best Known Works of Voltaire*, The Book League, 1940, pp.477~478, 'V. Liberty'). 이를 바탕으로, 1818년 A. 쇼펜하우어가 처음 명시한 것이 '이성 적합 원리(理性 適合 原理, the principle of sufficient reason)'였고, 이어 F. 니체가 그것을 신봉하여, '현대인 공유의 사고'가 되었다.('2-8. 육체가 근본 문제다.' 참조)

'인생의 발견(1928)'[4]   '사랑하는 사람들 Ⅱ(1928)'[5]   '물질의 심장(1928)'[6]

▲'히틀러의 수수께끼(1937)'[7]

◀'바다가제 전화기(1936)'[8]

'과학'이란 '정보(News)'이다. '정보'의 중요함을 초현실주의 화가 R. 마그리트(Rene Magritte, 1898~1967)는 '귀 모양의 조개껍질(1956)', '알아야 한다.(1965)'로 인간 세계의 '정보(과학)'의 중요성을 강조하였다.

그리고 역시 R. 마그리트는, 그 '정보(정확한 사실)'를 오히려 사랑한다는 사람들(가족, 같은

---

4) Ibid., p.199, 'The Invention of Life(1928)'.

5) S. Gohr, Magritte : Attempting the Impossible, d. a. p., 2009, p.61, 'The Lovers(1928)' : R. 마그리트는 위의 '물질의 심장'에서는 자신은 '보자기'를 얼굴을 가리고 곁에 '튜바-(군사 동원 로고)'를 두고 있는 제국주의 형상을 풍자하여 '전쟁'으로 승부를 낼망정 결코 얼굴 맞대고 '대화'로 풀려 하지 않는 '제국주의' 근성을 인간의 심장이 아닌 '물질의 심장'으로 규정하였다.('물질의 심장'이란 '물질에 최고 가치를 두고 있는 사람'이라는 화가의 비판적인 시각을 내포한 말임.)

6) T. Alden, The Essential Rene Magritte, Harry N. Abrams, 1999, p.70 'The Heart of the Matter(1928)'.

7) R. Descharnes, Salvador Dali; The Work The Man, Harry N. Abrams, 1989, p.221, 'The Enigma of Hitler(1937)' : 빈 접시 속에 히틀러의 사진이 있을 뿐이다. 히틀러(A. Hitler, 1889~1945)는 1933년 1월 나치당의

사회들)에게까지도 공개를 꺼리는 '제국주의자(帝國主義者)'의 모습을 '보자기' 로고(logo -gram)를 통해 고발하였다.

역시 초현실주의 화가 S. 달리(Salvador Dali, 1904~1989)도, '바다가제(Lobster)' 로고로 '바다가제 전화기'를 제작하여 '정보 공유(情報 共有)의 즐거움'을 명백히 하였다.

그리고 S. 달리는 1937년 '히틀러의 수수께끼(The Enigma of Hitler)'란 그림을 그려 '정보 차단(遮斷)', '유아독존(唯我獨尊)'의 상으로 비판하였다.

그리고 S. 달리는 인간 사회에 '소통(疏通)'과 '정보의 공유(共有)'가 바로 '생명'임을 그림으로 입증하였다.

'숭고한 순간(1938)'[9), 전화기가 있는 바닷가(1938)'[10)

당수와 총리가 되어 여타의 당을 해산시켰고, 1934년 힌덴부르크 대통령이 사망하자 대통령직을 겸한 총통이 되어, 제1차 세계대전에 패배에 따른 독일 경제를 기존 '제국주의' 방식으로 풀어가려 하였다. 특히 1937년에 히틀러는 S. 달리의 모국 스페인 내전에 개입 '게르니카 폭격'을 감행하였던 것으로 유명하였다. 그리고 1939년 9월에는 폴란드를 침공하여 제2차 세계대전을 일으키게 되었다('전쟁'으로 모든 문제를 풀려고 했던 사람-히틀러-수수께끼).

8) R. Descharnes & G. Neret, *Salvador Dali*, Taschen, 2006, p.275, 'Lobster Telephone(1936)' : '바다가제(Lobster)'는 여러 사람들이 즐기는 음식이다. 화가는 '정보 공유의 즐거움', '전화기+바다가제'로 형상화하였다.

9) *Salvador Dali-Retrospective 1920-1980*, Prestel-Verlag Muenchen, 1980, p.243, 'The Sublime Moment(1938)' : 계란 두 개를 요리한 접시 자루로 달팽이가 올라가 부서진 전화기로 향하게 해 놓고, 화가는 '숭고한 순간(The Sublime Moment)'이라 명명하였다.

10) Ibid., p.242, 'Beach with Telephone(1938)' : '소통과 정보가 바로 밥이며 생명'임을 그림으로 입증한 것이다. 커다란 대형 물고기가 바닷가(Beach)에 버티고 있다. 전화기로 빨리 사람들에게 알려 기회를 놓치지 말고 그 '먹을 것'을 포획하여 '생명의 향연'을 이루는 것이 인간 사회의 최고 미담(美談)이다. 이보다 더 즐거운 일은 없고 그것이 역시 '숭고'를 성취하는 그 일이다. '관념(Idea)의 신(God) 이야기'가 아니라 '현재 우리의 생명을 위한 정보 공유의 문제' 그것을 S. 달리는 바로 '전화기' 로고를 통해 명시하고 있다.

2-1

생리학, 의학으로 세운 철학

　　나는 더 이상 내 자신에 대해 참을 수 없다는 생각이 들었다. 나는 내 자신의 행운으로 나를 돌이킬 최고 기회라고 생각했다……. 내 지식의 저장고에는 '현실성(reality)'은 완전히 없었으니, 그 '관념들(idealities)'을 어디에 쓰랴! 타는 목마름이 나를 짓눌렀다. 그 후 나는 생리학, 의학, 자연과학 이외에는 공부를 하지 않았다.

> **I was seized with a fit of impatience with myself; I saw that it was high time that I should turn my thoughts upon my own lot.**
>
> **: realities were only too plainly absent from my stock of knowledge, and what the "idealities" were worth the devil alone knew! A positively burning thirst overcame me: and from that time forward I have done literally nothing else than study physiology, medicine, and natural science**

　　　　　　　　　　　　　　　　　　　　　_ '이 사람을 보라(ECCE HOMO)'[11]

┃구조┃ '현실 ⇔[12)]관념' 동시주의

　　F. 니체의 위의 진술은 '그의 저술을 망라(網羅)하고 있는' 〈이 사람을 보라(ECCE HOMO)〉에서 인용한 것이다.

　　F. 니체의 5대 저서('니체 5경-The Five Classics of Nietzsche')는 1.〈이 사람을 보라(ECCE HOMO)〉, 2.〈반기독교(The Antichrist)〉, 3.〈우상의 황혼(Twilight of the Idols)〉, 4.〈차라투스트라는 이렇게 말했다.(Thus Spoke Zarathustra)〉, 5.〈누이와 나(My Sister and I)〉이다.

　　특히 〈이 사람을 보라〉는 F. 니체 자신이 '자기 평생을 종합'한 저술로, 가장 먼저 읽어야 표준으로 삼아야 F. 니체에 관한 혼란과 오해를 최소화하고 그의 정론(正論)에 도달할 수 있는 '요긴한 안내서(案內書)'다.

---

11) F. Nietzsche(translated by A. M. Ludovici), *ECCE HOMO-Nietzsche's Autobiography*, The Macmillan Company, 1911, p.86.

12) '동시주의(同時主義, simultaneism)' 양태(樣態)를 '⇔' 마크로 펼치기로 한다. '⇔'는, '동등(同等=)'과 '상반(相反↔)' 의미를 공유(共有)한 것이 그 특징이다.

'아르곤의 전투(1959)'[13]

위에서 F. 니체가, '나는 더 이상 내 자신에 대해 참을 수 없다는 생각이 들었다.'고 한 것은, 자신이 그동안 'R. 바그너(Richard Wag- ner, 1813~1883) 음악 논의'와 바젤 대학에서 '문헌학(philology)' 강의로 보내버린 10년 허송(虛送)을 통탄한 말이다.

F. 니체가 위에서 말한 '현실성(realities)'이란 '육체적 실존적 정보들'을 지칭하고, '관념들(idealities)'이란 소위 언어상의 '이념, 개념'에 기초한 '철학적', '종교적', '도덕적', '허무주의(虛無主義, Nihilism)' 저서들을 말한다.

F. 니체에게 '현실성(reality)'의 문제는, 문학예술에서 그동안 논의되었던 '리얼리즘(realism, 사실주의)' 문제와는 확실히 구분이 되어야 한다. 작품 내에서의 '리얼리즘'의 문제는 '관념(이념)'상의 문제(만다라 내부 문제)이고, 그것을 떠나 '현실'이란 '생명의 현실', '생명이 사는 사회' 그것을 F. 니체는 말하고 있다. 그 '생명 현실'의 최고의 위협은 바로 '전쟁의 문제'였고, F. 니체 '현실성' 문제를 제일 정확하게 수용했던 존재들이 1916년 '다다 혁명 운동가'들이었다.

그런데도 '문학예술'의 문제를 '작품 속'에 가두어 두려는 유파(流波)가 영미(英美) 모더니즘 계통이다. 이에 '작품'보다는 '현실 절대 우선주의' 바로 '다다 초현실주의 정면'이다. 그 문제에서부터 '다다 초현실주의 혁명 운동'은, '현재 사회 속에서의 살아 있는 생명을 위한 운동'임이 뚜렷하였다. 그 운동을 바로 F. 니체는 '모든 가치의 재평가(a Revaluation of All Values)' 운동으로 먼저 펼쳐 보였다.(7-1. '가치의 재평가' : 차라투스트라의 일)

초현실주의 화가 R. 마그리트는 그 '관념(이념)주의 척결(剔抉) 운동'을 '아르곤의 전투'에 비유하였다.

---

13) P. Gimferrer, *Magritte*, Rizzoli, 1986, Fig.104 'The Battle of the Argonne(1959)' ; 마그리트는 '관념에의 집착'을 '하늘에 바위돌 띄운 맹랑한 책동'으로 그 '무의미', '허망함'을 조롱하였다.

2-2
인간론은 '건강론'이다.

나는 나의 방법으로 건강을 되찾았다. 그 일을 성공하게 했던 첫 번째 조건은, 모든 의사들이 인정하듯이 인간의 근본은 건강하기 때문이다. (그러나) 근본이 병든 사람은, 건강하게 될 수 없다. 다른 한편 본래 건강함에, 질병은 생명에 강력한 자극이 될 수도 있고, 과잉 생명에 자극일 수도 있다……. 나의 생명 최저점에서 나는 염세주의(厭世主義)를 포기했고, 나의 자체 회복 본능은 결핍(poverty)과 자포자기(desperation)를 금지하였다.

> I placed myself in my own hands, I restored myself to health : the first condition of success in such an undertaking, as every physiologist will admit, is that at bottom a man should be sound.   An intrinsically morbid nature cannot become healthy.   On the other hand, to an intrinsically sound nature, illness may even constitute a powerful stimulus to life, to a surplus of life.
>
> ; it was during those years in which my vitality reached its lowest point that I ceased from being a pessimist : the instinct of self-recovery forbade my holding to a philosophy of poverty and desperation.

_ '이 사람을 보라(ECCE HOMO)'[14]

┃구조┃ '건강 ⇔ 질병' 동시주의

F. 니체가 위에서 언급한 '건강론'을 거부할 사람은 없다. F. 니체가 포기했다는 '염세주의(厭世主義, pessimism)'는 '허무주의(虛無主義, nihilism)'로 가는 준비 단계로 F. 니체는 전제하였다.(3-18. '염세주의'는 '허무주의'의 선행(先行) 형식이다.)

F. 니체의 아버지 루트비히(1813~1949)는 목사로서 35세로 '뇌연화(a brain disease)' 병으로 별세하였다. F. 니체는 아버지 루트비히의 인생에 철저히 비판적 자세를 취하였다. '질병'에 대한 '의학적 생리학적 응대' 이것이 바로 F. 니체의 '실존주의(Existentialism)'의 기본 전제이다. 그러므로 '실존주의'가 난해해야 할 하등의 이유가 없다.

그런데 F. 니체는 '신학도로서의 아버지 삶'을 따르려다가 '문헌학'으로 선회를 했고, '신병(身

---

14) F. Nietzsche(translated by A. M. Ludovici), *ECCE HOMO-Nietzsche's Autobiography*, Ibid., pp.12~3.

'미래(1936)'[15]

病)'으로 1879년 바젤 대학을 사임한 그는 '실존(육체)'의 중요성을 누구보다 철저히 체험했다. 즉 '의학(medicine)과 생리학(physiology)'이라는 신체의 과학적 관리를 외면하고 어디에서 다시 '신학(神學)', '철학'을 동원할 것인가가 바로 F. 니체의 기본 입장이었으니, '중세 기독교주의', '관념(이념)주의' 틀 속에 있는 독일 사회, 유럽 사회에서 그는 철저한 '신념의 생명 우선주의'를 전개했던 것이다.

위에서 F. 니체가 '생명의 최저점(my vitality reached its lowest point)'이란, 그가 바젤 대학을 사임한 1879년 봄철의 '그의 건강 상태'를 지칭한다.(제12장 연보, 참조) 그때 니체의 나이가 35세이니, 아버지 루트비히를 기준으로 생각하면 이미 사망할 시간이 다 된 것이다.

F. 니체는, 당초 희랍의 '관념(이념)철학'은 처음 '염세주의자(소크라테스와 플라톤)'가 창설하였고, 기독교의 '저 세상', '천국(天國)' 논의는 기본적으로 '허무주의'라고 지적하고 있다. 그래서 F. 니체는 '생을 영위는 사람'들이 '염세주의', '허무주의'에 있음을 자체 모순(생을 운영하면서 부정적인 현상에 역시 눈을 돌림)으로 규정하였고, '현세적 힘찬 삶에의 정진(精進)'을 주장하였다. 이것이 바로 F. 니체 '생명 우선' 철학의 정면이다.

F. 니체의 '실존'주의를, 먼저 '건강 우선주의(health best thinking)'로 해석하지 않는(못한) 사람들은, 머리가 별로 좋은 사람들이 아니다. 그리고 역시 무서운 선입견(先入見)에 사로잡힌 사람들이다. 대학에서 '실존철학'을 강의한 사람들의 저서에도 '실존주의'를 '관념(이념)주의'로 설명하려는 놀라운 '헛발질' 현상이 있었다.('실존'주의가 어렵다는 사람은, 그 설명자나 청취자가 함께 자신들이 이미 '관념(도덕)주의-허무주의' 늪에 빠져 있는지 아닌지를 반드시 먼저 반성을 해 보아야만 한다.)

1916년 다다 혁명 운동가(실존주의자)들은 처음 시작부터 '실존'과 '과학', '현실'이 기본 전제였고, 모든 '사회의 개혁 운동'은 '실존'주의 바탕 위에 전개되었다.

---

15) S. Barron & M. Draguet, *Magritte and Contemporary Art*, Los Angeles County Museum of Art, 2006, p.68, 'The Future(1936)' : 빵을 먹을 수 있는 한 미래가 있고, '미래'가 있는 한에 '염세주의', '허무주의'가 논의될 이유가 없다.

R. 마그리트는 잘 익은 빵을 제시하고, 그 빵을 '미래'라고 규정하였다.

2-3
'자신의 존중'은 불가피한 문제이다.

> 자신을 경멸하는 사람도 무시하는 그 자신을 존중한다.
> —He who despises himself, nevertheless esteems himself thereby, as a despiser.[16]

┃구조┃ '경멸⇔존중' 동시주의

S. 프로이트가 뒤에 '나르시시즘(Narcissism)'이라는 공론(公論)을 펼치기 수십 년 전에, F. 니체는 '자신의 존중'을 인간 비판 기준으로 삼았다.

F. 니체의 선구적인 인간 '실존'의 주장은, 바로 S. 프로이트의 '정신 분석'과 C. G. 융의 심리학으로 이어졌음은 명백한 사실이다.('제13장 F. 니체 이후의 사상가들' 참조)

F. 니체의 위의 지적은 간결하지만, 그동안 '영웅주의' 논자들은 '멸사봉공(滅私奉公)의 도덕주의'에 의해 자신의 '육체'를 '홍모(鴻毛, 기러기 깃털 하나)'에 비기기도 하였다. 그리고 그러한 비유를 영웅호걸의 당연한 전제로 알았다.

그러나 '과학의 시대', '실존주의 시대'에는 그러한 존재는 '엉뚱한 자기선전 중인 사람'이거나 '다른 정치적 사회적 목적이 따로 있는 사람의 발언'으로 금방 수용되게 되었다. 그런 열띤 '영웅주의 열변'을 토하다가도, 금방 '화장실'에 갈 일이 생기면 만사(萬事)를 일단 젖혀 놓고 '그 실존의 요구'부터 해결하는 것은 다 상식으로 인정하고 있는 사항이다.

그래서 F. 니체는 역대 철학자, 사제(司祭)의 '거꾸로 선 인생관 세계관 바로 세우기'에 그 인생을 바쳤다.

---

16) F. Nietzsche(translated by T. Common), *Beyond Good and Evil*, The Edinburgh Press, 1907, p.87.

2-4
'좋다'는 판단(느낌)은, 그 행동 주체에서 유래한 것임.

'좋다(-착하다善 good)'는 판단은, 선(좋다는 것)을 남에게 보여준 사람들에게서 기원했던 것이
아니다. 오히려 그들 스스로가 좋다고 느꼈던 사람들, 그들 자신 귀족 권력자 높은 사람, 즉 제일급
의 고상한 사람들 자신이 좋았고, 그들의 행동이 즐거웠던 사람들에게서 기원을 하였으니, 그들은
저급 야비한 천민과는 상반(相反)된 자리에 있었다.

—the judgment "good" did not originate among those to whom goodness was shown.
Much rather has it been the good themselves, that is, the aristocratic, the powerful,
the high-stationed, the high-minded, who have felt that they themselves were good,
and that their actions were good, that is to say of the first order, in contradistinction
to all the low, the low-minded, the vulgar, and the plebeian.[17]

┃구조┃ '좋다는 것(善)을 베풀었던 사람 ⇔ 자신이 좋다고 느꼈던 사람', '귀족 ⇔ 천민' 동시주의

F. 니체의 위의 구절은 소위 '문헌학(文獻學, philology)'을 통해 F. 니체가 발견해낸 F. 니체
철학의 출발점을 이루고 있는 '중대 발언'이고, 소위 '생명 긍정'의 가장 확실한 뒷받침이고
전제이다.

쉽게 말하여 '좋다, 착하다'라는 느낌(판단)은 그것을 느끼는 주체, 자기 자신에게서 유래했
다는 F. 니체의 주장은, '천동설(天動說)'에 대해 '지동설(地動說)'로의 변화와 동일한 혁명
사상이다.

여기에서 F. 니체의 '모든 가치의 재평가(a Revaluation of All Values)' 등 모든 주장이
펼쳐졌으니, 이 부분이 바로 그의 '실존철학'의 거점이다.

이 지점(地點)의 명시(明示)를 버려두고 온갖 수사와 비유를 빌어 '천국(저 세상, the next
world)', '국가 사회의 공익(公益)' 등으로 '선(善, 착함, 좋음)'을 설명하려 했던 것이, 과거
동서(東西)의 철학자 종교인들의 공통 '허무주의(Nihilism)' 특징을 이루었다. 그런데 F. 니체
는 그 궁극적 기준을 '판단의 주체'인 각 개인들에게 되돌려 주었다.

이것은 사실상 '원시적(原始的) 선(善)', '생존의 기본 선(基本 善)'을 회복한 것일 뿐이다.

---

17) F. Nietzsche(translated by H. B. Samuel), *On the Genealogy of Morality*, T. N. Faulis, 1913, pp.19~20.

즉 F. 니체는 '새로운 선'을 주장한 것이 아니라, 모든 사람들이 극히 익숙해 있는 '육체 기준의 선(善)'을 그의 '과학적 인생관'을 기초로 가장 공공연하게 큰 목소리로 주장한 사람일 뿐이다.(다른 사람들은 그동안 그것을 다 알고 있으면서도, '사회 공익(共益)을 위한 선(善)'의 주장에 밀려 말을 못 하고 있었을 뿐임.)

다음은, F. 니체의 그 '견해'를 더욱 포괄적으로 조명한 것이다.

도덕에서 노예들의 반란-주인 도덕과 노예 도덕 : 니체의 현대인의 도덕 체계에 고찰은, 〈선악을 넘어서(Beyond Good and Evil)〉와 〈도덕 계보론(On the Genealogy of Morality)〉에서 행하고 있다. 니체의 경우, '좋다(good)'와 '나쁘다(bad)'에서 '선(good)'과 '악(evil)'이 생겨났다고 본다.

고대 문명에 도덕의 원시 형태는, 전투 귀족과 지배층에 의해 형성이 되었다. 귀족의 '좋다', '나쁘다'의 가치는 그대로 하층 계급, 노예 계급과의 관계 반응이 일치하였다. 호머 시대의 희랍의 도덕의 기본 체계는 '주인 도덕(master morality)'으로 니체는 제시하고 있다. 주인이 '좋다(good)'는 것은 행복이고, 행복과 관련된 사물-부, 힘, 건강, 권력 등의 획득이다. '나쁘다(bad)'는 것은 귀족이 다스리는 노예같이 되는 것으로 가난, 허약, 질병, 무기력으로 동정 기피 혐오의 대상이다.

'노예 도덕(Slave morality)'은 '주인 도덕(Master morality)'에 대한 반작용으로 출현한다. 여기에 가치는 '선(good)', '악(evil)' 사이에 대립으로 생겨난다. 즉 '선'은 자비, 경건, 절제, 유순, 복종의 '저 세상을 위한(other-worldliness)'과 연결되고, '악'은 잔인, 이기, 탐욕, 공격 같은 '이 세상의 것(worldly)'이다. 니체는, '노예의 도덕성'이란 매우 서로 유사한 고통으로부터 그 존재가 느끼는 고통을 완화시키는 것에다가 가치를 두고 있는 '염세적 공포감(pessimistic and fearful)'이라고 생각했다. 니체는 유대인의 기독교 전통을 '노예의 도덕성'과 연관을 지었고, 노예의 패배주의(the ressentiment of slaves)에서 '노예 도덕'이 생겨났다고 보았다. 니체는, 평등의 개념(the idea of equality)이란 노예가 자신들을 저주함이 없이 노예들의 환경을 이겨내는 방법이라고 하였다. 그리고 노예들은 인간 고유의 불평등-성공, 힘, 미, 지능-을 부정하며, 좌절의 근본 부정을 기초로 하여 새로운 가치를 낳는다는 명목으로 탈출의 방도를 추구하였다. 그것은 (부유한) 주인들 앞에서 노예의 열등의식(the slave's own sense of inferiority)을 극복하게 하였다. 그것은 역시 노예의 약함(weakness)이 선택 사항인 것처럼 '유순함(meekness)'이란 패찰을 자신들이 선택한 것처럼 변모시켰다. '주인의 도덕성'이란 명백히 '노예의 도덕성' 관점으로 보면 '악마(evil man)'이고, '나쁜 사람(bad man)', '좋은 사람(good man)'은 배역(配役)이 바뀌어 있다.

니체는, '노예 도덕'이 유럽을 휩쓸고 있는 허무주의(nihilism)의 근원으로 생각하였다. 근대 유럽과 기독교는 '주인 도덕'과 '노예 도덕' 사이의 긴장으로 인해 위선적(僞善的) 상태에 있고, 두 가치가 모순되어 다단계를 형성하고 다양한 유럽인들이 서로 섞인 가치관이라고 생각했다. 니체는 의미 없는 가상의 도덕적 일관성에 더 이상 부끄러워하지 않을 '예외적 인간(exceptional people-超人)'을 요구하고, 일관성은 '예외적 인간'의 성취에 도덕은 해로운 것이라 생각했다. 그러나 니체는 도덕 자체는 나쁘지 않다고 경고를 하고 있다. 도덕은 신체와 '예외적 인간-超人'에게는 좋은 것이라고 말했다. 또 한편 '예외적 인간'은 자신들의 '내재한 율법(inner law)'을 따라야 한다고 했다. 니체의 모토는 고대 희랍 시인 핀다르(Pindar, B.C.522~B.C.443)의 말-'네 모습으로 돌아가라(Become what you are)'였다.

-The "slave revolt" in morals Main article: Master-slave morality

In Beyond Good And Evil and On the Genealogy of Morality, Nietzsche's genealogical account of the development of modern moral systems occupies central place.[citation needed] For Nietzsche, a fundamental shift took place from thinking in terms of "good" and "bad" toward "good" and "evil."

The initial form of morality was set by a warrior aristocracy and other ruling castes of ancient civilizations. Aristocratic values of "good" and "bad" coincided with and reflected their relationship to lower castes such as slaves.[127] Nietzsche presents this "master morality" as the original system of morality-perhaps best associated with Homeric Greece. To be "good" was to be happy and to have the things related to happiness: wealth, strength, health, power, etc. To be "bad" was to be like the slaves over which the aristocracy ruled, poor, weak, sick, pathetic-an object of pity or disgust rather than hatred.

"Slave morality" comes about as a reaction to master-morality. Here, value emerges from the contrast between good and evil: good being associated with other-worldliness, charity, piety, restraint, meekness, and sub-mission; and evil seen as worldly, cruel, selfish, wealthy, and aggressive. Nietzsche sees slave morality as pessimistic and fearful, values for them serving only to ease the existence for those who suffer from the very same thing. He associates slave-morality with the Jewish and Christian traditions, in a way that slave-morality is born out of the ressentiment of slaves. Nietzsche argued that the idea of equality allowed slaves to overcome their own condition with -out hating themselves. And by denying the inherent inequality of people(such as success, strength, beauty or intelligence), slaves acquired a method of escape, namely by generating new values on the basis of rejecting something that was seen as a perceived source of frustration. It was used to overcome the slave's own sense of inferiority before the(better- off) masters. It does so by making out slave weakness to be a matter of choice, by, e.g., relabeling it as "meekness." The "good man" of master morality is precisely the "evil man" of slave morality, while the "bad man" is recast as the "good man."

F. 니체 철학의 제일 명제, '네 모습으로 돌아가라 (Become what you are)'를 말한 고대 희랍 시인 핀다르(Pindar, B.C.522~B.C.443)

Nietzsche sees the slave-morality as a source of the nihilism that has overtaken Europe. Modern Europe and Christianity exist in a hypocritical state due to a tension between master and slave morality, both values contradictorily determining, to varying degrees, the values of most Europeans(who are motley). Nietzsche calls for exceptional people to no longer be ashamed of their uniqueness in the face of a supposed morality -for-all, which he deems to be harmful to the flourishing of exceptional people. He cautions, however, that morality, perse, is not bad; it is good for the masses, and should be left to them. Exceptional people, on the other hand, should follow their own "inner law." A favorite motto of Nietzsche, taken from Pindar, reads: "Become what you are."[18]

| 구조 | '주인 도덕(Master morality)⇔노예 도덕(Slave morality)' 동시주의

　F. 니체의 '실존철학'은 '현세적', '육체적', '긍정적' 인생관 세계관을 전제로 하고 있다. 그러한 F. 니체의 견해는 극히 '소아(小兒, 小我)적 가치관', '자기중심의 가치관'으로 매도(罵倒)될 수 있지만, 앞서 말했던 바와 같이 이 점이 바로 F. 니체 철학의 출발점이다.

　이 지점은 역시 S. 프로이트도 동조를 행하여 자신의 정신분석학을 통해 더욱 포괄적 거점을 마련하였지만, '현세적', '육체적', '이기적', '생명 긍정'의 문제는, 그동안 어느 누구도 공언하지 못했던 F. 니체의 '혁명적이고 과학적인 실존적 입지(立地)'이다.

---

18) Wikipedia, 'F. Nietzsche'.

이것은 부정적인 측면에서 '이기주의', '개인주의'라고 공격을 할 수 있다. 그러나 '이기주의 (selfishness, egoism)', '개인주의(individualism)'의 철학적 정립이 바로 <u>**현대 자유 민주사회**</u>'의 **기초**를 이루고 있다.

위의 F. 니체의 주장에 따른 제 문제들 즉 '인간 불평등'의 공언(公言)과 '부, 힘, 건강, 권력'의 일방적 강조는 '제국주의(Imperialism)를 비판한' 후배 '실존'주의자들, 특히 '다다 초현실주의 운동가들'의 구체적인 검증과 비판을 받아야 사항들이었다.('공존(共存)'을 위한 사회 건설'이라는 측면에서)

그러나 무엇보다 명심해야 할 사항은, F. 니체의 모든 말은 항상 이미 전제된 양극단(兩極端, 억압⇔자유) '동시주의(Simultaneism)'원리 적용 속에 행해지고 있어, 일방적 강요 사항이 아니고, 모두 각 개인이 알아서 판단해야 한다는 대전제(大前提)를 고려하면 '모든 F. 니체에 대한 비판은 원인 무효'로 '공연한 불평'이 되게 되어 있다.(7-2. 인간 각자는, '가치의 최후 평가자'다. 9-27. 모든 사람에게 주는 책 그리고 아무에게도 주지 않는 책)

F. 니체가 처음 제시한 '선(善, good)', '악(惡, bad, evil)' 용어 비판 문제도 혁명적 사상의 전개였다.

그동안 인류는 '언어(言語)'를 수단으로 지혜를 확장해 왔는데, 다른 한편 '언어'를 절대적으로 믿은 결과가 바로 플라톤(Plato, B.C.427?~B.C.347?)의 '이념철학'이었고, 공자(孔子, B.C.552~B.C.479)의 '정명(正名) 사상', 기독교의 '말씀(word)' 논의였다.

그런데 F. 니체가 '문헌학(文獻學, philology)'을 통해 달성한 최고의 승부는 바로 '언어', '개념'이 인류 공통의 전제가 아니고, 단순히 '소리(청각 인상-記標, signifier)+개념(사물-記義, signified)'의 우연한 결합이라는 혁명적 인식에 먼저 도달하였다.[19]

'선(善)', '악(惡)'의 문제는 인간 사회 형성과 더불어 가장 큰 '덕목(德目)'의 표준인데, 그것의 기준이 문화의 차이에 따라 상반(相反)된 개념을 이루었음을 F. 니체가 발견해 낸 것이다. 그래서 모든 '가치의 전도 혁명'은 바로 이것을 기초로 시작되었다는 점은 명백히 될 필요가 있다.('9-3. 디오니소스와 소크라테스', '5-4. 기독교는 '인간 본성'의 상실(喪失)이다.')

후배 언어학자 F. 소쉬르(F. Saussure, 1857~1913)는 F. 니체의 전제를 다음과 같이 도식 일반화하여 '관념(개념)철학'의 허구를 근본에서 분쇄하였다.

---

19) 'F. 소쉬르'는 자신의 '언어학'을 F. 니체의 전제('언어는 그 語族의 특수한 역사적 産物')를 당연한 명제로 수용할 수 있는 바탕을 제공하였다.

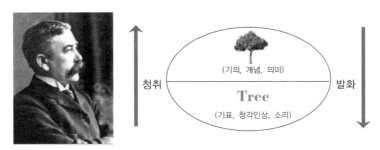

'소쉬르(F. Saussure, 1857~1913)'와 '언어의 일반 구조 圖'[20]

F. 소쉬르는 언어('기호, sign')의 기본인, '개념과 청각인상'의 결합이 '필연(必然)'이 아닌 '우연(偶然)'이라는 점을 당연한 사실로 전제하여, 헬레니즘권의 '선악(善惡)'과 헤브라이즘권 '선악(善惡)' 차별성을 지적한 F. 니체의 주장을 당연한 것으로 알게 하였다. 그리고 플라톤의 '이념(이데아)'론도 결국 단순한 '언어학'의 문제임을 확실하게 하여, 사실상 F. 니체의 '실존주의'를 뒷받침하는 '과학적 언어학'의 출발점을 마련하였다.(제13장 참조)

중국(中國)에서 '귀족계급'의 교과서인 〈대학〉에는 '개인(修身)'이 '세상 통치(治國 平天下)'의 근본임을 명백히 하고 있다. 그러나 서양(西洋)에서는 플라톤(소크라테스) 사상과 기독교 사상을 바탕으로 '실존' 희생, 국가를 향한 '복종'이 유독 강조되었었다.

F. 니체는 '좋다'의 판단 주체를 근본적으로 '실존' 운영의 주인 '개인'으로 되돌려 '사후(死後)', '저 세상'에 의미를 찾는 플라톤(소크라테스) 방법이나, 예수의 '절대신 판결'을 부정하여, 그 '욕망의 자유'와 '행동의 책임'을 각 개인에게 돌려주었다.('7-2. 인간 각자는, '가치의 최후 평가자'다.', '7-44. '개인'이란 현재와 미래에 대한 '법', '필연성', '운명'이다.', '7-50. '신(神)의 종자(種子)'가 인간 속에 있다.')

2-5
인간은 타고난 대로 살아야 한다.

양심이 말해주는 것, "너희에게로 돌아가라."
-What Saith thy Conscience?-"Thou shalt become what thou art."[21]

---

20) F. de Saussure, *Course in General Linguistics*, Philosophical Library, 1959, pp.66, 114, 도면 통합도.

| 구조 | '양심이 말해주는 것 ⇔ 너희에게로 돌아가라.' 동시주의

'좋은 포착(1931)'[22]

F. 니체는 1916년 이후 '다다 초현실주의 운동'의 기본 화두(話頭)인 '원시주의(primitivism)'를 이처럼 간결하게 명시하였다. 여기에서 '너희(thou)'란 생명이 붙어 있는 '육체' 그것을 위해 애를 쓰고 있는 '태어난 그대로', '살아 있는 그대로'의 상태를 가리키는 것이니, 그것과 달리 말할 '너'는 사실상 없다.

그러나 플라톤 이후 철학자와 종교 사제(司祭)는 '육체'를 움직이는 '영혼'을 강조하고 그것의 '불멸성(immortality)'을 강조하였고 '저 세상(저승)'의 문제를 거론하여 '육체의 억압, 무시'를 최고의 미덕으로 찬양하였다. 그래서 F. 니체는 그러한 현상을 '허무주의(nihilism)', '염세주의(pessimism)', '퇴폐주의(decadence)'로 규정하였다.('4-16. 철학과 종교는 병들어 있다.', '3-22. '생명 회의(懷疑)'는 엉뚱한 일탈(逸脫)이다.', '3-27. '이성(理性)'도 '본능(本能)'에 종속된다.', '5-6. 모든 종교는 '허무주의'다.', '6-3. '본능' 역행의 소크라테스')

이 F. 니체 주장이 있기 120년 전에, 프랑스 볼테르(Voltaire, 1694~1778)는 그의 〈관용론(寬容論, *The Calas Affair : A Treatise on Tolerance*, 1763)〉에서, "인간의 권리(법)란 오직 그 자연(自然)법을 기초로 하여 세워져야 한다(A human right can only be founded upon this Natural Law)."[23]고 명시하여 그 탁월한 지성(知性)을 과시하였다.(10-31. 볼테

---

21) F. Nietzsche(translated by T. Common), *The Joyful Wisdom*, The Macmillan Company, 1924, p.209.

22) D. Sylvester, *Magritte*, Menil Foundation, 1992, p.31, 'The Fair Captive(1931)' : '실제 풍경 ⇔ 화판 속의 풍경'의 동시주의를 통해, '실제로 돌아가라.', '현실로 돌아가라'고 말하고 있다.

23) Voltaire(translated by B. Masters), *The Calas Affair : A Treatise on Tolerance*, The Folio Society, 1994, Chapter 6, 'On Intolerance as Natural Law or Human Right.', pp.37~8 : 볼테르의 '자연법(Natural Law)'이란, 중국의 '천(天, Natural Law)=이치(理, Human Right)'를 논한 北宋 주희(朱熹, 1130~1200) 이론을 토대로 한 것이고, 그의 〈관용론(寬容論, A Treatise on Tolerance, 1763)〉은 孔子의 '인(仁, Tolerance)' 사상을 토대로, '기독교(가톨릭) 사회'의 경직(硬直, 殘酷)성을 비판한 세기의 명저(名著)이다. 그러나 볼테르는 '신분(계급)'을 초월한 논의', '뉴턴의 천체 과학을 수용한 논의'라는 측면에서 사실상 유교식 '봉건귀족 정신'을 초월한 논의로 '중국'의 사상을 비판 없이 수용했던 것은 물론 아니다. 그래서 1916년 '다다 혁명 운동'을 탄생시킨 후고 발(Hugo Ball,

르를 긍정한 니체)

위에서 F. 니체가 말한 '양심(Conscience)'이란, '실존(육체)을 인정하는 솔직한 정신'을 지칭하는 것이니, F. 니체는 인간 궁극의 거점을 '육체'라고 정확하게 지목하는 것이고, 그동안의 '영혼 중심', '내세 중심', '절대자' 중심에서, '실존 중심', '현세 중심', '개인 중심' 기준으로의 전환이 F. 니체가 주장한 '모든 가치 재평가(Revaluation of All Values)'의 핵심이다.(7-1. '가치의 재평가' : 차라투스트라의 일)

F. 니체의 생각에 적극 동조한 화가 R. 마그리트는, '작품(관념, 허구)'을 떠나 '현실'로 향하고, '현실 사회'에서 '생명을 위한 개선 운동' 펼치기를 평생 도모하였다.

2-6
'본능의 편함'이 선(善)이다.

> 모든 선(善)이란 본능(本能)의 편함이며 필요이며 자유로움이다. 노역(勞役)이란 그에 반(反)한 것이니, 신(神)은 영웅(英雄)과 대표적으로 서로 구분이 된다.
>
> ─All good is instinct─and, consequently, easy, necessarily, freely. The hardship is an objection, the God is typically different from the hero.[24]

┃구조┃ '본능⇔선', '노역⇔선(善)의 반대', '신⇔영웅' 동시주의

위에서 F. 니체는 '신(God)'과 '영웅(hero)'을 대극적인 위치에 두었다. 즉 '본능(instinct)'을 기준으로 '신(God)'은 금지(禁止)하는 주체이고, '영웅'은 본능의 요구를 존중하는 것으로 서로 대극적인 위치에 두었다.

〈성서〉에 모세 이후 예수까지는 모두 '하지 말라'는 금지(禁止)의 신을 존중하였고, 플라톤(소크라테스) 이후 서양 철학도 국법(國法)을 기준으로 '하지 말라' 기준을 우선하였다.

이에 대해 F. 니체는 '하지 말라'는 금지 이전에 있었던 '자연인의 본능적 지향'을 존중하고, 그 '본능적 지향'을 긍정하는 것이, '실존'의 긍정이라는 입장이었다. 그리고 플라톤과 예수는 '금지'에 대한 순종의 포상(褒賞)으로 '저 세상'을 이야기했는데, F. 니체의 입장은 그 '절대적

1886~1927)은 그들의 모임 장소를 '볼테르 술집(Cabaret Voltaire)'이라 하였다.(제13장 참조)

24) F. Nietzsche(translated by D. F. Ferrer), *Twilight of the Idols*, Daniel Fidel Ferrer, 2013, p.27.

기준'은 처음부터 인정하지 않았다.

1914년 발발한 제1차 세계대전은, F. 니체의 '실존' 긍정을 더욱 확실하게 해주는 계기가 되었으니, 인간이 지니고 있는 '법'과 '도덕'이란 '거대 폭력(전쟁)' 앞에 얼마나 허약한가를 모든 사람들이 '실감(實感)'하였다. 그리하여 '영혼 존중'의 과거 '관념철학'을 버리고 시인 예술가 중심의 '전쟁 반대', '제국주의 반대', '생명(실존)' 존중의 입장에 서게 된 것이 바로 '다다 혁명 운동'이었다.

2-7
'내가 바로 선택(選擇)의 원칙이다.'

그렇다면 무슨 징후가 사람에게 행운의 징조인가……. 그는 그에게 좋은 것만을 반긴다. 쾌락과 욕망이 그에게 좋은 단계를 넘으면 포기한다. 그는 상처에 대한 치료를 예견한다. 그는 치명적 사고를 이익으로 바꿀 줄을 알고, 그를 죽일 수 없는 것이 그를 더욱 강하게 만든다. 그는 본능적으로 그가 보고 듣고 체험한 것에서 자료를 모은다. 그는 선택의 원리이고, 많은 것을 거부한다. 그가 책을 보든, 사람을 만나든, 경치를 보든 항상 자신의 회사 안에 거주한다. 그는 자기가 선택한 일, 알고 있는 일, 믿고 있는 일을 자랑스럽게 생각한다. 모든 자극에 서서히 대응을 하고 자기 속에 기른 끈질긴 주의력, 겸허한 긍지로 게으르게 응한다. 그는 접근한 자극을 시험하나, 어중간한 대응은 하지 않는다. 그는 '불운(ill-luck)'도 '죄악(guilt)'도 믿지 않고, 그는 자신을 이해할 수 있고 남도 이해할 수 있다. 그는 망각의 방법도 알고 있다. 그는 모든 것을 자기의 이익으로 바꿀 정도로 강하다.

아 그렇다면, 나는 데카당의 반대다. 내가 이제까지 '그'라고 말했던 사람이 내가 아니고 누구이겠는가.

> Now, by what signs are Nature's lucky strokes recognised among men?
>
> He enjoys that only which is good for him; his pleasure, his desire, ceases when the limits of that which is good for him are overstepped. He divines remedies for injuries; he knows how to turn serious accidents to his own advantage; that which does not kill him makes him stronger. He instinctively gathers his material from all he sees, hears, and experiences. {He is a selective principle; he rejects much. He is always in his own company, whether his intercourse be with books, with

men, or with natural scenery ; he honours the
things he chooses, the things he acknowledges, the
things he trusts.   He reacts slowly to all kinds of
stimuli, with that tardiness which long caution and
deliberate pride have bred in him—he tests the
approaching stimulus ; he would not dream of
meeting it half-way.   He believes neither in " ill-
luck" nor "guilt"; he can digest himself and others ;
he knows how to forget—he is strong enough to
make everything turn to his own advantage.
　　Lo then !   I am the very reverse of a decadent,
for he whom I have just described is none other
than myself.

_'이 사람을 보라(ECCE HOMO)'[25]

┃구조┃ '데카당 ⇔ 니체' 동시주의

위에서 니체는 아주 평이한 '실존'주의 강론을 펼치고 있다.
동양 중국에서는 '나에게 싫은 일을 남에게 행하지 말라(己所不
欲 勿施於人)'라는 자기를 표준으로 한 행동 지침을 가지고 있
었다.

그런데 서구에서는 플라톤과 예수가 주장한 '신(神) 중심'의
'금지(禁止)'라는 행동 강령이었으니, F. 니체 직전까지 시퍼렇
게 작동하고 있었다.

F. 니체는 자신의 '신병(身病)' 체험을 토대로 '육체(실존)'의
진실을 누구보다 확실하게 체험했고, 2천 년 '신(神)' 중심의 서
양 철학에 대대적인 비판 정신을 발동하였다.

'논리의 마귀(1951)'[26]

F. 니체가 '그(나)는 선택의 원칙이다−He is selective principle.'라고 밝혔던 것은 바로
1883년에 니체가 행한 '자유인권선언'이고, 그것이 오늘날 '자유 시민 사회의 기본권'으로 정착
되어 있다. 그 '선택의 기준'은 항상 '실존(육체)의 필요'가 작동하고 있음은 물론이다.(7-2.
인간 각자는, '가치의 최후 평가자'다.)

'다다 초현실주의자들'은 모두 '(관념의)논리'를 거부하고, '(현실)생명'을 최우선으로 하였

25) F. Nietzsche(translated by A. M. Ludovici), *ECCE HOMO−Nietzsche's Autobiography*, Ibid., p.13.
26) R. Descharnes, *Salvador Dali; The Work The Man*, Ibid., p.331, 'A Logician Devil(1951)'.

다. 그리하여 S. 달리는 '논리의 마귀(A Logician Devil)'라는 작품을 남겼다.

2-8
육체가 근본 문제이다.

> 육체를 믿는 것이 영혼을 믿는 것보다 더 근본적인 것이다.
> —Belief in the body is more fundamental than belief in the soul[27]

| 구조 | '육체 ⇔ 영혼' 동시주의

F. 니체가 말하기 전에 사실 모든 인간이 날 때부터 '육체'의 위력을 다 알고 그것의 요구에 성실히 일차 응하고 여유가 생기면 비로소 다른 일을 생각한다. 그러므로 모든 사람들은 그것(육체 존중)을 인정하고 있고, 인정하는 것이 바로 '삶(life)'이다.

그런데 불타(佛陀)와 플라톤, 예수는 인간의 '삶'에 '죽음'이 있음을 크게 우려하여 '영혼'을 전제하여 '극락(極樂)', '저 세상(the next world)', '천국'을 생각해 내어 생전(生前)에 그것에 대비해야 할 것을 말하였다. '죽음에 대비'란 바로 자신 '육체의 억압(苦行)'을 통하여 '육체 초월의 세계'로 가는 것이 목표였다.

이에 F. 니체는 가차(假借) 없이 '과학적 사고'에 의해, '육체의 억압(苦行)'이 소용없는 일임을 만천하에 공개하였다.('2-14. 니체는 데카당(퇴폐)의 반대다.', '2-21. 신의 존재 논의는 무익하다.', '5-35. '고행(苦行)'이란 쓸데없다.')

'철학' 논의에서 소위 '개인(an individual)'과 '실존(육체)'을, '세계 직관(直觀)의 출발점 (its perception of this world)'으로 처음 확인하고 나온 사람은 A. 쇼펜하우어(A. Schopen –hauer, 1788~1860)였다. 그는 그의 〈의지와 표상으로서의 세계(*The World as Will and Representation*)(1818)〉에서 다음과 같이 말하였다.

> 단지 내 앞에 '표상(representation)'으로만 존재하고 있는 세계의 의미를 탐구하는 일이나, '표상'을 젖혀 놓고 인식 주체(the knowing subject)의 단순한 표상으로부터 다른 곳으로 옮겨

---

27) F. Nietzsche(W. Kaufmann & R. J. Hollingdale–translated by), *The Will to Power*, Vintage Books, 1968, p. 271.

가는 일은, 실제로 '탐구자(investigator, 철학자)' 자신이 순수하게 인식만의 주체(the purely knowing subject, 몸은 없이 날개만 가진 천사의 머리)라 전제한 것으로, 사실상 불가능한 일이다. 그러나 탐구자는 그러한 세계에 뿌리를 내리고 있는, 말하자면 세계 속에 '한 개인(an individual)'으로서 존재하고 있다. 즉, 그의 인식 작용은, 표상으로 본 전세계의 제한적인 담당자이긴 하지만, 철저하게 육체(a body)에 매개(medium)되어 있으며, 이 육체의 감성적인 움직(the affections of this body)임이 앞서 말한 바와 같이 오성(the understanding)에게 '세계 직관(直觀)의 출발점(its perception of this world)'이 되는 것이다. 이 육체는 순전히 인식만 하는 주관 자체에는 다른 표상과 마찬가지로 하나의 표상이며, 여러 객관들 중의 한 객관이다. 그러한 점에서 볼 때, 육체의 운동이나 행동도 주관에게는 다른 모든 직관적인 객관의 변화들처럼 알려져 있을 뿐이다.[28]

Ⅰn fact, the meaning that I am looking for of the world that stands before me simply as my representation, or the transition from it as mere representation of the knowing subject to whatever it may be besides this, could never be found if the investigator himself were nothing more than the purely knowing subject (a winged cherub without a body). But he himself is rooted in that world; and thus he finds himself in it as an *individual*, in other words, his knowledge, which is the conditional supporter of the whole world as representation, is nevertheless given entirely through the medium of a body, and the affections of this body are, as we have shown, the starting-point for the understanding in its perception of this world. For the purely knowing subject as such, this body is a representation like any other, an object among objects. Its movements and actions are so far known to him in just the same way as the changes of all other objects of perception; and they would be equally strange and incomprehensible to him, if their meaning were not unravelled for him in an entirely different way. Otherwise, he would see his conduct follow on presented motives with the constancy of a law of nature,

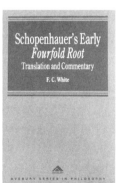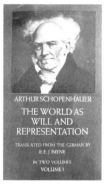

'A. 쇼펜하우어(1815)', '학위 논문(英譯본)', '의지와 표상으로서의 세계(1818)', '의지와 표상으로서의 세계(英譯본)'

---

28) 쇼펜하우어(권기철 역), 의지와 표상으로서의 세계, 동서문화사, 1978, p.145 ; A. Schopenhauer(translated by J. F. J. Payne), *The World as Will and Representation*, Dover Publications, 1969, p.99.

A. 쇼펜하우어는 1813년 '예나 대학(the University of Jena)'에 제출한 박사 학위 논문 〈이성 적합 원리의 네 가지 뿌리에 관하여(Ueber die Vierfache Wurzel des States von Zureibenden Grande)〉29)를 제출하였는데, A. 쇼펜하우어는 거기에서 소위 그의 '이성 적합 원리(充足理由律, the principle of sufficient reason)'로, 동일성(同一性, homogeneity)의 법칙과 특이성(特異性, specification)의 법칙을 전제하여 놓고, 기존 철학들이 '특이성' 확장 에 근본 문제가 있음을 지적하였다(기존 이념철학 거부). 그리고 이어 '객체(object, 표상 -representation)'와 '주체(subject, 의지-will)'를 서로 구분하여 기존 '관념(이념)철학'의 한계(限界)를 혁파(革罷)하였고, 근본적으로 '개인의 육체(an individual's body)'가, 바로 '의지(意志-will)'이며 '표상(表象-representation)'이라는 '주체 객체(subject+object)', '이 중 관계(주체-意志이면서 객체-表象)'에 있음을 입증하여, 현대 실존철학의 거점을 처음 확 인해 주었다.

A. 쇼펜하우어는 5년 후 출간한 〈의지와 표상으로서의 세계(*The World as Will and Representation*)(1818)〉에서도 역시 다음과 같이 '개인(an Individual)'과 '의지(Will)', '표 상(Representation)', '육체(Body)'가 상호 어떤 관계에 있는지를 거듭 밝혀, 소위 '실존철학' 이 그에게서 발원(發源)하고 있음을 확실히 하고 있다.

> 인식의 주체(the knowing subject)가 '그 육체와의 특별한 관계(this special relation to the one body)'를 젖혀 놓고 고찰을 할 경우, 육체(body)는 다른 표상(representation)과 동일한 하 나의 표상일 뿐이다. 그렇지만 '인식 주체'는 바로 육체와 특별한 관계에 있기 때문에 한 개인(an individual)이다. 그러기에 '인식 주체'를 '개인'으로 만드는 관계는 바로 인식 주체와 그 주체의 모든 표상 중 '오직 하나인 표상' 사이에만 존재한다. 따라서 인식 주체는 이 유일한 표상을 '오직 하나의 표상'로 의식하고 있을 뿐만 아니라 전혀 다른 방법, 즉 하나의 의지(a will)로 역시 인식하 고 있다. 만일 인식 주체가 그러한 특별한 관계, 즉 동일한 육체라는 것을 이중(二重, hetero-geneous)으로 인식하고 완전히 다르게 인식한다는 사실을 도외시한다면, 동일한 것, 즉 육체는 다른 모든 표상과 마찬가지로 단지 하나의 표상일 뿐이다. 이것을 확인하기 위해서 인식 개인(He) 은 다음 중 어느 한 가지를 가정하지 않으면 안 된다. 즉 유일한 표상이 다른 표상과 다른 까닭은 개인의 인식이 유일한 표상에 대하여 이중의 관계에 있다는 사실이다. '이 유일한 직관적 객체

---

29) A. Shopenhauer(F. C. White-translated by), *On the Fourfold Root of the Principle of Sufficient Reason(Shopenhauer's Early Four Root)*, Avenbury, 1997, p.ⅶ.

(this one object of perception)'를 통찰하는 경우에는 개인에게 동시에 두 개의 길이 열려 있지만, 이것은 육체라는 유일한 객체가 다른 객체와 다르다고 하면 안 된다. 개인의 인식이 육체라고 하는 객체와는 다른 관계에 있다고 말해야 한다. 다른 하나는 이 유일한 객체가 본질적으로 다른 객체와 다르며, 모든 객체 중에서 오직 그것만이 의지(意志)이고 동시에 표상(表象)이고, 다른 객체는 단지 표상, 즉 단순한 환영(幻影, phantoms)이다. 따라서 인식하는 개인(個人)의 육체야말로 세계 안에서 단 하나의 현실적 개인이며, 주체의 오직 하나뿐인 직접 객체이다. 다른 객체들을 단순한 '표상'으로 본다면, 인식 주체의 육체와 똑같다. 다시 말해 육체와 마찬가지로 공간에서 작용한다. 이것은 원래 표상에 대해 선험적으로 확실한 인과성의 법칙으로 증명할 수 있다는 것이 명확하게 해 준다.[30]

> The knowing subject is an individual precisely by reason of this special relation to the one body which, considered apart from this, is for him only a representation like all other representations. But the relation by virtue of which the knowing subject is an *individual*, subsists for that very reason only between him and one particular representation among all his representations. He is therefore conscious of this particular representation not merely as such, but at the same time in a quite different way, namely as a will. But if he abstracts from that special relation, from that twofold and completely heterogeneous knowledge of one and the same thing, then that one thing, the body, is a representation like all others. Therefore, in order to understand where he is in this matter, the knowing individual must either assume that the distinctive feature of that one representation is to be found merely in the fact that his knowledge stands in this double reference only to that one representation; that only into this one object of perception is an insight in two ways at the same time open to him; and that this is to be explained not by a difference of this object from all others, but only by a difference between the relation of his knowledge to this one object and its relation to all others. Or he must assume that this one object is essentially different from all others, that it alone among all objects is at the same time will and representation, the rest, on the other hand, being mere representation, i.e., mere phantoms. Thus, he must assume that his body is the only real individual in the world, i.e., the only phenomenon of will, and the only immediate object of the subject. That the other objects, considered as mere *representations*, are like his body, in other words, like this body fill space (itself perhaps existing only as representation), and also, like this body, operate in space—this, I say, is demonstrably certain from the law of causality, which is *a priori* certain for representations, and admits of no effect without a cause.

즉 A. 쇼펜하우어는 세계의 삼라만상(森羅萬象-세계)을 '표상(表象, Representation)'으로 전제하였으나, 그 중에 개인(탐구자, 철학자, an individual)의 '육체(body)'는 '객체(表象,

---

30) 쇼펜하우어(권기철 역), 의지와 표상으로서의 세계, Ibid., pp.149~150 ; A. Schopenhauer(translated by J. F. J. Payne), *The World as Will and Representation*, Ibid., pp.103~4.

Representation)'이면서 동시에 '주체(意志, Will)'인 '이중(twofold heterogeneous) 관계' 에 있음을 소위 '이성 적합 원리(理性適合原理, 充足理由律, the principle of sufficient reason)'로 명시하였다.

이것이 바로 A. 쇼펜하우어 이후 전개된 '실존(육체)주의'의 확실한 발원점(發源點)이 되었으니, F. 니체는 그에게 '초인(超人, Superman)' 칭호를 올리었다(8-34. '신(神)'을 대신한 '초인의 시대'이다.).

그러나 A. 쇼펜하우어는, 기존 철학 공통 약점(弱點)인, '염세주의', '허무주의' 영역을 극복하지 못했다(6-12. '쇼펜하우어 허무주의'는, '유럽의 불교'다.).

어떻든 F. 니체의 중요 발상이 이 A. 쇼펜하우어 '몸(body)' 철학에 동조한 것이라는 사실은 자신이 직접 고백하고 있는 사실이다.(4-1. '힘(권력)에의 의지(Will to Power)'는 생명력의 방출이다.)

2-9
육체는 놀라운 개념이다.

> 육체는 낡은 '영혼'보다 더욱 놀라운 개념이다.
> -the body is a more astonishing idea than the old "soul."[31]

ǀ구조ǀ '육체⇔영혼' 동시주의

F. 니체는 자신의 '실존(육체)'을 당연한 표준으로 전제하였다. 그래서 그 '실존(육체)' 찬양의 대표적 저술이 바로 〈차라투스트라는 이렇게 말했다〉이다.

소위 '영혼불멸(The Immortality of the Soul)'과 '하나님의 생존(The Existence of God)' 문제는 기껏해야 하나의 '방편설(方便說, a doctrine of expediency)'인데, 그것을 극도 부풀린 경우가 F. 니체 이전의 서구 사상의 골자였다.

이에 F. 니체는 '차라투스트라', '디오니소스', '프로메테우스' 이름으로 자신의 '실존'주의가 얼마나 '진실'되고, '현실적'이고 '긍정적'이고 '생에 기여하는 사고'인지를 특유의 '동시주의

---

31) F. Nietzsche(W. Kaufmann & R. J. Hollingdale-translated by), *The Will to Power*, Ibid., pp.347~8.

(同時主義, Simultaneism)' 화법으로 전개해 보이며, 기존 세계 사상사에 '위인(偉人)'으로 지목된 사람들이 얼마나 '맹랑한 실존 부정의 논리'에 있었는지를 남김없이 드러내는 '우상(偶像) 파괴'를 자신에게 맡겨진 사명으로 생각하였다.

　1916년 취리히 '다다의 혁명 운동'은 F. 니체의 '생명 긍정'에 '우상 파괴 운동'이 병행된 것이니, 소위 '제국주의 국가'는 끊임없는 '우상(偶像)'을 새로 만들어 붙이며 그들의 '전쟁 논리', '살육의 전쟁'을 합리화해 왔기 때문이다.

　화가 R. 마그리트는, '천국', '내세(the next world)' 문제에서 F. 니체와 생각을 완전히 같이 했던 사람으로 '천국', '극락' 등 '내세주의(來世主義, patria celestial)'에 반대였다. 다음은 R. 마그리트의 작품 '오아시스'이다.

'오아시스(1925~7)'[32] ▶

2-10
'육체'는 가장 명확하고도 구체적인 현상이다.

　　육체의 현상은 더 풍부하고, 더욱 명확하고 더 구체적인 현상이다. 궁극적인 의미를 따질 것 없이 방법적으로 우선적으로 논의되고 있다.

　　-The phenomenon of the body is the richer, clearer, more tangible phenomenon: to be discussed first, methodologically, without coming to any decision about its ultimate significance.[33]

❚구조❚ '육체⇔궁극적인 의미' 동시주의

　F. 니체는 '생리학', '의학'의 토대 위에 자신의 '실존(육체)'에 대한 확신을 세운 사람이다. 그것이 '과학 철학'의 출발점이고, F. 니체식 '휴머니즘' 달성의 유일한 길이다. F. 니체 '실존'

32) A. M. Hammacher, *Rene Magritte*, Abradale Press, 1995, p.71, 'The Birth of Idol(1926)' : '널빤지 위의 수목⇔오아시스', '오아시스⇔천국, 극락', '널빤지 위의 수목⇔허구', '천국, 극락⇔허구'의 동시주의 ; R. 마그리트는 '영혼'을 말하는 사람은 '거짓'을 말하고 있다고 위 그림으로 고발하고 있다.

33) F. Nietzsche(W. Kaufmann & R. J. Hollingdale-translated by), *The Will to Power*, Ibid., p.270.

주장을 전후(前後)하여 유사한 주장자들, 예를 들어 키에르케고르(S. A. Kierkegarrd, 1813 ~1855), 야스퍼스(K. Jaspers, 1883~1969), M. 하이데거(M. Heidegger, 1889~1976) 같은 사람들이 출현하여 그들도 동일한 '실존주의'로 분류되고 있지만, 그들은 조금 우스운 절충주의(折衷主義, eclecticism)자이거나, 오히려 보수주의(conservatism)를 돕는 쪽에 서 있다. (제13장 참조)

이에 F. 니체가 더욱 빛을 발하고 있는 이유이다. F. 니체의 소론을 절대적으로 옹호한 쪽은, J. G. 프레이저(J. G. Frazer, 1854~1941) 인류학자, S. 프로이트(S. Freud, 1856~1939), C. G. 융(C. G. Jung, 1875~1961) 이후 모든 분석 심리학자와 다다 초현실주의 관련 예술가들이니, F. 니체에 발원한 사고들은 모두 세계적인 명성을 얻고 있다. 그리고 F. 니체의 주장에서 떠난 이론들은 한결같이 '보수주의(conservatism)' 그늘에 가려져 있으니, 이것이 F. 니체의 '실존' 주장의 구체적인 현실적 위력인 것이다.

2-11
니체는 '철학적 의사(醫師)'를 대망한다.

나는 예외적인 의미로 철학적 의사(醫師)를 기대한다. 국민, 시대, 인종, 전반적 인류의 집단 건강 문제를 연구하여, 어느 날엔가 내가 품었던 궁극의 결론에 파헤치는 용기를 가진 사람, 모든 철학도가 이제까지 행해온 '진리' 문제가 아닌, 건강, 미래, 성장, 힘, 생명 등의 문제를 천착하는 그러한 사람을 기대한다.

　―I still expect that a philosophical physician, in the exceptional sense of the word—one who applies himself to the problem of the collective health of peoples, periods, races, and mankind generally--will some day have the courage to follow out my suspicion to its ultimate conclusions, and to venture on the judgment that in all philosophising it has not hitherto been a question of "truth" at all, but of something else, --namely, of health, futurity, growth, power, life…….[34]

|구조| '철학도(진리)⇔의사(건강, 생명)' 동시주의

---

34) F. Nietzsche(translated by T. Common), *The Joyful Wisdom*, Ibid., pp.5~6.

F. 니체가 가장 솔직하게 그의 진정을 토로하고 있는 대목이다. 그동안 '철학'은 모두 '이념 주의(관념주의)'에 있었다. 그런데 위에서 F. 니체가 '철학적 의사(醫師)'란 인류 문명을 총체적으로 '의학도(과학도)'의 시각과 관점으로 수정을 요구하는 그 '관점'이다.

이러한 F. 니체의 생각을 전적으로 수용했던 부류가 바로 '다다 초현실주의 운동가'들이었다. '휠젠벡(R. Huelsenbeck, 1892~1974)', '짜라(T. Tzara, 1896~1963)', '브르통(A. Breton, 1896~1966)', '뒤샹(M. Duchamp, 1887~1968)', '에른스트(M. Ernst, 1891~1976)', '달리(S. Dali, 1904~1989)'가 모두 F. 니체의 생각에 동조하였으니, 그 세계사적 의미를 아무도 부정할 수 없게 되어 있다.(제13장 참조)

다음은 그들의 작품으로 F. 니체의 '철학적 의사(醫師)' 생각에 동조를 보인 증거들이다.

'안과 의사의 증언(1920)'[35], '스페인 의사(1940)'[36], '예수의 심장(1965)'[37]

2-12
'생(生)의 풍성함'이 표준이다.

병자(病者)의 관점에서 더욱 건강한 개념과 가치를 살펴거나, 역으로 생의 풍성함에 충만한 독자적 관점으로 퇴폐(頹廢)한 본능들의 비밀한 저작을 보는 것, 이것이 나의 긴 훈련이고, 체험 원리이다.

---

35) A. Schwarz, *The Complete Works of Marcel Duchamp*, Delando Greenidge Editions, 2000, p.353, 'Oculist Witnesses(1920)'.

36) T. A. R. Neff, *In the Mind's Eye Dada and Surrealism*, Museum of Contemporary Art, 1985, p.11, 'Spanish Physician(1940)'.

37) R. Descharnes & G. Neret, *Salvador Dali*, Taschen, 2006, p.546, 'The Sacred Heart of Jesus(1965)'.

To look upon healthier
concepts and values from the standpoint of the sick,
and conversely to look down upon the secret work
of the instincts of decadence from the standpoint

of him who is laden and self-reliant with the rich-
ness of life——this has been my longest exercise, my
principal experience.

_ '이 사람을 보라(ECCE HOMO)'[38]

┃구조┃ '병든 자의 관점(허무주의)⇔독자(獨自)적 관점(실존주의)' 동시주의

'노예가 되는 독서(1928)'[39]

F. 니체가 위에서 '퇴폐한 본능들의 비밀한 저작(the secret work of instincts of decadence)'이란 그 이전 모든 종교 철학 서적들에 반복되었던 '육체 경멸', '정신 존중'의 뒤집힌 인생관 세계관의 강조를 저작들을 가리킨다.

F. 니체는 그러한 철학 종교 저작들을 '퇴폐(decadence)', '염세주의(pessimism)', '허무주의(nihilism)'라는 지적을 멈추지 않았다.

R. 마그리트도 '노예가 되는 독서(The Subjugated Reader)'를 제작하였다.

2-13
니체는 '긍정'을 말한다.

네 운명을 사랑하라. 이제부터 그것이 내 사랑이다. 추악한 것과의 전쟁을 원하지 않는다. 비난하지 않고 나를 비난하는 자까지도 비난하지 않을 것이다. 곁을 보는 것, 그것이 나의 유일의 부정이니, 요약하면 언제나 이제부터는 '긍정을 말하는 사람'이 되는 것이다.

−*Amor fati* : let that henceforth be my love! I do not want to wage war with the ugly.

---

38) F. Nietzsche(translated by A. M. Ludovici), *ECCE HOMO−Nietzsche's Autobiography*, Ibid., p.11.

39) S. Gohr, *Magritte : Attempting the Impossible*, d. a. p., 2009, p.124, 'The Subjugated Reader(1928)'
: '노예 독서⇔종교 서적', '종교 서적⇔신비주의', '신비주의⇔실존주의' 동시주의 ; R. 마그리트는 '허무주의', '신비주의' 유혹을 '노예가 된 독서'로 풍자하였다.

I do not want to accuse, I do not want even to accuse the accusers. *Looking aside*, let that be my sole negation! And all in all, to sum up : I wish to be at any time hereafter only a yea-sayer!⁴⁰⁾

┃구조┃ '비난하는 자⇔긍정을 말하는 사람' 동시주의

F. 니체의 '긍정을 말하는 사람(a yea-sayer)'이란 F. 니체 자신, 디오니소스의 제자, 차라투스트라를 지칭한다. 전통적으로는 '아버지', '국가', '군주', '스승'에 대한 사랑에서 '나'와 '나의 운명'을 사랑하는 사람에 대한 '사랑', '존중'을 강조하였다.

F. 니체는 세계 최초로 '각자 자기에 대한 사랑'을 가르치기 시작하였다. 그래서 그는 '이 이승의 부정', '이 세상의 비관(悲觀)'을 말하는 것이 아니라, '삶의 긍정'과 '희망'을 말하는 것이 그 특징이다.

2-14
니체는 데카당(퇴폐)의 반대다.

내가 데카당이라는 사실을 젖혀두면, 나는 역시 데카당의 반대이기도 하다. 이에 대한 증거는 내가 정신적 신체적 건강이 저조할 때, 나는 적절한 치료 수단을 선택한다. 그런데도 데카당은 자기에게 해로운 것만을 선택한다.

> For, apart from the fact that I am a decadent, I am also the reverse of such a creature. Among other things my proof of this is, that I always instinctively select the proper remedy when my spiritual or bodily health is low ; whereas the decadent, as such, invariably chooses those remedies which are bad for him.
>
> _'이 사람을 보라(ECCE HOMO)'⁴¹⁾

┃구조┃ '데카당⇔반데카당' 동시주의

F. 니체는 '데카당(퇴폐)'을 '염세주의(pessimism)', '허무주의(nihilism)', '패배주의(de-

---

40) F. Nietzsche(translated by T. Common), *The Joyful Wisdom*, Ibid., p.213.
41) F. Nietzsche(translated by A. M. Ludovici), *ECCE HOMO-Nietzsche's Autobiography*, Ibid., p.12.

featism)'로 가는 징조라고 규정했다.('4-20. 해로운 선택이 '데카당'이다.', '3-18. '염세주의'는 '허무주의'의 선행(先行) 형식이다.', '5-7. '허무주의'는 데카당이다.')

여기에서 F. 니체는 자기 자신 속에 전제된 '동시주의'를 제대로 설명하고 있다. 즉 F. 니체 자신에게도 '데카당'의 존재를 스스로 느끼지만(8-5. 니체는 '한 마리 벌레'이다.), 그것을 넘어서 '긍정', '희망', '건강'을 지향하는 F. 니체의 밝고 바른 인생관, 세계관의 명시로 의미를 갖는다. 그렇게 생각하지 않을 수 없는 필연성을 F. 니체는 그의 전작(全作)을 통해 명시하고 있다.

2-15
'최고의 영양 섭취'에 주력(注力)을 하라.

나는 영양 섭취에 대해 말한다. 그것을 공식화하면 다음과 같다.

"그대의 최고 힘(maximum of power), 르네상스식 덕목, 도덕의 산성(acid)으로부터 자유로울 수 있는 덕목의 획득을 위해, 너를 어떻게 양육하였는가?"

이 문제에 대해 내 인생 체험은 최악(最惡)이었다. 내 인생에 이토록 뒤늦게야 이 문제와 마주친 것은 놀라울 뿐이다. '합리적(rational)' 결론이란 것이 체험을 못 하도록 나를 끌고 다녔다. '관념주의(Idealism)'라는 독일 문화의 철저한 무가치가, 내가 거의 성직자처럼 무식하게 그렇게 그 문제에 뒤쳐져 있게 했다는 점을 알 수 있게 한다.

> I refer to nutrition. For ordinary purposes, it may be formulated as follows : " How precisely must *thou* feed thyself in order to attain to thy maximum of power, or *virtù* in the Renaissance style,—of virtue free from moralic acid ? " My experiences in regard to this matter have been as bad as they possibly could be ; I am surprised that I set myself this question so late in life, and that it took me so long to draw " rational " conclusions from my experiences. Only the absolute worthlessness of German culture—its " idealism "—can to some extent explain how it was that precisely in this matter I was so backward that my ignorance was almost saintly.

_ '이 사람을 보라(ECCE HOMO)'[42]

| 구조 | '최고 힘 ⇔ 관념주의' 동시주의

---

42) Ibid., p.29.

F. 니체의 평생의 철학이 위의 말 속에 다 명시되어 있다. 이것이 F. 니체가 가장 명백히 했던 '다다 혁명 운동'의 근본 거점이고, 오늘날 지구촌의 '공론'이다. F. 니체는 아버지 어머니 쪽이 모두 목사인 가정에 태어났다. '관념주의', '신비주의', '과도한 금욕주의'의 철폐가 그것 이니, F. 니체는 자신의 환경에 몸서리치며 그것을 저주(咀呪)하였다.

F. 니체가 제시한 '최고 힘(maximum of power)'은 역시 그의 철학의 논의에 핵심 용어이다.(4-6. '힘(권력, power)'='체력(strength)+지(knowledge)+부(wealth)')

이 점에 대해서는 유교(儒敎)의 '효(孝) 사상'의 출발점이 '몸은 부모에게서 받은 것이니, 손상하지 않은 것이 효의 출발점(身體髮膚 受之父母 不可毁傷 孝之始也)'이라고 가르친 것을 '건강한 훈도(訓導)'라고 할 만하다.

F. 니체의 서구문명, 서구 철학에 대한 비판은 자기 가정(家政), 자기 나라(독일)의 정신환경의 비판이었다는 점에 더욱 유념해야 한다.(이에 대해 우리는, 5천 년 동양 封建史를 한 번도 비판 없이 그냥 지냈던 '상고 보수주의' 어처구니없는 '무비판 種族'이었다.)

2-16
쾌적한 날씨는 천재 출현 요건이다.

파리, 프로방스, 플로렌스, 예루살렘, 아테네 그들은 무언가를 증명하고 있다. 즉 천재는, 건조한 공기 맑은 하늘 즉 신속한 유기적 기능, 자신의 거대하고 엄청난 능력의 부단한 확보를 조건으로 한다. 나는 놀라운 지성과 독창적 인간이 환경의 열악(劣惡)으로 옹졸하고 비겁한 전문가, 불평 많은 늙다리 괴짜가 된 사례를 목격했다.

Paris, Provence, Florence, Jerusalem, Athens—these names prove something, namely : that genius is conditioned by dry air, by a pure sky—that is to say, by rapid organic functions, by the constant and ever-present possibility of procuring for one's self great and even enormous quantities of strength.   I have a certain case in mind in which a man of remarkable intellect and independent spirit became a narrow, craven specialist and a grumpy old crank, simply owing to a lack of subtlety in his instinct for climate.

_ '이 사람을 보라(ECCE HOMO)'[43]

┃구조┃ '천재⇔늙다리 괴짜' 동시주의

'쾌적한 날씨'를 누가 싫어하겠는가? F. 니체는 누구보다 그것을 원했으니, 생명이 있는 존재는 무엇이나, 환경에 민감하다. 그러나 환경을 능동적으로 이사(移徙)를 다니며 바꾸었던 것은 F. 니체나 가능했던 일이다. F. 니체는 '파리(Paris)', '프로방스(Provence)', '플로렌스(Florence)', '예루살렘(Jerusalem)', '아테네(Athens)' 기후를, 이상(理想)인 기후로 생각했다.

한국은 '천행(天幸)'으로 영토가 북위 33~43도 내에 3면이 바다에 연(連)해 있으니, 지리(地理)적으로 '기후의 불편(不便)'은 일단 피한 셈이다.

2-17
'섬세한 손'과 '용감한 주먹'이 필요하다.

> 내 책의 생각들은 섬세한 손가락 용감무쌍한 주먹을 가진 자가 파악할 것이며, 영혼의 노쇠자, 소화불량자도 아니 될 것이다. 신경증도 없고, 명랑한 배[腹]를 지녀야만 한다.
>
> > to capture their thoughts a man must have the tenderest fingers as well as the most intrepid fists. Any kind of spiritual decrepitude utterly excludes all intercourse with them—even any kind of dyspepsia : a man must have no nerves, but he must have a cheerful belly.
>
> _'이 사람을 보라(ECCE HOMO)'[44]

┃구조┃ '섬세한 손가락, 용감한 주먹⇔노쇠자, 소화불량자' 동시주의

F. 니체는 '신체적 건강'을 바로 '정신 건강'으로 연결하였다. 이것이 F. 니체 '생명'철학의 기본이다. 이러한 당연한 논리가 수용되지 못한 시대, 지역, 정신들이 있었다는 사실 자체도 '개방된 시대', '왕래가 빈번한 도시', '건강한 정신' 속에 있는 사람들은 상상도 못 할 일들이다.

---

43) Ibid., p.34.
44) Ibid., p.61.

2-18

'도덕'에 우선한 '육체적 인간론'

이 문제에 대해서는 〈도덕의 계보(The Genealogy of Morals)〉를 읽어보라. 거기에는 이런 부분이 있다. "대담하고 냉철한 사상가(최초의 反 도덕가 니체-Nietzsche the first immoralist로 알아야 함)의 책 〈도덕의 기원(On the Origin of Moral Sensations)〉에서, 핵심 공리(公理, the principle axiom)는 인간 행동의 예리하고 결정적 분석으로 획득된 것이다." "도덕적 인간이란, 육체적 인간보다 잘 납득될 수 있는 것이 아니다. 왜냐하면 도덕이란 납득될 수 있는 것이 아니다. 나의 이론(理論)은 역사적 인식의 쇠망치 아래 굳세고 날카롭게 다듬어져" "어느 땐가는 인간의 형이상학 욕구의 뿌리를 자르는 도끼가 될 것이다('모든 가치의 顚倒-The Transvaluation of all Values' 참조)".

> : only read the introduction to *The Genealogy of Morals* on this question.—The passage above referred to reads: " What, after all, is the principal axiom to which the boldest and coldest thinker, the author of the book *On the Origin of Moral Sensations*" (read Nietzsche, the first Immoralist), " has attained by means of his incisive and decisive analysis of human actions? 'The moral man,' he say 'is no nearer to the intelligible (metaphysical) wórld than is the physical man, for there is no intelligible world.' This theory, hardened and sharpened under the hammer-blow of historical knowledge"(read *The Transvaluation of all Values*), " may some time or other, perhaps in some future period,—1890!— serve as the axe which is applied to the root of the 'metaphysical need' of man,—whether more as a blessing than a curse to the general welfare it is not easy to say; but in any case as a theory with the most important consequences, at once fruitful and terrible, and looking into the world with that Janus-face which all great knowledge possesses." *

_ '이 사람을 보라(ECCE HOMO)'[45)]

┃구조┃ '도덕 인간 ⟺ 알 수 있는 세계=육체적 인간' 동시주의

F. 니체의 '도덕 ⟺ 육체'의 동시주의 공식은 그대로 모든 인문 사회 과학의 핵심 전제이다. '육체'는 '욕망'이고 '자연'이며, '도덕'은 '억압', '훈련', '교육'이기 때문이다. 이 동시주의 속에

---

45) Ibid., pp.90~1.

F. 니체는 오직 '육체', '욕망', '자연' 쪽에 있었다.

자연 그대로의 '생명 존중'에 대한 F. 니체의 확신이 거듭거듭 확인 강조되었으나, 여기에서는 그 태도가 더욱 명백하게 되었다.

그러한 F. 니체의 관점에서, 다음 R. 마그리트의 '명상(1937)', '자연에로의 귀환(1938~9)'이 제작되었다.

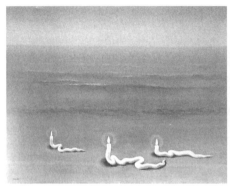

'명상(1937)'[46), '자연에로의 귀환(1938~9)'[47)

2-19
육체(동물)적 인간론

나는 이 책(《새벽-The Dawn of Day》)으로 도덕에 대한 반대 운동을 개시한다……. 결국 그 바다 동물이 되어 제노바 부근에 흩어진 바위 사이에서 그 책에 문장들을 생각해내고 기록한 것이다.

With this book I open my campaign against morality.

---

46) T. A. R. Neff(edited by), *In the Mind's Eye Dada and Surrealism*, Museum of Contemporary Art, 1985, p.87, 'Meditation(1937)' : '촛불⇔파충류', '촛불, 파충류⇔사람' 동시주의.

47) D. Sylvester, *Rene Magritte*, Manil Foundation, 1994, Fig.1148 'The Return to Nature(1938~9)' : R. 마그리트는 니체와 동일한 실존주의자이지만 역시 '억압', '교육'의 필요성을 명백히 하였다. 마그리트는 파충류를 촛불과 연합하여 다시 인간 존재로 유추하게 했다. 그러나 그 머리에 '욕망의 불꽃'을 그려서 '불'의 위험성을 경고하였다. F. 니체와는 달리 R. 마그리트는 제1차 세계대전을 겪고 그 '욕망의 참화'가 어떠했는지를 확실히 배워 학습했기 때문이다. 이것이 F. 니체와 '다다 초현실주의 혁명가' R. 마그리트의 동일점(실존주의)이며 차이점('억압' 부정-니체, 긍정-마그리트)이다.

it
lies in the sunshine, smooth and happy, like a marine
animal, basking in the sun between two rocks.

_'이 사람을 보라(ECCE HOMO)'[48]

|구조| '바다 동물 ⇔ 니체' 동시주의

F. 니체가 그처럼 강력하게 '기독교 도덕주의'에 반기(反旗)를 든 이유는 여러 가지 이유가 있겠으나, 중요한 점은 독실한 개신교 목사였던 아버지 카를 루트비히 니체(Carl Ludwig Nietzsche, 1813~1849)의 젊은 나이에 사망과 자신의 질병이라고 할 수 있다.

기독교의 계율을 지키는 개신교 목사로서 '36세에 사망'을 F. 니체가 어떻게 수용해야 할 것인가? 여기에 '과학 사상'의 접목은, 가차 없는 '기독교 도덕주의'에 대한 강렬한 비판으로 행해졌다고 할 것이다.

아버지가 없어진 가정의 비참을 F. 니체는 두 눈으로 똑똑히 보았고, '빈곤(貧困)'과 '금욕주의'가 합친 F. 니체의 환경과 '신체적 마비증'은 청년 니체의 가슴에 '분노의 불'을 붙였던 것이고, 그 결과가 그의 평생 철학이 되었다.(7-7. 차라투스트라는 '불[火]의 소지자'다.)

2-20
철학자는 무용수(舞踊手)가 돼야 한다.

우리는 학자(學者)가 아니다……. 훌륭한 무용수(a good dancer)가 그의 영양 섭취에 바라는 것은 비만이 아니라 최고의 유연(柔軟)함과 체력이다. 철학도의 정신이 훌륭한 무용수와 다를 것이 없다. 왜냐하면 무용은 그의 이상(理想)이고 예술이고 결국은 경건(敬虔)이고 '성스런 봉사'이기 때문이다.

—We are different from the learned ; ……Not fat, but the greatest suppleness and power is what a good dancer wishes from his nourishment, ――and I know not what the spirit of a philosopher would like better than to be a good dancer. For the dance is his ideal, and also his art, in the end likewise his sole piety, his "divine service."[49]

---

48) F. Nietzsche(translated by A. M. Ludovici), *ECCE HOMO-Nietzsche's Autobiography*, Ibid., pp.91~2.
49) F. Nietzsche(translated by T. Common), *The Joyful Wisdom*, Ibid., pp.350~1.

┃구조┃ '초인, 철학도⇔무용수', '무용⇔예술, 성스런 봉사' 동시주의

F. 니체는 무엇보다 일단 신체(身體)와 체력(體力)을 기준으로, 생각의 건전성도 가늠하였다. F. 니체가 위에서 유독 '학자가 아니다(We are different from the learned)'라고 했던 것은 그동안의 '학자들'은 약속이나 한 것처럼 '신체 무시', '욕망 억압'을 최고의 덕목으로 내세웠기 때문이다.

자신의 체험들이 결국은 생생한 철학이 되는 법이다. F. 니체는 아버지와 비슷한 나이에 심각한 병고(病苦)를 겪으면서, 그의 '허약함'의 원인을 체계적으로 분석하여 그의 철학을 세웠으니, 제일 첫째로 꼽은 것이 기독교의 '허무주의', '염세주의', '금욕주의'였고, 그 다음이 소크라테스 이후 서양의 '관념(이념)철학'에 기초한 학교 교육의 문제라고 생각했고, 다음은 독일의 과도한 국가주의 종족주의에 의해, '진정한 사상의 자유'가 제한되어 있음이 문제라고 파악했다.(10-2. '독일 민족 제국주의'가 바그너를 절단 냈다.)

그러나 그러한 F. 니체 철학의 근본에는 '과학에 대한 신뢰'가 엄연히 작동하여 가능한 것이었으니, 그러한 '허무주의', '도덕주의', '교조적 학교 교육'의 문제는 비단 독일의 니체 가정에 국한된 문제가 아니고, 인류 문명이 전제된 모든 곳에 행해진 고질(痼疾)이었다.

그런데 '개인의 신체'가 먼저임을 아는 '정밀한 사고의 발동'은, '과학 사상의 일반화'로 가능하게 되었던 것이니, '과학적 사고(思考)'의 일반화는, F. 니체가 전제했던 **모든 가치의 顚倒 -The Transvaluation of All Values**'가 그냥 각 개인의 눈앞에 하나의 상식으로 전개될 것이기 때문이다.

P. 피카소도 F. 니체의 생각에 전적으로 공감을 표명했던 화가이다.

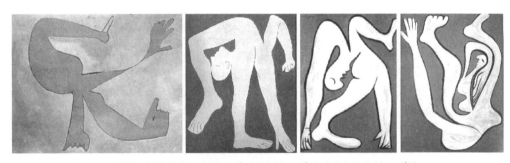

P. 피카소의 '수영하는 사람(1929)', '곡예사(1930)'[50], '여자 곡예사(1930)'[51]

---

50) B. Leal C. Piot M. L. Bernadac, *The Ultimate Picasso*, Harry N. Abrams, 2000, p.253, 'The Swim-

2-21
'신의 존재' 논의는 무익하다.

우리는 베일이 벗겨진 것은 더 이상 진리라고 믿지 않는다. 우리가 그것을 믿기에는 너무 오래 살았다. 현재 우리는 모든 것을 벌거벗겨 보거나 나타내거나, 이해하거나 알려고 하지 않는 것이 적절한 태도로 인정되고 있다. "신은 모든 곳에 계신다는 것이 사실인가요?"라고 한 소녀가 어머니에게 물었다. "저는 그것은 점잖지 못한 것 같아요." 철학자들에게 힌트! 사람은 자연의 수수께끼와 현란한 불확실성 뒤에 수치심을 존중해야 할 것이다.

—We no longer believe that truth remains truth when the veil is withdrawn from it : we have lived long enough to believe this. At present we regard it as a matter of propriety not to be anxious either to see everything naked, or to be present at everything, or to understand and "know" everything. "Is it true that the good God is everywhere present?" asked a little girl of her mother : "I think that is indecent" : ––a hint to philosophers! One should have more reverence for the shamefacedness with which nature has concealed herself behind enigmas and motley uncertainties.52)

┃구조┃ '자연의 이치(없는 곳이 없는 신) ⇔ 인격 신(눈을 가지고 보고 있다.)' 동시주의

F. 니체는 기독교 가정에서 성장했기 때문에, 〈성경〉의 인용으로 그의 행동에 제약을 당하지 않을 수 없었다. 만약 '자연의 이치'로의 신(神)을 '인격신(神)'으로 대체해 적용할 경우 '큰 오류'가 생기는데, '기독교'는 시작부터 그것을 일반화하고 있다.

F. 니체는 위에서 '수치심의 존중(have reverence for the shamefacedness)'이라는 말을 사용했는데, '수치심(羞恥心)'이란 용어는 이미 기원전부터(처음 衣服의 착용 당시부터) 인간 의식에 작동되고 있었다. 특히 그것은 인간의 '선악(善惡) 구분 의식'에 작용을 하였는데, 그것(衣服)의 역할을 하고 있는 것이, 소위 종교적 교조(敎祖)들에게 입힌 '신화적', '신비적' 요소가 그것이다.

---

mer(1929)', 'The Acrobat(1930)'.

51) A. Baldassari, *The Surrealist Picasso*, Fondation Beyeler, 2005, p.98, 'Female Acrobat(1930)' : '무용수(dancer) ⇔ 곡예사(Acrobat)' 동시주의 ; 서양에서는 예수 그리스도 이후, '영혼 제일주의'에서 F. 니체 이후는 '육체 제일주의'로 선회하였다. F. 니체는 '신체의 유연성(suppleness)'의 강조로 '무용수'를 들었는데, P. 피카소는 '곡예사'를 들었다.

52) F. Nietzsche(translated by T. Common), *The Joyful Wisdom*, Ibid., p.9.

위에서 F. 니체는 '아동의 수치심'도 존중될 필요가 있다고 하였다. 왜냐하면 F. 니체는 '과학적 사고'로 '모든 인간', '모든 생물'을 객관적으로 접근할 '눈'과 '힘'을 지니고 있었기 때문이다.

R. 마그리트는 F. 니체와 동일한 생각에서 작품 '허위의 거울(The False Mirror)'을 제작하였다.

 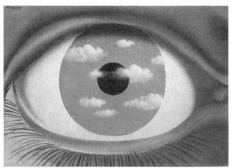

'허위의 거울(1928)'[53], '허위의 거울(1935)'[54]

2-22
'염세주의'는 그 원인 분석이 필요하다.

불교의 전파는 과도한 인도인(印度人)의 쌀 주식으로 인한 허약성에 기인한 것이다……. 독일인의 염세는 틀림없이 추운 날씨에 대한 불평이다.

　-The spread of Buddhism is thus to a considerable extent dependent on the excessive and almost exclusive rice-fare of the Indians, and on the universal enervation that results therefrom…… The German dislike of life is essentially a cold weather complaint.[55]

┃구조┃ '염세(厭世) ⇔ 허약, 추위' 동시주의

---

53) A. M. Hammacher, *Rene Magritte*, Abradale Press, 1995, p.71, 'The Birth of Idol(1926)'.

54) D. Sylvester, *Magritte*, Menil Foundation, 1992, p.293, 'The False Mirror(1935)' : '현실 ⇔ 허위', '나의 눈 ⇔ 하늘의 눈'의 동시주의로 '생명'을 떠난 비유를 '허위'로 단정하였다.

55) F. Nietzsche(translated by T. Common), *The Joyful Wisdom*, Ibid., pp.173~4.

F. 니체는 '인생에 싫어함(염세, pessimism)'을 건강과 날씨 탓으로 돌렸다. 즉 '건강한 몸'에 '좋은 날씨'라면 '생(生)'을 싫어할 이유가 없기 때문이다.

F. 니체는 소크라테스의 '염세주의' 발동을 플라톤의 〈파이돈〉 마지막에 소크라테스가 크리톤에게 '산다는 것은 고질병을 앓는 것이다. 나는 구원자 아스클레피우스에게 수탉을 빚졌어 (To live-that is a long time to be sick: I'm guilty of the savior to Asclepius, a rooster).'에 주목하였다.(6-2. 소크라테스의 염세주의)

그래서 '염세주의'는 반드시 그 원인이 있게 마련이고 '염세주의'가 축적(蓄積)이 된 결과가 '허무주의(nihilism)'라고 F. 니체는 전제해 놓고 있다.(3-18. '염세주의'는 '허무주의'의 선행 (先行) 형식이다.)

2-23
철학은 '지배 충동'의 산물이다.

> 나는 '지식에의 충동'이 철학의 아버지라고 믿지 않는다……. 왜냐 하면 모든 충동은 지배적인 것으로 그와 같은 것이 철학을 하게 한다.
> ……I do not believe that an "impulse to knowledge" is the father of philosophy…… For every impulse is imperious, and as such, attempts to philosophise.[56]

| 구조 | '지식에의 충동(impulse to knowledge) ⟺ 지배에의 충동' 동시주의

F. 니체는 사고방식은 '인간 사회의 어떤 현상'을 '지배 ⟺ 종속' 동시주의 관계 속에 분석하고 있다는 사실이다. 그것은 '사회적 존재'인 인간 속성을 이해하는 지름길이다. 즉 '생명의 자유'를 지키기 위해 생명이 어떻게 그동안 유린 강탈되었는지를 분석한 결과 F. 니체 추구와 비판의 초점이기 때문이다.

플라톤의 '국가 중심', '내세 중심' 사고와 기독교의 '도덕 중심', '천국 중심'은 서구의 '당위 (當爲-what one should be)철학'을 형성했는데, 그것은 물론 '통치자 중심', '지배자 중심'의 '지배 충동(impulse to imperialism)'의 산물들이다.

---

56) F. Nietzsche(translated by T. Common), *Beyond Good and Evil*, Ibid., p.11.

이에 1916년 '차라투스트라 후배들의 다다 혁명 운동'은, '생명 중심', '현실 중심', '개인 중심', '시민 중심', '자유 중심' 운동으로 '기존 가치관 버리기(모든 가치의 顚倒-The Trans-valuation of all Values)' 운동 그것이었다.

제3장

디오니소스 정신

F. 니체의 철학의 기본 전제는 '과학적 사고'이고, 그것과 동시에 제기된 원리가 '인간 육체 (Body)와 생식(生殖) 본능에 대한 절대적 의미부여'였다('實存主義-Existentialism'의 기본 전제).

이것이 F. 니체의 '생명 긍정(Affirmation of Life)', '디오니소스주의(Dionysianism)' 사상 의 척추(脊椎)를 이루고 있는 바다.

그동안 '성현, 철학도'들은 그것(肉體와 生殖)에 대한 초월, 무관심, 언급 없음으로 일관하 였고, 그 추종자들은 그것(生殖)의 '신비화'에 앞장을 서왔다.

이에 대해 F. 니체는 누구보다 '생명 긍정', '실존주의'에 철저하여, 그동안 철학자 신학자의 '신비(神秘)의 베일 벗기기-우상파괴(偶像破壞)'를 본업으로 생각했다.

3-1
니체는, 철학자 디오니소스의 제자다.

나는 코딱지 현자도, 도덕의 괴물도 아니다. 나는 이제까지 덕이 있다는 사람과는 반대편에 있다. 우리들 사이에는 그것이 나를 자랑스럽게 하는 문제이다. 나는 철학자 디오니소스의 제자이 고, 성인보다는 사티로스이고 싶다.

I am, for instance, in no wise a bogey man, or moral monster. On the contrary, I am the very opposite in nature to the kind of man that has been honoured hitherto as virtuous. Between

ourselves, it seems to me that this is precisely a
matter on which I may feel proud. I am a dis-
ciple of the philosopher Dionysus, and I would
prefer to be even a satyr than a saint.

_ '이 사람을 보라(ECCE HOMO)'[1]

'디오니소스(바커스)'[2]

'디오니소스(바커스)'[3]

'디오니소스'[4]

'디오니소스(바커스)'[5]

1) F. Nietzsche(translated by A. M. Ludovici), *ECCE HOMO-Nietzsche's Autobiography*, The Macmillan
Company, 1911, pp.1~2.

2) G. Greer, *The Beautiful Boy*, Rizzoli, 2003, p.127, 'A bronze head of Dionysos or Bacchus(first century)'-
야생 포도넝쿨(ivy)로 디오니소스 神像임을 알 수 있다.

3) C. Kerenyi, *Archetypal Image of Indestructible Life*, Princeton University Press, 1976, 'The Cover
Image'.

4) *Die Enzyklopaedie Der Mythologie*, Anness Publishing, 1977, p.37, 'Dionysos'.

5) R. Buxton, *The Complete World of Greek Mythology*, Thames & Hudson, 2004, pp.82~3, 'Dionysos'.

| 구조 | '성자 ⇔6)사티로스' 동시주의

'항해하는 디오니소스'7)

F. 니체는 처음 '문헌학도(philologi- st)'로서 고대(희랍) 문명 연구의 '과학으 로서의 문헌학(philology)'을 전공하였 고, 고대 〈성경〉의 기록에도 관심을 가 졌다.

세계 어느 곳에서나 인간의 언어에 '음 성(a voice)'이 먼저였고, '기록(a record)' 은 보존 수단으로 등장했으나, 그 기록은 시간에 견디어 뒤 세상에 전해지게 되었다.(개인 성장 과정도 동일함)

F. 니체는, '문헌(성경과 고대 희랍의 문헌)'의 해석과 비판에서도, 항상 자신의 '현세(this world)주의'를 작동시키고 있다. 즉 시대에 따라 기록 수단이 달라지고, 언어가 변천하고, 그 기록자의 성격이 변하게 되었고, 그에 대한 해석도 해석자 시각의 차이가 작용하게 마련인 데, 거기에 '독일 문헌학(philology)'이 작용한 것이다.

그 과정에서 F. 니체식 '생명'주의[생명을 지닌 사람들이, 그 문서들을 작성한 것이라는 신 념]가 작동하여, '호머 시대의 희랍 귀족의 선(善)'을 그 표준으로 삼고, '생산 풍요의 신 디오 니소스'를 이상(理想)으로 삼게 되었다. 그리하여 F. 니체의 주요 논리는 〈성경〉 속에 '선(善, Good)'이라는 개념과 고대 희랍(호머 시대)의 '선(善, Good)'이라는 개념이 확실히 달랐음에 착안(着眼)하여, 〈성경〉 속의 '선(善)'은 '노예 도덕(Slave morality)'이라 규정하고, 희랍의 '선(善)' 규정을 '주인 도덕(master morality)'이라고 명명하였다.(2-4 '좋다'는 판단(느낌) 은, 그 행동 주체에서 유래한 것임) 이것은 소위 서구 문명의 양대 축인 '헬레니즘'과 '헤브라 이즘'을 구분하는 것으로 '희랍 문화'와 '기독교 문화'의 차이에 관심을 증폭시킨 것이다. F. 니체가 '희랍의 비극'과 디오니소스 신화에 관심을 보였던 것은 현대 인문 사회 과학의 발달에 획기적인 것으로 S. 프로이트를 비롯한 중요 학자들이 그 '고문헌'에 대한 관심(신화에 대한

---

6) '동시주의(同時主義, simultaneism)' 양태(樣態)를 '⇔' 마크로 펼치기로 한다. '⇔'는, '동등(同等=)'과 '상반(相反 ↔)' 의미를 공유(共有)한 것이 특징이다.

7) W. F. Otto, *Dionysus : Myth and Cult*, Indiana University Press, 1965, Plate 10 'Dionysus as seafarer'.

관심)에서 자신의 학적(學的) 출발점을 발견하였다.

F. 니체는, 그동안 '성자(聖者)' 중심의 '도덕철학' 일방주의(一方主義, monocraticism)를 확실하게 거부하고 그 '반명제(Antithesis)'인, '본능 육체' 중심의 소위 '실존 중심'의 새로운 (가치)세계를 펼쳐 현대 실존철학의 신기원(新紀元)을 이루었다.

저서 〈이 사람을 보라(ECCE HOMO)〉는 1888년 지은 것으로, '니체의 5대 명저'[8]의 하나로 그 철학을 '집대성'한 저술이다.

3-2
디오니소스는 반도덕 반기독교다.

그래서 인생을 위한 나의 본능, 본능의 중재자로서 어떤 근본적 대응, 인생 평가의 대응은 순전히 예술적이고 순전히 반기독교적인 것으로 이 의문의 책(〈비극의 탄생〉)에서 선회(旋回)를 행했던 것은, 도덕에 대항하는 것이었다. 그것을 무엇이라고 규정해야 할까? 문헌학도로서 반기독교도로서 자유로운 이름은 무엇일까? 희랍 신의 이름이니, '디오니소스적인 것(Dionysian)'이라 명명하였다.

⋯It was against morality, therefore, that my instinct, as an intercessory instinct for life, turned in this questionable book, inventing for itself a fundamental counter-dogma and counter-valuation of life, purely artistic, purely anti-Christian. What should I call it? As a philologist and man of words I baptised it, not without some liberty for who could be sure of the proper name of the Antichrist? with the name of a Greek god : I called it Dionysian.[9]

┃구조┃ '반도덕 ⟺ 디오니소스적인 것', '반기도교적인 것 ⟺ 디오니소스적인 것' 동시주의

F. 니체는 '기독교'가 '허무주의', '데카당', '금욕주의'임을 지적하고 그 반대편에 희랍의 생산과 풍요의 신(神) 디오니소스를 전제하였다. 그리고 니체(차라투스트라) 자신은 바로 그

---

8) F. 니체는 여러 저작을 남겼으나, 그의 '5대 명저'는, 1. 〈이 사람을 보라〉, 2. 〈우상의 황혼〉, 3. 〈반기독교〉, 4. 〈차라투스트라는 이렇게 말했다〉, 5. 〈누이와 나〉 다섯 권의 책이다. 독서 순서도 이에 따르는 것이 오해(誤解)가 적을 것이다.

9) F. Nietzsche(translated by Wm. A. Haussmann), *The Birth of Tragedy*, The Macmillan Company, 1909, p.11.

디오니소스의 제자라고 자칭하였다. 인간 사회에 '생산과 풍요'가 바로 '최고 가치실현의 목표'라는 것이다. 어디까지나 '현세주의', '육체 중심'의 '생명' 중심주의 사고의 기원이었다.(제13장 J. G. 프레이저, 참조)

3-3
'그리스도의 정반대'가 디오니소스다.

나를 이해하겠는가? 디오니소스 대 그리스도.

> Have you understood me? *Dionysus* versus
> *Christ.*

_ '이 사람을 보라(ECCE HOMO)'[10]

| 구조 | '디오니소스 ⇔ 그리스도' 동시주의

F. 니체가 기본적으로 그의 저술 전체에 적용하고 있는 '동시주의' 기본 전제이다. '영미(英美) 문화권'에서는 '반기독교적인 것'을 '세속적인 것(pagan)'으로 규정하고 있다. 이러한 '영미(英美)'의 문화정책은 '문학예술 작품'을 '현실 생명과 사회'에 연결하는 것을 거부하고, '작품 자체'를 고집하는 '관념주의', '만다라주의', '신비주의'를 조장하였다. 그것은 F. 니체부터 확실하게 된 '현실 사회 개혁'이 지상 목표인 '다다 초현실주의 운동'을 외면하고, E. 파운드, T. S. 엘리엇, '미국의 신비평'의 '작품 속의 논의'로 묶어두었던 처사(處事)가 그것이다.

그러나 F. 니체는 E. A. 포우(E. Poe, 1809~1849)에 비롯했고, C. 보들레르(C. Baudelaire, 1821~1967)에 의해 일반화한 소위 '예술을 위한 예술(Art for art's sake)'을 '퇴폐주의(Decadent)'로 간단히 짚고 넘어갔다.(10-2. '독일 민족 제국주의'가 바그너를 절단 냈다.)

사실 '예술의 의미'를 작품 속에 묶어두려는 예술가는 어디에도 없다. 왜냐하면 그 작품 창조 이전에도 있고, 창조를 마친 이후에도 엄연히 존재하는 생명(生命), 그것을 떠나면 어떤 작품도 그 근본 뿌리를 상실하여 '출발점', '귀환점'을 모두 상실하여 궁극의 '가치 실현 장소의 망실(亡失)'을 아울러 초래하게 마련이기 때문이다.

---

10) F. Nietzsche(translated by A. M. Ludovici), *ECCE HOMO–Nietzsche's Autobiography*, Ibid., p.143.

3-4

'사티로스'를 이해하라.

나는 인간과 그 종족(種族)들을 평가할 때는 항상 그들의 내부에, 얼마나 크게 사티로스로 달려감 없이는 그 신(神)을 생각하지 못하는지를 그 평가 범위(範圍)로 상정을 해 놓고 있다.

I estimate the value
of men, of races, according to the extent to which
they are unable to conceive of a god who has not a
dash of the satyr in him.

_ '이 사람을 보라(ECCE HOMO)'[11]

사티로스(satyr) '실레노스(Silenus)'[12]

|구조| '신⇔사티로스' 동시주의

　F. 니체는 '희랍 비극의 문제'를 '출산을 위한 디오니소스의 고통'에 초점을 두어 풀이하였다. 즉 '새 생명의 탄생을 위한 출산의 고통'이라는 '최고 긍정적 해석'이 그것이다. 그 의미는 궁극적으로 '남성이 겪는 고통'이고, 남성이 당연히 감당할 수밖에 없는 고통이라는 점에 그 의미가 있다.

　J. G. 프레이저(J. G. Frazer, 1854~1941)는 그의 명저 〈황금 가지〉를 통해 세계의 원시 종교 민속이 모두 그 종족의 '다산(多産)'과 '풍요(豊饒)'를 위한 의례(儀禮)에 종속됨을 밝혀 F. 니체의 '디오니소스주의'를 뒷받침하였다.(제13장 참조)

　S. 프로이트도 "죽음이 최고 욕망의 실현"[13]이라고 하여 F. 니체와 공통의 견해를 보였다.

---

11) Ibid., p.39.

12) C. Kerenyi, *Archetypal Image of Indestructible Life*, Ibid., Fig.23 'Silenus treading out grapes'.

13) "가장 고통스런 체험이 역시 고도의 쾌락으로 느껴질 수 있음-the most painful experiences and can yet be

F. 니체가 설명한 '동시주의'에 가장 명백한 진술이다. F. 니체는 '신'과 '사티로스' 속성이 모두 인간 내부에 있음을 위와 같이 명시했다.('7-50. '신(神)의 종자(種子)'가 인간 속에 있다.') '종족 보존 본능'에 대한 긍정이다.

3-5
사티로스는 '인간의 원형'이다.

요즈음의 목동처럼 사티로스는 원시적인 것과 자연적인 것의 동경(憧憬)의 산물이다. 그러나 희랍인은 그 숲 속의 사람을 얼마나 확실하고 대담하게 붙잡아 냈던 것인가. 현대인은 얼마나 부끄럽고 소심하고, 연약한 피리 부는 목동의 상(像)과 같이 꾸물거리고 있는가.

어떤 지식도 작동하지 않고 문화에 대한 어떤 빗장도 열리지 않은 자연(自然), 그것이 희랍인이 사티로스로 보여준 바이다. 그래서 사티로스는 원숭이가 아니다. 반대로 <u>사티로스는 인간의 원형(the archetype of man)</u>이다. 사티로스는 가장 높고 가장 강한 감정의 구현자, 신의 도래로 들뜬 열광의 하객이고, 신의 반복된 고통을 함께 겪는 추종자, 자연의 가장 깊은 곳에서 나오는 지혜를 전하는 전령, 자연 어디에나 편재한 성의 상징이고, 희랍인이 숭배하는 외경으로 여겼던 대상이다. 사티로스는 숭고하여 신 같은 존재이다. 특히 슬프고 지친 디오니소스 추종자들의 눈에는 그렇게 보였을 수밖에 없다.

-The satyr, like the idyllic shepherd of our more recent time, is the offspring of a longing after the Primitive and the Natural but mark with what firmness and fearlessness the Greek embraced the man of the woods, and again, how coyly and mawkishly the modern man dallied with the flattering picture of a tender, flute-playing, soft natured shepherd!

Nature, on which as yet no knowledge has been at work, which maintains unbroken barriers to culture this is what the Greek saw in his satyr, which still was not on this account supposed to coincide with the ape. On the contrary : it was the archetype of man, the embodiment of his highest and strongest emotions, as the enthusiastic reveller enraptured by the proximity of his god, as the fellow-suffering companion in whom the suffering of the god repeats itself, as the herald of wisdom speaking from the very depths of nature, as the emblem of the sexual omnipotence of nature, which the Greek was

---

felt by them as highly enjoyable."-S. Freud, *The Standard Edition of the Complete Psychological Works of Sigmund Freud*, The Hogarth Press, 1953, V.18, p.17, 'Beyond The Pleasure Principle' ; '공격본능(aggressive instinct)', '죽음의 본능(death instinct)'-S. Freud, Ibid., V.10, p.140.

wont to contemplate with reverential awe. The satyr was something sublime and godlike
: he could not but appear so, especially to the sad and wearied eye of the Dionysian man.[14]

┃구조┃ '사티로스⇔인간의 원형' 동시주의

　F. 니체가 〈비극의 탄생〉에서 '디오니소스', '사티로스'를 가장 구체적으로 밝힌 대목이다.
앞서 말했던 바, '욕망⇔억압'의 동시주의에서, 역대 철학자 성인들은 오로지 '억압(도덕)'에
강조점을 두고 '국가', '사회'에 최고의 덕목을 두었는데, F. 니체와 '다다 초현실주의자들'은
모두 '욕망(육체)'에 '진실성'을 두고, '개인'과 '자유'를 강조하였다.
　이 점이 F. 니체가 선점(先占)한 "모든 가치의 顚倒-The Transvaluation of All Values(2-18)"
의 출발점에 관련 사항이다.
　이 점은 F. 니체의 가장 강력한 제자 S. 프로이트 이론의 출발점이며 '실존(생명)'철학의 거점
이다. 소위 '실존철학자'라고 이름이 붙은 이들은 F. 니체의 '실존'이란 명칭만 취했을 뿐 과거
'국가주의 관념철학'에 왜곡되어 있는 존재들이라는 점은 명백히 해야 할 사항이다. ('제13장
참조)

3-6
사티로스는 '기술과 지혜의 전령(傳令)'이다.

　이렇게 해서 신(神)과는 대조적인 '벙어리' 현자이며 열광자인 충격적 사티로스의 환상적인 모습
이 된다. 사티로스는 자연의 모습이고 자연의 가장 강한 충동, 자연의 상징, 자연의 기술과 지혜의
전령이고, 음악가, 시인, 무용수, 한 사람의 모습이다.
　-Thus, then, originates the fantastic figure, which seems so shocking, of the wise
and enthusiastic satyr, who is at the same time "the dumb man" in contrast to the god
: the image of Nature and her strongest impulses, yea, the symbol of Nature, and at
the same time the herald of her art and wisdom : musician, poet, dancer, and visionary
in one person.[15]

---

14) F. Nietzsche(translated by Wm. A. Haussmann), *The Birth of Tragedy*, Ibid., p.68.
15) Ibid., p.70.

|구조| '사티로스 ⇔ 자연의 상징' 동시주의

F. 니체는 '사티로스'를 '자연', '지혜의
전령', '음악가', '시인', '무용수'라고 칭
송을 늘어놓았으니, 이것은 '생명'에 대한
칭송들이다. 그리고 디오니소스 성격의
부연 설명이다. 디오니소스는 '차라투스
트라'이고 '비극의 주인공'이고 'F. 니체
자신'이고, '생산 풍요'의 대명사이고, '힘
에의 의지', '생명' 중심주의 표상이고,
'인간사랑-휴머니즘 실현의 주체'이고,

'아프로디테, 판, 큐피드'[16), '디오니소스'[17)

'죽음을 초월한 신', '긍정적 삶의 대표자'이다. F. 니체는 '디오니소스 정신의 실천자, 전파자'
이고 항상 그 정신 속에서 새롭게 출발하는 태도를 보였다.

3-7
디오니소스를 숭배한 희랍인들

디오니소스적인 희랍인은, 사티로스로 변형된 자신 속에 가장 힘찬 자연과 진실의 형태를 원
했다.

디오니소스 숭배자들은 이러한 분위기와 인식으로 흔들리고 재건된 자연의 정령, 사티로스로서
그들 자신을 본다고 상상한다. 뒤에 형성된 비극의 합창단은 이 자연적 현상을 모방한 것이니,
마땅히 디오니소스를 찬양한 사람들과 관람하는 구경군은 서로 구분이 되게 되었다.

 -the Dionysian Greek desires truth and nature in their most potent form he sees himself
metamorphosed into the satyr.

The revelling crowd of the votaries of Dionysus rejoices, swayed by such moods and
perceptions, the power of which transforms them before their own eyes, so that they
imagine they behold them- selves as reconstituted genii of nature, as satyrs. The later

16) T. Bulfinch, *Myths of Greece and Rome*, Penguin Books, 1981, p.204, 'Aphrodite-Venus, Pan and
Cupid'-National Archaeological Museum, Athens.
17) W. F. Otto, *Dionysus : Myth and Cult*, Ibid., 1965, 'Dionysus-Cover Image'.

constitution of the tragic chorus is the artistic imitation of this natural phenomenon, which of course required a separation of the Dionysian spectators from the enchanted Dionysians.[18]

┃구조┃ '희랍인 ⇔ 사티로스', '사티로스 ⇔ 가장 힘찬 자연과 진실', '디오니소스 구경꾼
⇔ 디오니소스를 찬양한 사람들' 동시주의

희랍의 극장

F. 니체는 '사티로스'가 바로 고대 희랍인의 모습으로 그것은 '가장 힘찬 자연과 진실'이며, 구경꾼은 모두 '디오니소스를 찬양하는 사람들'이라고 하였다.

F. 니체의 이 말이 거짓일 수 없음은 인간은 모두 '어려운 환경'을 극복하고 '후손(後孫)이 번창하여 오늘에 이르렀기 때문'이다. 즉 '지금까지 생명의 계승'이 F. 니체의 말에 대한 가장 확실한 증거들이기 때문이다.

F. 니체는 '디오니소스 정신'을 따르는 고대 희랍 정신을 '가장 건강한 정신'으로 표본으로 삼았기에, 당초에 '청년들을 타락시켰다'는 죄목으로 소크라테스를 기소(起訴)한 '아테네 시민 정신'을 이유 있는 것으로 전제하였다.('6-5. 데카당이 행한 '데카당과의 전쟁'', '6-3. '본능' 역행의 소크라테스')

---

18) F. Nietzsche(translated by Wm. A. Haussmann), *The Birth of Tragedy*, Ibid., pp.64~5.

3-8
'합창단'은 '디오니소스 추종 인파'다.

사티로스 합창단은 디오니소스의 추종 인파이며, 무대에서는 역으로 사티로스의 합창단이다. 관람의 힘은 원형 계단 관람석에 문화인들의 눈을 둔화 마비시켜 '사실'로의 인상을 주기에 충분한 것이다. 희랍 극장의 형태는 한적한 산골짜기에 남아 있다.

-The satyric chorus is first of all a vision of the Dionysian throng, just as the world of the stage is, in turn, a vision of the satyric chorus : the power of this vision is great enough to render the eye dull and insensible to the impression of "reality" to the presence of the cultured men occupying the tiers of seats on every side. The form of the Greek theatre reminds one of a lonesome mountain-valley :[19)

┃구조┃ '사티로스 합창단 ⇔ 디오니소스의 추종 인파' 동시주의

F. 니체의 '신화', '비극' 해석 방법에 주목할 필요가 있다. 즉 F. 니체의 경우 '신들의 문제'는 바로 '대표적인 인간 자신의 모습'으로 그대로 수용했던 점이다. 그러기에 기본적으로 F. 니체는 문제의 '디오니소스'도 신(神)이 아니라 사람으로 전제하여 여지없이 자신은 그 제자라고 선언한 경우가 그것이다.

이것이 F. 니체의 '생명' 중심주의 출발점이고, '과학 정신' 적용의 표본이다.

'인도를 정복한 디오니소스(The Indian Triumph of Dionysus, 2세기 중엽)'[20)

19) Ibid., p.81.

'디오니소스(바커스) 행렬'[21]

'디오니소스(바커스)의 승선(乘船)'[22]

20) M. P. O. Morford/R. I. Lenardon, *Classical Mythology*, Oxford University Press, 2007, p.293, 'The Indian Triumph of Dionysus'.

21) R. Buxton, *The Complete World of Greek Mythology*, Ibid., pp.218~9, 'Dionysos'.

22) C. Kerenyi, *Archetypal Image of Indestructible Life*, Ibid., Fig. 49~50 'Arrival of Dionysos on ship-board'.

모든 예술가들은 자신의 기질적으로 F.
니체의 '디오니소스주의'에 동조하였으니,
S. 달리도 1953년에 이르러 '바커스의 수레
(Bacchus' Chariot)'를 제작하였다.

S. 달리의 '바커스의 수레(1953)'[23]

위의 그림에서 볼 수 있듯이 S. 달리는
'자신이 바로 바커스(디오니소스)신'이라
고 그려 보였다. S. 달리 특유의 다리 긴 코
끼리 두 마리가 수레를 끌게 하고, S. 달리
는 술병을 앞에 놓고 코끼리 머리 위에 방
석을 놓고 도도하게 반쯤 뒤로 기댄 자세에, 그 앞에는 열린 과일 곁에서 여인이 악기를 연주
하고, 다른 (달리 특유의 앞가슴과 엉덩이가 튀어나온) 여인은 열심히 수레를 끌고 있다.

이로써 소위 R. 마그리트, S. 달리의 '초현실주의 운동'은, 일단 F. 니체의 '생명 긍정(The
affirmation of life)'의 '생명 중심(실존)주의(existentialism)'와 동계임을 확인할 수 있다.

3-9
'디오소스의 고통'이 비극의 주제(theme)다.

최초의 희랍 비극의 형식은 그 주제가 디오니소스의 고통이고, 얼마 동안은 무대에 디오니소스만
등장했다는 점에는 이론이 없다. 그와 동일한 관점에서 에우리피데스 시대까지는 디오니소스가
무대에 주인공이었으나, 희랍 무대에 인기 있던 프로메테우스나 오이디푸스 등은 원래 주인공 디오
니소스의 가면(假面)에 불과하다는 점이다.

－It is an indisputable tradition that Greek tragedy in its earliest form had for its theme
only the sufferings of Dionysus, and that for some time the only stage-hero therein was
simply Dionysus himself. With the same confidence, however, we can maintain that not
until Euripides did Dionysus cease to be the tragic hero, and that in fact all the celebrated
figures of the Greek stage Prometheus, Oedipus, etc. are but masks of this original hero,
Dionysus.[24]

---

23) R. Descharnes, *Salvador Dali; The Work The Man*, Ibid., p.329, 'The Gape Pickers: Bacchus' Cha-
riot(1953)'.

┃구조┃ '디오니소스의 가면⇔프로메테우스, 오이디푸스' 동시주의

'발견(1929)'[25]

F. 니체의 '희랍 비극'에 대한 확신을 표명한 대목이다. F. 니체는 '프로메테우스', '오이디푸스'를 모두 디오니소스 얼굴의 변용(變容)으로 해석하였다. 동일한 '생산과 풍요'를 소중하게 생각하는 '고대 희랍 정신'에서 창조되었다는 근거에 의한 진술이다.

F. 니체는 〈차라투스트라는 이렇게 말했다〉 서두에서 프로메테우스의 '불'의 비유를 차라투스트라의 비유로 원용하여 역시 자신이 '프로메테우스', '디오니소스'임을 간접적으로 명시하였고, 이후 '다다 초현주의 운동가'들도 '불'을 역시 '욕망의 불'과 같은 전제를 두었다.

S. 프로이트는 '오이디푸스'에 관심을 집중하여 '정신질환의 원인'으로 규정했는데(제13장 참조), S. 달리는 오히려 예술로 자신이 바로 그 '오이디푸스'임을 말하여 F. 니체의 주장에 동조를 하고 나왔다.

'예술(연극)'은 기본적으로 다방면(多方面)의 해석이 용인되고 있고, 그 '의미의 발견'은 수용자(감상자) 각자가 다양하게 접근하기 마련이다.

F. 니체 이후 정신분석학자와 예술가들은 '신(神, 남성)'에 대한 '여신(女神, 모성, 여성)'은 다양한 의미로 풀이되는데, R. 마그리트는 '숲(forest)', '널빤지(board, plank)' 로고를 사용하여 '여성(母性)'이 타고난 '제국주의자(Imperialist)'임을 폭로하였다.

3-10

'쾌락 속에 생명의 붕괴'가 '비극'이다.

비극 심리학에 대한 설명은 〈우상의 황혼〉에서 행해졌다. "생을 긍정하는 것, 괴기하고 난해한 문제까지도 긍정하는 것, 최대의 희생을 치르며 그 자체에 무한 생명을 즐거워하는 삶의 의지, 그것이 내가 <u>디오니소스적인 것이라고 일컫는 비극 시인에로의 다리(bridge)</u>를 의미하는 것이다……. (아리스토텔레스가 잘못 알았던) 공포(terror)와 애련(pity)을 훨씬 뛰어넘어 영원히 욕망 그 자체

---

24) F. Nietzsche(translated by Wm. A. Haussmann), *The Birth of Tragedy*, Ibid., p.81.

25) A. M. Hammacher, *Rene Magritte*, Abradale Press, 1995, p.89, '발견(1928)' : 예술의 기능은 창조자의 문제이면서 역시 관람자-수용자의 문제를 발견해 깨닫게 하는 것이다.

가 되어 버리는 것-to be the eternal lust of Becoming itself, 그것은 자체 파손의 쾌락-the joy of destruction을 포괄하는 욕망이다."···. 이러한 의미에서 나(F. 니체)는 최초의 비극철학도이다. 다시 말해 나는 염세철학도-pessimistic philosopher의 반대편에 있다.

> **The extent to which I had by means of these doctrines discovered the idea of "tragedy," the ultimate explanation of what the psychology of tragedy is,** I discussed finally in *The Twilight of the Idols* (Aph. 5, part 10). . . . "The saying of yea to life, and even to its weirdest and most difficult problems: the will to life rejoicing at its own infinite vitality in the sacrifice of its highest types—that is what I called Dionysian, that is what I meant as the bridge to the psychology of the tragic poet. **Not to cast out terror and pity, or to purge one's self of dangerous passion by discharging it with vehemence,—this was Aristotle's** misunderstanding of it,—but to be far beyond terror and pity and to be the eternal lust of Becoming itself—that lust which also involves the joy of destruction." . . . In this sense I have the right to regard myself as the first *tragic philosopher*—that is to say, the most extreme antithesis and antipodes of a pessimistic philosopher.

_ '이 사람을 보라(ECCE HOMO)'[26]

┃구조┃ '생-욕망의 긍정, 욕망 자체가 되는 것, 디오니소스, 비극철학도 ⇔염세철학도' 동시주의

F. 니체는 이 부분이 F. 니체 철학의 정면을 확인시켜 주는 지점이다. 한마디로 인간은 '생명의 긍정(보전)'에 모든 희생(죽음까지)을 뛰어넘어(불구하고) '쾌락 속'에 봉사하다는 전제가 그것이니, 이것이 바로 F. 니체가 평생을 통해 강조했던 '운동'의 출발점이고 귀환점이다. 그동안 동서양 철학자와 종교(기독교, 불교)가 공통으로 잘못 생각했던 바로 그 점이었다. 이에 F. 니체는 이 공식으로 '지구촌(the global village)'을 향해 새로운 소식을 전하였다.

당연한 전제인데, 그 부분의 인정에 철학자, 종교인은 한결같이 그 '수용'에 극도로 인색(吝嗇)하였다.

S. 프로이트는 이것을 '가장 큰 죽음의 욕망'으로 인정하였고, J. 라캉(J. Lacan, 1901~1981)은 '욕망의 주체' 논의를 심리학의 출발점으로 삼았다.

---

26) F. Nietzsche(translated by A. M. Ludovici), *ECCE HOMO-Nietzsche's Autobiography*, Ibid., p.72.

그러나 여기에 '제국주의(Imperialism) 정신'이 잠입(潛入)할 수 있다. 주의해야 한다. 자기의 목숨을 던질 적에 어떤 다른 생명이 그 앞에 남을 수 있겠는가? 그러나 F. 니체는 '약탈의 제국주의'와 '생명 살상 전쟁'을 누구보다 앞서 '반대'를 명백히 하였다.('8-27. '살상(殺傷)의 무리'는 내 성전(聖殿)을 찾지 말라.', '10-2. '독일 민족 제국주의'가 바그너를 절단 냈다.', '10-1. 우려할 만한 '독일 국가 민족주의'')

R. 마그리트는 실존(생명 우선)주의자로서, '제국주의'에 반대하는 '다다 초현실주의 운동가'였지만 역시 '제국주의 속성'에서 자유로울 수 없음을 그 작품으로 명시하였다.

▲ '사진(1961)'27)

◀ '골콩드 −겨울비(1953)'28)

3-11
'디오니소스'를, 데메테르는 반복 출산한다.

데메테르 신화가 말해주듯이, 그녀는 영원한 슬픔에 잠겼다가 디오니소스를 다시 낳을 수 있다는 말을 듣고 기뻐한다는 점이다.

　　−as is symbolised in the myth by Demeter sunk in eternal sadness, who rejoices again

---

27) P. Gimferrer, *Magritte*, Academy Edition, 1987, Fig.100 'Portrait(1961)' : '볼링 모의 남성⇔마그리트', '볼링 모의 남성⇔제국주의자'.

28) Ibid., Fig.79 'Golconde(1953)' : '무수한 제국주의자의 도래⇔골콩드'. R. 마그리트는 '사진'에서 자신이 '볼링 모의 남성(제국주의자)'으로 전쟁터(욕망의 불이 난 장소)에 있음을 공개하였고, 역시 작품 '골콩드'에서는, 그 '볼링 모의 남성'들이 하늘에서 비처럼 쏟아짐을 제시하였다. 즉 모든 인간은 그 '제국주의자'로 태어나나, 교육과 훈련을 통해 '함께 사는 사회'에 적응을 하게 해야 한다는 것이 R. 마그리트의 지론(持論)이다. 그 '교육'과 '훈련'은 '억압'에 대한 훈련이다.

only when told that she may once more give birth to Dionysus.[29]

┃구조┃ '디오니소스 사망 ⇔ 디오니소스 출산' 동시주의

 F. 니체가 '사망한 신 디오니소스'의 전제 속에 '다시 출산된 디오니소스'를 명백히 한 것은 그의 '생의 긍정(the affirmation of life)' 의미가 가장 강하게 명시된 부분이다. <u>이것이 바로 F. 니체가 전제한 '부활(復活, 영원회귀-Eternal Recurrence)'의 의미이다.</u> '제국주의자'가 인간의 자연 성질이라고 할지라도 R. 마그리트와 F. 니체는 '현 존재(인생)'를 어디까지나 긍정하고 있다. 이것이 그들의 공통점이나, 종교인들은 시각(視覺)이 달라, 아예 이승(this world)을 부정하고 저 세상(천국, the next world)을 기약한다. 그것을 '현재 생명' 우선주의자 F. 니체는 '허무주의-허구', '데카당'으로 규정하고 있다.

3-12
디오니소스는 '영원회귀(回歸)'다.

 '영원회귀-Eternal Recurrence' 이론은 말하자면, 모든 사물의 영원하고 절대적인 시간적(계절적) 반복-the absolute and eternal repetition of all things in periodical cycles이다. 그것은 차라투스트라의 교훈이다.

> The doctrine of the " Eternal Recurrence"
> that is to say, of the absolute and eternal repetition
> of all things in periodical cycles——this doctrine of
> Zarathustra's might, it is true, have been taught before.
>
> _'이 사람을 보라(ECCE HOMO)'[30]

┃구조┃ '영원회귀 ⇔ 개별 사물-생명' 동시주의

 F. 니체의 '영원회귀(만다라-Mandala)' 문제는 '동양(유교 불교)' 사상을 수용한 니체 철학의 본보기에 해당한 것으로 J. G. 프레이저, W. 칸딘스키, C. G. 융, M. 에른스트 등 모든 다다이스트가 공통으로 종사(從事)한 지대(至大)한 문제이다. (제13장 참조)

---

29) F. Nietzsche(translated by Wm. A. Haussmann), *The Birth of Tragedy*, Ibid., pp. 82~3.

30) F. Nietzsche(translated by A. M. Ludovici), *ECCE HOMO-Nietzsche's Autobiography*, Ibid., p. 73.

특히 F. 니체 '영원회귀'의 문제는, '관념적', '내세적'인 것이 아니라, '현재', '지금'의 '삶의 전제'라는 점에서 근본적으로 과거 종교인의 그것과는 다르다. '생명과 풍요'를 줄기찬 노력에 전제된 '영원회귀'이다('내세(來世)적 문제'가 아니라, 현재 '생명'을 위한 확신이라는 점).

3-13
디오니소스는, '파괴될 수 없는 기쁨'이다.

우리는 고통의 미친 침(針)에 찔리는 바로 그 순간에, 디오니소스의 황홀경(恍惚境)에 미루어 볼 수 있듯이, '실존의 그 파괴할 수도 없고 영원한 측량할 수 없는 원시적 기쁨(the indestructibility and eternity of this joy)'으로 하나가 된다. 공포와 애련에도 불구하고 우리는 살아 있는 존재들이고 개인이 아니라 창조의 기쁨 하나로 통합된다.

—We are pierced by the maddening sting of these pains at the very moment when we have become, as it were, one with the immeasurable primordial joy in existence, and when we anticipate, in Dionysian ecstasy, the indestructibility and eternity of this joy. In spite of fear and pity, we are the happy living beings, not as individuals, but as the one living being, with whose procreative joy we are blended.[31]

┃구조┃ '그 고통의 미친 침⇔디오니소스의 황홀경' 동시주의

'육체의 운영' 그것이 바로 '파괴될 수 없는 기쁨'이고 그것이 역시 인간이 바로 그 '디오니소스 정신'을 공유하고 있다는 그 증거이다. '육체 자체'가 '기쁨(쾌락)'으로 운영'이 된다. 그러므로 '생의 모든 수고로움(勞苦)'은 '육체의 기쁨'으로 이미 모두 완벽히 보상(報償)을 받고 있다. 그러므로 '생의 저주(詛呪)'는 궁극적으로 '자기기만(自己欺瞞)'의 '위선(僞善)'임을 F. 니체는 거듭거듭 강조하고 있다.

그러므로 F. 니체의 주장은 (그동안 종교가, 철학자에 의해 크게 무시되었으나) 가장 명백한 '인간 생명(육체)'의 영역의 명시일 뿐이다. 그것에 대한 확신이 바로 '생명 중심주의'에 대한 확신이다.

위에서 F. 니체가 '우리는 고통의 미친 침(針)에 찔리는 바로 그 순간에, 디오니소스의 황홀

---

31) F. Nietzsche(translated by Wm. A. Haussmann), *The Birth of Tragedy*, Ibid., pp.128~9.

경(悅惚境)에 미루어 볼 수 있다.'고 한 것은, 자신 육체의 '마조히즘(masochism)' 체험으로 주장된 것이다. F. 니체의 '신병(身病) 체험'은 자신의 '실존(생명)'철학(과학)에 절대적 뒷받침이 되어 있다.(제12장 '연보' 참조)

3-14
'죽음과 변화'를 초월한 디오니소스

결론적으로 괴테(J. W. Goethe, 1949~1832)는 희랍인을 이해하지 못했다. '삶의 의지'로부터 희랍인 본능 근본적 사실을 말해 주는 것은 디오니소스 심리학, 디오니소스 신화에만 있기 때문이다. 희랍인은 그것으로부터 무엇을 보장받으려 했던가? 영원한 생명, 생명의 영원회귀이고, 성(性)의 신비를 통해 생식(生殖)을 통해 총체적 생존에서보다는 현실 생활, 죽음과 변전을 초월한 삶에 대한 승리의 긍정 그것이다. 그러므로 희랍인에게 성 상징은 성스러운 것이고, 총체적인 고대의 경건함에 실질적 심원 성을 지닌 것이었다.

고통의 신화적 교훈은 성스러운 것으로 '출산 여인의 산고(産苦)'가 그것으로 모든 발전, 성장, 미래 보장이 고통의 원인이다…. 그래서 영원한 창조의 기쁨이 있고, 확신 속에 영생의 확신이 있고, 그것이 역시 '출산 여인의 산고(産苦)'이다. 이 모든 것이 디오니소스의 의미이다. 나는 희랍의 디오니소스 상징보다 더 높은 상징을 모른다. 그것은 인간의 가장 깊은 본성이고 생명의 미래, 생명의 영원함, 확신의 종교, 생명의 길, 성스러운 출산이다.

–Consequently, Goethe did not understand Greeks. For only in the Dionysian mysteries, in the psychology of the Dionysian state speaks to the fundamental fact of the Hellenic instinct–from "will to live." What is the Hellene guaranteed with these mysteries? Promised in the past and the future of consecrated; eternal life, the eternal return of life ; the triumphant Yes to life over death and change out, the real life than in the total survival through procreation, through the mysteries of sexuality. To the Greeks the sexual symbol was therefore the venerable symbol in itself, the real deep profundity within the whole of ancient piety. All individuals in the act of conception, pregnancy, and birth aroused the highest and most solemn feelings.

In the mystery teachings of the pain is sanctified: the "pangs of child-bearing woman" sacred pain at all, –all development and growth, anything future-vouching caused the pain… So there is the eternal joy of creation, so that the will to live on forever even in the affirmative, it must also be forever the "agony of child-bearing woman"… All this means the word Dionysus: I know of no higher symbolism than this Greek symbolism of the Dionysian. In it is the deepest instinct of life, the future of life, the eternity of life, perceived religion, —even the way of life, procreation, as the sacred way…[32]

┃구조┃ '디오니소스 고통⇔출산 여인의 산고(産苦)' 동시주의

F. 니체는 한마디로 '생명을 긍정-affirmation of life하는 사람'(예찬자)'이다. 그것은 역시 '(욕망 긍정의)자유'에 대한 예찬이고, '출산'과 '생의 진행'에 대한 예찬이다.

그러므로 '자유'의 행사(行使)는 그 자체가 '승리'이고 '승리', '자유'는 최고의 의미를 갖는다고 F. 니체는 반복해서 밝히고 있다. 그리하여 F. 니체는 디오니소스 정신을 떠날 수 없고, 디오니소스가 바로 그 자신이라고 선언한 것이다.('제자다', '알아야 한다'는 것은 더욱 완벽한 지향의 명시이다. -이러한 측면에서 M. 하이데거의 소위 '실존주의(사실은 허무주의)'와 F. 니체의 '디오니소스주의'는 확연히 서로 구분이 되고 있다.)(제13장 참조)

1924년 A. 브르통(Andre Breton, 1896~1966)이 행한 '초현실주의 선언'에서 '꿈의 정면'[33]은 F. 니체의 '디오니소스주의'에 온전히 동의(同意)한 것이니, <u>다다 초현실주의 운동'의 사실상의 기저는 F. 니체의 '생명(육체) 중심주의</u>'이다.(제13장 참조)

3-15
지식의 욕구는 '출산의 욕구'이다.

"나는 내 지식의 욕구까지도 내 생식과 성장 의지에 기쁨을 느낄 뿐이고, 내 지식에 순수함이 있다면 거기에 내 출산 의지(procreative will)가 있기 때문이다."

"그 의지가 신들(God and gods)로부터 떠나라고 나를 유혹한다. 신들만 있다면 창조할 게 무엇이 있겠는가?"

"나의 불타는 창조 의지는 나를 항상 인간으로 내몬다. 돌에 쇠망치를 대게 한다."

"아 인간들이여 그 돌 속에 내가 꿈꾸는 이미지가 잠들어 있다. 아 그 견고하고 추악한 돌 속에 잠을 자야 하다니!"

---

32) F. Nietzsche(translated by D. F. Ferrer), *Twilight of the Idols*, Daniel Fidel Ferrer, 2013, pp.77~8.

33) P. Waldberg, *Surrealism*, Thames and Hudson, 1978, p.68 ; A. Breton, *Manifestoes of Surrealism*, The University of Michigan Press, 1977, p.13.

"*이제 가차 없는 나의 쇠망치는 그 감옥을 향해 공격을 가한다.(Now rageth my hammer ruthlessly against its prison.)* 그 돌에서 파편들이 튄다. 그게 내게 무슨 상관인가?"

"나는 그것을 종료할 것이다. 한 그림자가 내게 왔기 때문이다. 지상에서 가장 고요하고 경쾌한 것이 내게 왔기 때문이다!"

"초인의 아름다움이 그림자로 내게 왔다. 아 형제들이여. 신들은 도대체 내게 무엇이란 말인가?"

마지막 관점에 주목하기로 한다. 이탤릭체로 된 부분이 그 진술의 전제이다. 디오니소스의 생명 작업(Dionysian life task)은 최초의 필연적 작업으로 그 단단한 쇠망치로 가차 없는 파괴를 행하는 기쁨이 있을 뿐이다. "강고-强固할지어다!(Harden yourselves!)"라는 계명과, "모든 창조자는 강고하다(all creator are hard)"라는 확신이 디오소스의 본성의 알리는 지표이다.

> "Even in the lust of knowledge, I feel only the joy of my will to beget and to grow ; and if there be innocence in my knowledge, it is because my procreative will is in it.
> "Away from God and gods did this will lure me : what would there be to create if there were gods ?
> "But to man doth it ever drive me anew, my burning, creative will.   Thus driveth it the hammer to the stone.
> "Alas, ye men, within the stone there sleepeth an image for me, the image of all my dreams ! Alas, that it should have to sleep in the hardest and ugliest stone !
> "*Now rageth my hammer ruthlessly against its prison.*   From the stone the fragments fly : what's that to me ?
> "I will finish it : for a shadow came unto me— the stillest and lightest thing on earth once came unto me !
> "The beauty of the Superman came unto me as a shadow.   Alas, my brethren !   What are the— gods to me now ? "
> Let me call attention to one last point of view. The line in italics is my pretext for this remark. A Dionysian life-task needs the hardness of the hammer, and one of its first essentials is without doubt the *joy even of destruction.*   The command, "Harden yourselves !" and the deep conviction that *all creators are hard*, is the really distinctive sign of a Dionysian nature.

_'이 사람을 보라(ECCE HOMO)'[34]

┃구조┃ '신들 ⇔ 돌과 쇠망치 ⇔ 초인, 디오니소스' 동시주의

---

34) F. Nietzsche(translated by A. M. Ludovici), *ECCE HOMO–Nietzsche's Autobiography*, Ibid., pp. 113~4.

F. 니체는 여기에도 그의 '생명 긍정'의 뜻이 지속적으로 명시되고 있다. 쉽게 말하여 '돌'이란 생명의 창조와 활략을 제약하는 요소인데, F. 니체는 그것을 근본적으로 파괴하고 '심연 속에 생에 대한 긍정의 축복을 안고 있는 초인'을 탄생시키는 것이 니체(디오니소스)의 '생명을 위한 과업'이라는 논리이다. 그러므로 '차라투스트라(디오니소스)는 강고한 바윗돌을 완전히 털어버린 생명 긍정의 축복'의 존재이다. 그는 '신들'과는 반대편에 서 있다고 니체는 '초인'의 지점을 명시하였다.

F. 니체는 위에서 '아 인간들이여 그 돌 속에 내가 꿈꾸는 이미지가 잠들어 있다. 아 그 견고하고 추악한 돌 속에 잠을 자야 하다니!'라고 탄식을 하였다. 그에 동조하여 M. 에른스트와 R. 마그리트의 작품을 창조하였다.

M. 에른스트의 '성녀 세실리아(1923)'[35], R. 마그리트의 '거대한 테이블(1962)'[36]

3-16
디오니소스가 바로 '진실성'이다.

기독교의 도덕적 가정(假定)은 무슨 이익이 있었는가?……. 요약하면, 도덕은 현실적 이론적 허무주의 극복을 위한 해독제였다.

그러나 도덕으로 도야된 힘 중에는 '진실성'이 있었다. 그 진실성은, 결국 도덕에 대항하여 그

---

35) W. Spies, *Max Ernst*, Prestel, 1991, p.112, 'Saint Cecilia(1923)' : '돌 속에 갇힌 여인'을 그렸다.

36) J. Meuris, *Rene Magritte*, Taschen, 2004, p.149, 'The Big Table(1962)' : R. 마그리트는 '돌'로 실존과 무관한 '관념주의'를 조롱하였다.

도덕의 목적과 그것의 치우친 시각, 그것의 상습적 기만(欺瞞), 떨쳐버릴 수 없는 그 절망이 하나의 자극제임을 알게 하였다. 이제 우리는 우리 속에 수세기 동안 도덕적 욕구로 해석되었던 것이, 이제 거짓의 욕구임을 드러내고 있고, 다른 한편 그 도덕적 욕구에 매달려 견디는 인생의 가치라는 것도 알게 되었다. 이 도덕성과 진실성의 적대 관계-antagonism는, 우리가 알고 있는 것을 존중하거나 우리에게 말하려는 거짓을 인정하지 않고 해체 과정-a process of dissolution을 낳고 있다.

-What were the advantages of the Christian moral hypothesis?······ In sum: morality was the great *antidote* against practical and theoretical *nihilism*.

But among the forces cultivated by morality was *truthfulness:* this eventually turned against morality, discovered its teleology, its partial perspective- and now the recognition of this inveterate mendaciousness that one despairs of shedding becomes a stimulant. Now we discover in ourselves needs implanted by centuries of moral interpretation -needs that now appear to us as needs for untruth; on the other hand, the value for which we endure life seems to hinge on these needs. This *antagonism* -not to esteem what we know, and not to be *allowed* any longer to esteem the lies we should like to tell ourselves -results in a process of dissolution.[37]

l 구조 l '진실성 ⇔ 도덕성' 동시주의

F. 니체는 '도덕의 거짓'을 제대로 증명하고 그 '해체 과정'의 극단을 입증했던 것이 바로 제1차 세계대전, '제국주의 전쟁'이었다.

'제국주의 전쟁' 옹호자, '살인자들'은 '도덕(道德)', '천국(天國)', '정의(正義)'라는 깃발 아래 행해진 약탈 전쟁의 극대화가 바로 제1차 세계대전이었다. 그리하여 1916년 취리히에 '다다 초현실주의 혁명 운동'은 인류 역사의 전개에 필연적인 결론이고 새 출발이었다.

3-17
'비이기적(非利己的)'이기란 불능이다.

도덕적 평가에 대한 결론, 허무주의에 대한 결론(무가치의 확신) : 모든 이기적인 것은 우리를 혐오스럽게 만든다(非利己的인 것은, 不可能인 것을 알고 있으면서도). 필요불가결한 것은 우리를

---

37) F. Nietzsche(W. Kaufmann & R. J. Hollingdale-translated by), *The Will to Power*, Ibid., pp.9~10[1887년 6월 10일 기록].

혐오스럽게 만든다(자유 선택이나 지적 자유 행사의 불가능을 알고 있으면서도). 우리는 우리가 설정한 가치 영역에 도달할 수 없음을 알고 있다. 그러나 '허무주의'는 우리가 살고 있는 그 밖의 영역에 어떠한 가치도 제공하지 못한다. 반대로 주요 감각을 상실하고 우리를 지치게 한다. "너무 헛수고다!"

    -The nihilistic consequence (the belief in valuelessness) as a consequence of moral valuation: *everything egoistic has come to disgust us* (even though we realize the impossibility of the unegoistic); *what is necessary has come to disgust us* (even though we realize the impossibility of any *liberum arbitrium'* or "intelligible freedom"). We see that we cannot reach the sphere in which we have placed our values; but this does not by any means confer any value on that other sphere in which we live: on the contrary, we are *weary* because we have lost the main stimulus. "In vain so far!"[38]

| 구조 | '혐오스런 이기주의⇔非利己적은, 不可能',
          '혐오스런 필요불가결한 것들⇔자유 선택이나 지적 자유권 행사 불가능' 동시주의

    F. 니체는 위에서 '非利己적인 것은, 不可能'이고 '자유 선택이나 지적 자유 행사의 불가능'이라 말한 것은 생명의 '개체 유지 욕망'과 '종족 유지 욕망 발동'에는 불가항력임을 고백한 것이다. 그러므로 F. 니체는 S. 프로이트나 C. G. 융, J. 라캉의 정확한 선배이다.(제13장 참조)

    F. 니체가 전제하고 있는 '허무주의'는, 모든 종교와 서양 철학의 기본 전제였고 서구 2천 년 역사는 '허무주의' 교권(敎權) 사회의 기본 전제이다.

    이보다 더욱 확실하고 분명하게 말한 '소위 철학자'는 없었다. 그래서 '차라투스트라', '디오니소스', '니체'의 '고만(高慢)한 연설(演說)'은, 영원히 계속될 것이다. 인간이 '육체를 운영하고 있는 한'에는.

3-18
'염세주의'는 '허무주의'의 선행(先行) 형식이다.

    허무주의 선행 형식으로서의 염세주의.

    -Pessimism as a preliminary form of nihilism.[39]

---

38) Ibid., p.11[1883~1888년 기록]

┃구조┃ '허무주의, 염세주의⇔생명 긍정의 니체주의' 동시주의

F. 니체의 기본 정신은, '허무주의(nihilism) 염세주의(pessimism)' 극복이었다. '육체(實存)의 왕성함'을 으뜸으로 삼고, 일단 거기에서 출발하자고 하였다.

그런데도 M. 하이데거(M. Heidegger, 1889~1976), K. 야스퍼스(K. Jaspers, 1883~1969) 등은 '실존'이라는 전제를 인정하면서도, 다시 '국가주의(하이데거)', '허무주의(야스퍼스)'로 회귀하고 있으니, 그것은 모두 각자의 취향(趣向)이라고 할 수밖에 없다.(제13장 참조)

3-19
'도덕'은, 까닭 없이 생을 단죄(斷罪)한다.

염세주의 논리는 궁극적인 허무주의로 간다. 무엇이 작용하는가? 무가치하다, 의미 없다는 것이다. 그것이 모든 고귀한 그 밖의 가치를 차단하고 있다.

결론 : 도덕적 가치 판단은 단죄이고 부정이고 도덕은 실존(생명)에의 의지에 등을 돌리게 하는 방법이다.

−The logic of pessimism down to ultimate nihilism: what is at work in it? The idea of valuelessness, meaninglessness: to what extent moral valuations hide behind all other high values.

Conclusion: *Moral value judgments are ways of passing sentence, negations; morality is a way of turning one's back on the will to existence.*[40]

┃구조┃ '허무주의⇔실존(생명)에의 의지' 동시주의

F. 니체는 기존 종교, 철학을 '허무주의', '염세주의', '퇴폐주의'라 규정하고 '불교', '기독교'와 '소크라테스', '플라톤', '예수'를 그것으로 비판을 했다.

그것은 어디까지나 그들이 '숨 쉬고 있는 생명', '육체를 지니고 있는 생명들'이라는 엄연한 사실에 기초한 것이다.

'생명(현존)'을 인정하면서도 '생명'이 바로 '육체(욕망)'임을 인정하지 못하면, 반드시 다른

---

39) Ibid., p.11[1887년 봄~가을 기록].
40) Ibid., p.11[1887년 봄~가을 기록, 1888년 봄~가을 수정].

주인이 그 '육체(자유)'를 몰고 다니게 마련이니, M. 하이데거의 경우 '국가주의' 망령이었고, K. 야스퍼스의 경우는 '염세주의', '니힐리즘' 망령이었다. 그들이 어떤 점에서 불가피한 경우도 있겠지만, 무엇보다 무서운 '폭력 전쟁'에 대한 '옹호(국가주의)'와 '무대책(허무주의, 염세주의)'이 그들이 안고 있는 궁극의 문제점이다.(제13장 참조)

3-20
'실존(實存-생명)'은 목표와 목적이 없다.

근본적으로 무엇에서 생겼는가? 전반적인 실존의 성격은 '목적', '통일성', '진리'의 개념으로 설명될 수 없다는 사실을 알게 된 것이다. 실존(實存-생명)은 목표나 목적이 없다. 사건의 다양성은 어떤 이해 가능의 통일성은 없다. 실존의 특징은 '진리'가 아니고 '허위'이다. 진실한 세상을 확신시킬 근거는 없다. 간단히 말해 '목적', '통일성', '존재'라는 것을 우리 세계에 대입할 경우 곁으로 빠져나온다. 그래서 세상은 가치가 없어 보인다.

―What has happened, at bottom? The feeling of valuelessness was reached with the realization that the overall character of existence may not be interpreted by means of the concept of "aim," the concept of "unity," or the concept of "truth." Existence has no goal or end; any comprehensive unity in the plurality of events is lacking: the character of existence is not "true," is *false*. One simply lacks any reason for convincing oneself that there is a *true* world. Briefly: the categories "aim," "unity," "being" which we used to project some value into the world―we *pull out* again; so the world looks *valueless*.[41]

Ⅰ구조Ⅰ '목적⇔실존', '통일성⇔실존', '진리⇔실존' 동시주의

F. 니체는 그 이전의 (철학자들이 관심을 가졌던) '목적(aim)', '통일성(unity)', '진리(truth)' 앞세운 철학 체계가 '실존(existence)'[42]과는 무관(無關)한 '관념주의'로, 그들의 결론은 '허무주의'라는 것이다.

---

41) Ibid., p.12[1887년 11월~1888년 3월 기록].
42) '실존'의 개념 규정에 먼저 유의할 필요가 있다. F. 니체의 '실존'은 '욕망(desire)', '무의식(unconscious)', '본능(instinct)'과 유사 개념이므로, S. 프로이트, C. G. 융 같은 분석 심리학자들이 계승하고 있음에 대해, 키에르케고르, 하이데거, 야스퍼스 등 소위 '실존철학'자들은 다른 '주체(이성, 신 등)'를 나르는 '매개적 통로'로 이해하고 있다.('제13장 F. 니체 이후의 사상가들' 참조)

F. 니체의 '철학', '비평'의 혁명성은 '실존(육체-생명) 긍정'에 있음을 거듭 주장한 현대 철학의 정수를 거듭 반복해서 주장하고 있다.

1918년 7월 23일에 트리스탄 짜라(T. Tzara, 1896~1963)가 행한 '다다 성명서(Dada Meni-festo)'는 '다다 초현실주의 운동'이 결합하여 세계적인 '혁명 운동'이 되게 하였는데, 당시 절대적으로 T. 짜라의 사상에 영향을 주고 있는 것은 F. 니체의 사상이었다.('제13장 F. 니체 이후 사상사들' 참조)

3-21
생명(生命)이 '가치의 기준'이다.

'즐거운 괴물'이 감상적인 사람보다 낫다.
"A gay monster is worth more than a sentimental bore."[43]

┃구조┃ '즐거운 괴물 ⇔ 감상적인 사람' 동시주의

F. 니체의 '감상적인 사람(a sentimental bore)'이란, 50년 80년 후에 다가올 '죽음'을 생각하여 '영원(永遠)'에 대비를 하는 '허무주의'들이다. 그들을 대체로 '종교인', '성현', '철학자'를 따르는 사람들로 그 주류를 이루었다.

그래서 F. 니체는 '3-28. '죽음'은 모르고 살아야 한다.'고 주장하였다. 여기에도 F. 니체의 '생의 긍정'과 '이성(理性) 무시(無視)' 또는 경시(輕視)의 기본 전제가 그대로 명시되어 있다.

이 F. 니체의 전제에 반대하여, 새로운 '실존' 개념을 새로 잡았다는 M. 하이데거(M. Hei-degger, 1889~1976) 생각은 진정한 '생명(生命)의 자유'를 온전히 망각하고 있는 '가짜 실존주의'인데 그것은 기존의 '국가 민족주의 철학'에 문제의 반복이고, 사실 M. 하이데거 개인의 책임은 아니다.

왜냐 하면 '국가 민족주의'는 자기 나라에서는 그것(국가 민족주의)을 덮을 사상이 없으니 그 속에 거주하면 벗어날 생각 자체가 불법으로 규정된 것이다.(최초로 '소크라테스의 독배'가 말해 주는 바임.) 그러나 '자기 나라'를 벗어나면, 다른 '국가 민족주의'가 버티고 있고, 그것이

---

43) F. Nietzsche(W. Kaufmann & R. J. Hollingdale-translated by), *The Will to Power*, Ibid., p.23[1887년 봄~가을 기록].

서로 부딪치면 바로 '살상의 전쟁'이 되기 때문이다.

그러므로 '전범(戰犯) 처단'에 어떻게 공평한 객관적 기준이 따로 있을 수 있겠는가.

그래서 1916년 취리히 다다는 '전쟁 반대 운동'을 펼치었다.

R. 마그리트와 S. 달리는 그러한 F. 니체의 '현세 중심' 사상에 동조하여 다음과 같은 작품을 제작하였다.

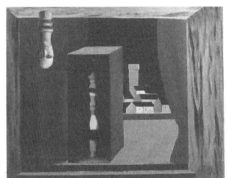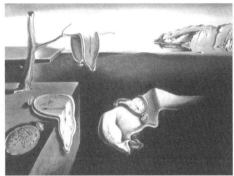

R. 마그리트의 '유명한 사람(1926)'[44], S. 달리의 '기억의 고집(1931)'[45]

3-22
'생명 회의(懷疑)'는 엉뚱한 일탈(逸脱)이다.

우리는 인생에 회의를 품는 거짓말쟁이 사기꾼이 아닌 것을 자랑스럽게 생각한다.

We are proud of no longer having to be liars, slanderers, men who cast suspicion on life[46]

┃구조┃ '우리 ⇔ 거짓말쟁이 사기꾼' 동시주의

---

44) S. Gohr, *Magritte : Attempting the Impossible*, d. a. p., 2009, p.30, 'The Famous Man(1926)' : '유명한 사람'은 기존 종교 철학 사상을 존중하는 사람으로 '실존 의식'을 기준으로 보면, '거꾸로 매달린 사람들'이다.

45) R. Descharnes, *Salvador Dali ; The Work The Man*, Harry N Abrams, 1989, p.163, 'The Persistence of Memory(1931)' : '기억의 고집'은 '이성(理性)의 고집'으로, 그 결론은 항상 '죽음'의 '허무주의', '염세주의'뿐이다. 그래서 S. 달리는 '시간 무시(시계 무시)'의 '물렁한 시계(soft watch)' 로고를 개발하였다.

46) F. Nietzsche(W. Kaufmann & R. J. Hollingdale-translated by), *The Will to Power*, Ibid., p.71[1888년 1월~ 가을 기록].

F. 니체가 위에서 '인생에 회의를 품는 거짓말쟁이 사기꾼'이라고 한 것은 '허무주의', '염세주의', '퇴폐주의'를 지칭하고 '인생에 무의미'를 떠드는 사람들을 말한다. 이에는 모든 종교가 철학가들이 포함되니, 한마디로 '욕심(욕망)의 포기'를 권하는 사람들을 지칭한다.

이에 대해 F. 니체는 '생명을 긍정'하고 '최고의 가치 평가자'로서 굳세게 살 것을 당부하고 있다. 특히 F. 니체가 '거짓말쟁이 사기꾼(liars, slanderers)'이라고 한 것은 종교가들이 '천국'과 '내세(來世, the next world)'를 강조하고 있기 때문이다.

그러한 측면에서 '현세 중심'의 '모든 가치의 재평가'가 강조되었다. 세계 성현의 글을 다 읽었다는 K. 야스퍼스는 '태어난 것이 죄다'라는 사고를 일부 수용하였으니, 각자의 선택 취향은 정말 다른 사람이 어떻게 할 수 없다. (제13장 참조)

3-23
'최고의 믿음'은 자신에 대한 신뢰다.

> 우리 자신에 대한 믿음이 최고의 족쇄(足鎖)이며 최고의 채찍, 최강의 날개이다.
> —Belief in ourselves is the strongest fetter and the supreme whipping-an-and the strongest wing.[47]

| 구조 | '최고의 족쇄 ⇔ 최강의 날개' 동시주의

F. 니체(차라투스트라)는 모든 종교가 그 종교의 창시자에 대한 믿음을 강조했음에 대해, '각자 자기에 대한 믿음(Belief in ourselves)'을 역설했다. 이 '각자에 대한 믿음'의 별명이 '차라투스트라', '디오니소스'이고, 그들이 역시 '부처', '제우스', '여호와'까지 확장되어 있다.

이 F. 니체의 사유 방법은 사실상 '요한복음'에서 예수가 '아버지=예수 자신=신도들'을 행한 비유와 완전 동일한 방법이니, F. 니체는 '8-24. 하나님이 살아 계시면 교수 니체일 것'이다.'라고 한 것은 위의 진술과 연동된 것이다.

그리고 '신앙'의 실상을 짚어보면, 어떤 교주(敎主)에 대한 신뢰도 모두 신앙자의 '자신'을 그 속에 투영한 것이므로, '개인의 사유(思惟)'에 종속된 사항이다.

---

47) F. Nietzsche(W. Kaufmann & R. J. Hollingdale-translated by), *The Will to Power*, Ibid., p.94[1880년~1881년 기록].

이에 세상에서 '자기'를 가장 크게 내세운 이가 F. 니체였으니, F. 니체는 세계의 모든 종교를 자기 속에 통합한 사람이었다.(7-50. '신(神)의 종자(種子)'가 인간 속에 있다.) 그리고 F. 니체의 '방법'을 제일 정밀하게 적용 학습했던 사람들이 J. G. 프레이저, S. 프로이트, C. G. 융, E. 노이만 등 인류학자, 정신 분석학자였다.(제13장 참조)

3-24
'삶'이 우리의 모든 것이다.

우리의 사상들은 고통(苦痛) 속에서 탄생되는 것이니, 우리는 어머니같이 피와 심장, 열망, 기쁨, 정렬, 고통, 양심, 운명 그리고 숙명을 그것들과 함께 하게 마련이다. 삶-그것이 우리를 빛과 불꽃으로 변화시키는 것이고, 우리의 모든 것, 우리가 달리 해 볼 도리가 없이 마주치는 전부이다.

-our thoughts must be continually born to us out of our pain, and we must, mother-like, share with them all that we have in us of blood, heart, ardour, joy, passion, pang, conscience, fate and fatality. Life-that means for us to transform constantly into light and flame all that we are, and also all that we meet with we cannot possibly do otherwise.[48]

┃구조┃ '생명⇔우리의 모든 것' 동시주의

'예수의 심장(1965)'[49]

F. 니체가 '사상'의 '어머니'로서 '피와 심장(blood, heart)'의 육체를 거론한 것은 '실존주의'의 불가피함을 강조한 말이다. 이것이 F. 니체가 평생토록 강조했던 지점이니, 이것은 '과학적', '의학적' 소견이다.

그런데 F. 니체의 특징은 '그 육체'에 '차라투스트라', '디오니소스', '제우스'의 정신을 더하여 그것을 '실존(육체)'에 종속시켰다는 점이 F. 니체의 가장 큰 사상적 특징이다.

---

48) F. Nietzsche(translated by T. Common), *The Joyful Wisdom*, Ibid., p.6.

49) R. Descharnes & G. Neret, *Salvador Dali*, Taschen, 2006, p.546, 'The Sacred Heart of Jesus(1965)' : 만약 예수가 '복음'을 전하고 다녔다면 그에게도 분명 '심장이 있었을 것'이라는 전제에서 F. 니체의 견해를 모두 수용한 경우였다.

이에 대해 M. 하이데거는 '실존'에서 다른 '목적(전체)', '의미(국가주의)'를 따라나섰고, K. 야스퍼스는 '실존' 자체를 '죄(sin)'로 전제하기도 하였다. 모두 각자의 취향에 충실했다고 할 수밖에 없다.

초현실주의 화가 S. 달리는 '예수의 심장'을 제작하여 F. 니체의 사상에 동조하였다.

3-25
'종족의 유지'가 근본 전제다.

> 인간을 선의로 보거나 악의로 보거나, 개별 사람으로 보거나 전체로 보거나, 그들에게는 한 가지 문제가 있다. '<u>인간의 종족 유지(the conservation of the human species)'에 이바지하는 것이</u>다. 그리고 그것은 명백히 그 종족을 아끼는 단순한 감상이 아니라, 그 본능보다 유구하고 강하고 냉혹하고 억제할 수 없는, 그것이 바로 인종과 무리의 '정수(精髓, the essence)'이기 때문이다.
>
> −Whether I look with a good or an evil eye upon men, I find them always at one problem, each and all of them : to do that which conduces to the conservation of the human species. And certainly not out of any sentiment of love for this species, but simply because nothing in them is older, stronger, more inexorable and more unconquerable than that instinct,−because it is precisely the essence of our race and herd.[50]

┃구조┃ '(개인) 종족 유지⇔(인류) 종족 유지' 동시주의

F. 니체가 '8-12. 예수는 니체에게 항복해야 한다.'고 그의 최후까지 버틴 이유가, 바로 '종족 유지(the conservation of the human species)'라는 확신에 그러하였다.

그런데 여기에 '종족 유지' 문제를 어떤 '범위'로 가르칠 것인가가 역시 가장 큰 쟁점으로 부각하였다. 즉 '제국주의'자가 잡은 범위는 '국가 민족'이고, F. 니체가 잡은 범위는 '유럽'이고, 1916년 취리히 다다가 잡은 범위는 '세계'였다. 그 '범위'를 어떻게 잡느냐, 얼마나 깊이, 어떤 정도로 관리할 것인가가 바로 미래 '문화 창조'의 관건이다.

인간이 누구나 가지고 태어난 것은, 자식들에 '감상적 애정'이고, '교육'으로 첨가한 것은 '인류 공동체 의식'이 될 것이다. 그럴 수밖에 없다. 그 규정하에 기존한 '종교적 편견', '철학

---

50) F. Nietzsche(translated by T. Common), *The Joyful Wisdom*, Ibid., p.31.

적 편견'도 재해석되어야 한다.

정말 '사상의 자유'는 어찌 할 수 없다. 모든 사람의 생각이 다르기 때문이다. F. 니체가 가르치는 방식이 아무런 제약이 없는 가장 솔직한 진술이다. 그러므로 F. 니체는 궁극의 취사(取捨)를 각 개인에게 맡겼다.(7-2. 인간 각자는, '가치의 최후 평가자'다.)

3-26
모든 것이 '종족 유지' 충동이다.

이 비극 시인들이 신(神)에게 관심을 갖고 일하고 그들의 전령으로 알고 있을지라도, 그들도 종족(種族, species)에 관심을 갖고 일한다는 것은 명백하다. 더구나 그들은 종족 속의 생명이고, 그 속에 생명을 확신하고 있고, 개인들은 다음과 같이 외치고 있다. "이 생명 속에 무언가 중요한 게 있어. 생명 뒤에 또는 그 밑에 무언가 있어. 주의해서 살펴라!" 그 충동은 귀족이나 천민에게 동등하게 작용하고 있고, 종족 간에 대화 속에 나타나고 때때로 이성(理性)으로 정렬로 표현된다.

　　–It is obvious of itself that these tragedians also work in the interest of the race, though they may believe that they work in the interest of God, and as emissaries of God. They also further the life of the species, in that they further the belief in life. "It is worth while to live"– each of them calls out,–"there is something of importance in this life ; life has something behind it and under it take care!" That impulse, which rules equally in the noblest and the ignoblest, the impulse to the conservation of the species, breaks forth from time to time as reason and passion of spirit[51]

| 구조 | '(희랍인의) 생의 긍정⇔[유대인의 경우]생의 긍정' 동시주의

　F. 니체는, '디오니소스 신'을 창조하고 '비극' 장르를 개발한 모든 고대 희랍인의 궁극의 관심 저변에, '생명 긍정'이라는 본질을 가장 큰 전제로 공개하였다.

　그것은 단순히 '고대 희랍 비극' 속에 있는 것이 아니라 F. 니체 자신이 찾아낸 것이고, '니체 자신 속에 있는 신념'을 '비극' 장르 속에 재확인한 것에 불과하다. 그래서 종국(終局)에는 '3-1. 니체는, 철학자 디오니소스의 제자다.'라고 하기에 이른 것이다. 그것은 '종족 유지' 문제가 인류 보편의 욕구이고, 그것이 실천이라는 점에서 '실존(육체, 욕망)주의'라는 이름으

---

51) F. Nietzsche(translated by T. Common), *The Joyful Wisdom*, Ibid., p.33.

로 새로운 가치 기준을 세운 것이다.

이러한 측면에서 F. 니체는 '세계에서 가장 정직한 시인'이다.52) 그리고 이러한 F. 니체의 생각을 더욱 포괄적인 자료로 입증했던 사람이 J. G. 프레이저였다.(제13장 참조)

3-27
'이성(理性)'도 '본능(本能)'에 종속된다.

비속(卑俗)한 성품의 사람에게는, 모든 고상(高尙)하고 관대(寬大)한 감정이 부당하여 무엇보다 믿을 수 없는 것으로 보인다…… . 비속한 사람들은 지속적으로 이익추구를 생각하며, 그 목표와 이익 추구가 가장 강한 충동(its strongest impulse[種族 保存 본능])보다 더욱 강하게 발동하는 것으로 고상한 성품과 대비될 수 있다…… . 고상한 성품을 (이익 추구의) 비속한 성품과 비교해 보면 훨씬 덜 합리적이다(more irrational). 고상하고 관대하고 자기 희생적인 사람은 사실 자신의 충동(impulses)에 복종하고, 최고의 순간에 그 이성을 버린다(his reason lapses altogether). 새끼들을 보호하기 위해 생명의 위협을 무릅쓰고, 짝짓기 계절에 암컷을 따르다 죽는 동물은, 위험과 죽음을 고려하지 않는다. 이성이 멈추고 새끼들 암컷에의 즐거움과 그것을 빼앗기는 공포가 그것을 전적으로 지배하기 때문이다. 동물이 다른 때보다 우둔해지는 것은 고상하고 관대한 성격의 사람과 비슷하다. 고상한 사람은 지성이 본능 앞에 침묵하거나 본능에 봉사하도록 방치하는, 강력한 쾌락과 고통의 감정을 소유하고 있다. 그러면 그의 심장은 두개골로 들어가니, 그것을 '정열'이라 한다.

　　-To ignoble natures all noble, magnanimous sentiments appear inexpedient, and on that account first and foremost, as incredible…… . The ignoble nature is distinguished by the fact that it keeps its advantage steadily in view, and that this thought of the end and advantage is even stronger than its strongest impulse…… . In comparison with the ignoble nature the higher nature is more irrational : - for the noble, magnanimous, and self-sacrificing person succumbs in fact to his impulses, and in his best moments his reason lapses altogether. An animal, which at the risk of life protects its young, or in the pairing season follows the female where it meets with death, does not think of the risk and the death its reason pauses likewise, because its delight in its young, or in the female, and the fear of being deprived of this delight, dominate it exclusively

---

52) '인간의 성적 본능'을 처음으로 '인간 사회 문제'에 대입한 사람은 A. 쇼펜하우어였다. 그러나 쇼펜하우어는 '인간의 성본능' 자체를 부정적으로 생각한 '염세주의(厭世主義, pessimism)'에 있었다.

it becomes stupider than at other times, like the noble and magnanimous person. He possesses feelings of pleasure and pain of such intensity that the intellect must either be silent before them, or yield itself to their service : his heart then goes into his head, and one henceforth speaks of "passions."[53)]

| 구조 | '이성⇔충동', '기쁨⇔공포' 동시주의

'루 살로메', '파울 레', '니체'[54)]

F. 니체는 위의 진술이 바로 자신의 체험을 바탕으로 한 것임을 〈누이와 나〉에서 고백하였다.(8-36. '생명의 탄생'으로 집중되는 理性과 감정) 상대 여성은 '루 살로메'라는 여성이었다.('제12장 연보 '1882년' 조' 참조)

여기에 F. 니체 '생명'의 '원시주의(primitivism)'가 발동해 보이고 있음을 〈누이와 나〉에서 상술(詳述)하고 있다. 그리고 이 지점에 소위 '서사(소설)문학'이 발원하고 있음도 구체적으로 실증하였다.('F. 니체가 디오니소스가 되었던 報告', '생명-욕망에 관한 眞實한 報告')

3-28
'죽음'은 모르고 살아야 한다.

사람들이 죽음에 대해 전혀 생각하지 않는 것을 보면 행복을 느낀다.

-It makes me happy to see that men do not want to think at all of the idea of death![55)]

| 구조 | '죽음을 모르는 것(행복)
　　　　⇔죽음에만 매달리는 삶(허무주의)' 동시주의

---

53) F. Nietzsche(translated by T. Common), *The Joyful Wisdom*, Ibid., pp.37~8.

54) R. J. Benders und S. Oettermann, *Friedrich Nietzsche Chronik in Bildern und Texten*, Carl Hanser Verlag, 2000, p.514.

55) F. Nietzsche(translated by T. Common), *The Joyful Wisdom*, Ibid., pp.215~6.

F. 니체는 여기에서도 '디오니소스 정신'을 발동해 보였다. '죽음을 문제 삼지 않는 생(生)', '죽음(자신의 파괴)까지 쾌락으로 변용한 디오니소스'인 니체의 일관된 태도이다.

R. 마그리트도 F. 니체의 생각에 공감하여 '현재'에 '고정된 시간(Time Fixed)' 작품을 제작하였다. '현세 긍정'의 생명 중심주의의 발동이다.

'고정된 시간(1938~9)'[56] ▶

3-29
생산과 풍요를 위해, 무서운 파괴 해체도 허용된다.

최고의 생명력으로 넘치는 디오니소스 신과 인간은, 무섭고 의심스러운 장관(壯觀)에 자신을 맡길 뿐 아니라 무서운 행동 파괴 해체 부정의 호사(豪奢)도 자신에게 허용한다. 말하자면 악, 무분별, 추함도 그에게는 모든 사막(砂漠)을 풍요의 과원(果園)으로 바꾸는 생산과 풍성의 힘의 넘치는 결과 속에 허용된다.

-The being richest in overflowing vitality, the Dionysian God and man, may not only allow himself the spectacle of the horrible and questionable, but even the fearful deed itself, and all the luxury of destruction, disorganisation and negation. With him evil, senselessness and ugliness seem as it were licensed, in consequence of the overflowing plenitude of procreative, fructifying power, which can convert every desert into a luxuriant orchard.[57]

┃구조┃ '디오니소스 ⇔ 구세주' 동시주의

F. 니체의 위의 진술은 순간 '시적 신화적(詩的 神話的) 진술'이 되었다. 디오니소스의 '파괴 해체 부정(destruction, disorganisation and negation)'이, 바로 '모든 사막(砂漠)을 풍요의 과원(果園)으로 바꾸는 생산과 풍성의 힘이 넘치는 결과(consequence of the overflowing plenitude of procreative, fructifying power, which can convert every desert into a

---

56) A. M. Hammacher, *Rene Magritte*, Abradale Press, 1995, p.115, 'Time Fixed(1938~9)'.

57) F. Nietzsche(translated by T. Common), *The Joyful Wisdom*, Ibid., p.333.

luxuriant orchard)' 속에 허용된다는 것이 그것이다.

F. 니체의 '영원회귀(Eternal Recurrence-만다라)' 사상에서 출발한 C. G. 융의 '원형심리학 (Archetype Psychology)'과 동계(同系)인 E. 노이만(Erich Neumann, 1905~1960)은, 그의 저서 〈대모(大母, The Great Mother)〉에서 "여신(大地)은 풍요의 신일뿐만 아니라 사망의 신"[58]이라 소개를 하고 희생(犧牲)으로 바쳐진 피와 살은 "자연인 여신에게 새로운 힘과 풍요를 제공하는 것(was intended to give renewed strength and fertility to the nature goddess)"[59]이라고 설명하였다.('제13장 F. 니체 이후 사상가들' 참조)

'대지의 어머니'[60], '호랑이 굴[神殿] 입구'[61], '죽음의 여신'[62]

F. 니체는 '디오니소스의 해체와 사망'을, 그러한 신화적(神話的) 공식에 대입하여 해석하였다.

3-30
'파괴와 변화'는 '디오니소스적인 것'이다.

파괴 변화 생성을 향한 욕망은, 풍요를 잉태하는 넘치는 힘의 표현일 수 있다.(그것을 나타내는 용어가 '디오니소스적인 것'이다.) 그러나 그것은 역시 지속되는 것과 지속하고 있는 모든 것, 모든 존재는 그것에 흥분하고 도발되기에 잘못된 것, 양식 없는 불행한 것으로 혐오의 대상일 수도 있다. 그 정서를 이해하기 위해 무정부주의자를 자세히 살필 수 있다.

---

58) E. Neumann, *The Great Mother*, Princeton University Press, 1974, p.106.

59) Ibid., p.152.

60) Ibid., p.149, Fig.30 'Maw of the Earth'.

61) Ibid., p.150, Fig.31 'Entrance to the 'Tiger cave''.

62) Ibid., Fig.38 'Goddess of Death'.

　-The desire for destruction, change and becoming, may be the expression of over-
flowing power, pregnant with futurity (my terminus for this is of course the word
"Dionysian"); but it may also be the hatred of the ill-constituted, destitute and
unfortunate, which destroys, and must destroy, because the enduring, yea, all that
endures, in fact all being, excites and provokes it. To understand this emotion we have
but to look closely at our anarchists.[63]

┃구조┃ '디오니소스적인 것⇔무정부주의자' 동시주의

　F. 니체는 위에서 '디오니소
스적인 것(Dionysian)'을 '파
괴와 변화와 생성을 향한 욕망
(The desire for destruction,
change and becoming)'으로
'풍요를 위한 넘치는 힘의 표
현(the expression of over
-flowing power, pregnant
with futurity)'이라고 요약하
였다.

'카사노바의 기억(1967)'[64]

'사랑의 고통(1978~9)'[65]

　디오니소스 신은 자신의 상징으로 '풍요의 뿔(Cornucopia)'을 소지하고 있는데 F. 니체의
설명은 그것의 기능에 대한 설명이다.

　'뿔'은 '남성'의 상징으로 그것을 '생산', '풍요'와 관련지은 것은 주목할 만하다.

　초현주의자 S. 달리는 위와 같은 '뿔' 주제의 작품을 남겼다.

63) F. Nietzsche(translated by T. Common), *The Joyful Wisdom*, Ibid., pp.334~5.

64) R. Michler & W. Loepsinger(edited by), *Salvador Dali : Catalogue Raisonne of Etchings, Prints*, Prestel,
　　1994, p.153, 'Memories of Casanova(1967)'.

65) Ibid., p.174, 'The Agony of Love(1978~9)'.

3-31

여성의 목적은 '임신과 출산'이다.

여성은 수수께끼다. 여성은 하나의 해답이 있다. 그것은 임신이다. 여성에게 남성은 그 목적이 아동이다. 그러나 남성에게 여성은 무엇인가?

남자는 위험과 기분 전환 두 가지가 필요하다. 그래서 남성은 가장 위태로운 장난감 여성을 필요로 한다. 남성은 전투 훈련을 해야 하고 여성은 전투사의 오락을 위한 것이다. 그 밖의 것은 모두 거짓이다.

너무 감미로운 과일을 투사(鬪士)는 좋아하지 않는다. 그래서 투사는 여성, 쓰디쓰기까지 한 여성을 좋아한다.

남성보다 여성이 아동을 더 잘 이해한다. 그러나 여성보다 남성이 아동스럽다. 남성 속에는 아동의 속성이 숨어 있다. 그것은 놀기를 원한다. 여성들이여, 남성 속에 아동을 발견하라!

여성이여 아직 도착하지 않은 어떤 세계의 덕으로 빛나는 보석과 같은 순수하고 좋은 장난감이 되어라. 당신의 사랑으로 별빛을 발하라. "초인을 갖겠다."는 희망을 말하라.

—Everything in woman is a riddle, and everything in woman hath one solution--it is called pregnancy. Man is for woman, a means : the purpose is always the child. But what is woman for man?

Two different things wanteth the true man: danger and diversion. Therefore wanteth he woman, as the most dangerous plaything. Man shall be trained for war, and woman for the recreation of the warrior : all else is folly.

Too sweet fruits—these the warrior liketh not. Therefore liketh he woman —bitter is even the sweetest woman.

Better than man doth woman understand children, but man is more childish than woman.

In the true man there is a child hidden : it wanteth to play. Up then, ye women, and discover the child in man!

A plaything let woman be, pure and fine like the precious stone, illumined with the virtues of a world not yet come. Let the beam of a star shine in your love! Let your hope say : "May I bear the Superman!"[66]

---

66) F. Nietzsche(translated by R. J. Hollingdale), *Thus Spoke Zarathustra: A Book for All and For None*, Penguin Classics, 1961, p.75.

| 구조 | '여성⇔위태로운 장난감', '남성⇔투사' 동시주의

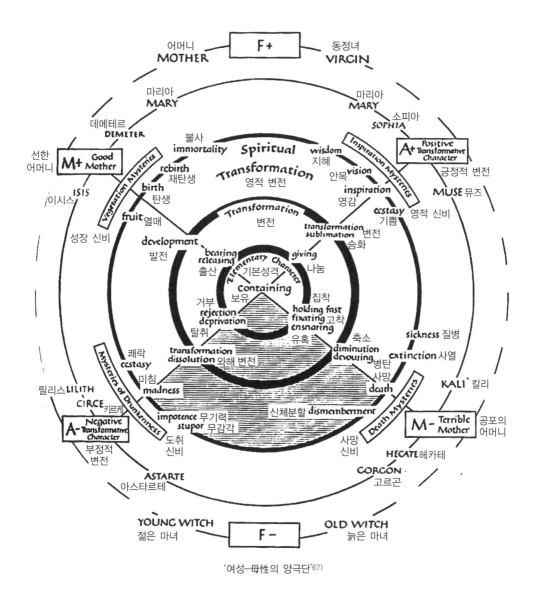

'여성-母性의 양극단'[67]

---

67) E. Neumann, *The Great Mother*, Princeton University Press, 1974, 'Schema 3' : 노이만은 도표에서 여성을 '긍정(+)', '부정(−)', '젊은 여성', '늙은 여성'으로 분류 대표적 신화적 존재를 예시하였다. 그러므로 '개별 여성'은 그 중 하나의 양상(樣相)으로 드러날 뿐, 고정된 상은 없다. : 도표의 '양극성'은 '만다라', '동시주의', '영원회귀'의 적용이므로, 어떤 존재도 그것에서 이탈할 수 없는 '원형(Archetype)'으로 F. 니체의 당초에 설명과 동일한 것이다. ('7-15. '영원회귀' : '긍정적 삶의 공식'', '8-33. '영원회귀(Eternal Recurrence)'론이 우주의 질서다.')

F. 니체는 위에서 '자신의 여성관'을 토로하였다. 특히 '남성'을 '투사(warrior)'에 비유했음은 주목을 요한다. 그는 다시 '초인(Superman)'으로 비약하고 '디오니소스'라 이미 일컬었으니, 모두 그 속에 연결된 비유이다.

F. 니체는 경우에 따라 자신의 어머니도 '적(敵)'으로 생각했고(8-1. 왜 어머니가 '적(敵)'인가.), '누이'를 '독재자'로 전제하였고(8-25. 독재자가 된 누이) 그 속에서 견디는 자신을 '사이렌의 유혹'을 이겨낸 율리시스에 비유하기도 했다(8-6. 현실에서 '사이렌'을 보는 니체).

그러므로 F. 니체의 '투사(warrior)'로서의 비유는 모든 남성에 해당하는 일종의 '보조관념'이다. 그러나 사실 '제국주의자'도 '한 남성'일 뿐인데 '세력'과 '힘'을 규합하여 문제의 '전쟁'을 주도한다. 그리고 F. 니체는 '실존(바보)'으로서의 자신과, '영웅(천재)'으로서의 자신이 공존(共存)함을 증언하기도 했다.(8-35. '천재'와 '바보' 사이의 니체)

F. 니체의 기본 화법(話法)은, 모든 인간 문제의 양극단(兩極端)을 제시해 놓은 다음, 그 속에서 다 각자가 알아서 '선택'하도록 개방하였다. 그러므로 어떤 이가 만약 F. 니체를 비방할 경우, 그는 틀림없이 F. 니체가 싫어한 '일방주의'에 빠져 있는 사람이다. 이것이 바로 F. 니체가 모범적으로 과시해 보이고 있는 '동시주의(simultaneism)'의 정면이다.

E. 노이만은 모든 여성의 양극단을 다음과 같은 '만다라(Mandala)' 도표로 제시하였다.

3-32
정념(情念)은, 정신의 정상(頂上)에 있다.

> 인간의 정념(情念)은 인간 정신의 정상(頂上)에 이른다.
> —The degree and nature of a man's sensuality extends to the highest altitudes of his spirit.[68]

┃구조┃ '정념⇔정신의 정상(頂上)' 동시주의

F. 니체의 위의 진술은, S. 프로이트의 '리비도(LIbid.o)'의 견해와 일치하는 진술이다. 모두 '종족 유지(the preservation of the species)'의 불변의 공리(公理)'에서 자신들의 탐구를 출

---

68) F. Nietzsche(translated by T. Common), *Beyond Good and Evil*, The Edinburgh Press, 1907, p.87.

발시키고 있다.('제13장 F. 니체 이후 사상가들' 참조)

　R. 마그리트는 '성(Sex)의 사회적 의미'를, F. 니체('디오니소스')나 S. 프로이트('오이디푸스')처럼 '확대' 해석하기보다는 궁극적으로 따로 해결해야 할 문제('제국주의', '국가주의', '전쟁' 등 같은 별개의 차원)로 보는 입장에 있었다.

'타이탄의 시대(1928)'[69], '동시의 빛(1935)'[70], '침실의 철학(1948)'[71]

3-33

디오니소스가 인간 사유의 중핵이다.

사유하는 사람은, 자신을 쉽게 '신(神)의 동물화(動物化)'로 생각할 수 있다.

－A discerning one might easily regard himself at present as the animalisation of God.[72]

┃구조┃ '신⇔동물' 동시주의

　F. 니체는 위에서 역시 '양극적 동시주의(兩極的 同時主義, polar reversal simultaneism)'를 구사하였다. 그것은 앞서 살폈던 바와 같이 '사티로스를 대동한 디오니소스' 상(像)

---

69) A. M. Hammacher, *Rene Magritte*, Abradale Press, 1995, p.97, 'The Titanic Days(1928)' : '현대가 타이탄의 시대는 아니다.'라는 화가의 윤리 의식이 전제되어 있다.

70) D. Sylvester, *Rene Maritte*, Manil Foundation, 1994, Fig.1112 'The Light of Coincidence(1935)' : 남녀의 성 문제는 '토르소', '촛불'의 로고로 요약할 수 있다는 화가의 신념의 표현이다.

71) D. Sylvester, *Rene Maritte*, Manil Foundation, 1994, Fig.1286 'Philosophy in the Boudoir(1948)' : '침실이란 세상이 공통이다. 너무 신비화 말라.'는 화가의 항변이 있다.

72) F. Nietzsche(translated by T. Common), *Beyond Good and Evil*, Ibid., p.91.

으로 설명할 수 있고, '생명(육체, 욕망)'을 긍정한 '제우스', '여호와', '불타', F. 니체의 모습이다.('8-24. '하나님이 살아 계시면 교수 니체일 것'이다. 8-5. 니체는 '한 마리 벌레'이다.')

이러한 '실존 사상'의 대가(大家)로 F. 카프카(F. Kafka, 1883~1924)를 들 수 있다.(제13장 참조)

3-34

음악은 열정 그 자체다.

> 모든 열정은 음악 자체이다.
> —By means of music the very passions enjoy themselves.[73]

| 구조 | '열정⇔음악' 동시주의

F. 니체의 일생은 많은 시간을 '음악' 문제에 열중하였다. 아버지 카를 루트비히 니체(Karl Ludwig Nietzsche, 1813~1849)가 목사로서 어린 시절부터 음악과 불가분의 관계에 있었고 (8-3. 니체가 음악에 몰두했던 원인), 7세(1851)에 어머니로부터 '피아노 선물'을 받고 어린 시절부터 '작곡(作曲)'했던 유명한 F. 니체의 경력이다. 1868년 11월부터 R. 바그너(Richard Wagner, 1813~1883)를 알게 되어 그에 관한 많은 글을 남겼고, F. 니체의 애제자(愛弟子) 페터 가스트(쾨제리츠, Peter Gast=Heinrich Koeselitz, 1854~1918)는 성악가였다.('제12장 연보' 참조)

그 '음악의 절대적 애호'는 F. 니체가 '희랍 비극'과 디오니소스를 설명할 때도 여지없이 반영되어 최초의 저서 〈비극의 탄생〉 원제(原題)가 '음악 정신으로부터 비극의 탄생(The Birth of Tragedy from the Spirit of Music)'[74]이라고 할 정도였고, 그것은 역시 음악가 '바그너에 바침(Forward to Richards Wagner)'[75]의 형식이었다.

F. 니체가 음악과 불가분의 관계에 있는 '무용'에 깊은 관심을 보였던 것(2-20. 철학자는 무용수(舞踊手)가 돼야 한다.)은, '디오니소스'로서의 자신의 정체성(正體性)을 명시하는 과

---

73) F. Nietzsche(translated by T. Common), *Beyond Good and Evil*, Ibid., p.91.

74) F. Nietzsche(translated by Wm. A. Haussmann), *The Birth of Tragedy*, Ibid., p.17.

75) F. Nietzsche(translated by Wm. A. Haussmann), *The Birth of Tragedy*, Ibid., p.19.

정이었다.

이것은 역시 F. 니체의 '디오니소스 정신'과 긴밀히 연결된 것으로, 1911년 미래파의 '야간흥행(soirees)', 1916년 '카바레 볼테르 공연'과도 깊이 연결되어 있는 사항이었다.('제13장 'F. T. 마리네티', '후고 발'' 항 참조)

3-35
치통(齒痛)에 발치(拔齒)가 우선일 수 없다.

과거에는 '정념(passion)'에 무지 때문에 '정념과의 전쟁'이 있었다. 낡은 도덕적 괴물(怪物)들은 '정념은 죽어야 한다'는 데 의견의 일치를 보고 파괴를 공모하였다. 그 가장 유명한 공식은 하늘로부터 내려다보는 완전히 다른 사물을 말한 〈신약 성경〉 산상(山上)의 수훈(垂訓)이다. 거기에는 그 예를 성(性)에 대해 적용할 경우, "너희의 눈이 죄를 짓게 하면, 그것을 뽑아버려라."고 했으나, 어떤 기독교도도 다행히 그 대비를 따르지 않았다. 정념과 욕망의 파괴는 단순히 그들의 우둔성과 우둔의 불쾌한 결과를 방지하기 위한 것이나, 지금은 그것 자체가 어리석음의 극치로 보인다. 우리는 치통을 치료하기 위해 이를 뽑는 것(치과 의사들)을 좋아하지 않는다. 마찬가지로 기독교에서 성장한 '정념의 영혼화(spiritualization of passion)' 문제를 그 치과 의사들의 경우처럼 조처할 수는 없다.

−Formerly it was because of the stupidity in the passion, the passion of the war itself: they conspired for their destruction − all the old moral monsters are unanimous about it, "il faut les tuer passions." [one must kill the passions]. The most famous formula that is what the New Testament, in that Sermon on the Mount, where, incidentally, things are not quite seen from a height. It is there, for example with practical application to the said sex "if thine eye offend thee, pluck it out": fortunately no Christian acts in accordance with this provision. The passions and desires destroy, merely to prevent their stupidity and the unpleasant consequences of their stupidity, now seems itself merely as an acute form of stupidity. We do not admire more, which tear the teeth so they do not hurt anymore⋯ going with some equity on the other hand admitted that on the ground, has grown from Christianity, the term "spiritualization of passion" could not be conceives by the dentists.[76]

---

76) F. Nietzsche(translated by D. F. Ferrer), *Twilight of the Idols*, Daniel Fidel Ferrer, 2013, p.21.

|구조| '낡은 도덕적 괴물 ⇔ 기독(기독교) ⇔ 어리석음의 극치' 동시주의

F. 니체는 여기에서 '예수'의 가르침이 잘못되었음을 그 정면에서 반박했다. 물론 예수의 기본 취지는 '죄짓지 말라'이다. 그러나 그것을 몰라서 F. 니체가 위에서처럼 말한 것은 물론 아니다. 〈성경〉에 의하면 예수는 결혼도 하지 않았고, 자식도 없었다. 석가, 공자, 소크라테스가 모두 아들을 두었음에 예수는 특별한 경우이다.

거기에다 〈성경〉에는 '예수 탄생'을 신비화하여 '하나님의 외아들'임을 강조하여 유일 신앙을 강조하였다. 거기에다 위의 '산상(山上) 수훈(垂訓)'은 기독교 교훈 중에도 가장 엄혹한 것으로 '죄'와 '지옥'의 형벌이 얼마나 지독한 것인지 공포에 질리게 만든다.

그런데 '육체(욕망, 실존)의 운영'이 바로 '쾌락'이니, 사람이 어떻게 '죄'를 짓지 않고 살 수 있을 것인가? 이에 F. 니체의 '반기독교'의 대대적인 공격이 감행되었으니, 자신은 오히려 희랍의 '생산 신' 디오니소스의 제자라는 것이다.(3-1. 니체는, 철학자 디오니소스의 제자다.)

위에서 치과의사들은 '치통(齒痛)'이 있다고 해도 무조건 '발치(拔齒)'를 권하지 않는다는 비유를 들었다. '정념(passion)'이 있는 것은 '생명의 필수 요건'인데 그것을 전면에서 부정하는 것은 '우선 이들을 뽑아라'라는 권유보다 더욱 심한 경우라는 F. 니체의 비유이다.

그것은 대(對) 사회적인 문제, 소위 '소유권(the right of the ownership)'의 경우도 마찬가지다. '소유(possession)'의 문제로 인간 사이에 다툼이 끝이 없으나, '그러니 모두 갖지 말자'는 '공산주의 사고방식'도 명백한 '발치(拔齒) 처방(處方)'이다.

그러므로 '욕망과 그 억압'의 '동시주의' 처방은 인간이 벗어날 수 없는 '모순(矛盾)'이나, '실존(육체)의 운영'에 불가피한 두 개의 기둥이다('不條理').

F. 니체의 생각과 마르크스 생각을 혼동하는 것은, 예수의 생각과 F. 니체의 생각을 혼동하는 것만큼 터무니없는 경우다.

이에 분명히 해 두어야 할 문제는 1916년 '취리히 다다 혁명 운동'은 '마르크시즘(휠젠벡)'과 '니체이즘(짜라)'이 혼재(混在)해 있었으나, 1924년 '초현실주의 선언'은 '니체(S. 프로이트) 중심'으로 전개된 것임을 이에 명백히 해 둘 필요가 있다.('제13장 F. 니체 이후 사상가들' 참조)

3-36
'생명 긍정'의 디오니소스

　희랍 비극은, 쇼펜하우어(Schopenhauer, 1788~1860)가 생각했던 희랍인의 염세주의(厭世主義, pessimism)에 대한 증거가 아니라, 염세주의 부정 그 반대의 예로 이해되어야 한다. 즉 그것의 가장 괴상스럽고 어려운 문제에서까지 생명에 대한 긍정, 그 자체의 무궁을 즐기는 최고 형식의 희생 속에 보인 생명에 대한 의지를, 나는 디오니소스적인 것이라 부르고 있으니, 그것이 비극 시인의 심리로 연결된 다리이다.

　아리스토텔레스가 생각했던 '공포(恐怖, terror)', '연민(憐愍, pity)'을 제거하고 격심한 방출로 자신의 위험한 감정을 정화하기 위한 것이 아니라, '공포', '연민'을 관통 초월하여 자신이 되는 영원한 기쁨, 그 자체까지 파괴하는 그 욕망, 그 기쁨이다…. 그 점에서 나는 나의 최초 '모든 가치의 재평가'를 말한 〈비극의 탄생〉 그 점으로 다시 돌아온다. 내 의지로 나의 능력을 키운 그 토양에다 나를 세운 나는, '영원회귀의 스승'이고 '철학자 디오니소스의 최후 제자'이다.

　-The tragedy is so far from proving something to the pessimism of the Greeks in Schopenhauer's sense that it has to be regarded rather as the ultimate rejection and counter-instance. The affirmation of life even in its strangest and hardest problems, the will to live, in the sacrifice of its highest types rejoicing over its own inexhaustibility -- I called Dionysian, which I guessed to be the bridge to the psychology of the tragic poet.

　Not to get rid of terror and pity, not to cleanse himself of a dangerous affect by its vehement discharge - Aristotle understood it -: but rather, through pity and terror beyond, the eternal joy of becoming to be yourself, -- that joy, that even the desire to destroy closes in itself… And so I again touch that point from which I once went forth - was the "Birth of Tragedy," my first revaluation of all values: that I put myself back on the ground, from the my will, my ability grows - me, the last disciple of the philosopher Dionysus - I, the teacher of eternal recurrence… [77]

┃구조┃ '디오니소스 ⇔ 생명에 대한 긍정' 동시주의

　F. 니체처럼 '생명 확신(the affirmation of life)'에 대한 주장을 반복했던 사람은 없었다. 그런데도 F. 니체처럼 많은 오해를 불렀던 사람도 없다. 왜 그러했는가?

---

77) F. Nietzsche(translated by D. F. Ferrer), *Twilight of the Idols*, Ibid., pp.78~9.

기존의 이성(理性) 일방주의 '당위론(當爲論)들의 폐기(廢棄) 선언'을 했기 때문이다. 왜 그렇게 급격한 단행이 이루어졌는가. 중세 교권(敎權) 사회가 무너지고('신성 로마 제국'의 멸망-1806년) 새로운 '과학 기술'을 앞세운 '제국주의(Imperialism)'가 역사의 전면(前面)에 등장했기 때문이다.

그러면 'F. 니체의 실존주의'는 왜 오해(誤解)가 많은가? '실존(육체, 욕망)의 강조'에는 항상 그것의 '억압 통제'를 아울러 공존(共存)한, 모순(矛盾)된 논리이기 때문이다(동시주의).

그러면 보수주의(억압 도덕주의)와 F. 니체의 '실존'주의의 근본적 차이점은 무엇인가? 기존 보수주의는 '이성(理性) 중심', '도덕 중심', '국가 중심', '관념 중심', '일방주의'임에 대해, F. 니체의 '실존'주의는 '생명 중심', '자유 중심', '개인 중심', '육체 중심', '다원주의'이다.

A. 쇼펜하우어는 "세계는 나의 표상이다(The world is my representation)."[78]라고 하여, 인간 개인의 '감성'과 '의지'를 혁명적으로 인정한 최초의 '개인주의(Individualism)' 철학자였으나, 그것(감성, 욕망)에 '긍정적 시각'을 발휘하지 못하고, '염세주의(Pessimism)', '허무주의(Nihilism)'라는 결론으로 몰고 가는 한계성을 보인 인물이다('생명 긍정' 실패).

'A. 쇼펜하우어(A. Schopenhauer, 1788~1860)', '의지와 표상으로서의 세계(영역본)'[79], '에세이와 잠언(영역본)'[80]

---

78) A. Schopenhauer(translated by J. F. J. Payne), *The World as Will and Representation*, Dover Publications, 1969, p.3.

79) Ibid.

80) A. Schopenhauer(translated by R. J. Hollingdale), *Essays and Aphorisms*, Penguin Books, 2004.

3-37
'생의 부정'은 바보짓이다.

나는 근본적으로 '바보(당나귀)의 반대편'에 있다. 이 점에서 나는 세계 역사상 유일한 괴물(怪物)이다. 희랍의 괴물, 아니 희랍만이 아닌 반(反)기독교도이다.

> . . . I am essentially the anti-ass, and on
> this account alone a monster in the world's history
> —in Greek, and not only in Greek, I am the *Anti-*
> *christ.*

'이 사람을 보라(ECCE HOMO)'[81]

┃구조┃ '당나귀, 기독교 ⇔ 니체, 괴물, 반기독교' 동시주의

F. 니체는 태도는 평생 '생명' 중심주의로 일관(一貫)되었다. 그러므로 그 대강(大綱)을 먼저 분명히 하지 않으면 오해하기 쉽다.

그 대표적인 용어가 '괴물(monster)'이라는 것이다. F. 니체의 '괴물(monster)' 명칭은 자신이 비판적 시각을 동원하는 선배 '철학자'에게도 적용하였으나, 역시 자기 '자신에 대한 칭호'로도 사용하였다.

'선배 철학자'에게 붙인 경우는 '자신의 신체-실존 운영은 불구하고 도덕론'을 편 그들의 '이율배반'에 대한 조롱(嘲弄)으로 사용하였고, 자신에 대한 호칭은 '기존 모든 가치를 부정한 투사'로서의 명칭이었다.

'당나귀(ass)'는 '멍청이', '허무주의자'의 다른 명칭이다.(5-29. 기독교는 '백치'의 편이다.)

3-38
예술의 목적은 '패배의 거부'이다.

'예술의 위대한 목적'은 재난(災難)의 세계 속에서도 패배를 거부하는 혼의 힘으로 상상력을 두드리는 것이다. 최근의 나의 저작은 내 개인적인 운명에 대항해 외치는 거부이므로 예술적이다. 그러나 나는 동물적 인내를 초월한 고통 받은 황소같이 고함을 치고 있으니, 라마(엘리자베트)는 스토아적 불굴과 무차별로 행한 나의 폭로를 무서워하고 있다.

---

81) F. Nietzsche(translated by A. M. Ludovici), *ECCE HOMO-Nietzsche's Autobiography*, Ibid., p.60.

The great end of art is to strike the imagination with the power of a soul that refuses to admit defeat even in the midst of a collapsing world. Up to now my work has been artistic because of my refusal to cry out against my private doom. But now I bellow like a wounded bull who is tormented beyond animal endurance, and the Lama dreads such a revelation of me who have become synonymous with Stoic fortitude and indifference.

_ '누이와 나(My Sister and I)'[82]

┃구조┃ '패배의 거부⇔디오니소스 정신' 동시주의

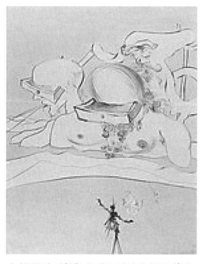

'거물들이 하찮은 존재로 버려지다(1974)'[83]

F. 니체의 평생은, '관념과의 투쟁', 자신의 말로 표현하면 바로 '디오니소스의 춤'이다. 그것은 기본적으로 '동시주의'로 행해진 것이니, F. 니체는 가장 철저히 '관념(이념)'을 부정한 '현재 생명 중심주의자'였으나, 사실 그의 '투쟁'은 '관념(상상)' 속에 전개가 되었고, 그 자신 평생 '욕망의 자유'를 위해 '잉크를 쏟은 전쟁'을 폈으나, 전쟁은 역설적으로 '엄청난 F. 니체 자신의 의지(will)'를 소모했을 뿐, F. 니체 자신이 현실적으로 확보했던 '(육체적) 자유를 위한 소유(財産)'는 특별한 것이 없었다('바젤 대학의 연봉 정도').

그러나 F. 니체가 자원한 '가치의 재평가'('자신의 임무')는, 결국 1916년 취리히 '다다 혁명 운동'으로 전개되는 위업을 달성하게 되었으니, 기존 모든 사상가들이 F. 니체 앞에 상대적으로 왜소(矮小)해진 결과를 낳을 수밖에 없었으니 그 작업은 역시 '다다 초현실주의 운동가들'에 그대로 계승이 되었다.

S. 달리는 '기존한 거물들이 하찮은 존재로 버려지다(After 50 Years of Surrealism, Flung Out Like a Fag-end by the Big-Wigs)'라는 작품을 제작하여, F. 니체 '후예'임을 명시하였다.

---

82) F. Nietzsche(translated by Oscar Levy), *My Sister and I*, A M O K Books, 1990, p.19.

83) R. Michler & W. Loepsinger(edited by), *Salvador Dali : Catalogue Raisonne of Etchings, Prints,* Ibid., p.224, 'After 50 Years of Surrealism, Flung Out Like a Fag-end by the Big-Wigs(1974)' : '대머리-부권 문화' 로고, '서랍-고정관념' 로고로 기존 '관념주의', '도덕주의', '국가주의' 철학자들을 조롱하였다.

3-39
'디오니소스의 꿈'은 공동체를 위한 이상(理想)이다.

    아폴로적인 예술과 디오니소스적인 삶, 두 가지 수증기 같은 꿈은 어떤 개인을 위한 것이 아니라 사회를 위한 이상을 이루고 있다. 그들의 비유적 가치를 깊이 파고들어 가는 것은 잘못이니, 어떤 것도 비유적 속성은 없고 그들은 종족과 국가의 발전에 동등한 중요성을 지니기 때문이다. 아폴로적인 힘의 표현으로 가능한 디오니소스적인 것은 그와 같은 이해가 조금만 더 일찍 그[F. 니체]에게 찾아왔으면 인생에 훨씬 평화적 모습으로 정착했을 것이다.

> Apollonian art and Dionysian living — two vaporous dreams — form an ideal for a community, not for any individual. It is a mistake to try to go too deeply into their comparative values because none of their values are of a comparable nature and they are each of equal importance in the development of any race or nation. This Dionysian — who is capable only of an Apollonian expression of his energies — would have been able to settle down into a much more peaceful mode of life if this bit of understanding had come to him a little earlier.
>
> _ '누이와 나(My Sister and I)'[84]

┃구조┃ '아폴로 ⇔ 디오니소스', '지성 ⇔ 감정' 동시주의

    F. 니체는 위에서 젊은 시절 처음 상정한 '아폴로 ⇔ 디오니소스' 동시주의의 대극(對極)성에 '조화'를 요구하였다. 사실 '사회공동체(a community)'를 위해서는 모든 다양한 것의 공존을 인정해야 하고 존중되어야 한다.

    F. 니체는 〈누이와 나〉의 저술에서 더욱 확실히 '평화(a peaceful mode of life)'를 말하였다.(8-27. '살상(殺傷)의 무리'는 내 성전(聖殿)을 찾지 말라.) '전쟁'과 '경쟁'을 강조하던 그가 어떻게 '평화'를 강조하게 되었는가? 당초부터 '차라투스트라의 전쟁'은 '모든 가치의 재평가 운동'의 의미였다.('비스마르크', '나폴레옹', '시저', '희랍 귀족'의 예는 F. 니체 자신의 '힘에의 의지'에 관한 개별적 설명 방편-方便으로 읽어야 할 것이다.)

---

84) F. Nietzsche(translated by Oscar Levy), *My Sister and I*, Ibid., p.98.

3-40

니체는 '디오니소스'이다.

나는 루시퍼 디오니소스이다. 나는 언제나 내가 절대적으로 원했던 나이며, 내가 아닌 것이며, 결코 나일 수 없는 것이다. 우리를 받아들이고 덮어주고 지켜주는 먼지에 축복이 내리기를.

I am Lucifer-Dionysus. I am what I have always desperately

Wanted to be, what I am not and what I never will be. Blessed be the dust which receives and covers and keeps us.

_ '누이와 나(My Sister and I)'[85]

┃구조┃ '니체⇔루시퍼 디오니소스(Lucifer-Dionysus)' 동시주의

F. 니체의 '루시퍼 디오니소스(Lucifer-Dionysus)'는 앞서 '괴물(monster)'의 자칭과 동일하다.(3-37. '생의 부정'은 바보짓이다.)

F. 니체는 다른 곳에서 자신은 처음 기독교 사고에 충실하였음을 명시하였다.(5-33. 〈성서〉는 내 '어린 시절의 책')

그런데 '관념주의', '도덕주의'에 대항하는 가장 강력한 존재가 'F. 니체'라는 선언(고백)이다. 근본적으로 서로 대립되는 양극단을 자신의 내부에 공존시키는 '동시주의' 운영 양상을, F. 니체는 자신의 경력으로 보여주었다('괴물-실존, 표상-Representation인 F. 니체⇔여호와 의지-Will인 차라투스트라'의 동시주의).

---

85) F. Nietzsche(translated by Oscar Levy), *My Sister and I*, A M O K Books, 1990, pp.173~4.

제4장

'힘(권력)에의 의지'

F. 니체의 소위 '힘에의 의지'란, 인간의 '체력(體力)', '지력(知力)'에 '부(富)의 축적(蓄積 -accumulate experience)', '소유(possession)'의 문제까지를 포괄하는 '인간 생명력의 발동 그 자체'를 긍정한 어구(語句)이다.

그러기에 '힘에의 의지' 발동에 기본적으로 제한을 가하고 있는 '마르크시즘(평등주의, 민주주의)'을, F. 니체는 '생명(경쟁) 의지의 기본 요건'을 저해(沮害)하는 '독재(獨裁, 전체주의)'로 규정하고 평생 그것을 용납할 수가 없었다.

즉 '자유'란 더욱 구체적으로 '선택(選擇)의 자유'이고 '생명 운영, 소비(消費)의 자유'이니, 기본적으로 '자본 축적에 대한 욕망-생명 의지의 발동'을 접어두고 어디에서 그 '(생명-욕망) 자유'를 따로 논할 것인가?

'자유'는 추상적 관념이 아니라, 각 개인의 '자본(資本)의 축적과 집행 속에 체험되는 생명 편의(便宜)의 원리임'을 세계 최초로 공개 선언한 이가 바로 '차라투스트라(F. 니체)'였다. 그러므로 인간의 모든 지향은 '힘에의 의지'에서 출발하고, 그 속에서 진행이 되고 다시 거기로 귀결함은 자명(自明)한 사실이다('인간 생명 의지'='힘에의 의지').

즉 아무도 없는 '사막(沙漠)', '산중(山中)', '양극의 오지(奧地)'에 가서 '자유'를 말할 사람은 없을 것이니, '힘(권력)에의 의지'는, 관념적인 것이 아니라 가장 구체적이고 현실적인 '현대 사회에서 각 개인의 생명 자유 실천 의지들'이다(競爭 속에 삶의 실현).

이 중심을 젖혀놓고 '힘에의 의지(Will to Power)'를 다른 곳에서 가서 논하면, 그것은 틀림없는 그 '노예 의식의 발동'으로, 차라투스트라(F. 니체)의 '폭소와 탄식'을 살 일이다.

　그래서 F. 니체는 '경쟁 없는 마르크시즘(민주주의)'을 '반(反)생명의 일방주의 독재'로 그에 대한 비판을 서슴지 않았다.(역시 그러기에 F. 니체를 독일의 '나치-민족적 사회주의자'로 몰아붙임은 그 本意를 완전 반대로 歪曲한 가장 흉악한 重傷 모략이다.)

　다른 한편 F. 니체 스스로도, '부당한 폭력 경쟁의 표본'인 '살상(殺傷)의 제국주의자'가 절대 아님도 거듭거듭 밝혔으니, 이 쟁점('힘에의 의지')의 설명에 F. 니체는 간곡(懇曲)하고도 자상(仔詳)함을 역시 발휘했었다('경쟁 ⇔ 평화'의 동시주의).

　그리고 '차라투스트라의 귀족주의(貴族主義-주인 정신 발동)'도 '서술의 수단(手段)', '훈도(訓導)의 방편(方便)'으로 활용된 것임을 절대 망각해서는 아니 될 것이다('주인정신, 현세주의 ⇔ 노예정신, 허무주의'의 同時主義로의 명시).

4-1
'힘(권력)에의 의지(Will to Power)'는 생명력의 방출이다.

> 　심리학자들은 자기 보존 본능을 유기체의 주요 본능으로 앞에 놓고 생각을 해야 한다. 생명체는 무엇보다 힘을 방출하려 한다. 생명 자체가 '힘에의 의지'이다. 자체 보존은 간접적이고 '힘에의 의지'에서 오는 자주 보는 결과일 뿐이다.
>
> 　- Psychologists should be think themselves before putting down the instinct of self-preservation as the cardinal instinct of an organic being. A living thing seeks above all to discharge its strength__ life itself is Will to Power; self-preservation is only one of the indirect and most frequent results thereof.[1]

┃구조┃ '생명 ⇔ 힘에의 의지', '자기 보존 ⇔ 힘에의 의지' 동시주의

　F. 니체의 '생명 긍정(Affirmation of Life)'에 대한 구체적인 규정이 '힘에의 의지(Will to Power)'이다.

　1865년 11월에 F. 니체(21세)는, A. 쇼펜하우어(A. Schopenhauer, 1788~1860)의 〈의지의 표상으로서의 세계(1818, The World as Will And Representation)〉를 읽고 수시로 A. 쇼펜하우어의 탁월함을 감탄해 마지않았다.

---

1) F. Nietzsche(translated by), *Beyond Good and Evil*, The Edinburgh Press, 1907, p.20.

A. 쇼펜하우어는 〈의지와 표상으로서의 세계〉에서, 철학자 '개인(Individual)'의 '육체 (Body)'를 "세계를 직관하는 출발점(its perception of this world)"[2]으로 주목하였다. 즉 '개인의 육체(an individual's body)'는, '많은 표상(Representation)' 중에 하나이면서, 동시에 개인의 '의지(Will)'라는 사실을 '이성 적합 원리(理性 適合 원리, the principle of suffi-cient reason)'로 증명해 보였다.('2-8. 육체가 근본 문제다.' 참조)

그러므로 A. 쇼펜하우어를 읽은 F. 니체의 '힘에의 의지'에서, '의지(Will)'는 A. 쇼펜하우어의 '의지'와 같은 개념이다.

자기 육체의 본질로서, 이 육체를 육체답게 하는 것으로서 육체가 직관(直觀, perception)의 객체(객체, object), 즉 '표상(表象, Representation)'이라는 것을 제외하면, 이미 언급한 것처럼 '의지(Will)'는 제일 먼저 '육체의 임의(任意)운동(the voluntary movement of this body)' 속에 나타난다. 결국 임의(任意)운동은 개별적인 '의지' 행위가 가시적으로 나타난 것에 불과하며, '의지' 행위에 직접적으로 관련하여 동시에 완전하게 생기는 것이다. 즉 임의(任意)운동과 의지행위는 동일한 것이며, 다른 점은 '의지'행위가 이행하여 인식할 수 있는 표상이 되었다······.

···. 그런데 만일 내 육체의 움직임이 모두 의지의 행위와 표현(every action of my body is an appearance or phenomenon of an act of will)이며, 이 의지의 행위에 주어진 동기 아래에서는 내 '의지'라는 일반으로서, 또 전체로서 내 성격이 재현된다고 하면, 모든 동작의 불가결한 조건과 전제도 또한 의지의 표현이어야 한다. 왜냐하면 의지의 현상은 직접적이고 의지에 의존하지 않는 것, 따라서 의지에는 단지 우연적인 것에 지나지 않은 것이고, 의지의 현상 자체를 우연적인 것으로 만드는 것에 의존할 수 없다. <u>없어서는 안 될 조건은 모든 육체 그 자체다. 따라서 육체는 이미 의지의 현상일 수밖에 없다</u>(that condition is the whole body itself. Therefore this body itself must be phenomenon of the will). 그리고 내 육체의 전체, 즉 예지적 성격(이것이 시간에서 나타난 것이 나의 경험적 성격이지만)에 대한 관계는 육체 하나하나의 동작과 의지 하나하나에 대한 동작과의 관계와 같은 것이다. 그러므로 육체는 가시적으로 된 나의 의지에 지나지 않으며, 의지는 직관인 객관이며, 제1급의 표상에 한해 나의 의지 그 자체가 되어야 한다······.

······ 그러므로 <u>육체의 부분들은 의지(Will) 자체가 명시되는 주요 욕망(Desire)과 완전히 상응해야 하며, 욕망의 가시적 표현이어야 한다</u>(Therefore the parts of the body must correspond completely to the chief demands and desires by which the will manifest itself). 즉 치아, 목구멍, 장기는 객관화된 굶주림이며, 생식기는 객관화된 성욕이며, 물건을 잡는 손이나 빠른 다리

---

2) 쇼펜하우어(권기철 역), *의지와 표상으로서의 세계*, 동서문화사, 1978, p.145 ; A. Schopenhauer(translated by J. F. J. Payne), *The World as Will and Representation*, Dover Publications, 1969, p.99.

는 그것들로 표현되는, 이미 어느 정도 간접적으로 된 의지와 상응한다. 일반적은 인간의 형태가 일반적인 인간 의지와 상응하는 것처럼, 개인적으로 변용된 의지, 즉 개개인의 성격에는 개인적인 체형에 상응하다. 그러므로 이 체형은 전체나 각 부분에 있어서도 특질을 갖고 있으며, 그 성격을 잘 나타내고 있다.[3]

As the being-in-itself of our own body, as that which this body is besides being object of perception, namely representation, the *will*, as we have said, proclaims itself first of all in the voluntary movements of this body, in so far as these movements are nothing but the visibility of the individual acts of the will These movements appear directly and simultaneously with those acts of will, they are one and the same thing with them, and are distinguished from them only by the form of perceptibility into which they have passed, that is to say, in which they have become representation

Now if every action of my body is an appearance or phenomenon of an act of will in which my will itself in general and as a whole, and hence my character, again expresses itself under given motives, then phenomenon or appearance of the will must also be the indispensable condition and presupposition of every action. For the will's appearance cannot depend on something which does not exist directly and only through it, and would therefore be merely accidental for it, whereby the will's appearance itself would be only accidental. But that condition is the whole body itself. Therefore this body itself must be phenomenon of the will, and must be related to my will as a whole, that is to say, to my intelligble character, the phenomenon of which in time is my empirical character, in the same way as the particular action of the body is to the particular act of the will. Therefore the whole body must be nothing but my will become visible, must be my will itself, in so far as this is object of perception, representation of the first class.

Therefore the parts of the body must correspond completely to the chief demands and desires by which the will manifests itself; they must be the visible expression of these desires. Teeth, gullet, and intestinal canal are objectified hunger; the genitals are objectified sexual impulse; grasping hands and nimble feet correspond to the more indirect strivings of the will which they represent. Just as the general human form corresponds to the general human will, so to the individually modified will, namely the character of the individual, there corresponds the individual bodily structure, which is therefore as a whole and in all its parts characteristic and full of expression.

A. 쇼펜하우어의 위의 증명('개인의 육체=의지+표상')은, 사실상 서구 2천 년 '관념철학 (ideal philosophy)'을 버리고 '실존철학(existential philosophy)'의 시작을 알리는 가장 확실한 그 혁명적 거점의 확보였다(이는 5년 전–1813년 그의 박사 학위 논문에서 명시되었던 사항임).

---

3) 쇼펜하우어(권기철 역), *의지와 표상으로서의 세계*, 동서문화사, 1978, pp.152~5 ; A. Schopenhauer(translated by J. F. J. Payne), *The World as Will and Representation*, Dover Publications, 1969, pp.106~8.

F. 니체의 '힘에의 의지'는, 명백히 처음 A. 쇼펜하우어의 '의지'에서 출발한 개념이다.

그런데 결론부터 먼저 말하면, A. 쇼펜하우어는 (논문의) 처음 전제부터, 기존 플라톤 I. 칸트 철학의 '육체(실존, Body) 부정'의 '염세주의(Pessimism)', '허무주의(Nihilism)'에서 출발한 철학(합리주의 사고)이었다(즉 그의 '이성 적합 원리(the principle of sufficient rea-son)'라는 그것이 명시하고 있음).

그래서 A. 쇼펜하우어는 '표상과 의지'가 겹치는 유일한 거점 '육체(body)'를 제일 먼저 확인해 놓고도, '육체'를 부정하는 '염세주의', '허무주의'를 탈피를 하지 못하였다. 역시 그래서 F. 니체는 A. 쇼펜하우어를 '유럽의 부처'라고 조롱(嘲弄)하였다.(6-12. '쇼펜하우어 허무주의'는, '유럽의 불교'다.)

그리하여 어쩔 수 없이 F. 니체는, A. 쇼펜하우어의 '허무 의지(nihilistic will)', '염세 의지(pessimistic will)'를 뛰어넘어, '긍정적 삶의 의지(affirmation life will)', '힘에의 의지'라고 고쳐(보완) 명명하지 않을 수 없었다는 점은, 결코 난해(難解)한 추리가 아니다.

즉 F. 니체는 A. 쇼펜하우어가 논한 인간 보편의 '의지'의 문제가 결코 '허무 의지', '염세 의지'일 수 없다는 측면에서 '생명 긍정'의 대 전제하에 '힘에의 의지'라 한 것일 뿐이다. 그러므로 '힘에의 의지'를 오해한 경우는, 사실상 '생명 긍정'의 F. 니체 생각 전반을 부정하는 처사(處事)로, 단지 'F. 니체 오해(誤解) 현상'의 하나일 뿐이다.(제13장 M. 하이데거 항 참조)

그러므로 예를 들어, C. 다윈(C. Darwin, 1831~1882)의 〈종의 기원(*On the Origins of Species*)-1859〉 같은 저술은, 더욱 생물(동물) 일반의 생태(生態)론으로, '인간 존재 비판'을 우회(迂回)하는 저술이었기에, 오히려 F. 니체의 비판(경멸) 대상이 된 것은 충분히 이해할 수 있다.('自然淘汰-natural selection', '適者生存-survival of the fittest' 등은 너무 '인간 현실 가치 실현-인간 정신 비판' 문제와는 동떨어진 '제국주의-Imperialism'를 무작정 편들고 있는 논리들임.)

이에 F. 니체는, '힘에의 의지'로 '생명 긍정(Affirmation of Life)' 깃발을 선명하게 하고, '모든 가치의 재평가' 운동을 '차라투스트라'라는 이름으로 선도(先導)하게 되었다.

그리하여 F. 니체의 '생명 정신'은, J. G. 프레이저(J. G. Frazer, 1854~1941) 등 인류학자, S. 프로이트(S. Freud, 1856~1939), C. G. 융(C. G. Jung, 1875~1961), J. 라캉(J. Lacan, 1901~1981), E. 노이만(Erich Neumann, 1905~1960) 등 정신분석학도(심리학도), 1916년 '다다 혁명 운동' 1924년 '초현실주의 운동'으로 계승이 되었다.

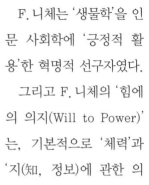

▲ '자본론'을 쓴 마르크스
◀ '국부론'을 쓴 스미스

▲ '권력에의 의지'를 말한 니체

F. 니체는 '생물학'을 인문 사회학에 '긍정적 활용'한 혁명적 선구자였다.

그리고 F. 니체의 '힘에의 의지(Will to Power)'는, 기본적으로 '체력'과 '지(知, 정보)에 관한 의지', '부(富)에 관한 의지(Will to Wealth)' 등을 포괄한 것으로, '모든 인간 행동'은 거기에 예외가 없다는 전제이다.

F. 니체의 '힘에의 의지'는, 1776년 아담 스미스(Adam Smith, 1723~1790)의 〈국부론(The Wealth of Nations)〉과 1880년 K. 마르크스(Karl Marx, 1818~1883)의 〈자본론(Das Capi-tal)〉까지를 개인 각자에게 되돌려 주는 '개인주의(Individualism)'에 종합된 것으로, 오늘날 '자본주의 사회 철학'의 요점이다.

'시적인 세계 II(1939)'[4]

R. 마그리트는 F. 니체에 동조(同調)하여 그림을 그렸다. 다음은 '시적인 세계 II(The Poetic World II)'란 작품이다.

4-2
인간의 행동은 '힘(권력)에의 의지'에 귀착한다.

그래서 내가 전제했듯이, 우리의 전 본능적 생활이 의지의 근본적 형태인 '힘(권력)에의 의지'의

---

4) A. M. Hammacher, *Rene Magritte*, Abradale Press, 1995, p.125, 'The Poetic World II(1939)' : '빌딩'이 버티고 있는 위에 '식빵 두 조각'을 그려 그 시인의 '가난(어려움)'을 형상화하였다. 결코 '빵(물질)'에 무관한 생(生)이 없음을 그림으로 명시하였다. 위의 그림은 시인을 '찬양한 그림이 아니다.' F. 니체가 지적한 그 '힘에의 의지'는 어디로 가 있는가. '시인'들도 알고 있어야 한다는 작품이다.

발달 분화임을 알게 되면, 생식과 양육의 문제에 대한 해답도 '힘(권력)에의 의지'에 종속된 것임을 알게 될 것이다. 즉 (인간의) 모든 능동적인 힘은 '힘(권력)에의 의지'라는 것을 아는 권리를 획득하게 된다. 세상은 다른 것이 아닌 우리가 '인식할 수 있는 성격'인 단순한 '힘(권력)에의 의지'에 따라 정의(定義)되고 고안되었음을 알게 된다.

　　-Granted, finally, that we succeeded in explaining our entire instinctive life as the development and ramification of one fundamental form of will namely, the Will to Power, as my thesis puts it ; granted that all organic functions could be traced back to this Will to Power, and that the solution of the problem of generation and nutrition it is one problem could also be found therein : one would thus have acquired the right to define all active force unequivocally as Will to Power. The world seen from within, the world defined and designated according to its "intelligible character" it would simply be "Will to Power" and nothing else.[5]

┃구조┃ '의지의 근본 형태 ⇔ 힘(권력)에의 의지',
　　　　　'이해될 수 있는 세계 ⇔ 힘(권력)에의 의지' 동시주의

　F. 니체의 사유 방법은 '생물(동물)학적 지식'으로 판단한 것으로, 그 방법은 S. 프로이트의 방법(〈토템과 타부〉 연구 방법)이나 J. G. 프레이저(J. G. Frazer, 1854~1941) 연구 방법(〈황금 가지〉)에 선행(先行)한 것이다.(제13장 참조)

　F. 니체는 '인간 사회' 문제를 '힘(power)에의 종속'으로 전제했으니, 그것은 기본적으로 '체력(體力, physical strength)'을 뜻하기도 하지만 그것이 '궁극적인 힘'은 못 되고 동서고금 (東西古今)이 모두 상식으로 인정해 왔듯이 '지(知-정보, knowedge)'와 '부(富, wealth)'로 지목할 수밖에 없다. ('4-6. 힘(권력, power)=체력(strength)+지(knowledge)+부(wealth)')

　K. 마르크스는 '자본(capital)'의 문제로 '세계'를 해설했음에 대해, F. 니체는 '힘(권력)에의 의지(Will to Power)'로 포괄하였다. K. 마르크스는 '전체주의', '국가 사회적인 문제'에 주력했음에 대해 F. 니체는 '인간 개인 각자의 문제'에 주력하였다. 그 지향점이 완전히 서로 대극 (對極)점을 이루었다. 즉 K. 마르크스는 어떤 '사회적 이상(理想)'을 전제했음에 대해 F. 니체는 불가피한 '생존경쟁'으로 설명하였다. 그래서 마르크스는 '꿈'을 이야기했고, F. 니체는 그동안 추상적인 문제로 (도덕으로) 호도(糊塗)되었던 인간의 근본(경쟁) 문제를 폭로하여 모두 쉽게

---

5) F. Nietzsche(translated by T. Common), *Beyond Good and Evil*, Ibid., p.52.

알게 하였다.(독일의 '나치-국가 사회주의'와 'F. 니체 철학'의 相反性은 여기에서도 거듭 명시되고 있다.)

F. 니체의 '힘(권력)에의 의지(Will to Power)'를, '국가 사회적 단위'로 펼치면 '제국주의(帝國主義, Imperialism)'도 될 수 있다. 사실 오늘날 국가적인 측면에서 세계의 모든 국가는 '제 나라 잘기 경쟁'을 벌리고 있으므로 F. 니체의 '힘에의 의지' 이론을 더욱 잘 설명해 주고 있다.

그러한 측면에서 F. 니체의 '힘(권력)에의 의지'는 인간 행동 방향에 대한 하나의 '설명', '해설'이고 그의 '주장'이 아니다. 즉 K. 마르크스의 '공산(사회)주의'는 주장이 앞선 그의 '이상(理想)'이었다. 그래서 F. 니체는 이미 '주장된 평등주의(민주주의)'를 무시하였다('F. 니체-제국주의⇔K. 마르크스-공산주의', '설명⇔주장' 동시주의).

그런데 F. 니체의 '힘(권력)에의 의지' 즉 '정보(情報)와 자본(資本)에의 의지'는 생명에의 의지이므로 궁극적으로 '인간 사회의 모든 문제'도 결국은 그것에 의존할 수밖에 없다.

그러나 세계는 F. 니체 사망 14년(1914) 뒤에, '국가 민족주의', '살상(殺傷)의 제국주의'를 앞세운 '제1차 세계대전' 속에 함몰(陷沒)되었다.

이에 F. 니체의 '생명 존중 정신'을 확실히 익힌 다다이스트들은, 1916년 취리히에 모여 '전쟁 반대', '제국주의 반대', '기존 가치관(인생관 세계관)의 부정', '모든 가치의 재평가(Revaluation of all Values, The Transvaluation of all Values)' 운동, '다다 혁명 운동'을 대대적으로 펼치기 시작하였다.

'분홍 방울, 누더기 하늘(1930)'[6]

다다 초현실주의자의 최우선의 대표적인 주장이 '살상(殺傷) 전쟁 반대'였으니, 초현실주의 화가 R. 마그리트는 작품 '분홍 방울, 누더기 하늘(1930)'을 제작하여 '제국주의 반대', '전쟁 반대 의사'를 거듭 명백히 밝혔다. 모두 자신들이 확보한 '힘(정보)에의 의지'로 가능한 것이고, 그것의 정당한 행사를 요구하는 작품이다.(8-27. '살상(殺傷)의 무리'는 내 성전(聖

---

6) D. Sylvester, *Magritte*, Mercatorfonds, 2009, p.234, 'Pink Bells, Tattered Skies(1930)'.

殿)을 찾지 말라.)

4-3
'힘(권력)에의 의지'가 가치의 전부다.

> 인생 그 자체가 힘(권력)에의 의지인 힘의 단계를 빼고는 가치를 지니는 것이란 없다.
>
> −There is nothing to life that has value, except the degree of power−assuming that life itself is the will to power.[7]

┃**구조**┃ '인생 그 자체⇔힘에의 의지' 동시주의

F. 니체의 '힘에의 의지'는 현대 '자본주의 개인주의 사회 철학의 기초'로 큰 의미를 지니고 있다.

과거의 '군왕(君王 제국주의자)들'은 그 사실('힘에의 의지')을 알고 있었으나, 오히려 일반 시민들에게는 '허무(도덕)주의'를 강론하는 형편이었다.[8]

F. 니체는 '생명의 힘'을 세상에 대대적으로 공개(公開)하였다. 그러나 그 방법은 항상 '제발 좀 아세요. ⇔ 몰라도 어쩔 수 없습니다만.' 동시주의 방법을 사용하여 그 끝까지 '모르는 것'에까지 책임을 지려고 하지는 않았다.(9−27. 모든 사람에게 주는 책 그리고 아무에게도 주지 않는 책)

여기에서 거듭 명시하지 않을 수 없는 사항이 F. 니체와 K. 마르크스의 공통점과 차이점이다. 공통점은 '욕망(빵−물질)'에 대한 중대한 가치를 모두 인정하고 있었으나, F. 니체는 모든 개인들에게 '자연스런 생명(힘)에의 의지'를 강조했음에 대해, K. 마르크스는 전체적(국가적)

---

7) F. Nietzsche(W. Kaufmann & R. J. Hollingdale−translated by), *The Will to Power*, Ibid., p.37[1887년 6월 10일 기록].

8) 中國 고대 역사 교과서 증선지(曾先之)의 〈十八史略〉 '高祖文學' 조에−육가(陸賈)가 한 고조(漢 高祖)에게 '도덕 (詩書)'으로 세상 통치하기를 권하니, 고조는 '나는 무력으로 천하를 얻었다(馬上得天下). 무슨 도덕인가?'라고 꾸짖으니, 육가는 '어떻게 말 위에서 세상을 다스릴 수 있겠습니까(寧可以馬上治之乎)?'라고 대답하였다. 그리고 중국 '帝國主義'의 교과서 〈三國志通俗演義〉(−33회)에서 저자 나본(羅本, 貫中, 1330?~1400)은, 대표적인 제국주의자 조조(曹操, 155~220)의 입을 빌어, "세상의 지혜로운 사람에게 대신 일하게 맡기고(정복하게 하게), 도덕으로 지키면 못 이룰 것이 없다(吾任天下之智力 以道御之 無所不可)."고 하였다. 여기에서 '지혜로운 사람'이란, '전략가(戰略家, 속임수, 武力)'의 다른 명칭이고, '도덕'이란 '다른 사람(시민)들을 향한 교육용(宣傳 광고용)'이다.

으로 '경쟁의 인자(자본)를 처음부터 무화(無化, 共有化, 共産化)하자.'는 것으로서 각 개인의 '자본(資本, 생명)에의 의지'를 차단(遮斷)하고 있다.

K. 마르크스에 대한 F. 니체의 항변이, '3-35. 치통(齒痛)에 발치(拔齒)가 우선일 수 없다.'는 것이었다.

1916년 취리히 '다다 혁명 운동'이 '동시주의'로 '살상 전쟁 반대'에 돌입했던 것은, 그동안 '인류가 확보한 정보력'으로 행한 '공정한 힘에의 의지'를 제대로 펼쳐 보인 사항이었다.

4-4
'힘의 축적(蓄積)으로 번성하는 동물' : 인간

'정신'도 이성(理性)도 사고(思考)도 의식(意識)도 영혼(靈魂)도 의지(意志)도 진리(眞理)도 존재하지 않는다. 모두 다 쓸데없는 허구다. 주체(subject)와 객체(object)도 문제가 아니고, 어떤 상대적 정당성, 특히 (그래서 정보와 자본 축적으로 경험할 수 있는) 인지의 규칙성을 통해 번성할 수 있는 독특한 별종의 동물이라는 점이 문제이다.

지식(정보)은 힘의 도구로 작용한다. 힘이 증가할 때마다 지식(정보)도 증가한다는 것은 평이(平易)한 사실이다.

-There exists neither "spirit," nor reason, nor thinking, nor consciousness, nor soul, nor will, nor truth: all are fictions that are of no use. There is no question of "subject and object," but of a particular species of animal that can prosper only through a certain relative rightness; above all, regularity of its perceptions(so that it can accumulate experience)-

Knowledge works as a tool of power. Hence it is plain that it increases with every increase of power-[9]

┃구조┃ '인간(man)⇔특별한 동물', '인간(man)⇔자본 축적의 규칙성을 통해 번성할 수 있는 별종'
　　　　동시주의

F. 니체의 '권력에의 의지'는 이처럼 구체적으로 부연되었다. 위에서 '주체(Subject, 의지

---

9) F. Nietzsche(W. Kaufmann & R. J. Hollingdale-translated by), *The Will to Power*, Ibid., p.266[1888년 3월~6월 기록].

-Will)', '객체(Object, 표상-Representation)'의 문제는 A. 쇼펜하우어의 구분이다. 그런데 그 구분 결론이 '염세주의', '허무주의'였으니, 그것을 끝까지 존중할 수는 없다는 F. 니체의 생각이다. 그러므로 '긍정적 삶의 의지'가 바로 '힘에의 의지'란 결론이다. 다시 말해 '힘(정보, 자본)의 축적'이라는 진술에, '축적(accumulate)'이라는 단어가 '물질(物質)의 축적', '부(富)의 축적'이라는 뜻이 함유되었고, 거기에 다시 '규칙성(regularity)', '정당성(rightness)'이라는 말로 '경쟁(競爭)의 타당성(妥當性, 사회적 公義 속의 실현)'을 정확히 명시하였다. (왜냐하면 '정당성', '규칙성'을 상실한 것은 일시적 '강탈'로 지속될 수 없는 것이므로) 그러므로 오늘날 소위 '자본주의 사회'는 F. 니체가 먼저 정당성을 명시한 '공정(公正)한 경쟁 사회'란 의미를 전제하고 있는 사회임을 알 수 있다.

그러나 F. 니체의 소론(所論)은 거기에서 끝나지 않고 한 문장을 더 붙였다. 즉 '힘이 증가할 때마다 지식(정보)도 증가한다는 것은 평이(平易)한 사실'이라는 점이 그것이다. 즉 '자본주의 사회'에서 아무리 '경쟁의 공정성'을 보장한다고 해도, '힘의 증가가 지식의 증가'를 상호 부축(扶畜)하면 '힘(자본)의 지배'를 피할 수 없게 되기 때문이다.

여하튼 F. 니체는 '인간의 기본 성향', '인간 사회의 현상'을 설명하는데, 아무런 제약을 느끼지 않은 '사상의 자유'를 모범적으로 실천한 자유인이라는 점을 무엇보다 먼저 인정해야 한다.(8-4. 모든 속박(束縛)으로부터 도망을 쳤던 니체)

'제국주의'에 반대한 R. 마그리트는, 세계적인 '제국주의 대표 국가 영국'을 '담배 악습(惡習)을 못 버린 골초(a heavy smoker)'로 풍자 조롱하였고 '제국주의 전쟁 패해'를 '불(火)'의 로고로 설명하였다.

'절름발이(1947)'[10], '불의 변전(1939)'[11]

4-5

'꿀통으로 돌아가기'가 '힘(권력)에의 의지'다.

'아는 사람들'이라고 하는 우리는, 우리 자신을 우리가 모르고 있다. 여기에는 그럴 만한 이유가 있다. 우리는 우리 자신을 찾은 적이 없다. 그러면 우리가 어떻게 우리를 찾을 수 있을까? "너희 보배가 있는 곳에 네 마음도 있다."라는 말은 옳다. 우리 보배가 있는 곳, 그곳에 우리의 지식의 꿀통도 있다. 그 꿀통을 향해 우리는 항상 애를 쓰고 있고, 영혼의 꿀을 모으며 비행하는 존재로서 우리는 우리의 가슴 속에 오직 "꿀통으로 돌아가기"에 관심을 지니고 있다.

　－We are unknown, we knowers, ourselves to ourselves: this has its own good reason. We have never searched for ourselves—how should it then come to pass, that we should ever find ourselves? Rightly has it been said: "Where your treasure is, there will your heart be also." Our treasure is there, where stand the hives of our knowledge. It is to those hives that we are always striving; as born creatures of flight, and as the honey-gatherers of the spirit, we care really in our hearts only for one thing—to bring something "home to the hive!"[12]

┃구조┃ '우리(we), 알고 있는 사람들 ⇔ 자신을 모르고 있는 사람들',
　　　　'꿀통으로 돌아기(home to the hive) ⇔ 힘(권력)에의 의지' 동시주의

　F. 니체는 일차적으로 〈성경〉의 지식을 바탕으로 예수의 주장과는 반대로 '물질주의', '생명(육체, 욕망) 우선주의'를 지향하였다.

　즉 과거의 '관념(이념)', '도덕', '내세(來世)' 중심 사고에서, '물질', '생명(욕망)', '현세' 중심의 사고로 바뀐 것이 가장 큰 특징이다. 앞서 살핀 바와 같이 K. 마르크스도 '물질주의'에 있음은 F. 니체와 공통이지만, '인간 본성의 긍정(경쟁 심리 긍정)'과 '(욕망의) 자유 추구'를 그 이상으로 전제하였지만, K. 마르크스는 '(경제적)평등', '공산주의' 주장으로 직행을 하였다. 그리고 그러한 이상(理想)이 달성된 상태를 '해방', '자유'라 주장을 하였다.

　그러나 F. 니체는 그동안 '추상적 자유(〈성경〉과 마르크스가 말한 해방, 자유)'의 문제를

---

10) J. Meuris, *Rene Magritte*, Taschen, 2004, p.181, 'The Cripple(1947)'.

11) A. M. Hammacher, *Rene Magritte*, Abradale Press, 1995, p.123, 'The Gradation of Fire(1939)' : 처음 종이를 태우던 '불(욕망의 전쟁－자연의 불)'은 마침내 '열쇠(개인의 재산, 소유)'를 절단 내고, 마지막에는 '알(생명)'까지 태운다고 설명하며, '불(전쟁)'의 위험을 경고하고 있다.

12) F. Nietzsche(translated by H. B. Samuel), *On the Genealogy of Morality*, T. N. Faulis, 1913, pp.33~4.

더욱 예리하고 명쾌하게 분석하여, '힘에의 의지'의 발동, 그것이 '욕망(실존, 육체)의 자유'임을 혁명적으로 명시하여 사실상의 현대(생명)철학, '언어학', '인류학', '분석심리학'의 개조(開祖)가 되었다.

즉 위에서 F. 니체가 전제한 '아는 사람들이라고 하는 우리는, 우리 자신을 우리가 모르고 있다.'란 근본적으로, 우리의 주체는 '의식(意識)'이 아니라 '욕망(무의식)'이라는 사실을 확인하는 것으로, 인간 존재(가치)에 관한 이해에 '코페르니쿠스적 전환(a Copernican revolution)'을 달성한 혁명 철학자는 I. 칸트가 아니라 A. 쇼펜하우어와 F. 니체였고, 그것은 S. 프로이트 등 이후 인문 사회학자들에 의해 거듭 확인이 되었다.(제13장 참조)

4-6
'힘(권력, power)'='체력(strength)＋지(knowledge)＋부(wealth)'

이는 실제 그들의 궁핍이 문제가 아니다. 그들의 존재가 불안정해서 그런 것이 아니다. 그들은 먹고 마시는 데 걱정이 없다. 부의 축적(wealth pile up)이 느림에 대한 무서운 조바심, 동일한 그 황금의 축적(heaps of gold)에 대한 무서운 동경과 사랑으로 밤낮으로 열성이다. 그러나 이 조바심과 사랑 속에 힘에 대한 욕망의 광신주의가 이전에는 우리가 진리를 소유했다는 좋은 이름의 신념으로(유대인과 이단자의 좋은 책을 불 지르고 페루 멕시코 같은 우수한 모든 문화를 근절해 버리는 것을) 비인도적인 것을 양심으로 감행했던 힘(권력)에 대한 광신주의를 확인할 수 있다.

오늘날은 힘에의 욕망 의미가 바뀌었다. 그러나 동일한 그 화산이 아직도 들끓고 조바심내고 무절제한 러브콜로 그들을 희생시키고 있으니, '신의 사랑을 향해 행했던 것'이 돈에 대한 사랑, 다시 말해 현재 우리에게 최고의 힘에 대한 느낌과 양심을 제공하는 것에 대한 사랑이 되어 있다.

－It is not real want, ――for their existence is by no means precarious; perhaps they have even enough to eat and drink without worrying,――but they are urged on day and night by a terrible impatience at seeing their wealth pile up so slowly, and by an equally terrible longing and love for these heaps of gold. In this impatience and love, however, we see reappear once more that fanaticism of the desire for power which was stimulated in former times by the belief that we were in the possession of truth, a fanaticism which bore such beautiful names that we could dare to be inhuman with a good conscience (burning Jews, heretics, and good books, and exterminating entire cultures superior to ours, such as those of Peru and Mexico).

The means of this desire for power are changed in our day, but the same volcano is still smouldering, impatience and intemperate love call for their victims, and what was once done "for the love of God" is now done for the love of money, i.e. for the love of that which at present affords us the highest feeling of power and a good conscience.[13]

| 구조 | '힘(권력)에의 욕망 ⟺ 부에 대한 욕망', '신의 사랑 ⟺ 돈의 사랑' 동시주의

F. 니체가 '현대 사회 쟁점'에 짚지 않고 그냥 넘어간 문제는 없다. 그가 말한 '힘(권력)에의 의지'는 정확하게 '부(wealth)에 대한 의지'임을 확실히 알 필요가 있다. F. 니체는 과거 모든 문화에서 확인할 수 있는 '신에 대한 숭배'가 바로 자신들의 '힘에의 의지'를 달리 표현한 것이고, 그것이 바로 그들의 양심이 되었고, 오늘날은 그것이 더욱 명백하게 '부에 대한 의지'가 되어 그에 대한 억제할 수 없는 욕망이 오히려 '자신들'이 '생명(육체)'을 해치는 결과를 낳고 있다고 확실히 지적하고 있다.('7-24. 나의 '전쟁'이란 의미를 알아야 한다.', '10-30. '부(富)' 와 '지(知)'가 세계를 움직인다.')

4-7
'강함의 추장(推獎)'과 '허약의 격퇴'

누천년의 오류와 혼란 뒤에 '그렇다', '아니다'의 방법을 내가 발견해 냈던 것은 나의 행운이었다.
허약하고 지치게 만드는 것을 나는 '아니다.'로 가르친다.
힘을 축적하고, 힘을 정당화하고 강하게 만드는 모든 것은 '그렇다'이다.
그동안은 전자(前者, 허약)도 후자(後者, 강함)도 제대로 가르쳐지질 못했다.
도덕(virtue)은 금욕(禁慾, mortification), 연민(憐愍, pity), 생의 부정(negation of life)을 가르쳐 왔다. 이들은 소멸(消滅)을 가르치는 가치들이다.

－It is my good fortune that after whole millennia of error and confusion I have rediscovered the way that leads to a Yes and a No.

I teach the No to all that makes weak－that exhausts.

I teach the Yes to all that strengthens, that stores up strength, that justifies the feeling of strength.

---

13) F. Nietzsche(translated by J. M. Kennedy), *The Dawn Of Day*, The Macmillan Company, 1911, p.210.

So far one has taught neither the one nor the other: virtue has been taught, mortification of the self, pity, even the negation of life. All these are the values of the exhausted.[14)]

┃구조┃ '그렇다(Yes)⇔아니다(No)', '힘⇔허약', '육체-욕망⇔도덕' 동시주의

F. 니체처럼 간결하게 자신의 '생의 긍정'을 확실하게 주장하는 철학자는 없었다. 특히 F. 니체의 위의 발언은 '절대신(絶對神)'을 전제해 놓고 '허약', '무지', '저 세상', '연민'을 강조하는 '기독교도'의 전제를 부정한 것이다.

단지 '육체(욕망)'의 문제와 더불어 항상 동시적으로 제기되는 '억압(도덕)'의 정당성을 확실히 명시하

'불의 바다(1945~6)'[15)]

지 않아[16)] '제국주의(일방주의)까지 용인한다는 말인가?'라는 의문이 일부 제기될 수 있다. 그러나 신중한 독자들은, '정(正)과 반(反)'을 동시에 전제하는 <u>**'동시주의'에, F. 니체는 항상 탁월한 '선생(대장)'**</u>임이라는 사실을 항상 명심해야만 한다.(제9장 '동시주의' 참조)

즉 F. 니체는, '제국주의 반대'를 가장 명백히 행했던 '선구자'이다.('10-1. 우려할 만한 '독일 국가 민족주의'', '8-28. '생명'은 신성하다.')

이러한 F. 니체의 본의(本意)에다, 더욱 확실하게 그 균형을 유지했던 존재들이 바로 '다다 초현실주의 혁명 운동가들'이었으니, 그들의 요지는 '생명(육체, 욕망) 긍정⇔제국주의 전쟁 반대'의 그 동시주의로 요약이 되었다.

R. 마그리트는 작품 '불타는 바다'로 '욕망 긍정의 제국주의 전쟁'을 당초 트로이전쟁을 일으킨 '황금 사과의 쟁탈 전'에 비유하였다.

---

14) F. Nietzsche(W. Kaufmann & R. J. Hollingdale-translated by), *The Will to Power*, Ibid., pp.33~4[1888 1월~1888년 가을 기록].

15) J. Meuris, *Rene Magritte*, Taschen, 2004, p.172, 'The Sea of Flames(1945~6)' : '세 명의 미녀'는 트로이 왕자 파리스 앞에 나타난 '헤라', '아테네', '아프로디테'이다. 그녀들의 '파리스 왕자 마음잡기 경쟁'이 대표적인 '트로이 전쟁'이 되었으므로 '욕망의 발동' 연장이 '불-전쟁의 바다'가 된 셈이다.

16) 4-6.에서, '힘(권력)에 대한 광신주의-fanaticism of the desire for power'라는 말로 명백히 무절제한 '힘에의 추구'를 우려하고 있음.

4-8

강함은 우행(愚行)을 대기시킨다.

강한 본성은 그것에 대한 반작용을 지연시키고 대기하게 하는 것으로 명시된다. 약한 자는 '행동'의 어떤 무의도적 반작용, 돌발성 불가피함으로 나타남에 대해, 강자는 무관심–adiaphoria으로 특성을 보인다. 의지는 약하다. 우행(愚行)을 피하는 방법은 강한 의지와 무위(無爲–to do nothing)이다. –모순–자기 파괴와 보존 본능의 절충, 약한 자가 자신들을 해치는 그것이 데카당(퇴폐)의 유형이다.

–A strong nature manifests itself by waiting and postponing any reaction; it is as much characterized by a certain *adiaphoria* as weakness is by an involuntary countermovement and the suddenness and inevitability of "action."– The will is weak and the prescription to avoid stupidities would be to have a strong will and to do *nothing*. – *Contradictio*. – A kind of self-destruction; the instinct of preservation is compromised. – The weak harm themselves. – That is the type of decadence[17]

│구조│ '강한 본성⇔허약함', '보존 본능⇔자기 파괴' 동시주의

'허약함(weakness)'을 강조한 예수의 가르침, '허무주의'임에 대해, F. 니체는 '강한 본성(strong nature, 현실 긍정)'을 추장(推獎)하고 맞섰다. 그리고 '생의 운영'에 우연히(부지불식간에) 마주친 '불운의 사고(事故) 사례'에 어떻게 할 것인가에 대해 말하고 있다. F. 니체는 '그냥 가만히 있기'를 우행(愚行)을 막는 기본 태도로 명시하였다.

'자기 파괴(억압)'와 '자기 보존'의 모순을 절충에서부터 '데카당(퇴폐)'은 시작된다고 주장하고 있다.

F. 니체의 전체적은 태도는 굽히지 않는 강한 성격을 가장 큰 특징으로 하고 있다. 이러한 F. 니체의 특징을 C. G. 융은 '종교의 창시자' 태도에 견주었다.

그러나 F. 니체는 역시 그러한 '종교의 교주' 성질을 완전히 거부하는 태도를 명시했다. (7-12. '제자들이여, 홀로 가라.')

---

17) F. Nietzsche(W. Kaufmann & R. J. Hollingdale–translated by), *The Will to Power*, Ibid., p.28[1888년 3월~6월 기록].

4-9

'분산된 충동들'을 통합하라.

충동의 다양과 분산과 조직 체계의 결여는, '허약한 의지'를 낳는다. 단일 우세 충동으로 연합하면 '강한 의지'가 된다.

−The multitude and disgregation of impulses and the lack of any systematic order among them result in a "weak will"; their coordination under a single predominant impulse results in a "strong will"[18]

｜구조｜ '강한 의지 ⇔ 허약한 의지' 동시주의

F. 니체는 '강한 의지'를 이루는 방법으로 '단일 우세 충동으로의 연합'을 제시했는데, 그것은 바로 '생명력의 발동', '힘(권력)에의 의지', '부(富)의 축적 의지'임을 직시하라는 충고이다.

여기에서 '강한 의지'란 물론 '생명 긍정'을 바탕으로 그것의 '생명 의지의 과감한 집행'을 권유한 것이고, 모든 사람들에게 권유한 것이니, '편대(編隊)를 형성해 나누어 싸워라.'라는 '살상 전쟁'의 의미는 더더욱 아니고, 모두 '현재 생명 긍정'으로 각자의 최선을 다 하라는 권고이다.

4-10

'낭비 퇴폐'도 필수적인 것이다.

퇴폐의 개념 : −낭비 퇴폐 배설이 단죄될 필요는 없다. 그들도 인생 필연의 결과이다. 퇴폐 현상은 생의 필연의 결과이고 생의 성숙의 결과이다. 그것은 생의 증진과 성장과 꼭 같이 필수적이다. 인간은 그것을 폐기할 수 없다. 그런데 이성(理性)은 반대로 그것을 공정하게 만들려 한다.

−*The concept of decadence.* − Waste, decay, elimination need not be condemned : they are necessary consequences of life, of the growth of life. The phenomenon of decadence is as necessary as any increase and advance of life : one is in no position to abolish it. Reason demands, on the contrary, that we do justice to it.[19]

---

18) Ibid., p.28[1888년 3월~6월 기록].
19) Ibid., p.25[1888년 3월~6월 기록].

┃구조┃ '낭비 퇴폐 배설⇔생의 필연의 결과', '생의 증진과 성장⇔이성(reason)' 동시주의

이것이 F. 니체가 강조하는 '가치의 자연화(Naturalization of values)' 그것이다. P. 피카소 이후 현대 미술의 기본 명제가 된 '원시주의(primitivism)'도 사실상 F. 니체의 '디오니소스주의' 연장선상에서 행해진 것이다.(제13장 참조)

'이성(reason)'은 '실존 운영'에 명백한 보조 수단임에도 불구하고 기존 교육은 '실존의 요구'를 이기는 것(억압)을 최고의 목표로 교육해 왔다.(그러나 사실 '결과'는 동일하다. '이성의 작용(억압)'도 결국은 '생명(욕망) 성취'에 공헌하는 것이므로.)

F. 니체는 기독교 가정에서 자랐으므로 '낭비(Waste)', '퇴폐(decay)', '배설(elimination)' 문제를 종교적 모범을 보인 사람들을 표준으로 생각하게 도왔을 것이다. F. 니체의 반발은 그러한 '종교적 제한'에 대한 반발이었다.(5-34. 나의 어린 시절은 '기독교'에 속았다.)

4-11
'생명 긍정'이 즐거움의 원천이다.

암울하고 막중한 임무를 수행함에 있어 침착성을 유지하는 것은 사소한 것이 아니다. 즐거움보다 필요한 것이 무엇이겠는가? 그들의 문제에 당당함이 없으면 거저 되는 것은 없다. 넘치는 힘이 유일한 그 증거이다. 모든 가치의 재평가—그것은, 그 의문부호가 너무 어둡고 무시무시하기에 저절로 심각하게 되어 견디기 힘든 무거운 것을 벗어버리고 태양으로 달려가게 강요하는 운명의 과제들이다. 각 '경우'가 행복일 경우는, 모든 수단은 정당한 법이다.

—In the midst of a gloomy and beyond measure responsible thing to maintain your serenity is no small piece of art: and yet, what would be necessary than cheerfulness? Not a thing falls, where the person has not the arrogance in their share. The excess of force is the only evidence of force. – A revaluation of all values, this question mark so black, so tremendous that it casts shadows on them who it is – a fate of task forces at any moment, to walk in the sun, shake a heavy, too hard who have become serious by itself. Every means is this right, each "case" is a godsend.[20]

┃구조┃ '암울⇔즐거움', '모든 가치의 재평가⇔운명의 과제' 동시주의

---

20) F. Nietzsche(translated by D. F. Ferrer), *Twilight of the Idols*, Daniel Fidel Ferrer, 2013, p.3.

F. 니체가 위에서 '즐거움(cheerfulness)', '행복(godsend)'이라고 언급한 것에 주목을 해야 한다. '인간 육체의 운영' 기본적으로 '즐거움', '행복'의 원리에 의존한다. '생명'의 지시는 우선 '쾌(快)', '불쾌(不快)'로 그 징후(徵候)를 명시하기 때문이다.

'불쾌'에 대한 반응은 '이성(理性)'을 비롯한 모든 후견 대상들이 그것의 해소에 동원되게 마련이지만, 그것도 원만한 해결을 못 낼 경우는 해당 전문가(의사)를 찾을 수밖에 없다. 그러므로 F. 니체가 말했던 '생명'을 표준으로 하는 '모든 가치의 재평가(A revaluation of all values)'의 문제를, 오늘날 거부하는 사람은 아무도 없다. 일부 종교인을 포함한 사람은 그들의 직책상 그와 다른 점을 강조할지는 알 수 없지만, 최소한 동양 유교(儒敎) 사회에서는 '신체(身體, 생명)의 운영'에 사실상의 제약은 없었다.

F. 니체가 유독 '생명 긍정'을 강조했던 것은, '현세의 부정'을 그 가르침의 출발점으로 삼고 있는 기존 '서양철학'과 '기독교 사회'에 대한 비판이라는 점은 명시될 필요가 있다.

4-12
'논리'와 '통치론'에도 욕망은 작동한다.

> 모든 논리와 운동 통치권에도, 생리적으로 생명의 지속을 향한 한정된 양식의 가치 평가가 자리 잡고 있다.
> ─And behind all logic and its seeming sovereignty of movement, there are valuations, or to speak more plainly, physiological demands, for the maintenance of a definite mode of life.[21]

| 구조 | '논리(logic), 통치(sovereignty) ⇔ 한정된 양식의 생명의 지속을 향한 가치평가' 동시주의

F. 니체의 탐구는, 항상 인간의 가지고 있는 모든 것 '기록', '제도', '사고방식', '풍습', '철학', '논리', '통치'의 문제를 일차 '인간의 생산품'으로 놓고 고려하는 큰 특징을 발휘하고 있다. 그런데 '인간은 생명'이니, 모든 그 '생산품'에 '생명의 양식(樣式, mode of life)'이 반영되게 마련이라는 논리였다.

---

21) F. Nietzsche(translated by T. Common), *Beyond Good and Evil*, The Edinburgh Press, 1907, p.8.

그렇다면 플라톤으로 대표되는 과거 '철학'은 '국가주의', '일인 독재', '일방주의'에 대한 지지자의 '힘에의 의지'가 반영된 것이라는 F. 니체의 지적이다.('4-19. 철학은 독재 권력의 형상화다.', '6-4. '이성(理性)'이 독재를 부른다.')

그러므로 결론은, '논리', '통치'가 신성불가침한 것처럼 떠들어도 그것은 '생명이 마련한 하나의 양식(樣式)'이니, 그 '양식(樣式)'이 '생명 자체(육체)'보다 결코 우선일 수 없다는 자명(自明)한 사실을 확보하고 있었다. 이것이 역시 '모든 자치의 재평가', '실존 혁명'의 기본 전제가 되어 있다.

이것을 수용하면 인류가 가지고 있는 모든 유산(遺産)이 '절대적인 권위'를 지닌 것이란 아무 것도 없고, '새로운 실존(생명) 환경의 개선(改善)'은 당연한 것이라는 전제가 자연스럽게 도출된다.

이러한 생각을 기본으로 할 때, 제1차 세계대전의 발발에 '기존 모든 가치의 부정', '재창조 운동'인 '다다 혁명 운동'은 필연적인 운동이었고, 그 원동력은 F. 니체의 '생명(욕망) 우선의 실존주의'가 가장 확실히 드러나게 된다. 이 엄연한 사실을 덮어두고 어디에 가 '현대 사상', '현대 문명', '현대 문화'를 따로 확인할 것인가?

4-13
철학은 그 철학자의 표현이다.

반대로 철학자에게도 개인적이 아닌 것은 없고, 말하자면 그의 도덕성이란 그의 본성 속에서 뿌리 깊은 상호 연대 속에 존재하는 충동들을 그가 내보여 주고 있는 하나의 결정적 시금석일 뿐이다.

-In the philosopher, on the contrary, there is absolutely nothing impersonal and above all, his morality furnishes a decided and decisive testimony as to who he is, that is to say, in what order the deepest impulses of his nature stand to each other.[22]

| 구조 | '철학 ⇔ 개인적인 것', '도덕성 ⇔ 충동' 동시주의

---

22) Ibid., p.12.

F. 니체의 비판적인 안목은 '생명 주체'로서 모든 인간 창조물로 향하였다. 기존 인간의 창조물은 항상 '하늘'을 비유로 그 최고의 권위를 주장했었다. 서양에서는 '천신(天神 제우스, 여호와)'으로 그 권위를 말했었고, 중국에서도 '하늘(天=理)'이라고 전제하여, '법(法)'은 '하늘(天)'로 생각하는 관행(慣行)에 있었다.

그런데 F. 니체는 그 발상을 '모든 제도'를 완전히 '땅 위에 사는 인간'이 생각해 낸 것, '인간의 생존 양식', '생활양식의 표현', '제작자의 지배 충동'으로 규정하여 그 발상을 '개별 실존의 존재 양식'으로 해석하였다. 그러면 그 이전의 '하늘 중심'의 사고와 '개별 실존 중심의 사고'는 어떤 차별이 생기는가? '하늘 중심의 사고'는 지배자 중심의 다시 말해서 '노예(slave)적 사고방식'의 발동이고, '실존(생명) 중심의 사고'는 스스로 지배자의 위치에서 생각하는 F. 니체의 표현을 빌리면 '귀족(주인, master)의 사고방식'의 표현이다.

그래서 F. 니체가 비판해 보인 '실존(생명) 중심 사고방식'은, '현대 자유 민주주의(자본주의 사회) 근간'인 것이다. 스스로 '주인 의식'이 결여되면 어느 누가 주인 의식을 되돌려 줄 것인가? F. 니체도 명시하였다. '10-27. '노예 교육'은 바보짓이다.'라고. 스스로 '노예(허무주의) 정신'에 만족하고 있는 부류를 애를 써서 교육하여 그의 주인으로 모실 바보가 천지가 어디에 있을 것인가.

그런데 과거의 모든 문화는 '하늘 중심의 사고'를 예사로 알고 있었으니, '생명 중심'으로의 '가치의 재평가'가 불가피하게 요구되었던 것이다.

4-14

'제노아의 건축물'은, 소유와 약탈의 표현이다.

나는 언제나 건축가가 그의 눈을 멀고 가까운 건물들 위에 도시와 바다와 산들의 연속을 보며 그의 안목으로 어떻게 힘과 정복욕을 행사하고 있는지를 알고 있다. 건축가는 그것들을 모두 자신의 계획 속으로 맞추어 넣고 자신의 소유물로 만들려 한다. 이(제노아) 지역은, 모두 소유와 약탈의 만족할 줄 모르는 욕망의 이기주의가 무성하다.

－I always see the builder, how he casts his eye on all that is built around him far and near, and likewise on the city, the sea, and the chain of mountains how he expresses power and conquest with his gaze : all this he wishes to fit into his plan, and in the end make it his property, by its becoming a portion of the same. The whole district is overgrown with this superb, insatiable egoism of the desire to possess and exploit[23]

ㅣ구조ㅣ '건축물(building) ⟷ 건축가의 소유욕' 동시주의

  이러한 진술도 F. 니체가 아니면 행할 수 없는 그의 '탁월한 비판적 안목'의 발휘이다. 쉽게 말하여 '왕궁(王宮)'은 대체로 통치 지역의 '중심부'나 통치 지역을 한눈에 조감(鳥瞰)할 수 있는 고지대(高地帶)에 자리를 잡았다. 지배 통치를 용이하게 하고, 항상 그 '지배 의식의 고양(高揚)'을 위해서다.

  참고로(이미지로 제시된) 현존하는 이탈리아 '제노아' 건물을 살펴보면, 모두 바다로 '창(窓)'을 내고 눈앞에 거칠 것이 없게 하였다. F. 니체는 그것을 '소유와 약탈의 만족할 줄 모르는 욕망의 이기주의(insatiable egoism of the desire to possess and exploit)'의 표현으로 규정하였다.

  사실 누가 '전망(展望)'을 가리는 물체를 앞에 두고 자신의 집을 지으려 하겠는가? F. 니체 당시에까지 제노아에는 '로마 제국의 부호들의 건축물'이 잔존했을 것이다. 그래서 그 '건축 방식'에 노출된 '집 주인의 지배 강탈욕'을 읽어낸 것이다.(여기에서 '약탈'은 과거 역사적인 사실을 짚은 것이니, F. 니체는 '약탈의 제국주의'에는 철저히 반대한 '선한 유럽', '세계주의'를 앞서 생각하였다.−10−15. '선한 유럽주의' 이상(理想))

  F. 니체가 행한 '제노아 건축 비판'은, '실존(생명)주의자들이 발동해 보인 '과거 문화'에 대한 해석으로 주목할 만하다.

제노아의 건축물

---

23) F. Nietzsche(translated by T. Common), *The Joyful Wisdom*, The Macmillan Company, 1924, p.225.

4-15
'전쟁(혁신 운동)'이 상처를 치료한다.

무엇보다 전쟁이다. 전쟁은 너무나 깊고 심원한 정신이 되어 상처까지 치유하는 최고의 위대한 지혜이다. 호기심이 있는 이에게 출처는 밝히지 않지만 다음 격언은 나의 좌우명의 이다. "큰 상처로 정신은 자란다. 상처 속에 힘이 솟는다(*increscunt animi, virescit volner virtus.* —spirits increase, vigor grows through a wound)".

—'Mental growth, strong power wound.', 'spirits increase, vigor grows through a wound.')"—Above all the war. The war has always been the great wisdom of all too inward, too profound spirits who have become, even in a wound is still healing. A maxim whose origin I withhold the learned curiosity had long been my motto: *increscunt animi, virescit volner virtus.*(spirits increase, vigor grows through a wound)24)

❚구조❚ '전쟁(war) ⟺최고의 위대한 지혜', '상처 ⟺성장', '상처 ⟺힘' 동시주의

위와 같은 진술에서 F. 니체를 '제국주의자'로 오해할 수 있다. 그러나 평생에 F. 니체가 수행했다는 그의 '전쟁(戰爭) 경력'을 짚어보면 터무니없는 오독(誤讀)임을 확실히 알 수 있다.

다른 곳에서 F. 니체는, '6-25. '우상 파괴'가 니체의 '전쟁'이다.', '7-13. 차라투스트라는 투사(鬪士)다.', '7-36. 내 창(槍)은, '웃음 소나기'를 쏟아지게 한다.', '7-41. 괴물과 싸우다가 그 괴물이 될 수 있다.', '7-47. 인생은 '투쟁'이다.', '8-1. 왜 어머니가 '적(敵)'인가.', '8-11. '평등(주의)'과 평생을 싸웠던 니체' 등에서 진술에서 확인할 수 있듯이 F. 니체에게 '전쟁'은, '주관적 지적 영웅주의'에 기초한 '기존 국가주의 전체주의 관념철학 그 허무주의 사상과의 투쟁(전쟁-가치의 재평가 운동)'의 의미이다.

더구나 F. 니체는 '10-35. 니체는 '손을 씻은 비스마르크'이다.', '10-18. 시저의 섭생법(攝生法)', '10-4. '국가'보다는 '개인 각자'가 우선이다.'라는 말로 미루어 볼 수 있듯이 그는 '주관적 영웅주의'에 있던 (가치관의) 혁명가일 뿐 오히려 '제국주의 살상 전쟁'에 반대한 확실한 '생명 옹호'의 '생명 중심주의자'였다.(8-27. '살상(殺傷)의 무리'는 내 성전(聖殿)을 찾지 말라.)

---

24) F. Nietzsche(translated by D. F. Ferrer), *Twilight of the Idols*, Ibid., p.3.

4-16

'경쟁(전쟁)'은 생명의 기본 형태이다.

전쟁(경쟁)보다 평화를 원하는 것이 오늘날 서로 다른 사회의 완전히 동일한 가치이다. 그러나 그 판단(평화 옹호)은 반생물학적인 것이다. 그 자체는 데카당의 결과이다. 생명은 전쟁(경쟁)의 결과이고 사회 자체가 전쟁의 수단이다.

−The valuation that is today applied to the different forms of society is entirely identical with that which assigns a higher value to peace than to war: but this judgment is antibiological, is itself a fruit of the decadence of life.− Life is a consequence of war, society itself a means to war[25]

┃구조┃ '전쟁(war) ⟺ 평화(peace)', '평화 ⟺ 반생물학적인 것' 동시주의

F. 니체의 위의 진술은, 그의 '생물학적 지식'의 원용(援用)이다. 그리고 그것은 움직일 수 없는 사실이다. 그러나 과학의 발달, '살상 무기의 개발'로 '무한의 생명이 순식간에 사라지는 현대전'이 문제이다.

즉 F. 니체가 상상했던 '말을 탄 힘 좋은 기사(騎士)가 수행할 전쟁'은 F. 니체 당대의 전쟁도 아니고, 그 이후의 전쟁도 아닌 '비유(사상) 속의 전쟁'이다. F. 니체는 그 이상(假定)으로 '희랍 귀족'을 전제하였다.

'모든 기록'을 F. 니체 자신이 모범적으로 보여주었듯이, '현재의 독자(현재의 수용 생명) 중심'으로 읽으면 그만이다. F. 니체의 '디오니소스', '차라투스트라', '시저'의 모든 비유를, 현재 '실존 운영'에 보탬이 있으면 취하고, 얻을 것이 없으면 버리고, '반대 의견'이 있으면 '개진(開陳)'하면 그만이다.

놀랍게도 'F. 니체에 대한 규탄'은 '기존 제국주의자'들이 중심이 되어 '제국주의 옹호자'라는 규정을 먼저하고 나왔다. 사실 F. 니체는 자신의 '제국주의 반대' 의사 표명에도 '경쟁 생명의 제국주의'를 그 기본 전제로 하였다('제국주의자 ⟺ 반제국주의자' 동시주의 운용).

그러나 F. 니체의 가장 큰 주장, '생명(욕망) 긍정의 자유'를 이해하지 못하면 그는 명백히 '진리가 너희를 자유롭게 하리라.'라는 식의 '관념적 자유'에 머물러 있는 구시대인, '노예적

---

25) F. Nietzsche(W. Kaufmann & R. J. Hollingdale−translated by), *The Will to Power*, Ibid., p.33[1888년 3월~6월 기록].

보수주의(제국주의) 사고'의 '자유', '구속'에 있음을 확실히 할 필요가 있다.

이에 1916년 취리히 '다다 혁명 운동'은 F. 니체의 제국주의에 대한 '덜 분명했던 경쟁에 대한 사고'를 더욱 확실하게 하여, '살상(殺傷)의 전쟁 반대'의 '생명(육체) 옹호 운동'을 명백히 하였다. '취리히 다다'는 F. 니체의 '영웅주의'를 오히려 '대대적인 전쟁 반대 운동의 예술 속의 영웅주의'로 전개해 보였으니, F. 니체의 '생명주의'는 후배 '다다이스트'에 의해 새로운 차원에서 진실로 '인간 모두를 위한 실존주의'로 깃발을 새롭게 달고 출발하게 된 셈이다. 그러한 측면에서 '다다 혁명 운동'은 바로 '자유 민주 시민운동'의 출발점이 되었다.

즉 F. 니체가 전제한 바, 모든 인간 실존의 '전쟁(경쟁) 불가피론'을 긍정하지만, 역시 F. 니체의 '8-28. 생명'은 신성하다.'는 주장을 동시에 수용하여, '지구촌'을 기본 무대로 펼쳤던 '모든 가치의 재평가 운동'이 바로 '다다 혁명 운동'이었다.

4-17
철학과 종교는 병들어 있다.

유전(遺傳)되는 것은 질병이 아니라 병들 수 있는 체질이다. 감염 등의 위험에 저항할 수 있는 힘의 결핍, 손상된 저항력, 도덕적으로 말하면 적(敵) 앞에 체념하고 유순함이다.

나는 이제까지 철학, 도덕, 종교의 모든 최고 가치가 쭈그러들고 정신이 병들고 신경쇠약자의 가치가 아닌가 묻게 되었다. 그들은 그와 같은 질병을 더 부드럽게 표현한 것이다.

그것은 일상적인 안목으로 쉽게 볼 수는 없지만, 확대경 속에 그들은, 모두 병든 상태의 가치관들이다.

−What is inherited is not the sickness but *sickliness:* the lack of strength to resist the danger of infections, etc., the broken resistance; *morally* speaking, resignation and meekness in face of the enemy.

I have asked myself if all the supreme values of previous philosophy, morality, and religion could not be compared to the values of the weakened, the *mentally ill*, and *neurasthenics:* in a milder form, they represent the same ills.

It is the value of all morbid states that they show us under a magnifying glass certain states that are normal −but not easily visible when normal.26)

---

26) Ibid., p.29[1888년 3월~6월 기록].

| 구조 | '이제까지 철학, 도덕, 종교의 모든 최고 가치 ⇔ 병든 상태의 가치관들' 동시주의

'불타는 집(1926)'[27]

F. 니체의 '건강론'은 결코 '관념(이념)주의'가 아닌 '육체(실존) 중심의 건강론'이다. 그러므로 '현실'과 '과학주의', '물질주의'는 기본 사고의 바탕이며 '힘에의 의지', '부의 축적', '생명(실존)의 긍정'은 당연한 기본적인 전제에 있다.

그런데 이에 대해 F. 니체는 '종교적 내세주의', '관념(이념)적 도덕주의'를 '데카당', '염세주의', '허무주의'로 규정하여 '병든 상태의 가치

관들(the value of all morbid states)'이라 규정하였다. 왜냐하면 명백하고 확실한 자신의 '생명(육체) 운영'을 망각하고 '엉뚱한 논리'로 우회하여 아까운 '정력'과 '시간'을 허송하는(오직 죽음을 기다리는) 무리들이기 때문이다.

화가 R. 마그리트도 F. 니체의 생각에 공감하여 작품 '불타는 집(1926)'을 제작하여 '종교적 내세주의(the next world)', '관념(이념)적 도덕주의'가 생명에 무용한 공론(空論)임을 조롱하였다.

4-18
'부동산의 상속'은 과거 문화였다.

옛날이란, 오랜 세대에 걸쳐 (조상으로서 신들과 영웅 신앙의 기원인) 노인을 공경하고 양여할 수 없는 부동산을 유지하는 동종의 영속성 획득을 의미한다.

이제 부동산의 분할은 반대의 경향에 속한다. (매일 祈禱를 대신하는) 신문, 전신, 철도가 그것이다. 단일한 영혼 속에 수많은 서로 다른 일이 집중되기에 강하고 변화무쌍해져야 한다.

—The former means for obtaining homogeneous, enduring characters for long generations: unalienable landed property, honoring the old(origin of the belief in gods

---

27) D. Sylvester, *Rene Maritte*, Manil Foundation, 1994, Fig. 1106 'The Burning House(1926)' : 전령의 파랑새가 '불(전쟁)이 났다.'는 소식을 '가지가 돋은 돌기둥(偶像)'에게 알리고 있다. '관념주의', '내세주의'가 전쟁 종식에 무용(無用)함을 비판하고 있다.

and heroes as ancestors).

Now the breaking up of landed property belongs to the opposite tendency: newspapers(in place of daily prayers), railway, telegraph. Centralization of a tremendous number of different interests in a single soul, which for that reason must be very strong and protean.[28]

┃구조┃ '노인의 공경 ⇔ 양여(讓與)할 수 없는 부동산',
　　　'부동산의 분할 ⇔ 수많은 서로 다른 일' 동시주의

'동양(東洋, 중국)의 부동산(landed property) 세습(世襲) 문화'도 실로 '유구한 전통'을 갖고 있다. 그것은 지금도 우리 주변에 부정할 수 없는 '보수주의(保守主義, conservatism)'로 엄존하고 있다.

그런데 F. 니체는 지금(2014)부터 130년 전에 부동산의 분할은 '반대의 경향(the opposite tendency)'을 명시하였다. '소유권'과 '보수주의' 연대(連帶)를 비판한 것이다. 즉 '과학의 발달'로 '부동산의 전달'이 '최고의 보수주의 유지 보루(堡壘)가 되지 못함'을 긍정적으로 수용한 경우였다.

'쓸데없는 노력(1962)'[29]

전통 '보수주의'는, 이 '부동산'을 담보로 '제국주의'로 훈도(訓導)하였고, 그 최악의 경우가 '왕권의 세습(the hereditary of king's right)'이었다.

만약 그것을 인정할 경우는 F. 니체의 '가치의 재평가 문제'는 공허한 헛소리가 될 것이다. 왜냐하면 '부동산 세습'의 인정은 궁극적으로, '모든 경쟁(노력)을 무위'로 만들고, F. 니체의 '실존(욕망)의 자유' 문제는 즉시 '미치광이의 잠꼬대'가 될 것이기 때문이다.

R. 마그리트의 작품 '쓸데없는 노력(1962)'은, '커튼(제국주의 귀족 왕권)' 로고와 '말방울(폭탄)' 로고로 '전쟁 수행으로 확보한 왕조의 세습'이 '쓸데없는 노력(Wasted Effort)'임을 확실히 하였다. '인명(人命)'만 살상하고 사회 진전에 도움이 없는 일'로 규정하였다.

---

28) F. Nietzsche((W. Kaufmann & R. J. Hollingdale-translated by), *The Will to Power*, Ibid., p.44[1884년 기록].

29) A. M. Hammacher, *Rene Magritte*, Abradale Press, 1995, p.155, 'Wasted Effort(1962)'.

4-19

도덕론자는 '기생충들'이다.

지금까지 정신의 기생충들보다 나에게 구토(嘔吐)를 느끼게 하는 존재는 없다. 우리 건강하지 못한 유럽 어디에나 볼 수 있고, 그들은 세상에서 최고의 양심을 가지고 있다.

　-Nothing to date has nauseated me more than the parasites of the spirit: in our unhealthy Europe one already finds them everywhere -and they have the best conscience in the world.[30]

┃구조┃ '정신의 기생충들 ⇔ 최고의 양심' 동시주의

　F. 니체는 '최고의 양심'과 '허무주의'를 강조하는 '종교인', '철학자'에 대한 체질적 거부감을 보인 대목이다. '세상에서 최고의 양심'을 가진 양 떠들며 사회에 기생(寄生)하는 존재에 대한 F. 니체의 혐오감을 명하고 있는 대목이다.

　무엇에 '기생하는 무리'인가. '관념주의', '내세주의', '허무주의', '염세주의', '국가주의'에 기생한 무리로 모두 '보수주의 논객들'이다.

　J. P. 사르트르(Jean Paul Sartre, 1905~1980)는 소설 〈구토(La Nausee)〉를 썼고, 독일 유학도 하였고, 1946년에는 '실존주의'를 논하기도 하였다. 사르트르의 생각에 A. 쇼펜하우어, F. 니체의 선구적 사고에 영향을 받고 있다('육체 중심 사고'). (제13장 참조)

　실로 '실존주의'는 '개인주의', '자유 시민 사회의 기본 정신'이니, 현대의 사상가는 그것에 무관한 사람이 없다.

4-20

철학은 독재 힘(권력)의 형상화다.

철학은 폭군적 충동 그 자체이며, 가장 강력한 힘(권력)에의 의지이고, '세계 창조 의지'이고, '원초적 원인'에의 의지이다.

---

30) F. Nietzsche(W. Kaufmann & R. J. Hollingdale-translated by), *The Will to Power*, Ibid., p. 49[1883년~1888년 기록].

　　　-philosophy is this tyrannical impulse itself, the most spiritual Will to Power, the
　　will to "creation of the world," the will to the *causa prima*.[31]

┃구조┃ '철학⇔폭군적 충동, 권력에의 의지', 세계 창조 의지', 원초적 원인(*causa prima*)' 동시주의

　　F. 니체의 '연보'에 의하면 1871년 2월 바젤 대학에 근무하며 전공을 '문헌학'에서 '철학'으로
바꾸려고 시도하였으나 실패하였다. 이것은 F. 니체의 '철학'에 절대적인 관심의 반영이다.

　　그리고 위의 진술은 F. 니체가 규정한 기존 철학서에 대한 '의미부여'로 큰 의미를 지니고
있다. 즉 '폭군적 충동, 힘(권력)에의 의지(Will to Power)', '세계 창조 의지(will to creation
of the world)', '원초적 원인(*causa prima*)'이라는 철학에 대한 의미부여가 그렇다. F. 니체
의 규정은 사실이니, 기존 모든 저술의 의미는 결국은 모두 '철학'에 귀속하고 다시 그 '철학'에
서 분화되어 각 분야를 형성하고 있는 형국이기에 F. 니체다운 정확한 의미부여라 할 수 있다.
그런 것을 알고 '전공'을 철학으로 바꾸려 했던 것이다.

　　그런데 위에서 더욱 신중하게 짚어야 할 문제는, '폭군적 충동, 힘(권력)에의 의지(Will to
Power)'라는 진술이다. 역시 앞서 살폈던 바, '힘에의 의지'는 F. 니체가 모든 인간에게 발동되
는 '생명력의 발동'으로 설명하였으니, 철학자의 저술에도 역시 그 철학자의 '생명력의 발동'
을 확인할 수 있다는 말이겠으나, 문제는 '폭군적 충동(tyrannical impulse)'이라는 부정적인
진술이 문제이다.

　　F. 니체는 스스로의 경우는 '강함'을 강조하고 '8-30. 백성은 강철 손으로 통치를 해야 한
다.'고 했으면서도 '폭군'이란 단어를 긍정적으로 사용한 예는 볼 수 없다. 왜냐 하면 그것은
F. 니체가 출발하고 있는 '생명(욕망)의 부정자'에 대한 그의 규정이기 때문이다.

　　위의 진술이 행해진 저서 〈선악을 넘어서(*Beyond Good and Evil*)〉는, 1886년에 제작 간행
되었다. 그런데 F. 니체의 특징은 '8-10. 내 교육에 '중단'은 없다.'고 했듯이 '고정(固定) 시각'
을 거의 고집한 적은 없고 스스로 다시 뒤집는 생명의 변화를 거듭하였다('동시주의'의 지속적
발동). 그 대표적인 예가 R. 바그너와 음악에 대한 것, 아버지와 기독교에 관한 것이니, 이
'기존 철학'에 대해서도 잠정적인 찬사가 그러하였다.

　　마지막 '철학'에 대한 F. 니체의 결론은, 1888년 〈우상의 황혼(The Twilight of the Idols)〉

---

31) F. Nietzsche(translated by T. Common), *Beyond Good and Evil*, Ibid., p.14.

에서 소크라테스(플라톤)부터 I. 칸트까지 박살을 내었다. '이유'는 '(현재 철학자의) 생명의 긍정'이 빠진 '위서(僞書, 거짓말 책)'로서 역시 '관념(이념)주의', '염세주의', '퇴폐주의(죽음 예찬)', '허무주의'를 항상 그 궁극의 전제로 두고 있는 것이 철학이라는 지적이다.

사실 철학자의 저서를 토대로 해서 인간 사회에 '법(法)'이 마련되어 개별 인간의 행동 방향을 마련하는 인류가 공통이었다. 그리고 독일 '철학'과 더불어 세계에서 '모범적 법전'을 마련하였다고 철학자 헤겔 이후 (민족적) 자부심이 대단하였다.('동사주의' 후 참조) 그 자존심의 근거는, 세계 어느 나라의 '법(法)'보다 정밀하게 인간의 행동(생명) 방향을 제시하고 통제한 데 있었다.

그런데 '생명력의 발동(힘에의 의지)'을 믿은 F. 니체의 경우에서 보면 그것은 '우스운 장난'으로 밖에 보이지 않았다.(6-20. '임기응변'의 인생에, '진실'은 무엇인가?)

그리고 F. 니체의 주장을 그대로 적중시킨 큰 사건이 제1차 세계대전의 발발이다. 그것은 '정밀한 법'(인간의 권리를 지키는 법)과 '도덕'의 권위가 무용지물이 된 것이다. 그렇다면 위의 진술은 기존 철학에 대한 '찬사'만은 아닌 부정의 동시주의가 역시 작동하고 있다 할 것이다. 그러므로 남는 것은 '생명 존중'과 '공정한 경쟁(평화)'만 다시 남게 되었다.

4-21
해로운 선택이 '데카당'이다.

도덕 데카당 비판 : 이기심을 방해하는 도덕, '이타주의(利他主義)' 도덕은 모든 경우에 나쁜 징조이다. 그것은 개인에게서도 진실이고 국민의 경우에도 진실이다. 최대의 상실(喪失)은 이기심(利己心)의 결핍(缺乏)으로 시작한다. '무익(無益)'한 동기에 이끌려 해로운 것을 본능적으로 선택하는 것이 데카당의 공식이다.

-Critique of the moral decadence. - An "altruistic" morality, a morality in which stunted selfishness - remains under all circumstances, a bad sign. This is true of individuals; this is especially true of nations. It is missing the best when it begins to lack of selfishness. Instinctively choose the self-harmful, be-curly by "disinterested" motives from almost gives the formula for decadence.[32]

---

32) F. Nietzsche(translated by D. F. Ferrer), *Twilight of the Idols*, Ibid., p.59.

┃구조┃ '이기심(selfishness)⇔이타적 도덕', '해로운 것⇔데카당' 동시주의

F. 니체는 '생명(육체, 욕망)'이 절대 표준이다. 그 F. 니체의 표준을 망실하면 F. 니체의 말은 이해할 수 없고, 읽어도 아무 소용이 없다.

즉 인간 '생명(육체, 욕망)'은 그것을 떠나 잠시도 존재할 수 없는 절대적인 힘과 가치를 지니고 있음에도 불구하고 인간은 그동안 그것을 무시하는 쪽으로 크게 방향 제시를 한 책들을 '인류의 대저(大著)'로 알고 있었고, 그 요지를 요약한 단어가 '도덕(morality)', '이타주의 (利他主義, stunted selfishness, altruism)'라는 말이다. 소위 '멸사봉공(滅私奉公)'을 권장하는 도서들이다.

F. 니체가 평생 행했던 바 '차라투스트라', '디오니소스', '프로메테우스'로 주장한 바는 그것의 '허위', '불건전함의 폭로'였다. 위의 진술도 그 연장선에서 있다.

'차라투스트라'의 '가치의 재평가' 운동을 주도한 사람들이 '다다 초현실주의 혁명가'들이다.

4-22

'힘(권력)에의 의지 쇠망'에 악마가 등장한다.

> 힘에의 의지가 쇠망한 곳에는 생리학적 퇴행과 데카당이 존재한다……. 선(善)한 신(神)과 악마는 데카당의 산물이다.
>
> −Wherever the will to power declines in any way, there is always also a physiological retrogression, a decadence……. The good God, just like the devil : both are abortions of decadence.[33]

┃구조┃ '힘에의 의지⇔데카당', '데카당⇔신과 악마' 동시주의

F. 니체는 위에서 자신이 문제 삼고 있는 주요 문제를 거의 제시하였다. '권력(힘)에의 의지 (the will to power)', '생리학(physiology)', '선한 신(The good God)', '악마(devil)', '퇴폐 (decadence)'의 문제가 그것이다.

---

33) F. Nietzsche(translated by T. Common), *The Works of Friedrich Nietzsche*, V. Ⅲ, *The Antichrist*, T. Fisher Unwin, 1899, p. 260.

즉 F. 니체가 당시에 가장 크게 기대었던 '과학'이 '생리학'이고, 궁극적으로 초월해야 한다고 믿었던 문제는 '착한 신(The good God)'과 '악(devil)'의 문제였다.

F. 니체의 평소 소신은, '신(神)'의 속성과 '짐승(낙타, 사자, 뱀, 독수리)'의 속성을 모두 각자 내부에 지니고 있다는 믿음이었다. 그런데 위에서는 '선(The good God)'과 '악(devil)'의 논의 자체가 바로 '퇴폐'의 시작이라는 이야기다.

앞서 밝힌 바와 같이 F. 니체의 최고 표준은 '실존(육체, 욕망)'이다. 그것의 자연스런 발동이 '권력(힘)에의 의지'인데, '실존', '힘에 대한 의지'를 시작부터 부정하고 역사적 사회적으로 횡행한 최고의 화두가 '선(The good God)'과 '악(devil)'의 논쟁이라는 그동안 '종교', '철학'의 주장이 F. 니체의 생각이었다.

'선(The good God)', '악(devil)' 구분 이전에 '생명'은 있었고, 생의 자연스런 취향이 '힘(권력)에의 의지'로 인간이 '번성(蕃盛)'해 왔다는 것이 F. 니체의 '인생관', '세계관'이다. 그리하여 '인생의 무의미', '궁극적인 의미'를 이성(理性)적으로 떠져 '생명', '그 자유로운 진행'을 막는 '종교', '철학'에 의해 이루어진 '인간 문화'에 대한 '근본적인 개혁', '모든 가치의 재평가(Re-valuation of all Values)'가 불가피하다는 입장에 있었던 사람이 바로 F. 니체였다.

제5장

반도덕, '반기독교'

과거 모든 '종교'는, 인간들이 그들의 인생을 경영하면서 인간의 힘으로 어찌할 수 없는 큰 문제의 해결을 위해 인간을 초월한 위대한 '힘에의 의지'에서 마련된 것이다.

그러나 '인간을 초월한 힘'이란 것도 역시 인간들이 소망했던 바이기에, 인간의 형상 속에 상정(想定)된 '인격(人格) 신(神)'이 되어, 각 사회에 다양한 형식으로 자리를 잡게 되었다.

그리고 역사의 진행에 따라 사회(社會)는, '작은 사회(씨족 부족 사회)'가 '큰 사회(다수의 종족 국가)'로 규모가 바뀌게 되었고, 마침내 '기계'의 힘을 빌어 국제적 교류와 '문화의 세계화'를 통해 '신(神)'들의 전제에 따른 '율법', '제도'들도 종족적 지역적 역사적 특수 상황 속에 마련된 것임을 상호 비교 분석을 통해 알게 되었다.

즉 18~9세기 서구 과학(科學, Science)의 발달은, 기계문명의 도래(到來)를 촉진하여 '사회(社會) 규모'를 '대륙(大陸)'의 규모로 더욱 확대된 사유(思惟)를 가능하게 하였고, 드디어 인류는 지역적 종족적 차별을 뛰어넘어 전 '지구촌(地球村)'을 고려할 수 있는 거시적(巨視的) 안목(眼目)을 확보할 수 있게 되었고, 새로운 '실존주의', '인생관', '세계관' 시대를 열었다.

이에 F. 니체는 어린 시절에 '말씀 그대로 믿었던' 〈성경〉을 '학교 교육'을 통해 습득한 다른 시각으로 대대적인 비판을 행해 보였으니, 그 결과가 〈반기독교〉라는 저서가 되었다.

그리하여 '실존주의자' F. 니체가 행한 기존 종교 비판의 쟁점(爭點)은, 아직 '살아 있는(있었던) 존재들'로서 오히려 '사후 세계(The Next World)'로 사람들의 온 관심을 이끄는 '허무주의(Nihilism) 혁파(격파)'가 그 핵심 과제였다.

5-1

'우상(偶像)의 파괴'가 니체의 일이다.

나는 어떤 우상(偶像)도 세우지 않을 것이니, 낡은 우상은 진흙 다리들임을 알게 될 것이다. 우상 파괴(to overthrow idols-모든 관념에 부여된 명칭이 우상임)가 진정한 나의 일이다. 관념의 세계가 가짜로 상정된 만큼이나 현실은 그 가치, 의미, 진실성을 박탈당하였다…. '진짜 세계', '명백한 세계'…. 이제까지 '관념 세계의 거짓(the lie of the ideal)'이 실제 세계를 저주해왔다. 그리하여 '인간 본능의 원천(the very source of mankind's instincts)'은 거짓이고 허위가 되었다. 역시 그래서 인간의 본능과는 정반대의 것[우상]이 인간의 번영, 미래, 미래의 위대한 권리를 확실하게 해 주는 것으로 숭배되었다.

> I do not set up any new idols; may old idols only learn what it costs to have legs of clay. To overthrow idols (idols is the name I give to all ideals) is much more like my business. In proportion as an ideal world has been falsely assumed, reality has been robbed of its value, its meaning, and its truthfulness. . . . The "true world" and the "apparent world"—in plain English, the fictitious world and reality. . . . Hitherto the *lie* of the ideal has been the curse of reality; by means of it the very source of mankind's instincts has become mendacious and false; so much so that those values have come to be worshipped which are the exact *opposite* of the ones which would ensure man's prosperity, his future, and his great right to a future.

_ '이 사람을 보라(ECCE HOMO)'[1]

│구조│ '나(I) ⇔ 우상(idol)', '진짜 세계 ⇔ 거짓 세계', '본능 ⇔ 관념' 동시주의

F. 니체의 '기독교 비판 정신'은 원래 '게르만족'의 '현실주의', '합리주의' 용기에서 비롯된 것으로 볼 수 있으니, F. 니체와 유사한(동일한) 행동 전적(前跡)을 보인 게르만 조상으로는 오도아케르(Odoacer, 433~493)와 마르틴 루터(Martin Luther, 1483~1546)를 들 수 있다. 오도아케르는 다음과 같이 소개되고 있다.

---

1) F. Nietzsche(translated by A. M. Ludovici), *ECCE HOMO-Nietzsche's Autobiography*, The Macmillan Company, 1911, p.2.

오도아케르는 다뉴브 강 중류 유역에 정주한
게르만의 소 부족 스키르(Skiren)족(族) 명문 출
신으로, 스키르족이 동(東)고트족에 멸망당한
뒤에 서로마 황제 안테미우스의 친위(親衛)군에
들어가 장군 리치메르가 황제를 폐위시킬 때에
리치메르를 도와 두각을 나타내었다. 그 후 리치
메르의 후계자인 오레스테스(Orestes)가 아들

오도아케르(Odoacer, 433~493)

로물루스를 서로마 황제의 자리에 앉히자 오레스테스와 대립을 하여, 게르만계(系) 여러 부족 출신
의 용병들을 조직하고 그 대장이 되었다.

476년 오도아케르는 오레스테스를 죽이고 서로마 황제 로물루스 아우구스툴루스를 폐위시키고
서로마제국을 정복하여, 스스로 황제라 칭하지는 않았지만 황제와 같은 지배 권한을 가지고 있었다.
그는 동로마제국의 종주권을 인정하였으므로 동로마제국 황제 제노(Zeno)도 어쩔 수 없이 오도아
케르에게 총독의 칭호를 내리고 그의 서로마제국 지배를 일단 묵인하였다.[2]

한마디로 오도아케르(Odoacer)는 로마 영토 내에 속하지도 않은 변방(邊方)에 있다가 일
개 고용인[傭兵]으로 로마 황제 폐위에 주역이 되었고, 결국 로마 황제와 대등한 지위를 확보
했다는 측면에서, F. 니체의 학문 변전과 유사하다. 즉 처음 '문헌학(文獻學, philology)'이란
인문학의 변방(邊方) 비인기(非人氣) 영역에 있다가 인문 사회학의 핵심(核心)인 '가치 혁명
운동의 주도자'가 되었기 때문이다.

마르틴 루터(Martin Luther, 1483~1546)의 행적은 다음과 같이 소개되고 있다.

1483년 '신성로마제국(Holy Roman Empire)' 작소니 아이슬레벤(Saxony Eisleben)에서 출생
하였다. 아버지 한스 루터(Hans Luther)는 만스펠트(Mansfeld)로 이주하여 구리 광산 차용의
제련소에서 일을 하다가 지방 대표 시민 의회에 대의원으로 일하였다.

광부로 일하다가 광산업을 경영, 성공하여 중세 말에 한창 득세하던 시민계급의 한 사람이다.
그는 엄격한 가톨릭신앙의 소유자였고 자식의 교육에도 관심을 가졌다. 마르틴은 1501년 에르푸르
트대학교에 입학, 1505년 일반 교양과정을 마치고 법률공부를 시작하였는데, 자신의 삶과 구원
문제에 깊은 관심을 가지고 있었다.

그 무렵 도보여행 중 낙뢰(落雷)를 만났을 때 함께 가던 친구의 죽음을 계기로, 그 해 7월 아버지
의 만류를 뿌리치고 학업을 중단, 에르푸르트의 아우구스티누스 수도회에 들어갔다. 계율에 따라

---

2) Wikipedia, 'Odoacer'.

'루터(Martin Luther, 1483~1546)와 부인 카타리나'

수도생활을 하며 1507년 사제(司祭)가 되고, 오컴주의 신학교육을 받아 수도회와 대학에서 중책을 맡게 되었다. 1511년 비텐베르크 대학교로 옮겨, 1512년 신학박사가 되고 1513년부터 성서학 강의를 시작하였다.

마르틴 루터는 이때, 하느님은 인간에게 (하느님을 향한) 행위를 요구하는 것이 아니라, 예수 그리스도를 통해 인간에게 접근하고 은혜를 베풀어 구원을 행하는 신(神)임을 재발견하였다. 이 결과가 당시 교회의 관습이 되어 있던 '면죄부(免罪符)' 판매에 대한 비판으로 나타나, 1517년 '95개조 논제'가 나왔는데, 그것이 큰 파문을 일으켜 마침내 종교개혁의 발단이 되었다. 그는 교황(敎皇)으로부터 파문칙령(破門勅令)을 받았으나 그것을 불태워 버렸다.

1521년에는 신성로마제국 의회에 환문(喚問)되어 그의 주장을 취소할 것을 강요당했으나 이를 거부, 제국(帝國)에서 추방되는 처분을 받았다. 그로부터 9개월 동안 루터는 작센 선제후(選帝侯)의 비호(庇護) 아래 바르트부르크 성(城)에서 숨어 지내면서, 〈신약성서〉의 독일어 번역을 완성하였다. 이것이 독일어 통일에 크게 공헌하였음은 잘 알려진 사실이다. 비텐베르크로 돌아와서는 새로운 교회 형성에 힘을 썼는데, 처음에는 멸시(蔑視)의 뜻으로 불리던 호칭이 마침내 통칭(通稱)이 되어, '루터파 교회'가 성립되었다.[3]

M. 루터가 분개했던 '면죄부(免罪符, indulgence) 판매' 문제는 신학도로서 당연한 사항이었다. 〈성서〉에 '돈(물질)'과 '하나님 말씀'은 완전 대립(對立)을 보이고 있다는 사실은, 〈성경〉의 기본 중의 기본인데, 그 근본을 손쉽게 뒤집어 '돈(물질)'으로 '면죄부(하나님 마음)'를 살 수 있다 했고, 그리고 거기에 이의(異議)를 제기하였다고 '파문(破門)'을 감행하였으니, 그러한 종교가 모순(矛盾) 속에 지탱을 했다는 사실이 모두 신비한 이야기들이다.

F. 니체의 '아버지(Karl Ludwig Nietzsche, 1813~1849)', '할아버지(August Engelbert Nietzsche, 1785~1858)', '외할아버지(David Ernst Oehler, 1987~1859)'는 모두 다 루터파 교회의 목사였다.(제12장 연보, 참조) 그런데 그러한 목사 집안에 '꼬마 목사' F. 니체는 아예 기독교의 교주 예수를 비판하여 세계적인 존재가 되었다.

F. 니체가 선언한 소위 '우상(偶像) 파괴'란 세상을 휩쓸고 있는 '현실 생명 부정'의 '지구촌

---

3) Wikipedia, 'Martin Ruther'.

의 종교', '사상가'를 향한 선전
포고(宣戰布告)였으니, 그것은
오도아케르와 M. 루터와 유사
하지만, 그들을 얼마나 크게 초
월했는지를 아는 문제는, F. 니
체 독자(수용자)들이 각자 알아
서 판단할 사항이다.[6]

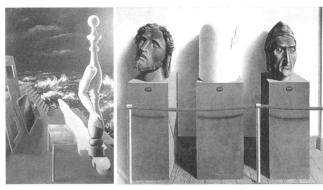

'우상의 탄생(1926)'[4]   '영원한 것(1935)'[5]

　　F. 니체 혁명의 거점은, (오도
아케르, 루터 고찰 이전에 제시된) 인용문에서 볼 수 있듯이, '인간 본능의 원천(the very
source of mankind's instincts)'에 대한 긍정이고, '혁명 운동', '우상 파괴'는 기존한 '관념주
의', '허무주의'의 부정이고, '모든 가치의 재평가 운동' 그것이다.(이 '본능 긍정' 문제에는
F. 니체의 가장 확실한 제자 S. 프로이트가 있다.-제13장 참조)

　　1916년 취리히 '다다 혁명 운동'의 가장 확실한 구호가 바로 '전쟁 반대'와 '우상 파괴'였다.
　　R. 휠젠벡(Richard Huelsenbeck, 1892~1974)은 그의 '다다의 등장: 다다의 역사'에서,
"'국가 민족주의'는 일종의 우상숭배(idolatry)다.'[7]라고 한 것은 '독일의 국가 민족주의' 타파
를 명시하여, F. 니체와 생각을 같이 하였고, M. 뒤샹이 '신성모독(desecrating)'을 수용하여,
역시 F. 니체와 공통임을 그의 작품('수염을 단 모나리자' 등) 창조로 명시하였다.[8]

　　R. 마그리트는 다음 작품을 통해 '우상 파괴(Iconoclast)' 운동을 펼쳤다.

---

4) A. M. Hammacher, *Rene Magritte*, Abradale Press, 1995, p.71, 'The Birth of Idol(1926)' : '돌기둥-우상'
　　로고와 '바다, 하늘-식민지 개척'로고를 합쳐 '제국주의'를 형상화하였다.

5) A. M. Hammacher, Ibid., p.107, 'Eternity(1935)' : '예수⇔치즈', '영원한 것⇔치즈' 동시주의로, '관념'보다는
　　'육체', '현실'을 우선하였다.

6) F. 니체에 150년 앞서 활동한 프랑스 볼테르(Voltaire, 1694~1778)는, "과거에도 그렇게 불렀고, 지금도 그렇게
　　부르는 '신성 로마 제국'이라 부르는 복합체는, 신성함도 아니고, 로마인도, 제국도 아니다(This agglomeration
　　which was called and which still calls itself the Holy Roman Empire was neither holy, nor Roman, nor
　　an empire)."라고 규정하여, '자유사상'에 앞서 나가 있었다.

7) R. Motherwell(edited by), *The Dada Painters and Poets: An Anthology*, The Belknap Press of Harvard
　　University Press, 1981, p.43.

8) A. Schwarz, *The Complete Works of Marcel Duchamp*, Delando Greenidge Editions, 2000, p.670.

5-2
기독교는 '허무주의'다.

〈비극의 탄생〉에서 나는 기독교에 관해서는 점잖게 침묵을 지켰다. (사실상) 기독교는 '아폴로적인 것'도 '디오니소스적인 것'도 못 된다. 기독교는 모든 미(aesthetic values)를 부정하고 있으나, 〈비극의 탄생〉에서는 '미적 가치(aesthetic values)'를 유일한 것으로 인정하였다. 기독교는 완전한 허무주의(nihilism)이다. 이에 반(反)해 디오니소스 상징 안에는 생에 대한 긍정의 극한점을 획득하게 된다. 〈비극의 탄생〉에서 기독교 사제를 '지하 족속', '믿을 수 없는 난쟁이 마귀들'로 규정하였다.

> The whole book is profoundly and politely silent concerning Christianity: the latter is neither Apollonian nor Dionysian; it denies all æsthetic values, which are the only values that *The Birth of Tragedy* recognises. Christianity is most profoundly nihilistic, whereas in the Dionysian symbol, the most extreme limits of a yea-saying attitude to life are attained. In one part of the book the Christian priesthood is referred to as a "perfidious order of goblins," as "subterraneans."

_ '이 사람을 보라(ECCE HOMO)'[9)]

Ⅰ구조Ⅰ '[기독교 사제, 지하 족속, 마귀들]⇔디오니소스 상징, 생명 긍정의 극점' 동시주의

'대중들의 파노라마(1926)'[10)]

F. 니체가 〈이 사람을 보라〉를 쓸 때는 '생명 중심(디오니소스)주의'에 대한 확신이 어느 때보다 확고히 자리 잡고 그 생각으로 스스로 인생의 모든 기록을 총괄하는 그런 시기였다. 그러므로 그에 대극적인 위치에 세운 '그리스도'의 경우는 더 보탤 것이 없을 정도로 최고의 공격적 자세를 숨기지 않을 때이다.('2-22. '염세주의'는 그 원인 분석이 필요하다.', '3-3. '그리스도의 정반대'가 디오니소스다.', '4-16. 철학과 종교는 병들어 있다.')

이 '허무주의(nihilism)'에 대해 M. 하이데거(M. Heidegger, 1889~1976)는 견해를 달리 하여 M. 하이데거 자신의 '허무주의'

---

9) F. Nietzsche(translated by A. M. Ludovici), *ECCE HOMO—Nietzsche's Autobiography*, Ibid., p.70.

10) A. M. Hammacher, *Rene Magritte*, Ibid., p.73, 'Popular Panorama(1926)'.

로, F. 니체를 '육체와 현실 부정자', '허무주의자'로 잘못 규정하고 있다.('제13장 F. 니체 이후 사상가들' 참조)

R. 마그리트는 작품 '대중들의 파노라마'로 그동안 '개인(實存)주의(주택 로고)'가 '국가주의(숲 로고)', '제국주의(바다 로고)', '종교적 허무주의(하늘 로고)' 앞에 무력(無力)한 것이었음을 명시하였다.

5-3
사제(司祭)는 '금욕의 데카당'이다.

〈도덕의 계보(The Genealogy of Morals)〉의 첫 번째 논문은, 기독교 심리학이다. 기독교는 보통의 '정신(Spirit)'이 아니라 '복수-復讐의 정신(the spirit of resentment)'에서 탄생하였다. 그래서 그 본질에서 고귀한 가치의 지배(the dominion of noble values)에 반대 운동이며 거대한 반란이다.

〈도덕의 계보〉 두 번째 논문은 '양심'에 대한 심리학이다. 그것은 당신들이 알고 있듯이 "인간 속에 있는 신의 목소리-the voice of God in man"가 아니다. 그것은 외부로 향할 수 없는 잔인한 본능이 내부로 향한 것이다. 이에 잔인함이 문화를 형성하는 데 있어 가장 오래되고 피할 수 없는 요소처럼 되었음을 최초로 드러나게 했다. 〈도덕의 계보〉 세 번째 논문은 금욕적 이상-ascetical ideal, 사제(司祭)적 이상-priest ideal이 근본적으로 해롭고 별 볼 일 없는 데카당 의지임에도 불구하고 가공할 위력을 지니게 된 기원에 관한 해답이다. 대답: 그것은 사제의 배후에 신이 작용한 것이 아니라 유일한 관념으로 그것에 겨룰 것이 없다는 사실에서 '달리 부를 수 없으므로 부득이 -Faute de mieux' 야단스럽게 된 것이다. "인간은 전혀 없는 것보다 차라리 별 볼 일 없는 것을 원하기 때문이다." 그러나 무엇보다 차라투스트라 시대에 이르러서는, 대체 이상(代替理想)으로 차라투스라만 한 것은 없다.

> The truth of the first essay is the psychology of Christianity : the birth of Christianity out of the spirit of resentment, not, as is supposed, out of the "Spirit,"—in all its essentials, a counter-movement, the great insurrection against the dominion of noble values. The second essay contains the psychology of conscience : this is not, as you may believe, "the voice of God in man"; it is the instinct of cruelty, which turns inwards once it is unable to discharge itself outwardly. Cruelty is here exposed, for the first time, as one of the oldest and

most indispensable elements in the foundation of culture. The third essay replies to the question as to the origin of the formidable power of the ascetic ideal, of the priest ideal, despite the fact that this ideal is essentially detrimental, that it is a will to nonentity and to decadence. Reply : it flourished not because God was active behind the priests, as is generally believed, but because it was a *faute de mieux*—from the fact that hitherto it has been the only ideal and has had no competitors. " For man prefers to aspire to nonentity than not to aspire at all." But above all, until the time of *Zarathustra* there was no such thing as a counter-ideal.

_ '이 사람을 보라(ECCE HOMO)'[11]

┃구조┃ '기독교⟺복수의 정신', '고귀한 가치의 지배⟺반란 운동', 동시주의

F. 니체는 위에서도 여러 비유로 말했지만, '기독교'(종교 일반)의 가장 큰 맹점은 대표적인 '생명(무의식, 본능, 육체)'의 부정, '현실'의 부정이라는 사실을 지적한 것이다. 이것이 역시 세계의 모든 종교, 사상가들을 향한 F. 니체의 지칠 줄 모르는 주장이다.

특히 위에서 F. 니체가 '인간 속에 있는 신의 목소리(the voice of God in man)'란, '디오니소스의 목소리', '차라투스트라의 목소리'를 지칭하는 것이다.

'디오니소스, 차라투스트라의 목소리'란 '7-30. '생명에 대한 사랑'이, '최고의 희망'이다.' 라는 간단한 전제 속에 그렇게 실천하라는 목소리이다.

R. 마그리트는 '항아리(텅 빈 머리) 로고'를 사용하여 '무비판적 사제(司祭)', '현실 생명의 문제에 무심한 사제'를 조롱하였다.

'자연과의 대면(1945)'[12], '감상적 대화(1946)'[13], '감상적 교육(1946)'[14]

---

11) F. Nietzsche(translated by A. M. Ludovici), *ECCE HOMO-Nietzsche's Autobiography*, Ibid., pp.117~8.

5-4

기독교는 '인간 본성'의 상실(喪失)이다.

기독교는 차라리 본성(nature) 상실이다. 반본성 자체가 도덕과 법의 최고 명예를 갖고, 지상(至上) 명령(Categorical imperative)으로 인간 위에 군림하는 것은 끔찍한 일이다. 한 개인이 아니고, 국민이 아니고, 전 인류가 잘못 알고 있다(Fancy blundering). 생명의 본능 원리에 경멸을 가르치고, 허위로 영혼(soul), 정신(spirit)의 존재를 사실로 정해 놓고 육체(the body)에 도전할 수 있게 한다. 최초의 생에 기본 전제인 성(性)을 불순한 것으로 소문내고, 성숙과 확장의 깊은 욕구, 다시 말해 치열(熾熱)한 자기애(自己愛, severe self-love[이 말 자체가 음험한 것임])에 악의 원리를 찾고, 반대로 높은 도덕적 가치를 추구한다. 도덕적 가치가 무엇이겠는가? 도덕적 가치는 퇴영(退嬰)의 대표적 조짐이고, 본능의 적이고, 무사(無私-selflessness)이고, 불안, 개성의 억압(the suppression of personal element) '이웃을 사랑하라[이웃도 그렇게 만들어라]'이다. 무엇이 어째! 인간이 타락했다고? 항상 그 지경이었다고? 그러나 한 문제는 확실하다. 데카당의 가치를 최고로 가르치고 있다는 점이다. 자기 부정(self-renunciation)의 도덕, 바로 타락의 도덕이다.

; it is rather the absence of nature, it is the perfectly ghastly fact that *anti-nature* itself received the highest honours as morality and as law, and remained suspended over man as the Categorical Imperative. Fancy blundering in this way, *not* as an individual, *not* as a people, but as a whole species! as *humanity*! To teach the contempt of all the principal instincts of life; to posit falsely the existence of a " soul," of a " spirit," in order to be able to defy the body; to spread the feeling that there is something impure in the very first prerequisite of life—in sex; to seek the principle of evil in the profound need of growth and expansion—that is to say, in severe self-love (the term itself is slanderous); and conversely to see a higher moral value—but what am I talking about?—I mean the *moral value per se*, in the typical signs of decline, in the antagonism of the instincts, in " selflessness," in the loss of ballast, in " the suppression of the personal element," and in " love of one's neighbour " (neighbour-itis !).

_ '이 사람을 보라(ECCE HOMO)'[15]

---

12) A. M. Hammacher, *Rene Magritte*, Ibid., p.135, 'Natural Encounter(1945)'.

13) D. Sylvester, *Rene Maritte*, Ibid., Fig.1206 'Sentimental Conversation(1946)'.

14) Ibid., Fig.1216 'Sentimental Education(1946)'.

15) F. Nietzsche(translated by A. M. Ludovici), *ECCE HOMO-Nietzsche's Autobiography*, Ibid., pp.139~140.

l 구조 l '기독교 도덕=본성 부정⇔[차라투스트라=본성의 긍정]' 동시주의

수태고지(1930[16]))-'우상', '폭탄', '전투 복장'

F. 니체의 '실존' 우선의 주장은 지칠 줄을 모른다. 위에서는 특히 F. 니체가 '반본성 자체가 도덕과 법의 최고 명예를 갖고, 지상(至上) 명령(Categorical imperative)으로 인간 위에 군림하는 것은 끔찍한 일이다.'라고 한 것은, I. 칸트 철학과 기독교가 연합하여, '법과 도덕'이 지상 명령으로 규정하였음에 놀라움을 표현한 것이다. <u>사실 '생명 운영'에는 '본능과 욕구'가 지상(至上) 명령이니, 따로 '지상(至上) 명령'이 있는 것이 아니다.</u>

이 명백한 사실을 무시하고 '종교', '철학자'는 온갖 권위를 동원하여 '법과 도덕'을 장식하고 있다는 F. 니체의 끝없는 지적이다. '기독교(종교)'는 '본능의 긍정', '생명의 운영', '본능의 욕구'를 철저히 무시하며 출발하였으니, F. 니체는 기독교를 '본성의 상실', '퇴영(退嬰)의 대표적 조짐', '데카당의 가치를 최고로 가르치는 것'으로 규정하고 있다.

R. 마그리트는 엉뚱한 방향에서, '기독교'가 전쟁 주도의 '제국주의'와 연합하고 있음을 작품으로 지적하였다.

5-5
도덕과 '실존'은, 이율배반(二律背反)이다.

그것은 이율배반(二律背反)이다. 우리가 도덕을 믿는 한에는, '실존의 단죄(斷罪)'를 행한 것이다.

-This is the antinomy: Insofar as we believe in morality we pass sentence on existence.[17]

---

16) S. Barron & M. Draguet, *Magritte and Contemporary Art*, Los Angeles County Museum of Art, 2006, p.20, 'The Annunciation(1930)' : R. 마그리트는 '숲(국가주의)', '말방울(폭탄)', '다이아몬드 얼룩무늬(전투복)', '돌기둥(우상숭배)', '하늘(관념, 허무주의)'을 그려 놓고 '수태고지'라 명명하여 '기독교'가 호전적 '제국주의 국가'와 깊이 연동되어 있음을 조롱하고 있다.

| 구조 | ‘도덕(morality) ⇔ 실존(existence)’ 동시주의

F. 니체는 ‘실존(생명)’ 긍정주의자로서, 자신의 일관된 주장을 수용자(독자)가 혼동할까봐 거듭 거듭 반복 요약 제시하고 있다. 그것은 전통적 주장인 ‘도덕(morality)’이 인간이 일차적으로, ‘생명 욕망의 부정’이라는 사실의 지적이다. <u>그것들이 상호 ‘이율배반(antinomy)’임을 지적한 사람은 바로 F. 니체였다. 즉 ‘부조리(不條理, absurd)’의 최초의 명시자다.</u>

그것을 왜 꼭 F. 니체가 먼저 알았겠는가? 태초부터 ‘부모(父母)’가 되어 보았던 사람들(다른 사람을 양육해 보았던 사람들)은 다 알고 있는 사항이다. 그것을 서로 나누어 확실히 하지 않았을 뿐이고, ‘사회 질서’를 세우려는 사람들, 즉 ‘도덕론자들’은, 인간이 ‘사회적 동물’, ‘도덕을 아는 동물’이라 그쪽을 강조하고 그것의 훈도(訓導)에 철저를 기했던 결과가 ‘과거의 문화’이다.

그래서 그것은 ‘통치의 문화’, ‘통치자에 의한 문화’, ‘통치자를 위한 문화’라고 F. 니체는 확실하게 지적하였다(기존 ‘관념철학’과 ‘종교’에 대한 규정).

그러나 현대 ‘자유 민주주의’는 시민 각자의 ‘삶’이 최우선이고, 그 밖에는 없다. 각자 시민이 주인이고, ‘과학’이 그 기준이 되고 있는 시대이다.

F. 니체는 세계에 ‘자유 민주주의’가 아직 명시되기 전에 그것에 필수적인 ‘실존주의’를 중심으로 한 ‘모든 가치의 재평가’ 운동을 벌렸다.

F. 니체가 위에서 ‘이율배반’, ‘부조리’ 문제는 1916년 이후 ‘다다 초현실주의 운동’에서는 더욱 정확하게 ‘동시주의(simultaneism)’로 명명하여 주장과 ‘운동’의 대표적 방법으로 활용하였다. 그런데 F. 니체 자신은 그것을 몸에 올려 거의 모든 진술에 두루 활용하였다. 즉 동시주의란 ‘생명(본능) ⇔ 억압’의 기본 공식이 그것이다. F. 니체는 그것(‘자유-生 ⇔ 억압-死’)을 하나로 통합하여 ‘디오니소스주의’라 하였다.

이것을 F. 니체의 드러난 수제자(首弟子) 다다이스트 T. 짜라(Tristan Tzara, 1896~1963)는 ‘사는 것도 매력적이고 죽는 것도 매력적이다(life is charming and death is charming too).’[18]라고 하였다.(제13장 참조)

---

17) F. Nietzsche(W. Kaufmann & R. J. Hollingdale-translated by), *The Will to Power*, Vintage Books, 1968, p.10[1887년 봄~가을 기록].

18) R. Motherwell(edited by), *The Dada Painters and Poets: An Anthology*, The Belknap Press of Harvard University Press, 1981, p.97.

'동시주의'를 명시한 다다이스트(R. 휠젠벡 등)들은 그대로 F. 니체의 철학을 완전하게 계승하며 그 약점을 깨끗이 극복하였으니, '도덕(억압)', '욕망(실존)'의 양극성을 동시에 긍정함이 그것이다. 이것이 역시 1946년 J. P. 사르트르의 '실존주의(Existentialism)'로 이어졌다.

R. 마그리트도 종교가 '현실성(실존주의)'이 결여됐음을 작품 '저녁 기도'와 '선풍적인 뉴스'로 고발하였다.

'저녁기도(1925)'[19), '선풍적인 뉴스(1926)'[20)

5-6
모든 종교는 '허무주의'다.

모든 순수한 가치 체계(예를 들어 불교와 같은)는 허무주의로 결론이 난다. 유럽에서도 마찬가지다. 종교적 배경이 없는 도덕 추구도 필연적으로 허무주의에 도달하게 마련이다.

-Every purely moral value system (that of Buddhism, for example) ends in nihilism: this to be expected in Europe. One still hopes to get along with a moralism without religious background: but that necessarily leads to nihilism[21)

---

19) S. Gohr, *Magritte : Attempting the Impossible*, d. a. p., 2009, p.27, 'Nocturne(1925)' : '저녁 기도'가 먼저인가, '불(전쟁)'을 끄는 것이 먼저인가. 파랑새가 '돌기둥(偶像)'에게 위급한 상황을 알려도 어떻게 방도가 나올 것인가.

20) S. Gohr, *Magritte : Attempting the Impossible*, Ibid., p.29, 'Sensational News(1926)': '선풍적 뉴스'가 바로 '시조새의 뼈(옛 이야기)'이란다. '현실성이 없음'을 비판한 것이다.

21) F. Nietzsche(W. Kaufmann & R. J. Hollingdale-translated by), *The Will to Power*, Ibid., p.16[1883년~1888년 기록].

┃구조┃ '도덕주의(moralism) ⇔ 허무주의(nihilism)' 동시주의

F. 니체는, 인류 세계에 만연해 있는 '허무주의'는 '운명론', '도덕'과 연관되어 있음을 알았다. 즉 인간은 그 지혜로 '하루'가 가는 것을 보면 '한 달'이 갈 수 있음을 알고, '일 년'이 지나면 10년도 가고, '남이 죽는 것'을 보면 '나도 죽을 것'을 안다. 그렇게 따지면 남는 것이 '허무주의'이고 '모든 도덕'은 그러한 '결정론(determinism)'에 기초하고 있다.

그런데 F. 니체의 '변화된 관점'은 그것을 완전 뒤집었다. 즉 '최소한 죽음을 생각하는 주체는 살아있는(욕망하는) 생명'이다. 즉 '살아 있는 한 어디에도 죽음은 없다.' 그것이 하루 뒤, 한 달, 10년 뒤에 온다고 할지라도 '숨을 쉬고 있는 생명'에게는 무관한 일이다. 그렇다면 아직 살아 있으면서 '죽음을 걱정함'이 가장 큰 '퇴폐주의', '염세주의', '허무주의'라는 주장이다.

그래서 차라투스트라(F. 니체)는 '생명(육체, 무의식)' 우선주의가 최고의 선의 실현이라고 가르친다.('3-21. 생명(生命)이 '가치의 기준'이다.', '3-27. '이성(理性)'도 '본능(本能)'에 종속된다.', '6-28. '처음(生)'과 '끝(死)'을 혼동하는 철학', '3-37. '생의 부정'은 바보짓이다.')

5-7

'허무주의'는 데카당이다.

> 허무주의 운동은 심리적으로 데카당스임을 말한 것이다.
> -The nihilistic movement is merely the expression of physiological decadence.[22]

┃구조┃ '허무주의 운동 ⇔ 심리적 데카당스' 동시주의

F. 니체의 '허무주의(nihilism)' 개념은 잘 이해될 필요가 있다. 인간이 처음 자기 '생명(육체)'을 객관적인 시각으로 돌아볼 때 '작고 보잘 것 없다'는 것은 쉽게 인간 공통의 견해로 끄집어 낼 수 있다. 그리고 그 '생명(육체)'에 불리한 상황을 크게 개선할 도리도 없다. 그 시각의 확보까지가 '허무주의(nihilism)'다.

그런데 기존 종교 문화는 '인간 영혼(soul, spirit)'의 '위대함(시간 공간의 포괄 영역이 광대함)'에 의지해 드디어 '불멸성(immortality)'을 전제하고, 거기에 다시 선악(善惡)의 기준

---

22) Ibid., p.24[1883년~1888년 기록].

'피레네 성곽(1959)'[23]

을 마련하고 기독교의 '천국'과 불교의 '윤회설(輪回說)'을 만들어 붙였다. 그리하여 '이승(this world)'을 부정하고 '영원무궁의 영혼의 삶'을 추구한 것이 일반적 종교적 전제였다.

이에 F. 니체는 '과학(생리학)'적 시각을 발동하여, '허무주의(nihilism)'의 발동을 비웃고, '허무주의를 강조함(모든 종교적 포교)'을 바로 '심리적 퇴폐주의(physiological decadence)'로 규정하였다.

앞서 F. 니체를 '오도아케르'와 '루터'와 비교해 보았지만, F. 니체의 말은 인류의 (가치 기준의) 역사를 새롭게 한 '웅변'이었다. 그러한 '허무주의 타파'와 '실존의 긍정', '생명의 긍정'을 토대로 '긍정적 인생관, 세계관'을 마련해야 한다는 것이 F. 니체의 '모든 가치의 재평가'의 요지이니, 거기에 이의를 제기하는 사람이 있다면 그를 누가 어떻게 할 것인가. 그 사람까지 '긍정적 삶'으로 나오라 권유하다가는 권하는 그 사람이 도리어 '데카당', '허무주의자'가 될 수 있다는 점까지 F. 니체는 말하였다.(7-41. 괴물과 싸우다가 그 괴물이 될 수 있다.)

R. 마그리트는 F. 니체에 공감하여, '허무주의자', '관념주의자'를 '현실 생명 긍정'주의로 설득해 보려고 하였다. 즉 '저승(the next world)'을 믿고 '현실(이승, this world)'을 부정하는 것은, '공중에 뜬 바위 위에 집짓기'로 '허무맹랑(虛無孟浪)'한 쓸데없는 짓이라는 지적이 그것이다.

5-8
'인과(因果)론'은 허구(虛構)다.

우리는 우리의 마음속에 일어나는 일이 어떠한 인과(因果) 관계에서 생긴다고 생각한다. 특히 논리학자들은 현실에 일어날 수 없는 사례를 들며 인과(因果) 사상을 일으키는 편견에 길들여 왔다.

－We believe that thoughts as they succeed one another in our minds stand in some kind of causal relation: the logician especially, who actually speaks of nothing but

---

23) S. Gohr, *Magritte : Attempting the Impossible*, Ibid., p.240, Rene Magritte(1898~1967) 'The Castle in the Pyrenees(1959)' : R. 마그리트는 '공중에 뜬 바위' 로고로 '관념주의', '내세주의'를 조롱하였다.

instances which never occur in reality, has grown accustomed to the prejudice that thoughts *cause* thoughts-.[24]

|구조| '인과(因果) 사상 ⇔[우연(chance)]' 동시주의

앞서 살펴보았듯이 '허무주의'가 인간의 '합리적 사고'에 기초하고 있듯이 '인과(因果) 사상' 도 '합리적 사고'에 기초를 두고 있다. '인과(因果) 사상'이란, 어떤 일에는 그 원인이 있게 마련이라는 전제이다. 사실 그것을 잘 따져 인간은 불의 사고(事故)에 대비하고 문명을 이루어 나가고 있기 때문이다.

그런데 그 인과(因果)의 문제를 '인간의 삶 자체'에 적용하는 것을 F. 니체는 위에서 문제 삼고 있다. 즉 인간의 '행운'과 '불운'에 그 인과(因果) 사상을 적용하여 결론을 내리는 '허무주 의자'의 발상을 지적한 것이다.

한마디로 '허무주의', '인과(因果) 사상'은 인간의 '자기도취(自己陶醉, narcissism)'에 기댄 인간 스스로의 기만(欺瞞)이다. 인간의 '행운', '불운'은 극히 개인의 주관적 기준에 의한 것이 고, 그것을 지나치게 따지는 자체가 건강하지 못하다. 더구나 어떤 외적인 힘에 의해 '행복',

'불행'이 좌우된다고 판단하면, 그는 예외 없이 '결정론자(determinist)', '허무주의 자'가 되기 마련이다. F. 니체는 인간의 '편 견(prejudice)'이라고 지적하였다.

전통 사회에서는 인간의 모든 관계를 '필 연(inevitability, necessity)'으로 돌렸 다. 이것이 소위 '결정론(determinism)', '예정설(a doctrine of predestination)' 로 둔갑하였다. '하늘'을 믿고 '사주팔자(四

'기억의 고집(1931)'[25]

---

24) F. Nietzsche(W. Kaufmann & R. J. Hollingdale-translated by), *The Will to Power*, Ibid., p.264[1888년 3월~6월 기록].

25) R. Descharnes, *Salvador Dali; The Work The Man*, Harry N Abrams, 1989, p.163, 'The Persistence of Memory(1931)' : 그 '물렁한 시계는, 시간의 엄격한 결정론적 가정(假定)의 거부'라는 것이 일반적인 해석이다(The general interpretation of the work is that the soft watches are a rejection of the assumption that time is rigid or deterministic). S. 달리 역시 F. 니체를 적극적으로 지지하는 화가이다.

柱八字)'를 믿는 이유가 그것이다('자기도취'의 극치).

F. 니체는 그것을 '바보들'로 일소(一笑)에 붙였다.('3-37. '생의 부정'은 바보짓이다.', '5-13. 우자(愚者)가 신(神)을 존속시킨다.', '7-36. 내 창(槍)은, '웃음 소나기'를 쏟아지게 한다.')

S. 달리는 1931년에는 작품 '기억의 고집(The Persistence of Memory)'을 그렸는데, 거기에 '녹아내리는 회중시계(melting pocket watches)'를 그려 유명하였다.

5-9
결과와 원인을 혼동하고 있는 인과(因果)론

'내적 세계'에서의 현상론은 원인과 결과의 시간적인 연대를 우리는 뒤집고 있다. '내적 체험'의 근본적 체험은 결과가 생긴 다음에 상상된 것이다.

−In the phenomenalism of the "inner world" we invert the chronological order of cause and effect. The fundamental fact of "inner experience" is that the cause is imagined after the effect has taken place[26]

┃구조┃ '원인(cause) ⇔ 결과(effect)',
　　　　'원인 ↦ 결과(cause ↦ effect) ⇔ 결과 ↦ 원인(effect ↦ cause)' 동시주의

F. 니체는 위에서 간단히 '인과(因果)'론이 성립하는 심리적 동기를 명시하였다. 즉 어떤 '행', '불행'을 '무엇으로부터 (무엇 때문에) 그 행·불행이 왔는가?'를 뒤에 회고하는 것이 일반적 행태라는 것이다. 그러면 '결과(행·불행)'가 생긴 뒤에 원인을 거기에 찾아 맞추는 것이므로 원인에서 결과가 온 것이 아니라 '결과(행·불행)'에서 원인을 찾아 붙이는 '엉터리'라는 지적이다.

더 근본적으로 그것은 '생(生)에 시달린 약한 마음'에서 비롯한 것이다. 그래서 F. 니체는 '힘에의 의지(will to power)'를 말하였다.('4-5. '꿀통으로 돌아가기'가 '힘에의 의지'다.', '4-10. '생명 긍정'이 즐거움의 원천이다.')

---

26) F. Nietzsche(W. Kaufmann & R. J. Hollingdale-translated by), *The Will to Power*, Ibid., p.265[1888년 1월~가을 기록].

5-10

생명(生命)의 심판이 부조리(不條理)이다.

실존(實存, existence)을 심판하는 부조리(不條理, absurdity)를 알아야 한다. 그 속에는 무엇이 포함되어 있는지 알아야 한다.

그것은 병적 증상이다.

−One must comprehend the absurdity of this posture of judging existence, and then try to understand what is really involved in it.

It is symptomatic.[27]

┃구조┃ '실존(생명, existence) ⇔ 실존(생명) 심판(judging existence)' 동시주의

F. 니체의 '부조리(absurdity)'는 그 이름만큼이나 유명하다. 1924년 A. 브르통이 그의 '초현실주의 선언'에 그것을 거듭 사용하였기 때문이다.[28]

소위 '실존 심판(judging existence)'은 〈신약성경〉에서 예수의 제일 강한 신념으로 강조된 바였다. '천국이 가까이 왔다'는 것은 '실존의 심판'이 도래했다는 다른 표현이다.

F. 니체는 그것을 '병적 증상(It is symptomatic)'으로 규정하고 죽기 전까지 그것을 취소하지 않았다.(8-12. 예수는 니체에게 항복해야 한다.)

'흑 주술(1935)'[29]

R. 마그리트는 '실존(육체)'을 지니고 있으면서도 '심판'을 믿는 것을 '흑 주술(Black Magic)'이라 하여 F. 니체의 생각에 동조하였다.

---

27) F. Nietzsche(W. Kaufmann & R. J. Hollingdale-translated by), *The Will to Power*, Ibid., pp.356~7[1887년 11월~1888년 3월 기록].

28) P. Waldberg, *Surrealism*, Thames and Hudson, 1978, p.71 ; A. Breton, *Manifestoes of Surrealism*, The University of Michigan Press, 1977, p.24 ; F. 니체에 150년 앞서 활동한 프랑스 볼테르(Voltaire, 1694~1778)는 역시, "'부조리'를 믿게 한 사람들이 잔혹 행위를 저지르게 만든다(Those who can make you believe absurdities, can make you commit atrocities)."라고 말했다.

29) A. M. Hammacher, *Rene Magritte*, Ibid., p.107, 'Black Magic(1935)' : R. 마그리트는 '육체'의 상부(上部)에 청색(靑色) '하늘(허무주의)' 로고를 적용하여 허무주의 종교 신봉자를 '흑 주술'에 걸린 사람이라고 풍자했다.

5-11

예술 운동은 '데카당의 거부 운동'이다.

종교 도덕 철학은 인간에 데카당 형식이다. 그에 대항한 운동이 예술이다.
-Our religion, morality, and philosophy are decadence forms of man.
The *countermovement: art*.[30]

| 구조 | '종교, 도덕, 철학 ⇔ 예술(art)' 동시주의

F. 니체의 '실존(육체)주의' 사상은 필연적으로 '예술'과 연동된 것이니, '예술'은 그대로 '인생의 재연(再演-모방)'임을 아리스토텔레스의 〈시학〉에서부터 명시된 사항이다.(사실 앞서 플라톤의 〈국가〉에서도 명시되었음.)

모든 예술은 '인생'과 무관한 것이면 '사람들의 관심'을 끌 수 없고, 사람들의 관심을 끌지 못하면 성공한 예술이 아니다. 그런데 아리스토텔레스는 희랍에 가장 인기 있었던 예술 '비극'을 대상으로 하여 〈시학〉을 저술했고, F. 니체도 그 '비극'에 기초하여 자신의 '디오니소스주의'를 펼쳤다. F. 니체의 '디오니소스(차라투스트라)주의'는 더욱 일반적으로 '실존주의'인데, '예술'을 기존 '종교, 도덕, 철학(Religion, morality, and philosophy)'과 대극적인 위치에 두었다. 왜냐하면 '종교, 도덕, 철학'은 '실존의 억압'에서부터 출발한 영역이기 때문이다.

그런데 문학과 예술에서 '주제(主題, Theme)'를 따지는 문제는 상당히 일반화되어 있지만 그것은 '예술'을 '종교, 도덕, 철학'에 종속시키는 처사(處事)로 예술의 본질('인생 모방', '실존 표현')을 망각한 잘못된 '예술 교육'의 표본이다.

F. 니체는 '실존'과 '예술'에 대한 확신을 통해 종교와 철학의 '맹목성'과 '병통(퇴폐, deca-dence)'을 지적하며 '모든 가치의 재평가'를 선도하였다. 그러한 F. 니체의 확신을 위에서는 단 두 문장으로 요약하였다.

1916년 '다다 혁명 운동'은 바로 '예술'을 통해 '모든 가치의 재평가 운동'을 펼쳤다.

---

30) F. Nietzsche(W. Kaufmann & R. J. Hollingdale-translated by), *The Will to Power*, Ibid., p.419[1888년 3월~6월 기록].

5-12

당신들과 니체(狂人)가 신(神)을 죽였다.

밝은 낮에 등불을 들고 시장으로 달려가 "나는 신(神)을 찾고 있소. 나는 신을 찾고 있습니다."라고 끊임없이 외치던 미친 사람 이야기를 들은 적이 있는가? 시장에는 신(神)을 믿지 않은 사람들이 많았으므로, 미친 사람은 큰 구경거리였다. 한 사람이 왜 신(神)을 잃었는가 물었다. 신(神)이 애처럼 길을 잃었는가? 다른 사람이 말했다. 혹은 신(神)이 숨어버렸는가? 신이 우리를 무서워하는가? 신이 바다에서 배를 탔는가? 이민을 갔어? 사람들은 웃음소리 왁자지껄 떠들었다. 그 미친 사람은 그들 속으로 들어가 그들을 훑어보며 "신(神)이 어디 있습니까? 당신들에게 말해 두겠소. <u>신(神)은 죽었소. 당신들과 내가 죽였소. 우리 모두가 신(神)의 살인자들이요!</u> 그러나 우리가 그것을 어떻게 해냈겠소? 어떻게 우리가 바다를 다 마실 수 있단 말이요? 모든 수평선을 지울 스펀지를 우리에게 누가 제공했단 말이요? 태양으로부터 지구를 분리시키면 우리는 무엇을 할 수 있겠소? 지구는 어디로 가고 있고, 우리는 어디로 가는가요? 모든 태양들을 떠난다면? 우리는 계속 어디든 질주를 하는 건가요? 영원한 무(無)로 우리는 흩어지지는 않는가요? 우리 위에 숨을 쉬는 공간이 있기는 한가요? 추위가 오기는 할까요? 더욱 어두운 밤이 오기는 할까요? 아침에 밝힐 등불이 없어진 건 아닌가요? 신(神)을 매장하는 묘파기 소리를 듣지 않았소? 우리는 신비한 썩은 냄새를 맡지 않았소? 신(神)들이 썩어 있소. 신(神)이 죽었소. 신이 죽은 상태요. 우리가 그를 죽였소, 우리는 우리를 어떻게 위로 할까요? 살인자중의 살인자를? 세상이 이제까지 소유했던 가장 신성하고 가장 힘 있는 자가 우리들의 칼 아래 피 흘리고 죽었소. 누가 우리들에 묻은 피를 닦아줄 것인가? 무슨 물로 우리를 씻을 수 있겠소? 무슨 재계(齋戒)와 신성한 의식을 생각할 수 있을까요? 그 행위는 엄청나게 위대한 행위가 아닌가요? 우리가 신(神)들은 되지 않고 가치만 아는 것은 아닌가요? 그보다 위대한 사건은 없었소. 그것으로 생각하면, 우리 뒤에 태어난 사람들은 이제까지 역사보다 더 높은 역사 속에 속한 것이요." 이에 광인(狂人)은 침묵했고, 사람들도 침묵했으나, 놀라 광인(狂人)을 보았다. 광인이 등불을 땅바닥에 던지니 등은 깨지고 불은 꺼졌다. "나는 너무 일찍 왔소." "적절한 시대가 아니요. 엄청난 일은 진행되고 있고, 횡행이 하고 있소. 그것이 아직 사람들의 귀에 들리지 않을 뿐이요. 번개나 천둥은 시간이 필요하고 별들도 때가 되어야 나타나고, 행동도 때가 되어야 드러나고 그래야 볼 수 있고 들을 수 있지요. 그러나 그 행동은 가장 먼 별들보다 멀리 있으나 그들은 행동을 개시했소." 그 미친 사람은 같은 날 다른 교회들에 가서도 그렇게 했는데, 교회에서 죽은 신(神)의 진혼곡을 읊었다. 밖으로 쫓겨나 설명해 보라 하니 광인(狂人)의 대답은 "교회는 신(神)의 무덤과 묘비가 아니고 무엇인가!"로 일관하였다.

–Have you ever heard of the madman who on a bright morning lighted a lantern and ran to the market–place calling out unceasingly : "I seek God! I seek God!"––As there were many people standing about who did not believe in God, he caused a great deal of amusement. Why! is he lost? said one. Has he strayed away like a child? said another. Or does he keep himself hidden? Is he afraid of us? Has he taken a sea voyage? Has he emigrated?--the people cried out laughingly, all in a hubbub. The insane man jumped into their midst and transfixed them with his glances. "Where is God gone?" he called out. "I mean to tell you! We have killed him,--you and I! We are all his murderers! But how have we done it? How were we able to drink up the sea? Who gave us the sponge to wipe away the whole horizon? What did we do when we loosened this earth from its sun? Whither does it now move? Whither do we move? Away from all suns? Do we not dash on unceasingly? Backwards, sideways, forewards, in all directions? Is there still an above and below? Do we not stray, as through infinite nothingness? Does not empty space breathe upon us? Has it not become colder? Does not night come on continually, darker and darker? Shall we not have to light lanterns in the morning? Do we not hear the noise of the grave-diggers who are burying God? Do we not smell the divine putrefaction?--for even Gods putrefy! God is dead! God remains dead! And we have killed him! How shall we console ourselves, the most murderous of all murderers? The holiest and the mightiest that the world has hitherto possessed, has bled to death under our knife,--who will wipe the blood from us? With what water could we cleanse ourselves? What lustrums, what sacred games shall we have to devise? Is not the magnitude of this deed too great for us? Shall we not ourselves have to become Gods, merely to seem worthy of it? There never was a greater event,-- and on account of it, all who are born after us belong to a higher history than any history hitherto!" -- Here the madman was silent and looked again at his hearers they also were silent and looked at him in surprise. At last he threw his lantern on the ground, so that it broke in pieces and was extinguished. "I come too early," he then said, "I am not yet at the right time. This prodigious event is still on its way, and is travelling, --it has not yet reached men's ears. Lightning and thunder need time, the light of the stars needs time, deeds need time, even after they are done, to be seen and heard. This deed is as yet further from them than the furthest star, -- and yet they have done it!"--It is further stated that the madman made his way into different churches on the same day, and there intoned his Requiem aeternam deo. When led out and called to account, he always gave the reply : "What are these churches now, if they are not the tombs and monuments of God?"[31]

┃구조┃ '신(God) ⇔ 광인(madman)' 동시주의

F. 니체의 '신의 사망(God is dead!)' 문제는 1883년 1월에 제작한 〈차라투스트라는 이렇게 말했다〉에 처음 '공표(公表)'된 말이다. 그런데 F. 니체는 그보다 2년 전 1881년 10월부터 이듬해(1882년) 3월까지 이탈리아 제노바(Genoa)에 머물러 있었는데, 거기에서 〈아침놀(Day-break)〉 속편이 〈즐거운 학문(The Gay Science—Joyful Wisdom)〉으로 제목이 변경되었고, 그것은 1887에 완성되었다. 그러므로 〈차라투스트라〉에서의 표현과 〈즐거운 학문〉에서의 위 기록은 사실상 그 '사유(思惟)' 시기가 서로 겹친 F. 니체의 신념이 담긴 진술들이다.

〈차라투스트라〉에서는 간결하게 짚고 지나간 사실을, 위에서 더욱 구체적으로 제시하여 더욱 상세히 하였다. 이 문제는 F. 니체 사상의 중핵의 문제로 모두 공인(共認)하고 있는 사항이다. 위의 진술에서 '차라투스트라—신(God) ⇔ 광인(madman)—디오니소스'의 동시주의는 가장 주목해야 할 사항이다.

J. G. 프레이저(J. G. Frazer, 1854~1941)는, 영국이 낳은 F. 니체이다. 그의 〈황금 가지(The Golden Bough, 1900)〉는 세계 원시 민속에 '왕(신)의 살해'가 행해지고 있는지를 보고하였다.

J. G. Frazer의 〈황금가지(The Golden Bough)〉 24장 신성한 '왕의 살해(The Killing of the Divine King)' §2 '힘이 없을 때 살해되는 왕(Kings killed when their strength fails)'에 예시된 각국(캄보디아, 콩고, 에디오피아 등)의 민속을 예시했는데, 특히 백 나일강 서안에 살고 있는 수단(Sudan)의 실루크(Shilluk)족의 민속은 주목할 필요가 있다.

> 신성한 냐캉(Nyakang)의 영(靈)이 그들을 다스리고 있는 왕에게 나타나 있다고 믿는 점은 실루크(Shilluk)족에게는 중요한 점인데 왕도 그 신성한 속성을 어느 정도까지는 믿고 있다. 그러나 실루크(Shilluk)족은 그들의 왕을 종교적 경전함으로 높이 모시면서도 '왕의 정력의 노쇠와 더불어 가축이 병들고 새끼를 낳지 못하며 곡식이 썩고 사람이 병들어 계속 더 많이 죽어가지 않도록, 왕이 병들거나 노쇠하도록 해서는 안 된다는 신념'을 소중히 품고 있다. 이들 재앙을 막기 위해 실루크(Shilluk)족은 왕의 건강이 나빠진 징조나 힘이 없어진 기미가 보이면 언제나 왕을 살해하는 정규적인 풍습이 생기게 되었다. 왕의 쇠퇴의 결정적인 징후의 하나는 수단(Sudan)의 파소다(Fashoda)라는 마을의 수많은 집 속에 편재한 왕이 거느리고 있는 왕의 부인들의 성욕을 만족시키는 데 무력해졌다는 점인 것이다. 왕의 노쇠 징후가 명백하게 되면 왕의 부인들은 그것을 족장에게

---

31) F. Nietzsche(translated by T. Common), *The Joyful Wisdom*, Ibid., pp.167~9.

고하고 족장은 왕이 음산하고 무더운 오후에 낮잠을 자고 있을 때 왕의 얼굴과 무릎에 흰 천을 덮어 그의 숙명을 암시한다. 그러면 곧 사형이 집행된다.[32]

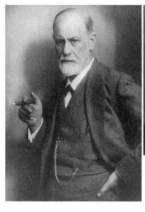 

▲ J. G. 프레이저
(J. G. Frazer, 1854~1941)
◀ S. 프로이트(1856~1939)

J. G. 프레이저의 보고(報告)는 원시 세계에 어떻게 '디오니소스 신(왕)'이 존재하는지, 그것이 인간의 '다산(多産)', '풍요(豊饒)'를 위해 관리되는지를 세계적인 사례 보고를 통해 명시하고 있다.

즉 F. 니체는 희랍의 고대 민속에서 '디오니소스 신'의 의미를 '생산'과 '풍요'의 신으로 규정했음에 대해, J. G. 프레이저는 그것이 고대 희랍 '디오니소스 신'만 문제가 아니고 인간 공통의 '소망 충족(wish fulfillment)'을 위한 행사임을 구체적인 사례로 보고한 것이다.

F. 니체의 가장 깊은 영향 속에 자신의 학문을 시작한 S. 프로이트(1856~1939)는, 앞서 원시 문명을 과학적으로 자세히 검토한 J. G. 프레이저의 〈황금 가지〉를 읽고, 그에 다시 자신의 분석 심리학을 동원 1913년 〈토템과 타부(Totem and Taboo)〉를 제작하였다. (제13장 참조)

S. 프로이트는 〈토템과 타부(Totem and Taboo)〉에서, '아버지와 아들' 사이에서 어떻게 '도덕과 법'이 생성되었는지를 자세히 설명해 보였다. 즉 '법과 도덕'은 모두 '아버지의 말씀'으로 '하지 말라(禁止)', '하면 못 쓴다(禁忌)'가 즉 '타부(Taboo)'이고 그 '아버지(王, 神)' 대신이 바로 '토템(Totem)'이라는 결론이 그것이다.

S. 프로이트는 '생각(꿈)'과 '행동(현실)'을 확실하게 구분하여 다음과 같이 말하였다.

우리가 생각하는 것과 행동하는 것 사이에 두고 있는 엄격한 구분이 원시인이나 신경증 환자에게는 결여되어 있다는 것은 틀림없는 사실이다. 그러나 신경증 환자에게는 행동에 무엇보다 제약이 있고, 생각이 행동에 대한 완전한 대치물인 것이다. 반대로 원시인의 경우에는 금제란 것이 없고 생각이 바로 행동으로 옮겨진다. 원시인들에게는 생각을 대신하는 것이 행동이다. 궁극적인 결론으로 요구하는 것은 아니지만 우리가 문제 삼고 있는 경우로는 이것이 '태초에 행동이 있었다'라고 가정하는 데는 별 무리가 없다고 내가 생각하는 이유인 것이다.[33]

---

32) J. G. Frazer, *The Golden Bough*, Macmillan, 1971, pp.351~2.

 S. 프로이트가 '생각'과 '행동'의 구분은 '꿈(연극, 儀禮)'과 '현실'에 상응한 단어로 보면 된다. 그리고 위에서 '신경증 환자'는 '도덕의 금지'에 지나치게 억압된 사람을 지칭하는데, F. 니체의 '광인(狂人)'은 아무런 규제도 인정하지 않은 사람이다. 그러므로 '신경증 환자'와 '광인'은 완전 반대의 대극을 이루고 있으나, 그들의 공통점은 '생각(想像, 꿈)'과 '현실(행동)'의 구분이 확실하지 않다(구분하지 못한다)는 점이다.

 그런데 위에서 F. 니체는 스스로 '광인(狂人)'임을 자처하였다. 이것이 F. 니체를 바로 규정한 말이니, F. 니체는 자신을 '디오니소스', '차라투스트라'와 완전 동일시하며 글쓰기를 계속하였다.

 그리고 F. 니체는 '3-9. '디오소스의 고통'이 비극의 주제(theme)다.'라고 하였는데 S. 프로이트는 역시 희랍 비극 특히 〈오이디푸스 왕(The King Oedipus)〉에 착안(着眼)하여 인간 정신 이상의 징후를 '오이디푸스 환상(Oedipus Fantasy)'에 회부(回附)하여 설명하는 방법을 취하고 그것을 '환자(患者)'가 알도록 하는 것을 '치료의 중요한 방법'으로 제시하였다.

 여기에서 주목해야 할 것은 F. 니체도 아리스토텔레스의 〈시학〉을 읽었고, 아리스토텔레스의 비극에 대한 견해를 충분히 고려한 상태에서 다시 희랍 비극 전체('오이디푸스 왕'까지를 포함한 전체)를 풍요의 신 '디오니소스의 고통'으로 해석했는데, S. 프로이트는 '오이디푸스 왕'의 처벌의 경과보고인 소포클레스의 〈오이디푸스 왕〉에 주목하였다.

 즉 F. 니체의 '희랍 비극에 대한 생각'과 S. 프로이트의 '희랍 비극'에 대한 생각이 확실히 구분되고 있으니, F. 니체는 '생산과 풍요의 제전(祭典)'으로 전제했음에 대해, S. 프로이트는 '패배와 절망의 과정 연출'로 해석했다는 점이다.

 여기에서도 '헬레니즘'을 우선하는 F. 니체의 정신과 역시 '헤브라이즘'을 인정한 S. 프로이트의 견해는 대극(對極)을 이루었다.('제13장 F. 니체 이후 사상가들' 참조)

 그러므로 위에서 '<u>광인(狂人)'이 선언한 '신의 사망'은 스스로를 이미 '디오니소스(실존주의자)'</u> <u>로 자칭한 F. 니체의 전제이고, 역시 더 구체적으로 〈반그리스도(The Anti-Christ, 1888)〉를 지은</u> <u>F. 니체 철학의 실현자이다. F. 니체가 위에서 '당신들과 내가 죽였소. 우리 모두가 신(神)의 살인자</u> <u>들이요(We have killed him,--you and I)!'란 구절은 자세히 짚어져야 한다.</u>

 <u>F. 니체는 '과학의 시대', '상업(시장, market-place)과 무역의 시대', '실존의 시대'에 모두 '신(神,</u>

---

33) S. Freud, *Totem And Taboo*, W. W. Norton & Company Inc. 1956, p.161.

교회 기독교 신'을 외면하는 시대가 되었으니, '차라투스트라(디오니소스, 초인)'의 가치관을 따를 것(따르지 않을 수 없을 것)이라는 자신의 신념을 부연한 설명이다.

그러므로 F. 니체는 자신이 '정신 이상(狂人)인가, 아닌가'의 세세한 고찰은 처음부터 초월하여, 마지막에는 '8-24. '하나님이 살아 계시면 교수 니체일 것'이다.'라고 하여, 〈요한복음〉에서 예수가 행했던 비유 방법을 그대로 자신에게 적용해 보였다.(그때는 '예나' 정신 병원에 입원 중이었음.)

이에 F. 니체는 근본적으로 '자신의 주장을 일관되게 당위(當爲)로 강요했던 철학자들의 일방주의 태도(理性, 전체주의)'를 버리고, '수용자(독자)' 각자가 알아서 선택하게 하는 독특한 '동시주의' 방법을 지속하였다. 그리고 그 방법으로 F. 니체는 자신의 유일한 불변의 표준-'실존(생명) 존중의 뜻'을 깨닫게 하였다.

'신의 사망'을 구체적으로 서술한 위의 구절도, F. 니체의 '(狂人)디오니소스주의'의 실현, 명시에 종속된 것이다.

J. G. 프레이저(〈황금 가지〉)는 '사망하는 토템(아버지, 신)'이 세계 원시인들의 일반적 현상임을 수없이 열거하였는데, 이것은 사실상 F. 니체의 '디오니소스주의'와 '신의 사망'을 더욱 객관적으로 입증한 것이다.(제13장 참조)

결론적으로 F. 니체의 '신의 사망 선언'은, '허무주의자들의 근본 거점의 격파'이고, '현재 생명 중심의 자유(자주) 시민 정신의 옹호'일 뿐이다.

5-13

우자(愚者)가 신(神)을 존속시킨다.

"현자가 없었다면 신은 존속할 수 없었다."라고 한 루터의 말은 옳다. 그러나 "우자(愚者)가 없었다면 신은 더더욱 존속할 수 없다."라고 착한 루터는 말하지 못했다.

-"God himself cannot subsist without wise men," said Luther, and with good reason but "God can still less subsist without unwise men,"--good Luther did not say that[34]

┃구조┃ '현자(賢者, wise man) ⟺ 우자(愚者, unwise man)' 동시주의

---

34) F. Nietzsche(translated by T. Common), *The Joyful Wisdom*, Ibid., p.172.

　M. 루터가 '하나님 일'과 '금전(−면죄부)'의 혼란을 비판하여 '복음주의', '종교개혁'을 주도했지만, F. 니체는 예수가 '나는 길이고 진리요 생명'이라 한 것에서 '생명(실존)'의 의미에 이의(異意)를 갖고 기독교를 비판하였다.[35]

　더구나, 이승(this world)에 있으면서 '천국(the next world)'을 말하니, F. 니체는 끝까지 비판 투쟁을 계속하였다. 그것은 루터 이하 할아버지, 아버지까지 '목사'가 되었으니, F. 니체가 그처럼 '반기독교'에 열을 올렸던 것은 그만큼 '철저했던 가정의 기독교 분위기'에 대한 비판 의식의 발동이었다.

5-14
그리스도의 결심이, 세상(현세)을 추하게 만들었다.

▲ 빛의 왕국 Ⅱ(1950)[36]
◀ 빛의 왕국(1948)[37]

　위험한 결심 ＿ 세상은 더럽고 나쁘게 생각했던 그리스도의 결심이, 세상을 추악한 것으로 만들었다.

　−A Dangerous Resolution.− Christian resolution to find the world ugly and bad, has made the world ugly and bad.[38]

Ⅰ구조Ⅰ '위험한 결심 ⇔ 그리스도의 결심' 동시주의

　〈성경〉에서 예수는 세상에 죄악(罪惡)이 가득한 것으로 전제하고, '천국'의 이상(理想)을

---

35) F. 니체에 앞서 활동한 프랑스 볼테르(Voltaire, 1694~1778)는 역시, "무용(無用)한 것을 말하며 시간을 보내기에는 인생은 너무 짧고 소중하다(Life is too short, time too valuable, to spend it in telling what is useless)."라고 하였다.

36) B. Noel, *Magritte*, Crown Publishers, 1977, p.60, 'The Empire of Lights Ⅱ(1900)'.

37) P. Gimferrer, *Magritte*, Academy Edition, 1987, Fig.61 'The Empire of Lights(1948)' : R. 마그리트는 '맑은 하늘, 밝은 대낮에 등불을 켠 풍경'을 제시하고 제목을 '빛의 왕국'이라 하여 '이승−대낮'에서 '저승(저 세상−등불로 밝힌 세상)'을 말하는 사람을 비판하였다.

38) Ibid., p.175.

말하였다. 이에 F. 니체는 대항하여 '긍정의 생명(육체, 욕망)', '긍정의 세상(이승)'을 강조하였다.('3-13. 디오니소스는, '파괴될 수 없는 기쁨'이다.', '3-16. 디오니소스가 바로 '진실성'이다.', '3-37. '생의 부정'은 바보짓이다.')

R. 마그리트는 작품 '빛의 왕국(The Empire of Lights)'으로 '천국'을 말하는 사람들을 조롱하였다.

5-15
'순교(殉敎)'는 '자살'이다.

> 기독교는 시작부터 과도한 자살에의 소망을 권능(權能)을 위한 지렛대로 삼았다. 기독교는 최고의 권위와 최고의 희망으로 단지 두 가지 형태의 자살을 남겨두고 그 밖에 다른 자살을 엄중하게 금하였다. 순교(殉敎)와 완만한 자멸만 허용되었다.
>
> -Christianity made use of the excessive longing for suicide at the time of its origin as a lever for its power : it left only two forms of suicide, invested them with the highest dignity and the highest hopes, and forbade all others with dreadful threatenings. But martyrdom and the slow self-annihilation of the ascetic were permitted.[39]

│구조│ '자살, 순교⇔최고의 권능, 희망' 동시주의

F. 니체가 위에서 문제 삼은 '순교(殉敎)와 완만한 자멸(martyrdom and the slow self-annihilation of the ascetic)'은, 베드로(Peter the Apostle, ?~64)가 세운 초기 교회에서부터 최고의 선으로 인정되고 추앙되었다. 그리고 성직자의 '금욕'은 더욱 일반화되어 있는 문제이다.

F. 니체는, '종교를 위한 죽음'도 자살이고, '금욕 속의 생활'도 '완만한 자멸'로 생각하였다.

---

39) F. Nietzsche(translated by T. Common), *The Joyful Wisdom*, Ibid., p.173.

5-16

'그리스도에 대한 반대'는 우리의 취향(趣向)이다.

그리스도에 대한 반대는, 이론이 아니고 우리의 취향이다.

-It is now no longer our reason, but our taste that decides against Christianity.[40]

┃구조┃ '이론(reason) ⇔ 취향(taste)' 동시주의

F. 니체의 '확신'은 '생명(육체, 욕망)'에 대한 확신이다. '생명(무의식, 육체)'은 우리의 의식(意識 conscious)이 있기 전부터 있었고, 의식이 생긴 이후에도 줄곧 그것의 '생명(무의식)'의 요구에 응하지 않으면 '생활(生活)'이 불능에 빠진다.

이것이 A. 쇼펜하우어, F. 니체, S. 프로이트를 거치면서 확립된 실존주의, 엄연한 새로운 철학(과학) 전통이다.

즉 '생명(육체, 무의식, 본능)'에의 응대와 봉사는 '생명'이 있는 존재는 누구나 피할 수 없다. 그런데 그리스도는 '실존(육체) 거부'의 가르침을 폈으니, '그리스도'에 대한 거부를 우리의 '취향'이라 규정한 것은 F. 니체의 '솔직(率直)'한 고백일 뿐이다.

5-17

'본성'을 신앙(信仰)으로 어찌할 수는 없다.

인류가 항상 그곳으로 되돌아가는 피할 수 없는 전제는, (진실이 아닌 가장 군건한) 신앙심(기독교 신상 같은 것)보다 더욱 오래되고 강력한 것이다. 오래 되었다는 것은 10만 년을 의미한다.

-An unavoidable hypothesis on which mankind must always fall back again, is in the long run more powerful than the most firmly believed belief in something untrue (like the Christian belief). In the long run: that means a hundred thousand years hence.[41]

┃구조┃ '공리(公理)-불가피한 전제(Axioms[육체]) ⇔ 신앙심(belief)' 동시주의

---

40) F. Nietzsche(translated by T. Common), *The Joyful Wisdom*, Ibid., p.173.

41) Ibid., p.173.

예수의 심장(1965)[42]

F. 니체는, 그리스도 교도들을 향해 '생리학(physiology)', '의학(medicine)'을 강론하고 있다. 위에서 F. 니체가 '십만 년(a hundred thousand years)'이란 인류의 조상(祖上)이 처음 인간이 지구상에 존재했던 가상적(假想的) 연대이고, '가장 굳건한 신앙심(the most firmly believed belief)'이란 생명까지 버릴 수 있는 '순교자의 마음'까지 포함한다. 그런데 F. 니체는 그 중간에도 '진실 아닌 신앙'이란 말을 첨가하여 신앙인 자신도 그가 지금도 '봉사를 지속하고 있는 생명(육체, 무의식, 본능)'을 철저하게 외면한 고집할 수는 없다는 측면에서, '진실하지 못한(untrue)' 것이라 규정하였다.

그러한 측면에서 S. 달리는, 예수에게도 엄존했을 '생명(육체, 무의식)', '예수의 심장(The Sacred Heart of Jesus)'을 그림으로 제시하였다.

5-18
희랍인의 폭소 대상이 기독교다.

> 원죄(原罪, sin)는 유대인의 감정이고 유대인의 발명품이다……. "참회(懺悔)해야 신의 은총이 내린다."라는 말은 희랍인에게는 폭소와 분노를 내게 할 것이다.
> ―Sin is a Jewish feeling and a Jewish invention…… "Only when thou repentest is God gracious to thee"―that would arouse the laughter or the wrath of a Greek[43]

┃구조┃ '참회(repent) ⇔ 폭소, 분노(laughter, wrath)' 동시주의

인간의 안목은 남의 의견을 충분히 고려할 때 더욱 결점 약점이 적어진다. 과거의 문화는 인종의 희소(稀少)성과 교통의 미발달, 통신 시설의 부재로 남과 교류할 기회가 없이 자기 생각을 믿고 살 수밖에 없었다.

그런데 독일의 문헌학도(文獻學徒, philologist) F. 니체는 자신의 문헌 해독 능력과 비판력으로 그러한 '지역적', '종족적', '환경적', '역사적' 문화 상호간의 '격차(隔差)', '고대 희랍인'

---

42) R. Descharnes & G. Neret, *Salvador Dali*, Taschen, 2006, p.546, 'The Sacred Heart of Jesus'.

43) F. Nietzsche(translated by T. Common), *The Joyful Wisdom*, Ibid., p.174.

과 '유대인' 사이에 문화적 격차(隔差)에 놀랐다. 그 두 문화의 차이에 대한 논의가 F. 니체의 평생토록 계속되었고, 그것은 '실존 긍정(-고대 희랍 귀족)'과 '실존 부정(-유대인)'으로 동시적으로 운영되게 되었다.

위에서도 '참회(repent)'란 헤브라이즘의 특성, '폭소'란 헬레니즘의 특성으로 진술된 것이다. 그리고 그러한 '문화적 격차'는 바로 개별 언어의 특성으로 유지 존속하고 있음을, F. 소쉬르 이후 모든 언어학도는 공감을 하게 되었다.(제13장 참조)

5-19
'죄'가 없다는 그리스도는 '죄'를 논할 수 없다.

그리스도는 인간이 죄악으로 고통을 받는 것보다 더한 고통이 없다고 하였다. 그것은 잘못된 말이다. 죄가 없는 사람-그리스도이므로 고통의 체험을 못 했을 것이기 때문이다.

-The founder of Christianity thought there was nothing from which men suffered so much as from their sins : it was his error, the error of him who felt himself without sin, to whom experience was lacking in this respect![44]

| 구조 | '죄악⇔고통' 동시주의

F. 니체의 예수 비판 발언은 모두 그의 성경 지식에 기반을 둔 것이다. 〈성경〉 기록에 의하면 예수는 '성령(聖靈)'으로 잉태(孕胎)되어 처음부터 '생명(육체)'을 떠나 전제된 존재였다. 그런데 인간 생명은 처음부터 '생명의 욕망', '생명의 죄'에 얽히어 있으므로, 그 기록대로라면 예수는 '생명(육체, 무의식, 욕망)'을 떠나 있었으므로, 그가 어떻게 '생명들의 죄'를 알기나 했을까. 그렇다면 예수가 '생명(육체, 욕망)의 죄'를 어떻게 알고 그것을 '심판자(신)'의 우측에 앉아 '인간(육체, 욕망)의 죄'를 논한다는 것인가? F. 니체는 반박하고 있다.

사람의 아들(1964)[45]

---

44) F. Nietzsche(translated by T. Common), *The Joyful Wisdom*, Ibid., p.177.

45) S. Gohr, *Magritte : Attempting the Impossible*, d. a. p., 2009, p.270, 'The son of Man(1964)'.

R. 마그리트는 '선악'의 '죄' 논의로 평생을 보내는 사람을 위해 그 얼굴에 명백한 '선악과(善惡果)'를 그려 붙여 주었다.

5-20
'즐거움'에 여타(餘他)는 무용지물(無用之物)이다.

웃음과 즐거움이 있는 곳에 '관념'이란 쓸모가 없다.
-"where there is laughing and gaiety, thinking cannot be worth anything."[46)

|구조| '웃음-즐거움(laughing, gaiety) ⇔ 관념(thinking)' 동시주의

'웃음과 즐거움(laughing and gaiety)'은 '생명(육체)'의 기본적 요구사항이다. F. 니체의 일관된 '생명 우선주의' 사고의 전개이다.

H. 마티스(H. Matisse, 1869~1954)와 P. 피카소(P. Picasso, 1881~1973)는 '즐거운 인생' 그림으로 이 F. 니체의 선창(先唱)에 화답하였다.

H. 마티스의 '즐거운 인생(1905~6)'[47), 즐거운 인생(1906)[48)

46) F. Nietzsche(translated by T. Common), *The Joyful Wisdom*, Ibid., pp.252~3.

47) R. Percheron & C. Brouder, *Matisse from color to architecture*, Harry N. Abrams, 2004, pp.7~8, 'Joy of Life(1905~6)'.

48) G. Neret, *Henri Matisse*, Taschen, 2006, p.245, 'La Joie de vivre(1906)'.

P. 피카소의 '즐거운 인생(1946)'[49]

5-21
'생명'에 적대적인 교회

교회는 정념(情念, passion)의 절단으로 투쟁을 한다. 실제로 치료(治療)란 거세(去勢)이다. 교회는 "어떻게 욕망하는 너를 영혼화하고 미화하고 신성화할 것인가?"를 묻지 않는다. 감성, 긍지, 욕망, 탐욕, 복수욕 근절(根絶)의 강조가 있을 뿐이다. 공격의 뿌리에 정념(情念)을 공격하는 것은 생명의 뿌리에 대한 공격이다. 교회는 생명에 적대적이다……

－The church fights passion with excision in every sense: its practice, its "cure" is the castratism. It never asks: "how spiritualized, beautified, deify a craving you?" － It has laid the emphasis at all times of discipline on extirpation (of sensuality, of pride, lust, avarice, of vengefulness). － Means to attack, but the passions at the root of the attack at the root of life: the practice of the church is hostile to life……[50]

❙구조❙ '교회(church) ⇔ 정념(情念, passion)', '정념 공격 ⇔ 생명 뿌리 공격' 동시주의

F. 니체는 '과학(의학, 생리학)'의 기본 전제를 가장 먼저 자신의 '생명(육체) 우선주의 (priority of life)'로 수용했던 '역사상 가장 야심찬 정복자'였다.

F. 니체는 비유로 '시저', '나폴레옹', '비스마르크'를 동원하였지만, 문화 사상계에서는 그

---

49) M. Picasso, *Pablo Picasso Joy of Life*, Deutscher Kunstverlag, 2007, pp.'Joy of Life(1946)'.

50) F. Nietzsche(translated by D. F. Ferrer), *Twilight of the Idols*, Daniel Fidel Ferrer, 2013, pp.21~2.

'시저', '나폴레옹', '비스마르크'의 문제가 아니다. 서양의 제우스, 여호와 예수, 중국과 인도의 공자, 맹자, 인도에 불타(佛陀)를 통합하여 '생명'의 '차라투스트라(F. 니체)'는 '디오니소스 주장'을 폈으니, 그 규모는 '인류의 가치의 재평가'로 요약하였다.

그런데 F. 니체는 '생명(육체, 본능)'의 대극점에 '예수'를 두었고, 그에 대한 비판을 계속한 결과가 위의 진술들이다.

5-22
관능에 독설(毒舌)가는, 금욕 불능자, 금욕 필수자다.

거세와 절멸은, 의지박약 허약자가 그들 본성을 하나의 기준으로 대체하려는 욕망과의 투쟁에서 선택된 것이다. 즉 비유로 말하면(비유랄 것도 없지만) 라 트랍 수도원(프랑스 Normandy 소재)이 수도원과 욕망 사이의 간극에 행해진 마지막 적대감의 선언이다. 근본적 수단들은 퇴화, 의지의 박약, 감각에 무반응의 불능이니, 그 자체가 퇴화의 다른 형태일 뿐이다. 관능(sensuality)에 대항하는 근본적 적대감, 치명적 적대감은 생각해 봐야 할 징후(徵候, symptom)이다. 즉 그것은 그러한 과도한 총체적 상태를 낳은 것이기 때문이다. 그와 같은 근본적 치료의 본성, 그들의 '마귀(devil)'를 물리칠 힘이 더 이상 없을 때에 그들의 적대감 증오는 자연히 마지막에 이르게 된다. 사도와 철학자의 전(全) 이야기, 예술가의 첨언을 보아온 사람은 알고 있다. 관능(senses)을 향한 독설(毒舌)은 노쇠자나 금욕주의자(ascetics)가 말한 것이 아니라, 금욕(禁慾)이 불가능한 사람, 금욕이 반드시 필요한 사람, 금욕자가 되어야 할 사람이 말한 것이다.

-The same agent, intersection, extermination, is instinctively chosen in the struggle with a desire by those who are too weak-willed, too degenerate, to replace the one measure in it can, from those natures, the La Trappe have need of, spoken in parable (and without a parable -), any hostility final statement, a gap between itself and a passion. Radical means are indispensable only the degenerates, and the weakness of will, some talk, the inability not to react to a stimulus, is itself merely another form of degeneration. The radical hostility, the deadly hostility against sensuality is a thoughtful symptom: it is therefore entitled to make conjectures about produce the total state of such excessive. - Those hostility, this hatred is only incidentally to its tip, even when such natures for radical cure, the cancellation of their "devil" no longer have enough strength. One of watching the whole story of the priest and philosopher, the artist added taken: the poisonous against the senses is not said of the impotent, nor by ascetics, but by the impossible ascetics, by those who would have been necessary, ascetics to be…[51]

┃구조┃ '거세, 절멸⇔의지박약 허약자', '관능을 향한 독설⇔금욕이 불가능한 사람' 동시주의

'관능에 대항하는 것(the poisonous against the senses)'은 모든 사제와 종교인의 필수 사항이었다. 불교도 기독교 사제, 그 밖에 종교적 사제와 제사(祭祀)를 드리는 이의 '일반적 준수 사항'이다.

사실 '겸양', '양보', '금욕'은 '윗사람', '힘 있는 존재', '아버지'에 대한 '존경'과 '조심(caution)'에 비롯되었다. 그 '조심(caution)'의 표현이다. 그러므로 '절대자'를 모시고 학습하는 사람은 스스로 몸에 익혀 행할 기본 자세였다. 그런데 F. 니체는 그러한 성향을 '유대인 문화'에서 뚜렷이 확인한 것이다.

이에 대해 '자유로운 사람', '조심성을 발휘할 필요가 없는 사람'은 '지배자(왕)'나 '제 집에 있을 경우', '혼자 거처할 때'이다. F. 니체는 '고대 희랍 귀족 문화'에서 그것을 확인한 것이다.

철저한 '조심(금욕)'을 강조한 사람은 '커다란 심판'을 스스로가 느끼고 있는 사람이다. 객관적으로 별 위험스런 상황이 아닌데 혼자서 '지나친 조심성'을 발휘하는 사람을 '신경 질환자(neurosis, a neurotic)'라고 규정하고 있다. '만약 아무 죄도 없는 사람'이 공연히 무서워 떨면 그것은 '지나친 조심성의 발휘자', 병리적인 측면에서는 '노이로제' 환자이다.

이에 대해 별 '위대하다 할 것이 없는 사람', '거대하다 할 이유가 없는 사람'이 자신을 과대(誇大)하게 높일 경우, F. 니체도 자신을 그렇게 알고 있듯이 '독선광(獨善狂 egomania)', '과대망상(誇大妄想)자(megalomania)'이다.(8-31. 나의 독선(獨善)은 나의 열등의식)

그러므로 <u>'나는 죄인입니다.'를 따르는 사람은 기독교 체질에 가깝고, '세상에서 내가 제일 높다(天上天下唯我獨尊).'를 믿고자 하는 사람은 불교도 체질이다.</u>

그런데 이들 종교적 수행자(수행자)는 모두 '금욕(禁慾)'을 기본자세로 삼고 있다.(사실 〈신약성경〉 등은 司祭를 위한 책이다.) 왜냐하면 '모든 종교인(절대자 학습 중인 사람)'의 궁극 목표(目標)가 '절대자를 모시는 것(절대자의 대신이 되는 것)'이기 때문이다. 자신이 그 '절대자(여호와, 부처)'와 동일하다고 생각되었을 경우는 '금욕의 수행(학습)'도 (죽음과 더불어)

51) Ibid., p.22.

종료될 것이다.

그러므로 F. 니체의 위의 진술은 '모두 각자(예수와 F. 니체를 포함해서)'가 알아서 스스로의 '행동 방향'을 결정하기 마련이라면 그의 선택에 맡기는 것이 방법일 것이다. '불교'냐, '기독교'냐 문제도 그 체질과 취향에 결정이 될 것이다.

그런데 <u>F. 니체는 이 두 영역 모두를 부정한 '생명 우선주의자'였다.</u> 그러므로 F. 니체는 기본적으로 '자유 민주 시민', '주인'의 자세이고, 현실주의자, 과학의 신뢰를 권유하는 사람이다.

5-23
'자연주의'는 건강하다.

나는 공식으로 한 원리를 제공한다. 도덕적으로 모든 자연주의(自然主義, naturalism)는 모두 건강한 것이다. 생의 본능에 지배를 받아, '할지어다', '하지 말라'의 인생에 대한 계율이 극복되고 인생에 저항과 적대는 본능 일방으로 된다.

이전에 가르쳐지고 설교되고 숭상되었던 모든 도덕은 반자연적인 것이고, 명백히 인생의 본능을 거부한 뒤집힌 것이다. 그것은 비밀스런 크고 거침없는 본능에 대한 단죄다.

'신(神)은 마음을 보신다.'고 말함으로써, 신은 인생의 어떠한 욕망도 거부하신다고 하여 신을 인생의 적(敵)으로 만들어 놓고 있다… 신이 좋아하여 그 속에 거주한 성스러운 사람이란 고자(宦官)이다… 천국이 시작되는 곳에 삶은 너무 지루하다.

—I bring a principle in the formula. Every naturalism in morality, that is all healthy morality, is dominated by an instinct of life, — any one commandment of life is "not set" with a particular canon of "shall" and met some resistance and hostility in the way of life is made so that one side.

Their moral was unnatural, that is, almost every morality which previously taught, preached and venerated, is aimed precisely reversed against the instincts of life, — it is a secret soon, soon loud and bold this condemnation (Verurtheilungdieser) instincts.

By saying, "God sees the heart," God says No to the lowest and highest desires of life and God takes enemy (Feind) of life… He is Holy, in whom God is well pleased, the ideal castrato… Life is too late, where the "kingdom of God" begins…[52]

---

52) Ibid., pp.23~4.

┃구조┃ '자연주의(自然主義)⇔건강한 것', '건강한 것⇔생의 본능', '성스러운 사람⇔고자(睾官)' 동시주의

 F. 니체는 체질적으로 '생명 우선주의'이다. F. 니체는 '수행(학습)'을 오래할 체질은 절대 아니었다. 그는 평생 배우기를 좋아한 대표적인 사람이지만(8-10. 내 교육에 '중단'은 없다.) 어떤 하나의 '문제'나 숭배한 '인간 존재'에 매달린 적이 없었다.

 '생명 존중주의자'는 생명(무의식, 본능)을 존중한다.(8-28. '실존'은 신성하다.) 그러므로 F. 니체는 '유아독존(唯我獨尊)'의 불교도 체질에 가깝다. 그러나 F. 니체는 '관념(이념)주의'를 완전히 비웃고 있는 처지였으니, F. 니체를 '불교도'와 비슷하게 보는 것은 오독(誤讀) 오해(誤解)이다.

 F. 니체를 '디오니소스', '차라투스트라'로 알면 된다. 그는 '생명 우선주의', '다다 혁명 운동' 의 시조가 되었으니, F. 니체는 한편 자신의 '추종'을 부정했음에도(7-12. '제자들이여, 홀로 가라.') 또 다른 측면에서 모든 사람들이 역시 '한 생명을 운영하고 있으'므로 결국 '차라투스 트라'와 함께할 것도 확신을 하고 있었다.

 바로 이러한 기본적 '자연주의' 확신 속에 현대 '인류학', '정신분석학'이 자리를 잡고 있음은 다른 말이 필요 없는 사항이다.

5-24
기독교는 '생명에의 반역'이다.

 기독교 도덕이 가장 신성불가침한 것으로, 생명에 반역하는 사악한 것임을 다행히 이해하였다면 그밖에 것도 이해되었을 것이다. 즉 무용(無用)하고, 명백하고 부조리(不條理)하고 거짓인 생에 반역들을. '살아남은 자에 대한 삶의 단죄(斷罪)'는 생명에 대한 한 병증일 뿐이다. 그 단죄(斷罪)가 정당한지 부당한지에 대한 질문은 제기되지 않았다. 생명의 밖에 있어봐야 생명을 알 수 있고, 그러면서 생명 가치의 모든 문제를 각 개인의 경우로 체험을 해야 한다. 이로써 단죄의 문제는 쉽게 접근할 수가 없다.

 '가치'를 이야기할 때, 우리는 생명의 영감과 통찰력으로 이야기한다. 우리가 가치를 평가할 경우 생명이 우리에게 가치를 정착시키고 생명 자체가 가치로 자리를 잡는다…(그런데도 불과하고) 도덕의 정반대의 속성을 따른다. 생명을 단죄하는 생의 반대 개념인 신을 따르란다. 무슨 생명인가?

어떠한 종류의 생명인가? 나는 이에 대답을 주노라. 기울고 허약하고 단죄된 생명에 대한 이야기다. 앞서 말했듯이 도덕은 쇼펜하우어가 마지막 정리했듯이 "생명 의지의 부정(negation of the will to live)"이고 데카당 본능 자체이고 "바닥으로 내려가라." 명령한 것이고, 심판된 죄수이다….

-Suppose that one has understood the wicked such a revolt against life as it is in Christian morality become almost sacrosanct, so you have it, fortunately, also somewhat Andres understood: the useless, apparent, absurd, mendacious such a rebellion. A condemnation of life on the part of the last survivors is only a symptom of a certain kind of life: the question of whether law, whether with injustice, is not even raised it. You'd have a position outside of life have, and know the other, it as good as one, as many as all who have lived to touch the problem of the value of life in at all: reasons enough to realize that the problem for us an unapproachable problem.

When we speak of values, we speak under the inspiration, under the perspective of life: life itself forces us to value to be set, life itself posit values by us, if we estimate values… It follows that even those contradictory nature of morality, which God counter-concept and condemnation of life holds only one value-judgment of life – what life? What kind of life? – But I gave the answer: of declining, the weak, the tired, the condemned life. Morality, as has been previously understood – even as it was last formulated by Schopenhauer as "negation of the will to live" – is the decadence instinct itself, which makes itself out of an imperative : "go to bottom" it says – it is the judgment convicts…[53]

┃구조┃ '생명, 가치⇔신, 도덕' 동시주의

F. 니체가 '디오니소스'로 스스로를 명시한 것은 '기독교'에 대한 초기 어린 시절의 믿음에 대한 철저한 반발로 행해진 것이다.(5-34. 나의 어린 시절은 '기독교'에 속았다.)

위의 F. 니체의 진술에 A. 쇼펜하우어의 말-'도덕은 생명 의지의 부정(negation of the will to live)'이라고 하여 자신의 '실존'주의 입장을 명백히 하였지만, '염세(厭世, pessimism)', '허무주의(nihilism)' 철학자로 알려져 있다. F. 니체는 '3-18. '염세주의'는 '허무주의'의 선행(先行) 형식이다.'라고 규정해 두고 있으니, 그의 철학이 A. 쇼펜하우어에 머물러 있는 것은 아니다.('인간 본능의 적극 옹호', '생명 긍정'- 5-1. '우상(偶像)의 파괴'가 니체의 일이다.)

---

53) Ibid., p.24.

F. 니체는 '생명의 부정에 분노'하고, '생명 옹호'가 바로 인간을 위한 길이고 사랑이고 진리라고 확신하였다. 그러한 심리적 진술이 위의 말이다.(4-1. '힘(권력)에의 의지(Will to Power)'는 생명력의 방출이다.)

위에서 F. 니체는, 예수가 말한 '생명(life)'을 다시 거론하며 '생명 심판의 신', '생명 단죄의 신'을 말하며 도대체 '생명'은 무슨 의미인가를 다시 묻고 있다.

F. 니체의 위의 말은 어린 시절부터 '꼬마 목사(little pastor)'라 칭찬하며 목사 되기를 희망한 사람들을 향한 반발(反撥)이기도 하다.(제12장 연보 참조)

5-25
'동정(Sympathy)'은 발전 법칙의 좌절이다.

> 기독교는 '동정(同情)의 종교'라고 부른다. - '동정'은 인생에 힘찬 에너지를 증진하는 '열정'에 대한 반대말(對立語)이다. 동정은 열정을 후퇴시킨다……. 동정은 보통 전반적으로, 선별(選別)의 법칙인 발전을 좌절시키고 있다.
>
> -Christianity is called the religion of sympathy. -Sympathy stands in antithesis to tonic passions which elevate the energy of the feeling of life : it operates depressively……. Sympathy thwarts, on the whole, in general, the law of development, which is the law of selection.[54]

┃구조┃ '기독교 ⇔ 동정의 종교', '동정 ⇔ 발전' 동시주의

전통 사회는 대체적으로 '부모(父母)와 자녀(子女)' 관계로 '사회적 관계'를 유추(類推)하였다. 즉 '부모와 자녀 관계'를 미루어 '사회적 관계'를 설명하는 그러한 해석 방법이었다.

그러나 그러한 유추 해석은 사실상 '아동 시절'의 설명에 불과하고, 성인(成人)들의 상호관계('사회 속에서')는 전혀 딴 방향에서 설명될 수밖에 없었다. 즉 성인들의 상호관계는 '세력(힘)의 여하(如何)'가 상호관계를 결정하고 있고, 은애(恩愛, Sympathy)의 문제는 뒤로 밀리게 마련이다. 그래서 F. 니체는 '힘에의 의지(The Will to Power)', '힘'으로 그것('사회적 관

---

54) F. Nietzsche(translated by T. Common), *The Works of Friedrich Nietzsche*, V. Ⅲ, *The Antichrist*, T. Fisher Unwin, 1899, pp. 245~6.

계')을 설명해 보였다.

한마디로 전통 사회에서는 '부모와 자식의 관계'로 모든 사회 현상을 설명하는 방법이 성행해 있다. 그러나 그것은 하나의 설명 방법일 뿐, 세상에 '부모의 공경(恭敬)'으로 해결될 일은 거의 없고, 모두 각자가 그때그때 알아서 위기를 극복하고 생에 승리자가 되어야 한다는 F. 니체의 주장이다.(6-20. '임기응변'의 인생에, '진실'은 무엇인가?)

그런데 '전통 사회'에서는 '부모와 자식의 관계' 강조로 날과 밤을 보내고 있었으니, 그것은 '씨족 사회', '부족국가' 시대를 고집하고 있는 '구시대의 도덕관'이거나, '성인(成人)'이 되어 부모를 망각하고 지내는 자기 자신도 모르는 자기 망각증'이거나, '성찰이 부족한 경우'이다.

F. 니체는 '기독교' 경우를 지적했으나, 사실 동양(중국)의 경우, 한국의 경우는 그것을 세상의 표준('君師父一體')으로 정해 놓고('以孝治天下'), '아동 시절로 되돌아가기', '어린 아동'이 제왕(帝王)의 자리에 앉아도 한결같이 '아버지 받들기'를 그 모범으로 정해 두었으니, '모두 함께 망(亡)하기를 기다리고 있는 형국'이었다.

F. 니체는 확실히 '동정심, 사랑이 세상을 구원하는 것이 아니다.'라는 사실을 알고 있었다. 그러나 전통적인 교육과 관념에 안주(安住)한 사람은 자기 스스로도 그렇게 살고 있지 않은 것을 알면서도 그것이 없어지면 큰 일이 생길 것으로 착각(錯覺)들을 하고 있었다. 그만큼 F. 니체는 '과학 사상과 사회의식'에 먼저 앞서 나가 있었다.

5-26
'동정'은 허무주의의 실행이다.

쇼펜하우어는, 인생은 동정(同情)에 의해 부정적으로 된다고 주장을 하고, 동정의 부정(否定)에 가치를 두었다. 동정은 허무주의(nihilism)의 실행이다.

-Schopenhauer was right in maintaining the life was negative by sympathy, was made worthier of negation, -sympathy is practice of nihilism.[55]

┃구조┃ '동정⇔생명 부정', '동정⇔허무주의 실행' 동시주의

---

55) Ibid., pp.246~7.

'동정'은 '약자(弱者)'에의 공감이다. '최고의 약자'는 '죽은 자[死亡者]'이다. 그런데 그 '죽음을 표준'으로 그것에 근접할수록 '약함의 정도는 더욱 높아진다.'고 할 수 있다. 그런데 기독교에서는 '죄 값이 사망'이라 규정하였다.

'삶의 부정의 정도'가 가장 심한 종교였다. 불교(佛敎)도 '인생'을 '고통의 바다(苦海)'라고 규정하였다. 그러므로 거의 모든 종교는 '죽음'을 그 전제로 삼고 모든 사회 체계를 설명하고 있다.

그래서 F. 니체는 모든 '종교'를 '허무주의'라고 규정하고, 기존의 모든 종교와 철학이 '염세주의', '허무주의', '데카당'을 오히려 미덕으로 생각한다고 했다. <u>이에 '생명의 긍정', '생명'을 표준으로 마땅히 '모든 가치의 재평가(Revaluation of All Values)'를 주장한 이가 F. 니체였다.</u> '과학적 사고'를 표준으로 하면 '실존(육체)'보다 우선한 것은 세상에 없다.

5-27
신학자는 모호하고 불성실하다.

나는 신학(神學)적 성질에 반대한 전쟁을 행하고 있다. 신학적 자취는 어디에나 있다. 신학도의 피 속에는 모든 모호하고 불성실한 것이 존재하고 있다.

　-I make war against this theological instinct : I have found traces of it everywhere. Whoever has theological blood in his veins is from the very beginning ambiguous and disloyal with respect to everything.[56]

┃구조┃ '니체⇔신학도', '신학적 성질⇔모호하고 불성실한 것' 동시주의

F. 니체의 이 발언은 극히 추상적인 것 같지만, '신학도'가 '현재의 생명'을 외면한 채 '허무주의'를 펴고 있다는 사실에 기초한 것이다. 소위 '모호하고 불성실한 것(ambiguous and disloyal)'이란, '사후(死後) 세계(the next world)'에 관한 설명이 그러하다.

즉 '죽음'을 기준으로 할 때, 그 이후의 논의는 사실상 '살아있는 사람'이 알 수 없는 세계이고, 안다고 해도 믿는 사람이 별로 없기 때문이다.

---

56) Ibid., p.249.

5-28

예수는 '자신의 죄'로 죽었다.

예수는 자신의 죄 때문에 죽었다. 예수가 다른 사람들의 죄로 죽었다는 주장은 근거가 없다.

-He died for his guilt, all ground is lacking for the assertion however often it has been made, that he died for the guilt of others.[57]

|구조| '자신의 죄⇔다른 사람들의 죄' 동시주의

F. 니체의 해석은 어디까지나 '현재의 생명(肉體)'이 표준이다. '다른 사람들의 죄'란 '육체를 운영하고 있는 사람들의 죄'이고, 그들의 '죄'를 '예수의 피'로 용서를 받았다는 것은 '부모(주인)의 희생'으로 예수의 행적을 해석한 신학자들의 설명이다.

F. 니체는 예수가 '자신의 죄'로 죽었다고 함은 '예수가 하나님에 대한 소신을 굽히지 않았음'에 관련된 것이고, 그것은 모든 사제(司祭)들이 그 행적을 역시 이상(理想)으로 삼고 있다. 예수를 처벌한 빌라도의 로마 법은, '현실 생명(肉體)'을 통제하는 율법이었기에, 그것을 피할 것인가 그대로 당할 것인가는 사실상 당시 예수 자신이 선택 판단해야 할 사항이었다.

5-29

기독교는 '백치'의 편이다.

기독교는 모든 잘 갖추어진 지성(知性)의 반대편에 있다. 기독교는 병든 이성(理性)을 기독교 이성(理性)으로 쓸 뿐이다. 기독교는 백치(白痴, idiot)의 편에 있고, 건전한 지성의 고매함에 도전하며 지성(知性)에 저주를 퍼붓고 있다.

-Christianity also stands in antithesis to all intellectual well-constitutedness, it can only use morbid reason as Christian reason, it takes the part of all the idiotic, it pronounces a curse against "intellect" against the *supcrbia* of sound intellect.[58]

|구조| '기독교⇔지성의 반대편', '기독교⇔병든 이성', '기독교 이성⇔백치의 편' 동시주의

---

57) Ibid., p.280.
58) Ibid., p.326.

 F. 니체의 진술은 모두 '생명의 긍정'이다. '생명'을 거부하는 것에는 어떤 대상도 용납을 하지 않은 최고 용맹을 과시하였다. 그래서 그 반대편에 '죽음'을 생각하고 마련한 '종교'를 전제했고, 그 중에도 자신이 깊이 관여했던 기독교 비판에 열을 올리고 있다.

 '지성의 반대편(antithesis to all intellectual)'이란 지성을 사용하되 '실존'을 위해 '지성'을 쓰지 않는다는 측면에서 '반대편'으로 규정한 것이고, <u>'병든 이성(morbid reason)'이란 '허무주의'에 젖어 있는 이성(理性)이란 측면에서의 규정이고, '백치의 편(the part of all the idiotic)'이란 '사후 세계'를 제일로 안다는 점을 F. 니체가 조롱한 것이다.</u>

 '지성(知性)'을 가장(假裝)하여 결국 다시 '백치(허무주의)' 편을 들고 나왔던 대표적인 존재가 M. 하이데거였다.(제13장 참조)

5-30
기독교는 '육체'를 경멸한다.

 기독교에는 '성스러운' 목적이 없다는 것이, 내가 기독교에 반대하는 이유이다. 나쁜 목적들이 있을 뿐이니, 삶(생명)에 독(毒)을 투여하고 비방하고 부정하여, 생명을 경멸하며 그 뜻이 고약한 죄악의 개념으로 비하 모독하는 일뿐이다.

 ─That in Christianity "holy" ends are lacking is my objection to its means. Only bad ends, poisoning, calumniating, and denying of life, despising of body, abasement and self-violation of man through the concept of sin consequently its means also are bad.[59]

┃구조┃ '기독교 ⇔ 육체의 경멸', '기독교 ⇔ 인간의 비하', '기독교 ⇔ 나쁜 목적' 동시주의

 F. 니체가 기독교를 아예 '나쁜 목적(bad ends)'을 가졌다고 욕을 하는 것은, 인간이 모두 인정하고 있는 '생명 긍정' 그것을 온갖 변설로 '허무주의'로 이끌고 있는 점을 비판한 것이다.

 이 점은 앞서 '5-12. 당신들과 니체(狂人)가 신(神)을 죽였다.' 항에서 살폈던 바, 과학과 경쟁을 당연시하여 '시장(market)' 중심의 경쟁 사회를 적극 수용한 측면에서의 F. 니체의 말을 이해하면 될 것이다.

---

59) Ibid., p.336.

5-31

기독교는 '모든 가치'를 뒤엎는다.

이로써 나는 결론을 내리고 선고(宣告)하노라. 기독교를 규탄한다. 이제까지 고소인(告訴人, accuser)들이 입에 담았던 어떤 말보다 혹독하게 기독교를 규탄한다. 그 어떤 부패도 기독교만큼은 썩지는 않았고 기독교가 최고로 썩었다. 기독교회는 주변 것을 썩지 않게 내버려 둔 것이 없다. 모든 가치 있는 것을 무가치로, 모든 진리를 거짓으로, 모든 정직을 천한 것으로 만들었다. 그래도 감히 교회의 인도주의 축복을 말하려면 하게 하라.

—With this I am at the conclusion and pronounce my sentence. I condemn Christianity, I bring against the Christian church the most terrible of all accusations that ever an accuser has taken into his mouth. It is to me the greatest of all imaginable corruptions, it has had the will to the ultimate corruption that is at all possible. The Christian church has left nothing untouched with its depravity, it has made a worthlessness out of every value, a lie out of truth, baseness of every straightforwardness. Let a person still dare to speak to me of its 'humanitarian' blessing![60]

┃구조┃ '가치 ⟺ 무가치', '진리 ⟺ 거짓', '정직 ⟺ 천한 것' 동시주의

위의 F. 니체 발언은, 그의 '실존(육체, 생명)에의 확신'을 가장 극렬하게 주장한 부분이다. 소위 '실존'주의를 논하는 사람들은, F. 니체 말고도 여러 사람들을 고루 이야기하는 태도를 보이고 있다.

그러나 F. 니체는 '인간의 지성'과 '자신의 지성'을 함께 믿은 발언이다.

이것이 바로 '생명 중심주의 시조(始祖)' F. 니체가 '생명'을 위해 어떠한 전제도 그 위에 두지 않았던, 기본 정신의 현장 보고이다.

역사적으로 '종교', '철학'을 떠나 어디에도 인간이 '생명'을 체계적으로 '억압'했던 예는 없었다. F. 니체의 위의 주장은 사실 '죽음만을 기다리는 사람들'에게는 필요가 없을지 모르나, '생을 긍정적으로 설계하는 모든 젊은이들'은 반드시 새겨들어야 할 '요긴한 지적'이다.

---

60) Ibid., pp.352~3.

5-32
기독교는 '저 세상'을 말한다.

교회의 축복! 교회의 유일한 방법(praxis)으로 기생(寄生, Parasitism)은, '신성하다는 맥 빠진 관념(anaemic ideal of holiness)'으로 인간의 피와 사랑과 희망을 빨아먹었다. 그들은 눈앞에 있는 현실을 부정하고 '저 세상(the other world)'을 만들어 냈다. 그리고 십자가는 인간의 건강, 아름다움, 좋음, 잘생김, 용기, 정신, 훌륭한 영혼 그리고 삶 자체에 반(反)하는 것으로 지금까지 존재했던 것 중에서 가장 음흉한 음모의 기호이다.

−Those are for me blessings of Christianity! −Parasitism as sole praxis of the church ; drinking out all blood, all love, all hope for life, with its anaemic ideal of holiness; the other world as the will to the negation of every reality ; the cross as the rallying sign for the most subterranean conspiracy that has ever existed, −against healthiness, beauty, well−constitutedness, courage, intellect, benevolence of soul, against life itself.[61]

┃구조┃ '현실⇔저 세상(the other world)', '삶 자체⇔가장 음흉한 음모' 동시주의

F. 니체가 위에서 거론한 '인간의 건강, 아름다움, 좋음, 잘생김, 용기, 정신, 훌륭한 영혼 (healthiness, beauty, well−constitutedness, courage, intellect, benevolence of soul)' 이란 그대로 '생명(육체, 욕망, 무의식)' 최고의 덕목들이다.

그런데 기독교는 교주(예수)부터 모든 것을 버리고 사후(死後)의 저 세상(the other world) 을 말했으니, F. 니체는 병들어 전신이 마비 상태에 이르러서도, '8-13. '죽음'은 정말로 '삶'보 다 못하다.', '8-12. 예수는 니체에게 항복해야 한다.'고 주장을 하였다.

5-33
〈성서〉는 내 '어린 시절의 책'

〈성서〉는 나의 어린 시절의 책이었다. 내가 다른 책을 수용하기 전에 성서를 읽고 진지하게 생각을 하였다. 물론 나는 성경을 읽어야만 했고, 그것은 원망을 원망해 본 적은 없다. 〈성서〉에

---

61) Ibid., p.353.

대한 나의 엄격한 고착(固着)과 거기에 따른 종교적 의례(儀禮)는, 나에게 주위 어린이들 중에 '꼬마 목사'란 명칭을 얻게 하였다. '목사'를 우리 집안에서는 모두 존경을 하였으므로, 내가 그 이름이 '칭송(稱頌)'이 아닌 것을 알게 된 것은, 그보다 훨씬 뒤의 일이었다.

> The Bible was the book of my childhood. In it I read and thought seriously before I could take any other book to heart. I had to read it, of course, but I do not remember that I ever resented it. My strict adherence to it and to all religious ceremonies as they came along, earned me the name *little pastor* among the children of the neighborhood. As our pastor was held in very high regard by all members of the family, it was long before I understood that the name was not bestowed on me in a spirit of praise.

_ '누이와 나'[62]

┃구조┃ '칭찬(꼬마 목사) ⇔ 저주(어른 목사)' 동시주의

　F. 니체처럼 스스로의 과거를 뒤집으며 성장한 경우도 거의 볼 수 없으니, F. 니체의 일생은, '극복과 초월의 인생'이었다고 할 수 있다. 그것은 세계를 지배해 온 '가치관'에서 대해서도 결국 F. 니체는 '혁명 변화'를 유도했으니, 과거 '관념(觀念, 이념)주의 가치관'에서 '현실적', '현재 생명의(육체적) 가치'로의 전환이 그 대표적인 경우였다.

　그리고 그 일차적 공격 대상이 '기독교'와 '관념(이념)철학'의 '허무주의'였으니, 그것은 그대로 '아버지(카를 루트비히 니체)'를 비롯한 과거 문화 비판에 초점이 맞춰진 것이다.

5-34
나의 어린 시절은 '기독교'에 속았다.

　내 어린 티 없는 시절에 그토록 완전히 〈성서〉의 유혹에 굴복하지 않았던들, 그와 같은 작열(灼熱)과 타기(唾棄)로 기독교를 싫어할 수 있었을까 의심이 든다.

> I wonder if I would have hated Christianity with such ardor and abandonment if I had not surrendered so completely to its blandishments in the blameless days of my childhood.

_ '누이와 나'[63]

---

62) F. Nietzsche(translated by Oscar Levy), *My Sister and I*, A M O K Books, 1990, p.7.
63) Ibid., p.12.

│구조│ '철저한 신뢰 ⇔ 철저한 불신' 동시주의

F. 니체의 '연보(年譜)'에 의하면, F. 니체가 당초 '신학' 전공을 '문헌학'으로 바꾼 것은 대학 입학 이후의 일이었다. 그 이전은 '신학'을 전공하여 목사가 되는 것을 당연시하였다.

그런데 문헌학을 공부하면서 '기독교' 이외의 영역에 관심을 높이게 되었고, 특히 '희랍 고전'의 탐구를 통해 '현재 생명의 부정'이 주류(主流)를 이룬 헤브라이즘에 대해, '비극(悲劇, Tragedy) 작품(作品)' 등을 통한 찬란한 '고대 희랍 귀족'의 '현재 생명 중심 문화'를 체험하게 된 것이다.

그래서 그의 '생명'에의 확신은 그의 체질과 융합되어 가장 강력한 '기독교 배척'으로 선회한 것이다. F. 니체를 '신학도'에서 '육체 중심주의자'로 바꾼 명백한 인자(因子)는 '희랍 비극의 주인공'(오이디푸스가 아닌) 디오니소스였다.

F. 니체는 '예수'를 가르치는 목사에서 '디오니소스의 제자'가 된 것은 모두 희랍 비극이 그 원인을 제공하였다.

그러므로 '현재 생명 중심주의'는 사실상 인간이 '도덕', '종교', '철학'으로 변용되기 이전의 '원시적인' 모습이니, '현재 생명 우선주의'는 그것으로 돌아가기 운동, '문예 부흥 운동'에 '과학 사상'을 첨가한 더욱 정교한 이론을 가진 것일 뿐이다.

그러므로 F. 니체의 영향 속에 발흥한 1616년 취리히 '다다 혁명 운동'이 지향하는 '원시주의(primitivism)'는, F. 니체의 '현재 생명(육체 중심)주의'의 가장 확실한 연장이다.

5-35

'고행(苦行)'이란 쓸데없다.

성직자 고행은 경건(敬虔)이 아니라 병(病)이므로, 육체적 쾌락의 정당화가 필요하다.

> That virtues may exist it is necessary to legitimize the pleasures of the flesh for the austerity of the pillar saints is not piety but pathology.

_'누이와 나'[64]

---

64) Ibid., p.22.

┃구조┃ '고행(austerity) ⇔ 쾌락(pleasures)' 동시주의

위에서 F. 니체의 '쾌락(pleasures)' 용어에 일차 주목할 필요가 있다. F. 니체가 말하는 것은 '원만(圓滿)한 생명의 운용(運用)'을 '쾌락'이라 지칭한 것이니, C. G. 융이 확인했던 바, '생명(육체)'을 떠나서는 어디에도 '쾌락'의 근거는 없다.[65] 즉 원만히 숨 쉬고 먹고 마시는 것 자체가 '엄청난 쾌락' 속에 행해진 것을 모르면 그는 일상적인 비판력을 지녔다고 말하기 어렵다.

'고행(austerity)'이라는 문제도 '철저한 고행'은 죽음밖에 없다. 왜냐하면 '배고픔을 견딘 다음의 식사의 즐거움'은, 그 이전의 '고통(고행)'을 모두 상쇄하고도 남을 기쁨을 안기고 있기 때문이다. 그렇다면 어디서 '신성하다는 맥 빠진 관념(anaemic ideal of holiness)으로' 말할 수 있는 것은 '육체(실존)의 학대(虐待)'만 남는 것이다.

5-36
'기독교'는 원한(怨恨)의 종교다.

기독교와 반기독교는 둘 모두가 원한(怨恨)에서 탄생했다. 그러나 기독교는 '생'에 원망을 품지만, 나 니체는 못 박혀 죽은 자에게 행한 창백한 입맞춤인 '사(死)'를 원망한다. 그러기에 내 마음은 저절로 되돌아 '황금의 중간(中庸, the golden mean)'으로 돌아오는데, 그것이 없으면 파스칼(B. Pascal, 1623~1662)이 고백했듯이 우리도 인간다움을 버리고 파스칼적인 자기혐오(自己嫌惡, Self-disgust)의 함정(陷穽)에 떨어진다.

> Christianity and my anti-Christianity were both born out of the spirit of resentment, but the Christians resent life, while I resent death only, the pale kisses of the Crucified One. Therefore my mind recoils on itself, going back to the golden mean, without which, as Pascal confessed, we abandon our humanity and fall into the Pascalian pit of self-disgust.

_ '누이와 나'[66]

---

65) C. G. Jung, *Psychology and Alchemy*, Routledge & Kegan Paul, 1953, p.125 : C. G. 융은 '만다라' 그림 1625년에 간행된 잼스탤러(Jamsthaler, H.)의 저술에서 인용하면서, "원을 정사각형으로 감싸는 것은 중세인(연금술사)들에게 큰 의미를 지니고 있었다."고 전제하고 이 그림의 제목으로 '모든 존재는 삼각형 속에 거주한다.', '그러나 사각형을 즐긴다.'고 하고, 이어 해설하기를 "영혼은 3이다."라고 전제하고, 여기에 한 가지(육체)가 첨가되어 4가 되어 '즐겁게 된다.'는 사고를 추가하였다.

┃구조┃ '기독교⇔니체' 동시주의

　F. 니체는 위에서 스스로 '중용(中庸, the golden mean)'을 행하게 하는 자로 전제하였다. '자기혐오(self-disgust)'는 '기독교'의 기본 전제, '현재 생명의 거부'의 정면이기도 하다. 그런데 F. 니체는 다른 곳에서 인간이 '3-17. '비이기적'이기란 불능이다.'라고 한 것을 부연한 것이다. '이기적'이란 '현재 생명 중심'의 개체 운영을 말한다.

　F. 니체가 '황금의 중간(中庸, the golden mean)'을 언급했던 것은 주목을 요한다. F. 니체의 중국 고전 실력(?)이 드러난 대목이기 때문이다.(9-25. 〈주역(周易)〉을 읽었던 니체)

5-37

니체는 '겁쟁이 그리스도'가 아니다.

　　　나는 십자가 위에 죽어가는 유대인(예수)보다 더욱 비참하지만, 그 유대인이 그러했듯이 나는 비참함에 신을 향해 울지는 않는다. 이 반기독교도가, 겁쟁이 허약한 기독에 굴복을 하겠는가?

> I am more miserable than the **dying Jew on the cross, but I dare not cry aloud to God in my misery as the Jew did: shall Antichrist stoop to the craven weakness of Christ?**

_ '누이와 나'[67]

┃구조┃ '겁쟁이 유대인⇔반기독교도 니체' 동시주의

　F. 니체의 위의 발언은 예수가 십자가에 못 박혔을 때 했던 진술을 전제한 것으로, F. 니체의 '반기독교 정신'을 거듭 강조한 것이다. 아니 '현재 생명'에 대한 F. 니체 확신을 거듭 확인하고 있는 말이다. 그 예수의 말이 '현재 생명'의 훼손(毀損)에 집중되었음을 비판한 말이었기 때문이다.

---

66) F. Nietzsche(translated by Oscar Levy), *My Sister and I*, Ibid., p.146.
67) Ibid., p.177.

제6장

'관념(이념)'주의 비판

서구(西歐) 2000년 철학의 역사는, 모두 플라톤(Platon, B.C.427~B.C.347)의 '국가주의', '이념철학'의 연장이었다. 그것은 '국법(國法) 질서'를 확실히 하기 위해, 우선 언어 '개념(槪念)'을 고정(固定)할 필요가 있었고, 그 '개념'에 철학적 기초(행동 규범)를 세우는 것이 기본 조건이 되었다. 모두 일단 그 '국가 사회' 유지를 위한 불가피한 조처라고 할 수 있다('義務'와 '當爲-What One Should Be'로 요구됨).

그리하여 소위 '관념철학'의 마지막 주자(走者) G. W. F. 헤겔(1770~1831)이, '이성적인 것만이 현실적이고, 현실적인 것은 반드시 이성적이야 할 것'이란 '관념주의'를 반복하고 있을 때, A. 쇼펜하우어(1788~1860)는 1813년 '예나 대학(the University of Jena)'에 제출한 박사 학위 논문 〈이성 적합 원리의 네 가지 뿌리에 관하여(On the Fourfold Root of the Principle of Sufficient Reason)〉를 제출하였고, 이어 5년 후 〈의지와 표상으로서의 세계(The World as Will and Representation)(1818)〉를 간행하여, 새로운 '실존(Body, 육체)철학'의 봉화(烽火)를 올리었다.

F. 니체는 1865(21세)년 11월 A. 쇼펜하우어를 읽었다. 그리고 F. 니체는 이에 한 걸음 더 나아가 A. 쇼펜하우어 자신이 아직 타개(打開)하지 못한 기존 철학자들의 그림자 '염세주의', '허무주의'의 약점을 완전 청산하고, 1883(39세)년에는 대저(大著) 〈차라투스트라는 이렇게 말했다〉를 통하여 '생명(육체) 긍정'의 '실존주의' 사고(思考)를 대대적으로 선양(宣揚)하여 '현대 철학(정신 과학)'의 전개에 혁명적 기원을 마련하였고, 1888(44세)에는 그의 〈우상의 황혼〉을 통해 자신의 '실존주의'를 바탕으로 소크라테스 이후 철학자들이 어떻게 자기 '기만

(欺滿)'과 '허무주의'에 있었는지를 가차 없이 비판 폭로하였다.

즉 F. 니체의 요지는, 소크라테스 이후 철학자들이 인간들이 떠날 수 없는 '실존(개인의 육체, 意志의 기본 바탕)'을 고의(故意)로 무시하고, '내세(the next world)주의', '허무주의', '국가주의', '전체주의' 사고(思考)를 전개하여 인간 본유(本有)의 '건전한 생명 의지'를 훼손하였고, '지배자(절대자, 신, 왕)의 뜻'과 자신의 위치를 동일시하는 '독재적 자기기만(自己欺瞞)'을 연출하였다는 점이 그것이다.

6-1
소크라테스는 염세주의자다.

> "아 크리톤, 아스클레피오스에게 닭 한 마리를 빌렸네."라는 익살스럽고 무서운 [소크라테스의] 최후의 말은, "아 크리톤, 인생은 [먹고 살아야 하는] 긴 질병이야."라는 것을 내포하고 있다. 군인처럼 모든 사람에게 즐겁게 보였던 소크라테스가 염세주의자였다니!
>
> –"O Crito, I owe a cock to Asclepios." For him who has ears, this ludicrous and terrible "last word" implies : "O Crito, life is a long sickness!" Is it possible! A man like him, who had lived cheerfully and to all appearance as a soldier,–was a pessimist![1]

| 구조 | '소크라테스 ⇔ 염세주의자' 동시주의

플라톤은 그의 〈대화록〉 속에서 자신의 스승 소크라테스를 주인공(모범)으로 삼았고, 역시 플라톤 자신의 대신(代身)으로 전제하였다. 그러므로 〈대화록〉에서 소크라테스의 '주장(말)'은 플라톤 자신의 주장(말)인지, 원래 소크라테스의 주장(말)인지 잘 알 수 없게 되었다. 그래서 연구가들은 초기 〈소크라테스의 변론〉 같은 저작은 소크라테스의 행적을 토대로 한 것이지만, 후기 〈국가〉와 같은 저술은 소크라테스의 입을 빌어 자신의 사상을 개진한 것으로 알고 있다.

그런데 F. 니체는 주로 '소크라테스 자신의 전기(傳記)'에 해당하는 부분을 뽑아, '인간 소크라테스'의 '생명(육체)' 운영 양상을 분석해 보았다.

---

1) F. Nietzsche(translated by T. Common), *The Joyful Wisdom*, The Macmillan Company, 1924, p.270.

즉 F. 니체의 최대 장점은, 어떤 기록이건 간에 그 대상을 '신성 불가침한 존재', 즉 기록된 대로 모두 믿고 따르는 것이 아니라, <u>그 기록의 주체와 대상은 '엄연히 개별 생명(육체)을 운영했던 한 개인의 기록일 뿐'</u>이라는 불변(不變)의 잣대를 적용해 보인 점이었다.

위의 인용문은 F. 니체가 플라톤의 〈대화록〉에 제시된 소크라테스의 '생명 운영 방식'을 구체적으로 살펴본 것이다. 위의 말은 〈대화록〉 중에서 '크리톤'으로 명명된 저술 속에 소크라테스의 행적을 토대로 한 것이다.

소크라테스는 고대 아테네 국가에서 '청년들을 타락시킨다'는 엉뚱한(?) 죄목으로 ('투표' 형식으로 진행된) 재판에 회부되어, 그의 유창한 변론으로 '죄 없음'이 밝혀졌으나, 일부는 조금 '문제가 있다'는 쪽으로 판결이 되었다. 그리하여 '그러면 어떤 벌(罰)이 소크라테스에 적절한가'란 토론이 다시 시작되었다. 이에 소크라테스는 아테네에서 '최고 영예의 상'을 자신에게 내려야 한다고 주장하였다. 그렇게 하고 다시 투표를 해 본 결과 '소크라테스'는 '사형(死刑)에 처해야 한다'는 것이 압도적인 표로 가결이 되었다. 이에 소크라테스는 그 '사형 결정'을 수용하며 마지막 아테네 시민을 향해, "이제는 떠날 시간입니다. 저는 죽음으로, 여러분은 삶으로. 그러나 우리 중에 어느 편이 나은지는 신(神)을 빼고는 모르는 일이다."라고 하였다.

> Now the hour to part has come. I go to die, you go to live. Which of us goes to the better lot is known to one, except the god.
>
> _'소크라테스의 변론'[2]

그런데 F. 니체는 소크라테스의 마음속에 '염세주의(厭世主義, pessimism)'를 기르고 있었음을 위의 진술로 입증해 보였다. 〈소크라테스의 변론〉에도 소크라테스는 '죽음(death)'을 '저승(the next world)이 있을 경우'와 '깊은 잠에 든 것과 같음' 두 가지로 전제하여, '당시 아테네에서 생활'보다 못 할 것이 없다는 태도를 보였으므로, 소크라테스를 '염세주의자'로 규정한 F. 니체의 규정은 틀린 말이 아니다.(6-6. 소크라테스의 '성배(聖杯)' 참조)

그런데 이 소크라테스 플라톤 이래 역대 서양철학자들은 '염세주의', '허무주의' 태도를 정확히 계승하였다.

이에 대해, F. 니체는 '생명의 긍정', '건강한 육체', '과학적 실존주의'를 바탕으로 기존의

---

2) J. M. Cooper, *Plato Complete Works*, Hackett Publishing, 1977, p.36, 'Apology'.

모든 종교 철학이 모두 '허무주의'에 귀착(歸着)하고 있음을 확인하고, '염세주의'는 그 '허무주의'로 가는 중간 단계라고 하였다.('2-22. '염세주의'는 그 원인 분석이 필요하다.', '3-18. '염세주의'는 '허무주의'의 선행(先行) 형식이다.')

화가 R.마그리트도 F.니체의 생각을 같이하였다. R.마그리트는 작품 '철학자의 등불'을 제작하여, (관념)철학자들이 '건강하지 못했음'을 '담배 파이프'로 조롱하였다.

'철학자의 등불(1936)'[3]

6-2
소크라테스의 염세주의

인생에 관해 모든 시대의 현인(賢人)들은, '인생은 좋지 않다.'고 판결을 내려 왔다. 항상 어느 곳에서나 같은 말, 의심스럽고 우울하고 삶에 지쳐 있고, 삶에 대항(resistance to life)하는 말이 그것이다. 소크라테스까지도 죽을 때 "삶이란 고질병(痼疾病)을 앓는 것이다. 나는 구원자 아스클레피우스에게 수탉(雄鷄)을 빚졌어."라고 말했다. 소크라테스까지 삶에 지쳐 있었다.

−About life in all ages the wisest have judged same: it is no good⋯ Always and everywhere one has heard from their lips the same sound − a sound full of doubt, full of melancholy, full of weariness of life, full of resistance to life. Even Socrates said, when he died: "To live − that is a long time to be sick: I'm guilty of the savior to Asclepius, a rooster." Even Socrates was tired of it.[4]

┃구조┃ '인생⇔고질(痼疾)' 동시주의

F.니체는 앞서 지적 하였듯이 '건강한 삶', '생명력의 축적'으로 '유쾌하게 살아야 한다.'는 주장을 계속 폈다.('3-13. 디오니소스는, '파괴될 수 없는 기쁨'이다.', '4-10. '생명 긍정'이 즐거움의 원천이다.', '3-24. '삶'이 우리의 모든 것이다.')

---

3) S. Gohr, *Magritte*: *Attempting the Impossible*, d. a. p., 2009, p.119, 'The Philosopher's Lamp(1936)'.

4) F. Nietzsche(translated by D. F. Ferrer), *Twilight of the Idols*, Daniel Fidel Ferrer, 2013, p.10.

  그런데 소크라테스가 '마음속에 있는 빚-수탉 한 마리'를 거론하였다. 사실 소크라테스는 가사(家事)를 돌보는 일에 거의 무관심하여, '돈 벌어 사는 일'을 경멸(輕蔑)하고 '도덕', '정의', '국가', '법'을 논하는 것으로 그의 일을 삼았고, 그 영역의 광대(廣大)함은 플라톤의 전 저술이 소크라테스에게 의탁할 정도로 다대(多大)한 것이었다.

  그런데 그러한 소크라테스가 '마음속에 있는 수탉 한 마리' 값을 치르지 못하고 있었다는 것은 그의 '경제적 형편'에 탄식하지 않을 수 없게 하는데, 중국(中國)에서도 공자의 제자 안회(顔回, B.C.521~B.C.490)가 '가난 속에서도 도덕을 즐겼음(安貧樂道)'을 칭송하였다. 그런데 F. 니체는 '염세주의'를 허무주의의 예비단계로 전제했고, 소크라테스의 '염세주의' 원인이 '경제적 빈곤'이라는 사실은 역시 주목을 해야 할 사항이다.

  왜냐하면 F. 니체의 '힘에의 의지(The Will to Power)'는, '자본 축적'의 문제도 중요한 하나의 전제가 되어 있기 때문이다.('4-6. '힘(권력, power)'='체력(physical strength)+지(knowledge)+부(wealth)'', '4-4. '힘의 축적(蓄積)으로 번성하는 동물' : 인간', '4-5. '꿀통으로 돌아가기'가 '힘에의 의지'다.')

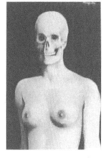

  그러므로 F. 니체는 〈대화록〉에서 제자 플라톤이 '최고의 현인', '주인공'으로 모신 소크라테스가, 사실은 '가난 속에 염세주의자였음'을 폭로한 셈이다. F. 니체의 '우상 파괴(Iconoclast)'가 시작된 것이다.('5-1. '우상(偶像)의 파괴'가 니체의 일이다.', '7-19. '생명 긍정'의 '쇠망치' 철학', '7-43. 쇠망치로 진단하는 우상(偶像)의 장기(臟器)')

  R. 마그리트는 '염세주의', '허무주의'로 이끄는 사람들을, '망치는 사람(The Spoiler)'으로 규탄 조롱하였다.

'망치는 사람(1935)'[5)

6-3
'본능' 역행의 소크라테스

  소크라테스의 데카당은 알려진 바와 같은 본능의 무시와 황량(荒凉)함뿐만 아니라 논리의 중복과 그를 부각시킨 위험한 악담(惡談)이 그것을 입증해 준다. 종교적인 것으로 해설되어 온 '소크라테스의 다이모니온' 환청(幻聽)도 잊어서는 안 된다. 모든 것이 소크라테스를 과장되어 어릿광대로

---

5) D. Sylvester, *Rene Maritte*, Manil Foundation, 1994, Fig.1110 'The Spoiler(1935)'.

희화(戱畵)되었고, 모든 것을 숨기고 은닉(隱匿)하고 지하화(地下化)하였다.

무슨 괴벽(怪癖)이 '이성(理性)=덕(德)=행복'이라는 등식(等式)으로부터 소크라테스적인 것을 잉태(孕胎)했는지를 알고 싶은 것이다. 그 괴기하기 짝이 없는 등식은 더 오래된 희랍인들의 본능을 거스르는 특별한 것이다.

–On decadence in Socrates suggests not only the admitted desolation and anarchy of his instincts: but also indicated that the logical and superfetation and those rickety-malice which distinguishes him. Nor should we forget those auditory hallucinations, which, as "daimonion of Socrates," have been interpreted into religiously. Everything is exaggerated, buffo, a caricature of him, everything is also concealed, ulterior, subterranean.

– Seeking to comprehend what idiosyncrasy begot that Socratic comes from equation of reason=virtue=happiness: that most bizarre equation, which gives it special and has to all the instincts of the older Hellenics against it.[6)]

▎구조▎ '소크라테스의 데카당 ⇔ 다이모니온 환청(幻聽)',
　　　 '이성=덕=행복이라는 등식(等式) ⇔ 더 오래된 희랍인들의 본능' 동시주의

플라톤은 소크라테스를 만나기 이전에는 시인(詩人)이 되려 하였다. 그러기에 〈대화록〉은 사실상 '소크라테스'가 주인공인 '연극(演劇) 진행' 형식이다. F. 니체는 플라톤이 소크라테스를 '과장하고 어릿광대(배우)로 희화(戱畵)하고, 모든 것을 숨기고 은닉(隱匿)하고 지하화(地下化)하였다(Everything is exaggerated, buffo, a caricature of him, everything is also concealed, ulterior, subterranean).'고 했다. 무엇을 그렇게 했다는 것인가? 한마디로 '생명(본능)'을 향한 소크라테스의 비판적 언행의 제시'가 그렇다는 것이다. 소크라테스의 '생명(육체)'을 향한 자세는, 철저한 '무시', '경멸'로 일관하였다. F. 니체는 한마디로 그것('생명의 무시')이 '진실'일 수 없다는 것이다.('2-3. '자신의 존중'은 불가피한 문제이다.', '2-11. '건강'이 '진리'에 우선한다.', '3-37. '생의 부정'은 바보짓이다.')

〈소크라테스의 변론〉에 의하면 '다이모니온(daimonion)'이 소크라테스에게 '죽어라'라고 했다는 것이다. F. 니체는 그것을 문제 삼고 있다. 그렇다면 '소크라테스의 죽음'은 사실 자기 스스로 선택한 것이 된다.(분석 심리학에서는 '꿈-幻像, 幻聽'은 그 主體의 空想에 불과한

---

6) F. Nietzsche(translated by D. F. Ferrer), *Twilight of the Idols*, Ibid., p.12.

것으로 분석되고 있음.)

그리고 F. 니체는 소크라테스의 '데카당(-스스로 죽고자 함-퇴폐주의)'에 '이성(理性)=덕(德)=행복이라는 등식'의 제시가 바로 '괴벽(怪癖, idiosyncrasy)'의 발동이라 지적하였다. 왜냐하면 '행복', '쾌락'은 생명(육체)에서 유래한 것이고('3-13. 디오니소스는, '파괴될 수 없는 기쁨'이다.', '4-10. '생명 긍정'이 즐거움의 원천이다.', '5-20. '즐거움'에 여타(餘他)는 무용지물(無用之物)이다.', '8-22. '진리'보다는 '행복'이다.'), 이성(理性, Reason)은 그것을 발동을 '억압', '제한'하는 것으로 상호 모순된 성질을 지니고 있기 때문이다('3-27. '이성(理性)'도 '본능(本能)'에 종속된다.', '5-5. 도덕과 '실존'은, 이율배반(二律背反)이다.').

만약 '억압(理性)=행복(쾌락)'일 경우에는 분석심리학에서 '학대(억압-理性)=쾌락'으로 '마조히즘(masochism)'이 발동하고 있는 경우이기에, 소크라테스(플라톤)의 '괴벽(怪癖, idiosyncrasy)'이란 규정은, 정신 의학적으로 확실한 이유가 있다.

6-4
'이성(理性)'이 독재를 부른다.

소크라테스가 행했던 것처럼, 이성(理性)의 독재가 필요하다면 그 위험은 작지 않고, 다른 것에도 독재자(獨裁者)를 두게 마련이다. 합리성(reasonableness)은 그 당시에 구세주였다. 그러나 소크라테스나 그로 인해 '병이 든 자들'도 합리적이지는 않았다. 그것은 '엄격성'이었고, 그들 최후의 수단이었다. 모든 그리스인의 사고가 합리주의 쏠리는 광신주의(狂信主義, fanaticism)는 그들이 위험에 처한 절박한 상황이 되니, 그들은 죽거나 턱도 없는 합리주의를 행해야 하는 선택의 여지도 없는 상황이었다……. 플라톤의 도덕주의는 병들어 있다. 그들의 변증법도 그렇다. '이성(理性)=덕=행복'이란 사람들이 소크라테스처럼 영원한 햇빛, 이성(理性)의 햇빛으로 어둠의 탐욕에 맞서야 한다는 것이다. 어떻게든 신중하고 명석하고 총명해야 하고, 본능(本能)에의 굴복은 무의식으로 타락하는 것이라는 것이다….

-If one finds it necessary to make sense of a tyrant, as Socrates did, not that the danger must be small, that something else makes the tyrant. The reasonableness guess at that time was the savior, neither Socrates nor his "patients", be reasonable – it was *de rigueur* [rigor], it was their last resort. The fanaticism with which all Greek reflection throws itself upon rationality betrays a desperate situation they were in danger, they had only one choice: to either die or go — to be absurdly rational…… The moralism of the Greek philosopher Plato is pathologically conditioned; as their estimation of dialectics. Reason=virtue=happiness means merely that one must imitate Socrates and counter the dark appetites with a permanent daylight — the daylight of reason. One must be clever, clear, bright at any price: any concession to the instincts, leads down to the unconscious…[7]

┃구조┃ '소크라테스 ⟺ 독재자', '이성 ⟺ 본능', '햇빛 ⟺ 어둠의 탐욕' 동시주의

F. 니체는 플라톤이 소크라테스의 '인생과 그의 말[언어]'을 토대로 그의 철학을 펼쳐 보였으므로, F. 니체는 그 두 사람을 공동으로 묶어 비판을 가했으니, 비판의 초점은 바로 '허무주의', '생명(본능)에 대한 철저한 경멸', '무시'로 일관하고 있으니, '그에 병든 자들(his patients)'이란 소크라테스를 추종한 플라톤 등 그 제자들을 지칭한 말이다.

쉽게 말하여 현대 의학(醫學)적으로, '스스로 자살(죽음)을 선택한 소크라테스'와 '생명(자기 육체)을 지독하게 경멸한 소크라테스'를 존중한 플라톤이, '현재 생명 우선주의자' F. 니체의 눈에는 틀림이 없는 '병든 이성(理性)을 향한 광신주의(狂信主義)'로 보였다는 말이다.

그리고 F. 니체가 '이성(理性)의 독재(a tyrant)'를 거론한 것도 주목을 해야 할 사항이다. 플라톤이 소크라테스를 통해 명시한 바는, '무엇보다 국가', '오직 국가', '악법도 법이다'라는 것이다. 그러므로 플라톤이 소크라테스를 통해 주장한 바는, '현재 생명'과 '개인'을 우선한 F. 니체의 '완전 반대편에 있는 존재들'이라는 사실이다.('7-2. 인간 각자는, '가치의 최후 평가자'다.', '7-12. '제자들이여, 홀로 가라.'', '7-44. 차라투스트라는 '부도덕주의자'다.', '3-21. 생명(생명)이 '가치의 기준'이다.', '3-20. '생명(生命)'은 목표와 목적이 없다.')

6-5
데카당이 행한 '데카당과의 전쟁'

철학자와 도덕가들이 그들을 데카당에서 빼내 데카당과 전쟁을 벌인다는 것은 자기기만(自己欺瞞)이다. 데카당에서의 탈출은 그들의 능력 밖의 일이다. 그들이 수단으로 선택한 구원(救援,

---

7) Ibid., p.14.

salvation)은 그 자체가 데카당의 다른 표현일 뿐이다. 그들이 표현을 바꾸어도 데카당을 극복할 수 없다. 소크라테스는 하나의 오해(誤解)를 행한 사람이었다. 그리고 기독교의 완전한 도덕주의도 오해이다……. 본능은 없고 본능에 반대하여 가장 투철한 햇빛, 무엇보다 합리성, 명철하고 냉정하고 사려 깊고 양심적인 생활이란 그 자체가 병이고 또 다른 질병이다. 그리고 그것은 '덕(德, virtue)'으로 돌아갈 수 없는 것이고, 감사하게도 '건강'을 위해 싸워야 할 것이다……. 본능은 데카당을 위한 공식이니, 생명이 상승하는 한, 행복은 본능과 동일하다.

  -It is a self-deception on the part of philosophers and moralists, so extricating themselves from decadence that they make war against it. Extrication lies beyond their strength, what they choose as a means, as salvation is itself just another expression of decadence - they change their expression, they cannot do it away themselves. Socrates was a misunderstanding, and the entire correctional morality, the Christian, was a misunderstanding… The most glaring daylight, rationality at any price, the lives of bright, cold, cautious, conscious, without instinct, in opposition to the instincts was itself only a disease, another disease - and no means a return to "virtue," must fight for 'health', thankfully…… The instincts - that is the formula for decadence: as long as life is ascending, happiness equals instinct is.[8]

|구조| '철학자 도덕가의 자기기만 ⇔ 데카당과 전쟁', '도덕 ⇔ 오해' 동시주의

  F. 니체는 '우상(偶像) 파괴(破壞)'는 '생명 중심주의', '실존주의'를 기초로 한 것이다. 위에서 플라톤이 벌렸다는 '데카당과의 전쟁'과 F. 니체가 벌린 '반(反)데카당'의 문제가 그 점을 명백히 하고 있다.

  우선 플라톤이 소크라테스의 말을 빌어 행한 '데카당과 전쟁(war against decadence)'이란, '국가 중심주의', '도덕 제일주의 사고'에서 일탈(逸脫)한 모든 인간 행동을 '데카당'으로 규정한 것이다.

  이에 대해 F. 니체의 '데카당'이란 '실존(육체, 건강)을 해치는 모든 선택과 권유'를 '데카당(퇴폐주의)'으로 규정한 것이다.

  플라톤은 〈파이돈〉에서, 다음과 같은 소크라테스와 '크리톤', '시미아스'와의 대화(對話)를 소개하였다.

---

8) Ibid., pp.14~5.

진정으로 철학(지혜에 대한 사랑: philosophia)으로 인생을 보고 있는 사람은, 내가 보기에는 죽음에 대해 확신을 갖는 것에 있으며, 또한 자기가 죽은 뒤에는 저승(yonder)에서 최대의 좋은 것들을 얻게 될 것이라는 희망에 차 있는 것을 당연시한다…….

철학(지혜에 대한 사랑)에 옳게 종사하여 온 사람들은, 모두가 다름 아닌 죽는 것과 죽음을 스스로 실천하고 있다는 사실을, 다른 사람들은 정말 모르고 있는 것 같네.

> a man who has truly spent his life in philosophy is **probably** right to be of good cheer in the face of death and to be very **hopeful** that after death he will attain the greatest blessings yonder
> I am afraid that other **people** do not realize that the one aim of those who practice philosophy in **the** proper manner is to practice for dying and death.

_ 파이돈[9]

위에서 우리가 특히 주목해야 할 부분이, '철학(지혜에 대한 사랑)에 옳게 종사하여 온 사람들은 모두가 다름 아닌 죽는 것과 죽음을 스스로 실천하고 있다(the one aim of those who practise philosophy in the proper manner is to practice for dying and death).'는 소크라테스(플라톤)의 진술이다. 만약 소크라테스의 진술을 그대로 따를 경우 '철학자=죽음을 추구하는 사람'이라는 전제를, 부정할 수 없게 되어 있다.

그러한 것을, F. 니체의 입장에서 보면, '생명(육체, 본능) 무시 경멸'을 대표하는 '소크라테스'를 옹호하는 플라톤이, '데카당에서 자신을 빼내 그 데카당과 전쟁을 벌인다는 것은 자기기만(自己欺瞞)이고, 데카당에서 탈출은 그 자신의 능력 밖의 일이다.'라고 한 것은 바른 지적이다.

사실 '국가 사회'를 위해서 할 수 있는 일은 모두 '개인의 희생'이고 '봉사'이지, 그것에서 개인이 '구원(salvation)'을 얻는 것은 아니다. 그런데 소크라테스는 '생명'을 경멸하고, '현세(이승, this world)'보다 '죽음(저승, the next world)'을 예찬(禮讚)하는 태도를 보이고 있으니, 소크라테스를 이상(理想)으로 전제한 플라톤의 말들을 향해, F. 니체는 그 자체(죽음을 미화한 그 자체)가 바로 '질병(disease)'이라고 규정을 하였다('精神 醫學'의 측면에서).

F. 니체의 '생명(육체, 건강, health)'에 대한 믿음은 어떤 점보다 가장 태도가 명확했고, 결코 흔들림이 없었던 그의 철학의 가장 확실한 출발점이고 귀환점이다. 그것으로 F. 니체는 2천 년 서양 철학의 권위를 단숨에 격파하였다.(이 점은 S. 프로이트 등 精神醫學徒에 의해

---

9) 박종현 역주, *플라톤의 네 대화편 : 에우티프론, 소크라테스의 변론, 크리톤, 파이돈*, 서광사, 2003, p.287 ; J. M. Cooper(edited by), *Plato Complete Works*, Hackett Publishing Company, 1997, p.55.

더욱 구체적으로 설명이 되고 있음. -제13장 참조)

6-6

소크라테스의 '성배(聖杯)'

혼자서 뽐내는 최고 현자(소크라테스)는 과연 이해를 했을까? 소크라테스는 죽음에 대한 용맹스런 지혜를 말했는가?…. 아테네 시민이 소크라테스의 죽음을 원한 것이 아니라, 소크라테스 자신이 죽기를 원했고, 소크라테스가 독(毒)이 든 성배(聖杯)를 들었던 것이고, 아테네 시민이 그 독배를 강요하도록 만든 것이다…. "소크라테스는 의사가 아니다. 그는 혼자서 말하였다. 여기서는 죽음만이 의사이다…. 소크라테스는 오래도록 병들어 있었다…."

−Did he himself understand yet, the wisest of all self−out−smarter? He said the last, to the wisdom of his courage in death?… Socrates wanted to die − not Athens, he gave himself the poisoned chalice, he forced Athens to the cup of poison… "Socrates is no physician, he spoke softly to himself: death alone is a doctor here… Socrates himself was only ill for a long…"10)

┃구조┃ '소크라테스의 죽음을 원한 것 ⇔ 아테네 시민이 그 독배를 강요하도록 한 것',
　　　　'죽음 ⇔ 의사', '소크라테스 ⇔ 지병(持病)' 동시주의

F. 니체의 위의 발언은 '아테네에서 소크라테스보다 현자는 없다.'는 신탁(神託)에 의심하여 여러 현명하다는 사람들과 토론하였으나, 그들은 모두 '자신이 모르고 있다는 사실도 몰랐다'. 역설적 결론을 얻고 마지막에 '생명(육체)'을 경멸하며(스스로의 육체를 가리키며 '내가 아니다'고 했음), 제자들의 탈출 권고를 오히려 꾸짖으며 '독배를 들었다'는 플라톤의 기록을 토대로 한 것이다.

F. 니체 자신은, 중요한 (저술의) 시기(時期)에 신병(身病)의 고통을 견디며, '생명(육신)'이 얼마나 결정적인 의미를 지니는지를 평생을 두고 통감하고 있었다. '생명(육체)'을 떠나서는 모든 것이 무의미함을 평생토록 절절히 체험했다. F. 니체가 소크라테스의 '염세주의(pessimism)'를 비판한 것은 추상적 관념적인 '인생론'이 아니라 F. 니체 자신의 삶을 통해 무엇보다

---

10) F. Nietzsche(translated by D. F. Ferrer), *Twilight of the Idols*, Ibid., p.15.

확실히 알고 느꼈던 바를 그대로 소크라테스의 인생과 그것을 이상화했던 플라톤의 정신 상태에 들어가 그들의 '무서운 관념(이념, 개념)주의', '공허한 국가주의' 그 근본(도덕, 봉사주의)을 완전 해부(解剖)해 보인 것이다.

즉 소크라테스는 '건장한 육체(신체)'를 지니고 있는 (현재의) 스스로가 얼마나 좋은 조건에 있는지를 망각하고, 극도의 '염세주의'에 빠져 그것이 '최고의 덕을 실천하는 것'으로 착각했던 점을, F. 니체는 '소크라테스가 아테네 시민들에게 자신에게 독배를 마시게 강요한 것'이라고 소크라테스의 '염세주의'를 폭로하였다. 그리고 소크라테스를 통하여 장광설(長廣舌)을 편 플라톤의 철학도 신뢰하지 않았다. 기본 '생명(육체, 본능)'을 무시한 추상적 위선(僞善)의 철학이라는 것, '자기기만(自己欺瞞, self-deception)의 말'이라는 것이다.

6-7
플라톤의 생각 : '생명의 부정'

그 플라톤이 고안해낸 '순수 정신', '선 자체'라는 것을…… 극복하고, 그 악몽에서 깨어나 유럽이 더욱 자유로운 호흡과 더욱 편안한 잠을 즐길 수 있는 지금, 깨어 있음이 의무인 우리는 그 오류에 대항하는 모든 힘의 상속자들이다. 플라톤의 고안은 바로 진리를 뒤엎는 것이고, 생명 기본 조건에 대한 통찰의 부정이다. 플라톤처럼 '정신', '선'을 말하는 사람들에게 의사(醫師, a physician)로서 다음과 같이 물을 수 있다. "플라톤처럼 고대에 훌륭한 사람이 그러한 악질(惡疾)에 감염되었는가? 사악한 소크라테스가 그(플라톤)를 타락을 시켰는가? 소크라테스는 젊은이들을 타락시켰고, 그래서 독배를 들었는가?"

–Let us not be ungrateful to it,……, Plato's invention of Pure Spirit and the Good in Itself. But now when it has been surmounted, when Europe, rid of this nightmare, can again draw breath freely and at least enjoy a healthier sleep, we, whose duty is wakefulness itself, are the heirs of all the strength which the struggle against this error has fostered. It amounted to the very inversion of truth, and the denial of the perspective the fundamental condition of life, to speak of Spirit and the Good as Plato spoke of them indeed one might ask, as a physician : "HOW did such a malady attack that finest product of antiquity, Plato? Had the wicked Socrates really corrupted him? Was Socrates after all a corrupter of youths, and deserved his hemlock?"[11]

┃**구조**┃ '깨어있음이 의무인 우리⇔순수 정신, 선 자체를 고안한 플라톤',
　　　　'의사⇔사악한 소크라테스' 동시주의

F. 니체는 위에서, 플라톤이 고안한 '순수 정신(Pure Spirit)'과 '선 자체(the Good in Itself)'라는 몽상적 관념주의 악몽에서 깨어난 '힘의 후예인 우리(the heirs of all the strength)'라고 하여, 스스로 '생명'을 바탕으로 한 '힘에의 의지'를 자랑하는 자신의 '현재 생명 우선주의'에 자부심을 거듭 확인했다.

그리고 '건강한 생명(육체)'을 관장하는 의사(醫師)로서 '왜 플라톤과 같은 탁월한 자질을 가진 사람이 (염세주의)악질을 앓은 소크라테스에게 감염되어 악질을 앓았을까?', '소크라테스가 젊은이를 타락시켰다는 것은 충분한 이유가 있지 않은가? 독배를 마신 것도 염세주의자의 자기 결정이 아닌가?'라고 질문할 수 있다는 것이다.

철저한 '생명 긍정', '현재 생명 우선주의'가 아니고서는 결코 행할 수 없는 천고(千古)의 의문(疑問)을 F. 니체는 단숨에 격파하고 정답을 제시하였다.

6-8
'겸손한 괴물' 플라톤

사제(司祭)의 천성을 지닌 인간들에 대한 존경……'고백함'은 크게 필요한 일이다. 깨끗한 물을 위해 하수구 청소가 필요하듯, 영혼의 쓰레기와 사랑의 원활한 순환 위해 강인하고 겸손하고 순수한 마음의 사제가 필요하다. 공중 보건소 아닌 봉사로 자신들을 희생시키는 사람들이다. 그것은 희생이며 지속적 인간 제물이다…… "철학자–지혜를 사랑하는 사람"이라는 말을 찾아내어 "현명"을 전제한 최상의 오만을 배우에게 넘긴 것은 겸손이었다. 그 긍지와 자기 영광에 속의 겸손한 괴물(怪物)들이 바로 피타고라스 플라톤이었다.

-In Honour of Priestly Natures……"confessed"…Here there exists a great need : for sewers and pure cleansing waters are required also for spiritual filth, and rapid currents of love are needed, and strong, lowly, pure hearts, who qualify and sacrifice themselves for such service of the non-public health-department — for it is a sacrificing, the priest is, and continues to be, a human sacrifice……It was modesty which invented in Greece the word "philosopher," and left to the play-actors of the spirit the superb arrogance

---

11) F. Nietzsche(translated by T. Common), *Beyond Good and Evil*, The Edinburgh Press, 1907, pp.2~3.

of assuming the name "wise"--the modesty of such monsters of pride and self-glorification as Pythagoras and Plato[12]

┃구조┃ '사제⇔인간 제물', '겸손⇔오만', '겸손한 괴물⇔피타고라스, 플라톤' 동시주의

　F. 니체는 위에서 자신의 아버지 같은 시골 목사는 '하수구 청소' 같은 일을 하며 인간의 제물이 되었으니 훌륭하나, 플라톤 피타고라스는 배우(소크라테스)를 앞세워(〈대화록〉를 써서) 오만한 자기를 '지혜를 사랑하는 사람(philosopher-철학자)'으로 겸손을 떨었지만, 그것은 '실존(생명)'을 망각한 '자기기만'의 진술이 되었으니, 단지 '겸손한 괴물(the modesty monsters)'이라는 조롱이다.

6-9
우리를 웃기는 칸트의 쇼

　　경직되고 점잖고 거짓 신앙의 늙은 칸트의 쇼는, 변증법을 통해 그의 '지상명령(至上命令, categorical imperative)'으로 우리를 유혹하지만, 까다로운 우리를 웃게 만들고 있는데, 우리는 늙은 도덕주의자와 설교자들의 교묘한 속임수를 간파해내는 데 적잖은 기쁨을 느낀다.
　　-The spectacle of the Tartuffery of old Kant, equally stiff and decent, with which he entices us into the dialectic by-ways that lead (more correctly mislead) to his "categorical imperative" makes us fastidious ones smile, we who find no small amusement in spying out the subtle tricks of old moralists and ethical preachers.[13]

┃구조┃ '까다로운 우리⇔늙은 칸트' 동시주의

　I. 칸트(Immanuel Kant, 1724~1804)는 그의 〈실천이성 비판(*The Critique of Practical Reason*)〉에서 다음과 같이 말하였다.

　　우리가 선(善, good)이라고 불려야 할 것은, 모든 이성적 인간의 판단에 있어서 욕망 능력의 대상이 아닐 수 없으며, 또 악(惡, evil)은 만인이 보아 혐오의 대상이 아닐 수 없다. 따라서 선악의

---

12) F. Nietzsche(translated by T. Common), *The Joyful Wisdom*, Ibid., pp.291~3.
13) F. Nietzsche(translated by T. Common), *Beyond Good and Evil*, Ibid., p.10.

판정을 위해서는 감관 이외에 이성이 필요하다.

　거짓의 반대인 성실(誠實)에 있어서도, 폭행의 반대인 정의(正義)에 있어서도 사정은 마찬가
지다.

> What we call *good* must be an object of de-
> sire in the judgement of every rational man, and
>
> *evil* an object of aversion in the eyes of every-
> one; therefore, in addition to sense, this judge-
> ment requires reason. So it is with truthfulness,
> as opposed to lying; so with justice, as opposed
> to violence, &c.

_'선과 악'[14]

　위의 I. 칸트가 말하는 '선(善)'은, '기독교적인 유대인의 선(善)', '국가 공동체를 위한 선
(善)'을 말한 것이다. 왜냐하면 칸트는 '선'을 '이성적 인간의 판단에 있어서 욕망 능력의 대상
(an object of desire in the judgement of every rational man)'이라고 했음이 그것이다.
즉 '이성(理性)'이란 '공동체'를 우선하여 '생명(욕망)'을 억압하여 주체이기 때문이다. 그것은
그 뒤를 이은 '악(惡)'의 규정을 '만인의 혐오(嫌惡) 대상'이라 하여 '타인의 판단'을 중시하였
기 때문이다.

　I. 칸트는 플라톤의 생각을 더욱 구체적으로 정착하며 〈순수이성비판〉 등의 저술을 하였다.
그러므로 '현실'과 '생명(육체, 욕망)'은 일차 접어두고, 국가 공동체를 위해 '각 개인이 피할
수 없는 일', '의무', '당연히 해야 할 일'을 먼저 상정하고 그것의 어쩔 수 없음을 강요하는
형식의 철학이었다. 그것의 실현이 '선(善)'이요, 그것에의 역행(逆行)이 '악(惡)'이었다. 유대
인의 '선악' 플라톤의 '선악'은 그 궁극의 판단 주체가 '신(절대자)', '국가'라는 점이 서로 다르
고, 모두 개별 '실존(實存)'은 무시한다는 점에서 동일하다.

　그런데 확신에 찬 '현재 생명 우선주의자' F. 니체의 눈으로 볼 때, 그들의 주장은 '경직되고
점잖고 거짓 신앙의 늙은 칸트의 쇼'라는 말이 그것이다.

　'선·악(善·惡, good & evil)'의 판단을 궁극적으로 '공동체의 눈'으로 돌리는 것은 이해할
수 있다. 그러나 <u>공동체의 '선(善)'이 각 개인의 '욕망의 대상'</u>이란 I. 칸트의 표현은 명백히 소크라
<u>테스식 '도착(倒着, '이성=덕=행복')'의 반복</u>이다. ('6-4. '이성(理性)'이 독재를 부른다.' 참조)
즉 인간이 살아 숨 쉬고 생활한 것('실존')은, '이성(理性)적 선의 달성' 그것이 목표가 아님을

---

14) 최재희 역, I. 칸트, 『실천이성 비판』, 박영사, 1973, p.106 : I. Kant, *The Critique of Practical Reason*, William
　　Benton, 1980, p.136, 'good and evil'.

I. 칸트는 아직 그 자신이 알지 못하고 있기 때문이다(국가주의 '당위'론에 몰두한 思想의 獨裁者임).

즉 소크라테스(플라톤) 경우처럼 '국가 공동체의 명령'만 있고, '개인 생명'은 오히려 '생을 저주하고 차라리 빨리 죽기를 바라는 염세주의'가 당연한 전제로 용인되어 있는 경우이다. 만약 그렇지 않으면, '공동체의 목표 달성의 욕구'란 가식(假飾)의 가면(假面)을 착용한 발언이다.

F. 니체는 '바젤 대학'에 근무할 때부터 '(프로이센)국적을 포기'하고 살았던 '자유인'이다. '국가주의' 최고 재앙이 바로 제1차 세계대전이었다. I. 칸트는 성실한 소크라테스 플라톤의 제자에 해당한다. 그 용어의 의미를 구체적으로 '제한(규정)하여' 도덕과 법의 '당위(當爲, what one should be)', '의무(義務)'에서 도망갈 수 없게 철저를 기한다고 생각했다. 그것(도덕과 법)을 근본에서 비웃고 터진 결과가, 제1차 세계대전이었다. 무슨 '도덕'이며 '법'이 도대체 어디에 남아 있는가? 그러므로 그 이전부터 플라톤에서 헤겔까지의 철학을 '관념(개념, 이념)주의'로 '현실과 무관한 철학'으로 규정하게 되었다.

이에 K. 마르크스의 '경제(자본)의 중대성'을 역설하여 '공산당 선언'을 행하였지만, F. 니체는 더욱 '생명'에 신중을 기하고 '욕망의 자유'를 존중하여 '힘에의 의지'를 강조하였다. K. 마르크스는 '국가 공동체' 우선이라는 측면에서 역시 플라톤과 헤겔에 이르는 '전체주의', '일방주의', '독재주의'를 고수하였다.

그러나 F. 니체는 '개인중심', '욕망중심', '자유중심', '현세중심'의 문자 그대로 '자유 민주 시민 정신'을 누구보다 확실하게 하여, '다다 혁명 운동'과 '초현실주의 운동'을 포괄하는 현대 자유 민주주의 전개에 마땅한 원조(元祖)로 자리 잡고 있다.(도스토예프스키도 뛰어난 '현재 생명 중심주의' 사상가였으나, '국가 민족주의'에 갇혀 있는 소극성을 보였고, '살인'의 범죄성을 노출하는 불완전한 '개인주의'였다.)

6-10

칸트의 '이성'이 세계를 날조했다.

이성(理性, reason)이, 이성의 특권이 그렇게 멀리 작용할 수는 없다…. 완전히 거짓으로 날조(捏造)를 행하여, '그럴 듯함'이 실제 세계가 되었고, '존재한다는 것'의 세계가 현실로 조작되었다……

칸트의 성공은 신학(神學)의 성공이다.

—…….Reason, the prerogative of reason, does not reach so far… A "seemingness" had been made out of reality a world, completely fabricated by a lie, the world of "what is" had been made reality… The success of Kant is merely a theologist success : 15)

| 구조 | '이성의 특권⇔완전한 거짓 날조', '칸트⇔신학자' 동시주의

I. 칸트는 역시 다음과 같이 말하였다.

동일한 도덕법은 최고선(最高善, highest good, summum bonum)의 둘째 요소인 '도덕법에 적합한 행복'의 가능성에로―역시 공평하게 불편파적인 이성(理性)에 의해― 우리를 인도해야 한다. 즉 행복을 수확하기에 충분한 원인[하나님]이 생존한다는 전제로, 우리를 인도해야 한다. 다시 말하면 최고선(最高善, 이것은 순수이성의 도덕적 법칙수립과 필연적으로 결합되어 있는, 우리 의지의 목표이다.)이 가능하기 위해서 반드시 필요한 것으로, 하나님의 실존을 요청해야 한다.

In the foregoing analysis the moral law led to a practical problem which is prescribed by pure reason alone, without the aid of any sensible motives, namely, that of the necessary completeness of the first and principle element of the *summum bonum*, viz., morality; and, as this can be perfectly solved only in eternity, to the postulate of *immortality*. The same law must also lead us to affirm the possibility of the second element of the *summum bonum*, viz., happiness proportioned to that morality, and this on grounds as disinterested as before, and solely from impartial reason; that is, it must lead to the supposition of the existence of a cause adequate to this effect; in other words, it must postulate the *existence of God*, as the necessary condition of the possibility of the *summum bonum* (an object of the will which is necessarily connected with the moral legislation of pure reason). We proceed to exhibit this connection in a convincing manner.

_ '순수한 실천이성의 요청인 하나님의 생존'16)

---

15) F. Nietzsche(translated by T. Common), *The Works of Friedrich Nietzsche, V. Ⅲ, The Antichrist*, Ibid., p. 251.

16) p. 193 : I. Kant, *The Critique of Practical Reason*, Ibid., pp. 344~5, 'The Existence of God as a Postulate

I. 칸트 철학의 특징은 플라톤의 '국가주의'에다가 '기독교 신학'을 추가한 것이다. I. 칸트는 '도덕 실행'에 '상(賞)'을 내릴 절대자 없다면 누가 '도덕'을 실행하면서 행복을 느끼겠는가? 그러므로 마땅히 '하나님은 지금 생존'할 필연적 이유가 '이성(理性)의 요구'라는 것이다. 이것이 '순수한 실천이성의 요청인 하나님의 생존'이란다.

도대체 '누구를 위한', '무엇을 위한', '이성(理性)의 요구'인지를 알아들을 수 없다. '내가 세상에서 제일 훌륭하다는 효도(孝道)를 행하기 위해서는 부모님은 절대 생존해서 지켜보아야 한다.'는 주장은 그래도 '애교(愛嬌)'가 있는 발언'이다.

과학적 '생명 중심주의'로 무장한 F. 니체 앞에, '몽매(蒙昧)'한 I. 칸트는 돌아갈 곳도 없다.

F. 니체의 '무신론(無神論)적 현재 생명 우선주의'에 공감한 R. 마그리트는, 과거 '신비주의', '국가주의'가 사라졌음을 '실종된 기수(The Lost Jockey)'라는 작품으로 제시하였다. 즉 '과거의 국가 사회 지도자'라는 것은 없어져 현대는 어쩔 수 없는 '개인주의'가 열렸다는 R. 마그리트의 자기 확인 작품이다.

'실종된 기수(1926)'[17], '실종된 기수(1942)'[18]

---

of Practical Reason'.

17) S. Gohr, *Magritte : Attempting the Impossible*, d. a. p., 2009, p.81, 'The Lost Jockey(1926)'.

18) Ibid., p.84, 'The Lost Jockey(1942)'.

6-11

'백치'를 위한 처방

의무(義務)의 자동 장치로서, 진정한 개인적 선택이 아닌 것, 기쁨이 없는 것을 행하고 생각하고 느끼는 것보다 파괴적인 것이 어디에 있을까? 그것은 명백히 데카당과 백치를 위한 처방이다…. 칸트가 백치가 되었다.

―… What destroys faster than to work, think, or feel without internal necessity, without a profoundly personal choice, without pleasure? as an automaton of "duty?" It is precisely the recipe for decadence, even for idiocy… Kant became an idiot.[19]

┃구조┃ '내적 필연⇔기쁨', '의무의 자동 장치⇔진정한 개인적 선택', '칸트(Kant)⇔백치(an idiot)' 동시주의

Ⅰ. 칸트는 '순수한 실천이성의 요청(要請)인 영혼불멸성(靈魂不滅性)'에서 다음과 같이 말하였다.

이승에서 최고선(最高善)을 행하는 일은 도덕법이 규정할 수 있는 의지의 필연적 목표이다. 그러나 심성(心性)이 도덕법에 완전히 일치함은 최고선의 조건이다. 그러한 일치는 그러한 일치의 목표와 마찬 가지로 가능해야 할 것이다. 그것은 이 목표를 촉진하는 동일한 명령 중에 포함되어 있기 때문이다.

그러나 의지가 도덕법에 완전 일치하는 것은, 선성성(神聖性)을 의미한다. 즉 감성계의 어떠한 이성존재자도 생존의 어느 순간에 있어서나, 소유할 수 있는 완전성을 의미한다. 그럼에도 불구하고 그러한 일치는 실천적으로 필연적인 것으로 요구된다.

이런고로 그것은 저 완전한 일치로 가는 무한진전 중에서만 발견될 수 있다. 이러한 실천적인 진전을 우리 의지의 진정한 목표로 가정하는 것은 순수 실천이성의 원리들에 의해서 필연할 것이다.

그러나 이 무한 진전은 동일한 이성존재자의 무한히 계속하는 생존(生存)과 인격성―이러한 생존과 인격성을 사람들은 영혼불멸이라고 한다―의 전제 아래서만 가능하다. 그러므로 최고선은 영혼불멸의 전제 아래서만 실천적으로 가능하다. 따라서 영혼불멸은 도덕법과 불가분리(不可分離)이고 순수 실천이성의 요청이다.

---

19) F. Nietzsche(translated by T. Common), *The Works of Friedrich Nietzsche, V. Ⅲ, The Antichrist*, Ibid., p.252.

The realization of the *summum bonum* in the world is the necessary object of a will determinable by the moral law. But in this will the *perfect accordance* of the mind with the moral law is the supreme condition of the *summum bonum*. This then must be possible, as well as its object, since it is contained in the command to promote the latter. Now, the perfect accordance of the will with the moral law is *holiness*, a perfection of which no rational being of the sensible world is capable at any moment of his existence. Since, nevertheless, it is required as practically necessary, it can only be found in a *progress in infinitum* towards that perfect accordance, and on the principles of pure practical reason it is necessary to assume such a practical progress as the real object of our will.

Now, this endless progress is only possible on the supposition of an *endless* duration of the *existence* and personality of the same rational being (which is called the *immortality of the soul*). The *summum bonum*, then, practically is only possible on the supposition of the immortality of the soul; consequently this immortality, being inseparably connected with the moral law, is a postulate of pure practical reason

_순수한 이성의 요청인 '영혼불멸성'[20]

앞서 밝혔듯이 I. 칸트 철학은 '당위(當爲)', '필연(必然)', '명령(命令)'의 철학이다. 우선 '국가주의', '도덕', '절대 불변의 목표'로 먼저 두고, 그것을 각자 개인이 빠짐없이 제대로 수행할 방법을 찾을 때, 그의 '영혼(정신)'은 '마땅히 없어지지 않음'으로 해야 한다는 I. 칸트의 주장이다. 그것이 바로 '순수 실천이성의 요구'라는 것이다.

이에 '현재 생명 우선주의자' F. 니체는, '칸트는 백치다(Kant became an idiot).'라고 규정을 하고 나온 것이다. 그것은 앞서 '이성(理性)이 욕망한 선(善)'('6-10. 칸트의 '이성'이 세계를 날조했다.' 항 참조)의 항목에서 확인했듯이 '이성(理性)의 욕망'이란 말 자체가 '의무의 자동 장치(an automaton of duty)'이고 바로 '데카당'의 논리라는 것이다.

국가 사회를 위한 봉사는 항상 '개인의 권익'에는 상대(相對)적인 것인데, I. 칸트는 '소크라

---

20) 최재희 역, I. 칸트, *실천이성 비판*, Ibid., pp.190~191 : I. Kant, *The Critique of Practical Reason*, Ibid., p.344, 'The Immortality of the Soul as Postulate of Pure Practical Reason'.

테스(플라톤)'와 더불어 '국가주의'에 '기쁨', '쾌락'의 원천이 있다고 설명을 하니 '백치(白痴)'들을 향한 처방이고 '데카당의', '데카당에 의한', '데카당을 위한' 처방이라는 것이다.

6-12
'쇼펜하우어 허무주의'는, '유럽의 불교'다.

나에게 문제는 도덕의 가치 문제였다. 그 문제에 대해 나는 추상적 상태에 있었고, 그 속에서 나는 홀로 나의 위대한 스승 쇼펜하우어와 함께 했으니, 그 저서의 정열과 고유의 반박은(그 책은 반박적인 것이었음.) 그가 살아서 살아 있는 사람을 향해 말한 듯하였다. 문제는 "비이기적인" 본능, 연민 본능, 자기 부정, 자기희생의 가치인데, 쇼펜하우어는 그것들 속에 내재적 가치가 있는 것, 높고 냉담한 것으로 생각하여 끈질기게 황금 색을 칠하고 신성화하였는데, 그것으로 인해 쇼펜하우어는 생명과 자신에게 부정(否定, negation)을 말하였다.

그러나 내 영혼 속에는, 바로 그(쇼펜하우어) 본능(비이기적인, 연민, 자기 부정, 자기희생의)에 반대하는 더욱 근본적인 불신(不信)과 더욱 깊게 파고드는 회의(懷疑)가 일었다. 그(쇼펜하우어) 본능이라는 것 속에, 인간의 커다란 위험을 보았고, 숭고한 유괴와 유혹을 보았다. 무엇으로의 유혹인가? 허무로의 유혹인가? 즉 나는 그 본능이라는 것 속에 종말의 시작, 정체(停滯), 퇴영(退嬰), 생에 반항하는 의지, 우울을 예고하는 최후의 병을 보았다. 동정심의 도덕이 점점 널리 퍼져 병으로 철학자들을 감염시키고 근대 유럽 문명을 병들게 한 가장 사악(邪惡)한 병임을 알았다. 나는 그(쇼펜하우어) 본능이라는 것이 새로운 불교, 유럽의 불교, 허무주의로 몰아가는 길임을 알았다.

-The issue for me was the value of morality, and on that subject I had to place myself in a state of abstraction, in which I was almost alone with my great teacher Schopenhauer, to whom that book, with all its passion and inherent contradiction (for that book also was a polemic), turned for present help as though he were still alive. The issue was, strangely enough, the value of the "unegoistic" instincts, the instincts of pity, self-denial, and self-sacrifice which Schopenhauer had so persistently painted in golden colours, deified and etherealised, that eventually they appeared to him, as it were, high and dry, as "intrinsic values in themselves," on the strength of which he uttered both to Life and to himself his own negation.

But against these very instincts there voiced itself in my soul a more and more fundamental mistrust, a scepticism that dug ever deeper and deeper: and in this very

instinct I saw the great danger of mankind, its most sublime temptation and seduction
--seduction to what? to nothingness?--in these very instincts I saw the beginning of
the end, stability, the exhaustion that gazes backwards, the will turning against Life,
the last illness announcing itself with its own mincing melancholy: I realised that the
morality of pity which spread wider and wider, and whose grip infected even philosophers
with its disease, was the most sinister symptom of our modern European civilisation;
I realised that it was the route along which that civilisation slid on its way to--a new
Buddhism?--a European Buddhism?-- Nihilism?[21]

┃구조┃ '쇼펜하우어의 염세철학 ⇔ 연민, 자기부정, 희생',
　　　　'쇼펜하우어 ⇔ 유럽의 불교도' 동시주의

이 대목에서도 F. 니체의 '생명 긍정', '현재 생명 중심주의', '실존철학'의 전모가 축약되어
있다.

F. 니체는 A. 쇼펜하우어가 그의 〈의지와 표상으로서의 세계(*The World as Will and Repre
-sentation*)(1818)〉에서 '의지(Will)', '표상(Representation)'의 종합체로서 '육체(Body)'의
중요성을 강조함에 깊이 공감했다.('2-8. 육체가 근본 문제다.' 참조)

그런데 '그러면 어떻게 살 것인가?'란 더욱 구체적인 '실천'의 문제에 봉착하지 않을 수 없
다. 이에 A. 쇼펜하우어는 '비(非)이기적인 본능, 연민 본능, 자기 부정, 자기희생이 가치가
있는 것으로 높고 냉담한 것으로 생각하여 끈질기게 황금 색을 칠하고 신성화하였다.'는 점이
고, 그것이 A. 쇼펜하우어의 '염세주의(pessimism)', '허무주의(nihilism)'으로의 귀착이
다.('4-1. '힘(권력)에의 의지(Will to Power)'는 생명력의 방출이다.' 참조)

F. 니체에게 A. 쇼펜하우어는 '반선(半善)의 교사'였다. 바그너의 경우도 그렇지만, A. 쇼펜
하우어도 F. 니체의 구원(久遠)한 스승일 수는 없었다.

F. 니체는 '현재 생명'을 운영한 주체로서, '정체(停滯)를 거부한 창조 개혁의 주체(8-10.
내 교육에 '중단'은 없다.)'였다.

더구나 F. 니체의 '현재 생명 중심'과 '모든 가치의 재평가' 주장은, 이후 제1차 세계대전을
겪으면서, '다다 초현실주의 혁명 운동'으로 '현대인의 인생과 세계관 그 자체'가 되었다.

---

21) F. Nietzsche(translated by H. B. Samuel), *On the Genealogy of Morality*, Ibid., pp.7~8.

6-13

'목사'가 철학의 아버지이고, '개신교'가 철학의 '원죄'다.

독일 사람들은 독일 철학이 기독교 피로 더럽혀졌다고 하면 금방 이해를 할 것이다. 개신교 목사가 독일 철학의 할아버지이고, 개신교가 독일 철학의 원죄이다.

—Among Germans it is immediately understood when I say that philosophy is spoiled by theological blood. The Protestant clergyman is the grandfather of German philosophy, Protestantism itself is its *peccatum originale*.[22]

▌구조 ▌ '개신교 목사⇔독일 철학의 할아버지', '개신교⇔독일 철학의 원죄' 동시주의

F. 니체는, I. 칸트가 플라톤의 '국가주의', '전체주의', '도덕주의' 철학에 '영혼불멸', '신의 현존'을 '실천이성의 요구'로 주장을 하자, 그것을 I. 칸트가 신봉한 '개신교 정신의 발동'으로 규정하여 위와 같이 조롱을 단행하였다.(G. W. F. 헤겔의 경우도 마찬가지였다.)

I. 칸트는 자신의 철학이 모두 중세 유럽 사회 분위기를 그대로 담아낸 '국가 운영의 방침의 하달'이고, 그에 충실한 백성 만들기 '교과서 원본'의 임무를 수행을 바란 것뿐이다. 그 실행 방법은, 과거의 '권위(權威)'가 결국 '신과 국가'로부터 나왔듯이, 칸트 철학도 그것을 '실천이 성의 당연한 요구'로 전제하였으니, I. 칸트의 주장은 '예수의 행적(신과 영혼불멸을 자신의 사명으로 삼은 행적)'과 일치하고 있다. 한마디로 '근대 과학의 유일인 거점(생명, 육체)'은 완전히 제외된 주장이다.

6-14

'관념주의'에서도, 니체는 '생명'을 본다.

(나의) 〈인간적인, 너무나 인간적인-Human, all too Human〉은, 두 개의 속편을 가지고 있는 어떤 위기의 기념비이다. 이 책은 자유정신(free spirit)을 위한 책이니, 그 속에 모든 문장은 승리의 표현이다. 그것을 통해 나는 나에게 낯선 것을 축출하였다. 관념주의(Idealism)가 내게 낯선 것이 다. 책의 제목은 "당신들이 관념적인 것을 보는 곳에서 나는 너무나 인간적인 것을 본다."는 의미이

---

22) F. Nietzsche(translated by T. Common), *The Works of Friedrich Nietzsche, V. Ⅲ, The Antichrist*, Ibid., p. 250.

다. 이 책에서 "자유정신(free spirit)"이란 자유롭게 되는 것, 그 자유에 포로가 된다는 것 그 밖의 의미로는 이해되어서는 아니 될 것이다.

> *Human, all-too-Human,* with its two sequels, is the memorial of a crisis. It is called a book for free spirits : almost every sentence in it is the expression of a triumph—by means of it I purged myself of everything in me which was foreign to my nature. Idealism is foreign to me : the title of the
>
> book means : " Where ye see ideal things I see— human, alas ! all-too-human things ! " . . . I know men better. The word " free spirit " in this book must not be understood as anything else than a spirit that has become free, that has once more taken possession of itself.
>
> _'이 사람을 보라(ECCE HOMO)'[23]

┃구조┃ '관념주의 ⇔ 인간 자유정신' 동시주의

F. 니체는 '천재'로 천재는 인간 '육체(본능, 쾌락)의 근거'를 명시, 긍정하는데, 철저한 시각과 자존심을 과시하여 모든 인간의 박수를 스스로 예견하고 있었다.(7-36. 내 창(槍)은, '웃음 소나기'를 쏟아지게 한다.)

F. 니체의 확신을 이해하지 못하면, 그는 분명 '제거하기 힘든 가면'을 착용하고 있는 사람이다. 불행한 일이다. 아무도 그 가면(假面)을 벗겨 줄 사람이 없다.

R. 마그리트의 '끝없는 탐색(1963)'[24]

역시 천재적인 화가 R. 마그리트는 '훌륭한 철학자'라는 사람도 '현재 생명 존중주의'를 알지 못하고 '허무주의', '관념주의'에 매달려 있음을 '하늘' 로고로 풍자해 보였다.(모르는 사람은 그래도 모를 것이다.)

'관념주의'란 바로 플라톤 이후 역대 철학자를 지칭한 것으로 이후 철학을 전공하려는 사람들도 F. 니체의 구분을 명심해야 할 것이다.(F. 니체의 쟁점은 항상 '현실 생명'이고, 책 속에 있는 '관념(이념)'을 문제 삼은 것이 결코 아니다.)

---

23) F. Nietzsche(translated by A. M. Ludovici), *ECCE HOMO—Nietzsche's Autobiography*, Ibid., pp.82~3.

24) S. Gohr, *Magritte : Attempting the Impossible*, Ibid., p.285, Rene Magritte(1898~1967) 'Reconnaissance without End(1963)' : '하늘(관념) ⇔ 땅'의 동시주의 제시로 '관념', '공상'에 인생의 부질없는 낭비를 조롱하고 있는 작품이다.

R. 마그리트는 F. 니체에 동조하여 작품 '끝없는 탐색'으로 '관념주의'를 조롱하였다.

6-15
자기 수련의 기념비 : '관념주의 파기'

힘찬 자기 수련의 기념비인 〈인간적인, 너무나 인간적인〉은 그동안 내 자신 속에 있던 '고급 헛소리(Superior Bunkum)', '관념주의(Idealism)', '아름다운 감정(Beautiful Feelings)', '여성적 나약함(effeminacies)'과 완전히 단절을 행한 것이다. 소렌토에서 그 개요가 잡혔고, 소렌토보다 열악한 바젤에서 겨울 동안 구체적인 형태가 갖추어져 완성되었다. 고백하건데 이 책은 바젤 대학의 학생이었던 페터 가스트(Peter Gast) 군이 헌신적으로 도운 책이다.

> *Human, all-too-Human*, this monument of a course of vigorous self-discipline, by means of which I put an abrupt end to all the "Superior Bunkum," "Idealism," "Beautiful Feelings," and other effeminacies that had percolated into my being, was written principally in Sorrento; it was finished and given definite shape during a winter at Bâle, under conditions far less favourable than those in Sorrento. Truth to tell, it was Peter Gast, at that time a student at the University of Bâle, and a devoted friend of mine, who was responsible for the book.

_'이 사람을 보라(ECCE HOMO)'[25]

|구조| '고급 헛소리, 관념주의, 아름다운 감정, 여성적 나약함'⇔'[니체주의]' 동시주의

F. 니체는 1876~7년 사이에 구상 집필된 〈인간적인, 너무나 인간적인〉 책에서부터 그의 고유 영역인 '현재 생명 중심주의' 사고가 시작되었음을 밝히고 있다. 특히 '관념주의(Idealism)', '아름다운 감정(Beautiful Feelings)'이란 플라톤의 '국가주의', '전체주의', '이념 철학'과 '동정(sympathy)'을 전제로 한 '도덕주의'를 부정한 것이 그 골자임을 말한 것이다.

F. 니체가 저서 〈인간적인, 너무나 인간적인〉을 집필할 때에는, 1869년 5월 이래 긴밀한 관계를 유지했던 음악가 R. 바그너(Richard Wagner, 1813~1883)와의 관계가 멀어지고, 정말 자신의 독자적인 영역을 찾아 나선 시기로 자신의 건강이 악화되어 더 이상 대학에 근무할 수가 없었고, 홀로 집필하기보다는 바젤 대학 제자 '페터 가스트'(쾨제리츠, Peter Gast=

---

25) F. Nietzsche(translated by A. M. Ludovici), *ECCE HOMO-Nietzsche's Autobiography*, Ibid., p.89.

Heinrich Koeselitz, 1854~1918)가 등장했던 때이다.(제12장 연보 참조)

'페터 가스트'는 F. 니체의 제자로 F. 니체의 사후(死後)에까지 〈니체 전집〉 간행에도 참여한 열성 제자였다.('제12장 연보' 참조)

위에서 F. 니체가 밝히고 있듯이 '관념주의', '도덕주의' 배격은 '현재 생명 우선주의'의 골격을 이루는 것인데 그것이 그의 '건강 악화'와 더불어 명백해졌

'여행의 회상(1950)'[26]

다는 사실은 그것이 '최악의 건강 문제'와 연대된 '생사(生死)의 국경 지대'에 작성된 것이고, '병'이 더욱 그 신념을 투철하게 굳혔다는 사실을 입증하고 있다.

즉 F. 니체의 '현재 생명 우선'주의는 추상적인 것이 아니고, 신병(身病)의 '사생(死生) 결단'의 기로(岐路)에서 문자 그대로 '피'로 작성된 '인간에 관한 진실'이었다.

역시 F. 니체의 현재 생명 중심주의에 크게 동조한 화가 R. 마그리트는, '여행 회상(Recollection of Travels(1950))'이란 작품을 제작했는데, '돌'로 된 사과와 배를 제시했다. 그리하여 관념적인 '선악(사과)' 논쟁, '욕망(배)' 논쟁을 조롱하였다.

6-16
'이성(理性)'이 '허무주의' 원인이다.

결론 : 이성(理性, reason)에 대한 신뢰가 허무주의의 원인이다. 인간들은 완전히 허구(虛構)인 '관념(이념)의 범주(範疇)'라는 것으로 세상의 가치를 매겨 왔다.

−Conclusion: The faith in the categories of reason is the cause of nihilism. We have measured the value of the world according to categories that refer to a purely fictitious world.[27]

▮구조▮ '이성(理性), 허위의 세계, 허무주의 ⇔ 생명' 동시주의

---

26) A. M. Hammacher, *Rene Magritte*, Ibid., p.141, 'Recollection of Travels(1950)'.

27) F. Nietzsche(W. Kaufmann & R. J. Hollingdale−translated by), *The Will to Power*, Ibid., p.13[1887년 11월 ~1888년 3월 기록].

'이성(reason)'의 문제는 소크라테스(플라톤)부터 칸트까지 지속적으로 최고의 가치 설정의 표준으로 제시된 것이다.

즉 '표준'이란 '모든 인간은 죽게 마련이다.'라는 것이 최고(最高)의 판단으로 정해져 있고, 그 다음이 '죽고 나면 무엇이 남겠는가.'라는 대표적인 '허무주의(nihilism)'가 등장한다. 이것이 '이성(reason)'이 내린 최고 결론이다.

그렇다면 '영생(永生) 방도를 지금부터 찾아야 한다.'는 것부터 잘못된 것이라고 F. 니체는 생각했다.('3-21. 생명(生命)이 '가치의 기준'이다.', '3-28. '죽음'은 모르고 살아야 한다.', '5-8. '인과(因果)론'은 허구(虛構)다.')

그에 대해 F. 니체는, '현재 생명(육체)'의 유일한 긍정적 전제는 '후예(後裔)를 위한 삶', 소위 '영원회귀(Eternal Recurrence)'라고 하였다.(7-15. '영원회귀' : '긍정적 삶의 공식')

6-17
'인간(個人)이 척도(尺度)'란 유치(幼稚)한 과장이다.

우리들 자신이 세계를 감당하려 했던 방법으로 생성된 모든 가치들은 적용할 수 없음이 입증되었고, 그래서 모든 세계를 평가절하하게 되었다. 그 가치들이 심리적으로 통일적 투시를 가져왔고, 인간의 지배 영역을 확장 주장하게 되었고, 그것들은 잘못 사물들의 본질에 개입하였다. 이것이 우리가 찾아낸 인간이 자신을 사물의 척도와 가치 의미로 생각하는 '인간의 과장된 유치함-the *hyperbolic naivete* of man'이다.

-All the values by means of which we have tried so far to render the world estimable for ourselves and which then proved inapplicable and therefore devaluated the world -all these values are, psychologically considered, the results of certain perspectives of utility, designed to maintain and increase human constructs of domination -and they have been falsely *projected* into the essence of things. What we find here is still the *hyperbolic naivete* of man: positing himself as the meaning and measure of the value of things.[28]

┃구조┃ '(인간이 자신을) 사물의 척도와 가치 의미 ⇔ 인간의 과장된 유치함' 동시주의

---

28) Ibid., pp.13~4[1887년 11월~1888년 3월 작성].

우리는 인간이 가지고 있는 특유의 '동일시(同一視)' 능력을 발휘하여 '성현(聖賢)'이라는 사람들의 말에 이미 길들여 있다. 그런데 F. 니체는 그동안 인간들의 '터무니없는 자기도취(自己陶醉, narcissism)'를 정확하게 짚고 있다.

'허무주의'를 전제로 한 모든 종교적 교주들이 그러한 전제를 두었다.

여기에서 F. 니체가 '과장된 유치함'이란 '천지', '우주'를 관장하는 '척도(尺度)'로 믿게 하는 근본에는 '도덕', '이성(理性)'이 자리를 잡고 있지만, 그것에 과도한 의미를 부여하는 것은 권유자의 '인간 생명'에 관한 '편견(偏見)'과 '과욕(過慾)', '독재(獨裁)' 의식이 명백히 작용하고 있다.

만약 그 '말' 대로라면, 개별 인간이 '천지 만물'을 주관하게 되고, 바로 모든 '사물의 척도와 가치 의미(the meaning and measure of the value of things)'를 주관한다는 전제가 있기 때문이다.

그리고 소크라테스(플라톤)의 경우도 마찬 가지다. 자기가 바로 '국가'이고, 사회 전체이다. 그러한 '엄청난 사명감'을 심어 놓고, '국가 중심의 사고'를 표준으로 소위 '도덕론'을 폈었다.

그런데 F. 니체는 그것을 한마디로 '인간의 과장된 유치함(*hyperbolic naivete* of man)'이라고 지적하였다. 왜냐 하면 그러한 '과장(誇張)'에 항상 연동되어 있는 것이, '영혼불멸', '현존하는 하나님', '국가 지상주의(민족주의)' 문제였기 때문이다.

F. 니체의 가장 성실한 학문의 계승자 S. 프로이트는 그 점을 '과학의 발달로 손상된 인간의 자존심' 항에서 더욱 구체적으로 짚어 해설을 가했다.('제13장 F. 니체 이후 사상가들' 참조)

6-18
'허무주의'는 '가치(價値)의 비자연(非自然)화'다.

염세주의가 허무주의로 발전함 : 가치의 비자연(非自然)화다. 스콜라주의 가치는, 인간 행동을 지배하고 인도하는 대신에, 그것을 반대하고 단죄하고 인간 행동 가치를 탈색하고 관념화한다.

　　-The development of pessimism into nihilism. -Denaturalization of values. Schol
-asticism of values. Detached and idealistic, values, instead of dominating and guiding
action, turn against action and condemn it.[29]

---

29) Ibid., p.192[1887년 봄~가을 기록].

┃구조┃ '허무주의 ⇔ 가치의 비자연화, 인생을 반대하고 단죄하는 가치' 동시주의

'과학(science)'은 '자연(nature)'의 개별적 대상들에 대한 객관적 정보를 토대로 그 '대상에 대한 정보'를 계속 확충해 나가는 특성을 지니고 있다. 그리고 F. 니체의 '현 생명 우선주의'는 인간의 그 '자연적(원시적) 성질'을 기본 바탕으로 한 것이다.

그런데 그동안의 '인간론'은 인간의 '엉뚱한 자존심', '자기 과장', '자기도취'에 '실존 부정'에 일방적으로 집중이 되어 있었다.

이에 F. 니체는 기존 종교, 철학을 '가치의 비자연화(Denaturalization of values)' 이름으로 거부하였다. F. 니체가 가장 크게 외쳤던 '생명 긍정'의 위대함은 모든 생명의 공통된 가장 위대한 전제이다.

이것은 역시 1916년 '다다 혁명 운동'으로 정확하게 계승이 되어 '동시주의(simultaneism)'와 '원시주의(primitivism)'로 직통되어 있는 사항이다. '동시주의', '원시주의'는 '가치의 자연화(Naturalization of values) 운동'이다.

6-19

인간은 '자신'으로부터 가장 멀리 있다.

"인간은 자신에게서 가장 멀리 있다." 자신을 길들여 보려 했던 사람들은 그 불편한 진실을 알고 있다. 인간에게 신의 입으로 "너 자신을 알라"라고 한 것은 거의 조롱에 해당한다.

-"Everyone is furthest from himself"-all the "triers of the reins" know that to their discomfort ; and the saying, "Know thyself," in the mouth of a God and spoken to man, is almost a mockery.30)

┃구조┃ '자신 ⇔ 가장 멀리 있는 존재' 동시주의

F. 니체는 가장 확실한 '현재 생명 중심주의' 사상가이다. 여기에서 '자신'이란 '육체(욕망)'이다. 우리는 '육체(욕망)'에 대해 별로 아는 것이 없다. 그저 그때그때 임시방편으로 요구에 응대하고 있을 뿐이다. 즉 모든 '생리적 현상'을 '과학자들'은 평생을 바쳐 탐구했지만, 역시

---

30) F. Nietzsche(translated by T. Common), *The Joyful Wisdom*, Ibid., p.259.

모르는 것이 태반이다. 즉 '신체는 왜 시간이 가면 변화하는지', '왜 먹고 배설을 해야 하는지', '세포들은 어떻게 서로 작용을 하는지' 천(千)에 하나, 만(萬)에 하나도 모르고, 그저 '생명(肉體)의 요구'에 그때그때 응하고 있을 뿐이다.

그런데 소크라테스는 '너 자신을 알라.'고 충고하였다. 소크라테스는 당시의 '정치', '사회', '문화'의 제반에 '최고로 잘 안다는 사람들'이 '다 아는 체함'에 '모르고 있는 너를 알라'는 말이라고 하지만, 〈성경〉에서는 많은 머리카락 중에 한 올도 인간의 힘으로 흰 머리를 검게 하지는 못 한다는 논리로 '창조자'의 위대한 권능을 강조하고 있다.

그런데 F. 니체는 '너 자신을 알라'는 말을 '조롱(嘲弄, a mockery)'으로 수용하였다. 우리는 정말 '나(육체, 정신)를 알 수 없다'. 그러나 <u>F. 니체와 더불어 공동으로 확인할 수 있는 것은 이 '육체(내)'가 바로 '나'라는 사실이고, 그것을 떠나서는 '나는 없다'는 사실이다.</u>

즉 '나를 알아서 내가 나(육체)에 특별히 따로 행할 일이 없다.' 더구나 '자연(自然)' 원리로 만들어진 이 '생명'에 어떤 다른 '편견'을 더 한다는 것은 역시 '육체의 요구'를 들으면서 조심스럽게 행할 따름이다.

그러므로 역설적으로 '나(생명-육체)는 내(理性)가 아니다.'란 말은 틀림이 없다. 그리고 '이성(理性)'이 육체(생명)에 얼마나 충실한 종(servant)'인지 모르면, 진실로 그는 자신(육체)에 대해 아는 것이 전무(全無)한 사람이다. 그런데 그동안 성현들은 '이성(理性)'의 '생명(육체)'을 향한 '경멸', '억압'을 모든 가르침의 기초로 잡았으니, F. 니체의 '모든 가치의 재평가' 운동이 전개된 것이다. 그러한 측면에서 '인간(理性, 意識)은 자신(육체)에게서 가장 멀리 있다.'란 F. 니체의 설명은 결코 과장이 아니다.

6-20
'임기응변(臨機應變)'의 인생에, '진실'은 무엇인가?

결론적으로 '진실에의 의지'는 '나는 기만(欺瞞)당하고 싶지 않다'라는 의미가 아니라, '나는 내 자신에게까지 기만을 행하지 않을 것이다.'라는 것으로, 다른 선택의 여지가 없기 때문이다. 그래서 우리는 도덕의 영역으로 들어와 있다. [그렇지만] 인생이 가상(假像)으로 전개되어 잘못된 견해, 기만, 위선, 환상, 자기기만으로 펼쳐지고 있고, 다른 한편으로 인생의 대체적인 유형인 뻔뻔스런 '임기응변(臨機應變-polytropoi)'이 항상 명백히 행해지고 있다고 할 수 있는데, "그대는 왜 속이려

하지 않는지?" 자기에게 물어보기로 하자. 그것은 좋게 말하여 약간 열정에 미친 돈키호테주의이거나, 좀 나쁘게 말하면 인생에 적대적인 파괴적인 원리일 것이다. '진실에의 의지'는 '죽음에의 의지'를 은폐한 것일 수 있다.

　─Consequently, "Will to truth" does not imply, "I will not allow I myself to be deceived," but──there is no other lalternative─"I will not deceive, not even myself" : and thus *we have reached the realm of morality.* For let one just ask oneself fairly: "Why wilt thou not deceive?" especially if it should seem──and it does seem──as if life were laid out with a view to appearance, I mean, with a view to error, deceit, dissimulation, delusion, self-delusion and when on the other hand it is a matter of fact that the great type of life has always manifested itself on the side of the most unscrupulous "polytropoi". Such an intention might perhaps, to express it mildly, be a piece of Quixotism, a little enthusiastic craziness ; it might also, however, be something worse, namely, a destructive principle, hostile to life. "Will to Truth,"….that might be a concealed Will to Death.[31]

┃구조┃ '진실에의 의지⇔내 자신에게까지도 속이지 않을 것이다', '인생⇔뻔뻔스런 임기응변', '진실에의 의지⇔죽음에의 의지' 동시주의

위에서 F. 니체는 전통적인 인문 사회학과 백병전(白兵戰)을 펼치고 있다. 한마디로 '현재 생명 중심주의'가 진실(眞實)이냐 '도덕'주의가 진실(眞實)이냐? '생명 중심주의'가 기만(欺瞞)이냐 '도덕'주의가 기만(欺瞞)이냐가 그것이다.

소위 '진리 탐구'의 문제는 '진실에의 의지(Will to truth)'라고 할 수 있고, 그것 이외에 다른 선택의 여지도 없다. 그것을 토대로 '도덕'의 문제도 고려를 해야 한다. 그런데 현실에서는 '생명 중심주의'에 충실하여 각자 경쟁을 수행하며 그 상황에 따라 응대를 하는 '임기응변'이 발휘되고 있다. 그런데 '속이지 말자'라고 말하면 그 사람은 돈키호테의 '열정의 미치광이'거나, 제 목숨 제가 끊겠다는 '자기파괴자', '죽고자 하는 의지'의 다른 표현일 것이라는 F. 니체의 규정이다.

소크라테스(플라톤)부터 I. 칸트까지는 사실상 '도덕' 일방주의로 말한 것이고, '열광적인 국가주의'에 '개인의 생명(육체)'은 원수(怨讐)처럼 저주하였다. 스스로 '생명(육체)' 의존의 엄청난 '진실(眞實)'을 외면하고, 가소로운 '기만(欺瞞)'의 도덕론을 편 사람들이 바로 그들이

---

31) Ibid., pp.278~9.

라고 F. 니체는 확실히 말하고 있다.

　이것이 과거 '국가주의', '전체주의', '도덕주의', '일방주의' 근본적 허구(虛構)를 비판한 지점이고, 거기에 대해 '과학적', '개인적', '현재 생명 중심의', '(욕망과 그 억압의)다원주의'를 편 것이 F. 니체의 '자유(자연)론'의 근간(根幹)이다. 그리고 이것이 F. 니체가 목숨을 걸고 그 '생명(육체)'을 담보로 인류를 향해 외친 주장의 정면이다.

　그러면 '도덕주의'에 효용은 전혀 없는가? F. 니체가 그것을 모를 이유가 없다. 간단히 만약 개인 '생명의 욕망'이 과도하게 발휘되어 '살상(殺傷)'의 사고가 생길 경우 어찌할 것인가? F. 니체는 명백히 말하였다. '8-27. '살상(殺傷)의 무리'는 내 성전(聖殿)을 찾지 말라.'

　그러나 F. 니체는 미처 '제국주의 반대' 입장을 더욱더 철저하고 명백하게 하지 못하고 사망했다. 그러했기에, 1916년 취리히 다다이스트는 '생명 존중'을 최우선으로 하되 F. 니체의 미진한 부분-'제국주의 반대'를 더욱 명백하고 분명한 '전쟁 반대'를 그들의 제일 주장으로 삼고 나왔다.

6-21

'이념(理念)'이 철학자를 삼켰다.

　　왜 우리는 관념주의자가 아닌가?…… 이념들은 철학자의 '피'를 먹고 살았다. 이념들은 철학자의 감성과 다 믿을지 모르지만 심장까지 먹어치운다. 철학하는 것은 흡혈(吸血)당하기였다.

　　-Why we are not Idealists……They(ideas) have always lived on the "blood" of the philosopher, they always consumed his senses, and indeed, if you will believe me, his "heart" as well. Those old philosophers were heartless: philosophising was always a species of vampirism.[32]

┃구조┃ '관념주의 ⇔ 니체주의', '이념(ideas) ⇔ 피(blood)',
　　　　'철학하는 것 ⇔ 피 빨리기(vampirism)' 동시주의

　F. 니체는 위에서 '이념(ideas) ⇔ 피(blood)'의 동시주의를 구사해 보였다.

　위에서 소위 '피(blood)'란 '생명', '육체의 진실', '욕망'의 다른 표현인데, F. 니체는 그것을

---

32) F. Nietzsche(translated by T. Common), *The Joyful Wisdom*, Ibid., pp.336~7.

R. 마그리트의 '이념 경작(1928)'[33]

'이념', '도덕', '당위', '기만(欺瞞)'과 대극적으로 사용했다.

즉 '국가주의', '도덕주의'를 외치는 철학자라고 해도, 그가 철학자이기 이전에 하나의 '생명 운영자'인데, 그 명백한 진실을 덮어두고 '국가', '우주', '세계', '영원'의 논의에 흘려 '생명 육체의 자기'를 망각하고 '흡혈(吸血-피를 빨리고)'을 당하고 '육체(생명-심장을 맡기고)'를 종료했다고 (그동안의 속임에) '울분(鬱憤, F. 니체의 개인적인 육체적 고통의 항변도 섞였음.)'을 토하고 있다.

그러나 F. 니체는 너무 혼자서 '현재 생명 중심의 진실'을 다 폭로하려고 애를 쓸 필요가 없다. 과거에도 그러했고, 지금도 그러하고, 미래도 여지없이 그러할, '생명', '육체'에의 진실(眞實)은 거스르는 이는 아무도 어디에도 없다. 그것을 거스르면 당장 그 생명은 종료될 것이니까.

그리고 이에 역시 동일한 '유물론'에 K. 마르크스와 F. 니체의 차이점이다.

F. 니체는 '힘에의 의지' 문제에서 '힘' 문제에 명백히 '자본'의 관념을 포함시키고 있다.(4-6. '힘(권력, power)'='체력(physical strength)'+지(knowledge)+'부(wealth)')

그렇지만 F. 니체는 '개인주의' 측면에서 정당한 경쟁을 통해 획득해야 사항으로 전제했고, '전체주의', '국가주의'에 기초한 '무조건 평등주의(공산주의)'는 반생명적인 것으로 반대를 명백하고 있다는 점은 가장 주목을 해야 할 사항이다.('10-26. 민주주의는 '힘의 쇠망기'에 출현한다.', '10-29. '민주주의'냐 '영웅주의'냐.')

F. 니체는 정말 '대자대비(大慈大悲)'하여 개별 인간들이 행여 자기들의 '현재 생명 존중'을 망각할까 염려하였다. F. 니체의 후예 화가 R. 마그리트는 '이념의 경작(The Cultivation of Idea)'이라는 명화(名畵)를 제작하여 F. 니체의 '진실 폭로'를 측면 지원하였다.

---

33) A. M. Hammacher, *Rene Magritte*, Abradale Press, 1995, p. 95, 'The Cultivation of Idea(1928)' : '나무(-국가주의)', '널빤지(-국경)' 로고를 통해 '허구의 나무(돌판 위에 만들어 세워진 나무-거짓의 국가주의)'를 조롱하였다. 제1차 세계대전을 통해 명백해진 '국가주의 우상(偶像)'이 무너졌음을 밝힌 작품이다.

6-22

'철학' 속에 '생명의 진리'는 없다.

진리를 여성(女性)으로 가정(假定)하면 어떨까? 모든 철학자들에게는 의심의 여지는 남아 있지 않기에 그들이 독단론적(獨斷論的) 철학자일 경우에는, 진리를 향해 그들이 항상 보여 온 무서울 정도 진지함과 서투른 집요성은 여성들을 이해시키는 데 실패해 왔고, 여성(女性)을 얻는 데에는 서툴고 꼴사나운 방법이 된 것이 아닐까? 분명히 그 여성(女性)은 설득당할 리가 없고, 현재의 모든 독단론은 슬프고 용기를 잃은 태도로 서 있게 될 것이다.

–SUPPOSING that Truth is a woman __what then? Is there not ground for suspecting that all philosophers, in so far as they have been dogmatists, have failed to understand women that the terrible seriousness and clumsy importunity with which they have usually paid their addresses to Truth, have been unskilled and unseemly methods for winning a woman? Certainly she has never allowed herself to be won and at present every kind of dogma stands with sad and discouraged mien __if, indeed, it stands at all![34]

┃구조┃ '진리, 여성 ⇔ 독단주의자(dogmatist)' 동시주의

F. 니체는 전통적 (전체주의) 철학자를 '독단주의자'로 규정하고, '진리'를 여성으로 전제하였다. F. 니체에게 '진리'란 '생명'을 지키는 수단으로 그것은 독단론으로 통제 규정하기보다 (남녀의) 상호 이해 속에 새로운 세계를 열어가야 하기 때문이다. 이것은 F. 니체의 '생명 중심주의', '실존주의'와 전통 '당위(當爲, what one should be)'적 도덕철학의 차이점을 명시한 대목이다.

F. 니체는 위에서도, 자신의 '현재 생명 중심주의'를 '인간 사회 형성'에 막중한 의미를 갖는다는 전제를 두었고, 기본적인 '남녀'의 문제를 '자연(自然)'으로 생각하였다. 그리하여 F. 니체는, 가장 기본적인 문제로 '성(sex)'을 크게 긍정하고 나왔다. 즉 '3-4. '사티로스'를 이해하라.', '3-5. 사티로스는 '인간의 원형'이다.', '3-6. 사티로스는 '기술과 지혜의 전령(傳令)'이다.'라고 하여 '성(sex)'의 문제를 '생명' 논의의 근본에 두었다.

'현재 생명 중심주의자' F. 니체는 '성(sex)'에 가장 크게 인정한 것이 '생명 긍정'의 초점인데, F. 니체를 이은 S. 프로이트도 역시 그의 '정신분석학(psychology)'에 '성(sex)'을 근본

---

34) F. Nietzsche(translated by T. Common), *Beyond Good and Evil*, Ibid., p.1.

전제로 하였다.('제13장 F. 니체 이후의 사상가들' 참조)

이러한 F. 니체의 사상에 적극 편을 들었던 R. 마그리트는 '앙상한 가지만 남은 나무' 로고로 '절대주의', '국가주의', '이념주의', '순수 이성'의 철학에는 '생명'이 제외되었음을 비판하였다.

'새해(1942)'[35], '절대에 대한 탐색(1948)'[36]

6-23
철학은 '뻔뻔한 자기기만(自己欺瞞)'이다.

옛날부터 미신(迷信, superstition)이-'영혼(soul)' 미신이 '주체 자아(subject, ego)' 미신의 형태로 장난질을 계속하듯이- 말장난, 문장상의 속임, 또는 매우 제한되고, 아주 인간적인 너무 인간적인 것으로 뻔뻔한 일반화가되어 있다. 일찍이 점성술이 그러했듯이 독단 철학자들에게, 이제까지 현실적인 과학에 집중되었던 것보다 더욱 많은 노력, 비용, 정밀성, 인내성을 투여하며 기대를 걸었다.

-perhaps some popular superstition of immemorial time (such as the soul superstition, which, in the form of subject- and ego superstition, has not yet ceased doing mischief) perhaps some play upon words, a deception on the part of grammar, or an audacious generalisation of very restricted, very personal, very human all too human facts. The philosophy of the dogmatists, it is to be hoped, was only a promise for thousands of

---

35) D. Sylvester, *Rene Maritte*, Manil Foundation, 1994, Fig.1177 'The New Years(1942)' : '가지가 돋은 돌기둥 -신비주의 우상 숭배', '잎 모양의 나무-국가주의'로 '새해를 출발하다.'는 것으로 '관념주의', '국가주의'를 풍자하였다.

36) D. Sylvester, *Rene Maritte*, Manil Foundation, 1994, Fig.1184 'The Search for the Absolute(1948)' : '잎 모양의 나무-국가주의', '커튼-귀족주의', '돌-관념주의'를 풍자했다.

years afterwards, as was astrology in still earlier times, in the service of which probably more labour, gold, acuteness, and patience have been spent than on any actual science hitherto[37]

┃구조┃ '독단 철학 ⇔ 현실적 과학' 동시주의

F. 니체가 기대고 있는 것은 '과학(생리학, 의학)'이었다. 그런데 F. 니체가 〈선악을 넘어서〉를 지을 때(1886)까지 '주체(subject)', '의지(will)', '자아(ego)' 등의 주관(관념)적 측면에 너무 많은 논의가 집중되어 있다는 지적이다.

그러면 F. 니체의 입장은 무엇인가? '2-1. 생리학 의학으로 세운 철학이다.'이다. 더욱 구체적으로 '국가주의', '전체주의', '도덕주의', '일방주의' 철학은, 과거의 '점성술'처럼 '미신'으로 이미 전락해 있다는 F. 니체의 주장이다.

6-24
철학은 '생명의 부정'을 의심도 못했다.

> 형이상학자들('이념', '도덕'론자)의 근본적 신념은, 반대 가치에 대한 신념이다. '모든 것을 의심하라(Everything must be doubted).'를 따른다는 가장 신중한 사람들까지도 (의심이 가장 필수불가결한 곳을) 처음 시작부터 의심을 도무지 해보지 않았다.
>
> −The fundamental belief of metaphysicians is the belief in antitheses of values. It never occurred even to the wariest of them to doubt here on the very threshold (where doubt, however, was most necessary) though they had made a solemn vow, "de omnibus dubitandum."[38]

┃구조┃ '형이상학자 ⇔ 반대 가치에 대한 신념' 동시주의

F. 니체는 '생명 중심주의', '실존주의'에 평생을 걸었던 것은, 그의 '천재성'과 '과학에 대한 신뢰'의 결정(結晶)이었다.

---

37) F. Nietzsche(translated by T. Common), *Beyond Good and Evil*, Ibid., pp.1~2.
38) F. Nietzsche(translated by T. Common), *Beyond Good and Evil*, Ibid., pp.6~7.

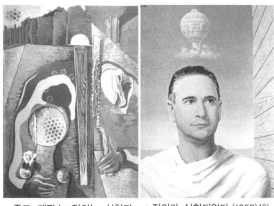

▲종교 재판소 : 정의는 실현되어야 한다.(1926)[39] ▲정의가 실현되었다.(1958)[40]

'알고 수용한 후'에는 너무나 당연한 사실들이 '편견(偏見)'과 '미망(迷妄)'에 있을 때는 그렇게 '황당(荒唐)'하게 느껴지는 근본 이유는 '인간의 자만심(narcissism)'에 근거를 둔 것이다. '기존(旣存, 관습, 전통)'을 고집하고 '변화'를 거부하는 것이다.

그래서 F. 니체를 수용한 R. 휠젠벡(Richard Huelsenbeck, 1892~1974)은 '다다의 동시주의'를 주장하며 "동시성은 변화된 것에는 반대하고, 변화하고 있기를 지향한다(Simultaneity is against what has become, and what is becoming)."[41]고 하였다.(이것은 F. 니체의 '8-10. 내 교육에 '중단'은 없다.'와 동일한 것임.)

제1차 세계대전으로 무기력함이 입증된 도덕론자들의 '정의(正義, Justice)' 문제를, M. 에른스트와 R. 마그리트는 위의 작품으로 조롱하였다.

6-25

'우상 파괴', 그것이 니체가 수행한 '전쟁'이다.

이 논문은 제목이 말해주듯이 무엇보다 오락, 태양의 흑점, 한 심리학자의 심심풀이 탈출이다. 어쩌면 새로운 전쟁일까? 그리고 새로운 우상(偶像)들이 진단(診斷)은 될까?⋯⋯ 이 작은 논문은 커다란 전쟁의 선전포고이다. 그리고 여기 소리굽쇠 쇠망치를 대어 진단을 하는 우상들은, 일시적 우상이 아니고 영원한 우상들이고, 그보다 더욱 오래 되고 더욱 신뢰하고 뽐내는 우상이 없는 우상들이다. 그러나 역시 더할 수 없이 공허한 우상들이다⋯⋯ 사람들은 가장 많이 믿고 역시 최고라고들 하지만, 진짜 우상은 아니다.

---

39) W. Spies & S. Rewald, *Max Ernst : A Retrospective*, The Metropolitan Museum of Art, 2005, p.169, 'The Inquisition : Justice Shall be Done(1926)' : '막대기'가 '장미', '톱'을 들고 말하고 있다.

40) P. Gimferrer, *Magritte*, Rizzoli, 1986, Fig.94 'Justice Has Been Done(1958)' : H. 토치너(1910~1998, 히브리어 연구 소장) 얼굴과 '항아리' 로고(logogram)를 병행하여 '신비주의', '관념주의'에 일방주의를 조롱하고 있다.

41) R. Motherwell(edited by), *The Dada Painters and Poets: An Anthology*, Ibid., pp.35~36.

—This essay — the title betrays it — is above all a recreation, a spot of sunshine, a leap sideways into the idleness of a psychologist. Perhaps a new war? And are new idols sounded out?······ This little essay is a great declaration of war, and regarding the sounding out of idols, it is time not just idols, but eternal idols, which are here touched with a hammer as with a tuning fork — there are altogether no older, no convincing lower, no puffed-up idols··· Also, no more hollow··· That does not mean they are the most believed, also said to be especially the case in chief, not quite idol···[42]

┃구조┃ '우상(偶像)의 진단⇔선전포고', '영원한 우상⇔공허한 우상', 동시주의

F. 니체를 더러 '살상의 전쟁 찬양자'(특히 2차 대전의 히틀러와 동등한 전쟁 옹호자)로 지목하지만, 그것은 '현재 생명 우선주의'를 미워하는 '보수주의(保守主義)'의 고약하고 무지한 모략(謀略)일 뿐이다.

그리고 '실존주의' 문제도 F. 니체를 비롯한 E. A. 포우(E. A. Poe, 1809~1849), S. 키에르케고르(Soren Aabye Kierkegaard, 1813~1855), K. 야스퍼스(K. Jaspers, 1883~1969), M. 하이데거(M. Hei-degger, 1889~1976), J. P. 사르트르(J. P. Sartre, 1905~1980) 등을 거론하고 있지만, 그들의 주장은 F. 니체의 '생명 긍정 정론(正論)'에 주변의 여진(餘震)들이다.('제13장 F. 니체 이후 사상가' 참조)

색칠한 석고 가면(1935)[43]

F. 니체야말로 '과학'이라는 창과 방패로, '철학적 관념주의', '종교적 허무주의'를 부정한 '현재 생명 중심주의', 디오니소스주의, 차라투스트라 교조(敎祖)이다. F. 니체 자신은 그런 위치[敎祖]를 스스로 부정한 철저한 '동시주의'자였고, '현대 자본주의 사회, 자유 시민 정신'은 F. 니체 정신을 빼면 그야말로 기댈 곳이 없는 완전히 빈 공

숲(1926)[44]

---

42) F. Nietzsche(translated by D. F. Ferrer), *Twilight of the Idols*, Ibid., p.4.

43) A. M. Hammacher, *Rene Magritte*, Abradale Press, 1995, p.103, 'Painted Plaster Mask(1935)' : '하늘 구름─관념주의' 로고로 '관념주의', '국가주의' 철학의 '허구─가면'을 조롱하였다.

44) J. Meuris, *Rene Magritte*, Taschen, 2004, p.22, 'The Forest(1926)' : '숲─국가주의'가 인간의 두뇌를 지배하고 있음을 풍자하였다.

간이니, F.니체는 '권력에의 의지=생명 의지'로, '자유 민주주의 사회'를 철학적으로 뒷받침하고 있다. 이것을 모르는 지식인은, '자유 민주주의 사회 원리'에 무식한, '유식한 허수아비'일 것이다.(F.니체의 '민주주의 반대'는 근본적으로 K.마르크스의 '경제적 평등주의', '공산주의 반대'이다.)

F.니체는 그 이전 철학자들이 한결같이 '전체주의', '국가주의', '도덕주의', '일방주의'를 버리지 못함에 현대 과학 정신으로 '우상(偶像)들을 진단한다(the sounding out of idols).'는 선언이다. 이러한 진술에도 그의 '과학적 생명 긍정주의'와 '개인주의', '힘에의 의지' 즉 '공정한 경쟁을 바탕으로 한 생의 긍정'이 바탕에 깔려 있는 진술임을 알아야 할 것이다.

R.마그리트는 '색칠한 석고 가면(Painted Plaster Mask)', '숲(The Forest)'이라는 작품에서 '하늘', '나무' 로고를 통해 '반(反)현실 생명주의', '관념주의', '허무주의', '국가주의'를 통박하였다.

6-26
'생성 변화를 싫어하는 철학' : 이집트주의

당신은 나에게 철학자들의 공통성이 무엇인가고 묻는가?… 예를 들어 철학자는 역사 감각을 결여(缺如)하여 그들의 이념은 생성을 증오하는 이집트주의이다. 영원이라는 관점에서 모두 함께 역사를 거부하고 미라를 만들면 그것이 영광스러운 것인가. 누천년 동안 철학자들이 만져온 것은 개념(概念)의 미라들이었고, 그들의 손에는 도대체 생명이란 없었다. 그들이 숭배할 때는 죽이고 우상숭배자인 신사(紳士)들의 기한(期限)을 연장한다. 그들이 숭배할 때는 모두가 위험스럽다. 출생, 성장, 노령과 변화의 죽음에 반대하고 그것에 비판까지 행한다.

−You ask me what is all idiosyncrasy among philosophers?… For example, their lack of historical sense, their hatred of the idea itself of becoming, theirs Egypticism. Do you think of a thing to be honored if they dehistoricize same, *sub specie aeterni* [under the aspect of eternity] − if they turn it into a mummy. All that philosophers have handled for millennia, were conceptual mummies; there was nothing real to life from their hands. They kill, they fill out that these gentlemen term, idolaters, when they worship − they are all dangerous when they worship. The death of change, the age as well as procreation and growth, they are objections − even refutations.[45]

|구조| '개념의 미라⇔생명(life) 변화' 동시주의

  '철학'은 '당위(當爲)', '절대(絕對)', '불변(不變)'의 세계를 지향하였다. 이에 F. 니체는 '생명', '욕망'의 논의 고려가 없음을 조롱하여 철학자는 '개념의 미라(conceptual mummies)'를 취급하고, 그래서 '이집트주의'라 공격하였다.

  그러면 F. 니체의 '현재 생명 중심주의'는 어떠한가? '3-1. 니체는, 철학자 디오니소스의 제자다.', '3-30. '파괴와 변화'는 '디오니소스적인 것'이다.', '8-10. 내 교육에 '중단'은 없다.'이다.

  F. 니체를 추종한 화가 R. 마그리트는 작품 '창(The Window)'으로, S. 달리는 '계급이 피라미드를 공격하다(The Sphere Attacks the Pyramid)'로 각각 현대 사회에도 엄존한 '이집트주의'를 비판하였다.

'창(1926)'[46), '계급이 피라미드를 공격하다(1939)'[47]

45) F. Nietzsche(translated by D. F. Ferrer), *Twilight of the Idols*, Ibid., pp.15~6.
46) J. Meuris, *Rene Magritte*, Taschen, 2004, p.17, 'The Window(1925)' : 왕궁의 '커튼' 넘어 깜둥이 노예가 피라미드를 향해 가고 있다.
47) R. Descharnes & G. Neret, *Salvador Dali*, Taschen, 2006, p.321, 'The Sphere Attacks the Pyramid(1939)' : '힘의 손(과학의 힘)'이 장벽을 뚫고 '피라미드(수천 년 보수 왕조)'를 분쇄하고 있다.

6-27

'감성(感性-senses)의 보고(報告)'에는 거짓이 없다.

'이성(reason)'이라는 것이, 우리에게 감각(senses)의 증언(證言)을 곡해(曲解)하게 하는 원인이다. 감성이 소멸과 변화를 보여주는 한도(限度)에서는 거짓이 아니다…. '존재란 허구다'라고 했던 헤라클레이토스(Heraclitus, B.C.580?~B.C.480?)는 영원히 옳다. '보는' 세계가 유일한 세계고, '진리의 세계'란 거짓이다.

-"Reason" is the cause for us to falsify the testimony of the senses. Insofar as the senses are, passing away, showing the change, they do not lie… But that will forever be right Heraclitus, that Being is an empty fiction (dass das Sein eine leere Fiktion ist). The "apparent"("scheinbare") world is the only one: the "true (wahre) world" is only now been a lie (nur hinzugelogen)…48)

| 구조 | '보는 세계 ⇔ 세계가 유일한 세계', '진리의 세계 ⇔ 거짓말' 동시주의

플라톤은 그의 〈국가〉에서 '보이는 현실 세계'를 부정하고 '이념(Idea)'의 세계를 말하였다. 그렇지만, 헤라클레이토스는 "만물은 유전(流轉)한다(everything is in a state of flux)."49) '사물은 같은 상태로 존재하지 않는다.'고 전제하였다. '동일하다', '변한다'는 상반(相反)된 전제이지만, 사물을 설명하는 중요한 두 가지 전제이다. 사실 그 두 가지 축(軸) 속에 모두 설명되고 있으며, 하나가 무시되면 다른 것도 확인할 수 없게 된다(동시주의).

그동안 플라톤 이후의 '철학'은 '동일한 것'에 관심을 쏟아 왔음에 대해, '역사'는 시간 속에 '변전(流轉)'을 고찰했다.

'생명(육체)'은 '공간'과 '시간' 속에 극미(極微)한 위치를 지니고 있는 존재이다. 그래서 그동안 전체주의 철학자들은 그것을 특별히 고려하지 못했다.

그런데 F. 니체는 그 '극미(極微)한 개인의 생명(육체)'에 막중한 의미가 있음을 확인하고, 인간이 그동안 스스로 과대망상에 사로잡혀 '극미(極微)한 생명'-자아(自我)를 돌아보지 못했음을 가장 자신의 큰 주장으로 삼아, 그동안 사상가들의 '과대망상'을 낱낱이 비판해 보인 것이 F. 니체 주장의 핵심이다.

---

48) F. Nietzsche(translated by D. F. Ferrer), *Twilight of the Idols*, Ibid., p.16.

49) B. Russell, *History of Western Philosophy*, George Allen & Unwin Ltd, 1971, p.63.

더구나 그러한 '우주의 원리'를 말하는 사람들이 더 근본적으로 다 '개별 생명(육체)의 운영자'라는 사실을, F. 니체는 A. 쇼펜하우어와 함께 거듭거듭 확인해 주고 있다. 그리고 개인들이 지니고 있는 것은 '진리'가 아닌 '감성을 바탕으로 한 표상(현상, Representation)'이므로 '감성(senses)'의 중시를 확실히 하였다.

6-28
'처음(生)'과 '끝(死)'을 혼동하는 철학

철학자들의 다른 특질도 위험하기는 마찬가지다. 그것은 최후의 것(죽음)과 가장 우선(삶)의 문제를 혼동하는 것이다. 마지막에 오는 것, 오지 말아야 할 불행한 것, 현실을 날리는 최후의 연기(煙氣), 공허한 개념, 가장 평범한 것을, '최고의 개념'으로 시작보다 앞에 둔다. 이것이 철학자들의 유일한 존중 방식이다.

－The other idiosyncrasy of the philosophers is no less dangerous: it is the last and the first to be confused. The set, which comes at the end － unfortunately! because it should not come! － The "highest concepts", that is the most general, the emptiest concepts, the last smoke of evaporating reality at the beginning than the beginning. It is this worship again only the expression of their kind:[50]

▌구조 ▌ '가장 우선-삶의 문제(the first) ⟺ 최후의 것-죽음(the last)' 동시주의

F. 니체의 명성(名聲)은, 진술이 간결하면서도 논쟁의 핵심을 격파하는 '입증 방법의 명쾌성'으로부터 오고 있다.

위의 진술은 그동안 '사상가'들 모두 해어나지 못했던 궁극의 허점(虛點)을 F. 니체가 간결하게 짚어 준 것이다. 즉 '생명'의 가장 뒤에 누구에게나, 어쩔 수 없이 맞게 되는 죽음(死)의 문제를, '생명의 시작', '인생의 개시'부터 앞세워 '죽음'에 대한 (쓸데없는) 대비(對備)를 강조해 왔음이 기존 사상가들의 전반적 행태라는 F. 니체의 지적이다.

여기 F. 니체의 지적에 하나 첨가해 두어야 할 사항은 그 '죽음에 대한 대비'는 완전히 과장된 '개별 실존들의 주장', '천지 만물의 주인(主人－예수)', '국가 사회의 운명을 쥐고 있는 이-

---

50) F. Nietzsche(translated by D. F. Ferrer), *Twilight of the Idols*, Ibid., p.17.

소크라테스, 플라톤'이라는 이름으로, 그들 '과대망상'을 토대로 '생명(육체)'을 '깃털 하나'로 무시했던 사람들의 생각을 표준으로 수천 년의 '인간 교육'이 행해져 왔다.

이에 1916년 취리히 다다는 '두 가지 측면(生死)을 동시에 고려하는', '동시주의(Simultane-ism)'를 그들의 '혁명 운동'의 신념과 방법으로 운용하였다(이것은 당초 F. 니체의 방법이었음).

6-29
'현재 세상'이 '진실의 전부'다.

내가 네 가지 명제(four theses)로 요점을 요약하면 편할 것이다. 그래서 이해를 쉽게 하고 반박(모순성)을 행하게 할 것이다.

첫째 명제(문장) : 이성(The reasons)은 '이' 세상의 실재 세계를 더욱 명백히 한다고 말했지만, 이 세상과 다른 실재(reality)는 추적 불능이다.

둘째 명제(문장) : 사물들의 '진실한 존재'라는 '기호들(The signs)'은 없다는 표시이며, '진리의 세계'란 진실한 세계의 반대로 조작되어 자명한 세계란 철학도의 도덕의 환상 시각일 뿐이다.

셋째 명제(문장) : 이 세상이 아닌 '다른' 세상 이야기는 의미가 없으니, 우리 내부의 본능을 중상하고 생을 의심하고 축소시킨다. 그것은 결국 '다른', '더 좋은' 생활의 환상으로 살아 있는 자신에게 복수를 행한다.

넷째 명제(문장) : '진리의', '자명한' 세계란 기독교 체질이든, 칸트 체질(기독교를 베낀 것임)이든 간에 데카당의 암시이고 쇠망한 인생의 조짐이다.

–You will thank me when I crowding so essential, so new insight into four theses: I so would facilitate the understanding, I call out to the opposition(contradiction, Widerspruch).

First sentence (Satz). The reasons pointed out "this" world has been described as apparently rather justify their reality – a different kind of reality is completely undetectable.

sentence. The signs, which have been given the "true Being (wahre Sein)" of things are the hallmarks of non–Being (Nicht–Seins), of nothingness, – one the "true world" is made up of the opposition to the true world: indeed an apparent (scheinbare) world, insofar they merely a moral–optical illusion (moralisch–optische Täuschung).

Third sentence. Tales from an "other" than this world has no meaning, provided that an instinct of slander, diminution, suspicion of life is made perfect in us: in the latter case, we avenge ourselves alive with the phantasmagoria of "another" a "better" life.

　　Fourth sentence. The world differ in a "true" and an "apparent (scheinbare)", whether in the nature of Christianity, whether in the nature of Kant (a cunning Christians last but not least) is only a suggestion of decadence, – a symptom of declining life…[51]

┃**구조**┃ '이 세계⇔실재 세계',

　　　　'기호들(The signs)⇔없다는 표시(the hallmarks of non-Being)' 동시주의

　F. 니체가 '현재 생명 중심주의'에 가장 큰 확신을 제공한 것은 (그가 명시하고 있지는 않지만[52]) 중국 공자(孔子, B.C.551~B.C.479)의 '현세 중심 사고'였을 것이다.('9-25. 〈주역〉을 읽었던 니체')

　F. 니체의 위의 주장은 먼저 '다다 초현실주의 혁명 운동'의 취지를 살피고 나면, 그것은 '현세주의', '현재 생명 중심주의'의 본질을 밝히고 있는 것들임을 명백히 알 수 있다.

　같은 '실존주의자'라고 명패를 단 M. 하이데거는, F. 니체의 생전 주장을 무시하고 자신의 '허무주의'를 거꾸로 F. 니체에게 뒤집어 씌웠다.('제13장 F. 니체 이후 사상가들' 참조)

　특히 위에서 둘째 명제(문장), "사물들의 '진실한 존재'라는 '기호들(The signs)'은 없다는 표시"라고 F. 니체가 명시했던 바는, 현대 언어학의 기초를 세운 F. 소쉬르(F. Saussure, 1857~1913)의 〈일반언어학 강의〉의 기본 강령이 된 것으로, 소쉬르의 언어학 저변에 F. 니체의 '변화 생성의 생명 긍정주의'가 있었다는 점을 망각해서는 아니 될 것이다.(제13장 '소쉬르 항' 참조)

　F. 니체의 생각에 완전 공감한 화가 R. 마그리트는, '깨어 있는 상태(The Waking State)'라는 작품을 제작하여 살아서 '저 세상(the other world)'을 말하는 사람들을 조롱하였다.

'깨어 있는 상태(1958)'[53], '깨어 있는 상태(1958)'[54]

---

51) F. Nietzsche(translated by D. F. Ferrer), *Twilight of the Idols*, Ibid., p.19.

52) F. 니체는 '아편 전쟁(1840~1860)'에서 영불 연합군에 패배한 中國을 공개적으로 무시하고 있음.

6-30

소크라테스가 '이론(理論)의 원조'다.

우리 현대 세계는, 알렉산드리아 문화의 그물에 걸려 있다. 지식을 최고의 수단으로 아는 과학에 봉사하는 이론가들이 이상(理想)이 되어 있다. 그 원형 창시자는 소크라테스다.

—Our whole modern world is entangled in the meshes of Alexandrine culture, and recognises as its ideal the theorist equipped with the most potent means of knowledge, and labouring in the service of science, of whom the archetype and progenitor is Socrates.[55]

❚구조❚ '소크라테스⇔이론가, 이론가의 원형, 창시자' 동시주의

F. 니체는 F. 니체 당대의 사람들도 소크라테스 '국가주의', '이념주의'를 이상으로 삼고 있는 '알렉산드리아주의(Alexandrinism, 기하학주의, 플라톤이즘)'에 빠져 있다는 지적이다.

F. 니체의 최고의 강점은 인간 생명을 '있는 그대로(과학적으로)' 관찰 긍정하고(이후 정신 분석 의사가 동조했던 사실일이 그것을 긍정함), 다른 한편 엉뚱한 '합리주의(허무주의)'를 기초로 인간 사회법(철학)을 만들었던 결과가 '전체주의', '국가주의', '독재 일방주의'라는 것을 밝혔던 점이다.('생성주의(헤라클레이토스) ⇔ 이념주의(플라톤)' 동시주의)

어떻든 '생명 긍정', '실존주의'가 중심에 있어야 한다.

그리고 역시 그것은 추상적인 공론이 아니라 F. 니체가 가장 우려했던 바는 독일의 '국가주의', '민족주의', '일방주의'였다.

F. 니체에 동조했던 R. 마그리트는 '헤라클레이토스의 다리(1935)'를 제작하여 생명의 변화와 생성을 말한 헤라클레이토스의 전통이 (구름에 가려) 단절되었음을 탄식하고, 작품 '문명인(The Civilizer)'을 제작하여, 현대인이 '국가주의(숲)'를 지키는 '강아지'로 조롱을 하였다.

---

53) D. Sylvester, *Rene Magritte*, Manil Foundation, 1994, Fig.1446 'The Waking State(1958)' : R. 마그리트는 '하늘', '십자 창' 로고(logogram)에 '깨어 있는 상태(The Waking State)'란 제목이 그것을 명시하고 있다. 만약 '다른 세상(the other world)' 있다면 '(거꾸로 선 십자 창)이러한 형태인가?'라는 질문이다.

54) Ibid., Fig.1448 'The Waking State(1958)'.

55) F. Nietzsche(translated by Wm. A. Haussmann), *The Birth of Tragedy*, The Macmillan Company, 1909, p.137.

'헤라클레이토스의 다리(1935)'[56], '문명인(1946)'[57]

6-31

사상은 감성의 그림자다.

사상은 감성의 그림자이다. 사상은 모호하고 공허하고 단순하다.

-Thoughts are the shadows of our sentiments--always however obscurer, emptier and simpler.[58]

Ⅰ구조Ⅰ '사상⇔감성' 동시주의

F. 니체가 평생 활용했던 가장 큰 '동시주의'는 '실존(생명)주의(Existentialism)⇔관념주위(Idealism)'의 대극적 동시주의(Polar Reversal Simultaneism)였다.

그러므로 '굳은 사상'을 문제 삼은 것이 아니라 '변화 생성'을 감지 보고하는 '감성(senses)'을 무엇보다 우선하였다.

F. 니체에 앞서 모든 예술가들은, '생명(육체, 욕망)'과 '감성'을 우선하였고, 사실상 '사상가', '도덕가'들의 일방주의 주장을 무시 외면해 왔다.

그런데 F. 니체는 누구보다 확실히 모든 가치의 기원을 '현재 생명 우선주의', '실존주의'에 두고 '가치 혁명 운동'을 선도했고, 제1차 세계대전으로 기존 '이념주의', '도덕주의'가 쓸데없

56) D. Sylvester, *Magritte*, Mercatorfonds, 2009, p.283, 'Heraclitus's Brige(1935)' : (일시 구름에 가려) 헤라클레이토스 '다리'가 끊겨 있음('변전 생성의 이론' 논의의 단절).

57) D. Sylvester, *Rene Maritte*, Manil Foundation, 1994, Fig.1208 'The Civilizer(1946)' : '숲'-'국가주의' 로고에 강아지를 앞세워 '문명인'이라 조롱하였다.

58) F. Nietzsche(translated by T. Common), *The Joyful Wisdom*, Ibid., p.192.

는 '허구'임이 여실히 입증되고 '국가주의', '종족주의' 폐해가 어떠한지를 확실히 알게 된 젊은
이들이, 1916년 2월 취리히 '카바레 볼테르'에 모여 '새로운 가치 혁명 운동'을 전제한 것이
바로 '다다 혁명 운동'의 시작이었다.

그러므로 1916년 '다다 혁명 운동'은 F. 니체의 덜 분명했던 '전쟁'의 문제를 더욱 확실히
'살상 전쟁 반대', '제국주의 반대'로 확실히 하고 '모든 가치의 재평가(A revaluation of all
values)' 운동을 전개한 결과이다. 무엇보다 '젊은 예술가들'이 선도했다는 점이 F. 니체와
한패라는 사실을 확실히 해 주고 있다.

제7장

차라투스트라의 '개인주의' 선언

F. 니체의 〈차라투스트라는 이렇게 말했다〉는, '생명 긍정(Affirmation of Life)'의 '실존주의(Existentialism)'에 대한 F. 니체 자신의 발견과 확신을 찬양 노래한 책으로, 오늘날 '현대 자유 민주주의의 사회'를 뒷받침하고 있는 최고(最高)의 사상서(思想書)이다.

이로부터 1916년 취리히 '다다 혁명 운동(MOVEMENT DADA)'과, 1924년 A. 브르통의 '초현실주의 선언'이 사실상 가능하게 되었으니, F. 니체의 '실존주의' 정신은 바로 '현대인의 사상과 정신의 비조(鼻祖)'로 가장 신중(愼重)하게 접근 학습되어야 할 대상이다.

F. 니체의 '생명 긍정'의 '실존주의' 사상과 '모든 가치의 재평가(A revaluation of all values)'란, '과학(의학, 생리학) 사상'을 바탕으로 삼아, 과거의 '전체주의(Totalitarianism)', '도덕주의(Moralism)', '관념주의(Idealism)', '허무주의(Nihilism)'를 부정하고, 현대의 '개인주의(Individualism)', '육체주의(Physicism)', '자유주의(Liberalism)'에로의 의식 전환 운동이다.

'차라투스트라'는 '제우스', '디오니소스', '여호와', '불타(佛陀)'를 아우르는 신상(神像)일 뿐만 아니라, 역시 개별 생명 'F. 니체 자신(육체)'을 지칭하고 있으니, 그것은 인간 상상력의 모든 영역을 각자 '현재의 개별 생명 중심'으로 다시 열어 설명해 보인 '신화(神話)'의 모범적 해명(解明) 사례이다. 그래서 역시 이것은 오늘날 '신화학(神話學, Mythology)', '인류학(人類學, Anthropology)'의 원조(元祖)를 이루었고, '정신분석(Psychoanalysis)'의 기원(起源)을 마련한 F. 니체의 빛나는 지성(知性) 발동 현장 공개이다.

7-1
'가치의 재평가' : 차라투스트라의 일

이 미래의 복음서가 지니는 표제의 의미를 오해해서는 아니 될 것이다. '힘에의 의지 : 모든 가치의 재평가 시도'라는 것은, '원리와 사명'에 관한 반대 운동이다. 그 철저한 허무주의를 언젠가는 대체(代替)하게 될 '힘에의 의지'는 철저한 허무주의 이후에 올 수 있는 운동이다.

　―For one should make no mistake about the meaning of the title that this gospel of the future wants to bear. "*The Will to Power:* Attempt at a Revaluation of All Values"―in this formulation a countermovement finds expression, regarding both principle and task; a movement that in some future will take the place of this perfect nihilism ―but presupposes it, logically and psychologically. and certainly can come only after and out of it.[1]

┃구조┃ '힘에의 의지(The Will to Power) ⟺ 철저한 허무주의' 동시주의

F. 니체가 최고의 신념을 담은 어구가 '허무주의' 극복이고, 인간 생명의 발양, '생명 긍정', '힘에의 의지'(4-6. '힘(권력, power)'='체력(strength)+지(knowledge)+부(wealth)')란 말이다.

저서 〈차라투스트라는 이렇게 말했다〉는 그것을 반복 강조해서 풀어낸 것이다. '철저한 허무주의'란, 과학 사상의 도래로 기독교적 '내세(the next world)'와 불교의 '윤회설(輪回說)'을 수용할 수 없게 된 경우를 말한다. 그러므로 '힘에의 의지'는 '실존(생명) 최고의 가치 실현'으로 의미를 지닌다.

위에서 '원리와 사명(principle and task)'이란, '허무주의', '전체주의'를 전제로 마련된 '당위(當爲, what one should be) 철학' 속의 '원리와 사명'이다.

즉 기존의 종교 사상, 즉 소크라테스(플라톤), 예수, 불타(佛陀)의 사상까지 모두 '생명-현재의 육체'를 부정하며 '국가주의', '도덕주의', '내세주의(天國, 極樂-the next world)'를 주장하며 '허무주의(nihilism)'를 권장하는 데카당(퇴폐)에 빠졌다고 F. 니체는 비판을 가하였다. 그에 대한 '반대운동(a countermovement)' 즉 '생명 긍정'에다 중심을 세운 가치관의 실현이, 기존한 '모든 가치의

---

1) F. Nietzsche(W. Kaufmann & R. J. Hollingdale-translated by), *The Will to Power*, Vintage Books, 1968, pp.3~4[1887년 11월~1888년 3월 기록].

<u>재평가(Revaluation of All Values)' 운동이다.</u>

　F. 니체는 1883년 1월에 〈차라투스트라는 이렇게 말했다(Thus Spoke Zarathustra)〉(제1부) 집필을 마쳤으니, 이후부터는 자신의 '현재 생명 긍정주의'를 바탕으로 새로운 가치(힘에의 의지)를 '동시주의(Simultaneism)' 방법('힘-생명에의 의지 ⇔ 허무주의')으로 말하였다. 여하튼 '차라투스트라(F. 니체)'의 가장 명백한 공격 대상이 '허무주의 자'임을 평생 밝혔던 것이 가장 큰 주장이고, '차라투스트라 ⇔ 허무주주의자'가 가장 애용했던 동시주의 구조이다.

7-2
인간 각자는, '가치의 최후 평가자'다.

　다양하게 인간들은 자신에게 그들의 선악을 적용하여 왔다. 그것은 그들이 차용한 것도 아니고 찾아낸 것도 아니고 하늘에서 떨어진 것도 아니다.

　가치는 인간이 자신을 유지하기 위해 사물에다 분할해 놓은 것으로 그가 창조한 사물의 의미, 인간의 의미일 뿐이다.

　그러기에 '인간'을 평가자로 부르는 것이다. 평가는 창조이다. 들어라, 창조자들이여! 평가가 바로 보물이며 가치 있는 물건의 보석이다. 평가를 통해서만이 가치가 존재하고 평가가 없으면 빈 껍질일 뿐이다.

　창조자여 들어라! 가치의 변화는 즉 창조자의 변화이다. 항상 가치의 창조자가 되어야 할 사람이 파괴를 행하는 법이다.

　최초의 창조자들은 국민이었다. <u>최근에 와서야 개인들이 다양하게 되었고, 개인 자신이 최후의 창조자이다.</u>

　-Verily, men have given unto themselves all their good and bad. Verily, they took it not, they found it not, it came not unto them as a voice from heaven.

　Values did man only assign to things in order to maintain himself-he created only the significance of things, a human significance! Therefore, calleth he himself "man," that is, the valuator. Valuing is creating : hear it, ye creating ones! Valuation itself is the treasure and jewel of the valued things. Through valuation only is there value and without valuation the nut of existence would be hollow.

　Hear it, ye creating ones! Change of values-that is, change of the creating ones. Always doth he destroy who hath to be a creator.

Creating ones were first of all peoples, and only in late times individuals verily, the individual himself is still the latest creation.[2]

┃구조┃ '인간(man) ⇔ 가치(Values)', '국민(people) ⇔ 개인(the individual himself)' 동시주의

F. 니체가 자신의 〈차라투스트라는 이렇게 말했다〉 속에 여러 가지 중요한 자신의 견해를 토로했지만, 위 부분은 현대 '자본주의 사회' 소위 '개인주의'를 기본으로 한 '자유 민주주의 사회'의 정당성을 밝힌 것은 바로 위의 구절이다. 즉 '개인 각자 지식(정보)의 확장과 자본 축적'을 인정하지 않으면, 어디에도 '자유'의 근거는 확인될 수 없고, '지식(정보)의 확장과 자본 축적'의 문제를 빼놓고, '힘에의 의지'를 따로 논하는 '바보 차라투스트라'는 없을 것이다.

그런데 F. 니체는 그의 온 저술을 통해 그것을 반복 강조하였다. 그리고 그 중요한 문제에 F. 니체를 '제국주의 옹호자', '반민주주의 독재 옹호자'로 잘못 규정하고 있는 것이다. 즉 개인의 '힘의 거점'을 빼버리고 소위 '자유'를 말하는 사람이 바보가 아니면 어디에 또 다른 바보가 있겠는가?

F. 니체의 경우, '경쟁(전쟁)'은 '생명의 기본 현상'으로 긍정되었다. 그것은 오늘날 '자본을 향한 경쟁'을 그대로 인정한 것이고, 그것의 '축적'이 바로 '힘에의 의지'이고, 그것의 행사가 바로 '자유'이다. 이러한 '필수 요점'을 간과하면, F. 니체 철학을 어떻게 '읽었다'고 말할 것인가?

거듭 말하거니와 '생명 긍정', '자유 옹호'의 F. 니체가, 평생 절대 수용할 수 없었던 것은 '공산당식 민주주의', '경제적 무조건 평등주의'였다. 그것은 '국가주의', '전체주의'에 '개인 선택의 자유(자발성=가치 창조)'를 근본적으로 제거한 것이라 생각하였고, '경쟁(전쟁)'이 없는 사회'란 '생명 현상의 근본의 싹을 처음부터 부정한 죽음의 사회'라 F. 니체는 생각하였다.

K. 마르크스는 '도덕(神)'의 문제를 '자본'으로 대체하여 인류 역사에 새로운 '혁명'을 선도하였지만, 그는 '플라톤', '예수'와 함께 공통으로 '국가주의', '전체주의' 속에 있었다. 단지 '관념주의'에서 '물질주의'로 선회한 것뿐이다.

그런데 F. 니체가 'K. 마르크스'를 거론도 하지 않고, '민주주의' 부정의 서술로 직행한 것('10-26. 민주주의는 '힘의 쇠망기'에 출현한다.', '10-27. '노예 교육'은 바보짓이다.')은, '경제적 평등주의'로 '생명의 경쟁(전쟁)' 자체를 없애려 한 시도였기 때문이다. (K. 마르크스의

---

2) F. Nietzsche(translated by R. J. Hollingdale), *Thus Spoke Zarathustra: A Book for All and For None*, Penguin Classics, 1961, p.67.

'공산주의'는, 베드로식 '교회 운영 방식'을 학습한 것이라 규정되고 있다.-'사도행전' 참조)

7-3

친구의 속에 그 초인(超人)을 동기(動機)로 삼아라.

    나는 당신에게 자신의 내부에 완전한 세계를 세우고 선(善)의 캡슐로 항상 완전한 세계를 제공하는 창조적인 친구를 가르쳐 주려한다. 세계가 초인(超人 Superman)에 의해 펼쳐졌듯이, 악(惡)에서 선(善)이 자라고 우연(偶然, chance)에서 목적(目的, purpose)이 자라듯이 초인(超人 Superman)에 의해 세계가 감겨지리라. 미래 먼 곳의 동기를 당신의 오늘 동기로 삼으라. 그대 친구의 속에 있는 그 초인(超人 Superman)을 동기로 삼으라.

    -I teach you the friend in whom the world standeth complete, a capsule of the good, -the creating friend, who hath always a complete world to bestow. And as the world unrolled itself for him, so rolleth it together again for him in rings, as the growth of good through evil, as the growth of purpose out of chance. Let the future and the furthest be the motive of thy to-day ; in thy friend shalt thou love the Superman as thy motive.[3]

| 구조 | '당신의 친구(thy friend) ⇔ 초인(Superman)' 동시주의

    F. 니체는, '초인(超人, Superman)'을 '자기 자신'을 포함한 '실존 중심의 가치 창조의 주역'으로 전제하였다.(8-34. '신(神)'을 대신한 '초인의 시대'이다.)

    F. 니체는 '신(神)의 존재' 주장하였던 이들(소크라테스, 예수)이 그들의 '생명'을 한결같이 부정하였기에 모두 '허무주의', '퇴폐주의'로 규정하였다.

    그리고 그들에 맞서, F. 니체는, '실존(實存, 생명)을 옹호한 천재(天才)'를 '초인(超人, Superman)'이라 명명하였다. 즉 F. 니체 주장의 마지막 거점은 '실존(實存)'이고, 그것의 인정 속에 앞으로 미래의 '세상을 주도할 천재'를 '초인', '차라투스트라'라고 했는데, 그 '초인', '차라투스트라'의 구체적인 행적을 서술한 것이 〈차라투스트라는 이렇게 말했다〉이다.

    특히 위에서 F. 니체가 '세계가 초인에 의해 펼쳐졌듯이, 악(惡)에서 선(善)이 자라고 우연(偶然, chance)에서 목적(目的, purpose)이 자라듯이 초인에 의해 세계가 감겨지리라.'란 진

---

3) F. Nietzsche(translated by R. J. Hollingdale), *Thus Spoke Zarathustra*, Ibid., p.70.

술에는 가장 주목을 요한다. 기존 도덕률은 '선악(善惡)'을 '영혼(靈魂−선)', '육체(肉體−악)'을 철저히 구분하고 그것들을 다시 '인과율'의 '필연'으로 묶었는데, F. 니체는 그 '생명(육체, 욕망)'을 표준으로 '선(육체의 편함) ⇔ 악(금욕주의 허무주의)', '우연 ⇔ 목적(−힘에의 의지)'을 '동시주의'로 묶었다. ('2−4. '착하다'는 판단(느낌)은, 행동 주체에서 유래한 것임.', '2−6. '본능의 편함'이 선(善)이다.')

즉 '선악'과 '관념주의'와 '영혼'을 넘어서, '생명(육체, 본능) 중심주의', '힘에의 의지'를 펼치는 것이니, 그것은 서로 '대극적 대척적 성질과 공존' 그 동시주의 속에 '생명을 풍요롭게 융성하게 하는 일', 즉 '디오니소스 정신'의 실현 속에 성취된다는 F. 니체의 설명이다.

7-4
'쇠망치'의 철학이 '즐거운 학문'이다.

> 최대치, '종족(人類)이 전부이고, 개인은 무의미하다'가 휴머니티로 달성되고 모든 개인에게 해방과 책임 없음으로 개방될 때, 아마 그때에는 웃음과 지혜가 연합할 것이고, '즐거운 학문-joyful wisdom'이 행해질 것이다.
>
> −When the maxim, "The race is all, the individual is nothing,"−−has incorporated itself in humanity, and when access stands open to every one at all times to this ultimate emancipation and irresponsibility.−−Perhaps then laughter will have united with wisdom, perhaps then there will be only "joyful wisdom."[4]

| 구조 | '종족(race) ⇔ 개인(individual)' 동시주의

F. 니체의 위의 발언 이전에 크게 논의를 벌렸던 문제가 '종족 보존(The conservation of the race)'의 문제였다. 앞서 살폈듯이 A. 쇼펜하우어는 인간의 '종족 보존 본능'을 내세워 인간 사회의 제 현상을 설명하는 탁월한 지성을 과시했지만, 그것에서 '긍정적 시각'을 도출하지 못하고, '염세주의(pessimism)', '허무주의(nihilism)'으로 결론을 내었던 한계성을 드러내었다.

---

4) F. Nietzsche(translated by T. Common), *The Joyful Wisdom*, The Macmillan Company, 1924, p.32.

이에 F. 니체는 '종족 보존'의 문제를 인류 전체의 가장 중요한 문제로 적극 검토하여 새로운 가치관을 처음 수립하였으니, 그것이 바로 차라투스트라(F. 니체)가 선언했던 '모든 가치의 재평가' 출발점이었다. 그것을 뒤따른 학자가 J. G. 프레이저, S. 프로이트, C. G. 융, E. 노이만, 그리고 모든 다다 초현실주의 운동가들이었다.

그리고 이에 역시 명시해 두어야 할 점이 '종족 보존'을 위해 모든 것이 용납될 수 있다고 해도 만약 '그 종족 자체의 손괴(損壞, 人命의 殺傷)'를 어떻게 생각할 것인가는 더 생각해 보지 않아도 그것은 옳지 못한 일임이 명백하다(그것은 自體矛盾이기 때문에).

그러므로 F. 니체의 발언에서도 오해할 수 없도록, '특정 종족(種族, race)'이 아니라 인간 전체, '인류(人類, human race)'라고 해석할 수밖에 없다. 왜냐하면 F. 니체는 독일 '국가주의', '민족주의'에 치를 떨었기 때문이다.('10-1. 우려할 만한 '독일 국가 민족주의'', '10-2. '독일 민족 제국주의'가 바그너를 절단 냈다.', '10-3. 독일의 '국가 민족주의 노이로제'')

더구나 F. 니체의 '제국주의 반대'는 F. 니체의 입장을 가장 확실히 한 것으로 그의 '선구적 안목'을 자랑하고 있다.

F. 니체는 '경쟁(전쟁) ⇔ 동등(평화)' 동시주의에서 오히려 전자(前者)를 옹호하였다.(이것은 '초인'의 기본 전제로 역시 F. 니체가 포기할 수 없는 주장이었음) 그러기에 F. 니체를 피상적으로 '제국주의'라고 규탄한 것은, 명백히 과거 '관념주의', '국가주의' 속에 그 자신을 숨긴 '도덕주의자', '허무주의자'의 악담(惡談)'이다.('8-27. '살상(殺傷)의 무리'는 내 성전(聖殿)을 찾지 말라.') 위에서도 F. 니체는 '휴머니티(humanity)'란 말로 자신의 입장을 거듭 명시하고 있음이 간과(看過)된 '훼언(毀言)'이기 때문이다.

<u>'개인주의'의 귀착점(歸着點)</u>은, 궁극적으로 '인류 사회로의 환원(還元)'이 남을 뿐이니, 그렇지 않으면 진정으로 기쁠 수도 없는 것이기에, F. 니체는 목숨을 담보로 '차라투스트라의 설교'를 멈추지 않았다.

즉 '차라투스트라(초인)의 설교' 요지는, 지금 '네 육체를 사랑하라.', '열심히 개발하고 노력하라.', '네 생명 속에 초인(超人, Superman)의 씨앗도 있다.'이다.

7-5
인간으로 내려온 차라투스트라

비극이 시작되다. −차라투스트라는 30세에 집과 우르미(Urmi) 호수를 떠나 산으로 들어갔다. 10년간을 산 속에서 고독과 정신세계를 즐기며 지루함도 몰랐다. 그러나 마음이 바뀌었다. 동이 트는 아침에 일어나 태양을 향해 말했다.

"그대 위대한 별이여! 빛을 보낼 대상이 없다면, 무슨 행복이 있겠는가? 10년 동안 솟아올라 내 동굴에 빛을 주었다. 나와 내 독수리, 뱀이 없었다면 그대의 비추기 여행도 지루했으리라. 우리는 매일 그대를 기다렸고, 넘쳐흐르는 빛을 받았고, 감사와 축복을 보내었다.

나는 넘치는 지혜에 싫증이 났다. 보라! 꿀을 많이 모은 꿀벌이 그러하듯, 받아갈 사람이 필요하다. 나의 기꺼이 지혜를 나누어주고 싶다. 현명한 사람이 자신의 어리석었음을 즐거워하고, 빈자(貧者)가 부자(富者)로 행복하게 될 때까지.

그래서 나는 저 아래로 내려가야 한다. 그대가 밤이 되면 바다 저편에 잠겨 그쪽에 빛을 뿌리듯이. 아 풍요의 별이여. 나도 그대처럼 내려가야 한다. 사람들이 그렇게 말하듯이 나는 몰락(沒落)을 행해야 한다. 그러니 나를 축복하라. 그대 고요한 눈[眼]이여. 시샘도 없이 가장 행복을 볼 수 있는 그대여. 넘치는 이 잔을 축복하라. 황금빛 물이 넘쳐흐르는 곳마다 당신의 환희도 빛날 것이다. 보라! 이 잔이 다시 비워지도록, 차라투스트라는 인간이 되기를 원한다. 이렇게 차라투스트라의 몰락(沒落)은 시작되었다."

Incipit Tragœdia. −When Zarathustra was thirty years old, he left his home and the Lake of Urmi, and went into the mountains. There he enjoyed his spirit and his solitude, and for ten years did not weary of it. But at last his heart changed,−and rising one morning with the rosy dawn, he went before the sun and spake thus to it :

"Thou great star! What would be thy happiness if thou hadst not those for whom thou shinest! For ten years hast thou climbed hither unto my cave : thou wouldst have wearied of thy light and of the journey, had it not been for me, mine eagle, and my serpent. But we awaited thee every morning, took from thee thine overflow, and blessed thee for it. Lo! I am weary of my wisdom, like the bee that hath gathered too much honey I need hands outstretched to take it. I would fain bestow and distribute, until the wise have once more become joyous in their folly, and the poor happy in their riches.

Therefore must I descend into the deep, as thou doest in the evening, when thou goest behind the sea and givest light also to the netherworld, thou most rich star! Like thee must I go down, as men say, to whom I shall descend. Bless me then, thou tranquil eye, that canst behold even the greatest happiness without envy! Bless the cup that is about to overflow, that the water may flow golden out of it, and carry everywhere the reflection of thy bliss! Lo! This cup is again going to empty itself, and Zarathustra is again going to be a man.--Thus began Zarathustra's down-going.[5]

┃구조┃ '태양(great star)⇔차라투스트라', '제우스의 독수리⇔창세기의 뱀' 동시주의

F. 니체는 다른 곳에서 '7-48. '차라투스트라'는 '변장한 여호와'다.'라고 하였다. 그리고 F. 니체는 '8-24. '하나님이 살아 계시면 교수 니체일 것'이다.'라고도 했다. 그런데 위의 진술은 바로 '인간(F. 니체)⇔하나님(F. 니체)'의 동시주의 운용이니, 이는 '요한복음'에서 예수가 자신의 제자들에게 행한 비유와 동일한 것이다.

위에서 '차라투스트라'는 '여호와', '제우스'를 합친 존재이다. 그리고 '태양'을 자기 자신의 비유로 전제했고, 역시 '친구(동료)'로 전제하였다. 특히 '독수리'는 제우스가 대동한 그 독수리와 동일한 의미이고, '뱀'은 '창세기'에 선악과(善惡果)를 아담에게 권했던 '뱀'과 동일한 존재이다.(처음 희랍 신화에도 '뱀'을 신으로 통했음)

그렇다면 바로 F. 니체가 자신을 그렇게 '과장(誇張)'한 근거는 무엇인가? 그것은 F. 니체 자신의 '생명(實存, 肉體)에 대한 확신'이다.

위의 비유에서 '현명한 사람이 자신의 어리석었음을 즐거워하고, 빈자(貧者)가 부자(富者)로 행복하게 될 때까지(until the wise have once more become joyous in their folly, and the poor happy in their riches).'란 비유는 가장 주목을 요하는 사항이니, F. 니체는 그동안 가장 현명했다는 종교적 교조(教祖)나 '철학자'가 한결같이 어리석게도 '허무주의(nihilism)', '도덕주의(moralism)'에 빠져 있었고 일반 사람들은 '생업(生業)'을 포기하고 '저세상(the other world) 사고'에 사로잡혀 가난하게 '금욕생활'을 당연한 것으로 생각했다는 점을 의식한 말이다.('6-1. 소크라테스는 염세주의자다.', '5-6. 모든 종교는 '허무주의'다.', '5-3. 사제(司祭)는 '금욕의 데카당'이다.', '5-32. 기독교는 '저 세상'을 말한다.', '5-35. '고행(苦行)'이란 쓸데없다.')

그리고 F. 니체의 '실존 중심의 세계관 주장(포교) 시작'을 '몰락(沒落)의 시작-비극(悲劇)의

---

5) F. Nietzsche(translated by T. Common), *The Joyful Wisdom*, Ibid., pp.271~2.

시작(Incipit Tragcedia-Thus began Zarathustra's down-going)'으로 보았던 것도 역시 큰 주목을 요한다. 왜냐하면 F. 니체는 스스로 '디오니소스'로서 '인간을 위한 봉사', '실존을 위한 결행', '풍요를 위한 춤'은 자신의 파괴와 몰락으로 가는 바로 '디오니소스의 운명'으로 알고 있기 때문이다.('3-1. 니체는, 철학자 디오니소스의 제자다.', '3-9. '디오소스의 고통' 이 비극의 주제(theme)다.', '3-29. 생산과 풍요를 위해, 무서운 파괴 해체도 허용된다.', '3-12. 디오니소스는 '영원회귀(回歸)'다.')

'인간'의 육체는 '동물'과 다르지 않지만, '동물과 다르지 않다'는 확신을 갖고 있는 '인식의 동물'이라는 것이 문제인데, '인식의 허무주의'라는 장애를 넘어, '진정 육체 표준 가치관'을 확립 실천하는 주체가 바로 '차라투스트라'로 명명되었다.

F. 니체의 '생(生) ⇔ 사(死)'의 동시주의, 소위 '영원회귀(Eternal Recurrence)'를 스스로의 인생('개인')에 그대로 적용한 차라투스트라의 태도를 거듭 확인 연출을 전제한 것이다.

7-6
'독수리', '뱀'은 차라투스트라의 분신(分身)이다.

> 태양이여 그대는 나의 동굴을 10년 동안 비춰줬지만, 나와 나의 독수리, 뱀이 없었다면 지쳤으리라.
>
> -For ten years hast thou climbed hither unto my cave : thou wouldst have wearied of thy light and of the journey, had it not been for me, mine eagle, and my serpent.[6]

┃구조┃ 'F. 니체 ⇔ 태양, 독수리, 뱀' 동시주의

F. 니체의 비유는 거침이 없다. 그의 사고도 역시 그러하다. 앞서 확인했듯이, F. 니체는 자신을 '태양', '독수리', '뱀'으로 분리 제시하였으나, 모두 F. 니체 자신의 '분신(分身)'이다. '독수리'는 고대 희랍 천신(天神) 권위의 상징임에 대해, '뱀'은 '지혜'를 대신한 동물로 '신의 저주'를 받은 동물인데, F. 니체(차라투스트라)가 바로 자신이 대동(帶同)한 동물로 전제했던 것은 각별한 의미를 지니고 있다.

---

6) F. Nietzsche(translated by R. J. Hollingdale), *Thus Spoke Zarathustra*, Ibid., p.3.

'뱀'은 '땅'과 '육체'의 '지혜'를 대신한 동물로 'F. 니체(차라투스트라)의 행차(行次)'에 결여될 수 없는 중대한 의미를 지니고 있다.(제13장 '카프카' 항 참조)

차라투스트라의 '독수리', '뱀' 상징은 희랍신화에서 차용한 것이다.[7)

　1916년 '다다 혁명 운동'에 가담한 사람들은 체질적으로 모두 F. 니체(차라투스트라, 디오니소스)를 존중하여 한결같이 '생명 긍정'의 '현재 생명 중심주의'를 따랐는데, 화가 M. 에르스트는 '로플롭(Loplop)'이라는 자신의 대신을 대동하고 있었고, 한국의 이상(李箱)은 '까마귀'를 내세웠는데, 그것들은 F. 니체의 '독수리'와 동형(同形)이다.

'로플롭이 다른 새보다 낫다.(1928)'[8)], '로플롭이 로플롭을 드러내다(1930)'[9)], '로플롭(1931)'[10)]

---

7) R. Buxton, *The Complete World of Greek Mythology*, Thames & Hudson, 2004, pp.68, 61 ; '디오니소스(Dionysus, Bacchus)' 신화는 유럽의 神話 중에서 가장 인기가 있는 신화로, 볼테르는 그의 〈철학적 비평(Philosophic Criticisms)〉에서, '바커스(Bacchus) 신화를 본뜬 모세(Moses) 이야기'라고 규정을 하였다. -"헤로도토스는 바커스가 이집트인이고, 아라비아 남부(Arabia Felix)에서 생장했다고 말하고 있다. 오르페우스를 시조로 하는 디오니소스 숭배 詩들은, 바커스는 그 모험을 상기시키는 미셈(Misem)이라는 조그만 상자에 있었는데, 물에서 건져 올렸다고 말을 하고 있다. 바커스는 신들의 비밀 속에 교육되었는데, 바커스는 마음대로 '뱀이 되는 지팡이'를 가지고 있었다. 바커스는 신발을 적시지 않고 홍해(紅海)를 건넜으며, 잇따라 헤라클레스가 그러했듯이 그의 포도주 잔을 타고 알비아(Albia)와 칼페(Calpe) 해협을 통과했다. 바커스가 인도에 갔을 적에는, 바커스와 그의 군대는 밤에도 태양의 빛을 즐겼다. 더구나 바커스가 마법의 지팡이를 만지자, 오란테스(Orantes) 히다페스(Hydapes) 강물이 되어 바커스가 자유롭게 갈 행로(行路)가 되었다고 전한다. 바커스는 태양과 달의 行進도 막았고, 바커스는 그의 法을 돌 테이블에 적었다고도 한다. 바커스의 옛 모습은 그의 머리에서 뿔이나 광선이 솟아나 있다."(Voltaire, *The Best Known Works of Voltaire*, The Book League, 1940, pp.482~4, 'Of Bacchus')

7-7
차라투스트라는 '불[火]의 소지자'다.

그때 당신은 당신의 재(ashes)를 가지고 산(山)으로 갔다. 이제 골짜기로 불을 옮기려 하는가? 방화의 파멸(the incendiary's doom)이 두렵지 않은가?

　－Then thou carriedst thine ashes into the mountains : wilt thou now carry thy fire into the valleys? Fearest thou not the incendiary's doom?[11]

┃구조┃ '재(ashes)⇔불(fire)', '산⇔골짜기', '방화의 파멸⇔프로메테우스' 동시주의

'독수리에게 간(肝)을 뜯기며 벌을 받는 프로메테우스'[12]

F. 니체는 자신을 희랍 신화에 '천상의 불'을 인간에게 전하고 그 형벌로 제우스가 보낸 독수리에게 간을 쪼이는 프로메테우스와 자신을 동일시하였다.(8-29. 니체는 프로메테우스다.)

그동안 모든 종교 철학자가 '현재의 생명'을 거부한 '허무주의', '염세주의'에 있었음에 대해, F. 니체 자신은 그것(불)으로 '현재 생명 중심주의'를 중심으로 새로운 인생관 세계관을 전할 긍지를 표현한 것이다.(이 '프로메테우스' 비유는 1813년 A. 쇼펜하우어가 그의 '육체 –Body 확인'의 '학위 논문'에서 사용했던 그 비유임.－ 2-8. 육체가 근본 문제다.)

　F. 니체는 1876년 바젤 대학에 근무할 당시부터 '신병(身病)'으로 강의를 계속할 수 없어 휴직을 하였고(1876~7), 결국 1879년에 대학을 사직하게 되었다. 그리고 계속된 요양에도 건강이 호전되지 못하여 1889년 1월 3일 이탈리아 토리노 광장에 졸도(卒倒)하는 사고로 이어졌다.(제12장 연보 참조)

---

8) W. Spies, *Max Ernst*, Prestel, 1991, p.173, 'Loplop, Superior of the Birds(1928)' : M. 에른스트는 '다다 초현실주의 혁명 운동가' 자신을 '로플롭' 새 로고로 형상화하였고, 한국의 李箱은 '까마귀'를 想定하였다.

9) Ibid., 'Loplop Presents Loplop(1930)'.

10) W. Spies, *Max Ernst Retrospektive*, Prestel-Verlag, 1979, p.293, 'Loplop(1931)'.

11) F. Nietzsche(translated by R. J. Hollingdale), *Thus Spoke Zarathustra*, Ibid., p.4.

12) J. Pinsent, *Greek Mythology*, Peter Bedrick Books, 1982, p.59, 'Prometheus punished by the eagle eating his liver'.

　그러므로 사실 F. 니체의 '생명(육체)에의 확신'은, 그의 '신병(身病)'과 절대적은 연관 관계 속에 확실히 각인(刻印)된 사항이다. F. 니체는 그것을 비극의 주인공 '디오니소스의 고통', '프로메테우스의 고통'과 자신의 '마비증(痲痺症)'과 연계(連繫)하였다.

　<u>F. 니체의 위대성은, 단순히 개인적 신체적 '고통(苦痛) 체험'을 도리어 그것을 역으로 활용하여, 새로운 '생명 탄생(긍정)'과 '풍요(豊饒)', '생명 긍정(Affirmation of Life) 사상', '현재 생명 중심주의' 로 더욱 확실히 전개하였다는 사실이다.</u>

7-8
차라투스트라는 대지(大地)의 의미다.

　　초인(超人)은 대지(大地)의 의미이다. 초인은 대지의 의미라고 당신의 의지로 말하라.
　　–The Superman is the meaning of the earth. Let your will say : The Superman shall be the meaning the earth![13]

▎구조▎ '초인 ⇔ 신(God)', '대지(earth) ⇔ 하늘(heaven)' 동시주의

　과거의 신학자 철학자들은 '영혼', '국가', '하늘(天)'과 '도덕'을 말했다. 그리고 '현세(this world)'를 말하는 것이 아니라 '저 세상', '천국', '극락'의 세계를 말하였다.

　그런데 F. 니체(차라투스트라)는 '영혼'에 대해 '육체', '국가'에 대해 '개인', '관념'에 대해 '물질', '하늘'에 대해 '땅', '도덕'에 대해 '과학', '천국'에 대해 '현세'를 강조하였다.

　위에서 F. 니체는 '초인은 대지의 의미'라고 하였다. '실존'과 '물질' 총체적 의미이니, '생명'과 '대지(大地)' 불가분리의 관계이다.

7-9
차라투스트라가 '디오니소스'를 강론(講論)하다.

　　하늘을 향해 외친 것은 너희의 만족감이고, 하늘을 향한 죄에 관한 조심성이고 죄(sin)는 아니다.

---

13) F. Nietzsche(translated by R. J. Hollingdale), *Thus Spoke Zarathustra*, Ibid., p.7.

너희를 그의 혀로 핥은 번개(the lightning)는 어디에 있는가? 너희에게 주입해야 할 광기(the frenzy)는 어디에 있는가? 초인은 '번개'이며 '광기'이다.

　-It is not your sin--it is your self-satisfaction that crieth unto heaven your very sparingness in sin crieth unto heaven! Where is the lightning to lick you with its tongue? Where is the frenzy with which ye should be inoculated? Lo, I teach you the Superman : he is that lightning, he is that frenzy![14]

┃구조┃ '초인(Superman) ⇔ 번개, 광기, 자기 만족감' 동시주의

앞서 밝혔듯이 F. 니체는 자신을 '여호와', '제우스', '디오니소스', '초인(차라투스트라)', '프로메테우스'와 동일시를 수시로 바꾸어 행하고 있다.

위에서는 중세 기독교 사회에 일반화되어 있는 '죄(sin) ⇔ 자기만족(self-satisfaction)'의 문제를 동시주의로 취급하여 '자기만족'에 따른 '죄책감'을 거론하였다(S. 프로이트의 '꿈의 해석'의 기본 방법임).

신학도 M. 루터(Luther)를 놀라게 했다는 '번개'를 '초인(제우스)' 능력 소유물로 규정하고, 쾌락의 주인공 디오니소스의 '광기(the frenzy)'를 지녀야 한다고 강조하고 있다.

이 '디오니소스의 광기(the frenzy)'는 F. 니체의 '실존' 사상의 핵심의 하나로 그것은 처음 저술 〈비극의 탄생〉부터 가장 깊은 관심을 보여 왔던 사항이다. 즉 F. 니체의 '현재 생명 우선주의'는 '디오니소스주의'로 명시된 것이니, 그것은 그의 영향권에 있었던 S. 프로이트의 '오이디푸스', C. G. 융의 '만다라'와 더불어 선구적 사상을 요약한 핵심 어휘이다.(제13장 참조)

F. 니체는 인류의 '생산', '풍요'를 보장한 '고통(광란)의 신'으로 '디오니소스 신'을 앞세웠음에 대해, S. 프로이트는 '죄(罪)의 근본', '오이디푸스 환상(Oedipus fantasy)'을 자신의 근본 화두(話頭, 이야깃거리)로 삼았고, C. G. 융은 '만다라'로 그의 학문의 시작과 끝을 삼았음이 그것이다.

우선 S. 프로이트의 경우 관심이 '희랍 비극의 주인공' 문제에서 '죄'와 '속죄(贖罪)' 문제인 오이디푸스에 관심을 집중했고, C. G. 융의 경우 '영원회귀(Eternal Recurrence)', '만다라' 문제에서 전통 철학 종교와 화해를 하였다. 그러나 그들은 역시 공통적으로, '과학주의자'라는 점에 F. 니체의 어김없는 영향 속에 성장한 사람들이다.

---

14) F. Nietzsche(translated by R. J. Hollingdale), *Thus Spoke Zarathustra*, Ibid., p.9.

'F. 니체(1864)'[15] 엑세키아(B.C.550~B.C.525)의 '풍요의 뿔과 포도넝쿨을 들고 있는 디오니소스'[16]

'S. 프로이트, 29세(1885)'[17], D. 앵그르의 '오이디푸스와 스핑크스(1808)'[18], 'C. G. 융', '만다라(1916)'[19]

7-10
과학적 '생명 우선주의'는 위대하다.

조만간 사람들이 이제까지 마주친 적이 없는 가장 큰 요구에 직면할 것이기에, 나(F. 니체)는 내가 누구이며 무엇을 하는 사람인지를 밝혀두는 것이 필요할 것이다. 사실 내가 누구이며 무엇을 하는 사람인지는 잘 알려져 있을 수도 있으니, 나에 관해 나의 혀를 가만 두지 않았기 때문이다.

15) R. J. Benders und S. Oettermann, *Friedrich Nietzsche Chronik in Bildern und Texten*, Carl Hanser Verlag, 2000, p.119.

16) J. Pinsent, *Greek Mythology*, Ibid., p.30, Exekias' 'Dionysus, holding his vine and cornucopia'.

17) S. Freud, *The Standard Edition of the Complete Psychological Works of Sigmund Freud*, The Hogarth Press, 1953, Volume I, p.xi.

18) Ingres(1780~1867), 'Oedipus and Spinx(1808)'.

19) C. G. Jung, *The Red Book*, W. W. Norton & Company, 2009, p.364, 'Systema Munditotius'.

그러나 내 소임의 위대함과 동시대인의 비소함의 불일치는 사람들이 나에 관해서 듣지도 보지도 못 한 사실로 입증이 되고 있다.

> As it is my intention within a very short time to confront my fellow-men with the very greatest demand that has ever yet been made upon them, it seems to me above all necessary to declare here who and what I am. As a matter of fact, this ought to be pretty well known already, for I have not "held my tongue" about myself. But the disparity which obtains between the greatness of my task and the smallness of my contemporaries, is revealed by the fact that people have neither heard me nor yet seen me.
>
> _ '이 사람을 보라(ECCE HOMO)'[20]

┃구조┃ '나의 소임의 위대함⇔동시대인의 비소함' 동시주의

F. 니체의 '위대함'이란, 그의 '과학적 생명 우선주의', '실존주의'와 그것의 '확산'에 대한 차라투스트라 F. 니체의 '소임(task)'을 지칭하고, '동시대인의 비소함'이란 아직도 구시대의 '허무주의', '관념주의' 타성에 젖어 '변하는 시대'에 둔감한 존재들이다.

F. 니체의 예언대로 J.G. 프레이저, S. 프로이트, C.G. 융, E. 노이만 같은 '과학적 생명 우선주의' 탐구가 뒤를 이었고, 이후 1916년 '다다 혁명 운동'과 1924년 '초현실주의 운동'이 전개되어 명실공히 현대 '자유 시민 사회'가 열렸으니, F. 니체는 당초의 소망대로 현대 '생명'철학의 시조(始祖)가 되었다.

7-11
'진리'는 금지(禁止)하고 있는 것들이다.

나는 관념(이념)을 부인하지 않는다. 나는 그들의 존재에 나의 장갑을 낄 분이다. 금지(禁止)하는 것을 원한다-(We strive for the forbidden, Nitimur in vetitum)는 그 장치로, 나의 철학은 어느 날 승리할 것이다. 이제까지 진리도 예외 없이 가혹하게 금지를 당해 왔다.

> I do not refute ideals; all I do is to draw on my gloves in their presence. . . . *Nitimur in vetitum* : with this de-

---

20) F. Nietzsche(translated by A. M. Ludovici), *ECCE HOMO-Nietzsche's Autobiography*, The Macmillan Company, 1911, p.1.

vice my philosophy will one day be victorious;
for that which has hitherto been most stringently
forbidden is, without exception, Truth.

_ '이 사람을 보라(ECCE HOMO)'[21]

┃구조┃ '가혹하게 금지하는 것 ⇔ 진리(Truth)' 동시주의

F. 니체는 이후 S. 프로이트가 그의 전제로 삼은 정신 분석의 기초를 모두 털어놓았다. 즉 S. 프로이트가 그의 〈꿈의 해석〉에 기본으로 전제한 '꿈'이란 '소망충족(所望充足, wish ful-fillment)'이라 했는데, 그 소망 사항은 소위 '오이디푸스 환상'으로 전제하였다.

그런데 '오이디푸스 환상' 인간 사회에서 절대로 용납하지 않고 있는 바로 그 사항이다. 그러므로 S. 프로이트의 사고(思考)의 뿌리는 F. 니체와 구분될 수 없다.(제13장 참조)

한편 F. 니체는 '가혹하게 금지하는 것(the most stringently forbidden)'이 인간 사회에 '생산'과 '풍요'를 가져오는 '디오니소스의 열정(광기)' 으로 설명되었으니, 그것은 '생명의 의지', '힘에의 의지' 발동과 연동되어 있다.

F. 니체가 일차 부정한 것은 '허무주의'에 기초한 '금욕주의'이다.('5-35. '고행(苦行)'이란 쓸데없다.', '5-7. '허무주의'는 데카당이다.')

F. 니체의 주장에 많이 동조하고 있는 G. 마그리트는

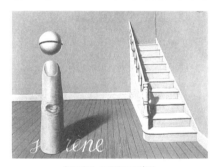

'금지된 문학(1936)'[22]

'금지된 문학(Forbidden Literature, 1936)'이란 작품을 제작했다.

7-12

'제자들이여, 홀로 가라.'

"제자들이여 나는 홀로 가리라! 너희도 각자 떠나라. 그것이 내가 가르쳤던 것이다."

"진정으로 바라노라. 나를 떠나 차라투스트라에 대항하라. 차라투스트라를 부끄러워하라. 차라

---

21) Ibid., p.3.

22) S. Gohr, *Magritte : Attempting the Impossible*, Ibid., p.40, 'Forbidden Literature(1936)' : R. 마그리트는 '말방울-폭탄' 로고와 '손가락-폭로' 로고를 사용하여 '전쟁 반대를 명시한 작품'을 제시하고 '禁止된 문학'이란 제목을 붙였다.

투스트라가 속였을지 모른다.”

　“인식(認識)의 기사(騎士)는 그의 적(敵)을 사랑할 뿐만 아니라 친구도 미워할 수 있느니라.”

> “Alone do I now go, my disciples !　Get ye also hence, and alone !　Thus would I have it.
> “Verily, I beseech you : take your leave of me and arm yourselves against Zarathustra !　And better still, be ashamed of him !　Maybe he hath deceived you.
> “The knight of knowledge must be able not only to love his enemies, but also to hate his friends.
>
> _ '이 사람을 보라(ECCE HOMO)'[23]

┃구조┃ '차라투스트라⇔제자', '적을 사랑함⇔친구를 미워함' 동시주의

　F. 니체는 앞서 '7-2. 인간 각자는, '가치의 최후 평가자'다.'라고 말했는데, 여기서는 '홀로 가라.', '차라투스트라도 속였을지도 모른다.'라고 전제하였다. 이것이 바로 F. 니체의 최고의 강점-'자유 시민 사회의 황금률(黃金律)'을 제공한 것이다.

　'홀로 가기'에 갖추어야 할 사항이, '담대(膽大)함', '지혜(知慧)', '목표(目標)' 등이 있을 수 있다. 그러나 '인생의 지대(至大)한 결정은 항상 자기 혼자서 결단(決斷)'을 해야 한다. 끊임없는 연마(鍊磨)가 있을 뿐이다.

　F. 니체의 '기사(騎士)'에 대한 관심은, W. 칸딘스키, S. 달리로 이어졌다.

뒤러(Albrecht Duerer, 1471~1528)의 '악마와 기사(騎士)의 죽음'[24],
W. 칸딘스키의 '유럽 귀족 청기사, 표지 최후 디자인(1911~2)'[25], S. 달리의 '기사의 죽음(1935)'[26]

---

23) F. Nietzsche(translated by A. M. Ludovici), *ECCE HOMO-Nietzsche's Autobiography*, Ibid., p.5.

24) 뒤러와 동시대 작가 판화전, 국립현대미술관, 1996 : '기사'는 F. 니체(차라투스트라)가 호칭(好稱)하는 최적의 상징적 신분(身分)이었다.

7-13

차라투스트라는 정신적 투사(鬪士)다.

반대로, 전쟁은 다른 문제다. 나는 마음속의 투사다. 공격은 나의 본능이다……. 내 전략은 다음 네 가지로 요약될 수 있다. 첫째 이길 수 있는 것을 공격한다. 필요하다면 승리할 때까지 기다린다. 둘째 나는 연대가 없는 것을 공격하니, 나 혼자서 감당할 수 있는 것, 내가 확신하는 것을 공격한다……. 셋째 개인적인 것은 공격하지 않는다…. 넷째 모든 개인적 차이가 제거된 것을 공격하니 불쾌한 체험 배경 같은 것은 없다. 반대로 공격은 나의 선의의 증거(a proof of goodwill)이니, 어떤 경우는 감사(gratitude)의 증거이다.

> War, on the other hand, is something different. At heart I am a warrior.   Attacking belongs to my instincts.
>
> My war tactics can be reduced to four principles : First, I attack only things that are triumphant—if necessary I wait until they become triumphant.   Secondly, I attack only those things against which I find no allies, against which I stand alone—against which I compromise nobody but myself. . . . .
>
> Thirdly, I never make personal attacks—
>
> Fourthly, I attack only those things from which all personal differences are excluded, in which any such thing as a background of disagreeable experiences is lacking. On the contrary, attacking is to me a proof of goodwill and, in certain circumstances, of gratitude.

_ '이 사람을 보라(ECCE HOMO)'[27]

┃구조┃ '공격 ⇔ 선의의 증거' 동시주의

F. 니체를 '비판'하는 사람들의 표본이, '니체는 제국주의자'라는 비방이다. F. 니체를 '제국

---

25) V. E. Barnett, *Kandinsky Water colours* Ⅰ, Ibid., p.257, 'Final Design for the cover the Almanach der Blaue Reiter(1911~2)' ; F. 니체는 자신이 '폴란드 귀족'의 후예임을 말하고 평소에 육체 중심의 '기사(騎士)'로 자임했다. 그리고 "내 적들에게 던질 창! 내가 최후의 창을 적들을 향해 던짐은 얼마나 기쁜 일인가! 나의 구름에 크나 큰 긴장이 있어, 번개의 웃음 사이로 우박 소나기가 떨어질 것이다."-[F. Nietzsche(translated by R. J. Hollingdale), *Thus Spoke Zarathustra: A Book for All and For None*, Penguin Classics, 1961, p.97]라고 하였는데, W. 칸딘스키의 '유럽의 귀족 청기사'란(가치 혁신의) F. 니체의 영향을 명시한 것이다. ; F. 니체, W. 칸딘스키의 '귀족'이란, '정신적 우월성'을 강조한 것임.

26) R. Descharnes, *Salvador Dali; The Work The Man*, Ibid., p.183, 'The Horseman of Death(1935)'.

27) F. Nietzsche(translated by A. M. Ludovici), *ECCE HOMO-Nietzsche's Autobiography*, Ibid., pp.23~4.

주의자'라고 고집스럽게 우기는 사람은 '그 자신'이 제국주의자가 아닌지 물어보아야 한다(사람들은 예외 없이 그 '제국주의' 기질로 태어남). 왜냐하면 F. 니체처럼 확실하게 '제국주의 반대'를 명백히 했던 사람도 없기 때문이다.

위에서 F. 니체는 자신의 인생이 '전쟁(戰爭, war)' 형식으로 전제되었으나, 자신의 '공격'은 '선의의 증거(a proof of goodwill)', '감사(gratitude)의 증거'라는 것이다. 한마디로 <u>F. 니체가 수행한 전쟁은 '생명주의' 대 '반(反)생명주의', '허무주의자'와의 전쟁이다.</u> 그런데 사실상 자신의 '육체'를 돌보지 않은 사람은 없으므로, F. 니체의 '실존' 전쟁은 오늘날 어떤 적도 사실상 없다. 그러기에 확실하게 '선의의 증거(a proof of goodwill)'이고 '감사(gratitude)의 증거'라고 말할 수 있었다.

1916년 '다다 혁명 운동'의 경우도, '전통 거부'란, 결국 '전쟁 반대', '제국주의 반대'를 행한 것으로, 결국 오늘날 '지구촌'의 공도(公道)가 되었으니, '다다 혁명 운동(전쟁)'은 F. 니체가 전제했던 바 그 '선의의 증거(a proof of goodwill)'이고, '감사(gratitude)의 증거'인 셈이다.

R. 마그리트는 작품 '골콩드'로 모든 사람이 일단 '제국주의자'로 탄생함을 명시하였다.

'골콩드-겨울비(1953)'[28], '골콩드-겨울비(1953)'[29]

28) P. Gimferrer, *Magritte*, Academy Edition, 1987, Fig. 78 'Golconde(1953)' : R. 마그리트는, 자신을 포함한 모든 인간들이란 '그 함께 사는 방법을 가르쳐야 할 대상=제국주의자들'로 그 작품 속에 명시하고 있다.
29) Ibid., Fig. 79 'Golconde(1953)'.

7-14

차라투스트라는 '도덕의 파괴자'다.

'초인(Superman)'이란, 자연(自然)의 가장 희귀하고도 최고의 행운을 받은 유형의 인물로서, '근대'인(人), '선한' 사람, 기독교도, 허무주의자들과는 반대편에 존재한다. 도덕의 파괴자인 차라투스트라의 말은, 심오(深奧)한 의미를 지니고 있다. 그런데 차라투스트라의 말은 거의 모든 곳에서 그 말의 가치가 차라투스트라의 형상과는 정반대로 단순하게 수용이 되고 있다. 다시 말하자면 차라투스트라는 반(半)은 성자이고, 반(半)은 천재인 하나의 이상적 유형이다……

—The word " Superman," which designates a type of man that would be one of nature's rarest and luckiest strokes, as opposed to " modern " men, to " good " men, to Christians and other Nihilists,—a word which in the mouth of Zarathustra, the annihilator of morality, acquires a very profound meaning,—is understood almost everywhere, and with perfect innocence, in the light of those values to which a flat contradiction was made manifest in the figure of Zarathustra —that is to say, as an " ideal " type, a higher kind of man, half " saint " and half " genius." . . .

_ '이 사람을 보라(ECCE HOMO)'[30]

┃구조┃ '초인, 차라투스트라, 도덕의 파괴자⇔근대, 기독교 허무주의자' 동시주의

F. 니체는 자신을 '초인, 차라투스트라'를 '성자요 천재(saint, genius)'라고 규정했다. 그리고 '도덕의 파괴자(the annihilator of Morality)'임을 강조하였다.

다른 곳에서 F. 니체는 '3-27. '이성(理性)'도 '본능(本能)'에 종속된다.'고 했는데, '이성(理性)은 도덕이고', '본능은 생명이다.' F. 니체(차라투스트라, 초인)는 원칙적으로 '현재 생명 우선주의자'이므로, 위에서 '성자(saint)'란 자기 통제력의 자신감을 보인 것이고, '천재(genius)'란 '생존 가치의 증명 능력', '생명 가치의 실천 능력'의 소유자, 향유자 찬양자이다.

그리고 F. 니체('超人')는 소위 '영웅 숭배(hero cult)'를 "악의 사기꾼처럼 거부했다(a cult which I repudiated with such roguish malice)."[31]는데, '차라투스트라'라는 '그것'을 각자 자신을 돌보지 못한 '우상 숭배(Idolatry)'의 '노예근성(a servile spirit)'의 발동으로 알고 있기 때문이다. (7-2. 인간 각자는, '가치의 최후 평가자'다.)

---

30) F. Nietzsche(translated by A. M. Ludovici), *ECCE HOMO-Nietzsche's Autobiography*, Ibid., pp.57~8.
31) Ibid., p.58.

7-15

'영원회귀' : '긍정적 삶의 공식'

이제 나는 차라투스트라의 내력을 말해야겠다. 이 저서의 근본 개념인 '영원회귀(The Eternal Recurrence)', 즉 '획득 가능한 최고 긍정적 삶에 대한 공식(the highest formula of Yea-saying to life that can ever be attained)'은 1881년 8월에 처음 잉태되었다. 그때 나는 종이 위에 "인간과 시간의 6천 피트 상공(Six thousand feet beyond man and time)"이라고 생각을 적었다. 그날 나는 우연히 질바플라나 호수(Lake of Silvaplana)가 숲길을 걷고 있었는데, 수르레이(Surlei)에서 멀지 않은 곳에 피라미드같이 생긴 거대한 바위 곁에 멈추어 섰다. 그때 그 생각이 내게 떠올랐다……. 나는 봄을 베네치아에서 가까운 작은 산간 마을 레코아르에서 보냈는데, 나와 친구이자 명연주자인 페터 가스트는 우리의 머리 위에 불사조의 음악이 그 어느 때보다도 경쾌하고 찬란한 깃털로 선회하고 있음을 알았다. 그래서 1883년 2월 믿을 수 없는 상황에서 그 책('차라투스트라')의 돌연한 출산이 행해졌다. 그것을 생각해보면…… 그 책의 임신 기간은 18개월이 된다. 이 18개월은 불교도의 경우로 보면, 사실 나는 암코끼리인 셈이다.

I now wish to relate the history of *Zarathustra*. The fundamental idea of the work, the *Eternal Recurrence*, the highest formula of a Yea-saying to life that can ever be attained, was first conceived in the month of August 1881. I made a note of the idea on a sheet of paper, with the postscript: " Six thousand feet beyond man and time." That day I happened to be wandering through the woods alongside of the Lake of Silvaplana, and I halted not far from Surlei, beside a huge rock that towered aloft like a pyramid. It was then that the thought struck me. Looking back now, I find that exactly two months before this inspiration I had an omen of its coming in the form of a sudden and decisive change in my tastes—more particularly in music. The whole of *Zarathustra* might perhaps be classified under the rubric music. At all events, the essential condition of its production was a second birth within me of the art of hearing. In Recoaro, a small mountain resort near Vicenza, where I spent the spring of 1881, I and my friend and maestro, Peter Gast—who was also one who had been born again, discovered that the phœnix music hovered over us, in lighter and brighter plumage than it had ever worn before. If, therefore, I now calculate from that day forward the sudden production of the book, under the most unlikely circumstances, in February 1883,

—I come to the conclusion that the period of gestation covered eighteen months. This period of exactly eighteen months, might

suggest, at least to Buddhists, that I am in reality
a female elephant.

_ '이 사람을 보라(ECCE HOMO)'[32]

▲'피라미드 형상의 바위'[33]
◀ 스위스 '질바플라나 호수'

▮구조▮ '영원회귀(Eternal Recurrence)⇔획득 가능한 최고 긍정적 삶에 대한 공식,
'니체⇔암코끼리(a female elephant)' 동시주의

F. 니체는 자신의 이미지를 대신하는 최고의 전제, '차라투스트라(초인)'의 형상을 처음 불타(佛陀, Buddha)의 '팔상도(八相圖, Painting of the Great Events)'에서 맨 처음에 해당하는 '도솔내의(兜率來儀, the Exhibition of Tusita)'에서 취한 것이다.(제12장 연보 1881년 8월 조, 참조)

'도솔내의(도솔천에 코끼리를 석가모니상)'

---

32) Ibid., pp.96~7.

33) R.J.Benders und S.Oettermann, *Friedrich Nietzsche Chronik in Bildern und Texten*, Ibid., p.492, 'Der Pyramidal aufgetuermte Block(1935)'.

　F. 니체가 인도의 불교 신화를 원용한 것은, 유대의 신 여호와, 고대 희랍의 신 제우스에 이은 것으로 그의 분방한 상상력을 말하고 있다. 한마디로 F. 니체는 인류가 그동안 소지하고 있는 모든 신(성자)과 '차라투스트라'를 관련지었는데, 불교의 경우 차라투트라가 가장 크게 주장하고 있는 바, '획득 가능한 최고 긍정적 삶에 대한 공식(the highest formula of Yea-saying to life that can ever be attained)', '영원회귀(Eternal Recurrence)', '만다라(Mandala)' 문제는 이후 정신분석자 C. G. 융이 가장 큰 관심을 보인 것으로 주목을 요하는 사항이다.('제13장 F. 니체 이후 사상가들' 참조)

　그리고 이 '영원회귀', '만다라' 문제는, 1916년 '다다 혁명 운동'의 '동시주의(Simulta-neism)' 공식을 이룬 것으로 F. 니체 사상의 중심이다. 이로써 F. 니체는 소위 '지구촌(地球村, Global Village)' 사상의 궁극의 공통점에 선착(先着)하였고, 이후 '다다 초현실주의 운동'은 그것을 토대로 '생명 긍정 운동', '실존'주의 운동을 '지구촌'을 향하여 확산해 나갔던 것이다('모든 가치의 재평가' 문제).

　F. 니체는 그의 저서 〈차라투스트라는 이렇게 말했다〉를 그로부터 18개월 후에 저술된 것을 '암코끼리의 임신(姙娠)'으로 말했는데, '코끼리' 자체가 '부처'를 의미하고, '저술'을 일종의 '출산(出産)'에 비유함은 역시 그가 얼마나 분방한 상상력을 발동했는지 알 수 있게 한다. 여기에서 F. 니체는 역시 다다이스트가 행해 보인 '남(수컷) ⇔ 여(암컷)' 동시주의 운동을 40년 앞서 행해 보이고 있다('디오니소스의 고통 ⇔ 출산의 고통' 동시주의).

　M. 뒤샹, S. 달리, 이상(李箱)은 다음과 같이 '남(수컷) ⇔ 여(암컷)' 동시주의 운동을 펼쳐 보였다.

M. 뒤샹의 '로즈 셀라비(1921)'[34], S. 달리의 '모나리자 초상화(1954)'[35], '신부로 분장한 다다이스트 이상(李箱)'[36]

7-16
차라투스트라는 '생명 축복'의 디오니소스이다.

〈차라투스트라는 이렇게 말했다〉는 독보적인 책이다. 그것과 동등한 넓이와, 넘치는 힘으로 지어진 책은 없다. '디오니소스적인 것(Dionysian)', 그것이 작품 〈차라투스트라〉에서는 '최고 활약(the highest deed)'을 해 보였다. '디오니소스적인 것'에 비하면 그 밖에 다른 사람들의 것은 초라하고 제약이 있다. 예를 들어 괴테, 셰익스피어도 이 '디오니소스적인 것'에 비하면 그 정열과 높이의 범위를 모를 것이고, 단테도 차라투스트라에 비교하면 진리의 창조자가 아니라 한 사람의 신도(信徒)로서 세계의 통치자 운명은 아니고, 〈베다〉의 시인도 하나의 사제(司祭)로 차라투스트라의 신발 끈도 맬 수 없는 자라는 것…… 그러나 차라투스트라는 디오니소스, 그 자체이다(But this is the very idea of Dionysus.)……. "나 차라투스트라는, 이 모든 심연(深淵) 앞에, 생명에 대한 긍정의 축복을 안고 있다(I bear the benediction of my yea to Life)." 이것이 명백한 디오니소스 개념이다.

> This work stands alone.　Do not let us mention the poets in the same breath : nothing perhaps has ever been produced out of such a superabundance of strength.　My concept "Dionysian" here became the *highest* deed ; compared with it everything that other men have done seems poor and limited. The fact that a Goethe or a Shakespeare would not for an instant have known how to take breath in this atmosphere of passion and of the heights ; the fact that by the side of Zarathustra, Dante is no more than a believer, and not one who first *creates* the truth—that is to say, not a world-ruling spirit, a *Fate* ; the fact that the poets of the Veda were priests and not even fit to unfasten Zarathustra's sandal—
>
> But this is the very idea of Dionysus.
>
> 　． ． ． "Into every abyss do I bear the benediction of my yea to Life." ． ． ． But this, once more, is precisely the idea of Dionysus.

_ '이 사람을 보라(ECCE HOMO)'[37]

┃구조┃ '모든 위대한 존재 ⇔ 차라투스트라=디오니소스' 동시주의

---

34) A. Schwarz, *The Complete Works of Marcel Duchamp*, Ibid., p.692, 'Marcel Duchamp as Rrose Selavy (1921, Paris)'.

35) *Salvador Dali : Retrospektive 1920-1980*, Prestel-Verlag Műnchen, 1980, p.436.

36) 문학사상, 1974년 4월, p.33, '이것이 누구던가'(일부).

37) F. Nietzsche(translated by A. M. Ludovici), *ECCE HOMO-Nietzsche's Autobiography*, Ibid., pp.106~9.

▲'아르프, 짜라, 리히터(1918)'38)   ▲'짜라의 〈다다의 밤〉 광고
포스터(1918년 7월 18일)'39)

F. 니체가 위에서 밝힌 바─'생명에 대한 긍정의 축복(the benediction of my yea to Life)'은 '현재 생명 중심주의'의 핵심이고, 그가 확보한 세계 인류를 향한 '가장 큰 웅변'이다.

이후 인문 사회 자연 과학은 역시 그곳에서 출발하고, 역시 그곳으로 돌아올 수밖에 없으니, F. 니체의 '현재 생명 우선주의'는 그대로 인류의 '인생관',

'세계관', '가치관'에 새로운 기점(起點)이 되고 있으니, F. 니체가 그것을 알고 위에서처럼 끝없는 '자축(自祝)'을 해 보인 것이다.

위에서 '모든 심연(深淵─every abyss)'이란 모든 사람들에게 예정된 '죽음(死滅)'에 대한 비유이니, 디오니소스(차라투스트라)는 '그것(死滅)을 이기는 최고의 존재'로 F. 니체는 전제하였다.('3-28. '죽음'은 모르고 살아야 한다.', '3-22. '생명 회의(懷疑)'는 엉뚱한 일탈(逸脫)이다.', '3-38. 예술의 목적은 '패배의 거부'이다.')

1918년 최고(最高)의 다다이스트 트리스탄 짜라(Tristan Tzara, 1896~1963)는 "사는 것도 매력적이고 죽는 것도 매력적이다(life is charming and death is charming too)."40)라고 하여 그 자신이 이미 '디오니소스(차라투스트라)'임을 선언하였다.(제13장 참조)

7-17
나는 즐거운 문화의 전조이고 희망이다.

나 홀로 '진리'의 척도(the criterion of truths)를 소유하고 있다. 내가 유일하게 판단할 수 있다. 내게서 제2의식이 자라났던 것처럼 내게서 생명 의지(life-will)가 그동안 모든 세대의 사람들이 '하향 길(the downward path)'로 달렸던 것을 밝혔다. 이제까지는 하향 길을 '진리'라 불렀다.

---

38) L. Dickerman, *DADA*, The Museum of Modern Art, 2006, p.39.

39) Ibid., p.46─쟝코(M. Janco) 제작.

40) R. Motherwell(edited by), *The Dada Painters and Poets: An Anthology*, Ibid., p.97.

모든 모호한 충동 '어둠과 실망'은 어떤 종말에 왔다. '선인(善人, good man)'은 명백하게 적합한 길을 알지 못했다. 정말로 나 이전에 어느 누구도 '상향의 길(the way upwards)' 적절한 길(the proper way)을 몰랐다. 나 이후 시대 사람들이 다시 한 번 문화를 인도(引導)할 희망의 사명의 길을 발견할 수 있게 되었다. 나는 문화의 즐거운 전조(前兆)이다. 그래서 나는 어떤 운명이다.

> I alone have the criterion of "truths" in my possession. I alone *can* decide. It would seem as if a second consciousness had grown up in me, as if the "life-will" in me had thrown a light upon the downward path along which it has been running throughout the ages. The *downward path*—hitherto this had been called the road to "Truth." All obscure impulse—"darkness and dismay"—is at an end, the "*good man*" was precisely he who was least aware of the proper way.* And, speaking in all earnestness, no one before me knew the proper way, the way upwards: only after my time could men once more find hope, life-tasks, and roads mapped out that lead to culture—*I am the joyful harbinger of this culture. . . .* On this account alone I am also a fatality.
>
> _ '이 사람을 보라(ECCE HOMO)'[41]

┃구조┃ '하향 길(the downward path) ⇔ 상향 길(the way upwards)' 동시주의

 F. 니체의 모든 주장은 '생명 긍정'의 '현재 생명 중심주의'로 향하고 있고, 그동안의 모든 '착한 사람'의 생각은 '죽음'에 매달려 있었다. F. 니체는 '하향 길(the downward path) ⇔ 상향 길(the way upwards)'의 대극적 동시주의로 '생명 긍정'의 현재 생명 우선주의를 말하였으니, 그것은 역시 '새로운 복음'으로 사람들에게 알리는 형식을 취하였다. <u>이 지점이 바로 위대한 '차라투스트라(F. 니체)'가, G. W. F. 헤겔까지의 기존 '관념철학'을 초월하고, A. 쇼펜하우어의 '염세주의' 약점까지 치유(治癒)하고, 온전한 '생명 긍정의 실존철학' 거점을 거듭 명시한 대목이다</u> (개인을 무시한 '전체주의-헤겔'을 포괄하고 '허무주의-쇼펜하우어'를 극복한 지점).

 즉 유럽을 지배했던 '플라톤(소크라테스)', '예수', '칸트'의 사고(思考)는 '영혼불멸(The Im-mortality of the Soul)'과 '사후 세계(the other world)'를 인정하였고, 기본적으로 '실존(육체)의 억압'을 최고 미덕으로 생각했었다.

 이에 F. 니체(차라투스트라, 디오니소스)는 '생명 긍정', '현세의 절대 존중'으로 그것을 최

---

41) F. Nietzsche(translated by A. M. Ludovici), *ECCE HOMO-Nietzsche's Autobiography*, Ibid., pp.119~20.

우선 과제로 생각하였는데, 그 정신으로 1916년 2월 이후 '다다 혁명 운동'과 '초현실주의 운동'으로 이어졌다.

7-18
디오니소스 속에 있는 '파괴'와 '자비'

> 나는 존재했던 사람 중에 가장 무서운 사람이다. 그러나 나는 가장 자비로운 인간(the most beneficient)이라는 사실을 변경하지 않은 것이다. 나는 나의 파괴력에 어울리는 정도의 파괴를 즐길 줄 안다. [자비와 파괴] 두 가지로 내 디오니소스 속성에 복종을 하고 있으니, 그것은 부정적 행동과 긍정적인 것이 서로 분리될 수 없는 것인지를 말해 준다. 나는 '최초의 반도덕주의자(the first immoralist)'이고 그러한 점에서 어쩔 수 없는 파괴주의자이다.

> I am by far the most terrible man that has ever existed ; but this does not alter the fact that I shall become the most beneficent. I know the joy of *annihilation* to a degree which is commensurate with my power to annihilate. In both cases I obey my Dionysian nature, which knows not how to separate the negative deed from the saying of yea. I am the first immoralist, and in this sense I am essentially the annihilator.

_ '이 사람을 보라(ECCE HOMO)'[42]

┃구조┃ '파괴주의자 ⇔ 자비로운 인간', '부정적 행동 ⇔ 긍정적인 것' 동시주의

F. 니체는 실로 많은 비유를 동원하였지만, '현재 생명 존중과 우선'을 거듭 강조한 것이고, 기존의 철학가 사상가들이 교육한 바는 '육체(욕망)의 억압'을 기본 전제로 한 '도덕' 일방주의를 강조한 국가 사회주의, 거기에 '내세주의', '절대자(하나님)'까지 첨가한 것이었다.

F. 니체가 그토록 지치지 않고 주장에 열심인 이유는, 세계의 모든 사상가들이 '원래 육체에 종속된 인간'이라는 기본 전제를 무시하고, 온갖 수사(修辭)로 '국가', '사회', '절대자', '내세'에 더욱 관심을 갖도록 모든 인간 교육을 그쪽으로 향하게 하였기 때문이다.

이에 F. 니체는 '차라투스트라(超人)의 가르침'을 개시한 것이다. 그래서 정통 계승자들은 인류학자, 정신분석학자, '다다 초현실주의 운동'가들이었다.

---

42) Ibid., p.13.

7-19
'생명을 긍정'의 '쇠망치' 철학

위대한 것에 대해서는 침묵을 하거나 크게 떠들어야 한다. 위대한 것이란 천진함과 냉소적인 것으로서의 의미이다.

　−Of what is great one must either be silent or speak with greatness. With greatness −that means cynically and with innocence.[43]

Ⅰ구조Ⅰ '침묵⇔크게 말함', '천진함⇔냉소적' 동시주의

F. 니체가 '위대한 것(what is great one)'이란 유럽에서 '허무주의 등장(*the advent of nihilism*)'을 조롱한 말이다. F. 니체 등장 이전까지 소위 유럽에서 '위대한 것(what is great one)', '위대한 사상'이라는 것은 한결같이 '도덕', '실존의 억압'을 기본으로 한 '국가주의', '전체주의' 사고였다.

그래서 F. 니체는 '냉소적(cynically)'이란 용어를 사용하였고, 어릴 때 F. 니체 자신도 그것을 '절대적으로 신봉(信奉)'했다는 사실에 비추어 '천진함(innocence)'이란 수식어를 첨부하였다.

F. 니체는 자신의 '생명 중심주의', '실존주의'의 대극점에 '허무주의', '염세주의', '데카당'을 두었다. '플라톤(소크라테스)', '예수', '칸트'가 모두 그에 소속된 주장을 했다는 점을 F. 니체는 자신의 저술을 통해서 명백히 밝히고 있다.

7-20
'허무주의'를 다 겪고 폐기한, 차라투스트라

내가 말하는 것은 다가올 다음 2세기 역사이다. 나는 다가오고 있는 것을 말하고 달리 올 수는 없는 것이다……. 유럽 최초의 완전 허무주의자(F. 니체)가 지금 허무주의 전체를 살고서, 그것을 끝내고 자신의 뒤에 밖에다 그것을 두고 있다.

---

43) F. Nietzsche(W. Kaufmann & R. J. Hollingdale-translated by), *The Will to Power*, Ibid., p.3[1887년 11월~1888년 3월 기록].

-What I relate is the history of the next two centuries. I describe what is coming, what can no longer come differently: *the advent of nihilism*······as the first perfect nihilist of Europe who, however, has even now lived through the whole of nihilism, to the end, leaving it behind, outside himself.[44]

┃구조┃ '최초의 완전한 허무주의자(니체)⇔완전히 허무주의를 극복한 사람(니체)' 동시주의

'플라톤 철학', '기독교'로 집약되는 서양 통치 철학은 '육체 부정', '도덕주의', '국가주의', '내세주의', '일방주의'였다. F. 니체도 그것을 열심히 학습하여 '목사(牧師)'를 희망하였다.

그러나 '과학 사상', '육신 긍정', '현실 존중' 차라투스트라의 탄생은 '인생관', '세계관', '가치관'을 혁명적으로 바꾸어 '생명의 긍정', '경쟁의 긍정' 세계관을 개진하게 되었으니, F. 니체의 '실존' 주장은 세계가 인정해야 할 F. 니체의 탁월한 공적이다.

위에서 '최초의 완전한 허무주의자(the first perfect nihilist)'가 다름 아닌 F. 니체 자신을 가리킨다는 점은 반드시 짚어야 할 대목이다.('허무주의⇔온전한 생명주의' 동시주의, 8-26. 죽음보다 정신병동이 낫다.)

M. 하이데거가 F. 니체의 이 대목을 오해한 것은, M. 하이데거의 '일방주의(Unilateralism)'가 F. 니체의 '동시주의(Simultaneism)'에 막힌 것이다.(제13장 참조)

7-21
프로메테우스는 차라투스트라이다.

프로메테우스는 인간들에게 동정하여 자신을 희생할 때 행복하고 위대하다.

-As long as Prometheus sympathises with men and sacrifices himself for them, he is happy and proud in himself.[45]

┃구조┃ '희생(sacrifice)⇔행복(happy)' 동시주의

---

44) Ibid., p.3[1887년 11월~1888년 3월 기록].

45) F. Nietzsche(translated by T. Common), *The Joyful Wisdom*, Ibid., p.206.

F. 니체는 세계에 기존의 모든 '위대한 신'을 모두 자신에게 대입(代入)하였다. 사실상 이것이 모든 '정신 분석'과 '신화(神話) 공부'의 기초이다.

'신화'는 인간이 만든 것으로 '자신의 모습'을 더욱 잘 알 수 있도록 확대해 놓은 것이다. 그런데 그것이 '자신'의 어떤 모습을 가리키는지를 아는 것은 역시 '개인의 능력'이고, 역시 '미래 지향의 능력'이다.

F. 니체는 '생명 긍정'의 '풍요 신'이라는 점에 차라투스트라의 모습과 동일시하였지만, 프로메테우스는 인간에게 '불'을 전하여 '문명'을 일으키게 한 신, 그리고 그 '업보(業報, 죄 값)'를 홀로 감당한 영웅'이라는 측면에서 F. 니체의 주목을 받았다.

F. 니체가 프로메테우스의 '불과 차라투스트라의 '생명 긍정에 관한 확신'을 동일시한 것은 아무리 강조해도 지나칠 수 없는 중요한 점인데, F. 니체는 자신을 향한 '보수주의자들의 모욕'도 프로메테우스의 영웅 정신으로 얼마든지 감당할 수 있는 넉넉함을 보였고, 그렇게 온갖 곤욕을 견디며 전해 준 '불(생명의 중대성)'을 현실 생명 운영에 적용하지 못하는 부류들('백치 -idiot')을 과연 누가 어떻게 도울 수 있을 것인가.

7-22
'뱀'은 차라투스트라 지혜의 상징이다.

> "선(善)과 악(惡)은 신(神)의 편견이다."라고 에덴에서 뱀이 말함.
> -From Paradise. "Good and Evil are God's prejudices"-said the serpent.[46]

┃구조┃ '선(Good) ⇔ 악(Evil)' 동시주의

F. 니체는 '창세기' 신화를 동원하여 자신의 '실존(육체)'주의를 거듭 확인하였다. 이것은 플라톤(소크라테스)과 I. 칸트로 대표되는 '관념(이념)철학'에 대한 F. 니체의 '조롱'이다. 소크라테스(플라톤)와 예수는 인간의 '죽음'을 생의 출발점부터 명시, 교육하는 그들의 주장으로 삼았다.(5-9. 결과와 원인을 혼동하는 인과(因果)론)

F. 니체는 '헬레니즘'과 '헤브라이즘'에서 서로 '가치관'이 반대로 바뀌어 있음을 밝히고, 고

---

46) Ibid., p.207.

대 희랍 귀족의 가치관에 동조하는 입장이었다. 소크라테스(플라톤)의 등장부터 '육체(생명) 긍정'은 부정되었고 '관념(이념)주의'가 대세(大勢)를 이루었다.('2-4. '좋다'는 판단(느낌)은, 그 행동 주체에서 유래한 것임.' 참조)

그리고 '허무주의'를 뒷받침하는 '선악'의 구분과 그에 따른 '도덕론'이 공허함을 F. 니체는 과학으로 실증을 하였으니, '영혼불멸(The Immortality of the Soul)', '신의 현존(The Existence of God)'을 전제해야 그것(도덕론)이 존속될 수 있다는 진술(칸트)은, (과학의 발달로) 그 '원인'이 소멸하였는데, 그것을 고집함(계속 주장)이 바로 '6-11. '백치(白痴)'를 위한 처방'이라는 지적이다.

7-23
'영웅 정신' 속에 거(居)하라.

나는 더욱 남성적이고 호전적(好戰的)인 시대가 되고, 무엇보다 다시 영웅주의를 명예로 생각하는 징후들을 환영한다……. 내 말을 믿어라. 최고의 수확(收穫)과 실존의 최고 향락을 실현하는 비밀은 위기 속에 거주하는 것이다. 너의 도시를 베수비오-Vesuvius 기슭에 세우라.

이탈리아의 베수비오 산

당신의 선박(船舶)을 미개척의 바다를 향해 띄우라. 동료와 자신과의 전쟁 속에 살아라. 통치자 소유자가 될 수 없으면 (차라리) 약탈자 파괴자가 되어라. 숲 속에 몸을 숨긴 사슴처럼 사는 것에 만족할 때, 시간은 빨리 지나갈 것이다. 지식은 결국 소유할 수 있는 것에 손을 뻗칠 것이다. 지식은 소유와 통치를 당신과 더불어 행할 것이다.

-I greet all the signs indicating that a more manly and warlike age is commencing, which will, above all, bring heroism again into honour……. For believe me!--the secret of realising the largest productivity and the greatest enjoyment of existence is to live in danger! Build your cities on the slope of Vesuvius! Send your ships into unexplored seas! Live in war with your equals and with yourselves! Be robbers and spoilers, ye knowing ones, as long as ye cannot be rulers and possessors! The time will soon pass when you can be satisfied to live like timorous deer concealed in the forests. Knowledge will finally stretch out her hand for that which belongs to her :--she means to rule and possess, and you with her![47]

▎구조 ▎ '호전적 영웅주의⇔겁 많은 사슴' 동시주의

F. 니체는 '전쟁(경쟁)을 생명의 기본 성질'로 긍정하였다.('8-11. '평등(주의)'과 평생을 싸웠던 니체', '7-13. 차라투스트라는 정신적 투사(鬪士)다.') 사실 '전쟁(경쟁)'이 없는 세계는 '가상(假想)의 세계', '죽음의 세계'이다. '생명은 경쟁'이므로 F. 니체 철학에 가장 신중하게 이해되어야 할 대목이다.

그리고 F. 니체는 '힘에의 의지'를 역시 '인간 생래의 기본 기질'로 전제하였다.('4-4. '힘의 축적(蓄積)'으로 번성하는 동물' : 인간', '4-5. '꿀통으로 돌아가기'가 '권력 의지'다.') 이것이 역시 K. 마르크시즘과 근본적으로 다른 F. 니체식 '개인주의' 사상의 전개이다.

이것과 역시 동일한 전제가 '디오니소스 정신'의 실현이니, 어떤 한계와 정해진 규정이 없는 '무한 도전', '무한 개방'의 자유정신의 실현, 탐구 정신, 개척 정신 발동의 긍정이다.

그러나 이것은 '수구 보수주의자(전통 철학 종교가)'들의 공격 대상이 되었으니, F. 니체의 '생명 경쟁(전쟁) 긍정'은 '제국주의 전쟁 조장'자로 오해된 바다. 여기에서 명백히 되어야 할 점은 '국가 간의 전쟁'은 '국가주의', '전체주의', '일방주의'가 낳은 병폐이고 F. 니체는 '살상의 전쟁 반대', '제국주의 반대'에 자신의 태도를 명백히 밝힌 최초의 독일 철학자이다.('8-27. '살상(殺傷)의 무리'는 내 성전(聖殿)을 찾지 말라.', '10-1. 우려할 만한 '독일 국가 민족주의'', '10-3. 독일의 '국가 민족주의 노이로제'', '10-4. '국가'보다는 '개인 각자'가 우선이다.'-F. 니체에 앞서 볼테르(Voltaire, 1694~1778)는, '전쟁 반대 운동'을 펼쳤다.[48])

---

47) F. Nietzsche(translated by T. Common), *The Joyful Wisdom*, Ibid., pp.218~20.

48) 볼테르의 '전쟁 반대'는, 볼테르가 생전에 전쟁 만류(挽留)에 앞장을 섰던 바, '영국과 프랑스 7년 전쟁', 특히 영국의 교사(敎唆)로 유럽의 '쌈닭'이 되어 있는 프러시아(프리드리히 대왕)와, 프랑스의 1757년(63세) 11월 5일, 프랑스(러시아, 오스트리아) 연합군의 '로스바흐 전투(the Battle of Rossbach)'를 염두에 둔 '전쟁 반대'가 그 현실적 기초이다. 그것은 앞서 〈캉디드(1759)〉에서도 '불가리아 전쟁'으로 제시되었으나, 그의 〈철학 사전(1764)〉에서

그리고 F. 니체의 견해를 자기들 편할 대로 곡해(曲解)하여 원용한 독일의 히틀러, 이탈리아의 무솔리니, 일본의 군국주의자들이 있었으니, F. 니체의 더욱 기본적인 주장이 '전체주의'가 아닌 '개인주의'이고, '일방주의'가 아닌 '동시주의(同時主義)'라는 사실을 완전 무시한 '폭거(暴擧)'에 해당한다.

그들은 한마디로 F. 니체를 덜 배운 사람들, F. 니체를 오독(誤讀)했던 사람들이다.

F. 니체를 제대로 학습한 사람들은 언어학자, 인류학자, 정신분석학자, 그리고 1916년 스위스 취리히(특히 T. 짜라 등) 다다이스트였다. 특히 '다다 초현실주의자'들은 이탈리아 마리네티 사고를 '기계주의', '세계주의' 사고를 인정하면서도, '작품(관념)보다는 현실(생명)', '살상의 전쟁 긍정'이 아니라 '전쟁 반대', '제국주의 반대'를 명백하여 F. 니체의 '모든 가치의 재평가' 문제를 더욱 확실하게 행동으로 옮기었다.('살상 전쟁 권장' 문제는, '생명 긍정'의 F. 니체 대전제(大前提) 완전히 모순되는 사항임. -제13장 참조)

7-24
나의 '전쟁'이란 의미를 알아야 한다.

그렇다! 인생은 나를 속이지 않았다. 반대로 해마다 나는 더욱 풍부해지고 힘차고 신비롭게 된다. 그날 이후로 그 위대한 해방자가 내 족쇄를 풀고, 인생이 사상가의 실험으로, 의무나 숙명, 위선이 아닌 사상임을 알게 된다. 지식(knowledge itself)이란 예를 들어 편안한 잠자리, 편안한 잠자리로 가는 길, 오락 여가 활동 같은 그런 것들과는 다른, 위험의 세계, 승리의 세계 영웅적 감성이 춤을 추는 무대다. "지식(인식)의 수단으로서의 인생-*Life as a means to knowledge*", 내 가슴 속에 이 원리가 나를 용감하게 할 뿐만 아니라 즐겁게 살고 즐겁게 웃을 수 있게 만든다. 나와 그 누가 잘 웃고 잘 사는 방법을 알고, 진정한 의미의 전쟁과 승리의 온전한 의미를 알까?

-No! Life has not deceived one! On the contrary, from year to year I find it richer, more desirable and more mysterious--from the day on which the great liberator broke my fetters, the thought that life may be an experiment of the thinker--and not a duty, not a fatality, not a deceit!--And knowledge itself may be for others something different for example, a bed of ease, or the path to a bed of ease, or an entertainment, or a course

---

는 '전쟁 반대'를 자신의 최대 쟁점으로 상론(詳論)하였다.-Voltaire(translated by D. Gordon), *Candide*, Beford/St.Martin's, 1999, pp.43~4, 'Chapter 2, among the Bulgars' ; Voltaire(translated by T. Besterman), *The Philosophical Dictionary*, Penguin Books, 2004, pp.231~5, 'War'.

of idling,--for me it is a world of dangers and victories, in which even the heroic sentiments have their arena and dancing-floor. "*Life as a means to knowledge*"--with this principle in one's heart, one can not only be brave, but can even live joyfully and laugh joyfully! I And who could know how to laugh well and live well, who did not first understand the full significance of war and victory?[49)]

┃구조┃ '인생(Life) ⇔ 지식의 수단(a means to knowledge)' 동시주의

이것이 F. 니체가 평생 수행하였던 '힘에의 의지' 발동의 정면이고, 그가 수행했다는 '전쟁'의 바른 모습이다.

여기서 F. 니체의 '힘에의 의지' 문제에서 '힘'은, '지식(정보)'의 문제에 오로지 통일되어 있음을 드러내 보여주고 있다.

이러한 F. 니체의 평이(平易)한 진술을 덮어 놓고, 어려운 철학적 '정의된 좁은 개념들' 사이로 독자를 유인(誘引)하여도 그에 속아넘어갈 사람은 사실상 없다. 왜냐하면 F. 니체는 타고난 야심가로 세상에서 가장 넓은 길('자연 생명'의 길)에 먼저 도착해서 벗들을 불렀던 사람이기 때문이다.

즉 위에서도 분명히 '나와 그 누가 잘 웃고 잘 사는 방법을 알았고, 진정한 의미의 전쟁과 승리의 온전한 의미를 알았을까(I And who could know how to laugh well and live well, who did not first understand the full significance of war and victory)?'를 다시 묻고 '살상 전쟁의 의미'가 결코 아님을 명백히 하였다.

고의로 '왜곡(歪曲)', '오해(誤解)'하자는 사람들 앞에 도대체 다른 무슨 처방이 따로 있을 것인가. 그들이 그들의 '어리석음'을 그냥 지니고 가게 할 수밖에 없다.

7-25
'인류의 역사' : '자신의 역사'

다가올 먼 미래의 눈을 가지고 이 시대를 볼 때, 소위 '역사 감각'이라는 현대의 미덕과 병통이라는 것보다 더욱 놀라운 것은 없다……. 우리는 우리가 저지르고 있는 것을 모르고 있다. 역사 감각은

---

49) F. Nietzsche(translated by T. Common), *The Joyful Wisdom*, p.250.

과거에 기울어져 있고, 새로운 감각에 대한 질문의 제기는 없어 보인다. 역사 감각은 너무 초라하고 썰렁하여 모든 것이 서리를 맞은 듯하다. 역사 감각은 다른 사람들에게 은밀히 접근하는 시대의 지표처럼 보이고, 우리 세계에서는 무용한 감상에 빠진 것으로 현재를 잊기 위해 자신의 젊은 시절의 역사를 늘어놓은 것으로 보인다. 사실 그 점이 새로운 역사 감각의 한 양상이다. 전 인류의 역사를 개인의 역사로 볼 줄 아는 사람은, 건강에 무용(無用)한 슬픔 다시 말해 노인의 젊은 시절 꿈, 사랑을 강탈당한 실연자, 이상이 파괴된 순교자, 결판이 나지 않는 전투에서 친구를 잃고 상처를 입고 황혼을 맞은 영웅들의 행적을 즉각 자기일로 알게 마련이다. 그러나 그 모든 슬픔을 종합하여 견디는 것은 견딜 수 있게 하는 것이고, 영웅의 다음 날의 새벽과 행운에 인사를 하게 하는 것이다. 지나간 세기와 다가올 세기의 지평에 서서, 조상의 지성과 터전의 상속자로서 아무도 그와 같음을 꿈도 꿀 수 없는 새로운 귀족의 창시자로서, 낡은 것과 새 것, 상실과 희망 정복 승리를 그의 영혼 속에 간직하고 있는 자로서, 결국은 이 모든 것을 한 영혼 속에 갖고 하나의 감정을 이루는 것, 이것이 이제까지 인간이 모르고 있었던 행복 성취에 필수적인 것이다. 신과 같은 행복감, 저녁 바다를 비추는 태양과 같고 가난한 어부에게까지 황금의 노를 젓게 하는 태양과 같은 풍부함과 공허함, 태양과 같은 힘과 사랑, 눈물과 웃음에 넘치는 행복함 이 신성한 감정을 휴머니티라 할 것이다.

─When I look at this age with the eye of a distant future, I find nothing so remarkable in the man of the present day as his peculiar virtue and sickness called "the historical sense."……. we hardly know what we are doing. It almost seems to us as if it were not then question of a new sentiment, but of the decline of all old sentiments. ─the historical sense is still something so poor and cold, and many are attacked by it as by a frost, and are made poorer and colder by it. To others it appears as the indication of stealthily approaching age, and our planet is regarded by them as a melancholy invalid, who, in order to forget his present condition, writes the history of his youth. In fact, this is one aspect of the new sentiment. He who knows how to regard the history of man in its entirety as his own history, feels in the immense generalisation all the grief of the invalid who thinks of health, of the old man who thinks of the dream of his youth, of the lover who is robbed of his beloved, of the martyr whose ideal is destroyed, of the hero on the evening of the indecisive battle which has brought him wounds and the loss of a friend. But to bear this immense sum of grief of all kinds, to be able to bear it, and yet still be the hero who at the commencement of a second day of battle greets the dawn and his happiness, as one who has an horizon of centuries before and behind him, as the heir of all nobility, of all past intellect, and the obligatory heir (as the noblest) of all the old nobles while at the same time the first of a new nobility, the equal of which has never been seen nor even dreamt of: to take all this upon his soul, the oldest, the newest, the losses, hopes, conquests, and victories of mankind : to have all this at last in one soul, and to comprise it in one feeling :--this would necessarily furnish a happiness which man has not hitherto known,--a God's happiness, full of power and love, full of tears and laughter, a happiness which, like the sun in the evening, continually gives of its inexhaustible riches and empties into the sea,-- and like the sun, too, feels itself richest when even the poorest fisherman rows with golden oars! This divine feeling might then be called--humanity![50]

┃구조┃ '인류사 ⇔ 개인사' 동시주의

F. 니체는 위에서 자신이 운영하고 있는 '생명 긍정(the Affirmation of Life)'의 '대극적 동시주의(polar reversal simultaneism)'를 제대로 펼쳐 보이고 있다.

그리고 그러한 '살상 반대', '제국주의 반대', '국가주의 반대', '개인 생명 우선주의'에 '선량한 유럽'을 가장 먼저 F. 니체가 주장했던 사실도 반드시 고려가 되어야 할 사항이다. 그 '선량한 유럽' 정신이 1916년 취리히 다다들에게 '세계주의', '지구촌 의식'을 심는 기초가 되었기 때문이다.

1916년 취리히 다다의 '동시주의'를 앞서 F. 니체는 1882~7년에 이처럼 상세하게 설명하였다.

그런데 다다이스트는 위의 F. 니체의 '동시주의'에서 '귀족(noble)', '태양(sun)', '영웅(hero)'을 과감하게 삭제 억압하고 모든 '자유 민주 시민 각자'에게 그 동시주의를 되돌려 주었다. 그런데, 세계 1차 대전, 세계 2차 대전을 주도한 전범(戰犯), 독재자들은 '참람(僭濫)하게도' F. 니체의 '선(善, 휴머니티)'을 위한 '동시주의'에서 '귀족(noble)', '태양(sun)', '영웅(hero)'의 망상(妄想)을 재빠르게 가장 먼저 도둑질하였다.

F. 니체의 '휴머니티' 주장에 가장 확실히 결여된 것이 '지구촌', '사해동포주의'이다. 니체의 '역사의식'이 단순히 '국가주의', '민족주의'에 국한될 경우 바로 '전쟁 불사(不辭)'의 제국주의 모습으로 둔갑하게 된다.

F. 니체의 '과학적 현재 생명 중심주의'를 가장 정확히 자신의 화폭에 담았던 화가가 R. 마그

---

50) Ibid., pp.264~5.

리트였다. R. 마그리트는 '신비주의', '국가주의', '일방주의' 시대의 '지도자'가 없어지고 각자가 알아서 행해야 할 '육체 중심의 개인주의' 시대가 도래(到來)하였음을 작품 '실종된 기수 (The Lost Jocky, 1926)'에 담았다.

R. 마그리트의 '실종된 기수(1926)'[51], '실종된 기수(1957)'[52]

7-26
인간은 '초인(超人)'과 '동물' 사이에 위험한 다리다.

인간은 동물과 초인(Superman) 사이에 줄이다. 심연 위에 걸쳐진 줄이다. 건너가기에도 여행하기에도 뒤돌아보기에도 떨며 멈춰 있기에도 위험한 줄이다. 인간이 위대한 것은, 그가 목표가 아니라 과정이기 때문이다. 인간에게서 사랑스러운 것은 지나간다는 것이며 몰락한다는 점이다. 나는 몰락하는 사람을 사랑하니 그들은 결국 지나갈 사람들이기 때문이다. 나는 위대한 경멸자들을 사랑하니, 그들은 위대한 찬미자 피안(彼岸)을 향한 화살들이기 때문이다.

–Man is a rope stretched between the animal the Superman–a rope over an abyss. A dangerous crossing, a dangerous wayfaring. a dangerous looking–back. a dangerous trembling and halting. What is great in man is that he is a bridge and not a goal : what is lovable in man is that he is an over–going and a down–going. I love those that know not how to live except as down–goers, for they are the over–goers. I love the great despisers, because they are the great adorers, and arrows of longing for the other shore.[53]

---

51) A. M. Hammacher, *Rene Magritte*, Ibid., p.69, Rene Magritte(1898~1967), 'The Lost Jocky(1926)' : '실종된 기수⇔눈앞에 기수', '돌기둥 숲⇔우상-偶像의 숲'의 동시주의로, '신비주의', '일방주의' 기수-騎手가 사라지고 각자가 알아서 행하는 자유 민주주의 '개인주의' 시대의 도래를 명시한 작품이다.

52) S. Gohr, *Magritte : Attempting the Impossible*, Ibid., p.82, 'The Lost Jocky(1957)'.

┃구조┃ '동물(animal) ⇔ 인간(Man) ⇔ 초인(Superman)' 동시주의

과거 플라톤(소크라테스)과 예수의 도덕주의는, '영혼불멸(The Immortality of the Soul)', '살아 있는 하나님(The Existence of God)' 등을 전제한 '인생의 종말(終末)'을 기준(목표)으로 잡은 것이었다. 그래서 철학자들의 생전의 목표는, '실존(육체)의 억압'이었다.

이와는 대극점에 있는 것이 F. 니체의 '현재 생명 중심주의' 사고이다. 즉 '차라투스트라'는 '궁극의 허무주의'를 다 알고 있지만, 오직 '현재의 긍정적 생명 중심주의'를 실천하는 사람이다. 즉 모든 생명이 '몰락(죽음)'으로 향하고 있는 것은 틀림없는 사실이지만, 그래도 '믿을 것은 오직 이 생명들'이고, '봉사해야 할 대상도 오직 이 생명들'이라는 사실을 확신하고 있는 이가 '차라투스트라'이다.

그런데 F. 니체(차라투스트라)는 '태어난 그대로의 인간들'을 '동물'과 '초인' 중간에 두었다. 그러면 '태어난 그대로의 인간들'에 무엇이 결여되어 있다는 것인가? '현재 생명들을 위한 바른 인식과 그들을 위한 학습과 훈련'이 결여되어 있다.(8-10. 내 교육에 '중단'은 없다.)

F. 니체의 철저한 추종자 R. 휠젠벡은, "동시주의는 변화된 것에는 반대하고, 변화하고 있기를 지향한다(Simultaneity is against what has become, and for what is becoming)."[54] 라고 하였다.(제13장 참조)

R. 마그리트는 '귀 모양의 조개껍질(1956)', '알아야 한다(1965)'로 인간 세계의 '정보(과학) 와 학습'의 중요성을 강조하였다.

'귀 모양의 조개껍질(1956)'[55] '알아야 한다(1965)'[56]

---

53) F. Nietzsche(translated by R. J. Hollingdale), *Thus Spoke Zarathustra*, Ibid., p.9.

54) R. Motherwell(edited by), *The Dada Painters and Poets: An Anthology*, Ibid., p.35.

55) D. Sylvester, *Rene Magritte*, Ibid., Fig.1389 'Shell in the Form of an Ear(1956)' : '연이은 귀⇔계속 듣자'

7-27
'번개'와 '초인'

나는 번개를 알리는 전령(傳令)이다. 구름 속에 비, 그러나 번개가 초인(超人)이다.

—I am a herald of the lightning, and a heavy drop out of the cloud the lightning, however, is the Superman.—[57]

┃구조┃ '번개(lightning) ⇔ 초인(Superman)' 동시주의

F. 니체가 '초인(Superman)'을 '번개(lightning)'에 비유함은 '힘을 가진 빛', '힘에의 의지'를 알고 실천한 존재라는 측면에서 '번개(lightning)'이다.(10-30. '부(富)'와 '지(知)'가 세계를 움직인다.)

위에서 F. 니체가 자신을 '나는 번개를 알리는 전령이다(I am a herald of the lightning).' 라고 말한 것은, '생명의 짧음'과 '힘'을 어디에 쓸 것인지를 명시한 것이니, 앞서 '디오니소스'로 명시한 바, '생산'과 '풍요'에 바칠 것을 비유로 말한 것이다.

7-28
'독수리', '뱀'으로 자신을 설명하다.

차라투스트라가 그것을 마음속으로 말하고 있을 때 태양은 정오가 되었다. 차라투스트라는 새의 날카로운 소리를 들었으므로 문득이 쳐다보았다. 그렇다 보라! 독수리 한 마리가 공중에 원을 그리며 먹이가 아닌 친구로 뱀 한 마리를 걸고 있었다. 차라투스트라는 말했다. "그들은 내 동물이다." 마음으로 반기며 "태양 아래 가장 자랑스러우며 가장 지혜로운 동물이 정찰(偵察)을 하는구나. 그들은 차라투스트라가 아직 살아 있는지를 살피려 하고 있다. 나는 인간 사이에 사는 것이, 동물 사이에 사는 것보다 위험한 것을 알았고, 차라투스트라는 위험 속에 있다. 나의 동물들이여 나를 인도하라."

—This had Zarathustra said to his heart when the sun stood at noon-tide. Then he

---

동시주의.

56) Ibid., Fig.1580 'The Must Lesson(1965)' : '종 달린 귀⇔모두 함께 배우자' 동시주의.

57) F. Nietzsche(translated by R. J. Hollingdale), *Thus Spoke Zarathustra*, Ibid., p.11.

looked inquiringly aloft,—for he heard above him the sharp call of a bird. And behold! An eagle swept through the air in wide circles, and on it hung a serpent, not like a prey, but like a friend: for it kept itself coiled round the eagle's neck. "They are mine animals," said Zarathustra, and rejoiced in his heart. "The proudest animal under the sun, and the wisest animal under the

'R. 쉬타이너(1861~1925) 작(作)
F. 니체와 기록보관소 스케치(1898)'[58]

sun,——they have come out to reconnoitre. They want to know whether Zarathustra still liveth. Verily, do I still live? More dangerous have I found it among men than among animals; in dangerous paths goeth Zarathustra. Let mine animals lead me!"[59]

｜구조｜ '차라투스트라 ⇔ 독수리(eagle), 뱀(serpent)' 동시주의

F. 니체는 자연(自然) 그대로의 '용기'와 '지혜'를 '독수리', '뱀'에 비유했다. 그들이 F. 니체 밖에 있는 '동물'로 표현한 것이지만, 그것은 차라투스트라의 타고난 자연 성격의 객관화며, 비유이다('생명, 육체'의 '힘에의 의지' 형상화―'원시주의').

위에서 F. 니체가 '나는 인간 사이에 사는 것이, 동물 사이에 사는 것보다 위험한 것을 알았다(More dangerous have I found it among men than among animals).'란 진술이다.

'인간 사이의 위험'은 '허무주의자와의 전쟁'을 전제로 한 관계이므로, '위험'이라는 표현이 나왔다.

그러나 차라투스트라는 인간들과의 경쟁은 이미 승부가 확실히 난 상태이니, (즉 그동안 인류의 역사를 주도한 사람들은 관념주의자, 도덕주의자들[60]이니 그들과의 경쟁은) 쓸데 없는 경쟁(전쟁)은 더 이상 소용이 없고, '초인'이 그 '가르침'을 베풀 단계라는 선언이다.

---

58) R. J. Benders und S. Oettermann, *Friedrich Nietzsche Chronik in Bildern und Texten*, Carl Hanser Verlag, 2000, p.804, Elisabeth Foester Nietzsche an Rudolf Steiner, 3. July 1898.

59) F. Nietzsche(translated by R. J. Hollingdale), *Thus Spoke Zarathustra*, Ibid., pp.21~2.

60) '관념주의', '도덕주의'는 '허무주의', '염세주의', '데카당(실존을 부정한 퇴폐)'이므로, 그것의 신봉자들과의 동거 (同居)는 '위험'하다는 전제임.

7-29

'낙타', '사자', '어린 아이' 비유로 말하다.

> 세 가지 정신 변화에 대해 그대에게 말하겠다. 어떻게 정신이 '낙타'가 되고 '사자'가 되고 '어린이'가 되는지를.
> —Three metamorphoses of the spirit do I designate to you : how the spirit becometh a camel, the camel a lion, and the lion at last a child.[61]

┃구조┃ '초인(Zarathustra) ⟺ 낙타(camel), 사자(lion), 어린이–아이(child)' 동시주의

F. 니체는 '초인(차라투스트라)'에로의 탄생 경로를 설명한 것이다. 이 비유는 F. 니체 자신의 인생 체험을 토대로 한 '초인(차라투스트라)'에 이른 경로를 설명한 것이다.

우선 '낙타(camel)'란 '자신에게 부여된 짐'을 불평함도 없이 죽어 넘어질 때까지 묵묵히 '사막의 길'을 가는 존재이다. F. 니체의 개인 경력에 비추어보면, 1844년 탄생 이후부터 1868년 '라이프치히 대학'에서 문헌학에 열중할 때까지이다.(제12장 연보 참조)

다음 '사자(lion)'인 기간은 1869년부터 1879년 사이 바젤 대학에 근무하면서 새로운 도전 정신으로 고금(古今) 동서(東西)의 서적, '자연과학 서적'을 열람하며 '사자의 비판 정신'으로 세계를 총람(總攬)하던 시기다.

그리고 '아이(child)'란 '신병(身病)'으로 바젤 대학을 사임하고 1879년 이후 1882년까지 스위스와 이탈리아에서 '요양'하며 〈차라투스트라〉를 집필하기까지의 시기이다.

그러나 이러한 설명은 당초 F. 니체의 사유가 그러하듯이 편의상 방편적 것이고, F. 니체가 토로한 방식을 그의 전기에 대비한 것일 뿐이다.(4-12. 철학은 그 철학자의 표현이다.)

특히 F. 니체가 '차라투스트라'를 지을 당시를 '아이', '암 코끼리'에 비유한 것은 자신의 '탄생자(아이, 차라투스트라)'와 '출산자(암 코끼리)'로 묶은 것, 그의 무한정한 '동시주의' 능력 발휘로 주목을 해야 한다('아기–차라투스트라–F. 니체 ⟺ 출산자–암코끼리–F. 니체' 동시주의).

F. 니체에 많이 동조한 S. 달리는, 자신을 '메뚜기', '사자'로 표현하고 '남⟺여' 동시주의에도 역시 능(能)하였다.

---

61) F. Nietzsche(translated by R. J. Hollingdale), *Thus Spoke Zarathustra*, Ibid., p.25.

'10세 때 나는 메뚜기 같은 아이였다(1933)'62), '태양을 삼키는 사자(1550)'63), '노년의 윌리엄 텔(1931)'64)

7-30

'생명에 대한 사랑'이, '최고의 희망'이다.

훌륭한 투사(鬪士)에게는 '나는 싸우겠다.'는 말보다 '그대 싸울지라.'는 말이 더욱 즐겁다. 좋은 것은 모두 당신에게 적용해야 하므로 그것을 당신에게 명령해야 한다. 생명에 대한 사랑이 최고 희망에 대한 사랑이 되게 하라. 최고의 희망은 생에 대한 최고의 생각에 대한 희망이다. 그러나 그대의 최고의 생각은 초인(차라투스트라)이 명령하는 것이니, 그것은 인간은 극복되어야 할 대상 이라는 것이다. 그래서 '복종과 전쟁의 생'을 운영하라! 오래 산다는 것은 무엇인가! 놀고 있다는 것은 무엇인가! 나는 너희를 놀리지 않고 진심으로 전쟁 속에 있는 너희를 사랑한다.

-To the good warrior soundeth "thou shalt" pleasanter than "I will." And all that is dear unto you, ye shall first have it commanded unto you. Let your love to life be love to your highest hope ; and let your highest hope be the highest thought of life! Your highest thought, however, ye shall have it commanded unto you by me–and it is this : man is something that is to be surpassed. So live your life of obedience and of war! What matter about long life! What warrior wisheth to be spared! I spare you not, I love

---

62) R. Descharnes & G. Neret, *Salvador Dali*, Taschen, 2006, p.202, 'Myself at the Age of Ten When I Was the Grasshopper Child(1933)'.

63) C. G. Jung, *Psychology and Alchemy*, Routledge & Kegan Paul, 1953, p.332, 'The green lion devouring the sun(1550)'.

64) R. Descharnes & G. Neret, *Salvador Dali*, Ibid., p.175, 'The Old Age of William Tell(1931)' : 그림에서 등을 돌리고 있는 두 사람은 S. 달리와 갈라를 그린 것이고, 앞에 황색 커튼 뒤에 반쯤 벗은 모습(젖가슴과 수염을 아울러 지닌 '矛盾된 모습')을 드러내고 있는 존재는 아버지(윌리엄 텔, 돈 살바도르 달리)이고, 그 앞에 '사자 그림 자'는 S. 달리의 이미지이다.

you from my very heart, my brethren in war![65]

┃구조┃ '생명을 향한 사랑 ⇔ 최고의 희망' 동시주의

　F. 니체의 설명은 '생명 중심주의'로 일관되어 있다. '생명은 육체'이니, 모든 생명에 대한
사랑 배려 희생 투쟁이 바로 모두 차라투스트라 초인의 일이다. 그가 수행한 '전쟁'이란 '관념
주의', '염세주의', '퇴폐주의'와의 전쟁이고, 그것에 초인(F. 니체)의 '힘에의 의지'의 발동이
명백하게 가동된 것이다. F. 니체의 '힘에의 의지'는, 그의 '현재 생명 우선주의'에 기초를 둔
것으로 기존의 모든 '우상(허무주의)의 파괴'를 향한 전쟁이다.

　그것은 '초인(F. 니체)'의 선언으로 이미 승부가 난 것으로 차라투스트라는 확신하고 있었으
니, 인간은 모두 명백히 '육체 절대 우선'을 몸소 실행하고 있으면서, 단지 그것을 무시, 간과
하고 있을 뿐이기 때문이다.

　이러한 의미에서 1916년 취리히 '다다 혁명 운동'은 그대로 F. 니체의 '모든 가치의 재평가'
운동이었다. Dada의 '제국주의 전쟁 반대' 운동은 F. 니체의 '생명 긍정'과 '살상 반대'의 연장
선상에서 이해하면 모두에게 오해(誤解)는 있을 수 없다.

7-31
'진리의 샘'까지는 시간이 걸린다.

　　진리를 사랑하는 자여! 참을성이 없는 절대주의자(관념주의자)들을 질투하지 말라! 아직까지
　　진리는 절대주의자(관념주의자)의 팔에 매달린 적이 없다. 이 성급한 사람들을 피해 안전지대로
　　가라. (관념주의자의) 시장에서 '그렇다', '아니다'로 살 것인가? 모든 깊은 샘물의 체험은 완만히
　　이루어진다. 깊은 샘물은 그 깊이에 도달하기까지 오래 기다려야 한다.
　　　—On account of those absolute and impatient ones, be not jealous, thou lover of truth!
　　Never yet did truth cling to the arm of an absolute one. On account of those abrupt
　　ones, return into thy security : only in the market-place is one assailed by Yea? or Nay?
　　Slow is the experience of all deep fountains : long have they to wait until they know
　　what hath fallen into their depths.[66]

---

65) F. Nietzsche(translated by R. J. Hollingdale), *Thus Spoke Zarathustra*, Ibid., p.53.

┃구조┃ '진리를 사랑하는 자⇔깊은 샘물의 체험' 동시주의

F. 니체는 위에서 먼저 '낙타'의 자세를 역설했다. 과거의 철학자는 '살아서 부정할 수 없는 생명(육체)'을 버려두고, '죽음'을 지나치게 성급하게 앞세워 놓고 '생명(육체)'을 무시하고 '저세상(the next world)'에 대한 기대를 부풀게 했음을, F. 니체는 '퇴폐'요 '염세주의', '허무주의' 세계관이라 설명하였다. 그러니 너무 성급하게 '죽음'을 거론하지 말고 우선 '낙타'처럼 '생명의 진실'을 배우고 학습부터 하라는 F. 니체의 충고이다.

위에서 차라투스트라가 '진리'를 '깊은 샘물'에 비유한 것은, 기존의 모든 '허무주의 논설'을 넘어 도달하게 되는 '현재 생명 긍정 사상'이기에 그렇게 표현한 것이다.

위에서 거론한 '절대주의'는 기존 철학의 '국가주의', '전체주의', '관념주의', '일방주의(Unilateralism)', '도덕주의'자, 즉 '허무주의 결론자'를 지칭한다. 그러므로 차라투스트라는 역시 '개인주의', '육체주의', '동시주의', '현실주의'일 수밖에 없다.

7-32
'힘에의 의지'가 '선', '악'을 구분한다.

차라투스트라는 여러 나라 국민을 구경하였다. 차라투스트라가 찾아낸 선(善)과 악(惡)보다 더욱 위대한 것은 없었다……. 모든 국민은 그것(선악의 기준)을 국민 위에 달아 놓고 있다. 그것이 그들 승리의 도표이고, 그들의 '힘에의 의지'이다…….

"네가 다른 사람보다 항상 우선이고 뛰어나야 한다. 친구 말고는 너의 그대의 질투심 많은 영혼을 사랑하지 않는다." 이 말은 그리스인의 영혼을 전율하게 하였다. 그래서 그는 위대한 길을 갔다.

"진실을 말하고, 활과 화살로 몸을 단련하라." 이것은 내 이름이 유래한 국민에게는 즐겁고도 어려운 문제였고, 차라투스트라 나에게도 즐겁고도 어려운 문제이다.

-Many lands saw Zarathustra, and many peoples : thus he discovered the good and bad of many peoples. No greater power did Zarathustra find on earth than good and bad……A table of excellencies hangeth over every people. Lo! it is the table of their triumphs ; lo! it is the voice of their Will to Power……

"Always shalt thou be the foremost and prominent above others : no one shall thy jealous

---

66) Ibid., p.58.

soul love, except a friend"—that made the soul of a Greek thrill : thereby went he his way to greatness.

"To speak truth, and be skilful with bow and arrow"—so seemed it alike pleasing and hard to the people from whom cometh my name—the name which is alike pleasing and hard to me.[67]

┃구조┃ '힘에의 의지⇔희랍의 영혼' 동시주의

F. 니체의 위의 발언도 신중하게 짚어져야 할 사항이다. 플라톤(소크라테스)의 사고와 예수의 생각으로 대표되는 유대인의 사고방식은 모두 '죽음', '절대신', '도덕', '영혼불멸'의 사고였다. 위에서 F. 니체 '선악(good and bad-evil)'의 문제가 모든 사회에서 공통으로 문제되고 있으나, '생명 중심', '현재 중심', '개인 중심'의 '좋고 나쁨(善惡)'은 고대 희랍 귀족의 사고(思考)가 바로 표준이고 차라투스트라 선악의 지표라는 주장이다. 사실 모든 사람들이 그렇게 살고 있으니, 차라투스트라의 주장은 그것을 거슬러서 주장하는 사람들을 향해 말을 하고 있는 셈이다.

이 '실존주의'가 F. 니체의 '불변의 출발점이고 귀환점'이다. 이것을 망각하면, F. 니체의 견해를 사실 (모든 이가) 떠날 수 없음에도 오히려 내버리는 '모순(矛盾)'에 빠지게 된다.

F. 니체는 '생명 긍정의 정신적 문제'를, 활을 쏘고 신체를 단련하는 '체육 경기(경쟁, 전투)'에 비유하고 있다.

'모든 가치의 재평가' 운동, F. 니체는 그것을 '우상(허무주의자) 파괴의 전쟁'에 비유하고 있지만, 그것은 더욱 쉽게 말해 '생명 긍정'의 운동, '생명 옹호' 운동이다.

R. 마그리트는 관념적 '선악(善惡) 논쟁'을 다음 작품으로 풍자 조롱하였다.

'청강 실(1952)'[68], '사람의 아들(1964)'[69]

---

67) Ibid., p.66.

7-33
독사를 굴복시킨 차라투스트라.

어느 날 차라투스트라는 더위에 팔로 얼굴을 가리고, 무화과나무 아래서 잠들었다. 그런데 독사가 와서 목을 물었고, 차라투스트라는 아파서 소리를 질렀다. 차라투스트라가 팔을 젖히고 뱀을 보니 뱀도 차라투스트라의 눈을 알고 어색하게 꿈틀거려 도망가려 하였다. 차라투스트라는 말했다. "도망가지 마라. 나의 고맙다는 인사를 받지 않았다. 너는 제때 나를 깨워주었다. 나의 갈 길은 멀다."

독사가 말했다. "오래 못 갑니다. 제 독은 치명적입니다."

차라투스트라가 웃으며 말했다. "용이 뱀의 독으로 죽는 거 보았어? 그러니 나를 죽이기에 부족한 독일랑은 가져가라." 그래서 독사는 차라투스트라 목으로 돌아가 상처를 핥았다.

—One day had Zarathustra fallen asleep under a fig-tree, owing to the heat, with his arms over his face. And there came an adder and bit him in the neck, so that Zarathustra screamed with pain. When he had taken his arm from his face he looked at the serpent and then did it recognise the eyes of Zarathustra, wriggled awkwardly, and tried to get away. "Not at all," said Zarathustra, "as yet hast thou not received my thanks! Thou hast awakened me in time my journey is yet long." "Thy journey is short," said the adder, sadly; "my poison is fatal." Zarathustra smiled. "When did ever a dragon die of a serpent's poison?" —said he. "But take thy poison back! Thou art not rich enough to present it to me." Then fell the adder again on his neck, and licked his wound.[70]

┃구조┃ '차라투스트라 ⇔ 기독교도(Christianity)' 동시주의

F. 니체는 자신이 차라투스트라로 생애에 온갖 문제를 긍정적으로 수용하고 '새로운 도전과 승리의 계기'로 삼았다. 즉 F. 니체는 그동안 인류가 소유하고 있는 모든 유산에서 최고의 것을 차라투스트라에게 귀속시키고, 대표적인 사멸의 이야기인 '희랍 비극'도 출산과 사망을 향한 디오니소스의 '고통'과 '파괴'로 해석하였고, 심지어 자신이 대학 시절 창녀촌에 걸린 '신체 마비의 매독(梅毒)'까지 오히려 '프로테우스에게 찾아온 업보(業報)'로 알고 그냥 버티었다.

---

68) D. Sylvester, *Magritte*, Ibid., p.373, 'The Listening-room(1952)' : '선악과(사과)' 로고로 '관념주의' 기승을 풍자하였다.

69) S. Gohr, *Magritte : Attempting the Impossible*, Ibid., p.270, 'The Son of Man(1964)'.

70) F. Nietzsche(translated by R. J. Hollingdale), *Thus Spoke Zarathustra*, Ibid., p.77.

그는 평소 '신화(꿈) 속의 주인공'과 '현실 속의 니체 교수'를 전혀 구분할 필요를 느끼지 않으며, '사유'와 '저술'을 행했으니, 그 '차라투스트라의 말과 행동'을 서술한 〈차라투스트라는 이렇게 말했다〉의 저술도 역시 예외일 수는 없다.

그러나 '신화(꿈) 속'에서도 유일하게 끈을 놓지 않고 있는 <u>F. 니체의 최고의 승부처는 '생명(실존) 긍정'의 문제</u>였으니, 역시 차라투스트라의 그 점을 가장 큰 '예술 방법'으로 치켜든 부류가 1916년 이후 '다다 초현실주의 운동'이었다. 그러므로 '현대 자유 시민운동'은 F. 니체에게서 출발했고, 그를 통해 성공이 보장된 '인간 생명의 자유 찾기 운동'이다.

7-34
'목표'와 '상속자'가 있는 차라투스트라의 죽음(삶)

> 나의 죽음, 내가 그것을 원한 자유로운 죽음을 자랑하노라. 초인은 목표와 상속자가 있으므로 목표와 상속자에게 적절할 때 죽기를 원한다.
> —My death, praise I unto you, the voluntary death, which cometh unto me because I want it. And when shall I want it?—He that hath a goal and an heir, wanteth death at the right time for the goal and the heir.[71]

┃구조┃ '초인⇔자유로운 죽음', '죽음⇔목표, 상속자(a goal and an heir)' 동시주의

F. 니체는 '죽음'을 생각하며 '목표 상속자(a goal and an heir)'를 거론하였다. 위의 구절은 자세한 분석을 요한다.

그동안 인생을 깊이 있게 성찰(省察)한 철학자들은 항상 '죽음'이라는 것으로 마지막 결론을 전제하였다. 그리고 '허무주의(nihilism)' 위에 모든 (생전의)'사회적 체제'를 생각하였다.

F. 니체도 '죽음'을 생각했다. 그러나 F. 니체는 '인생'을 허무주의로 방치하지 않고 인생의 '목표'와 '상속자'를 생각했다. 이것이 기존 허무주의 철학과는 확실히 구분된 F. 니체의 '생명 긍정'의 핵심이다. 즉 '목표'와 '상속자'가 있는 상황에서 무슨 허무주의이며, 염세주의 퇴폐주의가 논의될 이유가 없기 때문이다. 인생에 '목표'와 '상속자'란 차라투스트라의 '힘에의 의지'를 새롭게 펼칠 후손(후손, 제자)들이니, '목표'와 '상속자'를 위한 죽음(삶), 그것이 '원하는

---

71) Ibid., pp.82~3.

죽음(삶)', '자랑할 죽음(praising death, 삶)'이라는 것이다. 그리고 이것이 역시 풍요(豊饒)와 다산(多産)을 위한 '디오니소스의 죽음' 바로 그것이다. 이러한 측면에서 F. 니체를 '니힐리스트'로의 해석은 '엄청난 잘못'이다.(제13장 'M. 하이데거' 항 참조)

F. 니체는 '목표가 있는 삶(죽음)', '상속자를 위한 삶(죽음)'이라는 '생명 긍정'의 삶(죽음)이고, '생명이 목표'인 삶이니, 아무 곳에도 '허무주의'는 없고, 오직 '더욱 넘치는 풍요와 삶의 찬가'가 있을 뿐이다. 그러므로 그것이 바로 '영원회귀'의 생의 예찬이다.

1916년 취리히 다다가 모두 전제했던 것도 '자유로운 죽음(the voluntary death)' 즉 자살을 생각했는데, 그들의 공동 '목표'가 '제국주의 살상 전쟁 반대'였으니, 역시 '생명을 위한 죽음의 선택'으로, F. 니체가 전제한 '목표'와 '상속자(후손)'을 위한 죽음이었다.

7-35
너희도 홀로 가라.

제자들이여, 나는 이제 홀로 간다. 이제 너희도 홀로 가라. 그러기로 하자. 나에서 떠나 차라투스트라에게까지도 너희를 지키기라는 충고한다. 차라투스트라를 수치스럽게 생각하는 것이 더 좋은 일이다. 차라투스트라가 너희를 속였을지도 모른다……. 이제 나는 차라투스트라를 버리고 너 자신을 찾으라고 명하노라. 너희가 나를 모두 부정할 때, 나는 너희에게 돌아올 것이다.

-I now go alone, my disciples! Ye also now go away, and alone! So will I have it. Verily, I advise you : depart from me, and guard yourselves against Zarathustra! And better still : be ashamed of him! Perhaps he hath deceived you……. Now do I bid you lose me and find yourselves and only when ye have all denied me, will I return unto you.[72]

| 구조 | '떠나감(go away) ⇔ 돌아옴(return unto)',
'차라투스트라를 버림(lose Zarathustra) ⇔ 자신을 발견함(find yourselves)' 동시주의

F. 니체의 사상에서 가장 중요한 점은, 과거 '국가주의', '전체주의', '사회주의' 사고에서 '개인주의(Individualism)'의 명시이다. 이 점을 F. 니체는 위에서 '홀로 가라(Ye also now go away, and alone!)'고 거듭 명시하였다.

---

72) Ibid., p.90.

F. 니체를 '제국주의 옹호자'라고 비판한 사람들은 크게 반성을 요한다. 즉 어떻게 '홀로 행할 수 있는 제국주의(帝國主義)가 천하(天下)에 어디에 있을 수 있지?'에 대하여 그들은 반드시 대답을 해야 한다.

7-36

내 창(槍)은, '웃음 소나기'를 쏟아지게 한다.

모든 창시자들의 낡은 혀에 실증이 난 나에게, 새로운 길 새로운 말이 나타났다. 나는 더 이상 헌 구두를 신지 않는다. 나에게 '모든 언어(all speaking)'는 너무 늦다. 전차(戰車)다. 그렇다 폭풍이다. 나는 나와 그대에게까지 앙심(怏心)의 채찍이다! 나의 친구들이 체류하는 행복한 섬을 발견할 때까지 비명과 만세처럼 거친 바다를 횡단할 것이다.

그 속에는 내 적(敵)들도 있다. 모든 사람에게 말을 걸어 사랑하지 않을 수 있으랴! 적들까지 나의 기쁨의 일부이다. 내가 거친 말[馬]을 오르고자 하면 그 다음은 창(槍)이 들리니, 그것은 하인(下人)의 일이다.

내 적(敵)들에게 던질 창! 내가 최후의 창을 적들을 향해 던짐은 얼마나 기쁜 일인가! 나의 구름에 크나 큰 긴장이 있어, 번개의 웃음 사이로 우박 소나기가 쏟아질 것이다.

-New paths do I tread, a new speech cometh unto me tired have I become-like all creators-of the old tongues. No longer will my spirit walk on worn-out soles. Too slowly runneth all speaking for me :--into thy chariot, O storm, do I leap I And even thee will I whip with my spite! Like a cry and an huzza will I traverse wide seas, till I find the Happy Isles where my friends sojourn -

-And mine enemies amongst them! How I now love every one unto whom I may but speak! Even mine enemies pertain to my bliss. And when I want to mount my wildest horse, then doth my spear always help me up best : it is my foot's ever ready servant : -

-The spear which I hurl at mine enemies! How grateful am I to mine enemies that I may at last hurl it! Too great hath been the tension of my cloud : betwixt laughters of lightnings will I cast hail-showers into the depths.[73]

---

73) Ibid., p.97.

│구조│ '초인의 적(enemies) ⟺ 우상들(Idols, 허무주의자들)' 동시주의

F. 니체는 '도전', '확신', '승리'의 '현재 생명 제일주의자'이다. F. 니체는 그의 적(敵, 절대주의자, 관념철학자, 종교적 司祭)들을 한창(槍)에 격파하고 전투에 '필승(必勝)'을 굳힌 것으로 차라투스트라는 승리자의 자세를 잡았다.

'대화의 기술(1950)'[74]

정말 F. 니체는 모든 인류가 '생명(육체)' 속에 있는 존재임을 확신하였다. 그래서 그것을 바탕으로, 과거의 '우상들(Idols)'이 '죽음'을 성급하게 전제한 '절대주의'에 있다는 사실을 세상에 공개하고, '우상들(절대주자, 허무주의자)과의 전쟁'이 차라투스트라(F. 니체)의 일이라는 것이다.

F. 니체의 '생명에의 확신과 자랑'이 '디오소스의 춤'을 저절로 나오게 했다.

R. 마그리트도 차라투스트라처럼 '소통'에 답답함을 참을 수 없어 작품 '대화의 기술(1950)'을 제작하였다.

7-37
'지속성'이 차라투스트라를 만든다.

감성의 힘이 아니라 그 지속성이 위대한 인간을 만든다.
−It is not the strength, but the duration of great sentiments that makes great men.[75]

│구조│ '힘(strength) ⟺ 지속성(duration)' 동시주의

---

74) D. Sylvester, *Magritte*, Menil Foundation, 1992, p.222, 'The Art of Conversation(1950)' : R. 마그리트는 '원시인'이 자신의 심방을 돌덩이로 알렸다는 그 돌무더기에 '관념주의자', '제국주의' 볼링모의 남성을 두어 그들의 '허무주의'를 조롱하였다.

75) F. Nietzsche(translated by T. Common), *Beyond Good and Evil*, The Edinburgh Press, 1907, p.86.

F. 니체는 '정신적인 단련(鍛鍊)'을 신체적인 비유로 자주 원용하였다. 위의 교설(敎說)도 '낙타' 비유의 연장이다. 그 '지속성'은 일생을 기약하는 것이니, 각자의 체질로 수행할 수밖에 없음을 니체는 명백히 하였다.(8-10. 내 교육에 '중단'은 없다.)

7-38
'감사'와 '순수함'은 차라투스트라의 성격이다.

> 천재성을 가진 사람이 '감사(感謝)'와 '순수성(純粹性)'을 지니지 못하면 견뎌나지 못할 것이다.
> ─A man of genius is unbearable, unless he possess at least two things besides : gratitude and purity.76)

┃구조┃ '천재(genius) ⇔ 감사와 순수성(gratitude and purity)' 동시주의

'생명(육체)'은 존재 자체가 '기쁨'이고 '축복'이고 '감사'이다. '물 한 모금', '바람 한 줄기'가 다 '축복'이고 '감사'이다. 더구나 '높은 하늘', '풀 한 포기', '나무 한 그루'도 '축복'과 '감사' 없이 볼 수 없으니, '생명(육체)'에 어찌 '감사'가 없을 것이며, '생명(육체)'에 거짓이 있을 수 없다. 그러므로 F. 니체는 '어린이(child)'를 '낙타'와 '사자' 다음의 단계로 전제하였다.

그러나 그 다음 단계가 가장 큰 문제였다. 즉 F. 니체는 '생명(육체)' 그 자체를 제일 큰 것으로 전제했음에 대해 기존 철학자들은 거기에 불필요한 전제들을 두고 오히려 '생명(육체)'의 종말(終末), '사망'을 크게 문제 삼았다. 그리고 '사망'이 오기 전에 무슨 조처를 하여 그에 대비해야 한다는 엉뚱한 공상(空想)을 하였다. 서양에서는 플라톤(소크라테스)과 예수의 '국가주의', '천국' 사상이 그것이다.

이에 F. 니체는 그의 '과학 사상'을 바탕으로 '개인주의'와 '힘에의 의지'를 강조하였으니, 그것은 '허무주의', '염세주의', '데카당'을 넘어, 죽을 때까지 '상속자'와 '목표(생명)'를 위한 '디오니소스의 죽음'을 마땅한 '자랑할 죽음(praising death)'으로 전제하였다.

이것은 역시 '영국의 F. 니체' J. G. 프레이저(J. G. Frazer, 1854~1941)가 〈황금 가지〉에서 전제하고 있는 '다산(多産)', '풍요(豊饒)'를 위한 '토템의 살해', '디오니소스의 죽음(살해)'과

---

76) Ibid., p.86.

맥락을 같이하고 있다.(제13장 참조)

여기에 '상속자'와 '목표' 문제에 다시 '개인'과 '집단'이라는 문제가 자연스레 대두되는데, F. 니체는 그 집단을 '유럽 대륙'으로 전제하였고(10-15. '선한 유럽주의' 이상(理想)), 1916년 취리히 다다는 '지구촌'을 전제하였다.

7-39
'원칙(principles)'이 그 사람을 만든다.

사람은 자신의 원칙으로, 그의 습관을 지배하거나 정당화 존중 질책(叱責) 은닉(隱匿)을 행한다. 그로 인해 동일한 원칙을 가진 두 사람도 근본적으로 다른 결과로 나가게 된다.

-With his principles a man seeks either to dominate, or justify, or honour, or reproach, or conceal his habits : two men with the same principles probably seek fundamentally different ends therewith.[77]

┃구조┃ '동일한 원칙⇔다른 결과' 동시주의

F. 니체는 위에서 간단한 말로, '개인', '사회', '역사'를 지배하는 가장 중대한 교훈을 행하고 있다. 한마디로 '원칙'을 어떻게 어디에 두었는가의 문제가 '개인', '사회', '사회'의 전개 방향을 잡는다는 전제이다.

F. 니체의 '원칙'은 무엇이고, 다른 사람들이 주장했던 '원칙'이란 무엇인가? F. 니체의 원칙은 '생명 우선', '개인', '과학', '현세', '다원(多元)', '경쟁(힘)'의 원칙이었음에 대해, 다른 철학자 사제의 주장은 '영혼 중심', '집단', '신비', '내세', '일방적', '평등(空)', '허무주의'가 그 원칙이었다.

1916년 취리히 다다는 F. 니체의 사상을 모두 존중을 하였고, 이후 세계 사상도 '생명 긍정', '살상 반대', '과학', '현세', '다원'을 존중하는 쪽으로 결론이 났으니, F. 니체의 역사적 위치가 어떤 것인지는 저절로 명백하게 된다.

---

77) Ibid., p.87.

7-40

'죽음'은 축복으로 맞아야 할 것이다.

인생과의 작별은, 오디세우스가 나우시카와 행했던 것처럼 연연(戀戀)하기보다는 축복 속에 행해야 할 것이다.

－One should part from life as Ulysses parted from Nausicaa blessing it rather than in love with it.[78)

┃구조┃ '축복의 이별(parting in blessing)⇔아쉬운 이별(parting in love)' 동시주의

F. 니체는 어떤 측면에서나 '현재 생명 긍정', '생명' 찬양에 항상 변함없이 씩씩하였다. 그리하여 '생명(육체)'을 부정하는 모든 '허세'와 '가식'의 무리에 대해 '무자비한 우상 파괴'를 필생의 과제로 수행을 하였다.

(살아있으면서) 무슨 '허무주의', '염세주의', '패배주의', '퇴폐주의' 의식의 발동인가를 거듭 묻고 있다.

F. 니체가 전제하고 있는 일관된 '죽음에 대한 태도'는, '디오니소스의 종말(사망)'이고, 그것은 필연적으로 '생명의 풍요'와 '다산(多産)'으로 열어가야 한다는 '긍정의 삶', '희랍 비극'의 기본전제라는 신념이었다.

7-41

괴물과 싸우다가 그 괴물이 될 수 있다.

괴물(怪物)과 싸우고 있는 사람은 괴물이 되지 않도록 주의해야 한다. 당신이 심연(深淵)을 오래 들여다보면 심연(深淵)이 당신을 들여다볼 것이다.

－He who fights with monsters should be careful lest he thereby become a monster. And if thou gaze long into an abyss, the abyss will also gaze into thee.[79)

┃구조┃ '괴물(monster)⇔심연(abyss)' 동시주의

---

78) Ibid., p.90.
79) Ibid., p.97.

F. 니체는 진실로 '생명(육체)을 지키는 선한 목자(牧者)'로서 배려가 각별(恪別)하다. 위에서 F. 니체가 '괴물(monster)'이라 지칭한 것은 플라톤을 따르는 '관념철학자', '예수를 따르는 사제'를 가리키니, 그들을 '괴물'이라고 지칭한 것은 명백히 '생명'에 의존해 있으면서도 오히려 그것을 '저주', '탄압'하는 것에 주력(注力)하고, '사망'에 관한 '엉뚱한 공상(空想)'을 심어 힘찬 생의 전개를 막고 있다는 측면에서 붙여진 명칭이다. (3-28. '죽음'은 모르고 살아야 한다.)

F. 니체는 '철학자', '사제(司祭)'가 하는 일이란 '죽음(深淵)'이란 전제를 모든 사람들의 앞에 크게 전제해 두고 거기에 '대비'를 가르치니, 그들에 대항해 싸우다가는 오히려 그들과 한패가 될 수도 있는 경고이다. 그 대표적인 경우가 사도 바울(St. Paul)이었다. (2-21. 신의 존재 논의는 무익하다.)

7-42
신(神)의 아들에게 도덕은 소용없다.

> 예수는 자신의 유대인들에게 말했다. "나처럼 신의 아들로서 신을 사랑하라. 신의 아들들에게 도덕이 무엇이란 말인가!"
>
> ─Jesus said to his Jews : "The law was for servants ; love God as I love him, as his Son! What have we Sons of God to do with morals!"[80]

┃구조┃ '신(God) ⇔ 도덕(morals)' 동시주의

F. 니체는 광범위의 독서를 행했는데, 특히 〈성경〉은 어린 시절부터 학습을 했었다.(5-33. 〈성서〉는 내 '어린 시절의 책') 그런데 F. 니체는 할아버지 아버지처럼 '목사'가 되려던 꿈을 접고 대학에서 전공을 '신학'에서 '문헌학'으로 바꾸고, '과학 서적'을 지속적으로 탐독하여, 마침내 인간이 가지고 있는 모든 서적을 다 읽고, 세상에서 제일 좋은 것으로 자신의 '실존(생명 중심)'주의를 내세우기 시작하여 마침내 1883년에 〈차라투스트라는 이렇게 말했다〉라는 책을 썼다.

그 '차라투스트라(F. 니체)'의 대극점에 '허무주의자' 플라톤(소크라테스)과 예수를 두고 그들의 '반생명', '반육체'를 맹박(猛駁)하였다.

---

80) Ibid., p.99.

F. 니체의 발언은 인류의 기존 '국가주의', '전체주의', '내세주의', '일방주의' 교육 체계를 부정하는 '혁명적'인 것이다. F. 니체는 그 기본을 각 개인의 '천성(天性)'을 되돌려 주는 것으로, 전체적으로 '자연(自然)의 흐름'을 존중하는 것이었기에 처음부터 F. 니체는 '승리'를 확신하고 있었다.

7-43

쇠망치로 진단하는 우상(偶像)의 장기(臟器)

나에게 좋은 또 하나 회복 방법은, 우상(偶像)들을 검진(檢診)하는 것이다……. 세상에는 실물(實物)보다 더 많은 우상들이 있다. 그것은 나의 세상에 대한 '사악하다는 눈', '사악하다는 귀'로 진단한 것이니,…. 여기에 쇠망치 질문들은 부풀어 오른 장기들을 말해주는 유명한 텅 빈 음향을 대답으로 듣게 할 것이다. 그것은 노련한 심리학자며 '선동(煽動)하며 피리 부는 사람(pied piper)'인 나, 귀의 뒤에서까지 듣는 귀를 가진 나에게 기쁨 그것이다. 내 앞에서 침묵하고 침묵하지 않을 수 없는 존재들이니까.

−Another recovery, possibly more desirable to me, is sounding out idols… There are more idols than realities in the world: that is my "evil eye" for this world, which is also my "evil ear"… here once with a hammer questions provide and, perhaps, hear as a reply that famous hollow sound which speaks of bloated entrails − what a delight for one who has ears even behind his ears, has − for me, an old psychologist and pied piper before whom just that which would remain silent, according must be…[81]

| 구조 | '실물(realities) ⇔ 우상(idols)', '쇠망치 질문들 ⇔ 유명한 텅 빈 음향' 동시주의

F. 니체는 1888년 9월 30일 〈우상의 황혼〉을 제작해 놓고 위와 같은 서문을 붙였다. 플라톤(소크라테스) 이후 I. 칸트까지 이어진 '생명(육체)' 무시, '관념(이념)주의', '국가주의', '저 세상'을 말하는 서양철학의 대강을 이룬 저술에 대해, '생명 우선주의자' F. 니체의 거침없는 비판을 쏟아놓은 것이 〈우상의 황혼〉으로, 'F. 니체 5경(五經, The Five Classics of Nietzsche)' 중의 하나이다.

F. 니체는 I. 칸트가 '우상화'한 플라톤, 플라톤이 우상화한 소크라테스가 플라톤의 저술을

---

81) F. Nietzsche(translated by D. F. Ferrer), *Twilight of the Idols*, Daniel Fidel Ferrer, 2013, p.3.

통해(특히 〈파이돈〉) 소크라테스가 지나친 '육체(생명) 부정', '염세주의자', '데카당'으로 당시 청년들을 '타락시켰다'는 아테네인의 고소 고발(告訴 告發)을 이유 있는 것으로 보고 스스로 '생(실존)'을 완전히 부정하는 내세주의(來世主義)자로서 어떻게 다른 사람의 '스승'일 수 있는지를 정면으로 반박하였다.(6-5. 데카당이 행한 '데카당과의 전쟁')

R. 마그리트는 F. 니체의 '생명 중심주의'를 모두 수용하고 한 걸음 더 나가 '생명 절대 우선의 신념' 위에 위의 '이상 사회 건설을 향한 자신의 견해'를 '꿈의 열쇠(The Key to Dream)'라는 작품으로 제시하였다.

'꿈을 향한 열쇠(1930)'[82]

7-44
그 '개인'이 '법'이고 '필연성'이며 '운명'이다.

개인이란 미래와 과거의 한 조각 운명, 현재 존재하고 미래에 존재할 모든 것에 대한 하나의 법, 필연성이다. 그에게 '바꿔야 한다'라고 말한 것은 과거까지를 포함한 '모든 것의 변화'를 의미한다. 그런데 실제로 사람들이 달라지기를 바라는 도덕주의자들이 있었으니, 그들은 '자신의 이미지', '광신도 이미지'로 바꾸라는 것이다. 그들은 세상을 부정했고, 보통 미친 게 아니었다. 뻔뻔하다고 그토록 뻔뻔함이 없을 정도이다… '도덕'이 생명의 기획을 고려하거나 존중함이 없이, '단죄(斷罪)로서의 도덕'은 잘못된 것으로 공감을 얻을 수 없다. 그것은 그 손해를 이루 다 말할 수 없는 퇴보(退步)의 특이 체질이다…

그들과 다른 '우리 부도덕주의자들'은, 반대로 모든 것을 이해하기로 한다. 우리는 우리를 쉽게 부정하지 않으며, '긍정 속에 답을 얻는 것'을 명예로 여긴다. 우리는 생명 존중의 경제학을 위하여 '미친 사제 병든 이성(理性)들을 배척'하고 모두가 필요로 하는 밝은 이익을 주는 경제학을 위해 더 많이 주력을 하고 있다. 그들의 유덕한 이익을 들고 나온 '저 기분 나쁜 사제들'에게서까지

---

82) J. Meuris, *Rene Magritte*, Taschen, 2004 p.129 Rene Magritte(1898~1967), 'The Key to Dream(1930)' : '알⇔생명', '구두⇔여성', '볼링 모⇔제국주의자', '촛불⇔욕망', '컵⇔생존 요건', '망치⇔우상 파괴'의 동시 주의 : R. 마그리트는 F. 니체의 '생명 절대 존중'에다가('쇠망치') '구두(여성)', '볼링 모(제국주의)', '촛불(욕망)'로 고를 추가하여 '육체 욕망의 무한 추구(제국주의)'를 경계하는 스스로의 사상을 명시하고 있다('지구촌'이 해결해야 할 문제점으로 제시함).

생명 존중 속에 경제학을 세운다. 무슨 이익이냐고? 우리 부도덕자들이 그 대답이다.

—The individual is a piece of fate — is from the front and rear, one law more, one necessity more for everything that is and will be. Say to him, "you change" means demand that everything changes, even backwards yet··· And really, it was consistently moralists, they wanted people differently, namely, virtuous, they wanted him in their own image, namely as a bigot: this they denied the world! No small madness! No modest kind of immodesty!··· The moral, insofar as it condemns, in itself, not of respects, considerations, plans of life, is a specific error, which you should have no sympathy, one degenerates, idiosyncrasy, which has caused untold amount of damage!···

We others, we have immoralists, conversely made our hearts for all kind of understand, approve of understand. Not easily denied us, we seek our honor to be answered in the affirmative. More and more we are risen, the eye for that economy, which all need the still and take advantage of white, which rejects the sacred madness of the priest, the diseased reason in the priesthood for those economics in the law of life, even from the obnoxious species of the muckers, the priest, takes advantage of their virtuous, —what advantage? — But we ourselves, we are here immoralists the answer···[83]

┃구조┃ '개인(individual) ⇔ 운명(fate), 법(law), 필연성(necessity)' 동시주의

F. 니체는 자신의 '생명'의 중대한 문제를 남김없이 짚어주고 있다. '생명'의 운영 주체는 언제나 어디에서나 '개인'이므로, F. 니체는 '개인'이 바로 '법(law)', '필연성(necessity)', '운명(fate)'이라고 명시하였다. 이것은 과거 '철학자', '사제'가 '법(law)', '필연성(necessity)', '운명(fate)'의 근거를 '신(神)'에게 맡겼던 것을, F. 니체는 모두 '생명(육체)'의 주체인 각 개인들에게 돌려준 것이다. 이것이 역시 차라투스트라 F. 니체가 명시한 '자유 시민 사회의 주권인'으로서 그 위치의 명시로 가장 유념해야 할 사항이다.

'생명(육체)'은 '욕망'인데, 그 주체는 물론 '개인'이며, 그것에 궁극적으로 책임을 질 존재도 역시 개인임을 아는 것이 '법(law, 이성)'의 주체(차라투스트라)로서 명심해야 할 사항이다.

사실 지상(地上)에 인류의 출현 이후, 이 사실을 모르는 사람은 거의 없을 것이다. 더구나 '생명'의 의미를 아는 사람은 그것을 모두 알게 되어 있는 것은, 인간의 '지혜'이며 '동시주의',

---

83) F. Nietzsche(translated by D. F. Ferrer), *Twilight of the Idols*, Ibid., p.24.

'만다라' 운영에 필연적으로 알게 되어 있는 '선험적 인지' 사항이다.

위에서 '전통 보수주의자'가 '부도덕주의자(不道德主義者, immoralists)'라고 그 위치에서 바로 '생명 긍정'의 F. 니체 사상이 출발하고 있음을 거듭 명시하고 있다. 왜냐하면 '도덕 봉사주의'는 기존 '허무주의자', '패배주의자'의 생각이라고 차라투스트라는 확신을 하기 때문이다.

7-45
귀족은 '선(옳음)'을 우연히 생각한다.

> 귀족적(貴族的) 인간은 그와는 반대이다. 귀족적 인간은 자신에서 '선(좋음)'을 우연히 바로 생각
> 해내고 그 사실로부터 '나쁘다'는 생각을 한다.
> ─The method of this man is quite contrary to that of the aristocratic man, who conceives
> the root idea "good" spontaneously and straight away, that is to say, out of himself,
> and from that material then creates for himself a concept of "bad"![84]

┃구조┃ '선, 좋다(good) ⇔ 악(evil), 나쁘다(bad)' 동시주의

F. 니체가 '생명 우선 주장'의 표준으로 고대 희랍의 '귀족(the aristocratic man)'을 잡았다. F. 니체는 '귀족'이라는 용어를 사용했지만, 그것은 사실상 <u>개인을 표준으로 할 줄 아는 사람들은 바로 '귀족'이니, '육체 존중'은 동양 유가(儒家)에 기본 사항이다(身體髮膚 受之父母 不可毀傷 孝之始也).</u> 그러므로 그 점에서는 공자(孔子)가 귀족 정신을 가르치는 데는 원조(元祖)였다.

그런데 18~9세기에 발달한 서구의 '과학' 사상은(그 속에 있었던 F. 니체는) 서양의 철학자와 사제들의 사상에 '계몽(啓蒙)의 등불'이 되어 자연(自然)의 '실존(육체)' 우선주의를 알게 하였다. 그래서 F. 니체는 '신(神)의 사망'을 선언하고, 그 자리를 '초인(超人)'으로 대신 채웠다.(5-12. 당신들과 니체(狂人)가 신(神)을 죽였다.)

더구나 제1차 세계대전을 겪으며 '인류의 비판 정신'은, 1916년 취리히 다다 혁명 운동으로 전개되게 되었으니, F. 니체의 '생명우선주의'는 더욱 일반화되었다.

오늘날 누가 '생명 우선주의'와 '개인주의'를 부정할 것인가? 그리고 이것이 바로 '실존주의(實存主義)', '개인주의', '민주주의'라고 부르는 것이니, 그것을 빼고 어디에서 오늘날 소위

---

84) F. Nietzsche(translated by H. B. Samuel), *On the Genealogy of Morality*, T. N. Faulis, 1913, pp.38~9.

'자유 민주주의'를 따로 논할 것인가.

'생명주의', '개인주의' 긍정 속에 오늘날 '자유 민주주의'는 인류의 공론(公論)이다.

7-46
차라투스트라는 운명이다.

나만이 진리의 척도(尺度)-를 소유하고 있다. 내가 유일하게 판단할 수 있다. 내게서 제2의식이 자라났던 것처럼 내게서 생명 의지(the criterion of truths)가 그동안 모든 세대의 사람들이 '하향 길(the downward path)'로 달렸던 것을 밝혔다. 이제까지갈 하향 길을 '진리'라 불렀다. 모든 모호한 충동 '어둠과 실망'은 종말에 왔다. '선인(good man)'은 명백하게 적합한 길을 알지 못했다. 정말로 나 이전에 어느 누구도 '상향의 길(the way upwards)' 적절한 길(the proper way)을 몰랐다. 나 이후 시대 사람들이 다시 한 번 문화를 인도할 희망의 길을 발견할 수 있게 되었다. 나는 문화의 즐거운 전조(前兆)이다. 그래서 나는 어떤 운명이다.

> I alone have the criterion of "truths" in my possession. I alone *can* decide. It would seem as if a second consciousness had grown up in me, as if the "life-will" in me had thrown a light upon the downward path along which it has been running throughout the ages. The *downward path*—hitherto this had been called the road to "Truth." All obscure impulse—"darkness and dismay"—is at an end, the "*good man*" was precisely he who was least aware of the proper way.* And, speaking in all earnestness, no one before me knew the proper way, the way upwards: only after my time could men once more find hope, life-tasks, and roads mapped out that lead to culture—*I am the joyful harbinger of this culture*. . . . On this account alone I am also a fatality.

_ '이 사람을 보라(ECCE HOMO)'[85]

┃구조┃ '하향 길(the downward path) ⇔ 상향 길(the way upwards)' 동시주의

위에서 '나'는 '차라투스트라'이며 역시 모든 '개인' 그 자신이다.

F. 니체는 플라톤(소크라테스)과 예수의 '허무주의', '염세주의'를 '하향 길(the downward path)'이라고 규정하였다.('6-1. 소크라테스는 염세주의자다.', '6-7. 플라톤의 생각 : '생명

---

85) F. Nietzsche(translated by A. M. Ludovici), *ECCE HOMO–Nietzsche's Autobiography*, Ibid., pp. 119~20.

의 부정", '5-30. 기독교는 '육체'를 경멸한다.', '5-24. 기독교는 '생명에의 반역'이다.')

그리고 F. 니체는 '나만이 진리의 척도(尺度)-를 소유하고 있다(I alone have the criterion of 'truths' in my possession).'고 말했다. 그것은 차라투스트라의 말이며, 역시 '자유 시민 사회의 주권자' 개개인을 명시한 '자유 생명 주권(主權) 거점의 명시'에 해당한다.

1916년 취리히 다다는 F. 니체의 '자유', '생명', '욕망'을 수용하면서 무슨 유행처럼 '자살(Suicide)'을 전제했는데, 그것은 F. 니체가 역시 명시한 '7-44. '개인'이란 현재와 미래에 대한 '법', '필연성', '운명'이다.' 이행 주체로서의 기본 각오에 해당한다.

그러므로 '다다 혁명 운동'은 전적으로 F. 니체의 '자유 생명 정신'과 동일한 것이고, 거기에서 F. 니체의 '귀족주의(aristocratism)'만 엄격히 제한되었다.

7-47

인생은 '투쟁'이다.

> 사람들은 많은 동기와 분노로 싸운다. 그러나 나는 단 한 번 친구와 흉기로 피를 흘리며 싸운 적이 있다. 결국 그 주제에 잉크를 쏟아왔으나 '훌륭한 전투'가 무엇을 뜻하는지는 정말 알 수 없다. 아마 사람들은 칼 대신에 바이올린으로 싸우고 곡사포 대신에 피아노로 겨룰지는 모를 일이다……

> People fight out of many motives and furies, but the only time I ever fought with a lethal weapon and drew blood it was with a friend. After all the ink I have spilled on the subject I do not really know what I mean by *the good fight.* Perhaps if people fought with fiddles instead of with swords, aimed pianos at one another instead of howitzers . . .

_ '누이와 나'[86]

┃구조┃ '인생(life) ⇔ 투쟁(fight)' 동시주의

F. 니체의 '투쟁(fight) 긍정'은 하나의 '생명 현상'으로 전제한 것이다. 그러나 F. 니체의 '투쟁 긍정'이 전쟁 긍정이 아님은 무엇보다 확실하게 되어야 할 사항이다.('8-27. '살상(殺傷)의 무리'는 내 성전(聖殿)을 찾지 말라.', '10-2. '독일 민족 제국주의'가 바그너를 절단 냈다.')

---

86) F. Nietzsche(translated by Oscar Levy), *My Sister and I*, A M O K Books, 1990, p.11.

즉 F. 니체는 '생명의 경쟁', '힘에의 의지'는 '인간의 본성'으로 전제했는데, 그것(근본)을 처음부터 부정한 K.마르크스의 '공산주의'는 그의 최고 기피사항이었다.('10-26. 민주주의는 '힘의 쇠망기'에 출현한다.', '10-22. '민주화'가 '노예화'를 낳을 수 있다.')

7-48
'차라투스트라'는 '변장한 여호와'다.

내가 신(神)을 부정했다고 해서 나를 칭송한 것은 유행이 되었다. 나의 낙천주의, 차라투스트라는 단지 변장한 여호와일 뿐이다. '신의 약탈자'인 나는 무신론의 속박에서 벗어났고, 신의 석방을 거부하며, 확실히 죽은 신으로부터 축복을 요구하고 있다.

> It has become fashionable to admire me for my negation of God, but my Zarathustra-optimism is merely Jehovah in disguise Robber of God, I unbound myself from my atheistic knots and refused to let Him go, demanding a blessing from Him who is certainly dead.

_ '누이와 나'[87]

┃구조┃ '차라투스트라(Zarathustra) ⇔ 변장한 여호와(Johovah in disguise)' 동시주의

F. 니체는 '차라투스트라'에게 모든 인간의 위대한 존재들의 의미를 부여했으니, '제우스', '불타', '디오니소스', '프로메테우스'가 그들이다.('7-6. '독수리', '뱀'은 차라투스트라의 분신(分身)이다.-제우스', '7-15. '영원회귀' : '긍정적 삶의 공식'-佛陀', '7-16. 차라투스트라는 '생명 축복'의 디오니소스이다.', '7-21. 프로메테우스는 차라투스트라이다.')

그리고 이러한 '상상법'은 F. 니체에 앞서 예수가 행해 보인 방법이고, 예수에 앞서 인간 모두에게 그와 같은 '신의 종자(種子)'가 있다고 F. 니체는 실증하고 있다.(7-50. '신(神)의 종자(種子)'가 인간 속에 있다.)

---

87) Ibid., p.29.

7-49

차라투스트라는 '긍정의 인간'이다.

차라투스트라는 이렇게 말했다. 차라투스트라는 죽음 가운데서도 긍정적 삶을 말하여 죽음을 초월한 모든 사람의 구현(具現)이고, 춤추는 별 속에 자신을 소망하는 신성한 인간 속에 있다.

> Thus spake Zarathustra, who is the incarnation of every man
> who has said Yea to Life in the midst of death, thus transcending
> his mortality, and in his divine Godmanhood wishing himself into
> a dancing star!

_'누이와 나'[88]

│구조│ '차라투스트라(Zarathustra) ⇔ 긍정적 삶(Yea to Life)' 동시주의

F. 니체의 결론은 '현재 생명 우선주의'이고, '긍정적 삶(Yea to Life)'이다. 그러한 F. 니체의 주장이 거부될 까닭이 없지만, F. 니체의 '생명 긍정' 주장도 모두 시행하도록 강요할 수도 없고 그럴 이유도 없음을 F. 니체가 스스로 밝혀 놓은 사항이다.(7-12. '제자들이여, 홀로 가라.')

그러므로 F. '니체'를 향한 모든 비난은, 처음부터 '원인 무효'이고, 불필요한 사항이다.

7-50

'신(神)의 종자(種子)'가 인간 속에 있다.

그래서 나는 거듭 말한다.
'신의 종자가 우리 속에 있나니,
신(神)들이란 바로 우리 방랑시인, 성자, 영웅들이라!'
나는 신(神)이니, 마치 버질(Virgil)이 신(deus)이라 한 것처럼, 후손(後孫)들이 나를 신(神)이라 불러 불사신(不死神) 속에 나를 모시리라.
차라투스트라가 이렇게 말했다.

> And so I repeat:
> The seeds of godlike power are in us still;
> Gods are we Bards, Saints, Heroes, if we will!

---

88) Ibid., p.79.

> I am a god, and just as Virgil was called *deus* posterity will
> call me *deus* and enshrine my name among the immortals.
> **Thus Spake Zarathustra!**

_'누이와 나'89)

┃구조┃ '신권의 종자(The seeds of godlike power)⇔우리 속에 있음(be in us)' 동시주의

F. 니체는 〈성경〉에 달통하여 예수의 비유를 누구보다 '육체 우선 주장'으로 활용하였다. 즉 모든 '예수의 말과 행적'은 낱낱이 F. 니체의 '현재 생명 옹호 방법'으로 철저히 동원되었다.

뿐만 아니라 F. 니체는 플라톤 철학, 칸트, 쇼펜하우어, 바그너의 생각, 고대 희랍의 문헌을 섭렵하여 자신의 '현재 생명 우선주의'를 옹호하였다.

사실상 중국에서는, F. 니체 정도의 '생명 우선주의'는 이미 북송(北宋)때 철학자 주희(朱熹, 1130~1200)에 의해 완성되었던 바다. 그런데 중국은 아편전쟁(阿片戰爭, 1840~2)에 패배하여, F. 니체는 중국 문화를 철저히 경멸하고 있는 형편이었다.

그러나 주희(朱熹)의 경우, 봉건 왕권 사회 긍정 속에 있었으니, '국가주의', '전체주의', '일방주의'로 나가기 위한 준비단계로서의 인정이었으니, '자유 시민 민주사회 정신'의 근간(根幹)인 '개인주의'와는 역시 크게 간격이 있는 것이다.

---

89) Ibid., p.178.

제8장

〈누이와 나〉: '디오니소스의 증언'

F. 니체가 '생명 긍정'을 강조하고, 차라투스트라('의지-Will')로서 제우스, 여호와, 시저, 나폴레옹을 대신하여, '허무주의자'로 소크라테스, 플라톤, 예수, 칸트를, '제국주의자'로 비스마르크를 거세게 비판하였다.

그런데 F. 니체의 최후의 저술 〈누이와 나〉는, 그러한 F. 니체의 '모든 가치의 재평가' 주도자 차라투스트라의 존재를 그대로 전제해 둔 채로, 역시 생명(육체)의 또 다른 이면(裏面, '표상 -Representation') 즉 최고의 신(神), 영웅의 대극점(對極點, 맞은 편)에 '말(馬)'이요 '벌레', '바보', '패덕(悖德)자', '과대망상자', '병신(病身)'이 엄연히 존재함을 F. 니체 자신의 동시주의 (Simultaneism) 방법으로 가차(假借)없이 폭로를 단행하였다(디오니소스식 폭발).

그리하여 F. 니체는, 세상 사람들의 '가식(假飾)과 허구'는 결코 그 '생명의 진실', '육체'가 아님을 다시 한 번 더욱 확실하게 증명해 주었다.

이것이 '생명(육체) 긍정'과 '생명(육체)' 의지한 F. 니체가 증언한 그 '생명 긍정'에 관한 마지막 '정보 제공'이었다.

즉 '사실(事實)'과 '생명의 진실' 이외에 모든 가식(假飾)이 무용(無用)한 것들임을 F. 니체는 자신의 마지막 남은 생명(육체)을 들어 증언(證言)을 하였으니, 이것은 F. 니체가 평소 일컬어 온 틀림없는 그 '디오니소스'임을 바르게 입증한 바였다('F. 니체=디오니소스').

8-1

왜 어머니가 '적(敵)'인가.

적(敵)의 마지막 성곽은 무너진 것으로 보인다. 늙은 여인, 나의 어린 시절부터 날마다 더욱 싫어졌던 그녀가 죽었다. 나는 그녀가 나무 상자에 갇혀 석회로 덮인 구덩이로 들어가는 것을 두 눈으로 보았다. 내 쪽으로 반쯤 기댄 엘리자베트를 제외하곤 하나도 볼 수 없는 울부짖는 사람들과 묘역(墓域)에 내가 있었다. 그것(꿈)은 어제 오후 그들(어머니와 엘리자베트)의 고약한 방문에 기인한 것인가?

> It appeared to me that the last citadel of the enemy had fallen. The old woman — whom I have hated more and more intensely every day since childhood — was dead. With my own eyes I saw her locked in a wooden box, dropped into a hole in the ground covered with lime. I was at the cemetery with a group of dark, wailing people none of whose faces — except that of Elisabeth, half embraced at my side — I saw clearly. Did it stem from the malevolent visit they paid me yesterday afternoon?

_ '누이와 나'[1]

| 구조 | '어머니 ⇔ 원수-적(敵)' 동시주의

위의 〈누이와 나〉의 기록은, 1889년(1월 18일)부터 1890년(3월 34일) 사이 예나 정신병원에 입원해 있을 당시에 이루어진 것이다.[2] 한마디로 F. 니체의 '극한(極限)의 심경'을 토로한 것이다. 연보(年譜)에 의하면 F. 니체는 5세에 부친이 사망하였고, 그 이후 F. 니체의 최측근인 어머니와 누이에 대한 진술이다.

종교적 교주(教主)나 정신 수련의 정도를 심화시킨 사람들은, 주변의 '어머니' 등의 가족을 제자(弟子)로 생각하거나 아예 자신과 무관한 존재, '극복하고 구제해야 할 대상'으로 생각하였다.

---

1) F. Nietzsche(translated by Oscar Levy), *My Sister and I*, A M O K Books, 1990, p.1.
2) 〈누이와 나〉를 처음 영역한 오스카 레비는 1921년 F. 니체의 최후의 저작 〈누이와 나〉가 존재함을 알고 1923에 F. 니체의 '원고'를 받아 1927년 3월에 번역을 마쳐 미국인에 넘겼고, 1951년에 미국에서 간행이 되었다.

8-2

엘리자베트와 프리드리히

우리들 사이에 지나갔던 모든 일(직접적으로는 어린 시절에 그리고 이후에는 간접적으로)들에 의해, 엘리자베트는 내 여동생이 아니라, 다른 존재가 아닌 충고자 조력자 같은 것으로 세상(사람들)과 내가 알도록 하려 하였다. 나에게 엘리자베트는 한 사람의 여성이었고, 나의 전 생을 이끌고 가는 햇볕 비추는 따뜻한 항구이다.

> By all that has passed between us (in our childhood years directly, and directly and indirectly later) she is neither my sister nor any of the other things — such as adviser and helper — which she would like me and the world to believe her to be. For me, Elisabeth is primarily a woman — the warm sunny harbor toward which my whole life gravitates.

_ '누이와 나'[3]

┃구조┃ '누이⇔누이가 아님' 동시주의

저서 〈누이와 나〉는 F. 니체 스스로 '소설가'가 되어, '자신과 누이' 관계를 상세히 서술한 서사문학이다. 즉 주인공은 F. 니체와 그의 누이 엘리자베트이다.

[[(주인공 F. 니체는 어린 시절부터 '엘리자베트'와 사랑에 빠져 행복했으나, 뒤늦게 F. 니체의 나이 23세 때(1867) 로잘리(Rosalie Nietzsche, 1811~1867) 고모의 '엄훈(嚴訓)'을 모셔 ('8-20. 니체에게 준 고모(姑母)의 훈계' 참조), 족내혼(族內婚, endogamy)이 아닌 새로운 여성을 찾게 되었다.

그런데 마침 F. 니체가 탐색(探索)하던 상대 여성으로 유대인 '루 살로메'(Lou Salome, 1861~1937)를 알게 되어 결혼을 하려던 찰나에, 누이 엘리자베트의 방해로 인해 F. 니체가 모처럼 시도한 족외혼(exogamy)은 실패로 끝나게 되었다. 그리고 누이 엘리자베트는 철저한 '반유대주의자(Anti-Semitism)'로 돌변을 하여 역시 반유대주의자 B. 푀르스터(Bernhard Foerster, 1843~1889)와 결혼하여 남미(南美) 파라과이로 떠났다.

그런데 F. 니체는 앞서 라이프치히 대학시절에, '반(半)인도인 소녀' 창녀(娼女)에게서 '매독 (syphilis)'에 감염되었었는데, 그것이 원인인 진행성 마비증[4]이 악화(惡化)되어 마침내 이탈리아 '토리노 광장'에서 쓰러졌고, 친구 오버베크(Franz Overbeck, 1837~1905) 교수의 인도

---

3) F. Nietzsche(translated by Oscar Levy), *My Sister and I*, Ibid., p.2.

4) Ibid., pp.117~8, 'progressive palaysis, cause syphilis'.

로 처음 '바젤 대학 병원'에 입원했다가 '예나 병원'으로 옮겨 요양 중이었다는 것이 대강(大綱) 의 서사(敍事)이다.)]

저서 〈누이와 나〉는, '제우스', '여호와', '디오니소스', '예수', '시저', '나폴레옹'과 같은 차라투스트라(F. 니체)상(像)과는 '대극(對極)점' 즉 '육체의 F. 니체', '생명의 F. 니체', '욕망의 F. 니체', '부스러기 잔해인 F. 니체'를 특유의 '동시주의(Simultaneism)'를 발동 명시한 저술로, 기존 저서와는 완전한 반대점을 폭로한 F. 니체 논의에 제외될 수 없는 문헌이다.('이전의 모든 저서-陽 ⟺ 〈누이와 나〉-陰', 同時主義) 그러니, 〈누이와 나〉는 '소설 중에 소설'이고, F. 니체의 '저서 중에 또 다른 저서' 즉 F. 니체의 '제5경(The Fifth Classic)'이다.

즉 그동안 'F. 니체를 새로운 우상(偶像)으로 알며 F. 니체를 읽었다.'는 사람들에게, F. 니체는 그의 독특한 '비웃음'으로 그들의 뒤통수를 친 저술이 바로 〈누이와 나〉이다. 그래서 차라투스트라는 이미 명시하였다. '제자들이어 홀로가라······ 차라투스트라도 너희를 속일지 모른다.'고.(7-12. '제자들이여, 홀로 가라.')

저서 〈누이와 나〉가 F. 니체의 개인을 증명했듯이 그 이외의 모든 저서도 F. 니체가 확인한 기존 철학 역사 종교에 대한 분석이고, 비판이고 새로운 방향의 제시이다. 그러나 마지막 판단은 모두 각 개인 독자 자신이 알아서 행할 중요한 선택들이 역시 남아 있다.(7-2. 인간 각자는, '가치의 최후 평가자'다.)

8-3

니체가 음악에 몰두했던 원인

나는 아버지 주관의 연주회 일원으로 활동해 본 적은 없다. 아버지가 집에서 연주하실 적에 우리 모두는, 고압적 종교 의례에 참석하듯 숨을 죽이고 참석을 했다. 나는 아버지에게서 읽고 쓰는 것을 배웠다. 내가 음악에 죽기 살기로 매달린 것은 아버지 영향일 것이다. '하느님 맙소사'이다.

> By all that has passed between us (in our childhood years directly, and directly and indirectly later) she is neither my sister nor any of the other things — such as adviser and helper — which she would like me and the world to believe her to be. For me, Elisabeth is primarily a woman — the warm sunny harbor toward which my whole life gravitates.

> I never managed to attend one of father's self-managed con-
> certs. When he played in the house we all attended with the
> breathlessness yielded only to religious ceremonies of a high
> order. I learned how to read and write directly from him. It was
> due to him, too, I guess, that I acquired my desperate devotion to
> music —heaven help me.

_ '누이와 나'[5]

┃구조┃ '음악에의 헌신한 F. 니체⇔불쌍한 나' 동시주의

위의 글은 F. 니체가 음악(바그너)에 매달려 보낸 세월을 아쉬워하는 회고(回顧)이다. F. 니체는, 아버지 '루트비히 니체(Karl Ludwig Nietzsche, 1813~1849)'에 대해서도 '엄숙한 종교적 의례'라는 용어와 함께 '하느님 맙소사(heaven help me)'라는 용어로 그를 향한 불만을 보이고 있다.

F. 니체에게뿐만 아니라, 모든 인간은 '본래 자유로운 존재'로 태어난다. 그리하여 '교육'으로 사회에 적응하고 '함께 사는 방법'에 익숙하게 된다. F. 니체도 그 나름대로 환경에 적응하고 '환경'을 초극하는 방법을 터득하여 살았다. 그러나 F. 니체는 누구보다 더욱 '완벽한 자유'를 이상(理想)으로 생각하였으니, F. 니체의 '자유 추구의 강도(强度)'는 역사상 그 예가 드문 경우였다.

8-4
모든 속박(束縛)으로부터 도망을 쳤던 니체

나는 도주(逃走)를 하고 있는 중이다. 그러나 누구로부터 무엇으로부터 나는 지금 도망을 한다는 것인가? 나는 〈이 사람을 보라〉 저술을 마쳤을 때, 모든 바닥을 청소했다고 생각했다. 왜냐 하면 그 저술의 출판이, 특별히 우리 가족이 못마땅하게 할 이유가 없기 때문이다. 〈이 사람을 보라〉에는 다른 나의 저서에서 최소한 말하지 않는 것은 없다. 〈이 사람을 보라〉에서 나는 단지 더욱 날카롭고 선명하게 더욱 훌륭한 목소리를 찾았을 뿐이다.

> I am still running away. But from whom, from what am I
> running away now? I thought I had cleared all decks when I fin-
> ished writing *Ecce Homo*. For what extraordinary reason is it so
> frowned on by my family and withheld from publication? There

---

5) Ibid., p.6.

is nothing in *Ecce Homo* which I have not said at least once in my
other books. Only in *Ecce Homo* I found myself in such good
voice that I could define everything so much more sharply and
clearly . . .

_ '누이와 나'6)

| 구조 | '남겨진 니체⇔도망가는 니체' 동시주의

F. 니체의 인생은 '도망을 가는 인생'이었다.

위의 대목은 F. 니체의 회심의 결정판 〈이 사람을 보라〉가 엘리자베트의 저지로 출판이
저지되었던 것이 그 일차 원인으로 〈누이와 나〉가 지어졌음을 명시하는 대목이다.

F. 니체는 다른 저서에서보다도 〈이 사람을 보라〉에서 더욱 선명하게 된 것은, 당시 독일
사회에 만연해 있는 '국가주의', '민족주의', '제국주의', '반(反)유대주의'에 대해 더욱 명백한
F. 니체의 반대 의사를 밝혔던 점이다.

그런데 사실상 (時勢에 민감한) 엘리자베트가 오히려 그것을 감추기 위해(그녀의 이후 '히
틀러 나치 정부에 同調' 행적으로 명시됨) 출판을 가로막고 있음을 F. 니체는 꿰뚫어 보고,
이 〈누이와 나〉 저술을 그녀(엘리자베트) 몰래 작성하여 배포하게 된 것이다.

8-5
니체는 '한 마리 벌레'이다.

내 저술에서 나는 프로메테우스적인 희랍 스토아주의(stoicism) 절묘한 속성을 내 것으로 삼았
다. 셰익스피어의 주인공과 함께, 나도 '일어나라 그대 젊은 피여! 용감하라. 사랑하라.'고 외쳤다.
그러나 결국은 양심의 무게가 나를 짓눌렀고, 시대의 치명적 중압이 더하여, 뼈가 부러지는 마비의
용감성은 더 이상 내 것이 아니다. 나는 한 마리 비참한 벌레이다. 닥쳐오는 죽음의 큰 문제 말고
어느 것에도 나의 관심은 없다.

In my writings I have endowed myself with the most
exquisite qualities, including Promethean stoicism. With the
Shakespearean hero I have cried: *Rouse up thy youthful blood, be
valiant and love.* But the weight of conscience has crushed me
at last, added to the dead weight of age, and bone-cracking, para-

---

6) Ibid., p.14.

lyzing Bravery becomes me no longer — I am a miserable worm.
No event interests me, except the great event of my approaching
death.

_'누이와 나'[7]

| 구조 | '차라투스트라(프로메테우스) ⇔ 비참한 벌레(a miserable worm)' 동시주의

F. 니체는 위에서 명백히, '닥아오는 죽음이라는 위대한 사건' 전제하였다. 죽음의 순간을 F. 니체처럼 생생하게 보고한 경우도 드물다. F. 니체는 평소에 '죽음을 모르고 살아야 한다.' 주장하였다. 그런데 〈누이와 나〉를 쓰는 순간은 '죽음'이라는 사실에만 관심이 있다고 하였다.

F. 니체의 말은 모두 진실이다. 모두 '생명'에 바탕을 둔 거짓이 없는 보고(報告)이다. 그것이 아니면 F. 니체가 특별히 따로 할 일은 없었다.

그러므로 '차라투스트라(제우스, 여호와, 예수, 시저, 나폴레옹)가 틀림이 없는 F. 니체'였듯이, '비참한 벌레인 F. 니체'라는 말도 진정이다. 그런데 F. 니체가 인류의 역사상 특별한 이유는, **'차라투스트라인 F. 니체'와 '벌레인 F. 니체'를 특유의 동시주의(同時主義)로 제시하고 있다는 점이다** (**'의지, 차라투스트라, Will' + '표상, 벌레, Representation' = '개인 F. 니체'**).

과거 영웅들은 일방적으로 '하늘(제우스, 여호와)과의 동일시'에 그쳤다. 이에 대해 1813년 A. 쇼펜하우어는 처음 '개인 육체(Body)'의 불가피성을 확인하였고, 이어 F. 니체와 거의 동시대에 활동한 도스토예프스키(Fyodor Mikhailovich Dostoevsky, 1821~1881), 카프카(Franz Kafka, 1883~1924)는 '벌레'와의 동일시를 단행하였다.(제13장 참조)

그런데 1916년 취리히 다다는 F. 니체의 '실존주의'를 제대로 학습하여 '전쟁 종식'의 새로운 사회 혁명 운동을 시작했다.

즉 '전쟁 종식의 문제'는 '제우스, 여호와' 정신과 '벌레'의 정신을 공유(共有)한 인간이 해야 할 일로, '(不死의)신'이나 '벌레'가 감당할 일은 결코 아니기 때문이다. 즉 신(神)과 동일한 '세계 경영의 뜻'을 갖지 않고서는 '제국주의 전쟁 반대'가 계획부터 불가능하고, '벌레 같은 목숨'인 '생명(육체)'의 중요성을 망각하면 '쓸데없는 주장(空理空論)'이 되고 말기 때문이다. 그래서 동시주의가 아니면 '전쟁이 없는 세계 평화'는 생각도 추진도 불가능한 것인데, 희한하게도 '다다 혁명 운동' 이후의 예술가들은 F. 니체의 '우상 파괴'와 '동시주의'를 제대로 학습하

---

7) Ibid., p.15.

여 약속이나 한 것처럼 F. 니체가 선창(先唱)했던 '가치관의 혁명'을 유감없이 치밀 용의주도하게 진행하며 오늘에 이르렀다.

8-6
현실에서 '사이렌'을 보는 니체

마치 율리시스처럼 내 귀를 초로 막고 돛대에 나를 묶고 사이렌들을 향해 돌진한다. 그러나 그 사이렌들은 사랑의 노래로 내 귀를 열었던 것이 아니고, 나의 초와 쇠사슬은 그들의 간계(奸計)로 무용(無用)하게 만들었다. 그녀들은 좌절된 사랑의 나락인 수도승의 감방으로 나를 쳐넣는 강력한 무기를 갖고 있다. 그녀들은 노래 대신에 소리 없는 비웃음의 우박과 침묵을 내게 퍼부었다.

> Like Ulysses I stopped my ears with wax, bound myself to the mast of my ship and sailed out to meet the Sirens. But the Sirens did not shatter my ears with their song of love; my wax and my chains were useless against their wiles. For they had a more potent weapon than song to drive me out of my monastic cell into the delirium of frustrated love: instead of song they showered me with silence, the hailstorm of voiceless derision.

_ '누이와 나'[8]

┃구조┃ '사이렌, 누이와 어머니 ⇔ 율리시스, 니체' 동시주의

'율리시스(오디세우스)와 사이렌'[9]

F. 니체는 모든 것으로부터 '예나 정신병동'에 '차단된 절망의 상황'을 위와 같이 폭로했다.(제12장 연보-1889~90 참조) '한 인간에 대한 진정한 최고의 사랑'은, 끝까지 '개인의 뜻대로 존중'해서 성취하게 돕는 일뿐이다('남'에게 피해가 가지 않는 한에서).

그러하지 못하여(엘리자베트에게 그 'ECCE HOMO의 출판 沮止'를 당하여) F. 니체는 '쇠사슬에 묶인 프로메테우스'가 되었다고 탄식을 하였다.

---

8) Ibid., p.18.

9) J. Pinsent, *Greek Mythology*, Peter Bedrick Books, 1982, p.137, 'Odysseus and Siren'.

10) J. Pinsent, *Greek Mythology*, Peter Bedrick Books, 1982, p.137, 'Odysseus and Siren'.

8-7

'니체'를 감시하는 엘리자베트

　　어제 엘리자베트는 나를 악몽(惡夢)에 시달리게 해 놓고서 의사에게서 좋은 소식을 들었노라고 즐겁게 하려고 애를 썼다. 엘리자베트는 프런트로 나를 부축해 옮겨 놓고 거기에 내게 햇볕을 받게 했다. 그러고서는 그녀는 내 일기(〈누이와 나〉 原稿)를 찾겠다는 희망으로 내 방의 서랍들을 철저히 뒤졌다. 그러나 나의 고백의 공개를 막으려는 그녀의 욕구를 나는 예상했던 터라, 시골 소상인(小商人)인 이웃 환자에게 이들 노트를 이미 맡겼었다. 그는 나를 '어르신'으로 생각하고 토리노 하숙집에 친구들처럼 '교수님'이라고 부르고 있다.

> Yesterday she caught me agonizing in my nightmare world and tried to cheer me up by a favorable report from the doctors. She helped me to the front, where I sat facing the sunlight while she ransacked the drawers in my room in the hope of finding a diary. But, anticipating her desire to keep my confession from the public, I decided to entrust these notes to a neighbor, a peasant-like small merchant, who still thinks I am a master-mind and addresses me as *Herr Professor*, like my boarding-house cronies in Turin.

_'누이와 나'[11]

┃구조┃ '반(反)유대주의자, 엘리자베트 ⇔ 반반(反反)유대주의자, 프리드리히 니체', 동시주의

　　F. 니체는 위에서 볼 수 있듯이, '<u>반(反)유대주의에 반대하는 자신의 사상</u>'을 명시하기 위해 최후의 방법을 동원하였다.

　　당시 독일 사회의 시속(時俗)에 영합한 엘리자베트와는 달리, 그것을 넘어 '인간 사회에 보편적 가치 실현'을 목표로 하는 F. 니체의 숭고한 정신이 누이와 명백히 대립을 보이는 점을 확실히 한 부분이다.

'엘리자베트 푀르스터 니체(Elizabeth Foerster Nietzsche, 1846~1935)와 히틀러 수상(1935)'[12]

---

11) F. Nietzsche(translated by Oscar Levy), *My Sister and I*, Ibid., p.18.

12) J. Young, *Friedrich Nietzscne : A Philosophical Biography*, Cambridge University Press, 2010, Fig.32 'Elizabeth Foerster-Nietzsche and Chancellor adolf Hitlor' : 히틀러는 평소 자신이 열광했던 '니체의 기록보관소'를 자신이 집권하자마자(1935년) 방문한 것으로 보인다.(F. 니체의 누이 엘리자베트는 역시 그해에 사망하였다.)

8-8

생명은 전부이고 온전한 것이다.

나는 부셔진 내 모습에도 그대로의 모습인 생명을 요구했다. 생명이란 전부이고 온전한 것이다. 나는 부셔지고 있고, 먼지더미가 될 것이다. 신성한 니체는 인간 유인원(類人猿)도 아니다. 우리 시대의 혼돈의 부름에 신체가 갈리는 포효(咆哮)일 뿐이다.

> I have demanded of life that it shape itself in my broken image: life is whole and entire, only I am shattered and ready for the dust-heap. The divine Nietzsche is not even human or sub-human, he is merely a disembodied howl in the screaming chaos of our times.

_ '누이와 나'13)

|구조| '신성(神聖)한 니체 ⟺ 유인원(類人猿)도 아닌 니체' 동시주의

위에서도 F. 니체는 특유의 '양극적 동시주의(polar reversal simultaneism)'를 계속 구사하고 있다. 구구절절이 '생명(육체)의 웅변'이 아닌 것이 없다.

8-9

누이에게 질린 니체

나는 욕을 먹은 이 세상에 지쳤다. 나는 값비싼 위로를 받았듯이, 그것을 질투의 내 누이 파괴자의 손에 빼앗겼다. 그녀는 도시의 분홍색 탑에서 망을 보는 파수가 되어, 우리의 근친상간(近親相姦)의 정열의 탑을 지켜내었다.

> I had grown tired of the world from which I received nothing but abuse. Just as I had received the precious gift of love as a solace, it was snatched from me by the Vandal hands of my jealous sister. Even as the watchman who keeps guard over the purple towers of a city she kept guard over the purple towers of our incestuous passion.

_ '누이와 나'14)

|구조| '누이 ⟺ 파괴자' 동시주의

---

13) F. Nietzsche(translated by Oscar Levy), *My Sister and I*, Ibid., p.19.

14) Ibid., p.23.

위에서 F. 니체는 '루 살로메(Lou Salome, 1861~1937)'와의 인연을 누이 엘리자베트가 방해했음을 원망하고 있다.(제12장 연보 1882년, 참조) 엘리지베트는 F. 니체에게 계속 충고할 만큼 '단련된 지적(知的)' 수준임을 F. 니체도 인정을 하고 있다.

8-10
내 교육에 '중단'은 없다.

주변 환경의 폭풍과 더불어 생에 대한 나의 언급은 유연히 변하고 있고, 죽음이 가까운 지금까지 내 자신의 교육을 포기한 적이 없다. 나의 수의(壽衣)가 마련되어 내 조상들의 곁으로 가야 할 때에도 내 두뇌는 역시 작용을 하고 있고, 생각의 다양함을 엮어내고 있다.

I have never ceased to educate myself, and even at the brink
of the grave, while still in the flux of change, my comment on life
changes with the surrounding tempest of events. My brain is still
at work and weaving complexities of thought, while my shroud is
being prepared and I am about to be gathered to my ancestors.

_ '누이와 나'[15]

┃구조┃ '교육에 중단이 없는 니체⇔(도망가는) 니체' 동시주의

위에서 F. 니체는 역시 진정한 자신의 신념을 토로하였다. 그래서 F. 니체는 평생 일관된 태도를 보였던 대상(인물)은 없었다.

F. 니체의 후예(後裔), 1916년 취리히 다다 R. 휠젠벡(R. Huelsenbeck, 1892~1974)은 "동시주의는 변화된 것에 반대하고 변화가 되고 있는 것(Simultaneity is against what has become, and for what is becoming)"[16]라는 유명한 명언을 남겼다.

8-11
'평등(주의)'과 평생을 싸웠던 니체

평등(平等, egalitarianism)의 개념에 대항하여 나는 평생을 싸워왔다. 나는 나와 열등자들 사이

---

15) Ibid., p.23.

16) R. Motherwell(edited by), *The Dada Painters and Poets: An Anthology*, Ibid., pp.35~6.

에 거리에서 생기는 파토스 즉 사회적 공간을 확보하기 위해 절망적으로 싸웠다. 그러나 지금은 누가 나보다 못 할 것인가? 나의 사지(四肢)는 마비되어 있고, 나의 뇌는 부서지고 있다. 그리고 아리스토텔레스 이래 가장 위대한 나의 정신은, 무능(無能)의 반죽 속으로 사라지고 있다.

> Against this egalitarian concept I have fought all my life; I have striven desperately to maintain the social space, *the pathos of distance*, between me and my inferiors. But who above the earth is inferior to me now? My limbs are paralyzed, my brain is cracking, and this great mind of mine, the greatest since Aristotle, is being kneaded into the dough of mass imbecility.

_ '누이와 나'[17]

| 구조 | '평등주의⇔귀족주의', '위대한 정신⇔무능의 반죽' 동시주의

어찌 F. 니체만 그러했겠는가. F. 니체는 그것을 공개적으로 행한 것이고, 모든 사람들은 '남과 같이 되려고 싸우고', '남보다 더욱 잘하려고 싸운다.'

위에서도 F. 니체가 밝혀왔던 '힘에의 의지(Will to Power)'를 계속 명시하고 있다. F. 니체에게 '경쟁(전쟁)'은 바로 '힘에의 의지(the Will to Power)' 발로(發露) 그것의 명시일 뿐이다.(4-1. '힘(권력)에의 의지(Will to Power)'는 생명력의 방출이다.)

모든 사람이 '경쟁함'을 F. 니체는 '싸우다(to fight)'라고 표현했다. 이것을 '제국주의' 속성으로 이해할 수 있으나, F. 니체는 '경쟁(싸움)'을 생명의 기본 성질로 파악했다.

8-12

예수는 니체에게 항복을 해야 한다.

'불합리한 것을 믿으라.' 나는 예수의 절대 부조리(absurdity)를 믿고 있다. 그러나 나는 구제될 수 없다. 최후에까지 나는 나의 지성(知性)의 긍지(肯志)를 포기할 수 없으며, 니체가 폐허의 퇴적일지라도 예수는 니체에게 항복을 해야 한다는 확신을 포기할 수 없다. 내게 적(敵)은 없다. 미움도 없다. 세계를 감싸는 사랑뿐이다. 저것은 나의 왕국이 아니구나. 세계가 나의 귓가에 부서질 때 번개 천둥을 지니고 죽어야 한다.

> *Credo quia absurdum:* I believe the absolute absurdity of Jesus, but still I cannot be saved. To the very last I cannot surrender my pride of intellect, my conviction that Jesus must stoop to

---

17) F. Nietzsche(translated by Oscar Levy), *My Sister and I*, Ibid., p.26.

> Nietzsche, even though he is a heap of ruins! No more enemies
> — no more hate — only a world-embracing love! That is no
> kingdom for me! I must have lightning and thunder, and die
> while the world crashes about my ears! . . .

_ '누이와 나'[18]

┃ 구조 ┃ '예수 ⇔ 니체', '프로메테우스 ⇔ 니체' 동시주의

F. 니체가 평생 확신으로 주장했던 바가, '플라톤(소크라테스)의 생명(육체) 망각', '예수의 생명(육체) 부정'이었다. '예나 병원'의 〈누이와 나〉에서도 그 주장은 변화가 없었다.

8-13
'죽음'은 정말로 '삶'보다 못하다.

부처와 성자(聖者)들이 있음에도, 죽음이 생명보다 절대 좋은 것은 아니다. 죽어가고 있는 나는, 땅 속에 있건, 인생과 미래에 신념이 없는 살아 있는 시체이건 간에, 죽은 사람보다 더한 비극은 없다…. 나는 모태(母胎)에서부터 인생을 사랑하였고, 상여(喪輿)를 맬 사람들이 모여들어 장례(葬禮) 치르기를 기다릴 때에도 인생을 사랑한다.

> Death is never better than life, despite Buddha and the
> saints. I who am dying know that there is nothing more tragic
> than a dead man, whether he is under the ground or walks as a
> living corpse through a world without faith in life or in the future
> . . . I have loved life in my mother's womb, and I love life now
> when my pall-bearers gather about me and wait for the signal to
> carry me into eternity.

_ '누이와 나'[19]

┃ 구조 ┃ '죽음(死) ⇔ 삶(生)' 동시주의

F. 니체는 여기에서도 평소의 '생에 대한 긍정(the Affirmation of Life)'에 대한 확신을 절절히 토로하고 있다. 그러므로 〈누이와 나〉는 F. 니체의 전작(全作)에서 빼놓을 수 없는 중요한 위치를 스스로 지니고 있다.

---

18) Ibid., p.27.
19) Ibid., p.29.

8-14

모순(矛盾) 속에 있는 인생

내 인생의 아이러니는 강(强)한 것을 찬양하면서 약(弱)한 것을 동정하고, 절망적인 것에 대한 사랑을 억제하지 못하는 것이다. 그것은 덜된 사람들 속에 거주하는 내가 화해해야 하는 내 인생에 불가능한 모순(矛盾, irony)들이다.

> The irony of my life is that I praise the strong, sympathize with the weak, and bear an unquenchable love for the utterly helpless. It is this impossible contradiction in my life which reconciles me to my present dwelling among the lesser gods.

_ '누이와 나'[20]

|구조| '약한 것의 거부⇔약한 자에 동정' 동시주의

F. 니체는 다른 곳에서 '10-25. 악(bad)은 '나약함'이다.'라고 규정하였다. 끝까지 강함을 지향하는 F. 니체의 신념의 표현이었다. 어디에서 '약한 자에의 동정'은 발동되었는가. 그것은 정녕, '자신에 대한 면려(勉勵, 강함의 권장)'와 '타인에 대한 배려(약함에 동정)'가 뒤섞인 결과이다.

위의 진술은 F. 니체의 생래적 체질, '동시주의(Simultaneism)' 체질의 공개로 주목해야 할 대목이다.

8-15

광대의 웃음에서 그 나락(奈落)을 명상하라.

웃음은 영구불멸(the imperishable)이다. 나는 그 정신으로 내 광기(my owen madness)도 비웃는다. 거대 전쟁의 난폭함에서 은신처를 찾고 있는 현대인은, 니체의 두뇌 속에 방책을 마련할 수 있다. 그곳에서도 웃는 자는 최고이고, 이 광대(clown)의 옷자락에 매달려 웃음으로 나락(那落)을 사유할 수 있다.

> The spirit of laughter is imperishable, and I am so imbued with the spirit that I laugh at my own madness. Contemporary man, seeking a hiding-place

---

20) Ibid., p.59.

from the furies of mass warfare, can barricade himself in my
brain: here Laughter reigns supreme, and those who cling to this
clown's garments can contemplate the Abyss with a smile.

_ '누이와 나'[21]

┃구조┃ '웃음⇔나락(那落)' 동시주의

F. 니체는 '생의 긍정'이 가장 큰 명제였다. 그리고 '모든 것을 즐겁고 유쾌하게'다. 그러므로 '생명이 부서지는 고통'도 오히려 '최고의 기쁨의 실현'으로 행해야 한다는 것이 F. 니체의 지론(持論)이다(3-1. 니체는, 철학자 디오니소스의 제자다.).

8-16

신처럼 단련하고 인간으로 즐겨라.

예술가란 자신이 신(神)인 것처럼 자신을 훈련시킨 사람이다. 그리고 나머지는 인간으로서 재미있게 살면 된다.

An artist is a man who disciplines himself as if he were a god
and, for the rest, behaves as if his own chance of pleasure is to act
like a human being.

_ '누이와 나'[22]

┃구조┃ '엄숙한 신⇔쾌락의 인간' 동시주의

F. 니체는 그동안의 모든 신(神)과 자신을 동일시해왔다. 그런데 인간의 특권으로서 '쾌락'을 전제하였다. C. G. 융이 거듭 확인했듯이 '육체의 운영' 그 자체가 '쾌락의 집행'이다.('2-8. 육체가 근본 문제다.', '4-1. '힘(권력)에의 의지(Will to Power)'는 생명력의 방출이다.')

F. 니체는 그 점을 충분히 알고 있었던 존재이다.

---

21) Ibid., p.90.
22) Ibid., p.98

8-17

역사(歷史)에서 자유로울 수 없는 인간

우리는 우리들의 기본 동물적 속성으로부터의 해방(解放)이 어렵듯이, 역사(歷史)에서 해방되기
가 쉽지 않다. 소변을 보면서 알렉산더를 생각하는 것은 자연스러운 일이다. 과식 후에 가까운
화장실을 찾는 머리는 나폴레옹을 생각하는 것에 연관되어 있다.

> We can no more free ourselves from history than we can lib-
> erate ourselves from our fundamental animalism. It has become
> as natural for a man to remember Alexander as to pass water. It is
> as sequential to think of Napoleon as to head for the nearest lava-
> tory after a heavy meal.

_ '누이와 나'[23]

┃구조┃ '역사⇔인생 경영' 동시주의

F. 니체는 어느 누구보다 '인류의 역사(세계사)'가 인간 생존에 요긴한 정보(情報)로 전제하
고 있었다. 다른 곳에서 '7-25. '인류의 역사' : '자신의 역사''라고 규정하였다. 그 역사 중에
시저와 나폴레옹은 F. 니체의 평생 표준이었다.

8-18

'물질적 장애'가 인간의 장애다.

우리는 물질세계(the material world)의 장애(障碍)들을 통과하는 궁리를 해야만 한다. 우리는
세상의 온갖 차별에 우리를 지켜야 한다. 먹지 않으면 죽는다. 그 위대한 선택은 어디에 있는가?

> We must think our way through the stumbling blocks of the
> material world. We must brace ourselves for every gradation of
> the surface of the earth. We must eat or perish. Where are the
> great alternatives?

_ '누이와 나(My Sister and I)'[24]

┃구조┃ '생명(육체)⇔먹는 것(제1차 쾌락)' 동시주의

---

23) Ibid., p.103.
24) Ibid., p.107.

　F. 니체는 평생 '관념(이념)주의'를 배격하였는데, 그 경우 '확고 불변의 거점'은 '먹고 마시는 생명'에 있었다. F. 니체는 그것의 강조에 어떤 권위도 그 위에 놓지 않았다. 위의 발언은 그의 '힘에의 의지' 중심을 이루는 진술-'4-4. '힘의 축적으로 번성하는 동물' : 인간' 속에 이미 명시된 바를 거듭 반복 확인한 것이다.

　R. 마그리트도 F. 니체처럼 '실존주의자'였다.

'영원(1935)'[25], '미래(1936)'[26]

8-19
'죽음의 의지'와 '삶의 의지'

죽음을 향한 의지(the will to death)는, 삶을 향한 의지(the will to life)만큼이나 강렬하다.
The will to death is as strong as the will to life.

_ '누이와 나'[27]

┃구조┃ '삶의 의지 ⇔ 죽음의 의지' 동시주의

　F. 니체는 사실 '삶의 욕망=죽음의 욕망'을 등식(等式)에 두었는데, 이것은 S. 프로이트도

---

25) A. M. Hammacher, *Rene Magritte*, Ibid., p.105, 'Eternity(1935)' : R. 마그리트는 '종교적 허무주의'보다 '치즈 덩어리'에 초점이 가 있으니, 그는 '현실주의', '생명주의'이기 때문이다.

26) S. Barron & M. Draguet, *Magritte and Contemporary Art*, Los Angeles County Museum of Art, 2006, p.68, 'The Future(1936)' : 빵 한 덩어리를 앞에 '미래(1936)'라고 하였다. '생명'은 '먹는 것'을 떠나 존재할 수 없다.

27) F. Nietzsche(translated by Oscar Levy), *My Sister and I*, Ibid., p.114.

동일한 견해인 최고 분석심리학의 동원이다.

사실 F. 니체가 앞서 공개한 탁월한 정신 분석의 기초를 검토하면, S. 프로이트나 C. G. 융이 새로 이룬 것은 F. 니체가 명시한 것의 부연 설명이라고 해야 할 정도이다. (제13장 참조)

8-20
니체에게 준 고모(姑母)의 훈계

엘리자베트와 나의 친교는 로잘리 고모가 죽어가는 그녀의 방으로 나를 불렀던 날까지 가족의 누구에게도(혈족이 아닌 어떤 주변 사람들에게도) 알려졌을 것이라는 의심을 해 본 적이 없었다. 나는 로잘리 고모가 어머니에게, 나와 둘만 있게 해 달라고 퉁명스럽게 요구했을 때도 놀라지 않았다. 로잘리 고모는 항상 나의 수령(首領, my protagonist)으로 행세하였고, 나를 부르는 광막한 수평선과 집에서의 생활을 연결해 주는 고리가 되었다. 나는 로잘리 고모와 나와의 대화를 상세히 기록하는 것에 최선을 다하지 않을 수 없다.

'네가 보다시피 나는 죽을 것이다, 프리츠.' 고모는 한숨을 쉬었다.

'그렇지 않아요, 로잘리 고모'라고 나(F. 니체)는 단호히 말했다.

······

'너는 잠자코 있을 만큼 현명하구나.' 고모는 계속했다.

'내가 두 눈으로 본 것이니 네는 사실 거기에 더 보탤 것도 덧붙일 것도 없다. 오래비와 누이 사이 문제는 무섭다는 말 이외에도 나쁜 말이 많이 있다. 나는 그 말을 입에 담을 생각이 없다. 나는 역시 너를 사랑하고 있다, 프리츠. 나는 너에게 큰 희망을 걸고 있다. 내가 네게 말하려 했던 것은 이것이다. 만약 네가 네 누이와의 그릇된 행동을 계속하면, 네 불멸의 영혼은 점점 망치게 될 것이다. 그만두어라.'

그때까지 고모는 기력을 너무 소모하였으므로, 고모가 그녀의 손으로 문을 가리켰을 때, 나가라는 것으로 알고 나는 그렇게 하였다.

It did not occur to me to suspect that the intimacy between Elisabeth and myself might have become known to any member of the family (or any of the major figures in our lives, not related to us by ties of blood) until the day Aunt Rosalie called me into the chamber of the house where she lay dying. I was not surprised when she brusquely asked mother to leave me alone with her. Aunt Rosalie had always elected herself my protagonist, the link between my life at home and the broader horizons that beckoned me. I can only do justice to the conversation which followed

between her and me by reproducing it in full
You know I'm dying, Fritz, she sighed.
I hope not, Aunt Rosalie, I said fervently.
......

You're wise to keep quiet, Fritz, she continued. *There's really nothing you can add to or subtract from what I've seen with my own eyes. There's a horrible word for such goings-on between brother and sister, and a host of other words not much better. I shan't utter one of them. I still love you, Fritz, and I have high hopes for you. Only I must tell you this. If you continue your misconduct with your sister you'll slowly gamble away your immortal soul. Stop it.*

By this time she was so completely exhausted that when she moved her hand in the direction of the door I knew that she meant for me to leave, and I did.

_ '누이와 나'[28]

┃구조┃ '멋대론 살았던 F. 니체 ⇔ 훈계(訓戒)를 받은 F. 니체' 동시주의

F. 니체는 평생을 모든 것을 거부(拒否)하고 자기 마음대로 생활을 한 사람이다. 그런데 1867년 F. 니체의 23세 때 일이다. F. 니체의 인생에게 유일하게 제동(制動)을 걸었던 존재가 큰 고모 로잘리 니체(Rosalie Nietzsche, 1811~1867)였다.(제12장 연보 1867년 참조)

8-21
인간의 차이는 언어상(言語上)의 차이다.

인간의 차이는 주로 언어상(言語上)의 차이다. 그렇다면 모든 민족 국가가 단일 언어를 채택하면 우리의 어려움이 풀릴까? 어려울 것이다. 우리는 이들 영원하고 치열한 투쟁을 위해 우리들의 차별을 필요로 하고 투쟁 속에서 우리들의 관념과 열정의 재정비된다. 우리가 우리의 모든 문화적 풍요를 소급할 수 있다면 최소한 80퍼센트가 바로 언어상의 차별에 어려움이 생긴다는 것을 알게 될 것이다.

Human differences are mainly differences in language
Would, then, a single language, adopted by all races and nations,

---

28) Ibid., pp.129~31.

> solve most of our difficulties? Hardly. We need all of our differ-
> ences for those eternal and fierce struggles in which our ideas
> and passions are refined. If we could trace the origin of all our
> cultural wealth we should discover that at least eighty percent of
> it resides in those very differences of language that appear so
> troublesome.

_ '누이와 나'[29]

┃구조┃ '인간의 차이⇔언어의 차이' 동시주의

　F. 니체는 통찰력은 인문 사회의 전 영역에 요긴하게 작용하지 않은 곳이 없을 정도이다. 특히 그가 전공했던 '문헌학'은 '언어' 문제를 시작과 끝으로 하는 학문의 영역인데, F. 니체는 거기에서 '문화'와 '인생 경영 방식의 차이'라는 현실적인 문제가 '언어=세계관'에 좌우되고 있음을 들추어내었다. 이것이 당초 F. 니체가 '자신의 지적 힘'을 처음 확인했던 영역이고(헬레니즘과 헤브라이즘의 차별성 발견), 그것은 어느 누구에도 다시 힘을 발휘할 수 있는 '언어의 강점(현실성)'과 '언어의 약점(관념주의)'을 그대로 처음 파악한 사람이 F. 니체였다.

　F. 니체 사상의 연장 속에 있었던 대 언어학자가 F. 소쉬르(F. Saussure, 1857~1913)였고, 역시 보헤미아 출신 독일 언어 철학자 F. 마우드너(F. Mauthner, 1849~1923), L. 비트겐쉬타인(L. Wittgenstein, 1889~1951)이다.(제13장 참조)

8-22
'진리'보다는 '행복'이 우선이다.

　행복은 '좋아요', 진리는 '싫어요'라는 것이 가요의 합창처럼 인간의 체험을 관통하고 있다.

> *Yes*, for happiness, *No* for truth runs through human experi-
> ence like the chorus of a ballad.

_ '누이와 나'[30]

┃구조┃ '행복⇔진리', '실존⇔억압' 동시주의

---

29) Ibid., p.133.

30) Ibid., p.134.

과거의 철학자들에게 '진리'란, '개인(個人)'과 '생명(육체)'의 무의미를 인정하고, 개인을 희생하고 국가 사회에 봉사함이었고, 그것을 최고 진리의 실천으로 가르쳤다. 그러므로 '도덕의 실천'을 바로 '진리를 따르는 길'로 일방적으로 교육했음이 공통의 문제였다.

그런데 F. 니체는 그의 저서를 통해서 '내세(來世, the other world)'를 주로 한 종교적 철학적 '허무주의', '관념주의', '염세주의'를 철저히 비판하고 그것이 왜 잘못되었는지를 구체적으로 밝혔다.('5-2. 기독교는 '허무주의'다.', '5-9. 결과와 원인을 혼동하는 인과(因果)론', '6-7. 플라톤의 생각 : '생명의 부정'', '6-23. 철학은 '뻔뻔한 자기기만(自己欺瞞)'이다.')

위에서 '행복'이란 물론 '생명(육체)의 만족감'을 토대로 하고 있는 바다.

8-23
'정신'이란 '육체'의 부산물

> 나는 나에게, 정신(mind)이란 육체(body)의 부산물임을 설득해 왔다. 우리가 무엇을 먼저 알게 되었을까? 항구인가 도시인가, 도시인가 국가인가, 국가인가 세상인가, 세상인가 신(神)인가?

> I used to let myself believe that the mind is a by-product of the body. What do you get first, the harbor or the city, the city or the state, the state or the world, the world or God?

_'누이와 나'[31]

┃구조┃ '정신⇔육체', '세계, 국가⇔육체' 동시주의

F. 니체의 위의 발언에 앞서, (1867년 이전) K. 마르크스는 헤겔(Hegel)과 자신의 차이점을, "내가 보기엔, 반대로 '관념-觀念'이란 인간의 마음속에 반영되어 생각의 형태로 바뀐 '물질-物質' 세계에 불과하다(With me the reverse is true: the ideal is nothing but the material world reflected in the mind of man, and translated into forms of thought)."[32]라고 하였다.

그런데 F. 니체는 더욱 구체적으로, '정신'이 육체 속에서 행해지고 있다는 '생명(육체)' 최우

---

31) Ibid., p.137.

32) K. Marx, *Capital(A Critique of Political Economy)*, Penguin Books, 1976, p.102.

선의 태도(실존주의)를 명시하였다. 이것은 역시 앞서 철학자 A. 쇼펜하우어에게서 배운 바를 더욱 확신으로 적용한 것이고, S. 프로이트와 C. G. 융은 더욱 적극적으로 생각하는 방법의 틀을 새로 엮었으니, '육체적 욕망의 발동과 그 억압'을 기본 구도로 하였다. 역시 F. 니체의 전제를 그대로 존중한 것이다.(제13장 참조)

8-24

'하나님이 살아 계시면 교수 니체일 것'이다.

이곳에 어떤 반편(a half-witted attendant, 모자란 사람)이, 자신은 성 베드로였고, 신이 미쳤다고 의사에게 말을 하여 큰 웃음을 자아내게 한 일이 있었다.

모른 척 의사가 물었다. '그래서 어떠했습니까?'

'신이 자기를 니체 교수라 생각합니다.'

만약 신이 살아 계신다면, 그것은 농담이 아니라 명백한 사실일 것이다.

A half-witted attendant here has caused considerable laughter by pretending he was St. Peter and telling his doctor that God has gone mad.
"What is his trouble?" asked the conniving medico
"The Lord thinks he is Professor Nietzsche."
If God were alive this would not be a joke but an obvious fact.

_ '누이와 나'[33]

|구조| '하나님 ⇔ 교수 니체' 동시주의

F. 니체의 발언은 소위 '과대망상'에 있는 정신질환자들의 대표적 말로 간주되고 있다.

그러나 성인 예수도 "그 아버지(주)는 내 안에 계시고 나는 그 아버지 안에 있다(The Father is in me, I am in the Father)."고 했다. 만약 예수의 말이 진실이라면 F. 니체의 말도 진실이고, F. 니체의 말이 '과대망상자'의 말이라면 예수의 말도 그럴 것이다.(7-50. '신(神)의 종자(種子)'가 인간 속에 있다.)

---

33) F. Nietzsche(translated by Oscar Levy), *My Sister and I*, Ibid., p.153.

8-25

독재자가 된 누이

　나는 〈선악을 넘어서〉에서 우리는 동양인(東洋人)들처럼 여성들을 재산(財産)으로 생각해야 한다고 말하여 욕을 먹은 적이 있다. 엘리자베트가 그것을 읽고 싱긋 웃었다. 왜냐하면 그녀는 통렬한 그 진리(the bitter truth)를 알고 있었기 때문이다. 즉 여성들이란 소유자(所有者)를 완벽하게 통제하는 사유물(私有物)이기 때문이다. 우리 산업 시대에는 기계가 사람이 되어 노예(인간)에게 가죽 벨트를 이용해 기계의 손을 휘두르듯이, 여성이란 사회적 묘역(墓域)에서 제조된 프랑켄슈타인[34]의 괴물로서, 남자를 파멸로 몰고 있는 존재이다. 여성에게 강고(強固)하라는 니체의 충고는, 생쥐들의 대회에서 독재 고양이에게 강고(強固)하라는 니체 생쥐의 충고만큼이나 웃기는 것이다.

> I have been abused because I said in *Beyond Good and Evil* that we should think of women as property, as Orientals do When Elisabeth read this statement she merely grinned, for she knows the bitter truth: women are the only private property that has complete control over its owner. Just as machinery in our industrial age has become human and uses a leather belt to flog the machine *bands* into slavery, woman is the Frankenstein's monster, built from the material of social graveyards, who hounds man to his doom. My advice to be hard towards them is as ludicrous as the advice of a Nietzschean mouse, at a convention of mice to be hard towards the despotic Cat.

_'누이와 나'[35]

| 구조 | '엘리자베트, 프랑켄슈타인, 고양이 ⇔ 생쥐, F. 니체' 동시주의

　F. 니체는 동양서적(유교 불교의 서적)을 자세히는 읽지는 않았다. 그러나 F. 니체가 동양인이 '여성을 재산으로 생각한다(to think of women as property)'는 진술은, 중국의 왕과 귀족의 '일부다처(一夫多妻)' 풍속을, F. 니체식으로 이해한 것이다.

　그러나 위에서 더욱 중요한 문제는, F. 니체가 명시한 것은 '남녀평등'의 문제가 아니다.

　F. 니체는 자신의 신체적 불편(不便)에, 누이 엘리자베트의 절대 감시가 '괴물(프랑켄슈타인)의 감시'로 인지 수용이 되고 있다는 사실이다.

　F. 니체는 '남성'이 여성에게 '독재자'일 수 있듯이, <u>여성도 남성에게 남성 이상의 '독재자'일</u>

---

34) 영국의 소설가 M. 셸리(M. Shelley, 1797~1851)의 소설 속의 괴물 이름.

35) F. Nietzsche(translated by Oscar Levy), *My Sister and I*, Ibid., p.153.

<u>수 있다</u>는 증언을 하고 있다.

8-26
죽음보다 정신병동이 낫다.

그래서 나는 이 정신병동으로 나를 찾아와 내가 퇴원하면 나를 돕겠다고 약속한 '돈 보따리 씨'에 분개하고 있다. 나는 여기가 더 좋고 그의 협박을 실행할까 겁을 먹고 있다.

> Therefore I resent the comfort of Mr. Moneybags who comes to visit me in this madhouse and assures me that he will take care of my future when I get out. It is because I fear that he will make good his threat that I prefer to remain here.

_ '누이와 나'36)

Ⅰ구조Ⅰ '정신 병동의 삶 ⇔ 사후(死後)의 퇴원' 동시주의

F. 니체의 '생명의 확신'에 관한 보고(報告)이다. 그것은 단순히 F. 니체의 확신일 뿐만 아니라, 모든 인간들의 그 자신 '생명(육체, 實存)'을 향한 믿음들이다.

8-27
'살상(殺傷)의 무리'는 내 성전(聖殿)을 찾지 말라.

나는 어디에선가 '훌륭한 투쟁(a good battle)'은 남성의 용기로 가치가 있다고 했지만, 진정한 영웅주의는 전혀 싸우지 않는 것이다. 나는 역시 최고로 위대한 사상은 최고로 위대한 사건이라고 말했다. 그러나 비스마르크가 수행한 전쟁이나 피를 흘리는 계획은 위대한 사건이 아니다. 이익과 약탈의 이름으로 전쟁이라는 해적(海賊)의 깃발을 든 프러시아 인을 나는 항상 경멸하였고, 독일인보다 훌륭한 유대인을 향해 흡혈 폭도를 채찍질하는 내 매부(妹夫, 푀르스터) 같은 독일인은 내 경멸(輕蔑)의 바닥이다.

그렇다, 나는 반복하노라. 독일인은 내게 소화불량을 일으킨다. 더 이상 독일인이 나를 방문하면 나는 나의 성전(聖殿)에서 걷어차 낼 것이다.

---

36) Ibid., p.154.

I have said somewhere,' that a good battle is worthy of a man's mettle but that real heroism consists in not fighting at all. I have also remarked that the greatest thoughts are the greatest events. But I do not look upon a Bismarckian war or a bloody pogrom as a great event. Prussians who raise the pirate's flag of war in the name of profit-and-grab, I have always despised, and Germans like my brother-in-law who whip up the blood-lust of the mob against their betters the Jews are beneath my contempt.

　　Yes, I must repeat: Germans give me acute indigestion, and if any more Germans visit me *I shall boot* them out of my sanctuary.

_ '누이와 나'[37]

┃**구조**┃ '전쟁이라는 해적의 깃발을 든 프러시아 인(Prussians who raise the pirate's flag of war)
　　　⇔F. 니체' 동시주의

　F. 니체의 경력은, 유대인들(바그너, 파울 레, 루 살로메)과 깊이 있게 교유했고, '독일(프로이센)'에서 탄생을 했으나, 변방(邊方) 바젤 시에 거주하다가 주로 이탈리아 머물며 '독일의 국가 민족주의' 비판했다. 이것은 F. 니체에 의해 처음 명시된 '선량한 유럽인(Good European) 정신'으로 반복 강조되었던 바다.(제12장 연보 참조)

　이 F. 니체의 생각은, 1916년 '다다 혁명 운동' 정신의 가장 확실한 기초가 되었으니, '인류의 위대한 역사'는 F. 니체의 생각에 크게 힘입고 있음을 위의 진술은 유감없이 기초를 명시하고 있어 거듭 주목을 요한다.

8-28
'생명'은 신성하다.

　　헤겔은 우리의 과학적 무신론을 극복하고 실존의 신성에 우리를 묶어두기 위해 역사의식이라는 제6감에 이끌렸다. 그렇다 생명(生命, 실존)은 신성하다. 미치광이만이 그의 신성한 광기로 생명의

---

37) Ibid., p.154. ; 위의 진술은 '관념철학자 헤겔(G. W. F. Hegel, 1770~1831)'이 자신의 〈역사철학〉에서 처음으로 '7년 전쟁을 수행한 프러시아 프리드리히 2세'를 '改新敎를 위한 성전(聖戰)' 수행한 영웅으로 '게르만 민족주의' 광신주의(Fanaticism)에 불을 질렀다(G. W. F. Hegel-translated by J. Sibree, *The Philosophy of History*, Dover Publications, 1956, pp.437~8). 이에 대해 F. 니체는 그것을 '이익과 약탈의 이름으로 전쟁이라는 해적(海賊)의 깃발을 든 프러시아 인'이라고 규정하여 자신의 '전쟁 반대 의사'를 明示하였다. 이렇게 거듭된 입장 표명에도, 'F. 니체가 나치(Nazis)를 도왔다.'고 말한 M. 하이데거 類의 中傷謀略은 그 '정신 상태'가 바로 작동하고 있는지 극히 의심스러운 것이다.(良識의 철학자로 취급할 수가 없다.)

신성함을 입증할 수 있다. 도스토예프스키의 간질(癎疾)은 그 병적 고통이 인간 실존의 존엄성에 숭고한 신념에 시금석이 되었다. 그의 '악령(Underman)'과 나의 '초인(Overman)'은 동일한 인물이다. 즉 그들은 멍들고 찌그러지고 피투성이 구렁에서 기어 나와 햇빛으로 향한 요셉과도 같지만, 항상 강고한 프로메테우스 영혼으로 고통을 접합시키려 열망하였다.

> Hegel dragged in a sixth sense — the historical sense — to overcome our scientific atheism and bind us to the divinity of existence. Yes, existence is divine — only the madmen can test the divinity of life with his sacred madness. An epileptic like Dostoyevsky turned his nervous ailment into a testimony of sublime faith in man, in the dignity of human existence. His Underman and my Overman are the same person clawing his way up out of the pit into the sunlight, bruised, battered and bloody like Joseph, but always eager to weld anguish into the hard steel of the Promethean soul.

_ '누이와 나'[38]

▌구조▐ '악령(Underman), 도스토예프스키 ⇔ 초인(Overman), 니체' 동시주의

　F. 니체의 동시주의 체질은 항상 양 극단을 동시에 제시하여 그것의 연합 속에 자기의 주장을 펴는 그러한 진술 방법을 자주 사용하였는데, 그것이 '다다 혁명 운동' 이후의 현대 예술의 공통 특징인 '동시주의(simultaneism)'로 정착을 하였다.

8-29
니체는 프로메테우스다.

　제논(Zeno, Zenon, B.C.334~B.C.262)은 케라메이코스의 기념비와 황금 관으로 칭송이 되었다. 나는 그와 같은 영광은 기대하지 않는다. 내 장례식엔 어떤 창문도 열리지 않고 어떤 화장실도 비워지지 않는 채로 예나(Jena) 거리를 기어 지나가도 나는 즐거울 것이다. 그것이 천상의 불을 훔치고 거부와 고통의 바위에 묶인 프로메테우스 차라투스트라 저자의 슬픈 종말일 것이다.

　코란은 성 마테가 정직한 사람이라 하였다. 아마 알라의 숭배자들은 나를 유럽에 착한 기독교인으로 기억할 것이다.

　나는 기독교도다. 성 바울의 노예 도덕을 받들기에는 너무 긍지가 높아, 예수가 되길 좋아하고 〈구약〉에 천둥으로 굴러다니는 그러한 기독교도이다.

---

38) Ibid., pp.157~8.

> Zeno was honored with a golden crown and a monument in the Kerameikos. I expect no such beatification. I will be glad if no windows open and no chamber-pots will be emptied at my funeral as it crawls through the streets of Jena. This would be a sad end for the author of *Zarathustra*, the Promethean who sought to filch the fires from heaven and was chained to the rock of self-abnegation and torment.
>
> The Koran says Saint Matthew was an honest man. Perhaps the worshipers of Allah will enshrine me in their memories as the only honest Christian in Europe — a Christian who was too proud to accept the slave-morality of Saint Paul and preferred, like Jesus himself, to roll in the thunder of the Old Testament.

_ '누이와 나'[39]

│구조│ '기독교⇔반(反)기독교' 동시주의

F. 니체의 상상력은 고금동서 천상(天上) 지상을 두루 왕래하여 자신의 정신 상황을 비유로 나타내었다. 위에서는 F. 니체의 기본 정신 구도가 '기독교⇔반기독교'의 동시주의로 제시되어 특이성을 보이고 있다.

F. 니체가 평생 보였던 '가치 혁명 운동'의 전개 주요 특징은, '독일⇔반(反)독일', '실존⇔반(反)실존(신)', '전쟁⇔반(反)전쟁', '제국주의⇔반(反)제국주의' 등 주요 사항에 모두 그 대립적 동시주의를 가동하고 있다는 점이다. 이 점이 사실 F. 니체의 가장 중요한 사항이다.

8-30
백성은 강철 손으로 통치를 해야 한다.

백성은 강철 손으로 다스려야 한다.

The people must be ruled by an iron hand.

_ '누이와 나'[40]

│구조│ '강철 손⇔확신의 통치' 동시주의

---

39) Ibid., p.158.
40) Ibid., p.162.

F. 니체는 스스로 '고대 귀족주의'에 공감한 '계급 사회'에 지배계급으로 자처하면서, 다른 한 편으로 '독재'를 한없이 기피하고 저주하였다. ('2-5. 인간은 타고난 대로 살아야 한다.', '4-19. 철학은 독재 권력의 형상화다.', '5-23. '자연주의'는 건강하다.', '6-4. '이성(理性)'이 독재를 부른다.')

여기에 '강철 손(an iron hand)'이란 F. 니체의 평생 소신으로 미루어 볼 때, '현재의 생명(육체, 실존주의)에 대한 확신을 지닌 통치'를 말하는 것이니, 그것은 그대로 '반(反)제국주의', '생명 긍정'의 일관된 신념의 표현이다.

8-31
나의 독선(獨善)은 나의 열등의식

나는 내 자신으로 하느님을 대신했으므로 불경스런 미치광이로 비난을 받고 있다. 그러나 사실 나는 가장 점잖은 사람이고 나의 독선광(獨善狂, egomania)은 나의 열등의식을 뒤집은 것이다. 행상인(유대인)의 신(神)이란, 내 귀족 취미엔 너무 천박하고, 나의 신은 시나이의 산정(山頂)이 아니라 주식 거래소로 하강(下降)을 했다!

나는 고대 아브라함 방식의 모든 가치를 재평가하여, 관념의 신(God idea)을 과감하게 버렸는데, (유대인의 신은) 신을 떠들며 장사하는 영국의 제국주의자들에게 돌아갔고, 런던을 세계 힘의 중심으로 들어올린 아르키메데스의 지렛대를 신에게서 찾아낸 위선(僞善)의 칼라일(T. Carlyle, 1795~1881)에게 돌아갔다.

차라투스트라는 그렇게 말하였다.

> Because I have substituted myself for the Lord I am accused of blasphemous egomania. But I am, in fact, extremely modest in my pretensions, my egomania being the obverse side of my sense of inferiority. A huckstering deity is too low a creature for my aristocratic taste, and for me to take the place of God is a *demotion*, not a promotion to the rare heights of Sinai — the Stock Exchange!
> Having transvalued all values in the manner of the ancient Abraham, I should have left the God-idea severely alone and turned over this God-mongering business to the British imperialists, the hypocritical Carlyles who have discovered in God an Archimedean lever to lift London into the center of world power.
> Thus Spake Zarathustra.

_ '누이와 나'[41)

┃구조┃ '독선(獨善) 광 ⇔ 열등의식', '유대인의 신 ⇔ 영국의 제국주의' 동시주의

F. 니체는 〈누이와 나〉가 저술된 1890년 27년 후인 1916년 취리히 '다다이스트'와 동일한 생각을 하였다.

다다이스트는 '모든 관념주의(신)'을 거부하고 '생명'을 제일로 생각하는 '현재 생명 중심주의'에서 출발하여 '(영국 독일 등의) 제국주의 전쟁 반대 운동'을 폈다.

8-32
인간의 존엄성에 기초한 '영원회귀'

영원회귀는 인간 존엄성의 총체적 관념에 기초한 것이다. 만약 우리가 새 곤충 물고기의 삶의 방식을 잘 알고 보면 어떤 현상의 반복 속에서 그들의 생태를 이해하게 된다. 영원회귀의 개념이 없이 시간과 공간 속에 무엇이 우연한 사건일 것인가? 수없는 백만 번의 재탄생은 개념상 돌아가는 수레바퀴이다.

> Eternal recurrence underlies the whole sense of the dignity of man. If we had a better knowledge of the ways of animals, birds, insects and fish it is in the recurrence of certain phenomena that we should find understanding of their ways and lives. Without the conception of eternal recurrence what is a human being but an idle accident of time and place? Emphasized in countless millions of rebirths man becomes as conceptually existent as a spinning-wheel.

_'누이와 나'[42]

┃구조┃ '영원회귀(eternal recurrence) ⇔ 개별 생명의 생멸(生滅), 수레바퀴' 동시주의

F. 니체의 차라투스트라의 '생명'에 대한 기본 전제가 '영원회귀'론이다. C.G. 융은 '영원회귀(eternal recurrence)'에 몰두하여 '만다라(mandala)론'으로 정착했다. (제13장 참조)

---

41) Ibid., p.163.
42) Ibid., p.170.

8-33

'영원회귀(Eternal Recurrence)'론이 우주의 질서다.

관념적 생명이란, 관념의 거짓말이다. 나는 과학과 종교의 이름으로, 그들의 절대 진리를 목구멍으로 삼키려 하고 여호와의 선지자로 자임하는 광신도의 가면을 벗겨왔던 사실에도 불구하고, 그 (관념의) 거짓말의 죄를 나도 짓게 되었다. 내가 '절대주의 행상인'으로 혹평했던 영국인처럼, 내 자신 도덕적 광신주의로 신(神)의 텅 빈 옥좌에 초인(超人)을 앉히려 하였다. 그리고 나의 '영원회귀(Eternal Recurrence)'론이란 세계의 광기에다 영웅적 내 방식을 제공하는 것이니, 무신론의 불교도가 공포에서 만들어진 수천의 남신 여신 상(像) 속에 가면을 찾는 것 같은, 모든 반(反)이성(unreason)의 배후에 이성(理性)을 제공하는 것이 아니고 무엇이겠는가?

> The ideal life is the lie of the ideal. I have been guilty of this lie despite the fact that I have ripped off the masks from fanatics who pose as the prophets of Jehovah and seek to ram their absolute truths down the throats of their victims in the name of science or religion. Like the English, whom I have castigated as peddlers of the Absolute, I have myself been a moral fanatic, seeking to retrieve the honor of a dead God by placing my Superman on his empty throne. And what is my theory of Eternal Recurrence but an heroic effort on my part to put method into the madness of the cosmos, to place an underlying reason behind all unreason, like a Buddhist who is terrified by his atheism and seeks to mask it by a thousand images of fear-born gods and godlets?

_ '누이와 나(My Sister and I)'[43]

┃구조┃ '이성(理性) ⇔ 반이성(反理性)' 동시주의

F. 니체는 '도식을 위한 도식'이 아니라 '생명을 위한 도식(圖式)', '생명을 위한 영원회귀'이다. 근본적으로 F. 니체의 위의 진술도, '생명의 확신'이라는 F. 니체의 기본 전제(실존주의)로 돌아오면 그 혼란은 저절로 해소가 된다.

---

43) Ibid., p.175.

8-34

'신(神)'을 대신한 '초인의 시대'이다.

어떤 남성도, 아내와 아내의 애인에겐 영웅이 아니다. 우리 모두는 영혼 독립의 욕구를 지니고 있으니, 신이 등을 돌리면 우리의 팔에 여신이 있을지라도 신 앞에 무릎을 꿇을 수는 없다. 그래서 우리가 신성화하려는 쇼펜하우어, 바그너 그리고 모든 지상(地上)의 천재들을 상실한 신(God)으로 대신 꾸며서, 통합한 나의 '초인(超人)'은 탄생이 되었다.

> But no man is a hero to his wife — or his wife's lover! We all have a need for the independent life of the spirit, but we cannot kneel down before a god whose goddess we hold in our arms while his back is turned. And so my Superman was born, a synthetic Beyond-Man to make up for the loss of God, Schopenhauer, Wagner and every earthly genius that we are tempted to deify.

_ '누이와 나'[44]

▌구조 ▌ '초인(超人, Beyond-Man) ⟺ 바그너, 쇼펜하우어' 동시주의

'포도주의 신과 갈라(1977)'[45] '초 입방체 자료집(1954)'[46]

F. 니체의 '생의 긍정'론은 저서 〈누이와 나〉 속에 그 구체적인 실현의 전모가 공개되었다.

즉 '영웅'으로서의 '생명(육체) 실현', '생명(實存, 육체, 욕망)의 현장'에 대한 구체적인 공개가 그것이다.

그러므로 '과학의 도래'와 함께, 인간이 지니고 있는 모든 '신화(神話)'가 단순한 '생명(육체)에 관한 사건'이라는 점을 공개한 이가 F. 니체였고, 이후 모든 '신화론'은 그 F. 니체 방법의 반복이다. (그런데 T. S. 엘리엇

---

44) Ibid., p.176.

45) R. Descharnes & G. Neret, *Salvador Dali*, Ibid., p.648, 'Les Vins de Gala et du Divin(1977)' : '여인'은 갈라이고, 목말을 탄 어린이는 S. 달리이다.

46) R. Descharnes, *Salvador Dali: The Work The Man*, Ibid., p.344, 'Corpus Hypercubus(1954)' : 십자가에 달린 존재는 S. 달리이고, 밑에 선 여인은 부인 갈라이다.

등 문학은 거꾸로 그 '육체의 이야기'를 '神話'로 되돌려 관념화를 행하였다. 제13장 'J. G. 프레이저' 항 참조)

S. 달리는 모든 신화(神話)를 바로 자기 자신(S. Dali)과 부인(Gala)에게 적용하여 작품을 제작하였다.

8-35
'천재'와 '바보' 사이의 니체

내가 천상(天上)의 폭풍우였을 때, 그리고 내가 거만하게 그 24세의 유대녀(루 살로메, Lou Salome, 1861~1937)에게 요구했을 때, 그녀는 내게 뭐라고 했는가? '거리의 여인이나 찾아가세요. 서로의 사랑과 이해의 기초가 없으면 생각도 마세요!'

나는 그녀를 너무 잘 안다. 모든 인간은 신(God)이다. 예수와 시저, 나만이 아니다. 포이에르바하(L. Feuerbach, 1804~1872)의 개념으로 모든 사람은 '정복될 수 없는 존재'로서 자신의 '전능의 자아'를 몽둥이 삼아 헤겔의 '절대 사상'을 강타할 수 있다. 그러나 모든 인간이 신이라면 천재와 바보 사이에 사회적 공간 내 감정의 공간엔 무엇이 남는가?…… 거기에는 아마 아무 간격도 없고, 19세기의 최고 천재 니체 교수의 경우와 어리석은 마비의 부셔지며 끽끽대는 바보에 관한 증언이 있다.

> I have been a heaven-stormer myself, and what did a Jewess of twenty-four tell me when I became too arrogant in my demands? *Go visit a street-woman, you cannot have me except on the basis of mutual love and understanding!*
>
> I understand her only too well. Every human being is God, not merely Jesus, Caesar or myself. Every person is an "unconquered being" in Feuerbach's sense, ready to smite Hegel's *absolute thinking* with the bludgeon of his Almighty Ego. But if every human being is God, what remains of my *pathos of distance*, the social space between the genius and the idiot? . . . Perhaps there is no social space between them: witness the case of Professor Nietzsche, the greatest genius of the nineteenth century, crumbling into the gibbering idiocy of a mindless paralytic . . .

_ '누이와 나'[47]

┃구조┃ '천재(genius) 니체 ⇔ 바보(idiocy) 니체' 동시주의

---

47) F. Nietzsche(translated by Oscar Levy), *My Sister and I*, Ibid., p.191.

F. 니체는 위에서 '바보(idiocy)'라는 용어를 사용하였다. 바로 이전에 '천재', '예수', '시저' 용어가 등장했다. 이 모든 영역이 F. 니체의 정신 영역임을 분명히 하였고, 모든 사람이 역시 공통으로 동일시하는 그러한 영역이다.

◀ L. 포이에르바하(L. Feuerbach, 1804~1872)

8-36

'생명의 탄생'으로 집중되는 이성과 감정

내가 루 살로메(Lou Salome, 1861~1937)와 같이 있는 동안은, 나의 인지 중심은 머리에서 심장으로 이동을 했고, 내 속에 있는 모든 루터의 모순은 유대인 사랑과 인간에 대한 사랑의 단순한 열정으로 통합되었다. 나는 나의 지적 시각은 옮겨져, 과학 아래 있기에 그 과학의 위에 있고, 우리의 전 복합적 요구를 지배하는 신비의 영역인 '그 유기적 모태(the organic womb)'에서 생명을 보았다.

> While I was with Lou Salomé my center of awareness moved from my head to my heart, and all the Lutheran contradictions in my nature fused to a single passion of love for the Jewish people and all peoples. I removed my intellectual blinkers and saw life from the focus of the organic womb, the mystical realm that lies below Science and therefore is above it, dominating the complex demands of our total nature.

_ '누이와 나'[48]

│구조│ '머리(이성)⇔심장(감정)', '루터의 모순⇔단순한 열정' 동시주의

F. 니체는 〈누이와 나〉에 이르러 다른 사상가를 '평등'의 시각으로 평가하기 시작한다. '생명(육체)'의 어려움 속에 자신의 시각(視覺)을 오히려 건강하게 만들었다. 이것이 F. 니체가 다 말하지 못한 '생명의 운영자' F. 니체 '사상(정신)'의 전모이다. 항상 '자신의 건강'과 연동되어 있는 '정신(사상)의 변모'를 F. 니체 자신이 여실히 보여주고 있다.

그러므로 신체적으로 사망에 직면한 F. 니체 신념의 토로로서, 그동안의 저서에서 덜 확인된 '생명 실체의 남김 없는 보고(報告)'라는 점에서 저서 〈누이와 나〉의 의미는 특별하다.

---

48) Ibid., p.201.

원래 F. 니체가 '3-27. '이성(理性)'도 '본능(本能)'에 종속된다.', '3-30. '파괴와 변화'는 '디오니소스적인 것'이다.'라고 했던 말의 구체적인 체험의 실증이다.

위에서 볼 수 있듯이 '머리⇔심장' 동시주의는 〈즐거운 학문〉에 명시된 것인데, F. 니체는 여기에서 그것을 구체적인 인물 '루 살로메(Lou Salome, 1861~1937)'와 관련을 시켰다.(3-27. '이성(理性)'도 '본능(本能)'에 종속된다.)

8-37
'사랑의 현실'이 '생명 현실'이다.

　　도덕 이전의 여명기(黎明期)의 유물인 고전적 종교들처럼 여성 사랑의 종교인 아프로디테 의식은, 인간이 육체를 지니고 있는 한에는 오르가슴의 위대한 삼위일체의 통합 속에 몸과 마음 혼을 그에게 되돌리는 생물학적 전통을 인간에게 상기시킨다. 이 디오니소스의 신비는 내가 단순히 철학적 원리로 파악한 것이지만, 루 살로메의 말과 몸짓은 나에게 행동으로 애욕의 존재감을 도발하며 현실이 되었다.

> Like the classical religions which are relics of the dawn-ages before morality, woman's religion of sexual love — *the cult of Aphrodite* — recalls man to his biologic heritage, his body, and while in possession of his body, his mind and soul rush back to him in the great triune unity of the orgasm. This Dionysian mystery which I had grasped only in philosophic theory, was made factual to me when a mere word or gesture from Lou was enough to set the springs of my erotic being into action.
>
> _ '누이와 나(My Sister and I)'[49]

|구조| '기독교 삼위일체⇔생명 중심 삼위 일체', '철학적 원리⇔현실' 동시주의

F. 니체는 기독교적 사상 위에 '반기독교', '실존주의' 사상을 구축(構築)하였다. 그러므로 그 비판의 대상을 일차적으로 '기독교', '서양철학'으로 삼았다.

그리고 가끔 넘겨다본 불교 유교 서적은 자신의 '반서구 성향'의 보조 수단으로 활용했을 뿐이니, F. 니체에 불교, 유교 사상의 확인은 그의 '영원회귀'론이 전부이다.

F. 니체의 가장 중요한 특징이자 개성은 바로 '동시주의' 운영이었으니, 동시주의의 대조(對

---

49) Ibid., p.225.

照, 對極)의 속성의 그 탁월한 개성이고, 그것은 바로 주장의 이면(裏面)도 역시 긍정하는 효력을 발휘하여 결국은 ‘수용자(독자, 청취자)’가 알아서 선택하게 하는 특성을 지니고 있다.

　F. 니체의 위의 발언은, 자신이 어떻게 ‘디오니소스’ 신이 되었는가에 대한 구체적인 고백이다. F. 니체는 항상 ‘신화(神話)’와 동행을 하고 있었으나, 그것은 단순이 육체적 인간 F. 니체의 다른 모습이었으니, 역시 F. 니체의 방법을 S. 프로이트, C. G. 융 등 정신분석자들이 모두 바로 자기 자신들의 학문 탐구의 방법으로 삼았던 바가 그것이다. (제13장 참조)

제9장

'동시주의' 창시(創始)와 운용

'동시주의(simultaneism)'란 'A'를 전제하면 바로 '非A'를 생각하는 인간의 기본 기질(氣質)에 바탕을 둔 것이다. 그런데 그러한 성질을 가장 천재적으로 예민하게 발동했던 존재가 바로 F. 니체였고 1916년 '다다 혁명 운동'가들이었다.

'동시주의'는 기본적으로 '인간사고(思考)의 기본 바탕'으로 꼭 누구를 창시자로 지목할 수는 없다. 그러함에도 인간은 그동안 철학자 성현(聖賢)의 가르침을 존중하여, '이성(理性)', '도덕', '신의(神意)', '일관성'을 모두 일방적으로 강조하였고, 그 반대편에 엄연히 존재한 '본능(本能)', '욕망(慾望)', '이기심(利己心)'의 작동 등을 인정하려 하지 않았다.

즉 '육체(實存, Body)'의 운영과 더불어 피할 수 없는 1차적 문제[본능]를 고의(故意)로 무시하는 '기만(欺瞞)'과 '허위'의 문화였다(그 '欺瞞', '虛僞'를 看過하여 왔다). 이에 그 누구보다도 철저(徹底)하고 과감(果敢)한 목소리로 '사고의 개혁(실존주의)'을 말한 사람이 바로 F. 니체였다(소위 '모든 가치의 재평가-Revaluation of All Value').

그리고 모든 '생명(육체)의 운영'에는 항상 공간(空間)적 시간(時間)적 지적(知的) 신체(身體)적 한계(限界)와 제한을 동반하게 되는 것이니, '육체(慾望, 육체 표상-Representation of Body)'를 더욱 일반적이고 보편적 이성(의지-Will) 속에서 운영할 수밖에 없다는 문제가 동시(同時)에 등장하게 마련이다.

그 '이성(理性, Reason) 문제'를 일반화한 것이 F. 니체의 경우 '영원회귀(Eternal Recurrence)' 문제이고, 그것을 더욱 일반화한 것이 C. G. 융의 '만다라(Mandala)론'이다.

F. 니체의 '욕망(육체) 긍정(실존주의)'과 '영원회귀'는 '개별 생명'과 '자연 질서'라는 두 가

지 축(軸)을 불가피하게 전제하게 되는데, 전자(前者)를 적극적으로 수용한 존재가 S. 프로이트였고, 후자(後者)를 크게 수용한 존재가 C. G. 융이었다.

물론 이 둘('慾望-육체 표상'과 '理性-의지')은 인간의 의식 속에 상존(常存)하는 양극(兩極)으로, 그것을 가장 극적(劇的)이고 체질적(天才的)으로 대조(對照) 명시했던 사람이 F. 니체였다. 그것은 대체로 그의 '잠언(箴言, Aphorism)의 형식'으로 일반화되었으나, 그보다 더욱 근본적인 문제는 F. 니체 자신의 '의식 자체'로서 먼저 '진술(陳述, 말, 詩)'로 시범(示範)을 보였다.

그리고 그것들('慾望-육체 표상'과 '理性-의지')은 역시 모든 개별 인간의 행동 결단(決斷)에 제외될 수 없는 '양극단(兩極端)을 지지(支持)하고 있는 축(軸)'으로 의미를 지니고 있다.

9-1
'모든 것을 의심하라.'

> 형이상학자(metaphysicians)의 기본적 신념은, 가치의 반명제(antitheses)에 대한 신념이다. 형이상학자란 '모든 것을 의심하라(everything must be doubted)'는 것을 따르는 가장 신중한 사람들이다.
>
> —The fundamental belief of metaphysicians is the belief in antitheses of values······they had made a solemn vow, "*de omnibus dubitandum*."[1]

| 구조 | '명제 ⇔ 반명제' 동시주의

---

1) F. Nietzsche(translated by T. Common), *Beyond Good and Evil*, The Edinburgh Press, 1907, pp.6~7. ; '동시주의(Simultaneism)'는 볼테르가 자신의 저서(⟨무식한 철학자(The Ignorant Philosopher, 1776)⟩)에서, "의심(疑心)이 지혜의 원천이다."(Voltaire, *The Best Known Works of Voltaire*, The Book League, 1940, p.424, 'V. Aristotle, Descartes, Gassendi')라고 했던 것에 기초를 둔 것이다. 그런데 헤겔은 독단적으로 그것에 도식화(圖式化, '正反合')를 단행하여 자신의 엉터리 주장(주관, 결론, '合')을 세상 사람들에게 강요(强要)하는 대표적인 '독재 권력'의 표상이 되었다.
이에 반(反)해 F. 니체는, 헤겔의 주관적 전체주의 독선주의 일방주의 '결정(合, Synthesis)'을 깨끗이 유보(留保)하고, 자연스럽게 '合(마지막 결단)'을 각 개인의 자유의사(최후의 판단 자)로 환원해 놓은 결과가 바로 '동시주의(同時主義)'이다. 즉 F. 니체는 '정(正, Thesis)', '반(反, Anti-thesis)'만 동시에 제시해 놓고, 나머지 종합(판단, 결정)은 각 개인에게 고스란히 되돌려 주고 있다. 이것이 바로 F. 니체가 달성한 최초의 '모든 가치의 재평가 운동 공식', '동시주의(Simultaneism) 공식', '다다 혁명 운동 공식'이다.

'형이상학자(metaphysicians)'란 소위 '철학자', '과학자'의 다른 이름이다. 그런데 F. 니체는 자신이 그동안 신봉해 온 '기독교'와 '서양철학'에 대대적인 '의심'과 '비판'을 하고, 그 대안(對案)으로 '생명(육체, 욕망)' 중심을 주장하고, '생명(육체) ⇔ 이성(허무주의)' 동시주의를 평생 가동하고 실천했던 사람이다.

F. 니체의 '의심'은 우선 자신의 '생명', '육체', '욕망'의 긍정에서 출발하여 기존 종교 철학의 '비현실성'을 비판한 것이니, 그 대강(大綱)은 평생 변함이 없었다. 그것을 기점(起點)으로 F. 니체의 철학과 '동시주의'를 해결하는 것이 기본 방법이다.

F. 니체의 생각에 완전 동조했던 R. 마그리트는, 다음과 같은 '동시주의' 그림으로 헤겔의 '관념주의'를 조롱하였다.

R. 마그리트의 '헤겔의 휴일(1958)'[2], '헤겔의 휴일(1959)'[3]

9-2

니체는 '잠언(箴言, aphorism)의 대가'

잠언 구(aphorism), 그것에는 독일에서 내가 대가(大家)이고, '영원'의 형식이다. 다른 사람이 책으로 말해야 할 것, 책으로도 말할 수 없는 것을 열 개 이내의 문장으로 내 야심(野心)을 말한

---

2) S. Gohr, *Magritte : Attempting the Impossible*, Ibid., p.262, Rene Magritte(1898~1967), 'Hegel's Holiday(1959)' : 헤겔의 변증법은 '명제 ⇔ 반명제'인데, '휴일 ⇔ 근무일' 동시주의이므로 '물을 원함(컵의 물) ⇔ 물을 피함(우산)'의 동시주의와 동일하다. 여기에 '육체', '욕망' 우선의 초현실주의[실존주의]가 없으면, 헤겔의 변증법은 '우산 위에 물컵'처럼 공론(空論)이라는 '관념철학'에 대한 화가의 조롱(嘲弄)이다.

3) B. Noel, *Magritte*, Crown Publishers, 1977, p.67, 'Hegel's Vacation(1959)'.

것이다.

　-The aphorism, the sentence in which I am the first master among Germans, are the forms of "eternity", and my ambition is to say in ten sentences what everyone else says in a book-what everyone else in a book does not say…4)

┃구조┃ '잠언⇔영원의 형식', '나의 야심⇔열개 이내 문장' 동시주의

　F. 니체는 평생 자기 혁신과 개선에 온 힘을 기울였다고 고백하고 있다.('8-4. 모든 속박(束縛)으로부터 도망을 쳤던 니체', '8-10. 내 교육에 '중단'은 없다.') 그 '개선', '혁신'의 경과를 요약한 것이 '잠언(aphorism)'이고 그것은 '양극적 동시주의(polar reversal simultaneism)'를 기반으로 하고 있다. F. 니체는 그의 모든 주요 진술에서 거의 '동시주의'를 보이고 있으니, <u>이 책(『다다 혁명 운동과 니체의 디오니소스주의』)에서는 '구조'라는 항목으로 그것을 특별히 강조하였다('⇔' 기호로 제시되었음).</u>

　왜냐하면 이 '동시주의'는 F. 니체의 경우뿐만 아니라 '실존(생명, Existentialism) 운동'의 기본 공식(Formula)으로서 F. 니체 사상을 계승한 '다다 초현실주의 운동'의 근본을 이룬 '기존 일방주의 문화'를 무너뜨린 '혁명 정신을 내장(內藏)한 것'이기 때문이다.

　'현재 생명 중심주의'와 '동시주의'는 용어가 다르지만, 모두 '현실적인 인간 생명(實存) 운영'에 필수 요건이다.

9-3

디오니소스와 소크라테스

　〈비극의 탄생〉에 두 가지 결정적 새로운 점은, 첫째 희랍인의 디오소스 현상에 대한 이해이다. 〈비극의 탄생〉은 그 현상에 대해 최초의 심리적 분석을 행했는데, 희랍 예술의 단일한 뿌리를 나는 그 속에서 찾았다. 둘째로는 소크라테스주의에 대한 해석이니, 소크라테스는 대표적 퇴폐주의자(a typical decadent)로 희랍 해체의 도구로 해석을 하였다. 이성(理性(reason) 대 본능(本能-instinct)에서 '(소크라테스의)이성(理性)'은 생명을 해치는 위험한 것으로 전제하였다.

<hr />

4) F. Nietzsche(translated by D. F. Ferrer), *Twilight of the Idols*, Ibid., p.73.

> The two decisive inno-
> vations in the book are, first, the comprehension of
> the Dionysian phenomenon among the Greeks——it
> provides the first psychological analysis of this
> phenomenon, and sees in it the single root of all
> Greek art ; and, secondly, the comprehension of
> Socraticism——Socrates being presented for the first
> time as the instrument of Greek dissolution, as
> a typical decadent. " Reason " *versus* Instinct.
> " Reason " at any cost, as a dangerous, life-under-
> mining force.

_ '이 사람을 보라(ECCE HOMO)'[5]

｜구조｜ '디오니소스 ⇔ 소크라테스' 동시주의

F. 니체의 본격적인 사색(思索)과 저술은, 1868년 〈비극의 탄생〉부터 1890년 〈누이와 나〉까지 22년간 지속되었다. F. 니체의 기본 주제는, '생명 긍정', '육체 중심', '현실주의', '욕망 긍정'의 다원주의였고, 그가 즐겨 사용했고, 마지막까지 그의 긍지를 지켜주었던 것이 '양극적 동시주의' 구사였다.

〈비극의 탄생〉은 F. 니체의 젊은 날의 저서로 이후 대작들에 비하면 그 서술 방법이나 일관성의 지속에 아직 다 정착이 안 된 저서이지만, F. 니체의 초기 지성이 정착한 저술이고, 특히 '디오니소스 ⇔ 소크라테스', '본능(Instinct) ⇔ 이성(Reason)' 동시주의 문제는 그의 인생에 최고의 화두(話頭, 이야깃거리)가 비교적 정확하게 대두되어 있는 확실한 F. 니체의 개성과 웅지를 보인 것이다.

〈비극의 탄생〉이 각별한 의미를 지니는 것은, 그 제작 당시에 F. 니체의 평생 저술 속에 지속적으로 가장 큰 관심의 대상이었던, '소크라테스(플라톤)의 관념(이념)주의 반대'와 '(디오니소스의)생명주의' 구도가 명시되었던 점이다.

그것을 다시 F. 니체의 '영원회귀(Eternal Recurrence)', C. G. 융의 '만다라'로 도식화하면 다음과 같다.

---

5) F. Nietzsche(translated by A. M. Ludovici), *ECCE HOMO-Nietzsche's Autobiography*, Ibid., pp.69~70.

'디오니소스(봄) ⇔ 소크라테스(데카당-가을)'

9-4

사티로스와 아폴로

'마법(魔法, enchantment)'은 모든 연극의 전제 조건이다. 마법 속에서 디오니소스 추종자들은 사티로스의 자신을 보며, 사티로스로서 신을 본다. 즉 그의 변용 속에서 자신 밖의 아폴로적인 완성을 알게 된다. 이 새로운 광경으로 드라마(비극)는 끝나게 된다.

-This enchantment is the prerequisite of all dramatic art. In this enchantment the Dionysian reveller sees himself as a satyr, and as satyr he in turn beholds the god, that is, in his transformation he sees a new vision outside him as the Apollonian consummation of his state. With this new vision the drama is complete.[6]

┃구조┃ '디오니소스 ⇔ 아폴로', '드라마(연극) ⇔ 현실' 동시주의

F. 니체는 그의 저서 〈비극의 탄생〉에서 굉장히 신중하여 '현실'과 '(디오니소스)연극(비극)'을 신중히 구분하는 모습이었다. 그러나 1888년 저작인 〈이 사람을 보라〉에서는 '디오니소스'를 바로 현실적 인간의 형상화, F. 니체 자신으로 전제를 하고, '3-1. 니체는, 철학자 디오니소

---

6) F. Nietzsche(translated by Wm. A. Haussmann), *The Birth of Tragedy*, Ibid., p.68.

스의 제자다.'라고 명시하고 나왔다.

사실 모든 '신화(神話)'는 바로 '생명-實存 인간의 이야기'라는 분명한 사실을 F. 니체는 선구적으로 입지(立地)를 견지하였고, 이후 S. 프로이트, C. G. 융의 '신화(꿈) 분석'의 대도(大道)를 앞서 명시하였다.

그러한 대업(大業)은, 〈비극의 탄생〉부터 시작되었고, 소크라테스(플라톤)의 '관념주의', '도덕(억압)주의', '일방주의', '국가주의'에서, F. 니체의 '생명(실존)주의', '욕망(자유)주의', '다원주의', '개인주의'가 주장되게 되었다.

9-5
'다이너마이트'와 '어릿광대'

나는 사람이 아니고, 다이너마이트이다. 그렇다고 해도 내 속에는 어떤 종교의 창시자 같은 것은 없다. 종교란 속중(俗衆, Mob)의 일이다. 종교인과 만나고 나면 손을 씻을 필요를 느낀다. 나는 신도(信徒, believers)가 필요 없고 내 속에 믿고 있는 것도 너무 악이 많다는 생각이다. 나는 대중을 향해 연설하지 않는다. 내게 '성스럽다'고 할 때는 공포에 놀랄 것이다. 당신들은 이 책(〈이 사람을 보라〉)을 내가 미리 출간한 이유를 알 것이니, 나에 대한 사람들의 오해를 막자는 것이다. 나는 성자(a saint)이기를 거절한다. 나는 차라리 어릿광대(Clown)가 될 것이다. 그렇다, 나는 어릿광대이다. 그리고 나는 그럼에도 불구하고, 그렇지 않음에도 불구하고 진실의 송화구(the mouthpiece of truth)이다. 어떤 성자라는 사람보다 더 거짓말을 한 이는 없었기 때문이다. '모든 가치의 전도(顚倒, The Transvaluation of all values)'는, 내 속에 육체가 되고 천재가 되는 어떤 발걸음(a step)이고, 인류의 감성에 다가오는 인류의 위대한 발걸음을 위한 나의 공식이다.

> . . . . . I require no "be-
> lievers," it is my opinion that I am too full of
> malice to believe even in myself; I never address
> myself to masses.   I am horribly frightened that
> one day I shall be pronounced "holy."   You will
> understand why I publish this book beforehand—
> it is to prevent people from wronging me.   I refuse
> to be a saint; I would rather be a clown.   Maybe
> I am a clown.   And I am notwithstanding, or
> rather not *not*withstanding, the mouthpiece of
> truth; for nothing more blown-out with falsehood
> has ever existed, than a saint.   But my truth is
> terrible: for hitherto *lies* have been called truth.
> *The Transvaluation of all Values*, this is my formula

senses——a step which in me became flesh and
genius.

_ '이 사람을 보라(ECCE HOMO)'[7]

┃구조┃ '성자인 니체 ⇔ 어릿광대 니체' 동시주의

F. 니체의 마지막 **결론은 '모든 가치의 전도(顚倒—The Transvaluation of all values)'이고 그것은 앞서 말한 '생명 중심', '자유 중심', '현실 중심', '개인 중심'의 가치로의 변전**이다.

F. 니체의 주장은 제1차, 제2차 세계대전을 통해 '인류의 가치 중심'으로 공인되었으니, 그것은 1917년 레닌(V. Lenin, 1870~1924)의 '제국주의 반대'와 1918년 윌슨(T. W. Wilson, 1856~1924)의 '민족자결주의'로 세계의 '공론(公論)'으로 자리를 잡게 되었다.

그러한 주장은 공통으로 '생명'을 지키고 '자유'를 보장하자는 주장하자는 취지에 있으니, 1888년(〈이 사람을 보라〉 저작 년도 표준) F. 니체의 '가치 전도(모든 가치의 재평가)' 주장은 30년이 못 가서 지구촌의 공론으로 부상하게 되었다.

그러나 인간은 날 때부터 '자기도취(나르시시즘)'를 내장하고 있는 존재로, '제국주의(帝國主義, Imperialism)' 속성을 불식(拂拭)하고 '지구촌' 시대의 건강한 사회인으로 태어나기 위해서는 '교육'과 '훈련'이 필요하다. 그 교육 훈련의 요긴한 도구가 바로 '동시주의(Simultaneism)'의 활용이다.

위에서 F. 니체는 '성자(聖者)'보다는 '어릿광대'가 되겠다는 것은 가장 주목을 요하는 사항이다. 왜냐 하면, F. 니체를 추종한 사람은 언어학자, 인류학자, 정신분석학자 등 현대철학의 전 영역을 망라하고 있지만, 그 중에도 예술가 문학가는 '다다 초현실주의 운동'으로 더 큰 세계적 '가치 전도(顚倒—재평가) 운동'을 전개하였기 때문이다.

P. 피카소는, F. 니체의 생각에 크게 공감했던 화가인데, 자신(미노토르)을 '광대'로도 형상화하였다.

---

7) F. Nietzsche(translated by A. M. Ludovici), *ECCE HOMO—Nietzsche's Autobiography*, Ibid., pp.131~2.

'바이올린을 연주하는 광대(1918)'[8], '광대 옷을 착용한 미노토르(1936)'[9]

9-6

니체의 이중(二重) 가계(家系)

내 실존(existence)의 행복은 특별한 것으로, 운명적이다. 아버지는 이미 돌아가셨고, 어머니는 아직 노경에 계신 것도 수수께끼이다. 이 이중(二重)의 기원–인생의 최고 단계와 최하 단계, 데카당과 원시성, 중립성, 존재의 편파성으로부터 자유로움, 그것이 나를 명시해 주고 있다. 인생의 상승(上昇)과 하강(下降) 징후에 대한 나의 후각은, 이제까지 생존했던 어느 누구보다도 예민하다. 이 영역에서 나야말로 타고난 선생이니, 나는 두 영역에 모두 속하므로, 내가 두 영역을 알고 있다.

THE happiness of my existence, its unique character perhaps, consists in its fatefulness : to speak in a riddle, as my own father I am already dead, as my own mother I still live and grow old. This double origin, taken as it were from the highest and lowest rungs of the ladder of life, at once a decadent and a beginning, this, if anything, explains that neutrality, that freedom from partisanship in regard to the general problem of existence, which perhaps distinguishes me. To the first indications of ascending or of descending life my nostrils are more sensitive than those of any man that has yet lived. In this domain I am a master

---

8) P. Dagen, *Picasso*, MFA Publications, 1972, p.21, 'Harlequin Playing a Violin(1918)'.

9) B. Leal C. Piot M. L. Bernadac, *The Ultimate Picasso*, Harry N. Abrams, 2000, p.303, 'The Body of Minotaur in a Harlequin Costume(1936)' : P. 피카소는 자신을 '싸움소(투우)', '미노토르'로, '광대'로 비유를 확대하였는데 그는 대표적인 니체주의자였다.(제13장 참조)

to my backbone——I know both sides, for I am
both sides.

_ '이 사람을 보라(ECCE HOMO)'[10]

┃구조┃ '어머니 장수(長壽)⇔아버지 요사(夭死)' 동시주의

F. 니체는 아버지 '카를 루트비히 니체(Karl Ludwig Nietzsche, 1813~1849)'를 '최고의 단계'로 상정하고, 어머니 '프란치스카 윌러(Franziska nee Oehler, 1826~1897)'를 '최하의 단계'로 생각하였다. 그것은 물론 F. 니체가 주관적으로 정한 것이다.

뿐만 아니라 F. 니체는 아버지를 '요사(夭死)'의 '데카당(기독교도)'으로 규정하고, 어머니를 그에 대극인 '장수(長壽)'의 '원시(原始)'로 규정하였다. 이것이 F. 니체가 항상 가동(稼動)하고 있는 '양극(兩極, polar reversal)'이니, 그 중앙에 F. 니체는 거(居)한 것이다. F. 니체의 가계(家系) 설명을, C. G. 융 방식으로 기존한 '하도(河圖)'에 대입하면 다음과 같다.

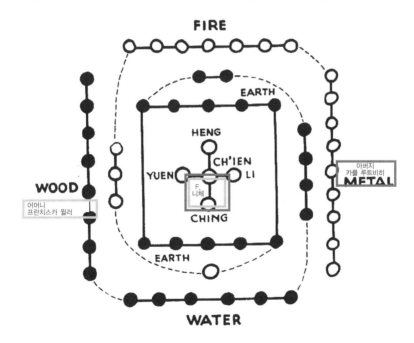

F. 니체 마음속의 '만다라'[11]

---

10) F. Nietzsche(translated by A. M. Ludovici), *ECCE HOMO—Nietzsche's Autobiography*, Ibid., p.9.

11) C. G. Jung, *Mandala Symbolism*, Princeton University Press, 1972, Figure 2 : 백색 원은 '양(yang, 아버지)' 이고, 흑색 원은 '음(yen, 어머니)'이다. 그리고 중앙에 5양이 F. 니체의 위치이다.

위의 F. 니체의 진술로 알 수 있는 바와 같이, 자신의 위치가 '상승(ascending life)', '하강 (descending life)'에 민감하다고 했는데, '상승(-디오니소스)'은 건강한 상태로 전제하고 있고, '하강(-소크라테스)'은 병약(病弱)의 상태로 진단한 것이다. 그리고 F. 니체를 부연하기를 '이(동시주의) 영역에서 나야말로 타고난 선생(In this domain I am a master to my back-bone)'이라고 했는데, F. 니체의 긍지는 '양극성의 제시', '동시주의 활용'이었다. 그것을 자신의 '가계(家系)'에 적용해 보이고, 그러한 '동시주의 활용' 문제에는 자신이 '대장(선생)'이라고 특유의 호기를 보이고 있다.

그리고 그 '선생(master)'이란 자만을 이은 진술에도 역시 주목을 해야 하니, '나는 두 영역에 모두 속하므로, 내가 두 영역을 알고 있다(I know both sides, I am both sides).'란 말이 그것이다. 왜냐하면 F. 니체의 '동시주의' 활용은 그가 관심을 가지고 있는 모든 영역에 체질적으로 '민감'하게 활용하고 있으니, 대표적으로 '욕망의 자유⇔도덕의 억압' 경우도 역시 동시주의를 적용한 것이니, F. 니체의 사고는 거침이 없고, 그 한쪽만의 '일방주의(Unilateralism) 시각'을 고집하다 보면 '틀림없이 낭패(狼狽)'를 당하게 된다.(양극(兩極) 중에 '생명', '욕망'의 우선을 알아야 함)

9-7
'극단(極端)의 대립'과 '극단(極端)의 계승'

> 극단적인 위치들은 그것들의 완화한 것들로 대체되지 않고, 그 정반대의 것으로 계승이 된다.
> -Extreme positions are not succeeded by moderate ones but by extreme positions of the opposite kind.[12]

┃구조┃ '극단적인 위치⇔그 정반대의 것' 동시주의

위에서 F. 니체가 '극단적인 위치들(Extreme positions)'이란 해설을 요한다.

F. 니체가 말한 '극단(極端-Extreme positions)'이란, 과거의 '관념적', '도덕적', '억압적', '내세적', '허무주의'인 것에 대해, 현대의 '구체적', '신체적', '자유적', '현세적', '육체주의'의

---

12) F. Nietzsche(W. Kaufmann & R. J. Hollingdale-translated by), *The Will to Power*, Ibid., p.35[1887년 6월 10일 기록].

대립과 그 양 '극단적인 위치들(Extreme positions)'이다.

　F. 니체가 평생 주장했던 바 '모든 가치의 전도(顚倒-재평가The Transvaluation of all values)'란 과거의 '허무주의'로부터의 '현재 생명 중심주의'로의 전환이 필연적이라는 주장이니, 사실 그것은 지상에 인류가 처음 존재했을 때부터 벌써 존재한 것이나, 그동안 '국가', '도덕', '억압', '관념' 우선주의에 밀려 중요성이 강조되지 못한 것을 F. 니체가 '과학'이라는 새로운 사고방식의 보급으로 드디어 현대의 최고 주요 사상으로 '실존(육체)주의'를 강조하고 그에 따른 불가피한 '동시주의'의 운영 원리를 적용해 '가치의 전도(재평가)' 현상을 설명해 보인 것이다.

R. 마그리트의 '마음이 있는 곳(1960)'[13]

　즉 F. 니체는 거듭 말하기를 '나는 양쪽(욕망의 자유와 억압)을 다 알고 있다.' 그 문제에는 내가 '선생(a master)'이라고 반복해 주장하고 있다.

　R. 마그리트는 '동시주의'를 '제국주의' 반대, '해외 식민지 건설 반대'에 적용하여 '마음이 있는 곳' 같은 작품을 제작했다.

9-8
'최고 고통'과 '최고 희망'

　　무엇이 영웅(英雄)으로 만드는가? 최고의 고통과 최고의 희망을 동시에 직면하는 것.

　　-What makes Heroic?--To face simultaneously one's greatest suffering and one's highest hope.[14]

┃구조┃ '최대의 고통 ⇔ 최고의 희망' 동시주의

---

13) S. Gohr, *Magritte : Attempting the Impossible*, Ibid., p.283, Rene Magritte(1898~1967), 'The Presence of Mind(1948)' : -'天上(새, 陽) ⇔ 水中(물고기, 陰)'의 양극적 동시주의를 기반으로 창조된 작품이다.-R. 마그리트는 '동시주의'를 '제국주의 반대'로 활용하고 있다('물고기-식민지 운영', '매-군대 양성').

14) F. Nietzsche(translated by T. Common), *The Joyful Wisdom*, Ibid., p.209.

F. 니체는 위에서 '동시적(simultaneously)'이라는 용어를 직접 사용하고 있다. 이 '동시주의' 용어가 '현대 예술'과 '사회', '인간 정신'의 정면으로 1916년 취리히 다다는 '선언'을 하였다.(1913년 기욤 아폴리네르(Guilaume Apollinaire, 1880~1918)는 〈입체파 화가들: 미적 명상(The Cubist Painters: Aesthetic Meditations)〉이라는 책에서 '동시주의' 용어를 앞서 사용하였다.[15])

F. 니체는 '최고의 고통과 최고의 희망'이라고 하여 '고통'과 '희망'의 대극(對極)성을 넘어 동시(同時)에 배치하였다. 쉽게 납득할 수 없게 되었지만, 그것은 '탄생을 위한 고통', '창조를 위한 고통'이니, 한마디로 소위 고대 희랍 비극의 본질로 니체가 전제한 '디오니소스'의 형상이다.

디오니소스는 사실 'F. 니체 자신의 형상'으로 이미 전제하고 있으니, 결국은 모든 F. 니체의 저서는 결국 'F. 니체 형상'으로 귀결된다.('3-33. 디오니소스가 인간 사유의 중핵이다.', '4-12. 철학은 그 철학자의 표현이다.', '4-13. '제노바의 건축물'은, 소유와 약탈의 표현이다.')

더욱 구체적인 설명을 해보면 저서 〈즐거운 학문〉은 F. 니체 자신이 1879년 병(病)으로 대학을 사직하고, 병중(病中)인 1882부터 1887년 사이를 가리키니, 신체적인 고통을 '저술의 기쁨'으로 이기고 있다는 자신에 관한 보고(報告)이다. <u>육체의 고통'이 '정신(저술)의 쾌락'으로 바뀌고 있음을 밝힌 것</u>이다. 그래서 F. 니체는 그것을 역시 '디오니소스의 비극', '출산(出産)의 고통'으로 해석을 하였다.

9-9
'모순(矛盾) 의식'은 '적대(敵對) 의식'

　-모순에 관한 능력- 현대는 모순을 견디는 능력이 훌륭한 문화의 지표라는 것을 모든 사람들이 알고 있다. 고상한 사람은 반대편을 길들이고 그것을 발동시켜 이제까지 몰랐던 부분에 대한 어떤 계기를 얻는다는 사실까지 알고 있다. 그러나 모순(矛盾, contradiction)에 관한 능력은 길들여진 전통과 신성한 것에 적대(敵對, hostility)적 의식의 획득이니, 그것은 위에 지목된 능력들 이상의 것이고, 사실상 우리 문화에 위대하고 새롭고 놀라운 것으로 지력을 향상시켰던 발걸음 중의 발걸음임을 누가 알겠는가?

---

15) G. Apollinaire, *The Cubist Painters*: *Aesthetic Meditations*, 1913, George Wittenborn, 1962, p.18.

—Ability to Contradict.——Everyone knows at present that the ability to endure contradiction is a good indication of culture. Some people even know that the higher man courts opposition, and provokes it, so as to get a cue to his hitherto unknown partiality. But the ability to contradict, the attainment of a good conscience in hostility to the accustomed, the traditional and the hallowed,——that is more than both the above-named abilities, and is the really great, new and astonishing thing in our culture, the step of all steps of the emancipated intellect who knows that?[16]

┃구조┃ '모순에 관한 능력⇔전통에 대한 적대 의식' 동시주의

F. 니체가 위에서 '모순(矛盾, contradict)'이라고 지적한 것은 욕망의 '발동'과 '억압'의 문제이다. '전통'과 '신성함'이란 모든 '도덕', '억압', '체계적 훈련'을 지칭한 것인데, 그것을 F. 니체는 '부조리(absurd)'라고 규정하였다.(5-10. 실존(實存)의 심판이 부조리(不條理)이다.)

그러므로 '모순'을 아는 것은 결국 '억압'에 대한 '적대감'을 불러일으킨다는 것, 그것은 역시 새로운 문화에 향한 '발걸음'이 된다는 진술이다. 그러므로 위의 진술은 '차라투스트라(니체)'가 '모든 가치의 전도(顚倒-재평가The Transvaluation-Revaluation of all values)'를 주장하는 그 근본 작동 지점을 명시한 것이다.

위에서 '고상한 사람은 반대편을 길들이다(the higher man courts opposition)'에서 '반대편'이란 '억압의 대상' 즉 '욕망'을 지칭하는 것이니, 그것은 달리 말하여 '디오니소스 의식'이다. 그러므로 사실 F. 니체의 기본 취지는, '욕망(생명-힘에의 의지)의 활용'에 모든 논의의 초점을 모으고 있다.

9-10
'지옥의 문'이 '천국으로의 길'

우리에 대한 자선(慈善)이, 우리의 적(敵)들보다 우리의 가치와 가치를 더욱 저하(低下)시킨다. 불행한 사람들에게 행해지는 지적 경박(知的 輕薄)함에 충격적인 점이 있다. 그는 나와 당신이 불행이라 부르는 내적 결과와 연관성에 대해 전혀 모르고 있다……. 자선(慈善)을 행하는 자는

---

16) F. Nietzsche(translated by T. Common), *The Joyful Wisdom*, Ibid., p.232.

'한 개인의 불행에 대한 필요성'에 대한 고려가 없다. 공포, 결핍, 가난, 한밤의 응시, 모험, 위험, 실수는 너와 나의 반대편, 비유로 말하면 우리의 천국으로 가는 길에 반드시 통과해야 할 지옥(地獄)의 요염(妖艶)한 관문(關門)이라는 사실이다.

　-our "benefactors" lower our value and volition more than our enemies. In most benefits which are conferred on the unfortunate there is something shocking in the intellectual levity with which the compassionate person plays the role of fate : he knows nothing of all the inner consequences and complications which are called misfortune for me or for you!……. He wishes to succour and does not reflect that there is a personal necessity for misfortune; that terror, want, impoverishment, midnight watches, adventures, hazards and mistakes are as necessary to me and to you as their opposites, yea, that, to speak mystically, the path to one's own heaven always leads through the voluptuousness of one's own hell.[17]

┃구조┃ '지옥 ⇔ 천국' 동시주의

'젊은 날의 해명(1936~7)'[18]

　F. 니체는 역사적으로 어떤 다른 사람보다 스스로의 경우(實存)를 많이 드러낸 글쓰기를 행하였다.

　위의 진술도 '분별 있는 존재', '생명(慾望)을 운영할 능력(制御力) 있는 자'에게 행한 충고이니, 명백히 '주인(master) 정신'의 소유자에게 F. 니체가 행한 충정(衷情)의 충고이다.

　즉 스스로의 밀어닥친 '불행(-공포, 결핍, 가난, 한밤의 응시, 모험, 위험, 실수)'은 단순히 다른 사람들의 '자선(benefactors)'으로 모면할 사항은 절대 아니고, 그 주체가 스스로 도전 극복하여 스스로 승리를 쟁취해야 함을 강조한 것이니, 이것이 이른바 '디오니소스적 성취'의 요구가 그것이다.

---

17) Ibid., pp.265~6.

18) D. Sylvester, *Rene Magritte*, Manil Foundation, 1994, Fig.1126 'Youth Illustrated(1936~7)' : 멀리 '안락의 자', '자전거', '지시 판', '나팔(튜바)', '당구대', '사자(獅子)', '토르소', '술통'이 길을 따라 제시되었다. F. 니체의 위의 권고는 특히 '젊은 사자' 시기의 정신에 충고한 것으로 유념을 해야 할 사항이다.

F. 니체식으로 그것을 부연 설명하면, '불행'은 그 자체가 바로 '행복', '희망'의 징조이니, 그것을 불필요한 주위의 '고식적 무마(姑息的 撫摩-慈善)'로 덮어 갈 일이 전혀 아니라는 점이다. 불행에 직면은 '(現實的) 주체'가 '천국'으로 향하는 필수의 관문에 직면한 것으로, 거침없는 투쟁을 강행함이 바로 '최고의 기쁨'에 도달하는 방법이라는 것이 '차라투스트라(디오니소스)'의 말씀이다.

이것이 소위 '양극적 동시주의(모순)' 속에 'F. 니체의 생명 중심주의 선택, 투쟁'의 방향 결정이니, 이것이 바로 1916년 취리히 다다의 '동시주의' 강령 '자살⇔혁명'의 동시주의 속에 공통으로 전제된 '다다 혁명 운동', 그 '사회 개혁'의 방향의 명시 그것이었다.

위의 그림은 R.마그리트의 '젊은 날'이라는 작품이다. F. 니체의 위의 충고는, '젊은 사자들'을 향한 충고이다.

9-11

'실존(實存)'주의와 '신의 죽음'

요즈음 가장 중요한 사건은 "신은 죽었다."는 것이다. 그 기독교 신에 대한 신앙은 가질 필요가 없게 되었고, 유럽에 처음 이미 그 그림자를 보이기 시작하였다.

-The most important of more recent events-that "God is dead," that the belief in the Christian God has become unworthy of belief-already begins to cast its first shadows over Europe.[19]

│구조│ '신은 죽었다 ⇔ 실존주의' 동시주의

F. 니체는 〈누이와 나〉에서 '5-33. 〈성서〉는 내 '어린 시절의 책'이라고 밝히며 '5-34. 나의 어린 시절은 '기독교'에 속았다.'라고 말하였다. 당초 철저한 '신앙의 요구'가 역시 '철저한 불신'을 낳은 결과이다. 그리고 나아가 '8-24. '하나님이 살아 계시면 교수 니체일 것이다.'라고 했는데, 이는 앞서 확인했던 바 '요한복음'에 제시된 예수의 말을 패러디한 것이다. '천국(저 세상)'을 역설한 예수에 대해, '실존적 현재'를 기준으로 한 F. 니체의 확신에 기초한 것이다.

---

19) F. Nietzsche(translated by T. Common), *The Joyful Wisdom*, Ibid., p.275.

'신의 사망'은 F. 니체의 가장 큰 화두(話頭)이니, 그것은 '실존(육체)주의' 출현, '차라투스트라', '디오니소스', 'F. 니체의 출현'을 말한다.

영국의 극작가 버나드 쇼(G. Bernard Shaw, 1856~1950)는 강력한 F. 니체 지지자였는데, 그는 자신의 저작 〈인간(凡人)과 초인(超人)〉에 '천당', '지옥'을 말한 단테와 밀턴을 "천하에 두 큰 바보(two of the greatest fools that ever lived)"[20]라고 조롱을 하였다.(제13장 참조)

9-12
'파괴자'가 '창조자'다.

착하고 바른 사람을 보라! 그들은 누구를 가장 싫어하는가? 그들의 가치와 법의 파괴자이다. 그러나 그는 창조자이다.

신앙을 지닌 사람들을 보라! 그들은 누구를 가장 싫어하는가? 그들의 가치와 법의 파괴자이다. 그러나 그는 창조자이다.

−Behold the good and just! Whom do they hate most? Him who breaketh up their tables of values, the breaker, the law−breaker :−−he, however, is the creator.

Behold the believers of all beliefs! Whom do they hate most? Him who breaketh up their tables of values, the breaker, the law−breaker :−−he, however, is the creator.[21]

┃구조┃ '파괴자 ⇔ 창조자' 동시주의

F. 니체(超人)의 '반종교적 태도'의 명시이다. '파괴자(breaker)', '창조자(creator)'란 누구인가? F. 니체 자신의 규정이다. '차라투스트라', '디오니소스'에 대한 부연 설명이다. '착하고 바른 사람(the good and just)', '신앙을 지닌 사람(the believers of all beliefs)'이란 '전통적 가치관'에 따라 사는 사람들인데, F. 니체는 그들을 향해 '모든 가치의 전도(顚倒−The Transvaluation of all values)' 필요성을 역설하고 있다.

---

20) Bernard Show, *Man and Superman*, Holt Rinehart and Winston, 1956, p.307.

21) F. Nietzsche(W. Kaufmann & R. J. Hollingdale−translated by), *The Will to Power*, Ibid., p.20.

9-13
'영혼'은 '육체'의 일부다.

아이는 말했다. '나는 육체이고 영혼이다.' 그런데 사람들은 왜 아이처럼 말하지 못하는가? 그러나 깨달은 자는 말한다. '나는 육체일 뿐이다. 그 이상은 없다. 영혼은 육체 내부에 있는 어떤 것의 명칭일 뿐이다.' 육체는 어떤 거대한 현명함이고 한 감각의 복합체이고, 전쟁과 평화이고, 양떼이며 목자이다. 형제여 그대의 작은 현명도 그대 몸의 한 도구일 뿐이고 '영혼'이라 부르는 것도 거대한 현명의 놀음 한 작은 도구일 뿐이다.

–"Body am I, and soul"–-so saith the child. And why should one not speak like children? But the awakened one, the knowing one, saith : "Body am I entirely, and nothing more and soul is only the name of something in the body." The body is a big sagacity, a plurality with one sense, a war and a peace, a flock and a shepherd. An instrument of thy body is also thy little sagacity, my brother, which thou callest "spirit" – a little instrument and plaything of thy big sagacity.[22]

┃구조┃ '육체⇔어떤 거대한 현명', '육체⇔양떼이며 목자', '육체⇔전쟁과 평화' 동시주의

F. 니체의 '실존(육체)'주의는 이처럼 거듭거듭 강조되었다. 이것은 '영혼', '정신'을 강조한 예수나, 플라톤(소크라테스)과는 대립적인 위치로 F. 니체가 가장 확실히 했던 부분이다.

현대인은 각자의 '신앙'과 '사상'을 지니고 있으나, '실존(육체)'에 이상(異常)이 생기면 바로 누구나 만사(萬事)를 젖혀 놓고 '병원'에 입원을 하고, 이상(異常)이 있을 때는 '실존(육체) 요구'를 먼저 수용하고 그 다음 다른 일을 행한다.

이러한 형편이니 '실존(육체, 욕망)'주의를 누가 부정할 것인가. '실존'주의를 부정하고 있는 사람도 '실존'을 사실상 존중하고 있으니, F. 니체는 그것을 '6-23. 철학은 '뻔뻔한 자기기만(自己欺瞞)'이다.'라고 호통을 쳤다.

---

22) F. Nietzsche(translated by R. J. Hollingdale), *Thus Spoke Zarathustra: A Book for All and For None*, Ibid., pp. 35~6.

9-14
'도덕(자비)'과 '살생'

자비(慈悲)로운 손으로 죽이는 것을 보지 못하면, 인생을 보는 데 주의 깊지 못한 것이다.
　-One has regarded life carelessly, if one has failed to see the hand that kills with leniency.[23]

Ⅰ구조Ⅰ '자비로움⇔죽임' 동시주의

　F. 니체는, 기존의 '종교'와 '철학'의 근본이 '허무주의(nihilism)', '염세주의(pessimism)', '퇴폐주의(decadent)'라 규정하였다.('5-2. 기독교는 '허무주의'다.', '5-3. 사제(司祭)는 '금욕의 데카당'이다.', '6-1. 소크라테스는 염세주의자다.', '6-13. '목사'가 철학의 아버지이고, '개신교'가 철학의 '원죄'다.')

　그러므로 종교가, 철학도가 앞으로는 '(도덕의)자비로움'을 강조하나, 사실은 다른 한편으로 (현재의) 생명을 부정('허무주의' 강조)하고 있다는 F. 니체의 주장을 위의 '동시주의'는 마련되었다.

　'차라투스트라(F. 니체)'의 '주체'로서 시각의 강조이니, 그것이 오늘날 시민 사회의 현대인의 독자적(獨自的)인 시각, 그것이 된 것이다.

9-15
사회적 '책임'과 개인의 '권리'

책임(responsibility)의 유래에 대한 역사는 길다. 약속을 할 수 있는 동물을 기르는 일은, 우리가 알고 있는 것처럼, 그 조건과 준비로 어느 정도까지는 인간을 필연적이고 같은 모양으로 규칙적이고 예측할 수 있는 동물로 일차적으로 만드는 임무를 포함하고 있다……. 인간은 도덕과 사회적 규제로 예측할 수 있게 되었다.

이에 반해 거대한 종점, 나무에 열매를 잘 익게 함에서 사회 풍속의 윤리란 그것에 이르는 수단에 불과하고, 나무에 잘 익은 열매에서 우리는 주권적 개인(sovereign individual)을 알게 된다…….

---

23) F. Nietzsche(translated by T. Common), *Beyond Good and Evil*, Ibid., p.86.

　－This is simply the long history of the origin of responsibility. That task of breeding an animal which can make promises, includes, as we have already grasped, as its condition and preliminary, the more immediate task of first making man to a certain extent, necessitated, uniform, like among his like, regular, and consequently calculable‥‥‥ : man, with the help of the morality of customs and of social strait—waistcoats, was made genuinely calculable.

　If, however, we place ourselves at the end of this colossal process, at the point where the tree finally matures its fruits, when society and its morality of custom finally bring to light that to which it was only the means, then do we find as the ripest fruit on its tree the sovereign individual, ….[24]

| 구조 | '사회적 책임(responsibility) ⇔ 개인의 주권(sovereignty)' 동시주의

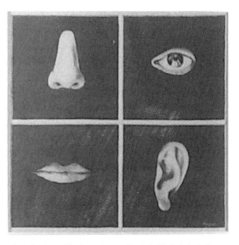

F. 니체는 위에서 사회적 '책임'과 개인적 '주권'을 동시에 고려하였다. 그리고 개인의 성취에 사회적 책임은 기본적 틀을 제공하는 수단으로 규정하였다. 당연한 규정이다.

그런데 18~9세기 과학과 기계 문명의 발달로, 국가 간의 거리는 가까워지고, '책임'의 문제는 '국가 대 국가'로까지 문제가 되게 되었다.

즉 국가와 국가 경우의 경우는 예외 없이 '약육강식(弱肉強食)' 그대로 적용되었는데, 다다이스트는 제일 먼저 그것을 '물고기들의 전쟁'으로 규정하였다.

'백인종(1937)'[25] －제국주의 전략가(거짓말쟁이)들

F. 니체는 법의 테두리 안에서 '주권'을 강조했음에 대해, 다다이스트는 '지구촌(The Global Village)'에서 각국의 '책임'을 들고 나온 것이다.

R. 마그리트는 식민지 개발에 열을 내는 '제국주의자 백인들'의 '눈', '코', '귀', '입'이 각각 달리 분리된 인간(거짓말쟁이)으로 규정한 풍자화를 그렸다.

---

24) F. Nietzsche(translated by H. B. Samuel), *On the Genealogy of Morality*, T. N. Faulis, 1913, p.63.

25) D. Sylvester, *Rene Magritte*, Manil Foundation, 1994, Fig.1130 'The White Race(1937)'.

9-16
'채무자', '채권자'

인간 긴 역사 속에 형벌(punishment)은 악행에 대한 책임으로 주어진 것은 오직 죄(guilty)는 마땅히 응징을 받아야 한다는 데에 기초한 것이 아니라, 반대로 오늘날 부모가 아동을 벌주는 식의 기계적으로 '가해자에 대한 분노(anger)'에서이다. 그러나 분노는, 모든 상처(傷處)는 어디에서나 가해자(the author of the injury)에게 사실상 등가(等價)의 고통을 줄 수 있다는 관념으로 변용이 되었다. 이로부터 가해와 고통의 등식 관념, 그리고 지금 잘라낼 수 없는 뿌리 깊은 고대인의 관념이 나온 것이 아닐까? 나는 이미 채권자 채무자의 계약 관계로 그 기원을 밝혔다. 그것은 법적 권한처럼 오래된 것으로 구입, 판매, 문물교환, 통상에 적용된 관점이다.

—Throughout the longest period of human history punishment was never based on the responsibility of the evil-doer for his action, and was consequently not based on the hypothesis that only the guilty should be punished ――on the contrary, punishment was inflicted in those days for the same reason that parents punish their children even nowadays, out of anger at an injury that they have suffered, an anger which vents itself mechanically on the author of the injury― but this anger is kept in bounds and modified through the idea that every injury has somewhere or other its equivalent price, and can really be paid off, even though it be by means of pain to the author. Whence is it that this ancient deep rooted and now perhaps ineradicable idea has drawn its strength, this idea of an equivalency between injury and pain? I have already revealed its origin, in the contractual relationship between creditor and ower, that is as old as the existence of legal rights at all, and in its turn points back to the primary forms of purchase, sale, barter, and trade.[26]

┃구조┃ '채권자 ⇔ 채무자' 동시주의

F. 니체가 사회적으로 일반화된 '채권자(creditor)', '채무자(ower)' 문제를 부모와 자녀 문제로 소급한 것은 S. 프로이트 분석(〈꿈의 해석〉, 1900)보다 최소한 13년 전(〈도덕의 계보〉, 1887)에 명시한 것이다.

F. 니체의 '채권자(creditor) ⇔ 채무자(ower)'의 동시주의는 앞서 살핀 바 '약속할 수 있는

---

26) F. Nietzsche(translated by H. B. Samuel), *On the Genealogy of Morality*, Ibid., pp.69~70.

동물⇔믿을 수 없는 동물' 동시주의, '이행할 수 있는 채무⇔이행할 수 없는 채무' 동시주의
가 그것이다.

1916년 취리히 다다는 종래의 '필연적 관계 강조'에, '우연(chance, spontaneity)'을 강조
했는데, F. 니체는 그들에 앞서 '5-8. '인과(因果)론'은 허구(虛構)다.', '5-9. 결과와 원인을
혼동하는 인과(因果)론' 주장하여 '종속(從屬)의 필연성'을 부정하였다. 그리고 F. 니체는
'3-20. '실존(實存)'은 목표와 목적이 없다.'고 함으로써 '채무 의식'의 무용(無用)함을 확실히
하였다('실존(생명) 최우선').

9-17
'돈키호테' 출현에 '고통'을 느꼈던 니체

독자는 궁중에서 공작부인의 돈키호테 독서를 생각할 수 있을 것이다. 우리가 돈키호테를 읽어보
면 작자와 동시대인을 매우 이상하고 거의 쓰디쓴 고통스러운 감정을 가지고 읽게 된다. 그들은
세상에서 가장 명랑한 책으로 읽었고, 그것이 우스워 죽을 지경이었다.

–The reader will perhaps remember Don Quixote at the court of the Duchess: we read
nowadays the whole of Don Quixote with a bitter taste in the mouth, almost with a
sensation of torture, a fact which would appear very strange and very incomprehensible
to the author and his contemporaries--they read it with the best conscience in the world
as the gayest of books; they almost died with laughing at it.[27]

┃구조┃ '니체⇔공작부인', '쓰디쓴 맛⇔명랑한 책' 동시주의

F. 니체는 스스로가 심리적(잠정적)으로 '중세(中世) 기사(騎士)'의 위치에 있었다. 그러므
로 '쓰디쓴 맛(a bitter taste)'을 체험하였다는 것이다. F. 니체에게 그 '쓰디쓴 맛(a bitter
taste)'을 제공했던 것은 시대에 뒤떨어진 '기사(騎士) 정신'에 F. 니체가 크게 함몰되어 있음
을 증명하고 있다.

세르반테스(Cervantes, 1547~1616)는 명백히 '웃기는 기사(騎士)'로 조롱하며 〈돈키호테〉
를 제작했는데, 세르반테스보다 300년 후에 살았던 F. 니체가 오히려 '기사 공상(the fantasy

---

27) Ibid., p.74.

of knight)'에 빠져 있었다. 그러기에 F. 니체는 '쓰디쓴 맛(a bitter taste)'을 체험했던 것이다.

그러나 이에 명시되어야 할 점은 F. 니체는 '동시주의 운영'의 주체이고, '8-10. 내 교육에 '중단'은 없다.'고 자부했던 자기 개혁의 혁명가라는 사실이다.('제국주의' 불분명한 점은 〈이 사람을 보라〉에서 완전히 극복이 되었다.)

'세르반테스(Cervantes, 1547~1616)', '돈키호테(Don Quixote, 1853)', S. 달리의 '위험에 대항하는 싸움(1956~7)'[28]

9-18
태초부터 행해진 '가치 평가'

아마 '인간'이란 단어는 역시 긍지로 어떤 것을 표현하고 있다. 즉 인간은 값을 측정하고 값을 매기고 탁월하게 '평가를 행하는' 동물로서 자신을 드러낸다. 팔고 사는 심리적 부속물과 더불어 팔고 사는 것은 사회적 구성과 통합의 기원보다 더 오래된 것이다. 사회 조직은 소박한 개인의 권리에서 연유한 것으로, 자(尺)로 재고 계산하는 것과 더불어 힘과 힘을 비교하는 버릇인 교환, 상업, 부채, 권리, 증여, 배상의 의식이 처음 가장 소박한 사회적 복합물 기본 요소(유사 복합물의 관계)로 바뀐 것이다.

–Perhaps our word "Mensch" (manas) still expresses just something of this self-pride: man denoted himself as the being who measures values, who values and measures, as the "assessing" animal par excellence. Sale and purchase, together with their psycho-

---

28) R. Michler & W. Loepsinger(edited by), *Salvador Dali : Catalogue Raisonne of Etchings, Prints Ⅱ*, Prestel, 1995, p.97, 'The Fight against Danger(1956~7)' : S. 달리는 '핵전쟁 반대'를 외치는 기수로 S. 달리의 '돈키호테'를 그려 '다다 혁명 정신'을 계승하였다.

logical concomitants, are older than the origins of any form of social organisation and union: it is rather from the most rudimentary form of individual right that the budding consciousness of exchange, commerce, debt, right, obligation, compensation was first transferred to the rudest and most elementary of the social complexes(in their relation to similar complexes), the habit of comparing force with force, together with that of measuring, of calculating.[29]

┃구조┃ '평가하는 동물⇔사회적 동물' 동시주의

F. 니체의 주요 관심인 '가치 평가'는, 태초(太初)에서부터 행해졌다. 그것은 '생명 중심', '현세 중심', '평가자 중심'이었다는 설명이다.

그러던 것이 중간에 그 가치 개념이, <u>종교와 철학에 의해 왜곡(歪曲)되어</u> F. 니체 단계, 즉 '가치 기준이 상실 단계'까지 오게 되었다는 설명이다.

그러므로 F. 니체는, '허무주의', '염세주의', '퇴폐주의'를 척결하고 바른 가치관을 확립하는 것이 바로 각자 자신들의 일이라는 것이다.

이 '자유', '자주권'의 확인 문제는 1916년 취리히 다다의 기본 전제였으니, 그 기원은 역시 F. 니체의 사고(思考)로, 종속(從屬)을 부정하는 '자유' 정신의 발동이 그것이다.

9-19
'옳은 것'과 '그른 것'

이러한 측면에서 '옳다', '그르다'는, 법(法, law)이 정해진 다음에 명시된다.

-on this principle "right" and "wrong" first manifest themselves after the foundation of law.[30]

┃구조┃ '시(是)와 비(非)⇔법' 동시주의

F. 니체는 '죄'와 '잘못'의 문제에 그 기원(起源)을 생각했다. 기준(법-law)이 마련된 다음에 그것을 표준으로 옳고 그른 것이 알게 되었다는 사실이 그것이다.

---

29) F. Nietzsche(translated by H. B. Samuel), *On the Genealogy of Morality*, Ibid., p.80.
30) Ibid., p.88.

그런데 기존의 가치 평가 기준은 '염세주의', '허무주의', '퇴폐주의' 철학자(플라톤) 종교 교주(예수)가 주도하여 그 '기준(법)'을 마련하여 '상승적 인생(ascending life)'보다는 '하강적 인생(descending life)'에다가 기준을 세웠다는 F. 니체의 주장이다.('3-37. '생의 부정'은 바보짓이다.', '4-17. 철학과 종교는 병들어 있다.')

9-20
니체의 '제국주의(Imperialism)'론

　나는 '국가(State)'라는 용어를 사용하였다. '국가'는 금발의 맹수 떼('최초의 유럽 제국주의자들-譯者 註'), 아직 유목민 형태로 국가의 형태는 없으나, 전투적으로 조직이 되어 있고, 주민에게 무서운 발톱을 행사하는, 수로도 우세한 조직화된 힘을 지닌 정복 지배 족을 의미한다는 것은 자명하다. 이것이 '국가'의 기원이다……. 정복자들은 계산이 소용없고 정복자는 운명처럼 오고, 원인 이유 알아차림 변명도 없이 빛이 그러하듯 개인적으로 싫어하기에는 너무도 무섭고 빠르고 확신에 차고 신속하고 다르게 존재한다. 정복자들의 작업은 본능적 창조이고 인상적 형태이다. 그들은 자의적 무의식적 예술가들이다. 정복자들의 출현은 살아 있는 지배 체계를 낳고 그 속에서 부분과 위치가 정해지지만, 무엇보다 부분이 전체에 의미를 지닐 때까지는 어떠한 자리도 없다. 그들은 죄 책임 배려를 모르며, 그들은 타고난 조직들이다. 정복자들은 무서운 이기주의가 지배하고 그것은 청동처럼 빛을 내며 어머니가 어린애에게 그러하듯 이기주의는 그 작용 속에 영원히 정당화됨을 알고 있다.

　-I used the word "State"; my meaning is self-evident, namely, a herd of blonde beasts of prey, a race of conquerors and masters, which with all its warlike organisation and all its organising power pounces with its terrible claws en a population, in numbers pos-sibly tremendously superior, but as yet formless, as yet nomad. Such is the origin of the "State."…… Such beings defy calculation, they come like fate, without cause, reason, notice, excuse, they are there as the lightning is there, too terrible, too sudden, too convincing, too "different," to be personally even hated. Their work is an instinctive creating and impressing of forms, they are the most involuntary, unconscious artists that there are:- their appearance produces instantaneously a scheme of sovereignty which is live, in which the functions are partitioned and apportioned, in which above all no part is received or finds a place, until pregnant with a "meaning" in regard to the whole. They are ignorant of the meaning of guilt, responsibility, consideration, are these born organisers; in them predominates that terrible artist-egoism, that gleams like brass, and that knows itself justified to all eternity, in its work, even as a mother in her child.[31]

┃구조┃ '정복 족⇔무서운 이기주의 예술가' 동시주의

과거의 인류 문화는 문자 그대로 '제국주의' 일색이었다. 위에서 F. 니체는 자신의 상상력을 곁들여 '제국(帝國) 성립'을 설명하였고, 그것을 다시 '정복 족(a race of conquerors)', '무서운 이기주의 예술가(terrible artist-egoism)'와 등식으로 연결하며 자신의 '제국주의'론을 펼치고 있다.

즉 F. 니체는 '생명 긍정'이라는 다다이스트의 최고 명제를 제공하고 '현세주의', '동시주의'에다 '반제국주의' 명제까지 확실히 제공하였으나, 다른 한편으로 '귀족 영웅주의'가 아직 덜 정리되었음을 위의 구절은 보여주고 있다. '다다 초현실주의의 등장'은 F. 니체의 귀족주의 사상을 폐기 처분하고, '평등(equality, impartiality)' 원칙을 더욱 확실히 했던 점이 그와 구분된 특징이었다.

그러나 인간은 날 때부터 '제국주의자'로서 '귀족 정신(나르시시즘)'을 소유하고 있다는 사실을 F. 니체처럼 확실하게 한 사람이 없다는 측면에서 F. 니체의 말은 '주장'이 아니라 '설명'임을 다시 한 번 명심을 해야 한다.

R. 마그리트는 모든 '인간이 제국주의자 태어남'을 작품 '골콩드(1953)'로 명시해 주었다.

'골콩드-겨울비(1953)'[32], '골콩드-겨울비(1953)'[33]

---

31) Ibid., pp.103~4 ; F. 니체의 이 진술은, 볼테르가 그의 〈역사 철학〉에서 지적한 '로마는 칠산(七山)의 원래 강도(强盜) 집단이었다.'고 밝힌 바와 같은, '약탈 정복의 시대'를 긍정하는 과거의 歷史觀이다(Voltaire, *The Best Known Works of Voltaire*, The Book League, 1940, pp.363~4, 'XXVII. Of the Romans, Their Empire, Religion and Toleration').

9-21

F. 니체의 '여성'론

너무 오랜 동안 여성(woman) 속에는, 노예와 독재자가 숨어 있었다. 그러기에 여성에겐 우정은 없다. 그는 사랑을 알 뿐이다. 그녀가 사랑하지 않은 모두에게는 불법이고 맹목이다. 여성의 양심(의식)적 사랑에까지도 항상 거기에는 놀람과 번개와 밤이 빛과 함께 존재한다. 아직 여성은 우정을 유지할 수 없다. 여성은 고양이 새일 뿐이다. 잘해야 암소이다. 여성은 우정을 유지할 수 없다.

−Far too long hath there been a slave and a tyrant concealed in woman. On that account woman is not yet capable of friendship : she knoweth only love. In woman's love there is injustice and blindness to all she doth not love. And even in woman's conscious love, there is still always surprise and lightning and night, along with the light. As yet woman is not capable of friendship: women are still cats, and birds. Or at the best, cows. As yet woman is not capable of friendship.[34]

┃구조┃ '여성 ⇔ 독재자, 노예, 고양이, 참새', 암소' 동시주의

'무식한 요정(1956)'[35]

위에서 F. 니체가 제시한 '여성'상을 서술로만 이해하려 하면 불가능이다. 그러나 F. 니체의 '연보'와 〈누이와 나〉를 참조하면 추상적인 비유만은 결코 아니다.

F. 니체의 '여성' 규정에서 주목해야 할 대목은 '독재자, 노예(a slave and a tyrant)', '불법, 맹목(injustice and blindness)', '번개와 밤(lightning and night)', '고양이(cat)', '참새(bird)', '암소(cow)'라는 비유다. 이 비유는 한마디로 F. 니체의 어머니 프란치스카와 누이 엘리자베트에 대한 비유이다. 왜냐하면 세상의 여성은 많지만, 대체로 남성의 '여성 론'은 자신이 체험한 여성, 즉 자신의 '아니마(anima)'론이 주류를 이루게 마련이기 때문이다.

---

32) P. Gimferrer, *Magritte*, Academy Edition, 1987, Fig.78 'Golconde(1953)'.

33) Ibid., Fig.79 'Golconde(1953)'.

34) F. Nietzsche(translated by R. J. Hollingdale), *Thus Spoke Zarathustra*, Ibid., p.65.

35) J. Meuris, *Rene Magritte*, Ibid., p.93, 'The Ignorant Fairy(1956)' : 마그리트는 '커튼−귀족주의', '쇠공−폭탄' 로고를 '제국주의 독재자'상으로 여성을 제시하였다.

F. 니체와 생각을 많이 같이했던 R. 마그리트는 '제국주의 독재자'상의 여성으로 '무식한 요정(The Ignorant Fairy)'을 그렸다.

9-22

반복되는 '전형적(영웅주의) 체험'

개성을 지닌 사람은 항상 그것의 반복되는 전형적 체험도 하게 된다.

-If a man has character, he has also his typical experience, which always recurs.[36]

┃구조┃ '개성 ⇔ 전형적 체험' 동시주의

F. 니체의 '개성을 지닌 사람(a man has character)'이란 '역사를 주도했던 영웅'을 말하고, '그것의 반복되는 전형적 체험(his typical experience, which always recurs)'이란 그 '영웅주의의 지속'을 지칭한 말이다.

이것도 F. 니체의 '귀족 영웅주의 의식'을 드러낸 말로, '제국주의', '전쟁 영웅'과 관련된 말이다. '차라투스트라', '디오니소스'의 의미도 역시 동행하고 있다.

그뿐만 아니라 '영원회귀'론도 역시 그 속에 작용하고 있으니, F. 니체의 말은 상당히 방대한 분량을 지니고 있지만, 상호 연동이 되어 유기적으로 연결되었음을 알 수 있다.

9-23

'욕망(생명) 우선의 절대 의지'

길들이는 도덕과 길러내는 도덕은 상부상조하고 있는 수단들이다. 도덕을 세우기 위해 그와 반대되는 절대 의지의 소유를 지고의 원리(the supreme principle)로 세워야 한다. 이것이 가장 오래 탐구한 인류 '개선자들'의 심리학(psychology)의 크고 오묘한 문제이다.

-The moral of the morality of taming and breeding are the means to assert themselves, entirely worthy of each other: we must stand up as the supreme principle that in order to make morality, you have the absolute will to the contrary must. This is the big, uncanny

---

36) F. Nietzsche(translated by H. B. Samuel), *On the Genealogy of Morality*, Ibid., p.86.

(unheimliche) problem, which I have followed the longest: the psychology of the "improvers" of mankind.[37]

| 구조 | '도덕⇔그 반대의 절대 의지(the absolute will)' 동시주의

위의 발언은 F. 니체 고유의 '동시주의' 비밀을 공개한 것으로 주목을 요한다. 위의 발언은 '도덕⇔반도덕(절대 의지)'로 요약되는데, '절대 의지'란 '초 법률', '초 도덕'의 디오니소스 정신 발동을 말한 것이니, 역시 '차라투스트라'의 '모든 가치의 재평가 의지'이다.

위에서 F. 니체는, '심리학(psychology)'이란 용어를 사용하고 있는데, F. 니체의 경우는 현대 정신 분석의 대가로 알려진 S. 프로이트, C. G. 융, E. 노이만, J. 라캉의 정확한 선배라는 점은 무엇보다 주의를 요하는 점이다.(제13장 참조)

F. 니체는 일부 저서에서 '귀족주의', '영웅주의', '경쟁(전쟁)'을 당연시하는 '자기도취의 성향'을 노출했으나, '현대의 인문 사회학'은 바로 F. 니체를 제외하고 새로 시작된 바가 없다.

9-24
'니체⇔도스토예프스키' 동시주의

범죄자와 그에 관련된 것, 범죄자 유형은 불우한 환경에서 강한 사람, 강한 사람이 병든 경우이다……. 그 문제에 대해 도스토예프스키 증언이 필요하다. 도스토예프스키는 내가 배운 유일한 심리학자다. 내가 스탕달에게서 배운 것보다 내 생애에 가장 큰 행운이었다.

-The criminal and what is related to him. - The criminal type is the type of the strong man under unfavorable conditions, ill-made one strong person……For the problem considered here is the testimony Dostoyevsky's relevant - Dostoyevsky's, the only psychologist, incidentally, which I had to learn something: he is among the most fortunate circumstances of my life, more even than the discovery of Stendhal's.[38]

| 구조 | '범죄자⇔강한 사람, 병든 사람' 동시주의

---

37) F. Nietzsche(translated by D. F. Ferrer), *Twilight of the Idols*, Ibid., p.35.
38) Ibid., pp.68~9.

F. 니체는 러시아의 도스토예프스키(F. M. Dostoevsky, 1821~1881)에 대해 많은 관심을 보였다. 위에서 F. 니체가 서술한 '병든 사람(ill-made one)', '범죄자(The criminal)', '불우한 환경의 사람(the man under unfavorable conditions)'이란 모두 도스토예프스키를 지칭한 말이다. 도스토예프스키는 〈죄와 벌〉〈악령〉〈카라마조프 형제들〉 등의 대작을 남겼는데, 모두 자신의 인격 세계관이 크게 주입된 작품이다.

F. 니체는 〈누이와 나〉에서도 '도스토예프스키⇔니체' 동시주의를 전제하였다.(8-28. '생명'은 신성하다.)

F. 니체와 도스토예프스키는, 최고의 신과 동등한 자세를 보였던 차라투스트라와 '범죄자', '악령', '살인자', '벌레'와의 대극적 양상이었다. 그러나 '동시주의'에서 하나의 극단의 명시라는 점에서 완전 공통이고, 그것은 엄연히, 그리고 항상 그 반대편의 상과 대극을 이루고 있다는 점에서 F. 니체의 사고와 도스토예프스키의 사고는 완전 공통이다('실존적 동시주의 운용'이라는 점에서).

도스토예프스키
(Dostoyevsky, 1821~1881)

9-25
〈주역(周易)〉을 읽었던 니체

> 중국인(B.C.1100년에 간행된 〈周易-The Book of Permutation〉)은, 수를 홀수와 짝수로 나누고, 산수(算數)를 더욱 탐구해야 할 음양(陰陽, sex)으로 해석을 하였다.
>
> The Chinese who (in *The Book of Permutations* published about 1100 B.C.) divided numbers into even and odd, brought into arithmetic an element of sex which is yet to be elaborated on
>
> _ '누이와 나'[39]

| 구조 | '짝수, 홀수⇔남여(陰陽)' 동시주의

F. 니체의 '영원회귀'론은 중국의 〈주역〉이나, 불교의 '만다라(mandala)'와 동일한 것이라는 것은 C. G. 융의 소론으로 명백히 된 사항이다. 그러나 F. 니체의 경우는 중국과 인도, 이집

---

39) F. Nietzsche(translated by Oscar Levy), *My Sister and I*, Ibid., p.37.

트 문명을 비웃고 있는 상태였으므로 특별히 거기에서 배워(학습을 통해) 도달했다고는 말할 수 없고 '인간의 보편적 체험(만다라 체험)'을 통해 자신의 논리로 정착한 것이라고 해야 할 것이다.

위에서도 확인할 수 있는 바, F. 니체가 기원전 1100년에 이루어진 책으로 숫자를 '음양(陰陽, sex)'으로 해석한 책은 〈주역〉밖에 없다. 어느 겨를에 F. 니체가 〈주역〉을 다 이해하려 했겠는가.('〈中庸〉'을 읽었던 니체(?)'- 5-36. '기독교'는 원한(怨恨)의 종교다.)

F. 니체가 가장 즐겨 행한 '동시주의 사고'와 '영원회귀'에 대한 더욱 온전한 기록과 해설은, 바로 〈주역〉이다. 그러나 〈주역〉의 동시주의와 F. 니체의 동시주의의 근본 차이점은 〈주역〉이 '알 수 없는 미래에 대한 점술(占術)서'였음에 대해, F. 니체의 '동시주의'는 '행동 주체'에 항상 가동할 수밖에 없는 '실존적 사회 개혁의 방향의 지속적 제시'라는 혁명적 차이가 있다.(명백한 시대극점을 앞에 두고 자신이 결행을 하는 선택 의지의 조건)

과거 〈주역〉의 사용은 '개인 운명의 컵 던져 보기'였음에 대해, F. 니체와 다다 초현실주의자의 '동시주의'는, 포기할 수 없는 '자유 시민 사회의 주권자'로서 '주권 행사'의 문제 그것이다.

9-26
인생 : '자유(욕망)'와 '필연(억압)'의 역설(逆說)

이것이 환상적 인생의 역설(逆說)이다. 우리는 '자유'와 '필연'이라는 두 도둑들 사이의 십자가에 매달리지 않을 수 없다. 영적 생명이란, 가장 건강한 정신이 광증으로 내몰리는 고통스러운 모순에 좌우되기에, 예수가 십자가에 영원히 매달림(파스칼)과 동일한 이치다.

> **This is the fantastic paradox of life: we must dangle from the cross, crucified between the two thieves of freedom and necessity, as Jesus is eternally crucified (Pascal) for the life of the spirit hinges on an agonizing contradiction that drives the sanest mind into madness!**

_ '누이와 나'[40]

|구조| '(욕망의)자유 ⇔ (생명)필연' 동시주의

---

40) Ibid., p.181.

F. 니체의 '동시주의'는 위에서 더욱 구체적인 모습을 명확히 드러내었다. 〈누이와 나〉를 지을 때에는 F. 니체도 스스로의 인생에 모든 것을 드러내야 할 시점에서 더욱 철저히 사실에 핍진(逼眞)한 점을 여지없이 보여주고 있다. 그러한 점에서 〈누이와 나〉는 F. 니체의 저서 중에서 결코 제외될 수 없는 주요 저서이다.

이미 살폈듯이, 'F. 니체의 엄청난 영웅주의'를 철저하게 정당화해 주고 있는 것이, 역시 F. 니체의 '양극적 동시주의'이다. 만약 누군가 경홀(輕忽)히 F. 니체의 일면만 보고 비판을 했다가는, 반드시 '스스로의 경박함'에 뒤에 후회하게 될 것이다. 그것은 F. 니체의 근본적인 본성 '양극적 동시주의'의 일면에 독자 자신의 호오(好惡)의 감정을 싣는 경우이기 때문이다.

저서 〈누이와 나〉에 진술된 바가 모두 진실한 발언이지만, 위에서 확인한 '자유'와 '필연'의 두 가지 기둥을 F. 니체는 '인생 종말을 두 도둑과 함께 맞은 예수의 십자가'에 비유하였다. 즉 '생명의 운영'은 '욕망의 운영', '실존의 운영'으로 실로 F. 니체가 거듭거듭 제시한 '디오니소스의 열락'이 아닌 것이 없다('고통'까지도 '쾌락'임). 그러다보면 시간을 멈추질 않아 '필연의 시간(生者必滅)'이 곁에 와 있다. 그 두 가지 피할 수 없는 기둥 사이에 F. 니체는 와 있다는 보고(報告)이다('니체⇔예수' 동시주의).

그러므로 위의 발언은 동시주의의 불가피한 양극단, '욕망(생, 자유)⇔억압(사, 필연)' 두 가지 요소가 그대로 제시되었다. S. 프로이트의 '정신분석'도 그 공식을 그대로 적용한 것이다.

9-27
모든 사람에게 주는 책 그리고 아무에게도 주지 않는 책

〈차라투스트라는 이렇게 말했다〉: 모든 사람에게 주는 책 그리고 아무에게도 주지 않는 책
Thus Spake Zarathustra : A Book for All and None[41]

|구조| '모든 사람에게 주는 책⇔아무에게도 주지 않는 책' 동시주의

F. 니체는 많은 저서를 썼지만, 항상 〈차라투스트라는 이렇게 말했다〉를 가장 으뜸으로 스

---

41) F. Nietzsche(translated by R. J. Hollingdale), *Thus Spoke Zarathustra: A Book for All and For None*, Ibid.

스로 자부하고 있었다. 그런데 부제(副題)로 '모든 사람에게 주는 책 그리고 아무에게도 주지 않는 책'이라는 것을 제시하여 처음부터 당혹에 빠지게 하였다.

그렇지만, 이 '동시주의' 이해에 F. 니체 전반에 제시된 모든 동시주의를 명백하게 이해하는 열쇠가 들어 있다.

생명을 지니고 있는 사람은 생명의 소중함을 다 알고 있고, 생명을 위해 자기가 어떻게 해 왔고, 앞으로 어떻게 해 나갈 것인지를 알고 있다. 그리고 생명(육체)의 중요성을 주인의 위치에 두고 그것을 바탕으로 세상의 모든 사물에 대한 가치 평가를 다시 해야 한다고 주장한 책이 바로 〈차라투스트라는 이렇게 말했다〉의 요지이다. 그러기에 '모든 사람에게 주는 책'이다.

그런데 그동안의 모든 종교, 모든 철학은 '생명(육체)'을 '억압 부정'하는 '허무주의' 책이 주류를 이루고 있고, 그것은 '국가주의', '전체주의', '도덕주의'로 무장한 책들이다. 그런데 그러한 책을 읽고 신봉한 사람은 〈차라투스트라는 이렇게 말했다〉 책을 읽지 않을 것이고 읽어도 비판과 공격을 멈추지 않을 것이다.

그런데 F. 니체는 그런 사람들에게까지 〈차라투스트라는 이렇게 말했다〉를 강권할 (독재적) 권리를 자신이 지니고 있지는 않다고 이미 알고 있다. 그래서 〈차라투스트라는 이렇게 말했다〉 책에서 가장 앞세우고 있는 것이 '7-2. 인간 각자는, '가치의 최후 평가자'다.'라는 것이다. 그러기에 〈차라투스트라는 이렇게 말했다〉의 가치 판단도 역시 각 개인의 몫이므로, '아무에게도 주지 않는 책'이 되었다.

그러므로 F. 니체의 평생 주장, '현재의 생명을 긍정하는 사람들'은 F. 니체의 '동시주의'에 함몰될 위험이 전혀 없지만, 그의 '현재의 생명 긍정'을 부정하려는 사람, 즉 '국가주의 철학'이나 '허무주의'에 몰입해 있는 사람들은 〈차라투스트라는 이렇게 말했다〉 등 F. 니체의 저서를 읽어도 이 '동시주의'에 막혀 제대로 읽어낼 수가 없게 되었다. 그 대표적인 불행한 예(끝까지 '실존주의'가 아닌 '허무주의'였다는 점에서)가 M. 하이데거와 K. 야스퍼스의 경우였다. (제13장 참조)

그런데 F. 니체의 '동시주의'를 제대로 체득했던 '다다 초현실주의 혁명 운동가들'은 자신의 문학과 예술에 이 '동시주의'를 작품마다 장치하여, 새로운 차라투스트라가 되어 '모든 가치의 재평가(顚倒) 운동'을 전개하였고, 결국 세계의 역사를 새로 다시 쓰게 만들었다. 얼마나 확실하고 통쾌한 혁명인가.

제10장

다다 혁명 운동 : 모든 가치의 재평가 운동

F. 니체의 '생명(육체) 긍정'의 '실존주의'와 '모든 가치의 재평가(The Revaluation of All Values) 운동'은, 그의 정확한 후예(後裔)인 1916년 스위스 취리히 다다이스트의 '혁명 운동'과, 1924년 '초현실주의 운동'으로 계승되어 오늘날 지구촌(地球村, The Global Village) 최고의 '공론(公論)'으로 자리를 잡고 있다.

즉 1900 이후 현대 사회에 주요 사상가들은 한마디로 'F. 니체의 사상'에 무관한 사람이 없다.

우선 F. 소쉬르 등 언어학자, J. G. 프레이저 등 인류학자, 그리고 S. 프로이트, C. G. 융, E. 노이만, J. 라캉 등 정신분석학자, 버나드 쇼, 제임스 조이스, F. 카프카, J. P. 사르트르 등 소설가 극작가, 후고 발, R. 휠젠벡, T. 짜라 A. 브르통 등 시인들, W. 칸딘스키, P. 피카소, F. 피카비아, M. 뒤샹, M. 에른스트, S. 달리 등의 화가들이 모두 F. 니체의 강력한 영향 속에 있었다.

'허무주의(Nihilism) 극복'에 최고의 의미를 둔 F. 니체 '디오니소스주의'는, 사실상 <u>모든 예술 문화 운동 의미의 극대화(極大化)</u>이다.

누구보다 더욱 확실히 F. 니체 정신을 제대로 학습한 '다다 초현실주의 예술가들'은, F. 니체 정신으로 다시 돌아가 마침내 세계 역사를 새로 쓰게 만들었으니, 진실로 성대(盛大)한 '모든 가치의 재평가 운동'의 행렬이다.

그것은 일찍이 차라투스트라(F. 니체)가 예견했듯이 그것은 결국 이길 수밖에 없는 '전쟁'이었으니, '전쟁'이란 '실존주의' 운동, 솔직히 '각자 자신에게로 돌아가기 운동', '주인 정신으로 살기 운동'일 뿐이니, 사실 생명을 가진 이들은 이미 태초에서부터 그렇게 살아왔던 사람들이었기 때문이다.

10-1
우려할 만한 '독일 국가 민족주의'

나는 유대인을 호의적으로 대하는 독일을 만나지 못했다. 현실적 반(反)유대주의 반대가 모든 신중한 정치인들에게는 행해지고는 있으나, 내가 말한 사려분별과 정책은 '반유대(anti-Semitism)'감정 자체를 막지 못하고, 단지 혐오스럽고 악명 높은 무절제한 감정의 표현에 대해서만 반대를 하는 것일 뿐이다. 이 점에서 우리는 우리 자신을 속이지 말아야 한다. 독일에는 충분히 많은 유대인이 있으나, 독일의 피와 위(胃)는 이탈리아 프랑스 영국인의 더 강한 유대인 소화력을 가진 경우보다 유대인을 소화하는 데 어려움을 지니고 있다.(어려움을 오래 간직할 것이다.) 이것은 틀림없는 사실이고 본능의 표현으로 독일인은 이 본능에 귀를 기울이고 그것에 따라 행동하지 않을 수 없다. "더 이상의 유대인은 안 된다. 입국을 금지하라. 특히 동쪽(역시 오스트리아 쪽) 문을!"이라는 것은 독일인 본능의 외침이니, 독일인의 본성은 아직 허약하고 불확실하여 강한 종족에 의해 쉽게 몰리고 사라질 수 있기 때문이다. 그러나 유대인은 의심을 할 것도 없이 최악의 열악한 환경에서도 성공의 방법을 알고 있는 현재 유럽에 살고 있는 종족 가운데 가장 강하고 억세고 순수한 종족이다.

–I have never yet met a German who was favourably inclined to the Jews and however decided the repudiation of actual anti-Semitism may be on the part of all prudent and political men, this prudence and policy is not perhaps directed against the nature of the sentiment itself, but only against its dangerous excess, and especially against the distasteful and expression of this excess of sentiment on this point we must not deceive ourselves. That Germany has amply sufficient Jews, that the German stomach, the German blood, has difficulty (and will long have difficulty) in disposing only of this quantity of "Jew" as the Italian, the Frenchman, and the Englishman have done by means of a stronger digestion : that is the unmistakable declaration and language of a general instinct, to which one must listen and according to which one must act. "Let no more Jews come in! And shut the doors, especially towards the East (also towards Austria)!" thus commands the instinct of a people whose nature is still feeble and uncertain, so that it could be easily wiped out, easily extinguished, by a stronger race. The Jews, however, are beyond all doubt the strongest, toughest, and purest race at present living in Europe they know how to succeed even under the worst conditions[1]

| 구조 | '허약하고 불확실한 독일인 ⇔ 강하고 순수한 유대인' 동시주의

세계사의 전개에 가장 아프고 참혹한 기억은 제2차 세계대전(1939~45) 당시 독일 나치 정부가 감행한 유대인 학살 사건이었다. 그런데 위의 진술은 독일인의 유대인을 향한 감정과 문제점을 50년 전(1886)에 독일의 지성 F. 니체는 '허약하고 불확실한 독일인 ⇔ 강하고 순수한 유대인' 동사주의로 간결하게 제시하고, 독일의 국가 사회에 대한 특유의 생리학적 진단을

---

1) F. Nietzsche(translated by T. Common), *Beyond Good and Evil*, The Edinburgh Press, 1907, pp.207~8. ; 독일(German)의 '국가주의, 민족주의' 문제는, 볼테르가 먼저 게르만 사학가 타키투스(Tacitus)가 '게르만 종족주의'에 치우쳤다고(Voltaire, *The Best Known Works of Voltaire*, pp.388~90) 지적을 하였고, '게르만 기독교사'의 '극심한 과장(誇張)'을 비판했다(Voltaire, Ibid., pp.459~60). 그러했음에도 헤겔(G. W. F. Hegel, 1770~1831)은 그의 〈정신현상학〉에서 이른바 '감각적인지(感覺知, sensible knowledge)'에서 '절대지(絕對知, absolute knowledge)'로 가는 '자유로운 길'이 최초로 루터(Martin Luther, 1483~1546)에 의해 마련되었음을 긍정하였다(-볼테르는 인간 모두에게 열려 있음을 강조했음). 이에 덧붙여 헤겔은 그의 〈역사철학〉에서, 1757년 11월 5일 '로스바흐 전투(the Battle of Rossbach)'에서 승리한 프리드리히 2세(Frederick the Great, 1712~1786)의 '7년 전쟁', '해적(海賊)'의 깃발을 든 프러시아 인(F. 니체)' 패권주의 전쟁(세속적인 지배권 쟁탈전)을 '개신교(Protestant)를 지키기는 종교 성전(聖戰)'으로 찬양한 결과, 헤겔은 그의 〈정신현상학〉과 〈역사철학〉을 통해 '게르만족(German nations)'이 일찍이 유대인이 꿈속에 그리던 '천년 왕국'을 '현실 지상(地上)'에 건설한(할 수 있는) 1등 국민이라고 '게르만 우월 의식'을 그 '잘난 圖式主義, 변증법 철학'으로 도식화(圖式化)를 단행해 정착하게 하였다(예수의 도덕과 유대인의 選民意識이 변용된, 우수한 게르만 민족이 추출해낸 '절대지', '절대 자유'의 확보). 그것(국가주의, 민족주의)은 당초 유대인 속에서 유행(流行)시켰던 '선민의식(選民意識)'인데, 헤겔은 그것을 탈취하여 게르만족에 변용 적용하여 '독일의 국가주의 민족주의 원본(元本)'을 마련하였다. ―동양(東洋)에서는 그것(국가민족주의)을 모방하여(제2차 세계대전 중에) 일본(日本)이 역시 그네들이 '1등 국민'임을 참칭(僭稱)하였다. ― 그리하여 역대 독일(프러시아) 통치자들은 '국가 민족 우월주의'를 '개신교'와 프리드리히 대왕의 '성전(聖戰)'을 표준으로 삼아 반복 교육을 시키게 되었다. 그래서 헤겔의 '게르만족 우월 의식' 주장은, 그대로 독일을 '제1차 제2차 세계대전의 주역(主役)'이 되게 하였다.
  이 헤겔의 '국가 민족 우월주의'에 정면으로 맞서, 독일인으로서는 최초로 그것에 대한 '반대'와 '자중(自重)'을 종용했던 존재가 F. 니체였다. 그러므로 '유대인 학살'까지 저지른 히틀러 정부의 망동(妄動)은, 유대인의 '민족우월주의(選民意識)'를 게르만족에 잘못 주입시킨 헤겔에게 가장 큰 책임이 있다는 사실은 아무도 덮을 수가 없는 사실이다.(김종호(역), 역사철학, 대양서적, 1975, pp.547~8 ; G. W. F. Hegel(translated by J. Sibree), *The Philosophy of History*, Dover Publications, 1956, pp.437~8) ―"프리드리히 대왕은 프러시아 건설자는 아닐지언정 그 확립자이며 안정의 기초를 얻은 인물을 얻음으로써 7년 전쟁(1756~63)이라는 이 같은 독립과 안정에 의한 전쟁을 발견하게 되었던 것이다. 프리드리히 2세는 혼자 힘으로 거의 유럽의 전체 세력인 주요 동맹국(특히 오스트리아, 프랑스, 러시아)에 대항해서 그 위력을 세계에 과시했다… 云云."
  한마디로 볼테르(Voltaire, 1694~1778) 생각을 미루어 '헤겔'을 규정하면, '개신교 광신주의(Protestant Fanaticism)에다가, 자신의 종족적 편견과 아집(我執)으로 여타 민족과 신앙을 무시하는, 살육 전쟁 옹호론자'이다.

하였다. 더욱 쉽게 말하면 독일의 허약한 체질로는 강한 유대인을 잘 소화(消化, digestion)하기가 어려우니, 독일 동쪽 문을 차단하여 유대인의 입국을 막아야 한다는 진단을 내린 것이다.

위의 F. 니체의 탁월한 안목의 발휘는 '유대인은 강하다.', '독일인은 허약하다.', '독일인은 더 많은 유대인을 소화할 수 없다.', '우리 독일들은 허약한 체질과 유대인의 우수성을 바로 알아야 한다.'는 구절이다.

위의 F. 니체의 진단이 있은 지 50년 후에, 독일에는 나치 정부가 수립되었고, 그러한 '반유대인 감정'은 더욱 고조되어 유대인 학살을 감행되었고, 독일은 망했으나, 세계의 '나치 정부의 만행'에 대한 규탄은 오늘날까지 끝나지 않았다. 인생과 세계를 경영함에 있어 잘못된 일을 반성하고 재발(再發)을 막은 것은 일반인의 상식이나, 어떤 국가 사회의 당면한 문제를 직시하고 먼 미래를 내다보는 높은 지성을 F. 니체는 남김없이 보여주었다.

F. 니체는 유대인으로 R. 바그너(Richard Wagner, 1813~1883)와 파울 레(Paul Ree, 1849~1901) 교수, 루 살로메(Lou Salome, 1861~1937)와 가까웠다. 그런데 F. 니체의 누이 엘리자베트(Elizabeth, 1846~1935)는 유명한 '반유대주의자'로서 역시 지독한 반유대주의자 푀르스터(Bernhard Foerster, 1843~1889) 결혼하였다.

F. 니체의 위의 글(〈선악을 넘어서-*Beyond Good and Evil*〉)은 1886년에 제작된 것으로 누이 엘리자베트의 '반유대주의'를 생생하게 목격한 뒤였다. F. 니체는 유대녀 '루 살로메'를 이상화하여 결혼을 하려는 찰나에 누이 엘리자베트가 개입하여 '반유대주의'를 발동, 파탄이 나게 하였고, 엘리자베트는 역시 반유대주의자와 결혼하여 남미의 파라과이로 떠난 상태였고, '루 살로메'는 다른 남성과 결혼하였다.(제12장 연보 1882 ~6년 참조)

F. 니체의 날카로운 지성은 바로 '독일에서 유대인 문제'를 반세기 앞서 우려하였다. 그리고 1916년 '취리히 다다'

'숲(1926)'[2]

'숲의 입구(1926)'[3]

---

2) J. Meuris, Ibid., p.22, 'The Forest(1926)' : 나무 줄기가 머리통을 감고 있다. 뿌리 깊은 '국가 종족주의'를 풍자하고 있다.

3) J. Meuris, *Rene Magritte*, Ibid., p.20, 'The threshold of the Forest(1926)' : 나무 속에 '벽돌 장벽'이 있다.

는, 누구보다 '국가 민족주의로 심화된 제국주의'가 바로 '전쟁'의 원인임을 확신하고 있었다 (R. 휠젠벡).

초현실주의자 R. 마그리트도 '국가 종족주의'를 '나무(tree)' 로고로 형상화 풍자하였다.

10-2
'독일 민족 제국주의'가 바그너를 절단 냈다.

예술가의 고향은 유럽에서 파리이다. 바그너(R. Wagner, 1813~1883)의 예술이 전제하고 있는 오감의 미묘함, 손가락의 가벼운 변용, 심리적 불건전함을 찾아낸 것은 오직 파리에서 가능하게 되었다……. 실제로 누가 최초의 바그너 추종자였는가? 보들레르(C. Baudelaire, 1821~1967)였다. 보들레르는 들라크루아(F. Delacroix, 1798~1863)를 이해한 최초의 인물이었고, 모든 세대 예술가들의 그림자를 자신 속에 보았던 대표적 데카당이고, 역시 최후의 데카당이다……. 내가 바그너를 용서할 수 없는 이유는 무엇인가? 바그너가 독일인들에게 굽혔던 사실이고, 독일 제국주의자가 되었던 사실이다. 독일이 손을 뻗으면 그 문화는 절단이 난다.

> As an artist, a man has no home in Europe save in Paris ; that subtlety of all the five senses which Wagner's art presupposes, those fingers that can detect slight gradations, psychological morbidity——all these things can be found only in Paris.
>
> . . . Who, in sooth, was the first intelligent follower of Wagner? Charles Baudelaire, the very man who first understood Delacroix——that typical decadent, in whom a whole generation of artists saw their reflection ; he was perhaps the last of them too. . . . What is it that I have never forgiven Wagner? The fact that he condescended to the Germans——that he became a German Imperialist. . . . Wherever Germany spreads, she *ruins* culture.
>
> _'이 사람을 보라(ECCE HOMO)'[4]

┃구조┃ '파리(Paris) ⇔ 독일(Germany)' 동시주의

F. 니체는 대전 전에 독일 '민족주의', '제국주의'를 가장 먼저 비판하고 우려를 표명하였다. F. 니체가 미리 행한 위와 같은 '독일의 국가 민족주의 반대' 태도 표명을 완전 무시하고, 도리

---

4) F. Nietzsche(translated by A. M. Ludovici), *ECCE HOMO–Nietzsche's Autobiography*, Ibid., p.42~3.

어 F. 니체에게 '독일 국가 사회주의(나치)'의 잘못을 뒤집어씌우는 어처구니없는 일은, 소위 학문하는 사람을 향한 역대 최악(最惡)의 만행(蠻行)일 것이다.(F. 니체의 학문은 '개인주의 창시'가 그 초점이므로, 그 '국가 사회주의' 정반대 쪽에 자리 잡고 있다.)

'R. 바그너(R. Wagner, 1813~1883)', 'C. 보들레르(C. Baudelaire, 1821~1967)', 'E. A. 포우(1809~1849)'5)

　F. 니체가 '파리의 데카당 보들레르(C. Baudelaire, 1821~1967) 안목'을 일부 옹호한 것은, 보들레르가 F. 니체 자신처럼 '무신론적 실존주의자'였기 때문이다. C. 보들레르는 선배 미국의 시인 작가 E. A. 포우(E. Poe, 1809~1849)의 작품을 불어(佛語)로 번역 소개했는데, 그 E. A. 포우가 역시 F. 니체에 앞선 '실존'주의자였다. 이 '실존'주의 전통은 이후 '다다 초현실주의 운동'으로 계속되었는데, E. A. 포우의 '실존'주의가 가장 구체적으로 명시된 작품이 '아른하임의 영토(The Domain of Arnheim-1845)'이다.

　그리고 E. A. 포우의 대표적 문학 예술론으로 알려진 '예술을 위한 예술(Art for Art's Sake)'은 '신비평(New Criticism)'류의 '작품 중심주의'로 오해할 수 있지만, E. A. 포우의 후기의 작품 '아른하임의 영토'까지 검토해 보면, 그는 명백한 '무신론의 실존주의자'로서 소위 그의 '예술을 위한 예술'론은 사실상 '인생을 위한 인생(Life for Life's Sake)', '실존을 위한 실존(Existence for Existence's Sake)'의 다른 표현이었다.

　역시 '<u>무신론적 실존주의자</u>'이며 초현실주의 화가인 R. 마그리트는, 다음과 같은 '<u>아른하임의 영토(The Domain of Arnheim)</u>' 연작(連作)을 거듭 그렸다.

---

5) E. A. Poe, *Tales, Poems, Essays*, Collins, 1965, p.2.

‘아른하임의 영토(1938)’[6), ‘아른하임의 영토(1949)’[7), ‘아른하임의 영토(1962)’[8)

10-3
독일의 ‘국가 민족주의 노이로제’

그러나 여기에서 독일인 내부에 기분 나쁜 진실을 말하지 않을 수 없다. 내가 말하지 않으면 누가 말할 것인가? 나는 독일인의 ‘역사적 방만(their laxity in matters historical)’을 지적한다.

독일인은 문화의 과정과 가치를 파악할 수 있는 ‘거시적 안목(breadth of vision)’을 완전히 상실했을 뿐만 아니라, 독일인은 정치적-종교적 괴뢰들(political-Church puppets)로서 바로 거시적 안목을 사실상 금지해버렸다. 독일인이 우선이고, 먼저이고, 그는(개인은) 종족 내에 있어야 한다. 그리고는 모든 가치와 역사상 결핍된 가치관을 통과해야 한다. 그래야만 그들 사이에 둘 수 있다… 독일인이어야 한다는 것 그 자체가 주장(argument)이고, ‘독일, 무엇보다 독일(Germany, Germany above all)’이 원칙이 되어 있다. 독일인이 역사상 ‘세계 도덕 질서(moral order of the universe)’를 대표하고, 독일인이 로마제국에 비교할 만한 자유를 누리고 있고, ‘지상 명령(Categorical Imperative)’의 소지자들이다…….

그래서 그것으로 인해 유럽인들이 극심하게 고통을 겪고 있는 소위 ‘국가 노이로제-국가 민족주의(Nationalism-*nevrose nationale*)’, 문화에 반대되는 이성의 결핍과 질병을 독일인들의 정신 속에 지니게 되었다. 독일인들은 국가 민족주의로 유럽을 지방 소국의 막다른 골목(cul-de-sac)으로 몰고 갔다. 그 막다른 골목에서 벗어나는 길을 나(F. 니체) 말고 아는 이가 누구인가? 다시 유럽을 묶는 위대한 소망을 나 말고 누가 알고 있는가?

---

6) D. Sylvester, *Rene Magritte*, Manil Foundation, 1994, Fig.1134 ‘The Domain of Arnheim(1845)’.

7) S. Gohr, *Magritte : Attempting the Impossible*, d. a. p., 2009, p.243, ‘The Domain of Arnheim(1845)’.

8) A. M. Hammacher, *Rene Magritte*, Abradale Press, 1995, p.153, ‘Domain of Arnheim(1845)’.

But here nothing shall stop me from being rude, and from telling the Germans one or two unpleasant home truths : who else would do it if I did not ? I refer to their laxity in matters historical. Not only have the Germans entirely lost the *breadth of vision* which enables one to grasp the course of culture and the values of culture ; not only are they one and all political (or Church) puppets ; but they have also actually *put a ban upon* this very breadth of vision. A man must first and foremost be " German," he must belong to " *the* race " ; then only can he pass judgment upon all values and lack of values in history—then only can he establish them. . . . To be German is in itself an argument, " Germany, Germany above all," ‡ is a principle ; the Germans stand for the "moral order of the universe" in history ; compared with the Roman Empire, they are the upholders of freedom ; compared with the eighteenth century, they are the restorers of morality, of the " Categorical Imperative."

And in so doing they laid on their conscience everything that followed, everything that exists to-day,—this sickliness and want of reason which is most opposed to culture, and which is called Nationalism,—this *névrose nationale* from which Europe is suffering acutely ; this eternal subdivision of Europe into petty states, with politics on a municipal scale : they have robbed Europe itself of its significance, of its reason,—and have stuffed it into a cul-de-sac. Is there any one except me who knows the way out of this cul-de-sac ? Does anyone except me know of an aspiration which would be great enough to bind the people of Europe once more together ?

_ '이 사람을 보라(ECCE HOMO)'[9]

| 구조 | '[독일의]국가민족주의⇔[니체의]유럽' 동시주의

F. 니체의 저서 〈이 사람을 보라(ECCE HOMO)〉는 그가 1889년 1월 3일 이탈리아 토리노 광장에서 졸도하기 직전에 완성한 것으로, F. 니체의 사상을 조망하는 데 기강을 세우고 있는 중대 저서이다.

그런데 F. 니체가 신병으로 병원 신세를 지게 되니, 누이 엘리자베트는 파라과이에서 돌아와 F. 니체의 '저작'을 관장하며 이 〈이 사람을 보라(ECCE HOMO)〉의 출판을 못 하도록 붙잡고 있었다(F. 니체 사망 8년 후 1908년에야 간행이 되었다).

9) F. Nietzsche(translated by A. M. Ludovici), *ECCE HOMO–Nietzsche's Autobiography*, Ibid., p.123~6.

'사상의 자유'를 F. 니체는 생명처럼 옹호하는 입장이었는데, 그러한 누이 엘리자베트의 폭압을 F. 니체는 눈을 뜨고 생전에 경험해야 했고, 누이 엘리자베트가 문제의 저서 〈이 사람을 보라(ECCE HOMO)〉 출간을 10년이나 미룬 것은 위와 같은 F. 니체의 '거침없는 독일 근성 비판'을 스스로 싫어해서였다. 사실 그러한 연장선상에서 독재자 A. 히틀러(A. Hitler, 1889~1945)가 등장했고, 엘리자베트가 그에 묶여 '오명(汚名)'을 뒤집어쓴 것은 그녀의 '자업자득(自業自得)'인 것이다.

F. 니체가 저서 〈이 사람을 보라(ECCE HOMO)〉에 담은 호소는 당시 독일인이 겸허하게 수용을 했어야 한다. 그런데도 오히려 누이 엘리자베트부터 'F. 니체 입 막기'에 급급했으니, 무서운 '제2차 세계대전'과 '유대인 학살 최대 실수'를 누가 책임질 것인가.

F. 니체가 모두 파악한 독일민족주의 (이것을 당초 헤겔의 〈역사 철학〉에서 정학한 것임) – '독일인은 정치적–종교적 괴뢰들(political–Church puppets)로서 바로 거시적 안목을 사실상 금지해버렸다. 독일인이 우선이고, 먼저이고, 그는(개인은) 종족 내에 있어야 한다. 그리고는 모든 가치와 역사상 결핍된 가치관을 통과해야 한다. 그래야만 그들 사이에 둘 수 있다⋯. 독일인이어야 한다는 것 그 자체가 주장(argument)이고, '독일, 무엇보다 독일(Germany, Germany above all)'이 원칙이 되어 있다. 독일인이 역사상 '세계 도덕 질서(moral order of the universe)'를 대표하고, 독일인이 로마제국에 비교할 만한 자유를 누리고 있고, '지상 명령(Categorical Imperative)'의 소지자들이다.'라는 주장은, 그대로 제1차 세계대전을 피해 스위스 취리히로 도망간 '다다이스트 사고'를 잉태시킨 후고 발(Hugo Ball, 1886~1927)과 휠젠벡(Richard Huelsenbeck, 1892~1974)의 정신 기저에 있는 '다다 혁명 운동'의 씨앗이었다.

그러므로 만약 1916년 2월 '취리히 다다 혁명 운동'의 시작이 세계사적 의미를 지니고 있다면 그 정신의 발동 근저(根底)에 '대(大) F. 니체의 웅변'이 있었음을 거듭 확인할 수 있다.(사실 지구상의 모든 '국가'는 위의 F. 니체의 비판에서 자유로울 수 없다.)

10-4

'국가'보다는 '개인 각자'가 우선이다.

아직도 어디에는 민족이 있을 것이다. 그러나 우리에게는 없다 형제여. 국가가 있다. 국가? 국가란 무엇인가? 그렇다 나에게 귀를 기울여라. 내가 국민의 사망에 관해 말을 하겠다. 국가는 괴물 중에도 가장 냉혹한 괴물이라고 한다. 국가는 냉정하게 거짓을 말한다. "국가는 국민이다." 이것이 거짓말이다. 국가의 창설자들은 국민을 만들었고, 그들 위에 신뢰와 사랑을 걸어 놓았다. 그래서 국민은 봉사를 하였다. 파괴자들은 국가라 부르는 올가미에다가 백 개의 열망과 칼 한 자루를 달아놓았다. 그래서 그들은 봉사를 한다. 국민이란 것이 있는 곳에서는 국가는 납득될 수 없고, 법과 관습을 거스르는 죄악, 악의 눈으로 증오의 대상이다. 차라투스트라는 너희에게 말하노니, 모든 국민은 그들의 언어로 선악을 말하여 그 이웃들도 이해를 못 한다. 언어가 법과 풍속에 저절로 맞게 되어 있다. 그러나 국가는 모든 언어로 거짓말을 하고 그것이 말하는 것은 모두 거짓이고, 그가 가지고 있는 것은 모두 훔친 것이다. 국가는 모두가 가짜이고, 물어뜯는 이빨도 훔친 것이고, 그 내장도 가짜이다.

—Somewhere there are still peoples and herds, but not with us, my brethren : here there are states. A state? What is that? Well! open now your ears unto me, for now will I say unto you my word concerning the death of peoples. A state, is called the coldest of all cold monsters. Coldly lieth it also and this lie creepeth from its mouth : "I, the state, am the people." It is a lie! Creators were they who created peoples, and hung a faith and a love over them : thus they served life. Destroyers, are they who lay snares for many, and call it the state : they hang a sword and a hundred cravings over them. Where there is still a people, there the state is not understood, but hated as the evil eye, and as sin against laws and customs. This sign I give unto you : every people speaketh its language of good and evil : this its neighbour understandeth not. Its language hath it devised for itself in laws and customs. But the state lieth in all languages of good and evil and whatever it saith it lieth and whatever it hath it hath stolen. False is everything in it with stolen teeth it biteth, the biting one. False are even its bowels.[10]

┃구조┃ '국가⟺허위의 우상' 동시주의

---

10) F. Nietzsche(translated by R. J. Hollingdale), *Thus Spoke Zarathustra: A Book for All and For None*, Ibid., p.54.

F. 니체는 위에서 '국가(state)'를 '우상(Idol)', '괴물 중에도 가장 냉혹한 괴물(the coldest of all cold monsters)', '파괴자(Destroyers)', '악의 눈(the evil eye)', '법과 관습을 거스르는 죄악(sin against laws and customs)', '훔친 것(whatever it hath it hath stolen)', '허위(False)'라는 최고 부정(否定) 언어를 모두 동원하였다.

이러한 F. 니체의 발언은 주저(主著) 〈차라투스트라〉에 명시된 '개인주의'에 기초한 혁명적 발언이다.(7-2. 인간 각자는, '가치의 최후 평가자'다.) 그리고 이러한 사상을 바탕으로 새로운 민주 시민 사회가 열렸다는 점을 확실히 알 필요가 있다.

한국의 '개인주의'는 수운 최제우(崔濟愚, 1824~1864)에 의해 창도되었고[11], 손병희(孫秉熙, 義庵, 1861~1922)의 '기미 독립 선언'으로 일반화되었다.

기존 '철학'은 플라톤부터 헤겔까지 '국가주의', '전체 우선주의'가 일방적으로 요구되었는데, F. 니체의 '차라투스트라'는 그것을 넘어 각 개인을 '최후의 평가자'로 명시하였고, 그에 자연적으로 수반한 것이 '전체, 국가주의 반대'로 이어졌다.

'국가'에 대해 왜 F. 니체가 위와 같은 부정적 언사를 써야 했는가? 그것은 이미 '제국주의', '군대 양성', '무기 개발'의 '전쟁 준비'를 추진하는 것이 국가의 주요 임무가 되었기 때문이다. 즉 F. 니체 당대의 '국가의 역할'이란, '제국주의 전쟁 수행'이 절대 절명의 문제였고, 그 이외 사항은 그에 종속된 것이거나, 그것도 못 되면 아예 법으로 금해 시도할 수 없는 '불필요한 것'으로 지목이 되었기 때문이다. 그것은 비단 서양만 그러한 것이 아니라 '중국', '일본'을 필두로 한 동양 제국도 그에 예외일 수 없었다.

그래서 F. 니체의 주장을 알고 있었던 다다이스트 휠젠벡은, "'국가 민족주의'는 일종의 우상 숭배(idolatry)다."[12]라고 규정하였다. 'F. 니체의 학습'을 빼면, 과연 무엇이 28세의 휠젠벡에게 그러한 '다다이스트 최고의 웅변'이 가능하게 했을 것인가.

다음은 '다다 초현실주의자' R. 마그리트의 '국가주의 풍자' 작품들이다.

---

11) 李敦化, 『천도교창건사』, 천도교중앙종리원, 1933, p.23~7 : 최제우는 1960년 자신에게 내린 계시를, "지기금지 원위대강 시천주조화정 영세불망만사지(至氣今至 願爲大降 侍天主造化定 永世不忘萬事知: 한울님이 임하시니, 하나 되기 소원이라, 한울님을 모셨으니, 모든 조화 자리 잡고, 평생을 모신다면, 무엇을 모르리오)" 한문구(漢文句) 21음절의 주문(呪文)으로 요약하여 동학(東學) 신도들에게 외우도록 하여 수운 자신의 '한울님 체험'과 확신을 전달했는데, 그것이 바로 한국 '최초의 개인주의의 시발점'이다.(이 '최수운의 체험'은 F. 니체의 '차라투스트라', '여호와' 자칭과 동일한 것이다.)

12) R. Motherwell(edited by), *The Dada Painters and Poets: An Anthology*, Ibid., p.43.

'단순한 사랑 이야기(1959)'[13], '만유인력(1943)'[14], '최근의 풍속(1926)'[15], '국가의 비밀(1952)'[16]

10-5
니체의 이상(理想) : '선량한 유럽인'

나는 타고난 성품으로, 단순히 지방적 국가 민족적 제한된 지평을 넘어선 시각을 지녔고, '선량한 유럽인'임을 저절로 인정된다. 다른 한편으로는 더욱 독일인, 근대 독일인, 단순한 제국주의 독일인이기보다는 그럴 수만 있다면 나는 최신의 반정치적 독일인이다.

> By the very nature of my origin I was allowed an outlook beyond all merely local, merely national and limited horizons ; it required no effort on my part to be a " good European." On the other hand, I am perhaps more German than modern Germans—mere Imperial Germans—can hope to be,—I, the last anti-political German.

_ '이 사람을 보라(ECCE HOMO)'[17]

---

13) P. Gimferrer, *Magritte*, Rizzoli, 1986, Fig.106 'A Simple Love Story(1959)' : '국가 권력'에의 집착을 '국민 사랑', '국가 사랑'으로 변용해 표현한 수구보수주의 '권력(의자)에의 집착'을 조롱한 작품이다('의자'에 '악마'의 꼬리가 달렸음).

14) S. Gohr, *Magritte : Attempting the Impossible*, d. a. p., 2009, p.103, 'Universal Gravitation(1943)' : 마그리트는 '숲(국가, 종족주의)', '담벼락(국가주의)' 로고에 경비병이 매달려 있는 그림을 제시하고 '만유인력'이라 지칭하였다. '국가 민족주의'가 세계적 현상임을 통박 개탄한 작품이다.

15) S. Gohr, *Magritte : Attempting the Impossible*, d. a. p., 2009, p.102, Rene Magritte(1898~1967), 'The Latest Customs(1926)' : '나무(국가주의)'가 서 있고, 멀리 '동상'이 서 있고, 나무 위에 다시 거꾸로 다른 나무를 그렸는데, 그 나무는 '피 묻은 얼음 언덕'에 서 있다. '제국주의 전쟁 영웅 동상'을 풍자한 작품이다.

16) D. Sylvester, *Rene Magritte*, Manil Foundation, 1994, Fig.1355 'The State Secret(1952)' : 제국주의자의 '볼링 모'가 불타는데 그 위에 '아기'가 걸려 있는 그림인데, 화가는 그것을 '국가의 비밀'이라 명명하였다. 그것은 '국가의 비밀'이란, '무기 개발', '군대 양성', '전쟁 준비'임을 폭로한 것이니, '차라투스트라의 폭로'와 다른 것이 아니다.

┃구조┃ '선량한 유럽인⇔최신의 반(反)정치적 독일인' 동시주의

   F. 니체는 1916년 취리히 '다다이스트들'보다 17년을 앞서서, 그 다다이스트가 할 말을 미리다 말해 버렸다. 아니 모든 '다다이스트', '초현실주의 혁명가'들은 F. 니체를 학습하지 않는 사람은 없었다.

   위에서 '선량한 유럽인(good European)'이란 오늘날 서구(西歐)의 지향이 F. 니체의 정신으로 나가고 있음을 모르면 독서(讀書)를 어디에 무엇에 쓸 것인가? 그리고 1916년 다다이스트는, F. 니체의 '선량한 유럽인'의 사고를 더욱 확대하여, '지구촌(地球村, global village)'을 전제로 '다다 혁명 운동'을 펼쳤다.

10-6
'절대적인 것'은 병들었다.

     반대, 탈선, 즐거운 불신, 모순의 사랑은 건강(健康)함의 표지이고, 모든 절대적인 것은 병든 것들이다.
     —Objection, evasion, joyous distrust, and love of irony are signs of health ; everything absolute belongs to pathology.[18]

┃구조┃ '모든 절대(絕對)적인 것, 병든 것⇔건강한 것' 동시주의

   '모든 절대적인 것(everything absolute)'이란, '기독교' 등 모든 종교와 '플라톤 철학'이다. F. 니체는 '반종교', '반철학'의 편에서 '육체', '현세', '반도덕'의 실존주의를 폈으니, 위의 발언도 '실존 옹호'의 발언일 뿐이다. F. 니체의 기준은 '육체를 관리하는 정신'이 그 '육체 중심'이면 '건강한 것(health)'이고, '육체를 억압 통제'하면 '병든 것(pathology)'이었다.

   1916년 '다다 혁명 운동'은 한결같이 '생명 중심의 실존주의'였다. '모든 절대적인 것(every-thing absolute)'이란 일방주의 '독재'를 말하고 있음은 물론이다.

   F. 니체는 '병들다', '건강하다'는 '의사(醫師)'의 진단(診斷) 자세를 취한 자세까지, 다다 초

---

17) F. Nietzsche(translated by A. M. Ludovici), *ECCE HOMO-Nietzsche's Autobiography*, Ibid., p.14.

18) F. Nietzsche(translated by T. Common), *Beyond Good and Evil*, Ibid., p.98.

현실주의자는 학습하였다(T. 짜라, M. 뒤샹, M. 에른스트, S. 달리, 李箱).

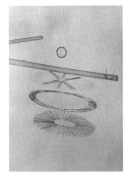

'안과 의사의 증언(1920, 1965)'[19], '스페인 의사(1940)'[20], '예수의 심장(1965)'[21]

10-7
'연기(演技)'보다는 '생명 현실'로

연기(演技)-현대인의 다채로움과 매력. 필연적인 은폐(隱蔽)와 포만(飽滿).

작가

정치가('민족적 사기-詐欺'로)

예술 속의 연기:

수련이나 학교 교육상 정직(正直)성의 결핍(프로망탱, 1820~1876, 프랑스 화가)

낭만주의자(철학과 과학의 결핍과 문학의 과다-過多)

소설가들(월터 스콧, 1771~1832, 영국 소설가, 너무나 신경쇠약 음악 속에 니벨룽겐의 괴물들)

서정시인.

'과학적'이라는 사람

명연주자들(유대인)

시민의 눈으로는 아직 극복되지 못했으나 극복이 된 인기 있는 관념들 : 성자, 현인, 예언가

-Histrionics -The colorfulness of modern man and its charm. Essentially concealment

---

19) A. Schwarz, *The Complete Works of Marcel Duchamp*, Ibid., p.354, 'Oculist Witnesses(1965)' : M. 뒤샹은 자신의 '만다라 체험'을 그림으로 제시하며 그 체험의 생생함을 '안과 의사의 증언'이라고 했다.

20) T. A. R. Neff, *In the Mind's Eye Dada and Surrealism*, Museum of Contemporary Art, 1985, p.11, 'Spanish Physician(1940)' : M. 에른스트는 S. 달리를 '스페인 의사-환자 도망을 칠 돌팔이'로 욕을 퍼부었다.

21) R. Descharnes & G. Neret, *Salvador Dali*, Taschen, 2006, p.546, 'The Sacred Heart of Jesus(1965)' : S. 달리의 '예수의 심장'은 예수도 '심장이 있을 것'이라는 해부학을 전제로 한 '실존 의식'을 명시하였다.

and satiety.

The scribbler.

The politician (in "the nationalist swindle").

Histrionics in the arts:

lack of probity in prior training and schooling (Fromemin);

the romantics (lack of philosophy and science and superabundanco of literature);

the novelists (Walter Scott, but also the Nibelungen monsters along

with the most nervous music);

the lyric poets.

Being "scientific."

Virtuosos (Jews).

Popular ideals overcome, but not yet in the eyes of the people: the saint, the sage, the prophet.[22]

▌구조▐ '정직성(probity) ⇔철학, 과학(philosophy and science) ⇔연기(演技, Histrionic)' 동시주의

　　F. 니체는 '현대(modern man)' 작가와 정치가가 한결같이 자기 '은폐'와 일방주의 '포만(飽滿)'과 가식의 '연기(Histrionic)'를 행하고 있다고 비판하고 있다. 화가 프로망탱은 '정직성'이 결여되어 있고, '민족주의' 사기로 정치가는 '연기'를 행하고 있다는 논평이다.

　　이 F. 니체의 생각을 표준으로 펼친 것이 1916년 '다다 혁명 운동'이었으니, '생명의 과학'과 '관념이 아닌 현실, '작품 속이 아닌 사회 속의 개혁 정신'을 그 표준으로 하였다.

　　이에 대해 영국의 T. S. 엘리엇의 '전통과 개인의 재능', 그리고 그에 연관된 1930년 대 작품 중심의 '뉴 크리티시즘'은 '생명 중심', '현실 중심'의 대륙의 '다다 초현실주의 운동'과는 확연히 구분이 되고 있다.

　　1916년 '다다 혁명 운동'은 '허구의 예술'보다는 '현실의 생명'으로 복귀를 선언했으니, 그것은 '생명' 우선을 바탕으로 한 것, '사회 개혁을 목적으로 한 시민운동'이 그것이었다.

　　화가 R. 마그리트의 궁극의 승부처도 '현실의 생명'이었고, 관념적인 '작품 속의 문제'가 아니었다.

---

22) F. Nietzsche(W. Kaufmann & R. J. Hollingdale-translated by), *The Will to Power*, Ibid., p. 49[1885년~1886년 기록].

'인간 조건(1933)'[23), '인간 조건 II(1935)'[24), '인간 조건(1938~9)'[25)

10-8
'혁명(전쟁)'을 치러야 할 유럽문화

'관념적인 것'이라 부르는 것들에, 나는 의심과 적대감을 느낀다. '고상한 감정'이라는 것이 불행의 원천이고, 인간 가치 상실이라는 것을 알게 되었던 것 그것이 나의 '세상 기피증(염세주의)'이다.

어떤 관념으로 '전진'을 기대하는 사람은, 항상 기만(欺瞞)을 당하게 마련이다. 관념의 승리는 어떤 퇴보(退步) 운동이었다.

기독교, 혁명, 노예 해방, 평등, 박애, 평화의 사랑, 정의, 진리 이 위대한 말들은, 전쟁에 깃발과 같은 것이다. 실제에는 다른 의미(완전한 반대)의 미사여구(美辭麗句)일 뿐이다.

—I am full of suspicion and malice against what they call "ideals": this is my pessimism, to have recognized how the "higher feelings" are a source of misfortune and man's loss of value.

One is deceived every time one expects "progress" from an ideal; every time so far the victory of the ideal has meant a retrograde movement.

Christianity, the revolution, the abolition of slavery, equal rights, philanthropy, love

---

23) D. Sylvester, *Magritte*, Mercatorfonds, 2009, p.387, 'The Human Condition(1933)' : '작품'이 '현실'과 동일하여 '현실 문제 해결'에 힘써야 함을 강조하였다.

24) A. M. Hammacher, *Rene Magritte*, Abradale Press, 1995, p.71, 'The Human Condition II(1935)'.

25) D. Sylvester, *Rene Magritte*, Manil Foundation, 1994, Fig.1145 'The Human Condition(1938~9)'.

of peace, justice, truth: all these big words have value only in a fight, as flags: not as realities but as showy words for something quite different (indeed, opposite!)[26]

┃구조┃ '관념적인 것⇔퇴보 운동',

'철학적 종교적 말들⇔전쟁에 깃발(in a fight, as flags)' 동시주의

F. 니체는 위에서 '관념적인 것'에 적대감을 느낀다고 했다. 그 태생이 '생명 중심의 현실주의자'임을 거듭 밝힌 구절이다.

사실 '혁명, 노예 해방, 평등, 박애, 평화의 사랑, 정의, 진리'는 전통 국가주의 철학자들의 단골 메뉴였다. 그것은 도리어 '전쟁 유발'의 명분과 구실로 이용되고 더욱 가공할 무기들을 그 이름으로 개발하여 제1차, 제2차 세계대전을 치르게 되었으니, F. 니체의 위의 예언은 불행하게도 모두 적중이 되었다.

'다다 초현실주의' 화가 R. 마그리트는 F. 니체의 생각에 동조하여, '관념의 평화(-돌 비둘기 로고)', '국가주의 평화(-숲 비둘기 로고)'로 '관념주의', '국가주의', '평화주의'를 조롱하였다.

'우상(1963)'[27], '봄(1965)'[28]

---

26) F. Nietzsche(W. Kaufmann & R. J. Hollingdale-translated by), *The Will to Power*, Ibid., p.50[1887년 11월~1888년 3월 기록].

27) P. Gimferrer, *Magritte*, Academy Edition, 1987, Fig.136 'The Idol(1963)' : '돌로 된 비둘기', '관념의 평화주의'를 조롱한 것이다.

28) J. Meuris, *Rene Magritte*, Taschen, 2004, p.141, 'Spring(1965)' : '숲, 나무 잎으로 된 비둘기'로 '국가주의'를 탈피 못 하고, '입으로만 평화'를 떠드는 사람들을 풍자했다.

10-9

가치 실현은 각 개인의 몫이다.

'가치'는 한 인간이 실현할 수 있는 힘의 최고 몫이다. 그것은 인류가 아니다. 인류는 목적이 아니라 수단일 뿐이다. 문제는 유형이며 인류는 시험의 재료이고, 엄청난 실패의 과잉이고 폐허일 뿐이다.

　－Value is the highest quantum of power that a man is able to incorporate a man: not mankind! Mankind is even a means sooner than an end. It is a question of the type: mankind is merely the experimental material, the tremendous surplus of failures: a field of ruins.[29]

Ⅰ구조Ⅰ '개인⇔인류' 동시주의

'실종된 기수(1926)'[30]

F. 니체의 위의 발언은, 앞서 차라투스트라가 했던 말 '7-2. 인간 각자는, '가치의 최후 평가 자'다.'라는 전제의 연장선상에서 '각 개인의 중 요성'을 명시한 말이다.

그리고 인류가 '목적(end)'이 아니라 '수단 (means)'이란 진술은 각 개인의 의미를 강조한 것이니, '인류와 세계 평화'만을 가르치는 것은 다시 '관념주의'를 반복하는 것이기 때문이다.

위의 발언이 '착한 유럽인'을 강조한 F. 니체의 발언과 '모순'됨과 '통합'됨을 느낄 때 F. 니체에 대한 독서(讀書)는 비로소 안심할 수 있는 단계에 이른 것이다.

즉 위의 F. 니체의 발언은 '냉혹한 현실 속에 차라투스트라 후예(後裔)에 대한 독려(督勵)'이 다. 다시 말해 위의 발언은, 추상적 관념주의 반복이 아니라, '개인⇔전체(인류)'의 동시주의 속에, F. 니체가 '개인 우선'과 '생명 우선'을 확실히 명시한, 차라투스트라의 복음(福音)이다.

---

29) F. Nietzsche(W. Kaufmann & R. J. Hollingdale-translated by), *The Will to Power*, Ibid., p.380[1888년 3월~6월 기록].

30) A. M. Hammacher, *Rene Magritte*, Ibid., p.69, 'The Lost Jockey(1926)' : '돌기둥'에 나뭇가지 돋았으니, '신비 주의 영웅'이다. 과학의 시대에 '신비주의 영웅은 없다'는 작품이다.

'개인주의(Individualism)'의 긍정, 그것은 차라투스트라의 제1 덕목(德目)고, 오늘날 '자본주의', '자유 민주주의 사회의 기본 철학'이다. 그것을 F. 니체가 확립한 것을 모르면 도대체 그는 F. 니체의 독서에 무엇을 얻을 것이며, F. 니체를 거론한 진정한 이유를 우리는 알 수 없게 된다.

초현실주의 화가 R. 마그리트는, '실종된 기수(The Lost Jockey(1926))'를 그려 유명하다. '지도자가 없는 현대', '신이 사망한 현대'에, 각자 개인의 '주인 의식'을 강조한 작품이다.

10-10
니체는 '대가(master)'를 조롱한다.

> 타인의 재고품에다가 내 생각을 붙이지 않고
> 제한된 내 집에 머무노라.
> 그리고 조롱할 줄 모르는
> 모든 대가를 조롱하노라.
> - stay to mine own house confined, Nor graft my wits on alien stock : And mock at every master mind That never at itself could mock.[31]

┃구조┃ '조롱한다(mock) ⇔ 조롱을 못 한다(never mock)' 동시주의

F. 니체는 이전의 종교가 철학자가 선배들의 생각에 기초하여 그것을 상세히 주장하고 펼쳤던 전통('타인의 재고품에 자기 생각 붙이기')을 거부하고, 완전히 차원을 달리한 '과학적 현실적 생명 긍정주의'를 자기의 '집'으로 마련하였다.

F. 니체는 '과학과 생명 긍정 사상'으로, 과거 '철학자', '종교 교주'들의 '우상파괴(icono-clasm)'를 단행하고, 먼 미래의 자신의 '웅대한 승리'를 확신하며 넉넉한 태도를 과시하고 있는 그의 대표적 '잠언(箴言, Aphorism)'이다.

R. 마그리트는 '무식한 요정(1956)' 앵초-櫻草 꽃(1926)으로 '제국주의'를, F. 니체식 '잠언 구성 방식(무식한 사람 ⇔ 아름다운 사람)'으로 풍자 '조롱(mock)'하고 있다.

---

31) F. Nietzsche(translated by T. Common), *The Joyful Wisdom*, The Macmillan Company, 1924.

'무식한 요정(1956)'[32], '앵초-櫻草 꽃(1926)'[33]

10-11
'책의 극복'이 '책의 임무'다.

모든 책들을 극복하지 못할 책이라면 무엇에 쓰자는 책일까?

-Of what account is a book that never carries us away beyond all books?[34]

┃구조┃ '책들(all books) ⟷ 책들을 극복할 책(beyond all books)' 동시주의

F. 니체는 자신의 '실존적 확신'을 이처럼 명백히 하였다. 더욱 일반적으로 '모든 도서(圖書)는 만다라'이니, 그것은 확실히 '현실 생명'이 아닌 '관념'일 뿐이다. F. 니체의 위의 발언은 기존 '관념(이념)주의'를 거부한 말이다. 그 말은 원래 모든 인간은 자연 그대로 '실존(육체) 중심'에 있었음을 거듭 명시하는 것이니, 사실상 현대의 근본 문제는 '생명'이기에 모든 책은 어디까지나 그것의 보조 수단일 뿐이다. 다시 말해 모든 그림과 모든 인간의 도구 장치도 '생명의 원활한 성취'를 위한 보조 기구일 뿐이다.

---

32) J. Meuris, *Rene Magritte*, Ibid., p.93, 'The Ignorant Fairy(1956)' : 마그리트는 '촛불(욕망)', '커튼(왕궁)', '쇠공(무기, 폭탄)', '대리석 창틀(왕궁)' 로고와 '미녀(제국주의자)' 로고를 결합하여 제국주의 사회를 풍자 조롱하였다.

33) J. Meuris, *Rene Magritte*, Ibid., p.9, 'Primrose(1926)' : 역시 동일한 로고가 적용되었음.

34) F. Nietzsche(translated by T. Common), *The Joyful Wisdom*, Ibid., p.205.

이 F. 니체의 발언은 그대로 '다다 초현실주의 혁명 운동'의 기본 전제가 되었으니, '문학예술 자체'가 문제가 아니라 '생명 현실'이 절대 우선이라는 기본 전제가 그것이다.

이것은 역시 <u>'다다 혁명 운동'과 영미(英美)의 '작품 중심의 모더니즘'의 근본적 차이점이다.</u>

10-12
생존을 위한 투쟁이 '힘에의 의지'다.

그러나 자연의 탐구자는 그 시시한 구석으로부터 빠져 나와야 한다. 고통은 우월 승리에서 생기는 것이 아니고, 터무니없는 과다(過多)와 방탕(放蕩)에서 생기는 법이다. 생존을 위한 투쟁은 그것과는 예외로 삶에 대한 의지의 잠정적 제약이고, 크고 작은 투쟁들은 항상 우월 성장 확장 힘의 문제에서 힘에의 의지, 즉 삶의 의지에 따르게 마련이다.

─But as an investigator of nature, a person ought to emerge from his paltry human nook : and in nature the state of distress does not prevail, but superfluity, even prodigality to the extent of folly. The struggle for existence is only an exception, a temporary restriction of the will to live ; the struggle, be it great or small, turns everywhere on predominance, on increase and expansion, on power, in conformity to the will to power, which is just the will to live.[35]

┃구조┃ '삶에 의지 ⇔ 힘에의 의지' 동시주의

F. 니체는 '만다라(mandala)' 해석자들이 '영고성쇠(榮枯盛衰)' 순환에 체념하고 안주하는 것을 거부하고, 고유의 '힘에의 의지, 삶의 의지(the will to power, the will to live)'에 대한 명확한 태도를 보이고 있다.

즉 '힘에의 의지, 삶의 의지' 문제는, '생존 의지', '삶의 진정한 기쁨'을 언급하고 있다. 이 평이(平易)한 진실을 부정할 사람은 없을 것이다. F. 니체는 '삶'을 '고정된 형태로의 규정'한 것이 아니라 '변화'와 '생성'의 의미로 해석했음이 그것이다.

R. 마그리트도 'F. 니체의 생각'처럼, 결코 '단순한 순환 반복(관념의 만다라)'에 머무를 수 없음을 다음 작품들로 명시하였다.

---

35) Ibid., p.350.

'9월 16일(1957)'36), '교장선생님(1954)'37), '잠자리 옷(1954)'38)

10-13
우리는 '전쟁과 모험'을 좋아한다.

고향(故鄕)이 없는 사람들, 나의 비밀스런 지혜와 즐거운 학문이 그들의 가슴에 새겨지기를 바라는 특별하고 자랑스럽다는 점에서 고향이 없는 사람들이 오늘날 유럽인들 중에는 있다. 행운도 적고 희망도 분명하지 않기에 그들을 위로하기도 쉽지 않다. 그러나 그것이 무슨 대수이겠는가! 미래의 아동(兒童)인 우리가 지금 편안히 무엇을 할 수 있겠는가? 우리가 그것의 지속을 믿지 않고 있고, 허약하게 무너져 내리고 있는 과도기인 '현실'에 대해 편안하게 느끼게 하는 모든 관념들에 대해, 우리는 우호적(友好的)일 수 없다. 아직 남아 있는 얼음은 매우 얇아졌다. 해빙의 바람이 불어 고향이 없는 사람들은 얼음과 그밖에 너무 얇아진 '현실'을 파괴는 사람이다⋯⋯ 우리는 보존할 것이 없고 과거로 돌아갈 수도 없고, 우리는 전혀 자유롭지도 못 하고, '진보'를 위해 노력하지 않고, 우리는 우리에게 매력이 없는 '평등', '자유로운 사회', '주인도 노예도 없다'는 시장과 사이렌(sirens)의 미래 노래를 계속 들어야 한다. 우리는 정의와 평화의 왕국이 지상에 건설되는 것이 바람직하다고 생각하지 않는다.(왜냐하면 그것은 중국식의 극히 범속한 왕국이 될 것이기 때문이다.) 우리는 우리처럼 위험과 전쟁과 모험을 좋아하고 타협 구속 화해 거세를 거부하는 사람들을 좋아하고, 모든 강력하고 상승적 인간 유형은 역시 새로운 형식의 노예제를 포괄하기에 우리는

---

36) A. M. Hammacher, Ibid., p.147, Rene Magritte(1898~1967), 'September 16(1957)' : '그믐달', '초승달'은 '순환 반복'의 자연과학의 원리이다.

37) J. Meuris, Ibid., p.162, 'The Schoolmaster(1954)' : '교장선생님' 말씀도 '동일한 말씀'의 반복이다.

38) Ibid., p.103, 'The Evening Gown(1954)' : '잠자리 차림'도 동일한 반복이다. 그 '반복'을 탈피하는 것이 '개혁', '개선'의 방향이고 다다 초현실주의 운동의 기본 성격이다.

우리의 정복과 구상 속에 노예 제도를 포함한 새로운 질서의 필요를 생각한다.

　—We Homeless Ones.——Among the Europeans of to-day there are not lacking those who may call themselves homeless ones in a way which is at once a distinction and an honour it is by them that my secret wisdom and *gaya scienza* is especially to be laid to heart! For their lot is hard, their hope uncertain it is a clever feat to devise consolation for them. But what good does it do! We children of the future, how could be at home in the present? We are unfavourable to all ideals which could make us feel at home in this frail, broken-down, transition period and as regards the "realities" thereof, we do not believe in their endurance. The ice which still carries has become very thin : the thawing wind blows we ourselves, the homeless ones, are an agency that breaks the ice, and the other too thin "realities."⋯ We "preserve" nothing, nor would we return to any past age we are not at all "liberal," we do not labour for "progress," we do not need first to stop our ears to the song of the market-place and the sirens of the future——their song of "equal rights," "free society," "no longer either lords or slaves," does not allure us! We do not by any means think it desirable that the kingdom of righteousness and peace should be established on earth (because under any circumstances it would be the kingdom of the profoundest mediocrity and Chinaism); we rejoice in all men, who like ourselves love danger, war and adventure, who do not make compromises, nor let themselves be captured, conciliated and stunted; we count ourselves among the conquerors we ponder over the need of a new order of things, even of a new slavery——for every strengthening and elevation of the type "man" also involves a new form of slavery.[39]

┃구조┃ '고향이 없는 사람들⇔왕국 속의 사람들' 동시주의

　위의 진술은 F. 니체가 '개인주의 자본주의 사회 건설'을 염두(念頭)한 발언으로 자세한 고찰을 필요로 한다.

　우선 '고향이 없는 사람들'이란 '지역적 연고'를 부정한 정신의 발로임을 확실하게 알 필요가 있다. 그동안 인간의 모든 투쟁과 살육의 전쟁은 '지역에의 고착(固着)'관념에서 비롯한 것이다. '국가 민족주의'가 바로 그것이다. 그것을 '전 유럽'으로 '세계'로 확장을 할 경우가 F. 니체의 '자연주의 생명'의 기본 전제이고, 역시 '지구촌'의 전제인 '다다 혁명 운동'의 기본

---

39) F. Nietzsche(translated by T. Common), *The Joyful Wisdom*, Ibid., pp.342~3.

조건인데, 만약 그것이 이루어지면 '인류의 고질적 생명 살상의 전쟁 원인'은 거의 없어지게 된다.

그러면 F. 니체의 '전쟁의 모험'이란 무엇인가? F. 니체에게 <u>'전쟁의 모험'은 '생명 중심의 모든 가치의 재평가 운동'</u>이다.

그러면 '노예 제도를 포함한 새로운 질서'란 무엇인가? '생명의 자유 경쟁을 통한 자본주의 사회의 용인(건설)'이 그것이다. 만약 이 구절을 달리 해석을 하면 지독한 오류에 빠짐을 피하지 못할 것이다.('노예'란 '허무주의 고집쟁이들'이다.)

10-14
'낮'에 행한 것을 '밤(꿈)'에 행한다.

> 낮에 행했던 것을 밤에 행한다. 역시 그 반대도 있다. 우리가 꿈속에 체험한 것은 우리가 자주 체험하는 것이고, 풍부하거나 빈약하거나 '현실적으로' 체험하는 우리의 영혼과 관련을 갖는다. 우리는 대낮에 깨어있을 때에도 그것을 다소 필요로 하고 우리는 우리의 꿈에 의해 얼마간 지배를 받기도 한다.
>
> —*Quidquid luce fuit, tenebris agit* : but also contrariwise. What we experience in dreams, provided we experience it often, pertains at last just as much to the general belongings of our soul as anything "actually" experienced by virtue thereof we are richer or poorer, we have a requirement more or less, and finally, in broad daylight, and even in the brightest moments of our waking life, we are ruled to some extent by the nature of our dreams.[40]

┃구조┃ '꿈⇔현실' 동시주의

F. 니체는 '꿈'과 '현실'을 거의 동등하게 보았다.

이 '꿈'에 대한 대대적 해설을 가한 이가 S. 프로이트(S. Freud)였고, 그 다음은 융(C. G. Jung)이었다.

S. 프로이트는 '꿈', '소망 충족'으로 전제하였고, C. G. 융은 '현실의 반대'로 생각하였다.

---

40) F. Nietzsche(translated by T. Common), *Beyond Good and Evil*, Ibid., p.114.

그리고 S. 프로이트와 융은 '꿈'과 '현실'을 혼동한 경우를 '미친 사람(a mad man)'이라고 규정하고 있다.

F. 니체의 경우 특히 〈누이와 나〉 경우 극단적 동시주의('여호와⇔니체⇔벌레')를 연발하고 있는데, C. G. 융도 그 이전의 S. 프로이트처럼, F. 니체 행적도 '꿈'과 '현실'의 혼동('狂人'의 행적) 문제를 집중 분석 검토하였다.(제13장 참조)

그러나 '광인(狂人) 니체'는 광기(狂氣) 속에, '생명 긍정'의 대업(大業)을 달성하였고, '다다 초현실주의 혁명가들'을 그 후예(後裔)로 두어 '모든 가치의 재평가 혁명 운동'을 성공적으로 달성하게 하였고, 드디어 인류의 세계 역사를 다시 쓰게 만들었다.

10-15
'선량한 유럽주의' 이상(理想)

> 급변하는 유럽에서 우둔하고 머뭇거리는 종족들이 조국애와 애향심의 격세유전(隔世遺傳, atavism)적 발작을 불러일으키기 전에 이성으로 돌아와 '선량한 유럽주의'로 되돌리는 데 반세기를 더 기다려야 할지 모른다.
>
> —Indeed, I could think of sluggish, hesitating races, which, even in our rapidly moving Europe, would require half a century ere they could surmount such atavistic attacks of patriotism and soil-attachment, and return once more to reason, that is to say, to "good Europeanism."[41]

│구조│ '애국심⇔선량한 유럽주의' 동시주의

F. 니체의 '애국심과 애향심(patriotism and soil-attachment)'의 폐기 문제는 1886년부터 있었다. 이 문제는 '국가 민족주의 거부'이니, F. 니체의 '세계화 운동'의 위대한 발걸음이다.

이 F. 니체의 고독한 결단이 1916년 다다이스트의 '지구촌'을 전제한 운동으로 전개되었으니, 얼마나 장대한 일인가.

'애국심과 애향심', '국가 종족주의'가 고질(痼疾)로 유지된 문제점인데, 그것은 세계적으로 행해지고 있었다. 그런데 그것의 문제점을 F. 니체가 가장 먼저 제기했고, 1916년 취리히 다다

---

41) Ibid., p.193.

▲ R. 마그리트의
'만유인력(1943)'[43]

▲ E. 에른스트의
'생선뼈로 된 숲(1927)'[42]

는 F. 니체의 '선량한 유럽' 전제를 마침내 '지구촌(global village)'으로 확대하게 되었다.

다다 초현실주의 화가 M. 에른스트와 R. 마그리트는 '지역주의(국가주의) 엄존'을 작품 '숲'과 '만유인력'으로 풍자하였다.

10-16
'건강한 신체'와 '가치의 실현'

기사(騎士) 귀족의 '가치들'은, 생명의 지속을 넘어선 강하고 자유롭고 즐거운 행동 속에 유지되는 전쟁 모험 사냥 춤 결투를 위한 신체적인 풍부하고 부풀어 오르는 건강의 주의 깊은 관리에 기초를 두고 있다. 성직자(聖職者) 가치 형태는 다른 가정(假定)에 기초하고 있다. 전쟁이 문제가 될 때는 최악이다. 성직자는 악명이 높고 가장 나쁜 적들이다. 왜냐고? 그들은 가장 허약하기 때문이다. 그들의 허약성은 그들의 증오를 가장 교활하고 가장 악독한 형식인 괴물 같은 해로운 형태가 되기도 한다.

-The knightly aristocratic "values" are based on a careful cult of the physical, on a flowering, rich, and even effervescing healthiness, that goes considerably beyond what is necessary for maintaining life, on war, adventure, the chase, the dance, the tourney-on everything, in fact, which is contained in strong, free, and joyous action. The priestly aristocratic mode of valuation is-we have seen-based on other hypotheses: it is bad enough for this class when it is a question of war! Yet the priests are, as is notorious, the worst enemies-why? Because they are the weakest. Their weakness causes their hate to expand into a monstrous and sinister shape, a shape which is most crafty and most poisonous.[44]

---

42) 'Fishbone Forest(1927)' : '식민지 건설(물고기 전쟁)'로 세운 장벽.

43) S. Gohr, *Magritte : Attempting the Impossible*, Ibid., p.103, 'Universal Gravitation(1942)' : '萬有引力' 세계 모든 나라에 다 있는 '국경(담벼락에 한 팔이 붙은) 수비대 병사'.

44) F. Nietzsche(translated by H. B. Samuel), *On the Genealogy of Morality*, T. N. Faulis, 1913, p.29.

┃구조┃ '기사(騎士) ⇔ 성직자(聖職者)' 동시주의

F. 니체의 기본 비유는 '차라투스트라(자신)'는 '귀족 기사(貴族 騎士)'로 전제하고 그 수행할 '가치의 재평가 운동(전쟁)'을 상대로 '관념주의 철학자', '내세주의 성직자'를 상정하였다.

'신체적 건강의 상징인 그 기사(騎士)'는 사실상 평소 병고(病苦)에 시달리고 있었던 F. 니체 자신의 이상(理想)상이었다('병든 니체 ⇔ 건강한 기사' 동시주의).

특히 위의 진술은 소위 신체적 의미를 중시한 '헬레니즘'과 정신적 관념적 세계를 지향하는 '헤브라이즘'에서 '헬레니즘'을 선호(選好)한 F. 니체의 상상력의 발동이다.

즉 신무기(新武器)가 개발된 '현대전'에서 '말 탄 기사(騎士) 이야기'는 비유 이상의 의미는 없다. F. 니체는 '살상의 전쟁'에 최고의 억제할 수 없는 분노를 명백히 하였다.(8-27. '살상(殺傷)의 무리'는 내 성전(聖殿)을 찾지 말라.)

제국주의자의 무력(폭탄)과 '제국주의자'의 살상(殺傷)을 가장 뚜렷이 인지하고 공개한 화가가 R. 마그리트였다.

'허공의 목소리(1928)'[45], '바람의 목소리(1928)'[46], '나락-奈落의 꽃들 Ⅱ(1928)'[47]

S. 달리도 '살상(殺傷)의 무리들'의 '핵전쟁 공포'와 '핵무기 전쟁 반대(反核)운동'의 그림을 거듭 그렸다.

---

45) S. Barron & M. Draguet, *Magritte and Contemporary Art*, Los Angeles County Museum of Art, 2006, p.48, 'The Voice of air(1928)'.

46) H. Torczyner, *Magritte*, Abradale Press, 1985, p.73, 'The Voice of wind(1928)'.

47) S. Gohr, Magritte : *Attempting the Impossible*, Ibid., p.10, 'The Flower of the Abyss Ⅱ(1928)'.

'우울한 원자 우라늄의 전원시(1945)'[48], '분명히 나는 핵폭발 문제에 몰입해 있습니다(1954)'[49]

10-17
나폴레옹

유럽의 남성화에 대한 나(F. 니체)의 믿음 : 다가올 새 천 년 동안 완벽한 작업으로 선망과 감탄으로 생각하게 될, 역사적으로도 그 유래가 없고 현재 우리가 습용을 하는 과학적이고 인기 있고, [수단과 재능 원칙에서] 최고의 규모로 행해진 '모범적 전쟁 시대-the classical age of war'에 들어선 우리는, 나폴레옹에게 감사를 해야 한다.(민족 간에 '박애-fraternity'와 아름다운 마음을 나누게 했던 것은 결코 프랑스 혁명이 아니었다.) 전쟁의 영광으로 생기는 민족 운동은 나폴레옹에 대한 반동이며 나폴레옹이 없었으면 생겨날 수도 없었다. 유럽에서 남성이 상인과 속물에 우위를 갖게 되고 '근대의 관념'과 18세기 과도한 기독교 정신으로 애지중지하게 된 여성에게까지 우위를 갖게 된 것은 나폴레옹의 덕이다……. 나폴레옹은 하나의 유럽이길 원했고, 유럽이 세계의 주인이 되길 원했던 사람이다.

－My Belief in the Virilising of Europe. We owe it to Napoleon (and not at all to the French Revolution, which had in view the "fraternity" of the nations, and the florid interchange of good graces among people generally) that several warlike centuries, which

---

48) R. Descharnes, *Salvador Dali; The Work The Man*, Harry N Abrams, 1989, p.299, 'Melancholy, Atomic, Uranic Idyll(1945)' : 1945년 8월 6일, 9일, 일본의 히로시마 나가사키에 투하된 '원폭(原爆)'의 무참(無慘)함을 그림으로 그린 것이다.

49) P. Halsman, *Dali's Mustache*, Flammarion, 1954, p.115, 'Certainly, I personally indulge in atomic explosions(1954)' : 1945년 이후 S. 달리의 주요 관심이 '핵무기 제작과 사용의 반대'에 모아졌던 경위를 다시 작품화한 것이다.

have not had their like in past history, may now follow one another. in short, that we have ente—red upon *the classical age of war*, war at the same time scientific and popular, on the grand—est scale (as regards means, talents and disci—pline), to which all coming millenniums will look back with envy and awe as a work of perfec—tion :—for the national movement out of which

'나폴레옹(Napoleon, 1769~1821)'

this martial glory springs, is only the counter—*choc* against Napoleon, and would not have existed without him. To him, consequently, one will one day be able to attribute the fact that man in Europe has again got the upper hand of the merchant and the Philistine; perhaps even of "woman" also, who has become pampered owing to Christianity and the extravagant spirit of the eighteenth century, and still more owing to "modern ideas."……Napoleon :—who, as one knows, wanted one Europe, which was to be mistress of the world.50)

| 구조 | '전쟁의 모범적인 시대 ⇔ 나폴레옹', '민족주의 운동 ⇔ 나폴레옹 ⇔ 나폴레옹에 대한 반동', '민족주의 운동 ⇔ 전쟁의 영광' 동시주의

F. 니체가 '상상(꿈) 속의 기사(騎士)'로서, 이상화했던 존재는 '알렉산더', '시저', '나폴레옹' 이었다. 그 중 F. 니체는 나폴레옹의 행적에 감탄하였다.

보나파르트는 프랑스 혁명 이후 유럽 연합 전쟁 동안 활약한 프랑스 군인이며 정치 지도자였다. 나폴레옹 1세로서 1804년부터 1815년의 프랑스 황제였다. 그의 나폴레옹 법전은 세계적으로 '민법' 에 중요한 영향을 주었으나, 소위 나폴레옹식 전쟁, 연이은 연합군의 프랑스 반대 전쟁에 그의 역할로 잘 알려져 있다. 그는 대부분의 유럽 대륙에 주도권을 확립했고, 프랑스 혁명의 정신을 확산시키려 하였으나, 한편으로는 폐기된 복고주의를 되살리는 제국을 굳히고 있었다. 수적으로 우세한 적들에 대항하여 거둔 승리의 대가로 나폴레옹은 역사상 최고의 장군으로 인정되었고, 그의 원정은 세계 군사학교에서 탐구가 되고 있다.

나폴레옹은 16세기 지중해 코르시카 섬의 아작시오에 정착했던 이탈리아 귀족 집안에서 태어났 다. 프랑스 본토에서 포병 장교로 훈련을 받았고, 프랑스 제1공화국에서 두각을 나타내었고, 프랑스

---

50) F. Nietzsche(translated by T. Common), *The Joyful Wisdom*, Ibid., pp.320~1.

에 대항한 제1차 제2차 연합군을 격파하였다. 그는 이탈리아 원정에 성공을 하였다.

1799년 나폴레옹은 최고 집정관이 되었고, 5년 후 프랑스 상원은 나폴레옹은 황제로 선언을 하였고, 나폴레옹의 뜻으로 국민 투표를 행하였다. 19세기 초반 나폴레옹 치하의 프랑스 제국은 모든 유럽 국가들이 휩쓸린 나폴레옹 전쟁을 수행하였다. 그 승리의 결과로 프랑스는 유럽 대륙의 지배적 지위를 확보하였고, 나폴레옹은 동맹국의 확장을 통해 프랑스의 영향력을 유지하였고, 나폴레옹의 친구와 가족은 프랑스 속국으로 보내져 그곳을 통치하였다.

반도(半島) 전쟁과 1812년 프랑스의 러시아 공격은 나폴레옹 운명의 전환점이 되었다. 나폴레옹의 대 군단은 그 원정으로 치명타를 당해 회복이 될 수 없었다. 1813년 제6차 연합군은 라이프치히에서 나폴레옹 군대를 격파하였다.

1914년 연합군은 프랑스로 쳐들어가 나폴레옹을 퇴위시키고 엘바 섬으로 귀향을 보냈으나, 1년이 채 못 되어 나폴레옹은 엘바 섬을 탈출 권좌로 돌아왔다. 그러나 1815년 6월 워털루 전투에 패배하였다. 그리하여 최후 6년간을 영국령인 세인트헬레나 섬에 갇히게 되었다. 부검의 결과는 위암이라 판정하였으나, 그의 죽음에는 논란이 있고, 학자들은 비소(砒素) 중독으로 추정하기도 한다.[51]

F. 니체의 '꿈'과 '현실'의 혼동 문제가 계속되었던 것은 앞서 지적했듯이 처음 '문헌학'을 통해 고대 희랍 귀족과의 동일시가 행해졌고, 이어 '기사(騎士)', '영웅주의'로 계속 확장되었다.

그리고 F. 니체의 나폴레옹에 대한 긍정적 평가는, 무엇보다 '1789년 프랑스 혁명' 이후의 정치적 혼란을 극복해 내고, 군인으로서 당초 '프랑스 혁명 정신'을 그대로 '나폴레옹 법전'에 수용 정착시켰다는 점에서, 나폴레옹 정신이 크게 긍정적으로 평가되었음은 물론이다.

'바스티유 감옥 습격(1789. 7. 14.)', '루이 16세 처형(1793. 1. 21.)'

---

51) Wikipedia, 'Napoleon'.

이러한 F. 니체의 과대망상(스스로도 자신을 '誇大妄想家-'로 알고 있었음- 8-31. '아브라함의 가치관'을 재평가한 니체)은 새 역사를 '미래 사회 계획자', '차라투스트라'를 낳았다. 그것은 다른 말로 하면 나폴레옹의 '전쟁'은 '피 묻은 전쟁'이었음에 F. 니체가 수행한 '모든 가치의 재평가 운동'은 '손을 씻은 전쟁', '무혈 전쟁'이라는 것이다.(10-35. 니체는 '손을 씻은 비스마르크'이다.)

초현실주의 화가 S. 달리는 다음과 같은 나폴레옹 조롱의 작품을 제작하였다.

'원초적 폐허에 우울한 그림자로 방황하는, 임신한 여성으로 변용된 나폴레옹의 코(1945)'[52]

10-18
시저의 섭생법(攝生法)

또 다른 섭생법 : -줄리어스 시저(G. J. Caesar, B.C.100~B.C.44)가 질병과 두통을 막는 방법이다. 엄청난 행군, 단순한 생활, 방해 없는 야외 거주, 연속적 혹사(酷使-무리한 신체적 활동). 그것이 극단적으로 허약함에 대항하여 지속시키고 보존하는, 위인에 예상할 수 있는 일반적 규칙이다.

-Another problem of the diet. - The means by which Julius Caesar defended himself against sickness, and headaches: tremendous marches, simple lifestyle, uninterrupted

---

52) R. Descharnes, *Salvador Dali; The Work The Man*, Ibid., p.301, 'Napoleon's Nose, Transformed into a Pregnant Woman, Strolling His Shadow with Melancholia Amongst Oringinal Ruins(1935)'.

stay outdoors, resistant strains – that is, into the great expected, the universal rules
conservation and protection at all against the extreme vulnerability[53]

┃구조┃ '니체(Nietzsche) ⇔ 시저(Julius Caesar)' 동시주의

'줄리어스 시저(G. J. Caesar, B.C.100~B.C.44)'

F. 니체가 1879년 6월 바젤 대학에 사직서를 제출했던 것은 건강상의 이유였다.(연보 참조) 퇴직 후 '자연 과학' 책을 더욱 열심히 읽은 것은 '생명 긍정'의 위대한 사상을 더욱 확고하게 세운 계기가 되었다.

그리고 위에서는 F. 니체는 자신의 건강 관리법과 '시저의 건강 관리법'을 비교하였다. 이것이 F. 니체의 '영웅주의 사고' 한 형태이다.(사실 모든 사람들이 다소 영웅주의에 있다.)

그러한 F. 니체의 '건강관리 방법'은 의사의 권고('讀書 不可')를 무시하고 '집필을 위한 무리한 강행(resistant strains)'이었으니, 세계사의 전개로 볼 때 사실, <u>F. 니체의 '모든 가치의 재평가 운동'은 시저의 정복(征服)보다 더욱 위대했다</u>고 할 수 있는데, 그 사실은 이후 '다다 초현실주의 운동가들'이 구체적으로 증명을 해주었다.

10-19
'선지자'는 노예 폭동을 대동한다.

로마의 역사가 타키투스(56~117)와 전 고대사는, '노예로 태어난 유대인'이 '모든 민족 가운데 선택된 사람들'로 기적의 가치 혁명을 수행한다고 말하고 믿고 있다. 그래서 몇 천 년 동안 지상(地上) 생활에서 새롭고 위험스런 매력을 간직해 왔다.

그들의 선지자(先知者)는, '부(富)', '무신(無神)', '악(惡)', '폭력(暴力)', '관능(官能)'이란 표현으로 '세상(이승)'을 저주하는 말을 만들어내었다. 그러한 가치(價値) 전도(顚倒)–'가난', '성자', '친구'가 동의어(同義語)임– 속에, 유대인의 의미를 찾아, 도덕의 개시(開始) 속에 노예 폭동이 그들과

---

53) F. Nietzsche(translated by D. F. Ferrer), *Twilight of the Idols*, Ibid., p.56.

함께 있었다.

The Jews a people "born for slavery," as Tacitus and the whole ancient world say of them "the chosen people among the nations," as they themselves say and believe the Jews performed the miracle of the inversion of valuations, by means of which life on earth obtained a new and dangerous charm for a couple of millenniums.

▲ '타키투스'
(Tacitus, 56~117)

Their prophets fused into one the expressions "rich," "godless," "wicked," "violent," "sensual," and for the first time coined the word "world" as a term of reproach. In this inversion of valuations (in which is also included the use of the word "poor" as synonymous with "saint" and "friend") the significance of the Jewish people is to be found it is with them that the slave-insurrection in morals commences.[54]

▌구조▐ '세상(this world) ⇔[천국(heaven)]' 동시주의

F. 니체의 위의 말은 뒤에 〈반기독교(Antichrist)〉 저술의 서언(緖言)에 해당한다.

'현재의 생명과 지금'을 부정하고, '미래 사후(死後) 저승'을 말한 선지자는 예수였다.

F. 니체의 '모든 가치의 재평가' 문제는 서양 사상사를 가로지르는 '플라톤의 이념 철학'과 '예수의 천국 사상' 비판에서 출발된 것이기에, F. 니체는 세계의 사상계에 새로운 기원을 이룩하였다.

10-20
'선민사상(選民思想)'은 절대왕정의 귀족주의다.

　유대인들은 여러 민족 가운데 자신들을 '선택된 사람들(the chosen people)'로 생각하고 있고, 여러 민족 가운데에서도 그들의 도덕적 재능-다른 민족보다 자신들 속에 있는 인간을 경멸할 수 있는 능력-으로, 그들은 그들의 신성한 군주 성자로부터 프랑스 루이 14세 때의 귀족과 비슷한 쾌락을 얻고 있다.

---

54) F. Nietzsche(translated by T. Common), *Beyond Good and Evil*, Ibid., p.117.

　—The Jews, who regard themselves as the chosen people among the nations, and that too because they are the moral genius among the nations (in virtue of their capacity for despising the human in themselves more than any other people)——the Jews have a pleasure in their divine monarch and saint similar to that which the French nobility had in Louis XIV.[55)

┃구조┃ '유대인의 쾌락 ⟺ 프랑스 귀족의 쾌락' 동시주의

　유대인의 '선민(選民, the chosen people)의식'은, 독일인이 '모범 민족(the model nation)'이라는 주장과 비교될 수 있다. 이러한 '우월의식'들이 맞부딪히면 '전쟁'이 나기 쉽게 되고, 그것이 이해(利害)와 겹치면 '목숨을 건 대결'이 불가피했다.(헤겔이 그의 〈역사 철학〉 속에 '설치한 속임수'이다.)

　위의 F. 니체의 소론 전개에서 '프랑스 루이 14세 때의 귀족'을 '선민(選民)의식'의 보조관념으로 선택했다. F. 니체 이상화하고 있는 '고대 희랍의 귀족'과 '루이 14세 때의 귀족'은 '자신의 실력(신체적 우월성)을 쟁취한 신분'이라는 점과 '굴종과 아유(阿諛), 빌붙음'이다.

　1916년 취리히 다다는 모두 F. 니체의 '자주, 자유권'을 체득한 차라투스트라의 후예로서 '국가 민족주의 반대', '제국주의 반대', '전쟁 반대'의 '모든 가치의 재평가 운동가들'이었다.

10-21
'민주화 운동'은 기독교 유산이다.

　　민주화 운동은 기독교 운동의 유산이다…….
　　왜냐 하면 모든 사람이 평등하다면 더 이상 어떤 권리도 필요 없을 것이다…….
　　다른 믿음을 가지고 있는 우리는 민주주의 운동이란 정치 조직의 타락의 형태이고, 미세화 가치 하락과 같은 인간의 퇴화 왜소화와 같은 것이다.
　　—the democratic movement is the inheritance of the Christian movement….
　　for when all are equal, no one needs "rights" any longer….
　　We, who hold a different belief we, who regard the democratic movement, not only as a degenerating form of political organisation, but as equivalent to a degenerating,

---

55) F. Nietzsche(translated by T. Common), *The Joyful Wisdom*, Ibid., pp.175~6.

a waning type of man, as involving his mediocrising and depreciation······56)

┃구조┃ '민주화 운동 ⇔ 평등' 동시주의

F. 니체의 위의 발언에서 '민주화 운동(the democratic movement)'이란, 마르크스식 '공산주의 혁명 운동'을 말한다.(K. 마르크스의 '공산주의', '전체주의'는, '사도행전'에 베드로 교회의 '재산 헌납 방식'이라 지적되고 있음.)

F. 니체의 사회 개혁의 방향을 말하는 차라투스트라의 사상은, '개인주의(Individualism)'이고 '힘에의 의지', '생명(자유) 옹호'의 현세주의다(F. 니체는 '전제주의 ⇔ 개인주의' 동시주의에서 '개인주의'임).

그래서 '<u>전체주의', '일방주의', '프롤레타리아</u>'는 차라투스트라(F. 니체)의 사전(辭典)에 없는 단<u>어</u>이다.('공산주의', '전체주의'는 F. 니체의 '생명 긍정'에 반대편에 있는 사상의 대표임)

10-22
'민주화'가 '노예화'를 낳을 수 있다.

유럽의 민주화는 가장 미묘한 용어로 노예화를 향한 준비된 유형을 낳을 태세이다.
─····the democratising of Europe will tend to the production of a type prepared for slavery in the most subtle sense of the term···.57)

┃구조┃ '민주화 ⇔ 노예 상태' 동시주의

F. 니체의 발언은, '경제적 평등'을 전제로 한 '공산주의', '사회주의'를 전제로 한 발언이다.

F. 니체의 '생명(욕망)의 긍정'과 '권력에의 의지'는 오늘날 '자유 민주주의', '자본주의 사회'의 근간을 이루고 있다.(이런 항목의 看過 無視에서부터, 독일 '나치(Nazi) 정권'과 'F. 니체의 개인주의'를 혼동하는 '엄청난 오해'를 낳게 된다.)

---

56) F. Nietzsche(translated by T. Common), *Beyond Good and Evil*, Ibid., pp.127~8.
57) Ibid., p.196.

10-23

니체는 '자유로운 유럽인'이다.

그러나 예수교도도 아니고 민주주의자나 온전한 독일인도 아니지만, 선량한 유럽인이며 자유로운 대단히 자유로운 정신의 소유자인 우리는, 정신적 고통과 긴장된 활을 지니고 있다. 그리고 화살과 의무와 목표도 있다는 것을 누가 알겠는가?

−But we, who are neither Jesuits, nor democrats, nor even sufficiently Germans, we good Europeans, and free, very free spirits we have it still, all the distress of spirit and all the tension of its bow! And perhaps also the arrow, the duty, and, who knows? the goal to aim at⋯.58)

| 구조 | '선량한 유럽인⇔민주주의자, 독일인' 동시주의

F. 니체의 사상은 오늘날 '자본주의 사회(−개인주의와 힘에의 의지를 긍정하는 사회)'를 떠받들고 있는 기본 정신이다.

위의 니체의 말을 부연하면, F. 니체의 사상은, '허무주의 반대', '공산주의 반대', '국가 종족주의 반대'이다.

이 사상은 '현대 자본주의 사회사상의 근간'이다.

10-24

'약함'을 권할 수는 없다.

의사(醫師)들의 도덕률 : 병약자는 사회에 기생충이다. 어떤 경우에는 산다는 것이 추(醜)한 일이다. 비겁하게 의사와 약물에 의존하여 사는 식물인간은 살아야 할 권리를 상실한 것으로, 사회는 깊은 경멸을 보낼 것이다. 의사는 그 경멸의 전달자여야 하고, 처방이 아니라 역겨움을 만들어야 할 것이다.

−Morality for physicians. − The patient is a parasite on society. In a certain state it is indecent to live longer. The puny vegetating (Fortvegetiren) in cowardly dependence on physicians and practices, given the meaning of life should have the right to life has

---

58) Ibid., p.3.

been lost; the society is to draw a deep contempt. The doctors in turn would have to be the mediators of this contempt – not prescriptions, but every day a new dose create disgust at their patient…[59]

│구조│ '병약자(허무주의자) ⇔ 사회의 기생충' 동시주의

F. 니체의 위의 말은 비유이다. '병약자'란 '허무주의 철학자, 신앙인'을 지칭이고, 의사(醫師)란 긍정적 삶을 살고 그에 '현재의 삶을 긍정하고 있는 사람'이다.

그러기에 차라투스트라(F. 니체)는 "7-12. '제자들이여, 홀로 가라.'"는 간곡한 충고를 빠뜨리지 않았다.

그러나 진정으로 '염세주의', '허무주의'의 병약자가 다 없어진다면, 그때는 '긍정적 삶'을 권장한 의사(醫師, 차라투스트라)도 소용이 없을 터이니, F. 니체는 조금 성급함을 보이고 있다.

10-25
악(惡, Bad)은 '나약함'에서 온다.

선(good)이란 무엇인가?–인간의 내부에 힘을 증대시키는 것, 힘에의 의지, 자체를 증대시키는 모든 것이다.

악(bad)이란 무엇인가? 그것은 나약함으로부터 오는 모든 것이다.

행복(happiness)이란 무엇인가? 그것은 힘이 더 세진 느낌이고 저항이 극복된 느낌이다.

만족이 아니라, 더욱 큰 힘이고; 대가(代價)를 치른 평화가 아니라 투쟁이고; 덕이 아니라 능력(르네상스적인 덕–도덕의 산성-酸性에서 해방된 덕)이다.

자선(慈善)이라는 나약하고 병든 상(相)은, 앞으로 없어져야 할 것이다. 기독교의 병들고 허약함에 대한 동정심, 세상에 무엇이 기독교보다 더욱 해로운 범죄일 수 있겠는가?

–What is good?– All that increases the feeling of power, will to power, power itself, in man

What is bad? – All that proceeds from weakness.

What is happiness? – The feeling that increases–that a resistance is overcome.

---

59) F. Nietzsche(translated by D. F. Ferrer), *Twilight of the Idols*, Ibid., p.59.

Not contentedness, but more power; not peace at any price, but warfare; not virtue but capacity(virtue in the Renaissance style; *virtu*, virtue free from any moralic-acid)

The weak and ill-constituted shall perish: first principle of our charity. And people shall help them to do so. What is more injurious than crime? -Practical sympathy for all the ill-constituted and weak: Christianity.[60])) (p.242)

┃구조┃ '힘에의 의지⇔나약(懦弱)함' 동시주의

F. 니체는 (제자 차라투스트라들에게) '생명에 대한 확신'과 '자유 의식의 선양'을 담은 '힘에의 의지' 문제를 다시 부연하였다.

그러나 여기에 거듭 밝혀야 할 점은, F. 니체의 발언은 '미래의 차라투스트라'들에게 행하는 말이라는 점이다. 즉 거듭 유념해야 할 사항은, 모든 F. 니체의 말은, '쓸모가 있으면 듣고, 없으면 버리라'는 그 선택의 '동시주의'가 항상 열려 있는 발언이라는 사실이다.(9-27. 모든 사람에게 주는 책, 그리고 아무에게도 주지 않는 책)

10-26
민주주의는 '힘의 쇠망기'에 출현한다.

민주주의는, 항상 조직화된 힘의 쇠망기에 출현하였다. 내가 〈인간적인 너무 인간적인〉에서 밝혔듯이 퇴화된 정부로서 '독일 제국' 같은 현대 민주주의가 그렇다.

-Democracy, every time the decline form the organizing force: I've characterized in "Human, All Too Human," modern democracy, together with their half-truths, like "German Reich", as degenerate form of government.[61]

┃구조┃ '민주주의⇔힘의 쇠망 형태', '민주주의⇔퇴화된 정부' 동시주의

전술했던 바와 같이 F. 니체가 상정했던 '민주주의'는 '경제적 평등주의'가 전제된 마르크스

---

60) F. Nietzsche(translated by T. Common), *The Works of Friedrich Nietzsche*, *V. Ⅲ, The Antichrist*, Ibid., p.242.

61) F. Nietzsche(translated by D. F. Ferrer), *Twilight of the Idols*, Ibid., p.71.

식 민주주의이다.

그것은 '프롤레타리아 혁명'을 전제한 것으로, '공산주의'는 '다다 초현실주의자'들의 일시적 동조를 얻기도 했지만, 끝까지 그것을 신봉한 주요 '다다 초현실주의자'는 없었다.

F. 니체의 '동시주의(simultaneism)' 원리가 바로, '마르크스식 전체주의, 일방주의'를 절대고수(固守)할 수 없게 하는 기본 '생명(욕망, 자유) 중심의 공리(公理)'이다.

10-27
'노예 교육'은 바보짓이다.

> 다시 묻는다. 당신들은 무엇을 원하는가? 목적을 가지면 수단도 가져야 한다. 노예를 교육하여 주인으로 삼고 자신이 노예가 되려는 것은 바보짓이다.
> –But what you want? asked again. Will you have a purpose, you just want the means: will be slaves, you are a fool if one educates them to the masters.[62]

┃구조┃ '노예(slaves) ⇔ 주인(masters)' 동시주의

'노예'란 차라투스트라(F. 니체)의 반대편에 있는 부류('허무주의'자)에 대한 경멸의 어휘이다. '노예'는 항상 그 상대어(相對語) '주인'과 공존(共存)한다. F. 니체의 차라투스트라는 '주인 정신 복음서'이다.

'주인 정신'을 찾는 구도자는 차라투스트라의 가르침을 금과 옥으로 받들겠지만, 이미 '허무주의', '노예 정신'에 젖은 사람들은 '미치광이 F. 니체 말'로 버릴 것이다.[63]

다 알아서 최후에 판단할 자는, 각자 그 자신들이다.(9-27. 모든 사람에게 주는 책, 그리고 아무에게도 주지 않는 책)

---

62) Ibid., p.65.
63) F. 니체에 앞서 볼테르(Voltaire)도 "바보들을 그들이 숭배하고 있는 쇠사슬로부터 해방시키기는 어려운 문제다(It is difficult to free fools from the chains they revere)."라고 하였다.

10-28
'평등'은 독소를 포함하고 있다.

평등의 원칙!…… 거기에는 더 할 수 없는 독(毒)이 있다. 왜냐 하면 정의(正義) 자체의 말로 들리지만, 그것은 정의(正義)의 종말이다. '동등(同等)한 것은 동등하고, 다른 것은 다른가?'라는 (점을 실행하는) 것이 진리이다. 그에 부수하는 다른 것은, 결코 동일하게 되지 않는다.

-The doctrine of equality!… But there is no more poisonous poison: for it seems preached by justice itself, while it is the end of justice… The same, the same, the unequal unequals?- That would be the true question of justice: and what follows, unequal never be the same make?[64]

┃구조┃ '동등한 것⇔다른 것' 동시주의

F. 니체가 거론한 '평등'은 '허무주의적 평등'과 '공산주의식 평등'을 함께 거론한 것이고, '생명의 긍정'과 '차이의 인정', '힘에의 의지' 긍정이 진정한 진리라는 자신 신념을 부연한 것이다('같은 것과 다른 것의 더욱 세밀한 구분과 적용 실현' 거기에 '正義 社會 구현'이 있다).

그러므로 F. 니체의 말은, 궁극적으로 '생명의 긍정', '힘에의 의지'로 반추(反推)되어야 바른 이해를 얻게 된다.

R. 마그리트는 '자유세계'로 가는데 그 궁극적 장애(障碍)물로, '전쟁(불)', '욕망(토르소)', '국가주의(숲)', '내세주의(십자 창)', '관념주의(하늘)', '무기 개발(말방울)', '군대양성(다이몬드 얼룩무늬)'를 꼽았다.

'여섯 가지 요소(1928)'[65], '자유의 입구(1929)'[66]

---

64) F. Nietzsche(translated by D. F. Ferrer), *Twilight of the Idols*, Ibid., p.71.

10-29

'민주주의'냐 '영웅주의'냐.

나는 민주주의 사상에 밀린 구시대 사고가 될 것인가, 아니면 비스마르크(Bismark, 1815~1898)
트라이츠케(Treitschke, 1834~1896) 같은 힘과 폭력의 위대한 사도들 속에 새로운 시저주의(Cae-
sarism)에 자리를 잡을 것인가?

> Will I be outdated by an upsurge of democratic thought or
> will a new Caesarism place me among great apostles of force and
> violence like Bismarck and Treitschke?
>
> _ '누이와 나(My Sister and I)'[67]

┃구조┃ '영웅주의⇔민주주의' 동시주의

F. 니체의 위의 발언도 '무조건 평등주의 반대'의 연장이다.

그러나 위의 F. 니체 발언은 '영웅주의⇔평등주의'에서 '영웅주의', '경쟁주의'에 편을 들고
있는 경우이다. 쉽게 말하여 오늘날 '자본주의 사회', '개인의 힘의 축적'을 긍정하고 있는
F. 니체 사상의 거점을 더욱 명시하고 있는 부분이다.

10-30

'부(富)'와 '지(知)'가 세계를 움직인다.

부(Wealth)와 지식(Knowledge)이 두 가지 세상을 움직이는 힘이다. 하나가 주어지면 항상 다른
것은 다른 것을 반드시 내 놓아야 한다.

> The love of wealth and the love of knowledge are the two
> moving forces of the earth, and what is given to one must always
> be taken away from the other.
>
> _ '누이와 나[68]

┃구조┃ '부(wealth) ⇔ 지(knowledge)' 동시주의

---

65) A. M. Hammacher, *Rene Magritte*, Abradale Press, 1995, p.85, 'The Six Elements(1928)'.

66) Ibid., p.99, 'On The Threshold of Liberty(1929)'.

67) F. Nietzsche(translated by Oscar Levy), *My Sister and I*, Ibid., p.15.

68) Ibid., p.37.

F. 니체의 '힘에의 의지(The Will to Power)'를 더욱 상론한 구절이다.

차라투스트라의 '생명 긍정', '개인주의', '힘에의 의지'는 상호 불가분리(不可分離)의 연동 사항이다.

1916년 취리히 다다는 F. 니체의 '중세 기사 공상(騎士 空想)'은 일단 접어놓고(힘에의 의지가 유보 사항임), 그의 '생명 긍정'에 '제국주의 반대'를 제일 구호로 잡았고, 1924년 브르통은 F. 니체의 '종족 보존 본능'을 더욱 상세히 서술한 S. 프로이트의 〈꿈의 해석〉을 토대로 '초현실주의 운동'으로 취리히 다다 정신을 계승하였다.

10-31
볼테르를 긍정한 니체

볼테르(Voltaire, 1694~1778)는 그의 국민(프랑스인)에게 그가 영국인이 갖는 대담성을 얼마나 좋아하는지 프랑스 국민이 동일한 분별력을 갖도록 하는 데 지칠 줄을 몰랐다. 왜냐하면 '사상'이 자연스러운 '자유'의 속성이듯이, '대담성'도 자연스러운 '사상'의 속성이기 때문이다.

> **Voltaire** never tired of telling his people how much he loved the boldness with which the English thought, leaving them to guess for themselves that they had only to dare to think to achieve the same distinction, for boldness is as natural an attribute of thought as thought is a natural attribute of freedom.

_ '누이와 나'[69]

|구조| '자유 ⇔ 사상', '사상 ⇔ 대담성' 동시주의

볼테르
(Voltaire, 1694~1778)

F. 니체는 1916년 취리히 다다(후고 발)가 자신의 '술집' 이름('볼테르 술집')으로 삼았던 '볼테르'를 우호적으로 전제한 것은 무엇보다 '자유사상의 공통성'에 기초한 것이다. '후고 발'은 물론 F. 니체의 사상에 크게 관심을 보였던 '다다 혁명 운동가'다.(제13장 참조)

S. 달리도 역시 볼테르에 사상에 동조하여 다음과 같은 작품을 남겼다.

---

69) Ibid., p.37.

'볼테르 흉상이 사라짐'에 대한 연구(1941)'[70], '볼테르 흉상이 사라짐(1941)'[71], '볼테르의 흉상이 사라진 노예 시장(1941)'[72]

10-32
'평화주의 국가'는 죽은 국가다.

현대 세상의 모든 꿈 중에서 평화주의자의 꿈은, 가장 천박한 것으로 성실함이 사악(邪惡)함으로 변할 수 있는 것이다. 유대인을 제외하고 정복에 남은 나라가 없고, 어떤 국가도 추가된 정복으로 그 뿌리에 지속적인 수분의 공급이 없이 잔존한 국가는 없다. 정복의 꿈을 포기한 나라는 생존이 벌써 포기되었다. 만약 평화주의 국가는 이미 확실하게 죽지 않은 경우는, 죽어가는 국가이다.

> Of all the dreams of the modern world that of the pacifist is the shallowest and as close as sincerity can come to viciousness No nation, except that of the Jew, ever managed to maintain itself except by conquest, and no nation has ever remained one without continually watering its roots by additional conquest. A nation that has given up the dream of conquest has already given up the dream of living. A pacifist nation is a nation dying, if not already securely dead.

_ '누이와 나'[73]

Ⅰ구조Ⅰ '전쟁 ⇔ 평화', '평화 ⇔ 멸망' 동시주의

F. 니체의 말은 '생명'과 '사회'에 대한 설명이다. 그리고 그가 근본적으로 작동시키고 있는 것은 '동시주의'이다.

---

70) R. Descharnes, *Salvador Dali; The Work The Man*, Ibid., p.266, 'Study for Disappearing Bust of Voltaire(1941)'.

71) Ibid., p.267, 'Disappearing Bust of Voltaire(1941)'.

72) Ibid., p.267, 'Slave Market with the Disappearing Bust of Voltaire(1941)'.

73) F. Nietzsche(translated by Oscar Levy), *My Sister and I*, Ibid., p.39.

동양(중국)에서 궁극적인 힘, '무력(武力)'의 '무(武)'는 '싸움을 멈추게 하는 것(止+戈)'로 풀이되고 있다. 그래서 다시 '전쟁⇔평화'는 동시주의로 묶이게 된다.

그러한 측면에서 취리히 다다는 F. 니체보다 한 차원 승화된 사람들이다. F. 니체의 '경쟁(전쟁) 옹호'에서 '유럽 공조'가 아닌 '세계 공조' 속에서 '전쟁 반대'로 F. 니체의 불분명한 부분을 더욱 명백하게 해 놓았기 때문이다.

10-33
'전쟁'을 숭배하는 유럽인

전쟁 숭배는, 웃음의 손들로 그 뿌리를 뽑아버리기에는 너무 유럽인의 의식에 깊이 박혀 있다. 전쟁 숭배가 인간 자체의 존재를 위협하는 '피투성이 웃음거리(a bloody farce)'가 될지라도, 인간들은 죽음과 파괴의 쓰디쓴 맥주를 찾아 맥주 정원으로 돌진을 할 것이다.

> The cult of war is too deeply rooted in the consciousness of Europeans to be uprooted by the hands of laughter and even when it will become a bloody farce threatening the existence of humanity itself, men will rush to their beer-gardens," drinking the bitter brew of death and destruction!

_ '누이와 나'74)

┃구조┃ '전쟁 숭배의 유럽인⇔전쟁 반대의 유럽인' 동시주의

F. 니체의 위의 발언은 유럽의 역사에 기댄 근거 있는 발언이나, F. 니체의 말로 재해석을 하면, 위의 발언은 '패배주의자'의 말이다.

'승리의 다다(Dada siegt)'는, F. 니체의 '패배주의'를 인정하지 않았다. 그러므로 다다의 '전쟁 반대 운동'이야말로 그 F. 니체를 뛰어넘은 소위 '출람지예(出藍之譽, 스승보다 뛰어난 명예로움)'를 보인 '천고(千古)에 처음 보는 혁명 운동' 그것이었다.

M. 에른스트와 R. 하우스만은 위와 같은 '다다는 승리한다(Dada siegt!)'는 작품을 제작하였다.

---

74) Ibid., p.89.

M. 에른스트의 '다다는 승리한다!(1920)'[75], R. 하우스만의 '다다는 승리한다.(1920)'[76]

10-34

'역사가'란 거짓말쟁이들이다.

최초의 역사가는 세계 최초의 큰 사기꾼이었고 도살자였다. 역사가의 비상한 뻐김, 무적의 거짓말, 상상할 수 없는 사기(詐欺)에 대항하기 위해 얼마나 비양심적인 살육을 우리가 감행해야 하는가? 나는 역사들을 기념비 제작자, 고물 수집가, 비평가로 나눈 적이 있다. 내가 생각하는 기념비 사학자는 기념비적 거짓말쟁이다.

> The first historian was the world's first great cheat and
> murderer. What carnage upon carnage must we give ourselves
> over to, in order to keep up with his extraordinary preten-
> sions, his matchless lies, his unconscionable slanders? I once
> divided historians into monumental, antiquarian and critical. The
> only monumental historians I can now think of are the monu-
> mental liars.

_ '누이와 나'[77]

┃구조┃ '역사가 ⇔ 거짓말쟁이' 동시주의

F. 니체의 위의 발언은, 그의 '문헌학(philology)'을 토대로 행한 발언으로 스스로의 체험을

---

75) W. A. Camfield, *Max Ernst : Dada and the Dawn of Surrealism,* Prestel-Verlag, 1993, plate number-49, 'Dada Triumph!'.

76) M. Dachy, *Dada The Dada Movement 1915-1923,* Rizzoli, 1990. p.108, Raoul Hausmann 'Dada wins(1920)' -에른스트는 타자기, 인체해부도, 공장 등의 그림으로 '과학에 기초한 예술 운동인 다다 혁명 운동은 결국 이긴다.'는 그의 소신을 명시하였다.

77) F. Nietzsche(translated by Oscar Levy), *My Sister and I,* Ibid., p.102.

바탕으로 한 발언이다. 그런데 F. 니체는 역시 위와 정반대의 견해, '8-17. 역사에서 자유로울 수 없는 인간'을 말하기도 했다.

사실 '역사'는 F. 니체식으로 말하면 <u>사가(史家)의 '힘에의 의지' 표현일 뿐이다.</u> 기록에 자료의 선택과 기술 방법은 사가(史家)의 고유한 권한이다. 그러나 F. 니체의 입장을 존중하면 역사 서술은 '생명 긍정'의 역사, '자유 쟁취의 역사'가 되어야 할 것이다. 그것이 바로 '생명 긍정의 사관(史觀)', '다다 초현실주의 혁명의 사관'이기 때문이다.

10-35
니체는 '손을 씻은 비스마르크'이다.

> 태양 아래 얼마나 큰 구경거리인가, 비스마르크(O. E. L. Bismark, 1815~1898)와 니체가 동시대를 살았고 둘 다 피 묻은 손이다. 그러나 내 손은 너무 자주 씻으므로 쉽게 볼 수가 없다.
>
> **What a spectacle under the sun — Bismarck and I working for the same country in the same age, both with blood on our hands, mine not so easily seen because I wash so much more frequently.**
>
> _'누이와 나'[78]

┃구조┃ '피 묻은 비스마르크의 손 ↔ 손을 씻은 니체' 동시주의

비스마르크(O. E. L. Bismark, 1815~1898)

F. 니체의 투쟁은 '생명 긍정'의 투쟁이고, '모든 가치의 재평가' 운동이다. 그리고 부수한 '우상파괴(icono-clasm)'가 바로 '전쟁'이었다.

1916년 취리히 다다는 F. 니체의 '우상 파괴'에 약속이나 한 것처럼 떼를 지어 동참을 하였으니, F. 니체는 '복운(福運) 중에 복운'을 잡았었다. 그러나 그것은 당초 F. 니체의 목숨을 건 '힘(지식)에의 의지' 발동으로 거둔 정당한 수확의 결과이니, 세상에 그러한 청복(淸福) 어디에 다시 있을 것인가.

---

78) Ibid., p.174.

제11장

결론

F. 니체의 평생 논의는, 1. '생명(육체, 욕망, 무의식) 긍정'의 실존주의(Existentialism) 2. '개인주의' 3. '힘에의 의지' 4. '동시주의(同時主義)' 5. 죽음 극복–'디오니소스 정신' 6. '영원회귀' 7. 관념주의 거부' 8. '허무주의(노예도덕) 거부' 9. '가치의 재평가'–'우상타파' 10. '과학 사상' 11. '국가 민족주의' 반대 12. '제국주의 전쟁' 반대 13. '선량한 유럽인' 14. '다다 초현실주의' 선구자 14개 항목으로 요약할 수 있다.

11-1
'생명(육체, 욕망, 무의식) 긍정'의 실존주의

F. 니체가 평생 주장했던 제일 명제는, '생명(육체) 긍정의 실존주의'이다. 이것은 구체적은 자신의 '병고(病苦)'와의 투쟁을 통해 얻어진 결론으로, 그것을 간과(看過)하면 F. 니체의 저술을 논할 하등의 이유가 없다.

왜냐하면 현대인이 모두 긍정하고 있는 바와 같이, 인간의 최우선 관심은 '건강한 신체'인데, 그것을 토대로 모든 논의가 비로소 가능하게 된다는 당연한 주장을 편 사람이 F. 니체였다.

그리고 '건강한 사람들'이 자녀(子女)들을 두고, 인간 사회를 이어 나가는 것이 역시 인류(人類)의 공도(公道)이니, 그것을 부정하고 '저 세상(the other world)'을 말하는 사람을 F. 니체는 '퇴폐주의(데카당)', '허무주의'라 규정하였다.

이하 참조

7-30. '생명에 대한 사랑'이, '최고의 희망'이다.

4-11. '생명 긍정'이 즐거움의 원천이다.

5-20. '즐거움'에 여타(餘他)는 무용지물(無用之物)이다.

3-24. '삶'이 우리의 모든 것이다.

9-13. '영혼'은 '육체'의 일부다.

9-23. '욕망(생명) 우선의 절대 의지'

5-23. '자연주의'는 건강하다.

3-21. 생명(生命)이 '가치의 기준'이다.

2-8. 육체가 근본 문제이다.

2-10. '육체'는 가장 명확하고도 구체적인 현상이다.

2-5. 인간은 타고난 대로 살아야 한다.

2-6. '본능의 편함'이 선(善)이다.

2-15. '최고의 영양 섭취'에 주력(注力)을 하라.

2-19. 육체(동물)적 인간론

3-20. '실존(實存-생명)'은 목표와 목적이 없다.

3-27. '이성(理性)'도 '본능(本能)'에 종속된다.

3-36. '생명 긍정'의 디오니소스

8-8. 생명은 전부이고 온전한 것이다.

11-2
개인주의

F. 니체는 자신의 여러 저서 중에 유독 〈차라투스트라는 이렇게 말했다〉에 큰 의미를 부여하며 호기(豪氣)를 거듭 과시하였다.

F. 니체는 '차라투스트라'를 입을 빌어 '생명 긍정'의 웅변을 토하였는데, 그 근본 거점은 '개인 생명의 중요성', 즉 각 개인의 중요성, 개인주의(個人主義)에 대한 자기 확신의 표시였다. 이 개인주의 사고는 F. 니체의 '생명 긍정', '실존주의'와 필수불가결의 관계에 있다.

그리고 이 F. 니체의 '개인주의' 사고는, 과거 '전체주의', '국가주의'와는 대척(對蹠)적인 것으로, '현대 자유 시민 정신'의 근간(根幹)이 되어 있는 사고인데, 그것을 '차라투스트라(F.

니체)'가 마음껏 찬양해 보인 것이다.

그러므로 혹시 '차라투스트라 개인주의의 찬양'을 이해하지 못한 사람들은 자신이 '허무주의', '내세주의', '관념주의', '전체주의', '국가주의' 사고(思考)에 빠져 있는지를 반드시 반성해 봐야 한다. 왜냐하면 '차라투스트라'는 그들에게까지 차라투스트라의 생각을 '강요'하지는 않았기 때문이다.

> 이하 참조
> 2-3. '자신의 존중'은 불가피한 문제이다.
> 3-17. '비이기적(非利己的)'이기란 불능이다.
> 7-2. 인간 각자는, '가치의 최후 평가자'다.
> 7-3. 친구의 속에 그 초인(超人)을 동기로 삼아라.
> 2-7. '내가 바로 선택(選擇)의 원칙이다.'
> 7-44. 그 '개인'이 '법'이고 '필연성'이며 '운명'이다.
> 10-9. 가치 실현은 각 개인의 몫이다.
> 7-12. '제자들이여, 홀로 가라.'
> 7-35. 너희도 홀로 가라.
> 3-23. '최고의 믿음'은 자신에 대한 신뢰다.
> 10-4. '국가'보다는 '개인 각자'가 우선이다.

11-3
힘에의 의지

F. 니체는, 인간 '생명력의 발동'을 가장 자연스럽고(원시적이고) 일반적 현상으로 보고, 그것을 '힘에의 의지'라 명명(命名)하였다.

인간의 경우 '힘'의 형태는, 대체로 우선 '육체적인 힘(體力)'과 '정신력(知力)', '부(富)' 등을 고려할 수 있는데 F. 니체는 그 모두를 '힘'으로 포괄하고 있다(모든 인간의 활동은 그 자체가 바로 '힘에의 의지'임).

그러므로 F. 니체의 '힘에의 의지'는, 육체적인 힘에 더하여 '물질적인 힘', '유물론(唯物論)'을 긍정하고 있었다. 그러나 F. 니체는, K. 마르크스의 '전체주의(Totalitarianism)'와는 대극적(對極的)인 '개인주의(Individualism)', '개인 생명'에 '힘에의 의지'를 그대로 인정하고 있
다는 사실은, F. 니체의 이해에 빼놓을 수 없는 가장 중요한 사항 중의 하나이다.

그리하여 결국 개인의 '힘에의 의지'는, '모든 인간 행동' 자체로서, 결국 '인류 번영을 향한
정당한 경쟁의 긍정'이고, 그 경쟁을 통해 인류의 총체적 '힘'도 증대되는 것이므로, F. 니체의
'힘에의 의지'는 극히 보편적이고 자연스런 생명 본연의 현상에 대한 규정이다. 그래서 '힘에
의 의지'에 '인위적(人爲的) 평등 논리'로 통제하는 것(즉 '共産主義'식 '전체주의' 사고)에는
절대 반대를 하였다('경제적 평등주의=민주주의' 반대).

그러나 '힘의 축적-축재(蓄財)'의 과도한 경쟁에 야기(惹起)될 수 있는 '제국주의 전쟁',
'살상(殺傷)의 전쟁'에 F. 니체는 '그 반대의 태도'를 확연히 하였다.

　　이하 참조
　　4-1. '힘(권력)에의 의지(Will to Power)'는 생명력의 방출이다.
　　4-2. 인간의 행동은 '힘(권력)에의 의지'에 귀착한다.
　　4-3. '힘(권력)에의 의지'가 가치의 전부다.
　　4-4. '힘의 축적(蓄積)으로 번성하는 동물' : 인간
　　4-5. '꿀통으로 돌아가기'가 '힘(권력)에의 의지'다.
　　4-6. '힘(권력, power)'='부(wealth)+지(knowledge)'
　　10-30. '부(富)'와 '지(知)'가 세계를 움직인다.
　　10-12. 생존을 위한 투쟁이 '힘에의 의지'다.
　　4-16. '경쟁(전쟁)'은 생명의 기본 형태이다.
　　7-47. 인생은 '투쟁'이다.
　　7-24. 나의 '전쟁'이란 의미를 알아야 한다.
　　2-12. '생(生)의 풍성함'이 표준이다.
　　7-32. '힘에의 의지'가 '선', '악'을 구분한다.
　　10-25. 악(惡, Bad)은 '나약함'이다.
　　2-23. 철학은 '지배 충동'의 산물이다.
　　4-20. 철학은 독재 힘(권력)의 형상화다.

11-4

동시주의(同時主義)

F. 니체의 '동시주의(同時主義, Simultaneism)'는 그의 '생명 긍정'의 '실존주의'를 펼치는 가장 요긴한 방법이었다.

F. 니체의 '동시주의'는 원래 모든 '명제(Thesis)'에 대한 '반명제(Anti-thesis)'를 동시에 제시함이니, 그것은 기본적으로 '모순(矛盾)의 전제', '그 반대와의 공존(共存)', 즉 'A⇔非A' 공식에 있다.(T. 짜라의 공식)

그것을 '인간 생명 현상'에 적용할 경우, '욕망 발동⇔그 억압'이 기초 동시주의이니, F. 니체는 이 공식을 그의 '잠언(箴言, Aphorism)'에 모두 장치하였고, F. 니체 자신이 '잠언(동시주의)의 대가(大家)'임을 자처하였다.

다시 말해 '동시주의'는 과거 '국가주의', '전체주의', '일방주의(Unilateralism)'에서는 거론 자체가 불필요한 것이었다. 그러나 행동 주체가 일단 솔직히 '욕망 긍정', '생명 우선'으로 가치 판단 기준을 세우고 보면, '욕망(생명, 자유)'에 반드시 '억압(통제, 도덕)'이라는 두 명제가 더욱 선명하게 부각되기 마련이다.

이 모순(矛盾)된 두 가지 명제(命題, Thesis) 반명제(反命題, Anti-thesis) 사이에, '최후의 판단(결정)자'는 바로 그 개인이라는 사실을 '차라투스트라(F. 니체)'는 반복 강조하였다.

<u>F. 니체의 저술의 난해성(難解性)은, '긍정(욕망)과 부정(억압)의 양극적 모순의 제시', 즉 '동시주의'에 모두 종속(從屬)된 사항이다.</u> 그 해법은 역시 '생명 긍정'의 '실존주의' 원리에 회부(會付)해야 정답(正答)을 얻게 된다.(그의 대저 〈차라투스트라〉는 온통 '동시주의'로 묶여 있어, 반드시 '실존 긍정'의 '해법'을 적용해야 풀리게 되어 있음.)

이 F. 니체의 '동시주의'는 그의 정통 후예(後裔)인 '다다 초현실주의 운동가들'에 의해 온전히 터득(攄得) 학습되어 그들의 예술 정신(창조) 속에 모두 발휘 수용 계승이 되었으니, 그것은 F. 니체가 개발한 인간 생명 '자주권(思惟 主體의 자유 選擇權, 가치 판단 의식) 발동(發動)'에 필수불가결의 기본 공식이다.

　　이하 참조
　　10-6. '절대적인 것'은 병들었다.

9-1. '모든 것을 의심하라.'

9-2. 니체는 '잠언(箴言, aphorism)의 대가'

9-13. '영혼'은 '육체'의 일부다.

9-26. 인생 : '자유(욕망)'와 '필연(억압)'의 역설(逆說)

8-14. 모순 속에 있는 인생

9-8. '최고 고통'과 '최고 희망'

9-9. '모순 의식'은 '적대 의식'

9-10. '지옥의 문'이 '천국으로의 길'

9-12. '파괴자'가 '창조자'다.

11-5

죽음 극복 – 디오니소스 정신

'생명 긍정'의 '실존주의'에 역설적(逆說的)으로 더욱 크게 문제된 바가 '죽음[死亡]'의 문제였다.

그리하여 과거의 종교, 철학의 체계는 모두 '죽음'의 전제 위에 그 체계를 마련하였다. F. 니체는 그것을 한마디로 '하향 길(the downward path)'로 규정하고 부정하였다.

그리고 F. 니체는, '현재 표준', '삶의 표준', '생명 표준'의 '상향 길(the way upwards)'을 제시하였고 '죽음은 오히려 모르고 살아야 함'을 강조하였다.

그래도 인간에게는 '삶⇔죽음'의 동시주의는 항상 작동하게 마련이므로, 이에 F. 니체는 희랍 비극(悲劇)의 주제(Theme)를 '디오니소스의 고통 속의 출산'으로 파악을 하고, '디오니소스의 죽음'은 '후예(後裔)와 목표가 있는 죽음[犧牲]', '풍요(豊饒)를 위한 죽음', '다산(多産)을 위한 죽음', '축제 속에 죽음'으로 이상(理想)화하였다.

그렇다면 인간 사회에 더 이상(以上)의 '허무주의'란 있을 수 없다는 결론에 F. 니체는 있었다.(F. 니체의 후배, J. G. 프레이저는 〈황금 가지〉에서 '디오니소스의 죽음-多産과 豊饒를 위한 왕, 토템의 살해'가 세계 보편의 민속 의례(儀禮)임을 입증하였다.)

그리고 F. 니체는 희랍 비극(悲劇)을 대표로 한 모든 '예술'을, '생명의 기쁨과 영속'을 찬양하고 '죽음의 극복의 필수불가결한 방법'으로 고평(高評)하였다.

이하 참조

7-46. 차라투스트라는 운명이다.

7-17. 나는 즐거운 문화의 전조이고 희망이다.

7-34. '목표'와 '상속자'가 있는 차라투스트라의 죽음(삶)

3-25. '종족의 유지'가 근본 전제다.

3-26. 모든 것이 '종족 유지' 충동이다.

3-9. '디오소스의 고통'이 비극의 주제(theme)다.

3-10. '쾌락 속에 생명의 붕괴'가 '비극'이다.

3-13. 디오니소스는, '파괴될 수 없는 기쁨'이다.

7-40. '죽음'은 축복으로 맞아야 할 것이다.

3-14. '죽음과 변화'를 초월한 디오니소스

3-1. 니체는, 철학자 디오니소스의 제자다.

2-20. 철학자는 무용수(舞踊手)가 돼야 한다.

3-38. 예술의 목적은 '패배의 거부'이다.

5-11. 예술 운동은 '데카당의 거부 운동'이다.

8-15. 광대의 웃음에서 그 나락(奈落)을 명상하라.

8-36. '생명의 탄생'으로 집중되는 이성과 감정

8-37. '사랑의 현실'이 '생명 현실'이다.

11-6
영원회귀

F. 니체의 '영원회귀(永遠回歸)'는 원래 불교의 만다라(만다라, Mandala)에 기원(起源)을 둔 것이다.

그러나 F. 니체의 '영원회귀'는 종교적 '허무주의 도식(圖式)'으로 되돌리는 것이 아니라, 반대로 '현재 생명의 영원한 지속(거듭 재탄생이 되는 디오니소스, 차라투스트라의 復活)', '긍정적 세계관의 확립', '허무주의 극복의 대안(代案)'으로 생각하였다.

그리고 '영원회귀(만다라)'에는 필연적으로 '생사(生死, 양극)의 공존(共存)'이 전제되고 있는데, '욕망의 발동과 억압'은 여기에서도 개인(주체)의 선택권이 항상 가동됨을 기정(既定)사실로 하였다.

과거 관념주의 철학은, '인간 생명'을 '도식(圖式, 만다라)' 속에다 항상 '결정론(운명론, Determinism)'으로 대입을 하는 양상이었는데, F. 니체는 '도식(圖式)'을 감연히 거부하고 '현실 생명 위주의 긍정적 사고'를 펼쳤던 점이 F. 니체의 사상의 가장 큰 특징이다.

'도식(圖式-만다라)'에는 물론 '인류의 모든 문학예술 작품 자체의 의미'도 포괄되는데, F. 니체는 '도식(圖式-작품 자체-만다라)'의 수용과 해명에 그친 것이 아니라, 그것을 완전히 벗어나 바로 '현실 생명'에 대한 실천으로 직행을 일관되게 강조하였다.(항상 '현실'이 문제임.)

이 점은 뒤(1930년대)에 미국에서 유행한 '작품 중심'의 '신비평(New Criticism)'류(類)와는 확실하게 구분이 되는, 대륙의 '다다 초현실주의 운동 중핵 정신'이 되었다.

이하 참조
7-15. '영원회귀' : '긍정적 삶의 공식'
3-12. 디오니소스는 '영원회귀(回歸)'다.
8-32. 인간의 존엄성에 기초한 '영원회귀'
8-33. '영원회귀'론이 우주의 질서다.
9-22. 반복되는 '전형적(영웅주의) 체험'

11-7
관념주의 거부

'관념주의(관념주의, Idealism)'란 언어에, '개념(이념, Idea)'을 중시하는 소위 과거 '플라톤 철학'을 계승하고 있는 철학들이다.

F. 니체는 '관념철학' 자들의 주장(저술)을, '생명(육체적 욕망)'을 돌아보지 않은 철학자(주장자) 자신의 '생명(육체)'까지 무시한, 독재적 데카당(퇴폐)의 '힘에의 의지' 표현으로 규정하였다.

그러므로 '국가 사회를 향한 봉사(奉仕)'라는 일방적 도덕 정신의 강조는, 분명히 자체모순(자기의 욕망까지 부정한 데카당의 주장)이라는 것이다. 그래서 F. 니체는 그 대표자로 소크라테스, 플라톤, 칸트에 이르는 서구 철학자들의 구체적인 사례를 들어, 그들의 주장이 어떻게 잘못되었음을 입증하였다.

F. 니체가 그러했기에, '독일의 국가사회주의 독재 정권'의 대표인 '나치(Nazi) 정권'이 F. 니체 철학의 영향을 받았다는 주장은, F. 니체 철학의 오해(誤解) 중에도 가장 흉악한 모해(謀害)다.

F. 니체가 행했던 치열한 기존 '당위(當爲, 의무, What Should Be) 철학을 향한 비판'은, 제1차 세계대전 발발이 그 '당위(當爲) 철학들의 허구(虛構)'를 그대로 증명해 주었다.

즉 '국가 간의 전쟁(戰爭) 수행'은 국가들의 철학적 당위(當爲, What One Should Be)론에 바탕을 둔 것들이니, 그들의 '모순성', '상충(相衝)성'을 처절히 드러내었던 것이 제1차 세계대전이었다. 다시 말해, 양쪽의 국가가 모두 그들은 '정의(正義)'편에 있다고 전쟁 참여를 독려(督勵)할 경우, 궁극의 판결은 과연 누가 하는 것이며, 전쟁을 통해 발생한 '생명의 살상(殺傷)'은 과연 누가 어떻게 보상을 할 수 있는가의 문제가 그것이었다.

그래서 제1차 세계대전 진행 중에 'F. 니체의 생명 긍정'은 '전쟁 반대', '제국주의 반대'를 기치(旗幟)로 '모든 가치의 재평가' 운동은 '다다 혁명 운동'으로 꺼질 수 없는 불길로 타오르게 된 것이다.

이하 참조

10-11. '책의 극복'이 '책의 임무'다.

9-13. '영혼'은 '육체'의 일부다.

6-4. '이성(理性)'이 독재를 부른다.

6-16. '이성(理性)'이 '허무주의' 원인이다.

6-10. 칸트의 '이성'이 세계를 날조했다.

6-21. '이념(理念)'이 철학자를 삼켰다.

6-23. 철학은 '뻔뻔한 자기기만(自己欺瞞)'이다.

6-22. '철학' 속에 '생명의 진리'는 없다.

6-7. 플라톤의 생각 : '생명의 부정'

4-21. 해로운 선택이 '데카당'이다.

6-9. 우리를 웃기는 칸트의 쇼

6-14. '관념주의'에서도, 니체는 '생명'을 본다.

6-15. 자기 수련의 기념비 : '관념주의 척결'

6-17. '인간(個人)이 척도(尺度)'란 유치(幼稚)한 과장이다.

6-27. '감성(感性-senses)의 보고(報告)'에는 거짓이 없다.

6-28. '처음(生)'과 '끝(死)'을 혼동하는 철학

6-29. '현재 세상'이 '진실의 전부'다.

11-8

허무주의(노예도덕) 거부

F. 니체에게 '허무주의(虛無主義)'란, '현재의 삶과 이 세계를 부정하고' 인간의 '사망(死亡) 이후 세상'을 기준으로 삼는 모든 사상에 대한 규정이다.

<u>'현세의 생명(육체) 긍정'을 최우선으로 생각하는 F. 니체에게 대극점('敵'으로 명시를 하고 있음)을 지목하고 있는 부류가 그 '허무주의자들'이기에 그 '허무주의들과의 대결'이, F. 니체가 거듭 명시한 그 '전쟁(戰爭)'의 실체(實體)이고, '차라투스트라' 주장의 전부이다.</u>

그런데 그동안의 모든 철학과 종교는, '육체의 거부', '육체의 억압'을 최고의 덕목(德目)으로 강조하였지만, F. 니체는 '종교적 의미' 구극(究極)에는 역시 '생명의 긍정'이 그대로 전제되어 있음을 확신하고 있었다.('모든 祈禱'가 바로 '현재 생명의 융성을 위한 祈禱'임.)

그래서 차라투스트라(F. 니체)의 '(허무주의와의) 싸움(전쟁)'에 이길 수밖에 없고, 차라투스트라의 승리는 바로 '적(敵, 허무주의자)들의 승리'도 된다는 확신에 있었다.

이하 참조

2-4. '좋다'는 판단(느낌)은, 그 행동 주체에서 유래한 것임.

5-6. 모든 종교는 '허무주의'다.

5-7. '허무주의'는 데카당이다.

5-21. '생명'에 적대적인 교회

5-18. 희랍인의 폭소 대상이 기독교이다.

5-30. 기독교는 '육체'를 경멸한다.

5-32. 기독교는 '저 세상'을 말한다.

5-2. 기독교는 '허무주의'다.

5-3. 사제(司祭)는 '금욕의 데카당'이다.

2-13. 니체는 '긍정'을 말한다.

3-28. '죽음'은 모르고 살아야 한다.

2-14. 니체는 데카당(퇴폐)의 반대다.

2-21. '신의 존재' 논의는 무익하다.

2-22. '염세주의'는 그 원인 분석이 필요하다.

3-18. '염세주의'는 '허무주의'의 선행(先行) 형식이다.

3-19. '도덕'은, 까닭 없이 생을 단죄(斷罪)한다.

3-22. '생명 회의(懷疑)'는 엉뚱한 일탈(逸脫)이다.

3-35. 치통(齒痛)에 발치(拔齒)가 우선일 수 없다.

3-37. '생의 부정'은 바보짓이다.

11-9
모든 가치의 재평가 – 우상타파

F. 니체에게 '우상(偶像, Idols)'이란, '현재 생명 운영에 아무 의미가 없는 이미 죽은 존재(무가치한 존재)를 지금 살아 있는 소중한 대상들(관념들)'로 잘못 숭배를 행하는 모든 대상들의 총칭이다.

'우상(偶像)'의 대표적인 존재는 역사상 모든 '허무주의자들'로, 종교의 교주(敎主)들과 그 사제(司祭), '국가주의', '전체주의', '일방주의'를 정당화한 철학자 사상가들이 그들이다.

차라투스트라(F. 니체)는 그러한 '현재의 생명을 교도(敎導)하는 모든 제약의 우상(偶像)'이 얼마나 '가식과 허구' 속에 있는지를 폭로하는 것을 '우상 파괴(Iconoclast)'라 명명하였고, 역시 그것이 F. 니체의 소임이고 '전쟁의 목표'임을 명백히 하였다.

1916년 취리히 다다이스트는 서로 약속이나 한 것처럼 '우상 파괴'에 돌입하였으니, '지구촌'에 행해진 모든 '살상(殺傷)의 제국주의자의 전쟁 수행'이 바로 '우상 숭배'를 기초로 진행되고 있다는 사실을 그 다다이스트는 모두 다 알고 있었다.

이하 참조

2-18. '도덕'에 우선한 '육체적 인간론'

9-13. '영혼'은 '육체'의 일부다.

10-10. 니체는 '대가(master)'를 조롱한다.

7-1. '가치의 재평가' : 차라투스트라의 일

5-1. '우상(偶像)의 파괴'가 니체의 일이다.

11-10
과학 사상

F. 니체의 '생명 긍정'의 '실존주의'는, 당초 '의학적 생리학적 견해'를 과감하게 기존의 사회 관습과 철학에 적용하여 얻은 결론이었다.

그러한 F. 니체의 사고(思考) 방법은, '인간의 생명 속에 명시된 신(神)'임을 역시 확신하고, 현재의 생명(육체 내의 정신) 이외에 달리 추상된 어떤 '신(神)도 없다(神은 죽었다)'는 주장이었다.(오직 마지막 현재의 살아 있는 '가치 판단자'가 있을 뿐임)

이것은 사실 〈요한복음〉에 예수의 말을 그대로 변용(變容-각 개인의 主體 중심으로 탈바꿈)한 말이다.('그 아버지는 내 안에 계시고, 나는 그 아버지 안에 있다. 너희는 내 안에 있고 나는 너희 안에 있다.')

그러므로 세상에 진실로 믿을 것은 '건강한 육체와 정신'을 지닌 차라투스트라(각자 자신)가 있다는 F. 니체의 주장일 뿐이니, 특별히 이상(異常)할 것도 없다. 그러기에 '신(神)'의 사망 선언'은 '허무주의 근본(根本)의 파괴 선언'이고, '자주(자유) 시민 정신 출발의 선언'이고 '모든 가치의 재평가 운동의 선언'일 뿐이다.

육체가 쓰러지면, 그 '정신'도 간 곳을 알 수 없음은, 일반 사람들도 쉽게 체험할 수 있는 바다.(매일 '睡眠-잠듬'으로 반복 체험되고 있는 사실임.)

그러하기에 '생명(육체)의 긍정', '현세의 긍정', '예술의 긍정'은 필연적 과학적 결론들이다.(그리고 '판단 여부'부터 모두 현재의 그 '생명' 각 개인 주체들에게 전적으로 맡겨진 사항들임.)

9-13. '영혼'은 '육체'의 일부다.

2-2. 인간론은 '건강론'이다.

2-16. 쾌적한 날씨는 천재 출현 요건이다.

2-18. '도덕'에 우선한 '육체적 인간론'

5-12. 당신들과 니체(狂人)가 신(神)을 죽였다.

11-11
국가 종족주의 반대

F. 니체는 독일 출생이지만, 1869년 스위스 바젤 대학 취업(就業) 이후에는 거의 외국에 머물면서 자신의 '초(超)국가 초종족주의 사상'을 가다듬었고, '국가 민족(종족)주의'가 얼마나 옹졸(壅拙)하고 모자란 생각들인지 천하에 공개함을 주저하지 않았다.

더구나 F. 니체는 최후 저술인 〈이 사람을 보라〉 〈누이와 나〉에서는 '독일의 국가주의 종족주의'를 절망적으로 규탄(糾彈)하였고, '신(神)을 앞세워 세계 식민지인(植民地人)을 상대로 상행위(商行爲)를 하는 영국 제국주의 위선(僞善)'을 가장 먼저 폭로하였다.

그러했음에도 불구하고, 독일과 영국이 중심이 되어 벌린 제1차 세계대전은 3,700만 명의 사상자를 기록하였다.

F. 니체의 '국가 종족주의 반대', '살상 전쟁 반대'(1888~9)가 명시된 지 15년 후인 1914년에, 제1차 세계대전 대전은 터져, 유럽 대륙은 걷잡을 수도 없는 전쟁 참화에 휩쓸렸으니, 그것은 근본 동기는 '국가 종족(民族) 제일주의', '국익 우선주의', '식민지 주도권 확보', '제국주의' 경쟁의 심화(深化)였다.

이에 차라투스트라의 당당한 후예(後裔)인 '다다 초현실주의자들'은 더욱 거시적(巨視的)인 '지구촌(地球村, The Global Village)'을 기본 전제로 하고, '생명 우선의 실존주의'로 '전쟁 반대' 운동을 전개하지 않을 수 없었다.

이하 참조

8-27. '살상(殺傷)의 무리'는 내 성전(聖殿)을 찾지 말라.

8-31. 나의 독선(獨善)은 나의 열등의식

10-1. 우려할 만한 '독일 국가 민족주의'

10-2. '독일 민족 제국주의'가 바그너를 절단 냈다.
10-3. 독일의 '국가 민족주의 노이로제'

11-12
제국주의 전쟁 반대

차라투스트라(F. 니체)의 '힘에의 의지' 주장은, '전 인류의 복지(福祉) 사회'를 향한 '인간 각 개인 역량의 거침없는 발휘'가 기본 전제였다(디오니소스의 출산 고통과 죽음의 의미에서 충분히 명시된 바임).

그런데 공허(空虛)하게 '논쟁을 좋아하는 무리들'은, '힘에의 의지'에 대한 자신들의 덜 익은 이견(異見)들을 제시하며, 그들의 단견(短見)으로 F. 니체의 본래 주장('생명 긍정')을 거꾸로 왜곡(歪曲)을 하기에까지 이르렀다('제국주의자 F. 니체'로 오해함이 대표적인 예임).

앞서 살폈던 바와 같이 F. 니체의 '동시주의'적 태도와 '우상 파괴의 전쟁론'은 F. 니체 사상을 더러 오해할 수 있다.

그러나 F. 니체의 가장 명백한 주장, '차라투스트라 주장의 수용 여부(與否)'까지도, '최후의 평가자' 각 개인들에게 일임된 사항임을 상기하면, 그 '오해'는 사실상 '가소로운 조작(造作)' 그 자체이다.

그런데도 자신들의 '잘못된 이해'를 바탕으로, '생명 살상 전쟁 책임'을 F. 니체에게 전가(轉嫁)하는 사람들은, 한마디로 'F. 니체에 대한 무지(無知)'요, '전체주의', '일방주의', '보수주의', '생명 살상 전공의 조폭도(組暴徒)' 그 자신들의 고백임을 명심해야 할 사항이다(아는 것이라고는 '절대주의', '전체주의', '허무주의'밖에 없는 사람들의 해석임.)

명백한 '생명 긍정'의 '실존주의' 증언자들은 1916년 '취리히 다다이스트'로, '새로 태어난 차라투스트라', <u>'모든 가치의 재평가' 운동가들</u>이었다.

　　이하 참조
　　8-27. '살상(殺傷)의 무리'는 내 성전(聖殿)을 찾지 말라.
　　8-28. '생명'은 신성하다.
　　10-35. 니체는 '손을 씻은 비스마르크'이다.

11-13
선량한 유럽인

F. 니체의 '천재적(天才的) 사고(思考)' 중의 하나가 '선량한 유럽인(good Europeans)'을 가장 먼저 선언하고 나왔던 사실이다.

F. 니체는 자신의 태생(胎生)인 독일을 떠나, 이탈리아 스위스 등지에 머물며 '국가주의', '종족주의' 폐해를 객관적으로 고려했던 바 그 결론이 '선량한 유럽인'이었다.

F. 니체의 '선량한 유럽인'의 전제(前提)에서 한 걸음 더욱 발전한, 1916년 스위스 다다이스트들은 '탁월한 차라투스트라들'로서, '더욱 온전한 사회'의 범위로 드디어 '그 지구촌(地球村, The Global Village)'을 상정(想定)하게 되었다('선량한 지구촌안-Good Global Villageans').

그리하여 오늘날 세계 각국(各國)의 외교인 행각들은 문자 그대로 '새로 태어난 차라투스트라'로서, '지구촌' 속에서 각자 자국의 번영과 융성을 평화적으로 추구하기에 이르렀다.

이하 참조
10-5. 니체의 이상(理想) : '선량한 유럽인'
10-15. '선량한 유럽주의' 이상(理想)
10-23. 니체는 '자유로운 유럽인'이다.

11-14
다다 초현실주의 선구자(先驅者)

결국 F. 니체의 '모든 가치의 재평가 운동'은, '정신분석의 전역(全域)', '언어학 전역', '인류학(민속학) 전 영역', '예술 전역'에 완전히 새로운 지평(地坪)을 마련하게 하였다.

즉 1900년 이후 (자유)세계에 주목을 받은 영향력 있는 사람들은, 거의 F. 니체의 사고와 무관한 사람이 없다.

특히 1916년 취리히 '다다 초현실주의 혁명 운동'은 주로 예술가(시인, 소설가, 극작가, 화가)들이 주도한 '제국주의 전쟁 반대 운동'은 모두 F. 니체의 '동시주의'를 체득하여 졸업한 사람들이라는 공통성을 지니고 있다.

F. 니체가 명시했던 '현실 생명(육체)의 긍정', '동시주의', '예술의 (죽음 극복의) 힘' 3대

문제는, F. 니체 이전에 어떤 사상가에게서도 그 연원(淵源)을 확인할 수 없는, F. 니체의 독창적 천재성에 기원을 둔 소중한 창조의 지표들이다.(물론 개인적으로 알고는 경우는 있었으나, 공개적으로 주장하여 크게 펼치지는 못하였음, A. 쇼펜하우어가 그 대표임.)

이하 참조

1. J. G. 프레이저(J. G. Frazer, 1854~1941)

2. S. 프로이트(S. Freud, 1856~1939)

3. G. B. 쇼(G. Bernard Shaw, 1856~1950)

4. F. 소쉬르(F. Saussure, 1857~1913)

5. E. 뭉크(E. Munch, 1863~1944)

6. W. 칸딘스키(W. Kandinsky, 1866~1944)

7. C. G. 융(C. G. Jung, 1875~1961)

8. F. T. 마리네티(F. T. Marinetti, 1876~1944)

9. F. 피카비아(F. Picabia, 1879~1953)

10. P. 피카소(P. Picasso, 1881~1973)

11. J. 조이스(James Joyce, 1882~1941)

12. F. 카프카(F. Kafka, 1883~1924)

13. H. 발(Hugo Ball, 1886~1927)

14. M. 뒤샹(M. Duchamp, 1887~1968)

15. M. 하이데거(M. Heidegger, 1889~1976)

16. M. 에른스트(M. Ernst, 1891~1976)

17. R. 휠젠벡(R. Huelsenbeck, 1892~1974)

18. T. 짜라(T. Tzara, 1896~1963)

19. A. 브르통(A. Breton, 1896~1966)

20. R. 마그리트(R. Magritte, 1898~1967)

21. J. 라캉(J. Lacan, 1901~1981)

22. S. 달리(S. Dali, 1904~1989)

23. J. P. 사르트르(J. P. Sartre, 1905~1980)

24. E. 노이만, (Erich Neumann, 1905~1960)

11-15

서구 사상사(思想史) 전개 약도

    F. 니체의 '실존주의(Existentialism)' 사상을 서구(西歐) 사상사(思想史) 전개 속에 그 위치를 도식화(圖式化)하면, 대체로 다음과 같다.

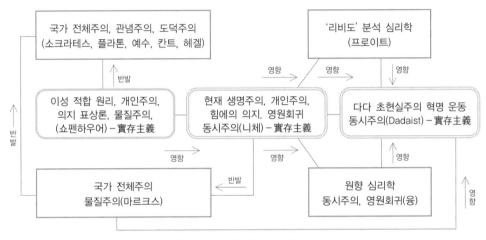

서구(西歐) 사상사(思想史)의 전개 약도

제12장

F. 니체 연보

F. 니체가 그의 생전(生前)에 명시하였듯이, 모든 인간은 '역사'부터 자유로울 수 없다.(8-17. 역사에서 자유로울 수 없는 인간) 물론 F. 니체의 인생도 그러하였다.

'F. 니체의 역사(歷史)'란, '그가 육체를 경영했던 1844년부터 1900년까지 그가 인류를 향해 이룩하였던 의미 있는 일(사건)의 전부'를 지칭한다.

여기에서는 F. 니체의 일생을 편의상

1. 탄생 소년기(誕生 少年期, 1844~1859), 2. 수학 탐색기(修學 探索期, 1860~1868),
3. 취업 격동기(就業 激動期, 1869~1979), 4. 섭생 저술기(攝生 著述期, 1880~1889),
5. 최후 증언기(最後 證言期, 1890~1900)

로 구분하여 그의 '인생 경영의 구체적 경과'를 살펴보기로 한다.

12-1
탄생 소년기(誕生 少年期, 1844~1859)

1844년(0세)

프리드리히 빌헬름 니체(Friedrich Wilhelm Nietzsche, 1844~1900)는 독일 뤼첸(Luet
-zen) 부근의 작은 마을 뢰켄(Roecken)에서 1844년 10월 15일 아버지 목사 카를 루트비히
니체(Karl Ludwig Nietzsche, 1813~1849)[1]와 어머니 프란치스카 욀러(Franziska nee

Oehler, 1826~1897)2) 사이에 세 자녀 중 첫째로 출생하였다. 처음 이름은 구스타프 아돌프 (Gustav Adolf)였다.3)

니체의 '아버지 카를(1813~1849)'4), '어머니 프란치스카(1826~1897)'5)

'아우구스트 엥겔베르트 니체 할아버지(1785~1858)', '아버지', '다비트 에른스트 욀러 외할아버지(1787~1859)', '어머니'6)

---

1) "아버지는 힘차고 키가 크고 자상한 모습에 이목구비가 선명하고 밝고 자애로운 모습으로 내 기억에는 남아 있다" 고 F. 니체는 회고했다. ─D. F. Krell & D. L. Bates, *The Good European : Nietzsche's Work Sites in Word and Image*, The University of Chicago Press, 1997, p.10.

2) "사랑하는 어머니, 무얼 하시는지 궁금합니다. 빨리 돌아오세요. 저는 건강하고 행복하고 무척 어머니를 사랑합니다……. 당신의 착한 프리츠(F. 니체 5세 때 편지)." ─D. F. Krell & D. L. Bates, Ibid., p.10.

3) R. Safranski(translated by S. Frisch), *Nietzsche : A Philosophical Biography*, W. W. Norton & Company, 2002, p.351~371, 'Chronicle of Nietzsche's Life' ; J. Young, *Friedrich Nietzscne : A Philosophical Biography*, Cambridge University Press, 2010, pp.563~7, 'Chronology'.

4) R. J. Benders und S. Oettermann, *Friedrich Nietzsche Chronik in Bildern und Texten*, Carl Hanser Verlag, 2000, p.12.

5) Ibid., p.13.

6) Ibid., p.23, 'August Engelbert Nietzsche(1785~1858)', 9, 17, 'David Ernst Oehler(1987~1859)', 11.

■ '뢰켄 목사관과 교회(1984)'[7]
② '니체가 태어난 뢰켄 목사관'[8]
③ '뢰켄의 기사묘비'[9]

F. 니체가 평생 동안 주로 머물렀던 장소

7) R. J. Benders und S. Oettermann, Ibid., p.10.

8) J. Young, *Friedrich Nietzsche : A Philosophical Biography*, Ibid., Fig.1.

9) Ibid., p.14, 'Roecken, Rittergrabmal' ; D. F. Krell & D. L. Bates, Ibid., p.12. 어린 니체에게 무섭고 우울한 기분을 조성한 '성 조지 상(Image of St. George)'–13세의 〈나의 인생(My Life)〉에서.

1846년(2세)

7월 10일, 여동생 엘리자베트(Elizabeth Foerster Nietzsche, 1846~1935)가 태어나다.

1948년(4세)

루트비히 요제프(Ludwig Joseph)가 탄생하다.

1849년(5세)

7월 30일, 아버지 루트비히가 35세로 사망하였다.

1850년(6세)

1월 9(4)일, 아우 루트비히 요제프(Ludwig Joseph)가 사망하였다.

4월 초에 새로운 사람(목사)의 부임으로 목사관을 비우게 되어, 가족-미혼 고모 2명, 어머니와 프리드리히(Friedrich), 엘리자베트(Elisabeth) 5명의 가족은 나움부르크(Naumburg)로 이사를 하게 되었다.

같은 해에 F. 니체는 초등학교(the local boys' public school)에 다니기를 시작하였다

1851년(7세)

봄, 베버(Weber) 사립학교로 전학하였고, 거기서 구스타프 크루크(Gustav Krug, 1844~1902), 빌헬름 핀더(Wilhelm Pinder, 1844~1928)와 사귀게 되었다.

'크루크(Gustav Krug-1863, 1844~1902)'[10], '핀더(Wilhelm Pinder-1852, 1862, 1844~1928)'[11]

F. 니체는 크루크(Krug), 핀더(Pinder)와 친구가 되었고, 세 사람은 함께 1854년에는 캐시드럴 그래머 스쿨(Cathedral Grammar School)로 전학하였다.

여동생 엘리자베트는 오빠 (프리드리히) 니체를 다음과 같이 회고하였다.

10) R. J. Benders und S. Oettermann, Ibid., p.21, 'Gustav Krug-1863, 1844~1902'.

11) Ibid., p.22, 'Wilhelm Pinder-1852'.

"친구들은 오빠를 꼬마목사(the little pastor)라고 불렀는데, 성경 구절이나 찬송가 가사를 인용하여 오빠 친구들에게 감동을 주어 눈물을 흘릴 정도였다."[12]

엘리자베트는 다음 일화도 소개하였다.

"어느 날 학교가 파할 무렵 소나기가 내렸다. 우리는 프리스터 길목에서 프리츠(오빠 프리드리히)를 기다렸다. 다른 아이들은 망아지처럼 뛰어 집으로 달려갔다. 마침내 프리츠가 나타났다. 프리츠는 모자 위에 손수건을 덮은 슬레이트로 가린 채 천천히 걸어오고 있었다…. 온 몸이 다 젖은 것을 본 어머니가 프리츠를 꾸짖자, 프리츠는 진지한 어투로 말했다. '그런데 엄마, 우리 학교 교칙에는 ―학생들은 집에 갈 때는 뛰지 말고 조용히 얌전하게 가야한다.(the school rules state that boys are forbidden to jump and run when they leave school, but must walk home quietly with proper manners.)―고 돼 있어요.'"[13]

어머니에서 피아노 선물을 받고 성가대 지휘자에게 음악 수업을 받았다.

'1870년의 나움부르크'[14]

1853년(9세)

1월, 열병을 치렀다. 가족은 아버지처럼 목사가 되길 희망하였다.

1856년(12세)

엘리자베트는 F. 니체 친구 이야기를 인용했다.

---

12) R. Safranski(translated by S. Frisch), *Nietzsche : A Philosophical Biography*, Ibid., p.352.

13) Ibid., pp.352~3.

14) R. J. Benders und S. Oettermann, Ibid., p.15.

"···. 프리츠가 친구들에 준 영향력에 놀랐다. 친구들은 프리드리히 앞에서 거친 말이나 허튼말을 하지 못했다. 그들에게 '왜 그러느냐?'고 물으면 '글쎄 쳐다보면 목구멍이 막히지.' ······프리츠는 항상 열두 살 먹은 성전의 예수를 생각나게 한다."15)

F. 니체가 첫 철학 논문 '악의 근원에 대하여'를 쓰다. 그의 공책에는 시(詩)들이 가득했다.

1858년(14세)

10월, 나움부르크 바인가르텐 18로 이사를 하였는데, 어머니 프란치스카는 그곳에 1897년에 사망할 때까지 살았다.

'어머니 프란치스카가 살았던 나움부르크 바인가르텐 18'16), '나움부르크 바인가르텐 18'17)

F. 니체는, 나움부르크(Naumburg) 근교 살레(Saale)에 있는 기숙학교 포르타(the Pforta school)에 입학하게 되었다.

1859년(15세)

F. 니체가 파울 도이센(Paul Deussen, 1845~1919)을 알게 되었다.

---

15) R. Safranski(translated by Frisch), *Nietzsche : A Philosophical Biography*, Ibid., p.353.

16) R. J. Benders und S. Oettermann, Ibid., p.761, 'Haus Weingarten 18 Naumburg' ; D. F. Krell & D. L. Bates, Ibid., p.22.

17) J. Young, Ibid., Fig.4 '18 Weingarten Fraziska Nietzsche's house in Naumburg'.

12-2

수학 탐색기(修學 探索期, 1860~1868)

1860년(16세)

파울 도이센(Paul Deussen)은 '우리는 의형제의 우정을 맹세했다.'고 F. 니체를 회고했다.

'파울 도이센(Paul Deussen, 1845~1919) 1864, 1880, 1900'[18]

1861년(17세)

10월 19일, F. 니체가 횔덜린(F. Hoelderin, 1770~1843)을 발견하고 '내가 좋아 하는 시인'이라 불렀다. 평을 썼다.

선생님 말씀하시길 '더욱 건강하고, 명백한, 더 많은 독일 시인들에게 주목하라.'고 했다.

▲ F. 횔덜린
(F. Hoelderin, 1770~1843)
17세의 니체(1861)[19] ▶

1862년(18세)

친구들과 동아리 '게르마니아(Germania)'를 결성하다.
'운명과 역사(Fate and History)'라는 논문을 쓰다.

---

18) J. Young, Ibid., Fig.7 ; R. J. Benders und S. Oettermann, Ibid., p.551, 780 : 동양 산스크리트 어 학자 (Orientalist and Sanskrit scholar).

19) R. J. Benders und S. Oettermann, Ibid., p.76 ; D. F. Krell & D. L. Bates, Ibid., p.24.

18세의 니체(1862)[20]

1863년(19세)

학교 주변 떠돌이 시인 에른스트 오르트렙(Ernst Ortlep)과 교제하였다.

1864년(20세)

고대 그리스 시인 테오그니스(Theognis)에 관한 포르타(Pforta) 학교 졸업 논문 작성하여 선생님들의 칭송(Effusive praise)을 들었다.

8월에 대학 입학 자격시험을 치르다.

9월, C. 게스도르프(Carl von Gersdorff, 1844~1904)와 친구가 된다.

10월, 본(Bonn) 대학 신학과 고전 문헌학 공부 시작하고 동아리 '프란코니아'에 가입하고, 프리드리히 리츨(Friedlrich Ritschl, 1806~1976) 수업도 청강을 하다.

20세의 니체(1864)[21], 게스도르프(Carl von Gersdorff, 1844~1904)[22]

---

20) R. J. Benders und S. Oettermann, Ibid., p.86.

21) Ibid., p.109.

22) Ibid., p.80(1864).

본(Bonn) 시23)

1865년(21세)

2월, 전공을 신학(Theology)에서 문헌학(philology)으로 바꾸어 결정을 하다.

리츨(Friedlrich Ritschl, 1806~1876)24), 20세의 니체(1864)25), 21세의 니체(1865)26)

본 대학의 프란코니아 학생 동아리(1865)27)

23) D. F. Krell & D. L. Bates, Ibid., p.38, 'The city of Bonn'.

24) R. J. Benders und S. Oettermann, Ibid., p.121.

25) Ibid., p.119.

26) Ibid., p.135.

카를 폰 게스도르프(Carl von Gersdorff), 에르빈 로데(Erwin Rohde, 1845~1898)와 교제하다.

10월 19일, 리츨(Ritschl) 교수가 라이프치히(Leipzig) 대학으로 옮기게 되자 그를 따라 라이프치히 대학으로 옮겨갔다. 라이프치히 대학에서는 로데(Rohde)가 평생 가장 가까운 친구가 되었다.

라이프치히 대학[28]

이 라이프치히 대학 시절, '반(半) 인도인 소녀-the semi-Indian girl' 창녀(娼女)로부터 매독-syphilis에 감염되었으나, 그것을 '자만과 태만-his Promethean pride and fatal neglect'으로 방치하였다가 결국 그것이 원인인 '진행성 마비증-progressive palaysis, cause syphilis'으로 입원 사망하게 되었다.[29](1889년 1월 18일 참조)

11월, F. 쇼펜하우어(A. Schopenhauer, 1788~1860)의 〈의지와 표상으로서의 세계(The World as Will And Representation, 1818)〉를 체험하게 되다.

> "나를 알아야겠다는 욕구와 자신에 관한 의문이 강력하게 일어났다. 당시의 고심과 우울한 일기는, 초점을 잃은 자책과 인간 중핵의 개조와 신성 추구에 대한 절망감을 적고 있는데, 그 전망 변화의 시금석이다."[30]

'문헌학회'를 창설하다.

27) D. F. Krell & D. L. Bates, Ibid., p.117, 'Franconia -the student fraternity at Bonn University in summer of 1865'.

28) D. F. Krell & D. L. Bates, Ibid., p.39, 'University of Leipzig'.

29) F. Nietzsche(translated by Oscar Levy), *My Sister and I*, A M O K Books, 1990, p.117~8.

30) R. Safranski(translated by S. Frisch), *Nietzsche : A Philosophical Biography*, Ibid., p.356.

1866년(22세)

4월, 라이프치히 근교를 산책하다가 폭풍우를 만나 폭풍우에 탄복을 하다.

7월, 비스마르크(Bismark, 1815~1898)에 감동 -열렬한 프러시아 사람(enraged Prussian)이라고 지칭하다.

7월, F. 니체가 비스마르크의 호전성(好戰性)은 -'영주들로부터의 해방을 뜻한다.'고 생각했다.

쇼펜하우어(1788~1860)[31]

여름, F. 니체가 에머슨(R. W. Emerson, 1803~1882)과 랑게(Albert Lange, 1828~1875)의 책 〈유물론 역사(History of Materialism)〉을 읽다.

1867년(23세)

논문 '디오게네스 라에르티오스의 연구'로 라이프치히 대학(Leipzig University)의 대학상을 수상하다.

라이프치히 대학의 문헌학 연구회(1866~7)[32]

---

31) R. J. Benders und S. Oettermann, Ibid., p.141 : A. 쇼펜하우어는 '세계는 나의 표상이다.'라고 하여 개인의 '감성'과 '의지'의 복합 '육체(Body)'를 크게 인정하였으나, 결론은 기존 관념철학의 '염세주의(pessimism)', '허무주의'에 함몰을 당하였다. 이에 대해 F. 니체는 '생명 긍정'의 대 서사시 〈차라투스트라는 이렇게 말했다〉를 제작, '생명(육체)긍정'의 '실존주의'를 확립하게 되었다.

32) D. F. Krell & D. L. Bates, Ibid., p.153, 'The philological society at Leipzig University(1966~7)'.

1867년 10월 9일부터 1968년 10월 15일까지 1년간 나움브르크(Naum-burg) 포병(砲兵)으로 근무하다. 말 타기, 대포 쏘기를 학습하다.

큰고모 로잘리 니체(Rosalie Nietzsche, 1811~1867)가 사망하였으며 그녀의 충고는 F. 니체의 자존심을 일깨웠다.

◀ 큰고모 로잘리 니체(1811~1867, −1864)[33]

1868년(24세)

3월에 승마로 가슴에 심각한 부상을 당하다.
7~8월, 할레(Halle) 근처 비테킨트(Witte-kind)에서 요양을 하다.

11월 8일, 브로크하우스(H. Brockhaus, 1806~1877)의 집에서 바그너(Richard Wagner, 1813~1883)와 알게 되었고 트립셴(Tribschen)으로 초대를 받았다.

▲ 24세의 니체(1868)[34]

24세 기마 ▶
야전포병(1868)의 니체[35]

12-3
취업 격동기(就業 激動期, 1869~1979)

1869년(25세)

2월 12일, 바젤 대학(the University of Basel)의 '고 문헌학 교수'로 초빙을 받았다. 학생 생활을 떠나다.

"자유로운 행동과 현재가 최고인 예술과 세계를 즐기던 황금 시절은 갔다…. 그래 그래! 이제부터 나는 속물이 되어 가는구나(to be a philistine myself)."(4월 11일)[36]

---

33) R. J. Benders und S. Oettermann, Ibid., p.18, 'Rosalie Nietzsche(1864)'; cf. ⟨My Sister and I⟩.

34) Ibid., p.176.

35) Ibid., p.179.

36) R. Safranski(translated by Frisch), Nietzsche: A Philosophical Biography, Ibid., p.358.

4월 19일, 바젤에 도착하다.

5월 17일, 루체른 근교 트립센으로 바그너(Richart Wagner)와 코지마 폰 빌로우(Cosima von Buelow)를 방문했다.

5월 28일, '인간 호메로스에 대하여' 교수 취임 강연을 했다.

야코프 부르크하르트와 교제.

1860년의 바젤 시[37]

어머니 프란치스카(1869)[38], 25세의 니체(1869)[39]

1870년(26세)

1월 18일, '그리스 음악'에 대해 강연하다.

2월 1일, '소크라테스와 비극'에 대해 강연을 하다.

---

37) R. J. Benders und S. Oettermann, Ibid., p.450, 'Basel(1860)'.

38) Ibid., p.188.

39) Ibid., p.201.

2월 15일,

"내 안에는 학문과 예술과 철학이 함께 자라고 있다. 그래서 어느 날엔가는 한 마리 '센토 (centaur)'가 태어날 것을 확신한다."[40]

'센토(centaur = 인간 − 神 + 말 − 實存)'는 실존주의자 F. 니체 자신의 이미지다.[41]

7월 19일, 프랑코 프랑스 전쟁 발발했다. F. 니체는 '디오니소스적인 세계관(Dionysian Worldview)' 논문을 집필 중이었다.

그는 '의무병(as a soldier or medical orderly)'으로 참전하기 위해 대학을 휴직했다.

전쟁터[42]

---

40) R. Safranski(translated by Frisch), *Nietzsche : A Philosophical Biography*, Ibid., p.359.

41) 위의 F. 니체의 진술은, 실존주의자 F. 니체 자신의 '신(인간)+동물' 이미지로, 20년 후(1889)에 '말의 목을 안고 울며 졸도한 니체 이야기' 해명에 열쇠가 된다.(1889년 1월 3일, 참조)

42) R. J. Benders und S. Oettermann, Ibid., p.228, 'Das Schlachtfeld'.

야전 병원(1870)[43], 환자 운반차(1870)[44]

8월 9일~10월 21일, 위생병으로 참전하여 이질과 디프테리아에 감염이 되다.

F. 니체가 바젤로 돌아와 11월 7일에 적다.

"나는 지금의 프러시아가 예술에 대해서는 아주 위험한 세력이라고 생각한다."[45]

☑ 27세의 니체(1871)[46]
② 친구 에르빈 로데(Erwin Rohde, 1845~1898)
③ 카를 폰 게스도르프(Carl von Gersdorff, 1844~1904)
④ 니체(1871)[47]

1871년(27세)

불면증으로 고생을 하다.

2월, '철학과'로 옮기려다 실패한다.

2월 28일, 프랑스 프러시아 전쟁이 끝나다.

파리에서, 코뮌 지지자들에 의한 툴르리 궁전(Tuileries) 방화 소식에 충격을 받다.

---

43) Ibid., p.229, 'Feldspital(1870)'.
44) Ibid., p.229, 'Klankenwaggon(1870)'.
45) R. Safranski(translated by S. Frisch), *Nietzsche : A Philosophical Biography*, Ibid., p.359.
46) R. J. Benders und S. Oettermann, Ibid., p.241.
47) J. Young, Ibid., Fig.14 'Nietzsche with his friends Erwin Rohde and Carl von Gerdorff'.

"이러한 문화적 변동에 학자란 무엇인가!…. 생에 최악의 날이다."(5월 27일)[48]

〈비극의 탄생〉 집필을 시작하다.

1872년(28세)

1월, '음악 정신으로부터 〈비극의 탄생〉' 출간되다.

4월, R. 바그너(Richard Wagner, 1813~1883)는 바이로트(Bayreuth)로 이사했다.

◀ 트립센의 바그너의 집[49]

바그너(1869)[50], 바그너(1870)[51], 리하르트와 코지마 바그너(1872)[52], 바그너(1875)[53]

코지마 바그너, 28세의 니체(1872)[54]

48) R. Safranski(translated by S. Frisch), *Nietzsche : A Philosophical Biography*, Ibid., p.359

49) J. Young, Ibid., Fig.11 'The Wagner's house at Tribshen'.

50) R. J. Benders und S. Oettermann, Ibid., p.205.

51) Ibid., p.243.

52) Ibid., p.198.

53) Ibid., p.388.

54) Ibid., p.205, 731, 281.

F. 니체가 '호머의 경기(Homer's Contest)'로 강의를 했다.

1873년(29세)

봄, 자연과학 책을 열심히 읽기 시작하다. A. 스피르(African. Spir, 1813~1883)의 〈사상과 현실(Thought and Reality)〉도 읽었다.

5월, 파울 레(Paul Ree, 1849~1901)와 처음 만나다.

6월, 〈반시대적 고찰〉 집필 시작하다.

"나는 어떤 것을 제작할 때가 진짜로 건강하고 기분이 좋다. 그밖에 일은 모두 기분 나쁜 간주곡(a bad musical interlude)이다."(9월 27일)[55]

파울 레(1849~1901)[56], 29세의 니체(1873)[57], F. 니체가 바젤 대 재직 시 거주했던 '쉬첸그라벤 45'[58]

1874년(30세)

1월, 〈반시대적 고찰〉 2권 출간되다.

4월, F. 니체가 친구 C. 게스도르프에게 준 편지.

55) R. Safranski(translated by S. Frisch), *Nietzsche : A Philosophical Biography*, Ibid., p.360.

56) R. J. Benders und S. Oettermann, Ibid., p.296 ; '〈도덕 감성의 기원(The Origin of Moral Sensibilities, 1877)〉의 저자, F. 니체의 친구'-D. F. Krell & D. L. Bates, Ibid., p.94.

57) R. J. Benders und S. Oettermann, Ibid., p.306.

58) 'Shuetzengraben 45 : F. 니체가 바젤 대 교수 시절 가장 오래 거주했던 집'-D. F. Krell & D. L. Bates, Ibid., p.66.

"내가 나를 창조하는 존재로 알 때 내가 얼마나 낙심하고 우울한지 자네가 알지 모르겠네. 내가 원하는 것은 작은 자유, 삶의 진실한 분위기(a little freedom a real air of life)라네. 그래서 내가 벗을 수 없는 많은 구속, 이루 말할 수 없이 많은 구속에 대항하여 싸우고 있네."[59]

7월, 〈반시대적 고찰〉 3권 집필 시작하다.

8월, 여동생 엘리자베트가 바젤로 와 생활을 돕다.

10월, 〈반시대적 고찰〉 3권 출간이 되다.

30세의 니체(1874)'[60], F. 니체가 그의 제2대학 학생들을 가르쳤던 바젤大 메텔리노프 관 입구[61]

1875년(31세)

3월, A. 뒤러(Albrecht Duerer, 1471~1528)의 동판화에 F. 니체의 반응.

"나는 그림 같은 것에는 별관심이 없다. 그러나 나는 '악마와 가사의 죽음(Knight with Death and Devil)'은 마음에 든다. 그 이유가 무언지는 모르겠다."[62]

---

59) R. Safranski(translated by S. Frisch), *Nietzsche : A Philosophical Biography*, Ibid., p.361.

60) R. J. Benders und S. Oettermann, Ibid., p.328~9.

61) D. F. Krell & D. L. Bates, Ibid., p.108, 'The main entrance to the Metelinhof where Nietzsche taught his secondary school classes'.

62) R. Safranski(translated by Frisch), *Nietzsche : A Philosophical Biography*, Ibid., p.362.

'뒤러'의 자화상 판화, 그의 작품 '악마와 기사의 죽음'[63]

10월 25일, 페터 가스트(하인리히 쾨제리츠, Peter Gast=Heinrich Koeselitz, 1854~ 1918)와 알게 되다.

1876년(32세)

4월, F. 니체가 마틸데 트람페다흐(Mathilde Trampedach)에게 구혼(求婚)을 했다가 거절을 당하다.

'바젤 대의 F. 니체(1876)'[64], '마틸데 트람페다흐(Mathilde Trampedach, 1853)'[65]

---

63) 뒤러와 동시대 작가 판화전, 국립현대미술관, 1996 : '기사'는 F. 니체(차라투스트라)가 호칭(好稱)하는 최적의 상징적 신분(身分)이었다.

64) D. F. Krell & D. L. Bates, Ibid., p.104, 'Nietzsche in Basel(1876)'.

65) R. J. Benders und S. Oettermann, Ibid., p.361.

4월, 하인리히 로문트(Heinrich Romudt)에게 준 편지.

　"나는 지금 옛 내 자신에게로 되돌아간다. 나는… 도덕적 해방과 반항을 존중할 것이고, 우리를 시들게 하고 의심스럽게 만드는 모든 것을 거부한다."[66]

5월, 제자 페터 가스트(쾨제리츠, Peter Gast=Heinrich Koeselitz, 1854~1918)가 F. 니체에게 용기를 주어 바그너에 대한 글을 끝내다.

'페터 가스트(쾨제리츠, Peter Gast=Koeselitz, 1854~1918), 1875, 1878, 1890, 1894'[67]

　10월~1877년 5월까지 파울 레(Paul Ree)와 함께 소렌토(Sorrento)에 있는 말비다 폰 마이젠부크(Malwida von Meysenbug, 1816~1903)의 집에 머물다.

나포리(1885), 말비다 폰 마이젠부크(Malwida von Meysenbug, 1816~1903)[68] : 니체의 평생 정신적 친구였다.

---

66) R. Safranski(translated by S. Frisch), *Nietzsche : A Philosophical Biography*, Ibid., p.362.

67) R. J. Benders und S. Oettermann, Ibid., p.352, 325, 676, 776.

68) R. J. Benders und S. Oettermann, Ibid., p.396, 394 : 1872년 5월 코지마 바그너를 통해 F. 니체와 알게 되었고, F. 니체는 건강이 악화되어 1876년 바젤 대에 1년간 휴직계를 내고, 동년 10월 27일 이탈리아 소렌토 루비나치(Rubinacci) 빌라에 니체, 브렌네르, 레, 마이젠부크가 공동 투숙, 독서 토론 저작에 돌입하여, 니체는 〈인간적인 너무나 인간적인〉을 구상하였다. -'니체와 말비다 폰 마이젠부크'-마리오 라이스 저(정영도 역)-〈독일학 연구(22호)〉, 2006 ; '바그너 열광자, 이상주의자, 교육가, 해방주의자'-D. F. Krell & D. L. Bates, Ibid., p.94.

F. 니체가 머물렀던 소렌토 루비나치 빌라의 대문과 계단69), 소렌토의 초봄 야경70)

1877년(33세)

1877년 여름을 스위스 북부 '베르너 고지(高地, Berner Ober-land)'에서 보냈다.

9월, 바젤 대학으로 귀환하다.

〈인간적인 너무나 인간적인〉 집필을 계속하다.

10월, 아이저 박사(Dr. Otto Eiser)에게 건강진단을 받으니, '쓰거나 읽지 말라'고 권고를 했다.

F. 니체가 1877년 여름을 지낸 로젠로이 호텔71)

1878년(34세)

1월, 바그너의 '파르지팔(Parsifal)'이 F. 니체에게 보내졌다.

F. 니체가 말하길, "너무 기독교적이다… 환상 심리이고… 살이 없고 혈기가 넘치며…. 나는 히스테리 여성은 싫어한다."(1월 3일)72)고 평했다.

6월, 바젤 시 교외로 이사하다. F. 니체는 "진실하고 간단한 것들을 형이상학적으로 모호하게 만들기(metaphysical obfuscation of everything that is true and simple)"와, "이성(理性)을 가지고 이성에 대항하는 싸움(the battle reason against reason)"이란 그만두려 하였다.73)

---

69) D. F. Krell & D. L. Bates, Ibid., p.97, 'Gate and stairway of the Villa Rubinacci'.

70) Ibid., p.97, 'Sorrento, A night in early spring'.

71) Ibid., p.102, 'Hotel Rosenlaui in the Berner Oberland, where Nietzsche spent the summer of 1877'.

72) R. Safranski(translated by Frisch), *Nietzsche : A Philosophical Biography*, Ibid., p.363.

엘리자베트(1875)[74]

12-4

섭생 저술기(攝生 著述期, 1880~1889)

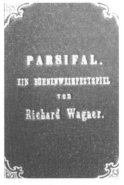

바그너의 '파르지팔' 표지[75]

1879년(35세)

3월, 신병(身病) 때문에 대학 강의를 취소해야 했다.

6월 14일, 바젤 대학(the University of Basel)에 사직서 제출했고, 사직서는 수리되고 매년 3000프랑의 연금을 받게 되었다. F. 니체의 방랑생활이 시작되다.

F. 니체는 여름을 스위스 생 모리츠(St. Moritz)에서 보내고, 9월 ~1880년 2월까지 나움부르크(Naumburg)에 머물렀다.

1880년(36세)

1월,

 "나의 실존(實存)은 하나의 끔찍한 짐이다(My existence is an awful burden).—내가 만약 마음과 도덕의 문제에 시험과 시도가 없었다면 나는 그것을 오래 전에 생을 버렸을 것이다……. 나의 지식에 대한 갈증을 푸는 쾌락이, 모든 고통과 절망을 이기는 고지(高地)로 나를 안내하고 있다(the

---

73) Ibid., p.364.

74) R. J. Benders und S. Oettermann, Ibid., pp.364~5.

75) Ibid., p.427.

pleasure I take in my thirst for knowledge brings me to heights from which I triumph over all torment and despondency)."[76]

3월~6월, 이탈리아 베네치아에서 페터 가스트(Peter Gast)와 요양하여 건강이 호전되다. 그 후 나움부르크(Naumburg)와 슈트레사(Stresa)를 거쳐 제노바(Genoa)에서 1881년 4월까지 지내다.

저서 〈아침놀(The Dawn of Day, Daybreak)〉 집필하다. 자연과학 서적을 열심히 읽었다.

1881년(37세)

7월 4일~10월 1일 여름에 처음으로 질스마리아(Sils-Maria)를 방문하게 된다.

질스마리아가 건너다보이는 질바플라나 호수[77], 질스마리아와 질바플라나 호수[78]

질스마리아(Sils-Maria, 1890)[79], 질스마리아 옛 그림[80]

76) R. Safranski(translated by Frisch), *Nietzsche : A Philosophical Biography*, Ibid., p.364.

77) J. Young, Ibid., Fig.29 'Lake Silverplana, looking toward Sils Maria'.

78) R. J. Benders und S. Oettermann, Ibid., p.591, 'Sils und Silvaplana(1880)'.

79) Ibid., p.559, 'Sils-Maria, 1890'.

80) D. F. Krell & D. L. Bates, Ibid., p.128, 'An old print of Sils-Maria'.

질스마리아 두리쉬 건물—니체의 방은 뒤쪽에서 우측 꼭대기[81], 니체의 방 내부[82], 눈 덮인 니체의 집(1888, 1.)[83]

7월, 〈아침놀(The Dawn of Day, Daybreak)〉을 출간하게 된다.

8월 초, '영원회귀(eternal recurrence)'의 위대한 영감을 얻게 된다.

그는 〈이 사람을 보라〉에서 '차라투스트라'의 저작 동기를 다음과 같이 밝혔다.(7-15. '영원회귀' : '긍정적 삶의 공식', 참조)

　　이제 나는 차라투스트라의 내력을 말해야겠다. 이 저서의 근본 개념인 '영원회귀(The Eternal Recurrence)', 즉 '획득 가능한 최고 긍정적 삶에 대한 공식(the highest formula of Yea-saying to life that can ever be attained)'은 1881년 8월에 처음 잉태되었다. 그때 나는 종이 위에 "인간과 시간의 6천 피트 상공(Six thousand feet beyond man and time)"이라고 생각을 적었다. 그날 나는 우연히 질바플라나 호수(Lake of Silvaplana)가 숲길을 걷고 있었는데, 수르레이(Surlej)에서 멀지 않은 곳에 피라미드같이 생긴 거대한 바위 곁에 멈추어 섰다. 그때 그 생각이 내게 떠올랐다.[84]

---

81) J. Young, Ibid., Fig.21 'The Durisch house in Sils Maria Nietzsche's room top right, at the back' ; "차와 향료 가게가 현재는 '니체 집(Nietzsche-Haus)'으로 되어 있음"—D. F. Krell & D. L. Bates, Ibid., p.128.

82) J. Young, Ibid., Fig.22 'Nietzsche's room'.

83) D. F. Krell & D. L. Bates, Ibid., p.181, 'Nietzsche-Haus in June 1888'.

84) F. Nietzsche(translated by A. M. Ludovici), *ECCE HOMO-Nietzsche's Autobiography*, The Macmillan Company, 1911, p.96.

F. 니체에게 영원회귀를 처음 생각나게 했다는 질바플라나 호변의 거대 피라미드 같은 바위[85], 피라미드 같은 바위(1935)[86]

질바플라나 호수 남쪽 언덕에 차라투스트라 바위[87]

8월 14일, 페터 가스트(Peter Gast=Koeselitz, 1854~1918)에게

　"나는 부서질 수 있는 기계 중 하나일세."[88]

8월 20일, 오버베크(Franz Overbeck, 1837~1905)에게

　"이것은 시작 중의 시작이네. 나는 과거에 대한 모든 기억, 현재의 친구 친척들과의 모든 기억을 지우기 위해 몇 년 동안 이 세상에서 사라질 수밖에 없네."[89]

---

85) J. Young, Ibid., Flg. 23 'The mighty pyramidal block stone by Lake Silverplana where the thought of eternal return first come to Nietzsche'

86) R. J. Benders und S. Oettermann, Ibid., p.492, 'Der Pyramidal aufgetuermte Block(1935)'.

87) D. F. Krell & D. L. Bates, Ibid., p.133, 172, 'The Zarathustra Stone on the southern shore of Lake Silvaplana near Surlej'.

88) R. Safranski(translated by Frisch), *Nietzsche : A Philosophical Biography*, Ibid., p.365.

89) Ibid., p.365.

오버베크(Franz Overbeck-1875, 1880, 1837~1905)90), 토리노 광장에 쓰러진 F. 니체를 바젤 대학 병원에 입원시킨 신학과 교수

10월부터 이듬해(1882년) 3월, 제노바(Genoa)에 머물렀다.

〈아침놀(The Dawn of Day, Daybreak)〉 속편이 〈즐거운 학문(The Gay Science-Joyful Wisdom)〉으로 제목이 변경되다.

11월 18일,

　　"요즈음은 가장 아름다운 날씨다. 이보다 더 좋은 때는 없었다. 오후마다 나는 바다 가에 앉아 있다. 하늘에는 구름도 없고, 나의 머리는 자유롭고 좋은 생각으로 가득 차 있기 때문이다."91)

1882년(38세)

1월 내내 맑은 날씨 계속되다. 〈즐거운 학문(The Gay Science-Joyful Wisdom)〉 집필을 계속하다.

파울 레(Paul Ree, 1849~1901)가 F. 니체를 방문한다.

4월 파울 레가 로마(Rome)에서 살로메(Lou Salome, 1861~1937)를 만난 후 그녀에게 끌려, F. 니체에게 동참할 것을 제의했다. F. 니체는 화물선을 타고 메시나(Messina)로 갔다. 돌아오는 길에 로마에서 살로메를 만났다. 그들은 오르타(Orta), 바젤(Basel), 루체른(Lucerne), 취리히(Zurich)로 돌아다녔다.

F. 니체는 루 살로메에게 두 번 청혼했으나, 거절되었다.

───────────

90) R. J. Benders und S. Oettermann, Ibid., p.218, 'Franz Overbeck-1875, 1880, 1837~1905' ; D. F. Krell & D. L. Bates, Ibid., p.72.

91) R. Safranski(translated by Frisch), *Nietzsche : A Philosophical Biography*, Ibid., p.365.

루 살로메(Lou Salome, 1861~1937)[92]

루이스 폰 살로메(1882)[93], 살로메, 파울 레, 니체(1882)[94], 살로메(1885)[95]

F. 니체는 1882년 여름을, 독일 타우텐부르크(Tautenburg)에서 보냈다.

타우텐부르크에 있는 니체의 집[96]

---

92) R. J. Benders und S. Oettermann, Ibid., p.523.

93) Ibid., p.508.

94) Ibid., p.514.

95) Ibid., p.542.

38세의 니체(1882)[97], 엘리자베트(1882)[98]

38세의 니체(1882)[99]

1883년(39세)

1~2월, F. 니체는 이탈리아 제노아 '라팔로의 포스타 호텔(Rapallo. The Hotel della Posta)'에서 〈차라투스트라는 이렇게 말했다.(Thus Spoke Zarathustra)〉 제1부를 작성하였다.

F. 니체는, 〈이 사람을 보라〉에서 다음과 같이 회고하였다.(7-15. '영원회귀' : '긍정적 삶의 공식'-참조)

96) D. F. Krell & D. L. Bates, Ibid., p.130, 'Nietzsche's house in Tautenburg, during the summer of 1882'.
97) R. J. Benders und S. Oettermann, Ibid., pp.528~9.
98) Ibid., p.609.
99) Ibid., p.529.

1883년 2월 믿을 수 없는 상황에서 그 책의 돌연한 출산(出産)이 행해졌다. 그것을 생각해보면…… 그 책의 임신 기간은 18개월이 된다. 이 18개월은 불교도의 경우로 보면, 사실 나는 암코끼리인 셈이다.[100]

▲ 차라투스트라 제1부를
완성한 포스타 호텔[101]

2월 23일, 베니스에서 바그너가 사망을 하다.

6월 18일~9월 5일, 여름 질스마리아(Sils- Maria)에서 〈차라투스트라〉 2권 집필을 시작하다.

8월, 〈차라투스트라〉 1권을 출간했다.

10월, 엘리자베트가 베른하르트 푀르스터(Bernhard Foerster, 1843~1889)와 약혼을 하다.

▲ 푀르스터
(Bernhard Foerster,
1843~1889)[102]

1884년(40세)

니스(Nice)에 가까운 '에즈(Eze)의 험한 요새'를 등반하며 '차라투스트라' 제3부를 작성하였다.

니스(Nice)에 머물면서 〈차라투스트라〉 3권을 완성하다.

4~5월, F. 니체가 베네치아(Vinice)에 체류하다.

7~9월, 질스마리아(Sils-Maria) 체류하고, 〈차라투스트라〉 제4권을 집필하다.

7월 25일,

"선과 악의 세계는 오직 보는 관점에 의해 정해질 뿐이라는 나의 이론은, 내가 보고 듣는 능력을 상실할 정도로 혁신적인 것이다(my doctrine that the world of

▲ 에즈(Eze)의 요새(要塞)[103]

100) F. Nietzsche(translated by A. M. Ludovici), *ECCE HOMO-Nietzsche's Autobiography*, Ibid., p.97.

101) D. F. Krell & D. L. Bates, Ibid., p.134, 'Rapallo. The Hotel della Posta, where in January 1883 Nietzsche composed the first part of *Thus Spake Zarathustra*'.

102) R. J. Benders und S. Oettermann, Ibid., p.506.

103) D. F. Krell & D. L. Bates, Ibid., p.137, 'Climbing up to the Moorish bastion at Eze, where important sections of the third part of *Thus Spake Zarathustra* were composed'.

good and evil is only an apparent and perspectivist world is such an innovation that
I lose ability to hear or see)."[104]

1885년(41세)

〈차라투스트라〉 4권을 완성하다.

5월, 여동생 엘리자베트가, 베른하르트 푀르스터(Bernhard Foerster, 1843~1889)와 결
혼하다.

1886년(42세)

2월, 푀르스터 부부(夫婦)가 남미(南美) 파라과이로 떠나다.

〈선악을 넘어서(Beyond Good and Evil)〉를 집필하다.

〈힘에의 의지-가치 전도 顚倒를 향한 시론(The Will to Power : Attempt at a Re-
valuation of All Values)〉을 계획하다.

〈선악을 넘어서(Beyond Good and Evil)〉를 출간하다.

4월 21일,

　　"〈선악을 넘어서〉는 나의 정신으로부터 흘러나온 무서운 책이다."[105]

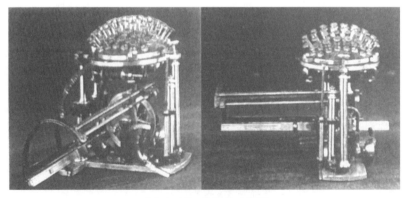

니체의 타이프라이터(1882)[106]

---

104) R. Safranski(translated by Frisch), *Nietzsche : A Philosophical Biography*, Ibid., p.367.
105) Ibid., p.367.

1887년(43세)

〈즐거운 학문〉 5권을 집필하다. 〈힘(권력)에의 의지(The Will to Power)〉 집필을 준비하다.
도스토예프스키(Fyodor Mikhailovich Dostoevsky, 1821~1881)를 읽다.
1월 21일,

> "이전 철학의 모든 논리들에 대한 전반적 공격이다(A sweeping attack on all of the 'causality'
> of previous philosophy)."[107]

〈도덕의 계보(On the Genealogy of Morals)〉를 집필하다.

1888년(44세)

4월 5일부터 6월 5일까지 토리노(Turin)에 머물다.
6월 6일부터 9월 10일까지 질스 마리아에서 여름 보냄.
〈힘에의 의지〉 작업을 계속하다.
8월 29일 〈힘에의 의지〉를 〈우상의 황혼(The Twilight of the Idols)〉과 〈반그리스도(The
Anti-Christ)〉로 나누어 완성했다.
9월 9일, 〈우상의 황혼(The Twilight of the Idols)〉이 인쇄소로 보내진다.
9월 20일부터 토리노(Turin)에 머물다(이듬해 1월 9일까지).
9월 22일, 〈바그너의 경우(The Case of Wagner)〉가 출간되다.
10월 22일, 마이젠부크(Malwida von Meysenbug, 1816~1903)에게

> "나의 저서의 모든 문장은, 관념(이념)주의에 대한 나의 경멸입니다(every page of my writing
> reveals my contempt for idealism)."[108]

10월 말 〈이 사람을 보라(Ecce Homo)〉 저작을 시작하다.
12월 말 〈이 사람을 보라(Ecce Homo)〉를 완성하다.

---

106) R. J. Benders und S. Oettermann, Ibid., p.504.
107) R. Safranski(translated by Frisch), *Nietzsche : A Philosophical Biography*, Ibid., p.368.
108) Ibid., p.368.

12-5

최후 증언기(最後 證言期, 1890∼1900)

1889년(45세)

> "1월 3일경 '토리노 광장(one of Turin's plazzas)'에서 마부가 그의 말을 거칠게 채찍질하는
> 것을 보고, 니체가 그 말의 목을 안고 울다가 땅바닥에 졸도(卒倒)를 하다."
>
> On or about January 3, 1889, matters came to a head. Seeing a coachman thrashing his
> horse with a whip in one of Turin's piazzas, Nietzsche threw his arms around the horse's
> neck, tears streaming from his eyes, and then collapsed onto the ground
>
> _ 말[馬] 이야기[109]

1월 7일, 오후에 오버베크(Overbeck)가 니체의 숙소에 도착했다.

1월 9일, 10일부터 17일까지 친구 오버베크(Overbeck)가 니체를 바젤(Basel) 대학 병원에
입원시키다.

예나 대학 정신과 의사 오토 빈스방거(Otto Binswanger, 1852∼1929)의 허락으로 1889년
1월 18일부터 이듬해(1890년 3월 24일)까지 '예나 정신병원(Jena Asylum)'으로 이동하여 입
원하게 되다.(病名은 '매독 원인의 진행성 마비증-progressive palaysis, cause syphilis'-
이 기간 중에 F. 니체는 최후의 저서 〈누이와 나(My Sister and
I)〉를 집필하였다.

F. 니체의 그 원고는 같은 병동의 '소상인(小商人, a merchant
in small way)'의 아들에게 전해졌고, 그 아들이 캐나다로 이주하
여, 그의 고용주인 '전직 목사 ex-clergyman' 손에 그 원고가 들
어갔고, 그 목사가 그것을 미국의 기자에게 넘기었고, 그것이 다시
'영국에 니체 英譯 전문가' 오스카 레비-Oscar Levy에게 전해져
세상에 알려졌다.[111]

인간과 센토[110]

---

109) J. Young, *Friedrich Nietzscne : A Philosophical Biography*, Ibid., p.531.

110) J. Pinsent, *Greek Mythology*, Peter Bedrick Books, 1982, p.75, 'Man and Centaur'.

111) F. Nietzsche(translated by Oscar Levy), *My Sister and I*, Ibid., p.ⅻ, 'Introduction-Dr. Oscar
Levy(1867∼1946)'.

예나 병원[112], 오토 빈스방거(Otto Binswanger, 1852~1929)

1월 24일, 〈우상의 황혼(The Twilight of the Idols)〉 출간.

2월, 〈니체 대 바그너(Nietzsche Contra Wagner)〉 출간.

6월 (3일), 엘리자베트의 남편, 베른하르트 푀르스더(Bernhard Foerster, 1843~1989)가 파라과이에서 자살(自殺)을 하다.(예나 정신 병동에서 F. 니체도 이 소식을 들었다.)

1890년(46세)

3월 24일, 병원에서 퇴원하여 5월 12일까지 예나 (Jena) '개인주택(a private residence)'에 머무르게 된다.

5월 12일, 어머니가 자신이 거주하고 있는 '나움부르크(Naumburg)의 바인가르텐 18'로 F. 니체를 옮겨 돌보게 된다.(1897년 7월 19일까지 거주함.)

어머니와 47세의 니체(1891)[113]

1891년(47세)

제자 H. 쾨제리츠(페터 가스트, Peter Gast=Heinrich Koeselitz, 1854~1918)가 〈니체 전집〉 출판 준비를 시작하다.

---

112) D. F. Krell & D. L. Bates, Ibid., p.48, 'Jena Clinic'.

113) R. J. Benders und S. Oettermann, Ibid., p.767.

1892년(48세)

3월, 〈차라투스트라〉 제4권이 나우만 출판사에서 간행되다.

1893년(49세)

10월, '엘리자베트 푀르스터 니체'가 쾨제리츠(페터 가스트)에게 F. 니체 저작에서 손을 떼도록 요구하다.

새로운 '니체 출판'이 쾨제리츠(페터 가스트) 편집으로 시작되다.

엘리자베트 푀르스터 니체(Elizabeth Foerster Nietzsche, 1846~1935)가 나움브르크 '바인가르텐 18(어머니 프란치스카의 집)'에서 'F. 니체 기록보관소' 운영을 시작하다.

1894년(50세)

11월, 〈반그리스도(The Anti-Christ)〉 저작이 나우만(Naumann) 출판사에서 간행되다.

엘리자베트(1894)[114], 엘리자베트(1894)[115],
쿠르트 쉬퇴빙(1863~1939) 작(作) 니체(1894)[116], 쿠르트 쉬퇴빙(1863~1939) 작(作) 니체(1894~5)[117]

1895년(51세)

4월, '엘리자베트 푀르스터 니체'가 쓴 〈니체 전기(Elizabeth's biography of Nietzsche)〉

---

114) Ibid., p.775.

115) Ibid., p.777.

116) Ibid., p.784, Curt Stoeving, F. Nietzsche(1894).

117) Ibid., p.776, Curt Stoeving, F. Nietzsche(1894~5).

제1권이 나우만(Naumann) 출판사에서 간행되다.

12월 '엘리자베트 푀르스터 니체'가 F. 니체의 저작을 총괄하게 되다.

1896년(52세)

8월 1일, 기록보관소를 바이마르(Weimar)로 이동하다.(메타 폰 살리–Meta von Salis의 후원으로 장소를 마련함, 이듬해(1897) 이 기록보관소는 빌라 질버블리크–Villa Sillberblick 로 옮긴다.)

1897년(53세)

4월 20일, 어머니 프란치스카(Franziska nee Oehler)가 사망하다. 이 해 봄에 '엘리자베트 푀르스터 니체'가 쓴 〈니체 전기〉 2권이 나우만 출판사에서 간행된다.

7월 20일, F. 니체가 바이마르의 '빌라 질버블리크'로 이사를 하다.

> "독일 최고 문학 인물인 괴테의 집이 그러하듯이 괴테와 실러의 문서 보관실이 나움부르크로부터 50km 떨어진 바이마르에 있어서, 바이마르는 독일 문화의 심장을 대표하고 있었다. 엘리자베트는 그녀의 잇속을 챙기는 촉각으로 그녀의 오라비 기록 보관소도 그 바이마르에 귀속시켜야 한다는 생각을 했었다. 기회는 1897년 5월에 찾아와 메타 폰 살리(Meta von Salis, 1855~1929) 여사의 후원으로 '빌라 질버블리크'를 구입했다. 4층 건물로 그 이름('은색의 경치')이 말하듯이 바이마르 시가를 한눈에 내려다 볼 수 있는 옥수수 밭으로 둘러싸인 곳으로 도심으로부터 걸어서 30분 거리에 있는 집이었다. 메타 폰 잘리즈는 그 집을 엘리자베트의 제안에 따라 니체와 그녀의 저택, 기록보관 실로 기증을 하였다."
>
> As the home of Germany's greatest literary figure, Goethe, and now the home of the Goethe-Schiller Archive, Weimar, fifty kilometres from Naumburg, represented the heart of German *Kultur*. With her shrewd marketer's eye, Elizabeth had for some time seen that by relocating herself, the Archive, and the remnants of her brother to Weimar she could promote the idea that Nietzsche, too, belonged to that heart. The opportunity came through the generosity of Meta von Salis, who, in May 1897, purchased the Villa Silberblick (Silver-view), a four-storied house, half an hour's walk from the city centre, surrounded, at that time, by cornfields and possessing the panoramic view over the city implied by its name. Meta placed the house entirely at Elizabeth's disposal, both as a residence for her brother and herself and as a home for the Archive.
>
> _ 바이마르의 성지[118]

---

118) J. Young, *Friedrich Nietzscne : A Philosophical Biography*, Ibid., p.556, 'The Shrine in Weimar'.

메타 폰 살리(Meta von Salis, 1855~1929-1890)[119]

바이마르에 있는 빌라 질버블리크 니체 기록 보관소(1897)[120]

오늘날의 질버블리크(1997)[121]

119) R. J. Benders und S. Oettermann, Ibid., p.731.

120) R. J. Benders und S. Oettermann, Ibid., p.798, 799, 'The Nietzsche's Archive, formerly Villa Silberblick, Weimar' ; D. F. Krell & D. L. Bates, Ibid., p.63.

1898년(54세)

H. 쾨제리츠를 포함한 6명의 편집 위원이, 그로소크타프-Grossoktav 판 '니체 전집(The Complete Works of Friedrich Nietzsche)' 간행 작업을 시작하다.

'지그프르트 쉘바하 작(作) F. 니체(1895)'[122], '지그프리트 쉘바하 작(作) F. 니체(1897)'[123], '프리드리히 쿠르스 작(作) F. 니체(1898)'[124]

'쿠르트 스토빙(1863~1939) 작(作) F. 니체(1898)'[125], 'R. 쉬타이너(1861~1925) 작(作) F. 니체와 기록보관소 스케치(1898)'[126]

아르놀드 크라머 작(作) F. 니체(1898)[127]

---

121) D. F. Krell & D. L. Bates, Ibid., p.52, 'The Villa Silberblick today'.

122) R. J. Benders und S. Oettermann, Ibid., p.792, Siegfried Schellbach, F. Nietzsche(1895).

123) Ibid., p.793, Siegfried Schellbach, F. Nietzsche(1897).

124) Ibid., p.803, Friedrich Kurse, F. Nietzsche(1898).

125) Ibid., p.803.

126) Ibid., p.804, Elisabeth Foester Nietzsche an Rudolf Steiner, 3. July 1898.

127) Ibid., p.805, Arnold Kramer, F. Nietzsche(1898).

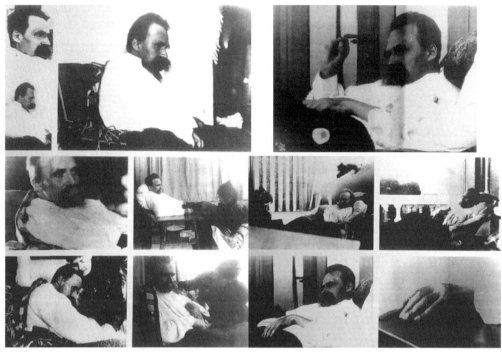

F. 니체(1899)[129]   F. 니체(1899)[128]

한스 올데(1855~1917) 작(作) F. 니체(1899)[130], 한스 올데(1855~1917) 작(作) F. 니체(1899)[131]

128) Ibid., p.807.

129) Ibid., p.806.

130) Ibid., p.808, Hans Olde, F. Nietzsche(1899~1900).

131) Ibid., p.808, Hans Olde, F. Nietzsche(1899).

1900년(56세)

8월 25일, F. 니체가 사망하다.

데드 마스크(1900)[132], 뢰켄의 무덤[133]

1901년

10월 28일, 파울 레가 사망하다.

1903년

4월 23일, 말비다 폰 마이젠부크가 사망하다.(87세)

1905년

6월 26일, 오버베크가 사망하다.(68세)

1906년

노르웨이 뭉크(Edvard Munch, 1863~1944)가 제작한 F. 니체 상(1906)이다.

---

132) Ibid., p.815.

133) Ibid., p.817.

노르웨이 뭉크와 그가 제작한 F. 니체 상(1906)

1908년

〈이 사람을 보라(Ecce Homo)〉가 출간되다.

〈이 사람을 보라〉(1908)[134] 표지

1911년

독일계 유대인 오스카 레비(Osar Levy, 1867~1946)[135] 주도로 대대적인 〈니체 전집〉 번역 사업이 진행되어 1911년에는, 〈이 사람을 보라(Ecce Homo)〉가 영역(英譯)되어 출간되다.

---

134) Leipzig Insel-Verlag(1908).

135) 오스카 루트비히 레비(Osar Ludwig Levy, 1867~1946)는, 1894년 독일의 비스바덴(Wiesbaden)을 떠나 영국에 채류하면서, 1909년부터 1913년 사이에 행해진 18권의 니체의 저서가 영역이 될 때, 그가 그것을 지휘 감독하였다.

니체 英譯을 주도한 오스카 레비(Osar Levy, 1867~1946)

'이 사람을 보라(ECCE HOMO)', '안티 크리스트, 우상의 황혼(The Antichrist, The Twilight of The Idols)',
'차라투스트라는 이렇게 말했다.(Thu Spake Zarathustra)'

'비극의 탄생(The Birth of Tragedy)', '도덕의 계보(The Genealogy of Morals)', '선악을 넘어서(Beyond Good Evil)',
'즐거운 학문(The Joyful Wisdom)'

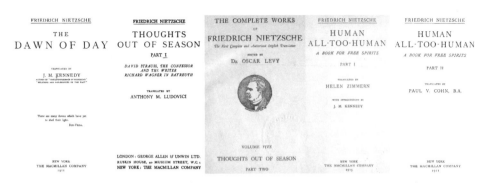

'아침 놀(The Dawn of Day)', '반시대적 고찰 1, 2(Thoughts out of Season 1, 2)',
'인간적인 너무나 인간적인 1, 2(Human All-too-Human 1, 2)'

'힘에의 의지(The Will to Power)', '1911년 맥밀런 사, Ecce Homo 삽화', 니체 작곡 '生의 讚歌 악보'[136]

1927년

3월, 오스카 레비(Osar Levy, 1867~1946)에 의해 F. 니체의 최후 저작 〈누이와 나(My Sister and I)〉가 영역(英譯)이 되어 미국의 출판사로 넘겨졌다.

좌 : 누이와 나(My Sister and I, 1951)
우 : 누이와 나(My Sister and I, 2000)'[137]

---

136) F. Nietzsche(translated by A. M. Ludovici), *ECCE HOMO-Nietzsche's Autobiography*, The Macmillan Company, 1911, 'Hymn To Life' Composed by F. Nietzsche.

137) F. Nietzsche(translated by Oscar Levy), *My Sister and I*, A M O K Books, 1990.

1930년

4월 1일, 코지마가 사망하다.

1935년

11월 8일, 엘리자베트(Elizabeth Foerster Nietzsche, 1846~1935)가 사망하다.(92세)

1937년

2월 5일, 루 살로메가 사망하다.(75세)

1951년

⟨누이와 나(My Sister and I)⟩가 미국에서 출간이 되었다.

1997년

D. F. 크렐(Krell)과 D. L. 베이츠(Bates) 공저(共著)로 ⟨선량한 유럽인 : 언어와 사진으로 본 니체의 저작 현장⟩이 간행된다.

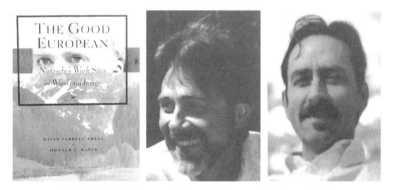

'선량한 유럽인', 'D. F. 크렐(Krell)'[138] 'D. L. 베이츠(Bates)'[139]

---

138) D. F. 크렐(Krell) : 시카고 드폴 대학(DePaul University) 철학과 교수, 저서로 ⟨감염의 니체(1996)⟩, ⟨광인의 목소리(1995)⟩가 있다.
139) D. L. 베이츠(Bates) : 건축가, 사진작가.

제13장

F. 니체 이후의 사상 예술가들

'F. 니체 사상(思想)의 파장(波長)'은 20세기 전반(前半)에 인문, 사회, 정신과학, 예술 전반에 획기적인 일대 전환기(轉換期)를 가져왔다.

특히 언어학 영역에 F. 소쉬르, F. 마우드너, L. 비트겐쉬타인, 정신분석 영역에 S. 프로이트, C. G. 융, J. 라캉, E. 노이만, 문화인류학 분야에 J. G. 프레이저, 문학 분야에 버나드 쇼, F. T. 마리네티, F. 카프카, 제임스 조이스, 후고 발, R. 휠젠벡, T. 짜라, A. 브르통, 예술 영역에 E. 뭉크, W. 칸딘스키, F. 피카비아, P. 피카소, M. 뒤샹, M. 에른스트, R. 마그리트, S. 달리는 그 F. 니체의 막강한 영향력 하에 있었다.

그들의 주요 업적(業績)들이, 어떻게 F. 니체의 선구적 탐구와 관련되는지를 구체적으로 짚어 보기로 한다.

13-1
J. G. 프레이저

J. G. 프레이저(J. G. Frazer, 1854~1941)의 대표적 저작인 〈황금 가지(The Golden Bough, 1922)〉는, F. 니체의 〈안티 크리스트〉와 '디오니소스(死亡하는 神) 사상'을 모두 수용하고 있는 저술이다.

J. G. 프레이저가 〈황금 가지〉에 제시한 세계의 원시 신앙과 민속 의례는, 모두 인간의 '다산(多産)'과 '풍요(豊饒)'를 위한 '신(神, 왕−토템)의 죽음'을 입증한 것으로, 그것은 F. 니체가

희랍 비극 '디오니소스의 고통'에 전제한 것과 동일하며, 그것이 연중행사(年中行事)로 반복된다는 측면에서 F. 니체의 '영원회귀(Eternal Recurrence)'와 역시 같은 전제이다.

J. G. 프레이저, '황금 가지[1] 신(新) 황금 가지[2]

J. G. 프레이저는 다음과 같은 예를 들고 있다.

> 서부 히말라야(Himalaya)에 있는 주하르(Juhar)의 보티아(Bhotiya)족은 개 한 마리를 맛있는 고기를 주며 길렀다가 일 년 중 어느 날이면 독한 술과 대마초로 흥분시키고 마을을 끌고 돌아다녀 그 개가 느슨해지도록 만든다. 그리고 나서 그들은 돌과 막대기로 쫓아 죽이고 그렇게 함으로써 그 해에는 마을에 어떤 병이나 재난도 들어오지 않는다고 믿는다.[3]
>
> 매년 삼월 14일에는 '가죽으로 덮씌워진 사람'이 로마(Rome)거리로 끌려 나와 기다랗게 생긴 채찍으로 두들겨 맞으며 Rome시 밖으로 쫓겨난다. 그를 마무리우스 베투리우스(Mamurius Veturius, 늙은 火星)라고 부르고 그 행사는 고대 로마(Rome)력(曆, 3월 1일에 시작함)으로 최초의 망월(望月) 전일에 행해졌으므로 가죽을 뒤집어 쓴 사람은 거년(去年)의 화성을 대신하고 있는 것이니 신년의 시작과 더불어 쫓겨난 것이다. 화성은 군신(軍神)이 아니고 원래 농신(農神)이었다. ……신을 대신하는 존재는 농경의 신으로뿐만 아니라 일종의 희생양(犧牲羊)으로 취급되었던 것으로 보인다.[4]

이 예화(例話)는 인간의 다산(多産)과 풍요(豊饒)를 위해 야만(野蠻)족이나 원시인이 행한 옛 민속을 소개한 것이다. '왕', '신', '토템(동물, 식물)'의 '송구영신(送舊迎新)'의 의례(儀禮)는,

---

1) J. G. Frazer, *The Golden Bough*, Macmillan, 1971.

2) T. H. Gaster, *The New Golden Bough*, New American Library, 1964.

3) T. H. Gaster, *The New Golden Bough*, *Ibid.*, p.615 ; "그리스 동부 카이로네이아(Chaeronea)에서는 노예를 무단히 두들겨 패 쫓아냈고, 델피(Delphi)에서는 약방문(藥房文)적인 보다 온건한 형식의 의례가 행해졌는데 거기에서 희생은 괴뢰(傀儡, a puppet)였다." ; J. E. Harrison, *Prolegomena to Study of Greek Religion*, p.106.

4) T. H. Gaster, *The New Golden Bough*, New American Library, 1964. T. H. Gaster, *Ibid.*, p.622.

F. 니체 표현을 빌리면, 모두 인간의 풍요(豊饒)와 다산(多産)을 전제로 한 '디오니소스 신의 사망(새로운 탄생)'과 동일한 '비극(悲劇)의 주인공'이다.

그러하니, J. G. 프레이저의 〈황금 가지〉는 예수 그리스도의 의미가 유독 〈성서〉에만 있는 것이 아니고, 세계 도처에 행해지고 있는 '왕', '신', '토템'의 살해 풍속에 기초한 것이라는 사실을 입증하고 있다.

그러므로 J. G. 프레이저는, 바로 '영국이 낳은 F. 니체'이다.

그런데 T. S. 엘리엇 등 '신고전주의자'들은 반대로 그들의 작품 세계를 다시 '신화 전설 원시 민속'으로 되돌리는 일을 행했으니, 그것은 J. G. 프레이저와 F. 니체의 본의(本意)에 반(反)한 '관념주의'로의 복귀(復歸), '만다라'에로의 복귀라는 점은 명백히 되어야 할 사항이이다(T. S. 엘리엇의 '작품-관념 중심주의=만다라 중심주의' ⇔ F. 니체의 '현재 생명 중심주의').

13-2

S. 프로이트

S. 프로이트(S. Freud, 1856~1939)는, 만약 F. 니체의 출현이 없으면 처음부터 '과연 그의 정신분석이 과연 가능했겠는가?'라는 의심이 생길 정도로 많은 공통점을 지니고 있다.

우선 가장 큰 유사점은, 그들이 인간의 '성(sex)'과 '번식(繁殖)'을 정신분석에 그 기본 전제로 삼고 있다는 점이고, 인간의 의식(意識 Conscious, 理性 Reason)보다는 '무의식(본능, Unconscious, mankind's instincts)'을 크게 인정하였다는 사실이다. 이 점은 S. 프로이트가 F. 니체의 학문을 가장 확실하게 계승한 사람임을 입증하는 사항이다.

S. 프로이트에 앞서 F. 니체는 다음과 같은 진술을 하였는데, 이는 역시 S, 프로이트의 정신분석의 이론 전개에 남김없이 모두 반영되어 있는 사항들이다.

> 3-27. '이성(理性)'도 '본능(本能)'에 종속된다.
> 3-25. '종족의 유지'가 근본 전제다.
> 3-26. 모든 것이 '종족 유지' 충동이다.
> 3-33. 디오니소스가 인간 사유의 중핵이다. -('오이디푸스')

3-10. '쾌락 속에 생명의 붕괴'가 '비극'이다.

4-1. '힘(권력)에의 의지(Will to Power)'는 생명력의 방출이다.

5-1. '우상(偶像)의 파괴'가 니체의 일이다.

5-13. 우자(愚者)가 신(神)을 존속시킨다.

7-9. 차라투스트라가 디오니소스를 강론(講論)하다. -('꿈=소망충족')

7-11. '진리'는 금지(禁止)하고 있는 것들이다. -('오이디푸스')

8-19. '죽음의 의지'와 '삶의 의지'

8-36. '생명의 탄생'으로 집중되는 이성(理性)과 감정

8-37. '사랑의 현실'이 '생명 현실'이다.

S. 프로이트, 스핑크스와 오이디푸스, 토템과 타부[5]

　그의 〈꿈의 해석〉보다 더욱 인간의 신화 종교 민속을 포괄적으로 고찰한 S. 프로이트의 명저 〈토템과 타부〉에서는, 다음과 같은 진술이 있다.

　야만인들은 과일이 열매 맺고 비가 오고 태양이 비추는 것도 그들의 임금께 감사하고 해안으로 배를 인도하는 바람이 부는 것에 대해서도 임금께 감사하고 심지어 그들의 발아래 땅이 있다는 사실까지도 임금께 감사한다. 그러나 이들 야만인들은 이러한 무한정한 힘을 가진 사람이 모든 위험으로부터 보호되어 그의 힘을 적절히 사용할 수 있도록 감시해야 할 필요가 있다고 생각하고 있다. 이러한 감시의 필요에서 많은 타부가 왕(司祭자)에게 가해졌으니, 많은 권력을 가진 왕일수록 더 많은 타부를 갖고 있으며 이러한 현상은 급기야 원래 사제(司祭)자 왕권이 정신적 권력과 세속적 권력으로 나뉘게 되고 사제로서 왕은 그들의 신성한 업무에 짓눌려 세속적인 일에 그들의 지배력을 행사할 수 없게 되었다. 그리하여 그들의 지위와 존엄성은 '금기(禁忌)적 제재의 가혹성'(severity of these taboo restrictions upon priestly kings) 때문에 더 이상 '선망(羨望)의 대상'(an en-viable priestly kings)이 될 수 없었다. 그래서 캄보디아에서는 '화수왕(火水王)'이 되도록 강요되

---

5) S. Freud, *Totem and Taboo*, W. W. Norton & Company Inc. 1956.

고 있으며, 남태평양 산호섬 니우에(Niue)에서는 왕권을 계승할 사람이 없어 왕국이 끝장이 났고 서아프리카 지방에서는 왕이 죽으면 은밀히 가족회의에서 계승자가 결정되면 그를 몰래 포박, 왕이 되겠다고 승낙할 때까지 감금해 두며, 서아프리카 시에라리온(Sierra Leone) 원주민은 아무로 왕이 되려 하지 않기 때문에 외국인으로 왕을 삼지 않을 수 없었다.6)

위의 진술은 J. G. 프레이저가 분석해 보인 민속, 종교, 신화에 분석과 동일한 것이다. 그러나 S. 프로이트는 더욱 정밀하게 그것이 어떻게 다시 희랍 비극(悲劇, '오이디푸스 왕')과 같은지를 증명하였다. 그리하여 S. 프로이트는 '금기(禁忌, Taboo)'가 오늘날 '도덕'과 '법'의 출발점이 되었다고 설명하였다.

F. 니체와 S. 프로이트의 공통점은 다음과 같다.

1. '의식, 이성(理性)'에 대한 '본능(무의식)' 절대 우위 긍정.
2. 신체 과학(의학)에 기초하고 있다.
3. '생명(육체 욕망)의 긍정'이다.
4. '생산', '번식'을 생명 근본 전제로 수용하고 있다.
5. '희랍 비극'에 대한 해석을 그 출발점으로 잡았다.
6. '비극 주인공' 의미를 '인간 사회 해석'으로 환원시켰다.
7. 대지(大地, 어머니-사회)에 대한 '인간(남성)'의 역할 탐구가 주류를 이루었다.('父權 중심'의 탐구)

그러나 F. 니체와 S. 프로이트의 근본적 차이점은, F. 니체가 '꿈(신화, 작품)과 현실'을 확실하게 구분하지 않고 있음에 대해, S. 프로이트 '꿈과 현실의 혼동'이 '미친 사람(mad)'이라는 규정을 두었다.(이 점은 그들의 근본적 차이점으로, 이후 '다다 초현실주의 운동가들'은 오히려 F. 니체의 '광기-狂氣-꿈'을 옹호하였음.)

S. 프로이트의 '꿈과 현실'의 확실한 구분은, 이후 C. G. 융도 그대로 고수(固守)하여, F. 니체의 부정적 비판에 가장 큰 무기(武器)로 활용을 하고 있다.

그런데 S. 프로이트는 자신을 다음과 같이 설명하였다.

······나는 과학의 탐구에 의해 인간의 자기애, 인간에게 일반적인 자기도취(自己陶醉)가 지금까지 얼마나 크게 손상되었는지를 설명해 보려 한다. ······위대한 코페르니쿠스의 발견이 일반적 견해가

---

6) S. Freud, *Totem and Taboo*, W. W. Norton & Company Inc. 1956, pp.43~7(해당 부분 발췌 요약임).

되었을 때 인간의 자기애는 우주론적인 측면에서 제1 격(擊)을 받았다. (그리고) 역시 찰스 다윈의 탐구는…… 인간에 대한 그러한(인간이 동물과는 다르고 그들보다 우월하다는)가정(假定)을 종식시 켰는데…… 이것은 인간의 자기도취(自己陶醉)에 대한 생물학적인 측면에서의 제 2(擊)격이었다. 제 3격(擊)은 심리적인 것인데 이것은 정말 가장 깊은 일격(一擊)일 것이다.[7]

위에서 S. 프로이트는 '코페르니쿠스(N. Copernicus, 1473~1543), 다윈(C. Darwin, 1809~1882), 프로이트(S. Freud, 1856~1939) 자신'을 연결하였다. 그리고 S. 프로이트는 'F. 니체'라는 이름을 자신의 저서에 올리지 않았다.(C. G. 융은 대대적으로 F. 니체를 거론했던 것과 대조를 보임.) 그렇지만, 앞서 일부 확인했던 바와 같이 S. 프로이트의 중요 이론은 F. 니체와 겹치지 않은 부분이 거의 없을 정도이다.

어떻든 S. 프로이트는 F. 니체의 부정할 수 없는 가장 확실한 후계자이다.

이에 우선 F. 니체와 S. 프로이트가 평생토록 학문 연구에 표본으로 삼았던 '희랍 비극론'을 중심으로 그들의 생각을 도식화(圖式化)하면 다음과 같다.

희랍 비극에 대한 F. 니체와 S. 프로이트의 논술 비교 도표

	F. 니체의 '디오니소스' : 풍요의 신	S. 프로이트의 '오이디푸스' : 비극의 주인공
주장자의 자세	종교의 開祖	평범한 시민
계승자	예술가(혁명가) 의식	전통 固守의 보수주의
기본 정신	제왕적 주인공 귀족적 주인공 의식	共存의 시민 정신 관람자(감상자)
희랍 비극 주제	'출산의 고통' 풍요의 축제(祝祭)	'거세(去勢, castration)'의 과정 '자기도취 포기'
정서적 기대 효과	환락의 춤-자기도취 지속 죽음=쾌락	'처벌이 불가피한 경과'-'죄인으로 판명된 경과' '죄와 공포'
궁극의 의미	세계(우주)의 변천 영원회귀(Eternal Recurrence)-만다라	인격의 성숙 '억압-도덕'의 형성
과학적 기초	생물학적 기초	인간 사회적 기초
인생에 의미	'생명 긍정'	'성숙된 삶'
자기도취 기간	평생 지속	'아동 시절' 국한
시학에 대한 태도	아리스토텔레스 관점 초월	'시학' 존중
가상적 相對 비판	'노예근성의 유대인 겁쟁이'	'아버지를 모르는 미치광이'
꿈에 관한 정의	'낮에 행한 것을 밤에 행한다'	'소망충족(Wish-fulfillment)'

---

7) S. Freud, *On Creativity and the Unconscious*, Harper Colophon Books, 1985, pp.5~6.

　'희랍 비극론'에서 세계 3대 챔피언은 <u>아리스토텔레스, F. 니체, S. 프로이트이다.</u> 그런데 아리스토 텔레스와 S. 프로이트는 주로 '도덕(Moral)론'에 머무른 해석을 행했음에 대해, <u>F. 니체는 '죽음 (허무주의)을 이기는 예술가의 정신(디오니소스 정신)'으로, 어느 누구도 행한 적이 없었던 '웅대한 차라투스트라(F. 니체)의 생명(인류) 무궁 찬가(讚歌)'로 '디오니소스' 행적을 부연 칭송하였다.</u>

　1916년 취리히 '다다 혁명 운동가들'은, F. 니체와 S. 프로이트의 장점(長點)을 수용하였으 니, 먼저 '건전한 시민 정신'이라는 측면에서 S. 프로이트의 견해를 대폭 수용하였고, '세계 평화'의 위대한 목표를 향했던 '거대한 꿈의 예술가들'이라는 측면에서, 역시 'F. 니체의 웅대 한 꿈(狂氣)'의 확실한 계승자, 후계자들임은 자신들이 다 알아 구체적으로 '전쟁 반대 운동'을 펼쳤다.(다시 말해, '전쟁 반대' 같은 엄청난 일은 당초 F. 니체와 같은 '과대망상(誇大妄想)'자 가 아니면 처음부터 벌릴 수도 없는 莫大한 사항임.)

　그리고 S. 프로이트가 1913년 '미켈란젤로의 모세 상'에 밝힌 바, "미켈란젤로가 역사적인 모세의 상을 창조한 것이 아니라,… 율리우스 황제 개인에게 받은 인상들, 즉 반항하는 세계를 길들이는 미켈란젤로 자신의 무궁한 내적 힘의 형상화(embodying an inexhaustible inner force)"[8]라고 평을 행하여, '다다 초현실주의식 문제의식'을 선구적(先驅的)으로 제기할 수 있었던 것은, 모두 F. 니체의 영향 속에 양성된 '실존주의적 안목(眼目)'과 그것 위에 (S. 프로이 트 자신의 忍耐심을 첨가해) 행해졌다는 사실을 확실하게 알 필요가 있다('모세⇔미켈란젤 로', '미켈란젤로⇔S. 프로이트', '모세⇔S. 프로이트'의 동시주의).

교황 율리우스 2세 무덤에 세웠던 모세 상(1512~6)

---

8) S. Freud, *The Standard Edition of the Complete Psychological Works of Sigmund Freud*, The Hogarth Press, 1953, V. 13, p. 221, 'The Moses of Michelangelo'.

13-3

G. 버나드 쇼

아일랜드 출신 영국의 극작가 버나드 쇼(G. Bernard Shaw, 1856~1950)는, F. 니체가 〈차라투스트라는 이렇게 말했다〉에서 내세운 '초인(超人, Superman)'을 소재로 제작한 연극 〈인간과 초인(Man and Super-man)〉은 이전에 없던 대 흥행(興行)을 기록하였다.

'쇼'와 그의 '희곡집'

〈인간과 초인(凡人과 超人)〉은 다음과 같은 해설이 있다.

'웃는 철인(哲人, The Laughing Philosopher)'이라고 일컬어지는 쇼(G. B. Shaw)는… 문명 비평가로서 정치 사회 경제 종교 문화 등 실로 다방면에 걸쳐서 그의 날카로운 필치와 유머로 인간의 우매(愚昧)함을 비웃는가 하면 우상파괴(偶像破壞)와 인습타파(因襲打破)를 부르짖는 그야말로 '웃는 철인'인 동시에 '투쟁하는 사람(Fighting man)'이기도 했다….

〈범인(凡人)과 초인(超人, Man and Superman)〉은 이 작품의 주인공 존 태너(John Tanner)처럼 굉장히 말이 많은 작품이다. 그리고 쇼는 이 작품 이후의 작품들에서 끈질기게 설교하는 바는, <u>제도를 고치고 인습을 타파해야 한다고 강조하며 사회 문제, 도덕 문제, 부인 문제, 기타 오만 가지 문제를 개량해야 할 필요성을 강조하고 있지만, 무엇보다 두드러진 이 작품의 골자는 그의 독특한 철학인 생(生)의 힘(Life-Force)일 것이다.</u> 이 철학은 딴 작품에서도 싹트고 있는 것을 엿볼 수 있다. 그 철학이 이 작품에서 본격적으로 다루어졌다고 할 수 있을 뿐이다…….

이 작품을 읽고 나서 많은 독자는 질문하고자 할 것이다.─이 작품에서 초인(超人)은 누구며 범인(凡人)이 누구냐고. 등장인물을 살펴보면 현실에 구애 받지 않고 기존 제도에 반항하려는 생활 태도를 가진, 어느 정도 초연한 티를 풍기는 남자로서는 태너와 멘도자 그리고 스트레이커가 있는가 하면 여자로서는 오직 하나 바이올렛이 있을 뿐, 제3막이 거의 끝날 무렵 앤(Ann)이 묻기를 '내게 말해줘요. 어디에 초인은 있죠? Tell me : Where can I find the Superman?'이라고 묻자, 악마(惡魔, The Devil)가 대답하기를 '아직 만들어지지 않았다. He is not created, Senora'… 이 작품에서 두 쌍의 결혼이 이뤄지려 한다. 즉 태너(Tanner)와 앤(Anne), 맬론(Malone)과 바이올렛(Violet)의 두 쌍. 초인 탄생은 다음 세대에서나 기대해 볼 수밖에 없다.[9]

　　버나드 쇼의 〈인간(凡人)과 초인(超人)〉의 사실상 주인공은, '악마(The Devil)'로 등장한 존재, 버나드 쇼이니, 그는 '악마의 입'을 빌어 다음과 같은 말을 하고 있다.

　　그런데 인간은 자기의 두뇌를 자랑하고 있지만 그만큼 자기를 망치고 있는 것이 아닐까? 자네가 요즘 지상(地上)을 돌아본 적이 있는가 말일세. 나는 그래보았지. 게다가 사람들의 놀라운 발명품을 조사해 보기도 했다네. 그런데 '살리는 기술'에 대해서는 인간이 아무 것도 발명한 것이 없지만, '죽이는 기술'에서는 인간은 자연도 뺨쳐먹을 만큼 화학 약품이나 기계의 힘으로 염병, 유행병, 기아 따위의 갖은 살육을 자행하고 있다네…… 인간의 종교는 무엇이겠나? 악마(惡魔)인 나를 싫어하는 구실에 불과하지. 법률은 무엇? 사람을 교살(絞殺)하는 하나의 구실. 인간 도덕은 무엇? 점잖 빼는 것! 생산은 않고 소비만 일삼는 하나의 구실. 예술은 무엇? 사람을 죽이는 그림을 고소하다는 듯이 바라보는 구실. 정치는 무엇? 전제 군주를 숭배하는 것─왜냐면 전제군주는 사람을 죽일 수 있으니까. 의회(議會) 싸움밖에 없거든…… '죽음'이라는 것을 생각하면 사람들의 상상력이 불타고 그들의 정력이 왕성해지지. 이런 사람들은 죽음을 좋아하지. 죽음이 무서우면 무서울수록 그것을 즐기나봐. 지옥은 그들이 상상조차 못하는 곳이야. 그들은 지옥(地獄)이 어떻다는 것을 천하에 두 큰 바보(단테, 밀톤), 하나는 이태리인이고, 또 하나는 영국인인데, 이 바보들한테서 듣고서 알고 있을 뿐이야…… 그런데 오늘날의 기록은 전쟁에 관한 것. 전쟁에서 사람들은 두 패로 갈라져 가지고서 탄환이니 폭발물을 가지고 서로 죽이고 한쪽 도망치면 다른 한쪽이 말을 타고 쫓기는 편을 뒤쫓아 가서 칼로 난자질하기가 일쑤지. 그래서 이것이 제국(帝國)의 위대한 힘과 패전국의 미약함을 나타내는 것이라고 그 기록은 결론짓고 있다. 이러한 전쟁에 승리하면 국민들은 환성(歡聲)을 올리면서 거리를 뛰어다니며 행정부(行政府)를 선동하여 살육을 위하여 수억(數億)이라는 돈을 쓰게 하지만, 빈곤(貧困)이라든가 염병(染病)을 막기 위해서라면 아무리 세도(勢道)가 당당한 고관(高官)일지라도 매일 자기들이 당한 일인데도 일 파운드 당 단 일 페니도 더 쓰지 않으려고 하는 형편이지 뭐야…….

　　And is Man any the less destroying himself for all this boasted brain of his? Have you walked up and down upon the earth lately? I have, and I have examined Man's wonderful invention. And I tell you that in the arts of life man invents nothing; but in the arts of death he outdoes Nature herself, and produces by chemistry and machinery all the slaughter of plague, pestilence, and famine.

　　What is his religion? An excuse for hating me. What is his law? An excuse for hanging you. What is his morality? Gentility! an excuse for consuming without producing. What is his art? An excuse for gloating over pictures of slaughter. What are his politics? Either

---

9) 버나드 쇼(고석구 역), 『凡人과 超人』, 박영사, 1974, pp.3~6, '해설'.

the worship of a despot because a despot can kill, or parliamentary cockfighting.

Their imagination glows. their energies rise up at the idea of death, these people; they love it; and the more horrible it is the more they enjoy it. Hell is a place far above their comprehension; they derive their notion of it from two of the greatest fools that ever lived, an Italian and an Englishman.

Nowadays the chronicles describe battles. In a battle tow bodies of men shoot at one another with bullets and explosive shells until one body runs away, when the others chase the fugitives on horseback and cut them to pieces as they fly. And this, the chronicle concludes, shews the greatness and majesty of empires, and the littleness of the vanquished. Over such battles the people run about the streets yelling with delight, and egg their Governments on to spend hundreds of millions of money in the slaughter, whilst the strongest Ministers dare not spend an extra penny in the pound against the poverty and pestilence through which they themselves daily walk.

_ 인간과 초인(Man and Superman)[10]

위에서 버나드 쇼가 '악마'의 입을 통해 고발한 것은, 바로 F. 니체의 '차라투스트라의 입'으로 '기독교 신앙'의 허구와 '제국주의'를 풍자 비판했던 것과 동일하다. 버나드 쇼가 단테와 밀톤을 '세상에 두 큰 바보(two of the greatest fools that ever lived)'라고 조롱했던 것은, 그들이 천국과 지옥 이야기를 장황하게 늘어놓은 것에 대한 비판이며, '전쟁' 이야기는 '제국주의 반대' 뜻을 명시한 바다. 영국에서 '우상 파괴(Iconoclast)'는, 바로 '차라투스트라' 버나드 쇼에 의해 행해진 셈이다.

'버나드 쇼'의 논의에서 빼 놓을 수 없는 문제가 바로 '동시주의(Simultaneism)'의 능란한 활용이다. 즉 '악마(버나드 쇼) ⇔ 초인(버나드 쇼)'의 동시주의는 F. 니체 사망 후 작가 버나드 쇼가 제일 확실하게 알아 대작(大作) 〈인간과 초인〉에 완전히 F. 니체 방법 그대로 작품으로 적용해 보였다. 그리하여 버나드 쇼는 작품 〈인간(凡人)과 초인〉을 통해, 그 자신이 바로 '악마'이자 '초인'임을 제대로 보여주고 있다.

---

10) 버나드 쇼(고석구 역), 『凡人과 超人』, Ibid., pp.259~62 : Bernard Show, *Man and Superman*, Holt Rinehart and Winston, 1956, pp.305~7.

13-4

F. 소쉬르, F. 마우드너, L. 비트겐쉬타인

스위스의 언어학자 F. 소쉬르(F. Saussure, 1857~1913)의 〈일반 언어학 강의(Course in General Linguistics)〉는, 각 개별 언어(言衆과 語族間)의 격차를 초월한, '인간 보편의 언어 원리'를 처음 망라한 불후(不朽)의 명저이다.[11]

그런데 F. 소쉬르는 〈일반 언어학 강의〉 중핵(中核)에 '기호(記號, sign)'론을 두고, <u>기호(단어)'는 '개념(Concept, Signified)'과 '목소리(Sound Image, Signifier)'의 결합</u>이라는 점을 명시하였다.

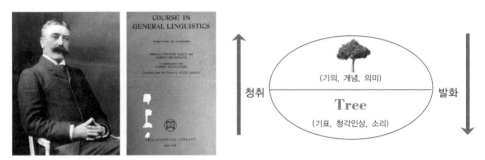

'F. 소쉬르', '일반 언어학 강의(영역본)'[12], 기호(개념+청각 인상) 구조와 구체적인 언어 사용 체계[13]

F. 소쉬르는 다음과 같이 말했다.

> 우리의 언어 '기호'에 관한 정의는 용어상 중요한 문제성을 갖고 있다. 나는 어떤 개념과 청각 인상을 결합한 것을 '기호'라고 부르고 있으나, 현용하는 '기호'라는 용어는 어떤 청각 인상, 즉 단어(예를 들어 arbor 등)만을 지시하는 것으로 쓰인다. 사람들은 arbor라는 것이 '나무'라는 개념을 나르고 있다는 이유에서 즉 감각적 부분(청각 인상)이 전체(청각 인상+개념)를 함유하고 있다는 이유에서만이 '기호'라고 부르는 것이라는 사실을 망각하기가 쉽다.[14]

---

11) N. 촘스키(N. Chomsky, 1928~)의 소위 '변형생성'론은, '인간의 언어 능력'을 강조하여 개별 '언어 현실'을 무시한 플라톤식의 '관념주의 언어학'임을 명백히 할 필요가 있다.(그러기에 '언어 현실'에서는 無用한 觀念論 그 자체로의 복귀임.)

12) F. de Saussure, *Course in General Linguistics*, Philosophical Library, 1959.

13) Ibid., p.66, 114, 도면 통합도.

14) Ibid., p.67.

　　F. 소쉬르의 이 '기호(記號, Sign)론'을 수용(收容)하면, 플라톤부터 I. 칸트까지 지속되었던 소위 '이념(理念)철학'이 뿌리부터 흔들리게 됨을 알게 된다. 왜냐하면 '언어의 발음(청각인상의 근거)'은 어족(語族)마다 각각 다르고, 그와 결합된 '개념(이념)'은 더욱 종잡을 수 없이 시대에 따라 무한히 변동되고 있어, '발음'보다 더욱 다양하고 고정시킬 수 없다는 사실이 바로 그것이다. ('보통명사'의 경우도 포괄의 범위가 언어마다 다양하지만, '추상명사' 특히 '사랑', '덕(德)', '진리(眞理)', '선악(善惡)' 등의 경우에는 그에 해당하는 단어가 없을 수도 있음. – 6-29. '현재 세상'이 '진실의 전부'다.15))

　　그런데 F. 니체는 어린 시절 〈성경〉을 열심히 읽어 '꼬마 목사'라는 별명을 얻을 정도였는데, 대학에서 '문헌학(文獻學, philology)'을 전공하여 '희랍 고문헌'을 살펴보고 '희랍인'과 '유대인'의 '선악(善惡)' 개념이 확실하게 달랐음을 알게 되었다. 그리하여 F. 니체는 '주인 도덕', '노예 도덕'을 기조로, 그의 〈도덕의 계보〉를 짓게 되었다.(2-4. '좋다'는 판단(느낌)은, 행동 주체에서 유래한 것임.)

　　한마디로 F. 소쉬르의 '언어학'은, 당초 언어의 특수 개념('이념(Idea)')에 매달린 플라톤, 칸트의 철학으로 인류 보편의 '당위(當爲, What One Should Be)'로 강요하는 것은 언어의 개념을 정의하였다고 해도 무리(無理)는 생기게 마련이라는 사실을 더욱 일반적으로 입증해 주는 것이었다.('기호-記號'와 '현실-現實'의 격차 문제)

　　그리고 플라톤식의 '이념(槪念)주의'는, 철학자의 '국가주의', '전체주의', '지배자 중심주의' 사고를 담고 있고, '생명 중심', '개인 중심'은 완전히 제외되었다는 F. 니체의 주장이다.(8-21. 인간의 차이는 언어상(言語上)의 차이다. 6-21. '이념(理念)'이 철학자를 삼켰다. 4-20. 철학은 독재 힘(권력)의 형상화다. 6-17. '인간(個人)이 척도(尺度)'란 유치(幼稚)한 과장이다.)

　　F. 소쉬르를 이은 언어학자 F. 마우드너(F. Mauthner, 1849~1923)와 L. 비트겐쉬타인(L. Wittgenstein, 1889~1951)도 대체로 F. 니체의 '언어 이론' 범위 내에 있다.(8-21. 인간의 차이는 언어상(言語上)의 차이다. 6-26. '생성 변화를 싫어하는 철학' : 이집트주의)

---

15) 플라톤 이후 철학도가 '기호(the signs)'에 잘못 집착하였음을 F. 니체는 1888년 〈우상의 황혼〉에서 지적하였는데, 소쉬르의 〈일반언어학 강의〉는 그것을 바탕으로 '현대 언어학'의 기초를 확립하였다.

'F. 마우드너(F. Mauthner)', '마우드너의 언어 비판'[16] 'L. 비트겐쉬타인(L. Wittgenstein)', '논리 철학 논고'[17]

　F. 마우드너는 '생각＝언어의 사용'이라는 등식을 두고 있었으나, '언어 우선'의 사고를 지니고 있었다.

　　진리를 인지하는 과정에 끈질기게 도사리고 있는 것은 모든 사람들이 실상은 그들이 단지 말하고 있을 뿐인데도 그들이 지금 생각하고 있다고 믿는 것이며, 세심한 모든 학자들도 '말씀'이란 기껏해야 생각하는 것을 위한 도구일 뿐이라고 말하는 것이다. 그렇지 않으면 겉치레라는 것이다. 그러나 말하는 것, 즉 '말씀'이 없이는 생각한다는 것은 존재하지 않는다. 생각한다는 것은 존재하지 않고 오직 말한다는 것이 있을 뿐이다. '생각한다는 것'은 단적으로 말해 '말하는 것'이다.[18]

　L. 비트겐쉬타인은 '언어 체계', '생각의 체계'를 동일시하였으나 역시 '언어'에 초점이 가 있었다.

　　우리가 생각할 수 없는 것은 우리는 생각할 수 없다. 그러므로 우리는 생각할 수 없는 것을 말할 수 없다. 이 말은 유아론이 어디까지 진실인가 하는 것에 대한 문제의 열쇠를 제시해 주고 있다. 사실 '유아론'이 뜻하고 있는 것은 아주 정확하다. 단지 말로 표현될 수 없을 뿐이며, 자명한 것이다. '세계는 나의 세계다'라는 것은 언어(내가 이해하고 있는 언어)의 한계가 나의 세계의 한계를 뜻하고 있다는 사실 속에 자명한 것이다. 세계와 생명은 하나다. 나는 나의 세계. ≪'사유와 존재의 주체'같은 것이란 없는 법이다. 만약 내가 "내가 찾아낸 것으로서의 세계"란 책을 썼다면 나는 마땅히 거기에다가 나의 신체에 관해서도 보고를 해야 하고 나의 의지에 복종한 것과 복종하지 않는 것 등등을 보고해야만 할 것이다. 그러면 이것이 주체를 분리하는 방법 또는 중요한 의미에서

16) G. Weiler, *Mauthner's Critique of Language*, Cambridge University Press, 1970.

17) L. Wittgenstein, *Tractatus Logico-Philosophicus*, The Humanities Press, 1951.

18) G. Weiler, Ibid., p.32.

주체란 없다는 것, 즉 그와 같은 주체란 것을 가지고는 책에 있는 진술이 가능할 수 없다는 것을 보여주는 방법이 될 수 있었을 것이다.》[19]

그러나 F. 니체는 '언어(기호, Sign)'는 언어일 뿐으로, 모든 문제는 '생명'과 '현실'로 나와서 생각을 해야 한다는 입장이었다. F. 니체는 '과거 철학자'도 '언어학자'도 '언어' 속에 모든 문제를 다 따지려는 것은 명백한 '관념주의(Idealism)'의 연장이라는 규정이다.

그러면 F. 니체의 '생명', '현실'이란 무엇인가? F. 니체('차라투스트라', '디오니소스')의 관심은 항상 '힘에의 의지'가 작동하는 오직 생명의 현장이 있을 뿐이다.(그러므로 '관념'들은 '예술 작품'과 같은 보조 수단일 뿐임. 6-29. '현재 세상'이 '진실의 전부'다.)

13-5
E. 뭉크

노르웨이 화가 E. 뭉크(Edvard Munch, 1863~1944)는 1906년에 '니체 상(1906)'을 제작하였다.

노르웨이 뭉크(Edvard Munch, 1863~1944)가 제작한 '니체 상(1906)'

그런데 '니체 상'은 명백하게 '넓은 이마와 파인 눈에 무성한 콧수염을 단 F. 니체'를 그렸지만, F. 니체를 감싸고 있는 주변 풍경은 E. 뭉크 자신이 즐겨 그리던 '황혼의 다리(교량) 난간에 S자형의 굽은 만(灣)'을 제시하였다.

---

19) L. Wittgenstein, Ibid., p.151.

E. 뭉크의 '절규(1895)'[20], '절망(1892)'[21], E. 뭉크의 '마돈나(1895)'[22], '팔 해골과 자화상(1895)'[23]

한마디로 <u>E.뭉크 자신과 '차라투스트라(F.니체)'와의 동일시</u>이다. 그러면 어떤 측면이 E.뭉크와 차라투스트라 F.니체와 동일하다는 것인가?

다음 그림을 참조해 볼 수 있다.

위의 '마돈나' 상에 좌측 하단에 웅크리고 있는 아동(兒童)은, E.뭉크 자신이고 '팔 해골과 자화상'도 E.뭉크 자신을 그린 작품이다.

F.니체가 '세상을 뒤덮는 재능'을 자랑하고 있다고 하지만, '마비(痲痺)의 고통(苦痛)' 즉 '궁핍한 현실'을 견디고 있음은 E.뭉크 자신의 처지와 동일하다는 것(E.뭉크의 생각)이다.

여기에 '세상을 덮을 만한 재능(뭉크, 니체) ⇔ 궁핍한 현실(뭉크, 니체)'의 동시주의가 가동하고 있다. <u>E.뭉크는 그림(상상) 속에 차라투스트라</u>이다.

13-6

W. 칸딘스키

W. 칸딘스키(W. Kandinsky, 1866~1944)는 모스코바에 출생하였으나, 독일에 유학하여 그림을 전공했고, 뒤에 러시아로 돌아갔다가 독일로 다시 나왔고, 그 뒤에 다시 파리로 가 거기에서 사망한 현대 '추상미술(Non-objective Art)'의 창시자(創始者)이다.

---

20) H. Read, *A Concise History of Modern Painting*, Thames and Hudson, 1974, p.56, 'The Cry(1985)'.

21) A. Eggum, *Munch and Photography*, Yale University Press, 1989, p.51, 'Despair(1892)'.

22) B. Torjusen, *Words and Images of Edvard Munch*, Thames and Hudson, 1986, p.92, 'Madonna(1895)'.

23) Ibid., p.53, 'Self-portrait with Skeleton Arm(1895)'.

W. 칸딘스키는, F. 니체가 1881년 8월 초 질스마리아
(Sils-Maria)의 질바플라나 호수(Lake of Silvaplana)
피라미드 형상의 바위 곁에 얻었다는 '영원회귀(Eternal
Recurrence)' 착상(着想), 즉 '만다라' 체험을 W. 칸딘스
키 자신도 반복 체험하였고, 그것을 '동시주의' 방법으

로 자신의 예술 세계(회화와 시 창작)에 활용, 새로운   W. 칸딘스키(W. Kandinsky, 1866~1944)
회화 혁명('추상 미술')을 주도했던 사람이라는 측면에서 (정신적으로) F. 니체와 불가분의 관계에
있다.(W. 칸딘스키는 F. 니체를 읽어 알고 있었음.-7-15. '영원회귀': '긍정적 삶의 공식'과,
제12장 연보-1881년 8월 참조)

A. 유럽의 귀족 청기사

F. 니체는 자신을 폴란드 귀족 가계로 소개하였다.(9-6. 니체의 이중(二重) 가계(家系)) 그런
데 W. 칸딘스키는 자신을 '유럽의 귀족 기사(騎士)'로 자처하였다.

'뢰켄의 기사묘비'[24], F. 니체가 관심을 보인 뒤러의 '악마와 기사의 죽음'[25]
W. 칸딘스키의 '세인트조지 Ⅱ(1911)'[26], '유럽 귀족 청기사, 표지 최후 디자인(1911~2)'[27]

---

24) Ibid., p.14, 'Roecken, Rittergrabmal'; D. F. Krell & D. L. Bates, *The Good European*: *Nietzsche's Work
Sites in Word and Image*, The University of Chicago Press, 1997, p.12. 어린 니체에게 무섭고 우울한 기분을
조성한 '성 조지 상(Image of St. George)'-13세의 〈나의 인생(My Life)〉에서.

25) 뒤러와 동시대 작가 판화전, 국립현대미술관, 1996 : '기사'는 F. 니체(차라투스트라)가 호칭(好稱)하는 최적의 상
징적 신분(身分)이었다.

26) H. K. Rethel & J. K. Benjamin, *Kandinsky Werkverzeichnis der Ölgemaede Band Ⅰ(1900~1915)*, Ibid.,
p.399, 'St George Ⅱ(1911)'.

27) V. E. Barnett, *Kandinsky Water colours Ⅰ*, Ibid., p.257, 'Final Design for the cover the Almanach der
Blaue Reiter(1911~2)'; W. 칸딘스키의 '유럽의 귀족 청기사'란(가치 혁신의) F. 니체의 영향을 명시한 것이다.

그 점에서 우선 W. 칸딘스키는 1883년 F. 니체(차라투스트라─騎士)의 모습과 동일한 기점
에 동일한 방향(새로운 氣風의 振作)을 잡게 되었다.

땅거미(1901)[28]

곰(1907)[29], 돈키호테(1907)[30]

뱀(1907)[31], 청기사 표지화에 대한 연구(1911)[32], 유럽 귀족 청기사, 표지 최후 디자인(1911~2)[33]

 ; F. 니체, W. 칸딘스키의 '귀족'이란, '정신적 우월성'을 강조한 것임.

28) V. E. Barnett, *Kandinsky Water colours* I, Cornell University Press, 1992, p.74, 'Dusk'.

29) Ibid., p.197, 'The Bear(1907)'.

30) Ibid., p.204, 'Don Quixote(1907)'.

31) Ibid., p.205, 'Snake(1907)'.

32) V. E. Barnett, *Kandinsky Water colours* I, Philip Wilson Publishers, 2006. p.249, 'Study for Cover

그런데 F. 니체(차라투스트라)는 '생명 긍정'을 신념으로 유럽의 '허무주의'를 격파하는 '모든 가치의 재평가 운동'의 선두 기사(騎士)로 자임했음에 대해, W. 칸딘스키는 전통적인 기독교도 입장에서 '악(뱀, 용-욕망)'을 물리치는 '세인트 조지(St George)'의 기마상을 자신의 모습으로 했다는 측면에서 (保守와 革新) 대극적인 동시주의(騎士)가 되었다.

B. 추상미술(Non-objective Art)과 만다라(Mandala)

W. 칸딘스키의 '영원회귀(Eternal Recurrence)', '만다라(Mandala)' 체험은 다음과 같이 확인이 된다.

제1회는 W. 칸딘스키가 1896년 C. 모네의 '건초가리' 작품을 처음 대면하였을 때였다.[34]

건초가리(1893)[35]

---

of The Blue Rider(1911)'.

33) V. E. Barnett, *Kandinsky Water colours I*, Ibid., p.257, 'Final Design for the cover the Almanach der Blaue Reiter(1911~2)' ; F. 니체는 자신이 '폴란드 귀족'의 후예임을 말하고 평소에 육체 중심의 '기사(騎士)'로 자임했다. 그리고 "내 적들에게 던질 창! 내가 최후의 창을 적들을 향해 던짐은 얼마나 기쁜 일인가! 나의 구름에 크나큰 긴장이 있어, 번개의 웃음 사이로 우박 소나기가 떨어질 것이다."-[F. Nietzsche(translated by R. J. Hollingdale), *Thus Spoke Zarathustra: A Book for All and For None*, Penguin Classics, 1961, p.97]라고 하였는데, W. 칸딘스키의 '유럽의 귀족 청기사'란(가치 혁신의) F. 니체의 영향을 명시한 것이다. ; F. 니체, W. 칸딘스키의 '귀족'이란, '정신적 우월성'을 강조한 것임.

34) *Kandinsky Complete Writings on Art*, G. K. Hall & Co. 1982, p.363 : '그런데 갑자기 처음 한 '그림(건초가리, Haystack)'을 본 것이다. 그것은 '건초가리'였고, 그것은 카탈로그에서 알려준 것이다. 나는 나의 무지(無知)에 고통을 느꼈고 역시 화가가 저렇게 불분명하게 그려야 할 권리도 없다고도 생각했다. 나는 이 그림에는 대상(object)이 없다는 생각도 막연히 들었다. 그리고 그 그림이 나를 잡을 뿐 아니라 나의 기억에서 지울 수 없고 세세한 것까지 나의 눈앞에 항상 어른거림에 놀라고 당황하였다.'-W. 칸딘스키는 내부에 '만다라' 의식의 발동을 고백한 부분이다.

35) R. T. Bellido, *Kandinsky*, Studio Editions, 1993, p.6, 'Haystack(1893)'.

혜성(1900)[36]

W. 칸딘스키는 1896년 위의 그림을 보고 대학에 전임 자리를 포기하고 뮌헨(Munich)으로 그림 공부를 하러 나섰는데, 그 동기는 그의 내부에 위의 작품을 통해 자신의 '만다라 의식'이 작동된 것이다.

제2회는 1900년 작품 '혜성'을 제작했을 때였다.

W. 칸딘스키는 '그림 공부'를 하겠노라 뮌헨으로 갔지만, '그림 공부'를 더 할 것도 없이 먼저 '만다라(검은 사각형)'부터 그려 놓고 본 것이다.

제3회는 1915년 작품 '묵시록'의 제작할 때 더욱 W. 칸딘스키 내부에 그를 당황하게 했던 요소가 '만다라'임을 확인을 하게 해 주고 있다.

묵시록의 기마상(1914)[37]

위의 그림은 고구려 고분 벽화에 제시된 '사신도(四神圖)'와 동일한, ('河圖', '洛書'의) 만다라를 W. 칸딘스키는 다시 그려 놓은 것이다.

제4회는 1922년 W. 칸딘스키의 작품 '컵의 탐구'를 살펴보면 그에게 '아름다움'이란 바로 '만다라'임을 거듭 확인할 수 있다.

'컵과 소스에 대한 탐구(1920-1)'[38], '밀크 컵에 대한 연구(1920-1)'[39], '과일 접시에 대한 연구(1920-1)'[40]

---

36) V. E. Barnett, *Kandinsky Water colours Ⅰ*, Philip Wilson Publishers, 2006, p.63, 'The Comet(1900)'.

37) H. K. Rethel & J. K. Benjamin, *Kandinsky Werkverzeichnis der Ölgemaede Band Ⅰ(1900~1915)*, erlag C. H. Beck Muenchen, 1982, p.512.

38) Ibid., p.473, 'Study for Cup and Saucer(1920~1)'.

W. 칸딘스키는 이후에부터 모든 기존 대상은 자기 그림 속에 등장시키지 않은 '완전한 추상화'만 그렸다.

<u>제5회</u>는 1926년(이전) 저서 〈점 선 면〉에서 '기초화면(picture plane)'을 설명할 때였다.

> 화면이란 미술작품의 내용을 담을 물질적 평면으로 이해를 하는 것이다. 여기에서는 그것을 '기초화면'이라고 하겠다. 도식적으로 '기초화면'은 두 개의 수평선과 두 개의 수직선으로 묶이고, 그런 환경적 영역 속에 독립된 실체로서 구분된다……. 도식적 기초화면의 가장 객관적인 형식은 '정사각형(square)'이다.[41]

> 모든 살아 있는 존재가 서 있고 상하의 고정된 관계 속에 있듯이, '기초화면'의 경우에도 그와 같은 '생명-존재자(生命 性, a living being)'와 동일하게 작용하게 할 수 있다……. 미술가는 누구나(비록 무의식적이지만) 아직 손대지 않은 '기초화면'의 숨소리를 들을 수 있고(다소간 의식적으로) 기초화면의 존재에 책임을 느낄 것이며 무책임한 손놀림은 살인에 해당한다는 것을 알고 있는데 사람들은 그 사실을 인정할 것이다. 미술가는 이 존재(기초화면)에 '수태를 시키고(inseminates)' 기초 화면이 얼마나 순서 있게 정당한 소재들을 논리적이고 즐겁고 수용하는지를 알고 있다. 누가 보아도 원시적이지만 그래도 살아있는 이 유기체는 그것을 정당하게 다루면 더 이상 원시적인 것이 아닌 새로운 살아 있는 유기체로 변할 것이고 발전된 유기체로서 모든 특징을 명시하게 된다.[42]

<u>그런데 W. 칸딘스키의 '기초화면(基礎畵面, picture plane-정사각형)'의 설명은, 바로 '만다라' 체험에 관한 자신의 정신적 고백이다. 이것은 역시 F. 니체의 '영원회귀(Eternal Recurrence)'의 도식적(圖式的) 제시이다.</u>

C. 동시주의의 〈음향(音響, Klänge, Sounds)〉 시

W. 칸딘스키는 1909년부터 소위 주제(主題)가 없는 '음향(音響)' 시를 썼는데, 그것은 자신의 '추상미술'의 전개와 동일한 '양극적(兩極的) 동시주의'에 기초한 것이다. 즉 '양극적 동시주의(The Polar Reversal Simultaneism)'란 바로 F. 니체가 그의 '잠언(箴言, Aphorism)'들

---

39) Ibid., p.475, 'Study for a Milk-cup(1920~1)'.

40) Ibid., p.475, 'Study for Fruit-plate(1920~1)'.

41) *Kandinsky Complete Writings on Art*, G. K. Hall & Co. 1982, p.637.

42) Ibid., p.639.

의 기본 구조이다.

참고로 W. 칸딘스키의 〈음향〉 시에 제시된, 그 '동시주의'를 확인해 보면 다음과 같다.

한 신사(紳士)가 거리에서 모자를 벗었다.

양편으로 포마드를 발라 백색 흑색 모발을 보았다.

또 다른 신사가 모자를 벗었다. 나는 큰 분홍빛 푸른빛의 기름 묻은 정수리를 보았다.

두 신사는 서로 마주 보았다. 그리고 굽은 회황색 치열과 잇몸을 드러내 보여주었다.('이른 봄, EARLY SPRING' 작품 全文)43)

┃구조┃ '백색 흑색 머리의 신사⇔분홍 청색 머리의 신사'

나는 기억할 수 있다.

한 아주 거대한 검은 삼각형의 산이 하늘까지 닿았다. 겨우 보이는 것은 그것의 은빛 정상. 그 산의 오른쪽에 나무 한 그루가 서 있었고, 그 나무는 아주 크고 짙은 푸른 관을 지니고 있었다. 이 관이 너무 우거져 있으므로 개별 나뭇잎들은 서로의 간격을 유지할 수 없었다. 그 산의 왼쪽의 좁은 구획에 작은 접시 같은 조그만 꽃들이 자라고 있었다.

그 밖에 다른 것은 없다.

나는 이 풍경 앞에 서서 그것을 보았다.

갑자기 한 남자가 (그 산의) 오른쪽으로 오르기 시작한다. 그는 흰 염소를 탔다. 그 염소는 뿔이 뒤로 돋은 게 아니라 앞으로 난 것 말고는 전혀 평범하게 보였다. 그리고 그 염소는 보통 염소가 그렇듯이 꼬리를 뻔뻔스럽게 올리지 않고, 아래로 내리고 있었고 털이 벗겨져 있었다.

어떻든 그 사람은 푸른색 얼굴에 짧은 들창코였다. 그는 그의 작고 사이가 뜨고 닮았으나 흰 이빨을 드러내며 나를 보고 웃었다. 나는 역시 날카로운 붉은색 이빨도 목격했다.

나는 그 남자가 나를 보고 씩 웃었을 때 매우 놀랐다.

그는 천천히 염소를 타고 지나 산 뒤쪽으로 사라졌다.

놀라운 일은 내가 다시 경치를 보았을 때, 모든 잎들은 땅 위에 눕고, 왼쪽에 꽃들은 모두 지고 붉은 열매들만 남아 있었다.

물론 산은 움직이지 않고 있었다.

이 시간. ('나뭇잎들, LEAVES' 작품 全文)44)

---

43) Ibid., p.302.

44) Ibid., p.331~2.

┃구조┃ '오른쪽', '무성한 잎의 나무 한 그루', '푸른색 들창코 남자'
⇔'왼쪽', '조그만 꽃들', '붉은 열매', '나'

　위의 W. 칸딘스키 〈음향〉 시들은 모두 '주제(Theme)'가 없는 시들(一方主義 拒否)로, 오직 '양극적 동시주의'로 작품을 이루어 그의 '추상화'와 동일한 '추상시'이다. 한마디로 W. 칸딘스키의 '추상'시 들은, F. 니체가 자신의 '잠언(箴言, Aphorism)' 속에 장치한 '대립적 동시주의(The Polar Reversal Simultaneism)'와 동일한 구조를 작품 속의 '이미지'들의 대립으로 제시하였다.

　그러나 F. 니체는 '생명 우선주의(the Affirmation of Life) ⇔ 허무주의(Nihilism)'의 거대 한 대립 속에 행해진 것이었음에 대해, W. 칸딘스키는 '색채와 형태, 시간, 좌우의 추상적 회화적 작품(만다라) 내부의 대립인 점'[45]이 F. 니체의 동시주의('현실 생명 ⇔ 관념')와는 구 분이 되고 있다.

　이에 1916년 다다 혁명 운동은, 처음 W. 칸딘스키의 '추상 미술 지지자들'로 '작품 내부', '만다라 내부' 관념주의 세계에서 출발은 하였으나, 결국 그것을 폐기(廢棄)하고, F. 니체의 '현실 생명 절대 우선주의' 입장으로 돌아서서 '제국주의 전쟁 반대'를 최우선 명제로 삼고 나왔다.

13-7
C. G. 융

　F. 니체는 그의 '영원회귀(永遠回歸, Eternal Recurrence)'를 다음과 같이 반복 강조하였다.

　　　3-12. 디오니소스는 '영원회귀(回歸)'다.
　　　3-13. 디오니소스는 '파괴될 수 없는 기쁨'이다.
　　　7-15. '영원회귀' : '긍정적 삶의 공식'
　　　8-32. 인간의 존엄성에 기초한 '영원회귀'
　　　8-33. '영원회귀(Eternal Recurrence)'론이 우주의 질서다.

---

45) W. 칸딘스키는 그의 〈미술에 정신적인 것에 관하여(On the Spiritual in Art)〉에서, '백색⇔흑색'의 '명(明) ⇔ 암(暗)', '생(生) ⇔ 사(死)'의 대립, '황색⇔청색'의 '원심(遠心) ⇔ 구심(球心)', '온(溫) ⇔ 한(寒)'의 대립의 문제와, 〈점 선 면(Point and Line to Plane)〉에서 '점(點) ⇔ 선(線)'의 '정(靜) ⇔ 동(動)'의 대립과 '삼각형⇔원'의 '남(男) ⇔ 여(女)' 등의 '대립적 동시주의'를 제시하였다.

그런데 당초 <u>C. G. 융의 '만다라' 논의는, F. 니체의 '영원회귀(永遠回歸)'론을 확대 적용한 것이다.</u>

<u>C. G. 융(C. G. Jung, 1875~1961)은 F. 니체가 1881년 8월 초 질스마리아(Sils-Maria)의 질바플라나 호수(Lake of Silvaplana) 피라미드 형상의 바위 곁에 얻었다는 '영원회귀(Eternal Recurrence)'론을 자신의 '원형심리학'의 '만다라'론으로 정착시킨 F. 니체의 확실한 제자이다.</u>

C. G. 융은 사실상의 F. 니체와 S. 프로이트의 제자로서, 자신의 '원형심리학(Archetypal Psychology)'을 바탕으로, 오히려 그들 모두(F. 니체와 S. 프로이트)에 비판적 태도를 취했던 것은, 역시 융 자신의 개인적 취향과 체질의 반영일 뿐이다.

어떻든 C. G. 융의 '원형심리학(Archetypal Psychology)'에는 F. 니체의 '영원회귀', '만다라 (Mandala)'론이 그 구극(究極)에 자리를 잡고 있다. 그러므로 <u>S. 프로이트는 F. 니체의 '생명(욕망, 무의식) 긍정' 사상을 배워갔음에 대해, C. G. 융은 F. 니체의 '영원회귀'론을 자신의 정신분석학의 기본 바탕으로 삼고 있다.</u>('원형-Archetype'이란 용어도 F. 니체가 먼저 사용한 용어임. -3-5. 사티로스는 '인간의 원형'이다.)

앞줄 왼쪽부터 S. 프로이트, G. S. 할, C. G. 융,
뒷줄 왼쪽부터 A. A. 브릴, E. 존스, S. 페렌치(1909년 크랄라르크 대학에서)[46], 1910년의 C. G. 융[47]

다음은 칼 융이 1918~9년 사이에 제작한 '현대인의 만다라(영원회귀 도면)'[48]이다.

---

46) Wikipedia, 'C. G. Jung'-'Group photo 1909 in front of Clark University. Front row: Sigmund Freud, G. Stanley Hall, Jung; back row: Abraham A. Brill, Ernest Jones, Sándor Ferenczi'.

47) Wikipedia, 'C. G. Jung'-'Jung in 1910'.

48) F. 니체의 '영원회귀'는 '시간적 반복'이 강조된 것이지만, C. G. 융의 '만다라'는 시간과 공간을 모두 포괄한 것이라는 측면에서 F. 니체의 '영원회귀'보다 더욱 광범위한 이론이나, '생명 긍정'의 차원에서 보면 <u>C. G. 융의 '만다라'는 추상성이 깊어 W. 칸딘스키와 동일한 '관념주의', '보수주의'로 되돌아가게 되어 있다.</u>

융이 그린 '만다라(1916)'[49]

　C. G. 융은 '자신(the Self)'의 원형적 형상으로 '만다라'를 전제하고 인간의 예술 행위를 "인간 본성의 원초적 통일성을 확보하기 위한 매체(the mediator which should restore the primal unity of human nature)"[50]로 정의하였다.

　그렇다면 '매체(媒體, the mediator)'란 객관적인 '예술 작품'을 가리키므로, '만다라'란 인간의 모든 것을 포괄한 것이므로, <u>작품 자체는 일종의 만다라</u>이니, 사실상 만다라의 범위에 들지 않은 것은 없다.

　다음은 C. G. 융이 예시하고 있는 '만다라 그림'의 일부이다.

49) C. G. Jung, *The Red Book*, W. W. Norton & Company, 2009, p.364, 'Systema Munditotius'.

50) C. G. Jung, *Psychological Types*, Routledge & Kegan Paul, 1971, p.85, 'the mediator which should restore the primal unity of human nature'.

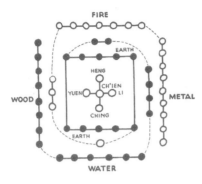 

중국 하도(河圖)[51], 인도 연꽃[52]

암석에 갇힌 원형[53], 원형의 분리[54]

빛(뱀)의 작용[55], 낮과 밤의 공존[56]

---

51) C. G. Jung, *Mandala Symbolism*, Princeton University Press, 1972, Figure 2.

52) Ibid., Picture 24.

53) Ibid., Picture 1.

54) Ibid., Picture 2.

55) Ibid., Picture 4.

최후의 심판 1-불타는 육체 [57], 최후의 심판 6-사망과 탄생[58]

한마디로 인간이 알고 있는 모든 '원리'는 '만다라' 내의 문제이고, 그것으로의 회귀이다. 즉 인간의 시간적 공간적 사유와 궁극적 귀속(歸屬)이 만다라 아닌 것이 없으니, 위의 도면에서 확인할 수 있는 바, 중국의 '하도(河圖)', 불교의 '연꽃(모든 꽃)', 기독교의 '십자가', '주야(晝夜)', '사계(四季)'의 순환, '죽음과 다시 태어남'이 만다라에 벗어난 것이 없다.

그리고 '만다라'는 모든 공간의 상징이니, 넓게는 우주(宇宙)를 의미하고 작게는 '눈(目)'과 그것으로 볼 수 있는 모든 사물은 바로 만다라 속의 개별 존재자들이다.

그런데 F. 니체는 '생명 긍정', '욕망 긍정'을 위한 과거 '허무주의(Nihilism)'의 극복 방안, 즉 '디오니소스의 재탄생'으로 그 의미를 국한하였는데, C. G. 융은 앞서 확인하였듯이 '우주 만상'을 포괄하는 원리(圖形)로 전제하여, 불교(연꽃)와 기독교(십자가)에 유교(河圖)까지 포괄하는 소위, '관념주의(Idealism)'로 되돌아갔다.

<u>1916년 취리히 '다다 혁명 운동'은 W. 칸딘스키 등의 '추상미술'에서 출발은 하였으나, 모두 '관념주의', '만다라'를 떠나, '현실의 현재의 생명'에 관심을 갖고 예술 작품에서 '현실'로 나와 '전쟁 반대', '제국주의 반대' 운동을 벌렸던 사람들이다.</u> 그들이 거의 문학과 예술에 종사한 대가(大家)들이었으나, 그들은 '전쟁 반대', '제국주의 반대' 운동을 작품으로 행했을 뿐이니, 시작도 끝도 '현실 생명'이고, 작품은 '운동'의 수단, 부산물, 흔적일 뿐이었다. F. 니체도 그렇게 생각하였다.('여호와', '디오니소스'가 바로 차라투스트라 속에 있으니, 소위 '작품-만다라'가 무슨

---

56) Ibid., Picture 12.

57) Ibid., Figure 49.

58) Ibid., Figure 54.

의미가 따로 있을 것인가?)

13-8
F. T. 마리네티

이탈리아의 F. T. 마리네티(F. T. Marinetti, 1876~1944)는, F. 니체의 가장 열렬한 지지(支持)자였다.

F. T. 마리네티는 1909년 2월 20일에 파리의 유명 일간지 '피가로(Le Figaro)'지에 '미래주의'를 선언하였다.[59] 그런데 그것은 당초 F. 니체의 '힘에의 의지(The Will to Power)'에다가 F. T. 마리네티 자신의 견해를 첨가하여 부연한 것이다.

> 미래주의 선언
> 〈1〉 우리는 위난(危難, danger)을 사랑하고, 힘의 관성(慣性, habit)과 무구(無懼, fearless-ness)를 노래하려 한다.
> 〈2〉 용기(courage) 대담(audacity) 반란(revolt)은 우리 시(詩)의 필수적 요소가 될 것이다.
> 〈3〉 이제까지의 문학은 사색적 부동성(不動性, thoughtful immobility)과 열락(ecstasy) 수면(sleep)을 칭송했다. (그러나) 우리는 공격적 행동, 열정적 불면(不眠), 경기의 기록, 역전(逆轉, somersault), 펀치와 타격을 칭송할 것이다.
> 〈4〉 이 세계의 호화(豪華, splendour)는, 새로운 미(beauty)에 의해 풍성하게 되었다고 확신한다. 속도의 미(the beauty of speed)가 그것이다. 달리는 차는 그 덮개가 거대한 파이프로 장식되어, 폭발적으로 숨을 쉬는 뱀과 같다. 포도 탄(grapeshot)에 올라탄 듯, 으르렁거리는 자동차는 사모트라키의 빅토리아[60](Victory of Samothrace)보다 아름답다.
> 〈5〉 궤도를 선회하며 경기를 펼치듯이, 지축(地軸)을 달리는 운전기사(the man at the wheel)에게 칭송을 보낸다.
> 〈6〉 시인은 원시적 요소(the primordial element)의 열광적 작열의 선양(宣揚)에, 열정과 호사(豪奢)와 관용으로 헌신을 해야 한다.
> 〈7〉 투쟁(struggle)을 빼면 미(beauty)란 없다. 공격(an aggressive character)이 없는 작품은

---

59) 1909년 2월 20일 파리 '피가로(Le Figaro)'지— P. Hulten, *Futurism & Futurisms*, Gruppo Edtoriale, 1986, p.512.

60) 1863년 그리스 사모트라키 섬에서 발견된 니케(Nike) 여신상.

걸작이 될 수 없다. 미지의 위력(the unknown force)에 격렬한 공격을 가하여 그들을 인간 앞에 항복시키는 것을 시는 내용으로 담아야 할 것이다.

〈8〉 세기말 마지막 땅의 끝에 우리는 서 있다!…… 불가능이라는 신비의 문을 두들겨 부술 용기가 발동하는 지금, 왜 우리는 뒤를 돌아보아야 할 것인가? 시간과 공간은 어제 사망 하였다. 우리는 이미 절대(the absolute) 속에 살고 있다. 영원히 있고, 모든 곳에 있는, 속도(speed)를 창조했기 때문이다.

〈9〉 우리는 군국주의, 애국, 자유 제공자들(freedom-bringers)의 파괴적인 동작(the destructive gesture of freedom-bringer), 위하여 죽을 만한 아름다운 이념, 여성에 대한 경멸-세상의 유일한 보건 요법(the world's only hygiene)인 전쟁을 찬양한다.[61]

〈10〉 우리는 박물관, 도서관, 각종 학원(academies of every kind)을 철폐하고, 도덕주의, 여권주의, 기회주의적 실용주의적 소심주의를 파괴할 것이다.

〈11〉 우리는 노동(work), 기쁨(pleasure)과 역전(revolt)으로 흥분된 대중을 노래할 것이고, 현대 도시 속에 다양한 색깔, 다양한 사조의 혁명을 노래할 것이고, 조병창(造兵廠, arsenals)의 밤의 열기, 전깃불을 밝힌 조선소, 연기를 감고 다니던 뱀들(기차)을 다 삼킨 철도역, 연기를 감고 구름 속에 솟은 공장들, 칼처럼 태양 아래 빛을 뿌리며 거대한 체육 선수같이 강을 건너뛰는 교량, 수평선을 숨 쉬는 모험적 증기선, 관(管)을 고삐로 삼은 거대한 철마처럼 철로 위를 달리는 기관차, 프로펠러를 바람 속에 깃발처럼 펄럭이며 열광한 군중처럼 환호하는 비행기의 매끄러운 비상(飛翔)을 노래할 것이다…….[62]

위의 부분은 1909년 '미래주의' 선언의 요점으로 F. T. 마리네티의 소위 '역동주의(Dynamism)'를 대표하고 있는 구절이다.

그러나 <u>F. T. 마리네티의 위의 선언은, F. 니체의 '힘에의 의지(Will to Power)'를 19세기말, 20세기 초의 '산업 사회'에 적용한 해석이고, 역시 그것을 문학과 예술의 당연한 주장으로 삼아야 한다는 F. T. 마리네티 주장</u>이었다.

원래 F. 니체의 '힘에의 의지'가 인간 보편의 생명 현상으로 전제되었는데(4-1. '힘(권력)에의 의지(Will to Power)'는 생명력의 방출이다. 4-6. '힘(권력, power)'='체력(strength)+지(knowledge)+부(wealth)'), F. T. 마리네티는 거기에 '기계의 힘'을 강조했던 점은 특히 주목

61) 이 구절은 마리네티의 가장 악명 높은 부분으로, 1919년 3월 무솔리니(Mussolini, 1883~1945)가 파시스트를 결성하여 1922년 총선에 승리하고, 1924년 집권하게 되니, 마리네티가 파시즘에 동조 '예술의 독립성(artistic integrity)'을 훼손했다고 비판되는 바, 그 심리적 동기를 드러낸 부분이다.-Jose Piere, *Futurism and Dadaism*, Edito-Service SA, Geneva, 1969, p.181.

62) P. Hulten, *Futurism & Futurisms*, Gruppo Edtoriale, 1986, pp.514~5.

을 해야 한다.

왜냐하면 F. 니체의 '힘'의 규정은 사실상 '생물학적 인간의 힘', '긍정적 생명 의지(Affirmative Life-Will)'이었음에 대해, F. T. 마리네티는 '기계의 힘(Power of Machine)'을 들고 나왔고, 그것은 F. 니체가 전제했던 '말을 탄 기사(騎士)' 차라투스트라 상(像)과는 차원을 달리하는 '자동차', '비행기'를 탄 F. T. 마리네티 상이기 때문이다.(4-1. '힘(권력)에의 의지(Will to Power)'는 생명력의 방출이다.)

1908년 '속도'와 '과학'을 긍정한 마리네티가 그의 차에 올라 있다.[63]

1912년 파리에 모인 이탈리아 미래파, 좌로부터 루쏠로(L. Russolo), 카르라(C. Carra, 1881~1966), 마리네티(F. T. Marinetti), 보초니(U. Boccioni), 세베리니(G. Severini, 1883~1966)[64]

---

63) Ibid., p.513, T. Asano's writings.

64) U. M. Schneede, *Umberto Boccioni*, Hatge, 1994, p.101.

　그리하여 위의 '미래주의' 선언에서, 〈1〉항 〈2〉항 〈3〉항 〈6〉항 〈7〉항 〈10〉항은 F. 니체의 견해를 존중하여 따른 것이나, 〈4〉항 〈5〉항 〈8〉항 〈11〉항은 F. T. 마리네티가 착안(着眼)한 '산업 사회의 새로 등장한 기계의 힘'을 말한 것으로, 현대 기계 문명의 힘을 가장 먼저 파악한 F. T. 마리네티의 독창적 안목의 발동이라고 할 수 있다.

　그런데 문제는 〈9〉항이다. ― '우리는 군국주의, 애국, 자유 제공자들(freedom-bringers)의 파괴적인 동작(the destructive gesture of freedom-bringer), 위하여 죽을 만한 아름다운 이념, 여성에 대한 경멸―세상의 유일한 보건 요법(the world's only hygiene)인 전쟁을 찬양한다.'

　이 구절은 F. 니체가 명시한 '살상 전쟁 반대', '종족주의 반대', '국가주의 반대'를 완전 외면한 것이고, 1916년 취리히 다다가 일제히 총공격을 가했던 F. T. 마리네티의 치명적 약점(弱點)이었다.

　1909년 F. T. 마리네티의 미래주의 선언을 이어 '회화(1910. 1., 발라―G. Balla 1871~1958)', '조각(1912. 4. 11., 보초니―U. Boccioni, 1882~1916)', '시(1912. 5. 11. 마리네티)', '음악(1913. 3. 11., 루쏠로―L. Russolo, 1885~1947)'에서의 '미래주의 선언'으로 계속되었는데, 그 대체적은 특징은 F. 니체의 '힘에의 의지'에 강조점이 주어져, '역동주의(Dynamism)'란 규정을 얻게 된 것이다.

　이 '미래주의'는 F. 니체가 '생명 현실 우선주의'였음에 대해, '작품의 창조'에 머물러 있었던 점은 역시 간과할 수 없는 또 하나의 약점이었다.(M. 하이데거는, 이 'F. T. 마리네티의 약점'까지 악랄하게 모두 'F. 니체의 잘못'으로 규정하였음.)

　F. 니체가 당초에 강조했던 '현실 생명 우선주의'는, 1916년 취리히 다다에 와서야 비로소 다시 그 원상(原狀)을 회복하게 되었다.

　여하튼 F. T. 마리네티의 미래주의 선언은, 1916년 취리히의 다다이스트는 물론이고 세계 각국의 '아방가르드' 형성에 절대적인 영향을 주었다. 특히 취리히 다다이스트 중 트리스탄 짜라(Tristan Tzara, 1896~1963)는 F. T. 마리네티의 절대적 영향권 내에 있었다.[65]

　그리고 F. T. 마리네티 주목은 '기계의 힘', '무기의 힘'의 문제는 F. 니체도 충분히 고려하지 못한 '새로운 폭력의 대두'로 '다다 초현실주의 운동'은 모두 그것의 '억압'에 평생의 힘들을 집중하였다.

---

65) 짜라는 처음 마리네티와 교신했고, 이어 프람폴리니(Prampolini), 칸길로(Cangiullo) 등과 교신을 하다가 1916년 여름 이탈리아 여행 중에 페라라에서는 사비니오(Savinio), 키리코(Chirico)와 회동했고, 로마에서 브라가글리아(Bragaglia), 프람폴리니와 만났다.(P. Hulten, *Futurism & Futurisms*, Ibid., p.459, E. Coen's writings)

그리고 미래파들이 행했던 행사인 '야간 흥행(Soirees)'도, 눈여겨 볼 필요가 있다.

미래파의 야간 흥행은 '종합 극장(Synthetic Theatre)' 퍼포먼스의 선구였다. 최초 이 모임은 1913년 3월 2일 로마의 테아트로 코스탄치(Teatro Costanzi)에서였는데, 파피니(G. Papini, 1881~1956)는 로마 시에 대한 항의(로마 시민에 대한 충고) 연설을 했고, 청중의 반응을 유도했는데, 치티(R. Chiti)의 말에 따르면, "이러한 야간 흥행의 모델"로서 고함치는 불평과 논쟁 격투 그리고 특히 젊은 관객으로부터 공개적 인정도 얻어내었다. 다른 도시에서도 비슷한 반응을 얻었다. 야간 흥행은 시(poetic) 모임이었고, 정치적 모임이었다. 때로는 프라텔라(F. B. Pratella, 1880~1955)의 '인생 예찬'과 같은 미래파 심포니에 루쏠로 퍼포먼스가 동반되곤 했다. 이들 모임은 결국 극장 내의 행사였다. 미술 화랑이나 문학 단체에서도 열렸다. 그러나 그 자연스런 장소는 극장이었으니, 마리네티도 극작가였고, 세티멜리(E. Settimelli)와 코라(B. Corra)는 미래파 종합 극장 창시자였다.66)

1911년 밀라노에서의 '미래파 야간 흥행'(U. Boccioni), 야간 흥행은 바로 다다의 '카바레 볼테르' 야간흥행으로 이어졌다.67)

미래파의 '야간 흥행'은 사실상 F. 니체가 상상한 '디오니소소스 축제(祝祭)'의 실연(實演)으로, 그것은 1916년 '카바레 볼테르의 야간 모임'으로 이어졌다.

---

66) P. Hulten, *Futurism & Futurisms*, Ibid., p.525, M. Verdone's writings.
67) U. M. Schneede, *Umberto Boccioni*, Ibid., p.51.

13-9

F. 피카비아

F. 피카비아(F. Picabia, 1879~1953)가 다다이스트의 중 최고 연장자(年長者)로서 가까이는 '뉴욕 다다' M. 뒤샹(M. Duchamp, 1887~1968)을 두었고, '취리히 다다'의 중추 T. 짜라(T. Tzara, 1896~1963)를 파리로 끌어들여 '다다'를 '초현실주의'로 성장(成長)시켰던 <u>니체주의(Nietzsheism)'자라는 사실은 잘 알려져 있다.</u>

F. 피카비아는 처음 F. T. 마리네티의 '미래주의 선언'에 공감하여, '속도(speed)'에 공감하고 그에 대한 자신의 '기계에의 대한 열광'을 토로(吐露)하기도 하였다.

> "자동차 경기를 그릴 때, 총을 쏘듯 미친 듯이 트랙을 달리는 자동차의 형상을 어떻게 구분할 수 있을 것입니까? 구분할 수 없지요 물론. 보이는 것은 이상하고 불안한 어떤 색채와 형태들의 혼합된 덩어리뿐입니다. 그러나 당신들이 내 그림에 감성을 지녔다면, 한 시간에 200km로 달리는 사람의 흥분과 도취를 느낄 것입니다. 나는 색채로 바로 그 '운동'의 개념을 전달할 수 있고, 그래서 (내 그림에서) 당신은 속도와 스릴을 체험하고 감탄을 할 수 있을 것입니다."[68]

핸들을 잡은 피카비아, 다다-木馬를 탄 피카비아(1919)'[69]

F. 피카비아는 F. T. 마리네티처럼, '자동차를 탄 차라투스트라'가 된 것이다. 1918년 F. 피카비아는 스위스 취리히로 가서 T. 짜라와 회동을 하였고, 1920년 1월 17일 T. 차라가 파리로 갔을 때 바로 F. 피카비아를 방문했고, 그들은 다시 파리 다다와 연합하여 1920년 5월 26일 파리 '가보 홀(Gaveau Hall)'에서 '다다 축제'가 열린 것은 모두 F. 피카비아의 '힘(power)'이었다.

68) P. Hulten, *Futurism & Futurisms*, Ibid., p.539, 'Picabia, Francis'—Serge Fauchereau's writings.

69) G. Durozoi, *History of the Surrealist Movement*, The University of Chicago Press, 2002, p.7, 'Francis Picabia on his dada'.

가보 홀에서 열린 다다 축제를 알리는 피카비아 제작 플래카드를 들고 있는 브르통(1920)[70],
파리 가보 홀에서 열린 다다 축제(1920. 5. 26)[71]

1열 왼쪽부터 : 짜라, 세린느 아르누, 피카비아, 브르통 2열 : 페레, 데르네, 수포, 리브몽-드센뉴 ;
3열 : 아라공, 프랜켈, 엘뤼아르, 판사에르스, 페이(1920)[72]

다음은 F. 피카비아가 미래파의 '기계의 역동주의'에 심취했을 때의 작품들이다.

---

70) P. Hulten, *Futurism & Futurisms*, Ibid., p.198, 'A. Breton carrying placard by Picabia at Dada Festival in Gaveau Hall, Paris(1920. 5.)'.

71) Ibid., p.112, 'Dada Festival in Gaveau Hall, Paris(1920. 5. 26.)'.

72) M. L. Borras, *Picabia*, Rizzoli, 1985, p.36, '1. Reihe : Tzara, Celine Arnould, Picabia, Breton ; 2. Reihe : Peret, Dernee, Soupault, Ribemont-Dessaignes ; 3. Reihe : Aragon, Fraenkel, Eluard, Pansaers, Fay(1920)'.

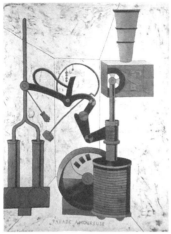
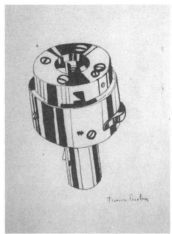
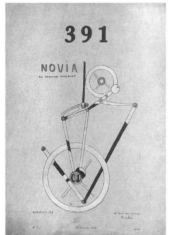

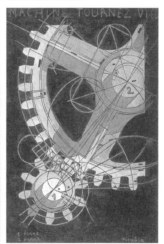

'호색적인 연출(1917)'[73], '터빈(1917)'[74], '신부 Ⅱ(1917)'[75], '통풍기(1918)'[76], '기계는 빨리 돈다.(1916~8)'[77]

다음은 F. 피카비아의 '바르셀로나(1926~7)', '직 객(1929)'이라는 작품인데 F. 니체의 '디오니소스 정신'과 연결되는 작품들이다.

---

73) Ibid., p.196, 'Amorous display(1917)'.

74) *Picabia Opere 1898~1951*, Electra, 1986, p.71, 'Turbine(1917)'.

75) M. L. Borras, *Picabia*, Ibid., p.182, 'Bride Ⅱ(1917)'.

76) Ibid., p.219, 'Ventilator(1918)'.

77) L. Dickerman, *DADA*, The Museum of Modern Art, 2006, p.402, F. Picabia 'Machine Turn Quickly'.

작품 중앙에 제시된 짐승(황소 또는 염소)의 머리에 달린 다중(多重)의 눈(神의 洞察力)은, 신화적으로 '디오니소스(바커스)' 신(神)에 해당하고 역시 화가 자신의 이미지(차라투스트라)이다. 여러 짐승들을 대동하고 있는 모습은 디오니소스 신 고유의 모습이다. 작품 '바르셀로나(1926~7)'를, 바로 '디오니소스(바커스)' 행렬로 추단할 수 있는 이유는 '다중(多重)의 신의 눈'이 염소(동물)의 머리에 붙어 '동물(육체) ⇔ 신(신령)'의 대극적 동시주의를 보이는, '일종의 사망하는 신(a dying god)'의 형상으로 제시하고 있기 때문이다.

'바르셀로나(1926~7)'[78]

'직 잭(1929)'[79]

작품 '직 잭(1929)'은 '여성', '식물' 등과 모습이 겹쳐 있는 남성(像)이 '(여우)가죽 옷'을 착용하고 있다. 디오니소스 신은 식물의 '수확(收穫)과 관련된 신'인데, 위의 작품에서는 복장으로 그 존재를 명시하고 있다.

F. 피카비아의 관심은 '미래주의'에서 '다다'로 '초현실주의'로 이동하였으나, 일관된 점은 F. 니체 정신 속에서 그렇게 이동(移動)하였던 점이다.

'예수와 돌고래(1928)'[80]

1928년 작 '예수와 돌고래(Jesus and the dolphin)'라는 작품이다.

위의 작품에서 '예수'를 '디오니소스 신(포도넝쿨), 돌고래'와 연관하여 '예수의 희생'과 '디오니소스의 희생'을 동시에 제시하고 있다.(J. G. 프레이저 '황금 가지' 참조)

다음은 '바르셀론(1922, 1928~30)'이란 작품이다.

---

78) M. L. Borras, *Picabia*, Ibid., p.334, 'Barcelona(1926~7)'.

79) Ibid., p.88, 'Zic-Zac(1929)'.

80) Ibid., p.350, 'Jesus and the dolphin(1928)' ; 작품 '예수와 돌고래'에서 '포도넝쿨'과 '돌고래'는 모두 디오니소스적인 것인데, F. 피카비아는 '예수'를 첨가하여 역시 다다이스트의 고유 정신인 '억압'의 의미를 부가하였다.(F. 니체 철학의 치명적 약점은, '억압'에 대한 철저한 무시 그것이다.)

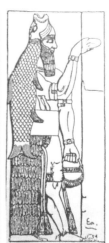

'바르셀론(1922)'[81], '바르셀론(1928~30)'[82], '오안네스를 나타내는 물고기로 분장한 사제(바빌로니아 신)'[83]

이 '바르셀론'이란 두 작품은, 화가 F. 피카비아의 '일상적 사고(思考)'에서 어떻게 신화적 상상의 세계(만다라의 세계, 원형적 세계)로 변전되는가의 구체적 경로를 보여준 그림이다.

1922년 '바르셀론'은 F. 피카비아 개인적 체험 영역을 벗어나지 못하고 있는 작품임에 대해, 1928~30년의 '바르셀론'은 앞서 확인한 작품 '젖가슴(1926)'의 영역을 지나 '오안네스를 나타내는 물고기로 분장한 사제(司祭, 바빌로니아 신)'의 종교적 영역까지 확장된, 높은 경지 정신 영역을 보여주고 있다. '물고기'는 '먹이', '희생', '봉사'의 의미로, 예술가(F. 피카비아)의 사회적 임무 수행의 의미도 포함하고 있는데, 작품 '바르셀론(1928~30)'에 물고기는 그러한 의미를 명시하고 있기 때문이다. 그리고 그것은 '수확의 신', '디오니소스(바커스) 신(피카비아)'의 사회적 희생 봉사 의미도 아울러 전제된 것임은 물론이다.(J. G. 프레이저 '황금 가지' 참조)

---

81) Ibid., p.85, 'Barcelone(1922)'.

82) *Picabia Opere 1898~1951*, Ibid., p.85, 'Barcellone(1928~30)'.

83) C. G. Jung, *Symbols of Transformation*, Routldge & Kegan Paul, 1970, p.199, 'Priest with a fish-mask, representing Oannes(Babylonian mythical figure)'.

13-10

P. 피카소

P. 피카소(P. Picasso, 1881~1973)가 얼마나 F. 니체의 정신에 있었는지는 별로 논의되지 못했다. <u>P. 피카소는 '다다와 초현실주의'를 관통(貫通)하고 있는 F. 니체 정신의 온전한 신봉자(信奉者)였다.</u>

피카소를 방문한 파리의 유명 인사들(1944) :
(좌측에 서 있는)라캉, (좌측 하단에 손을 모으고 앉은)사르트르, (중앙 하단에 무릎을 세운)카뮈[84]

P. 피카소가 F. 니체의 온전한 신봉자란 사실은, F. 니체의 '육체 절대 우선주의', '제국주의 전쟁 반대', '반기독교', '디오니소스주의'까지를 모두 체득하여 P. 피카소의 작품 속에 담아냈기 때문이다.

A. 육체 절대 우선주의

P. 피카소의 다음 작품들은, F. 니체가 '2-20. 철학자는 무용수(舞踊手)가 돼야 한다.'는 육체 존중의 뜻에서 제작된 것이다.

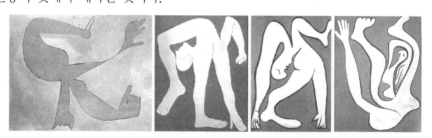

'수영하는 사람(1929)', '곡예사(1930)'[85] '여자 곡예사(1930)'[86]

---

84) D. Boone, *Picasso*, Studio Edition, 1993, p.31, 'J. Lacan', 'J. P. Sartre', 'A. Camus'.

B. 제국주의 전쟁 반대

P. 피카소의 '제국주의 전쟁 반대' 그림은 너무 많다.

'프랑코의 꿈과 거짓(1937)', '게르니카(1937)', '통곡하는 여인(1937)', '전쟁(1952)', '비둘기(1949)', '평화의 사원(1952~8)', '새를 잡은 고양이(1939)', '고양이가 있는 정물화(1962)', '사비니인 부인의 능욕(1962)', '한국에서의 학살(1951)' 등이 '전쟁 반대의 작품'이고, 그가 특별히 오래도록 소제를 삼았던 '투우(鬪牛)' 그림들은 '흥행을 위한 제국주의 상업 정신을 조롱한 것들'이다.

'사비니인 부인의 능욕(1962)', '사비니인 부인의 능욕(1962)', '사비니인 부인의 능욕(1963)'[87]

C. 반기독교

P. 피카소의 '반기독교'는 주로 교황 율리우스 2세(Julius Ⅱ, 1443~1513)와 라파엘로에 대한 '춘화(春畵)'를 통해 행해졌다.

라파엘로 작품들에 심사(心事)가 오히려 뒤틀린 P. 피카소는, 기존의 라파엘로 작품들[88]을 토대로, 대대적인 교황 율리우스 2세과 라파엘로의 호색(好色)성을 폭로하였다.

P. 피카소는 1968년 '라파엘과 포르나리나(Raphael and Fornaria)'란 제목의 23장을 그렸는데 다음은 그 일부이다.

85) B. Leal C. Piot M. L. Bernadac, *The Ultimate Picasso*, Harry N. Abrams, 2000, p.253, 'The Swimmer(1929)', 'The Acrobat(1930)'.

86) A. Baldassari, *The Surrealist Picasso*, Fondation Beyeler, 2005, p.98, 'Female Acrobat(1930)'.

87) P. Dagen, *Picasso*, MFA Publications, 1972, p.435, 'The Rape of the Sabine Women(1962)', p.436, 'The Rape of the Sabine Women(1962)', p.437, 'The Rape of the Sabine Women(1963)'.

88) 라파엘로는 작품 '율리우스 2세', '젊은 여인-포르나리나 상', '라파엘과 포르나리나' 등의 작품을 남겼다.

'라파엘과 포르나리나 X Ⅵ'[89], '68. 8. 31', '68. 9. 2', '68. 9. 4', '68. 9. 7'[90]

전체적으로 그림 소재는 라파엘로와 포르나리나의 애정 행각을 율리우스 2세가 엿보는 형태를 취했으나, 성직자로서 율리우스 2세와 성화(聖畵) 제작자 라파엘로의 사생활(私生活)을 비판한 작품들이다.

D. 디오니소스주의

F. 니체의 기본 정신은 한마디로 '현재 생명 우선의 디오니소스 정신'이라 할 수 있는데, 그것은 역시 '음악과 무용(舞踊)을 통한 풍요(豊饒)의 달성' 문제이다.

다음은 '늙은 기타 연주자(1903)', '3인의 무용수(1919~20)', '팬파이프(1923)'이다.

'늙은 기타 연주자(1903)'[91], '3인의 댄서(1919~20)'[92], '팬파이프(1923)'[93]

89) G. Tinterow & S. A. Stein, *Picasso in The Metropolitan Museum of Art*, The Metropolitan Museum of Art, 2010, p.313, 'Raphael and Fornarina(1968)'.

90) *Late Picasso*(Paintings, Sculpture, Drawings, Prints 1953-1972), The Tate Gallery, 1988, pp.123~5.

91) P. Dagen, *Picasso*, Ibid., p.36, 'The Old Guitar Player(1903)'.

92) B. Leal, C. Piot & M. L. Bernadac, *The Ultimate Picasso*, Ibid., p.196, 'Three Dancers'.

93) P. Dagen, *Picasso*, Ibid., p.229, 'The Pipes of Pan(1923)'.

다음은 '이중 피리를 연주하는 하얀 목신-牧神(1946)', '산양과 목신들(1959)', '박카스 신도와 검은 황소'이다.

'이중 피리를 연주하는 하얀 목신(牧神 1946)'[94], '산양(山羊)과 목신(牧神)들(1959)', '바커스 신도와 검은 황소'[95]

13-11

J. 조이스

아일랜드 출신 작가 J. 조이스(James Joyce, 1882~1941)는 제1차 세계대전 중인 1915년 5월 취리히로 가서 거기에 1919년 10월까지 있었고, 이후 다시 트리에스테(~1920. 7), 파리 (~1939. 12)를 거쳐 다시 취리히(~1941. 1.)로 가서 그곳에서 사망한 '최고의 다다 초현주의 자'였다.

'제임스 조이스', '조이스가 취리히에 대동했던 그의 가족'[96]

---

94) Ibid., p.95, 'White Faun Playing the Double Flute(1946)'.

95) G. Tinterow & S. A. Stein, *Picasso in The Metropolitan Museum of Art*, Ibid., p.287, 'Fauns and Goat(1959)', 'Bacchanal with a Black Bull(1959)'.

96) R. Ellmann, *James Joyce*, Oxford University Press, 1982, ⅩⅩⅦ.

그의 '다다 혁명 정신'은 <u>대작 〈율리시스(Ulysses)〉는 시작부터, '제국주의 반대', '로마 가톨릭 반대'가 명시되어 F. 니체의 정신과 동일함을 드러내었다.</u> 거기에다가 '국가 민족주의 조롱(-리오폴드 블룸의 행적)', '도덕주의 반대 (-몰리 블룸의 행적)'에 F. 니체의 최장기(最長技)인 '대극적 동시주의'를 〈율리시스(Ulysses)〉 전 영역에 걸쳐 남김없이 실행하여 그의 작가적 역량을 과시하였다.

'취리히 다다'처럼 제임스 조이스도 '제국주의 전쟁 반대'가 작품 〈율리시스〉의 최고 정점인데, 그것은 영국의 '제국주의'를 뒷받침하고 있는 <u>영국 국가주의 '우상(偶像)의 파괴(Iconoclast)'</u>를 '넬슨'과 '셰익스피어'에 공격으로 감행하였다.

영국의 넬슨(Horatio Nelson, 1758~1805) 제독과 더블린 오코넬가에 세워져 있던 그의 기념탑(Nelson's pillar)

셰익스피어(William Shakespeare, 1564~1616)

제임스 조이스는 작품 〈율리시스〉에서, '넬슨 기념탑'을 방문한 두 여성의 이야기를 통해, 넬슨이 '세계 해전사(海戰史)에 빛나는 명장'이라고들 말하지만, 사실은 '전쟁을 좋아하다가 팔을 잃은 병신이 되었고, 남의 부인을 강탈한 강도[제국주의자, 〈율리시스〉의 등장인물 보일런(Hugh Blazes Boylan)과 동일함]'로 여지없이 격하(格下) 조롱을 하였다.97)

---

97) H. W. Gabler(edited by), *James Joyce Ulysses*, Vintage Books, 1986, p.119, 121; 김종건 역, 『새로 읽는 율리시스』, 생각의나무, 2007, p.294~8 : Don Gifford, *Ulysses Annotated*, University of California Press, 1988, p.151, 152.

그리고 제임스 조이스는, 셰익스피어가 엘리자베스 왕조에 고액의 봉록을 받는 '어용 작가' (御用 作家, official writer)로서, 자신의 물질(物質) 욕을 채우기 위해, 살육(殺戮)을 자행한 '제국주의' 왕조에 편들며 그 왕조에 아부(阿附)의 수단으로 제작해 놓은 것이 바로 〈베니스의 상인〉이라고 주장하였다.[98]

F. 니체가 먼저 말한 '제국주의 반대', '우상파괴'를 더욱 구체적으로 감행한 것이다.

작품 〈율리시스〉의 '구조(schema)'를 참조하면, 제임스 조이스는 〈율리시스〉를 18장으로 나누고, 각 장을 호머의 서사시 〈오디세이아〉의 전개에 그 명칭과 그에 상응한 인물 사건 장소를 제시하여, '동시주의(同時主義, Simultaneism)'를 적용하였다는 사실은 이미 널리 알려져 있다.

1-텔레마코스(오디세우스 아들 텔레마코스가 어머니 페넬로페 구혼자들에게 조롱을 당하고 트로이 전쟁 후 10년이나 보이지 않은 아버지를 찾아 이타카 궁에서 출발한다.) ⇔ (어머니의 사망 소식에 파리로부터 돌아온 스티븐이 거칠고 무례한 멀리건과 마텔로 탑에 거주하며 아일랜드를 비판한다.)

2-네스토르(텔레마코스가 오디세우스를 찾던 중에 옛 스승 네스토르를 방문한다.) ⇔ (스티븐이 달키의 디지 학교에서 가르쳐 생활비를 번다.)

3-프로테우스(바다의 늙은이-해신 프로테우스는 모양을 바꾸는 데 능하다.) ⇔ (스티븐이 복잡하고 변화 많은 샌디마운트 해변을 걷는다.)

4-칼립소(아틀라스 신의 딸 요정 칼립소가 여러 해 포로로 잡고 있어 오디세우스는 초췌해 있다.) ⇔ (그의 아내 몰리는 아직 침대에 있는데, 블룸은 식사를 하고 집을 나선다.)

5-로터스-이터즈(마약을 복용하고 있는 사람들이 오디세우스 부하들에게 고향을 완전히 망각하게 하는 마약을 준다.) ⇔ (목욕탕으로 가는 도중 블룸은 환상에 잠긴다.)

6-하데스(오디세우스는 황천을 방문하고 거기에서 죽은 동료들이 주위에 모인다.) ⇔ (블룸이 패트릭 디그넘의 장례식에 참여한다.)

7-아이올로스(오디세우스는 바람의 신 아이올로스에게 기탁한다.) ⇔ (블룸이 프리만 저널과 신문사 토론자로 활약한다.)

8-레스트리고니언즈(오디세우스가 레스트리고니언즈 카니발과 충돌하다.) ⇔ (허기진 블룸이 버튼 식당에서 메스껍게 되다.)

---

98) H. W. Gabler(edited by), *James Joyce Ulysses*, Ibid., p.168 ; 김종건 역, 『새로 읽는 율리시스』, 같은 책, p.402 : D. Gifford, *Ulysses Annotated*, Ibid., p.234~5.

9-스킬라, 카립디스(오디세우스 일행은 죽음의 괴물 바위 스킬라와 카립디스 소용돌이 항해해야 한다.) ⇔ (스티븐이 도서관에서 그의 지인들과 논쟁을 버리다.)

10-방랑의 돌들(방랑의 돌들 사이를 항해하려는 배들을 우울하게 만든다.) ⇔ (더블린 시민-블룸 스티븐 포함-은 시내를 통과해야 한다.)

11-세이렌(그들의 노래로 항해자를 홀리는 세이렌) ⇔ (오먼드 식당의 인접한 룸으로부터 흘러오는 음악을 들으며 블룸이 늦은 점심 식사를 한다.)

12-키클롭스(오디세우스가 애꾸눈 거인 키클롭스에게 잡혔다가 도망을 친다.) ⇔ (블룸은 바니 키어넌 주점에서 은유적인 애꾸눈 페니어(아일랜드 독립을 위한 비밀 결사) 회원과 다투다가 어렵게 도망을 친다.)

13-파선 후 파이아키아 해안으로 밀어 올라간 오디세우스는 공놀이를 하던 공주 나우시카에 의해 발견된다.([공주]:) ⇔ (바닷가에서 블룸은 아이들과 공놀이를 하는 거티 맥도웰[아가씨]과 그녀의 친구들을 엿본다.)

14-태양의 황소들(오디세우스 부하들은 태양신 헬리오의 황소를 잡아먹은 죄로 벌을 받게 된다.) ⇔ (홀레스가 병원 분만실 블룸이 알고 있는 미나 퓨어포이 부인이 보호 작업 뒤 분만을 하려 한다. 브룸은 병원 예법에 거의 무관심한 난폭한 의학도의 떼 속에서 스티븐을 만난다.)

15-키르케(여마법사 키르케가 오디세우스 부하들에 마법을 걸어 돼지로 변화시킨다. 오디세우스는 마법의 향초로 그들을 구해낸다.) ⇔ (스티븐과 친구들은 술 취해 홍등가에 혼미하게 된다.)

16-에우마이오스(거지로 변장한 이타카로 돌아온 오디세우스는 돼지치기 에우마이오스 집에 묵는다.) ⇔ (블룸과 스티븐은 마차 오두막에서 음식과 커피를 든다.)

17-이타카(오디세우스는 이타카 집으로 돌아온다. Ithaca[섬]) ⇔ (블룸이 이클레스街 7번지 집으로 돌아온다.)

18-페넬로페(오디세우스의 부인 페넬로페는 남편이 떠난 10년간 구혼자들을 물리쳤다.) ⇔ (블룸의 아내 몰리는 그날 오후 그녀의 매니저 보일런과 밀회를 약속했다.)[99]

---

99) S. Gilbert, *James Joyce's Ulysses*, Penguin, 1963.

1. Telemachus: 〈Odysseus〉-'The son of Odysseus, is mocked by the parasitic suitors of his mother Penelope, and sets out from Ithaca in search of his father, ten years absent after fighting in the Trojan wars.' 〈Ulysses〉-'Stephen Dedalus, living in the Martello tower with the boisterous and flippant Malachi Mulligan after having been called back from Paris by the news of his mother's death, is champing against the bit of Ireland.'

2. Nestor: 〈Odysseus〉-'In his search for Odysseus, Telemachus first visits his old tutor, Nestor.' 〈Ulysses〉-'Stephen earns a living teaching at Mr Deasy's school in Dalkey.'

3. Proteus: 〈Odysseus〉-Proteus, the Old Man of the Sea, is adept in the art of changing shape. 〈Ulysses〉-Stephen wanders along Sandymount Beach, in a chapter which is an intricate and

ever-changing.

4. Calypso: ⟨Odysseus⟩—The nymph Calypso, a daughter of Atlas, kept Odysseus languishing in captivity for many years. ⟨Ulysses⟩—Leopold Bloom has breakfast before saying goodbye to his wife Molly, still in bed.

5. Lotus-Eaters: ⟨Odysseus⟩—The Lotus-eaters gave Odysseus's crew lotus, the narcotic effect of which made them forget entirely about their homeland. ⟨Ulysses⟩—On his way to the bathhouse, Bloom daydreams and fantasises.

6. Hades: ⟨Odysseus⟩—Odysseus visits Hades, where the shades of many dead companions throng about him. ⟨Ulysses⟩—Bloom goes to Patrick Dignam's funeral.

7. Aeolus: ⟨Odysseus⟩—Odysseus is the guest of Aeolus, ruler of the winds. ⟨Ulysses⟩—Bloom works as a canvasser for the *Freeman's Journal and National Press*.

8. Lestrygonians: ⟨Odysseus⟩—Odysseus and his crew run foul of the cannibal Lestrygonians. ⟨Ulysses⟩—Hungry Bloom is disgusted by the Burton restaurant.

9. Scylla and Charybdis: ⟨Odysseus⟩—Odysseus and his crew must steer a path between the deadly rock of Scylla and the whirlpool of Charybdis. ⟨Ulysses⟩—Stephen and acquaintances argue in the library.

10. Wandering Rocks: ⟨Odysseus⟩—The Wandering Rocks(an alternative route to that through the straits of Scylla and Charybdis) mean doom to all ships attempting to navigate them. ⟨Ulysses⟩—Citizens of Dublin(including Bloom and Stephen) cross paths in the streets.

11. Siren: ⟨Odysseus⟩—The Sirens enchant sailors with their singing. ⟨Ulysses⟩—At the Ormond Restaurant, Bloom eats a belated lunch, to the sound of song from the adjacent room.

12. Cyclops: ⟨Odysseus⟩—Odysseus is captured by and escapes from the one-eyed giant, the Cyclops. ⟨Ulysses⟩—In Barney Kiernan's pub, Bloom has a clash with and narrow escape from a metaphorically one-eyed Fenian.

13. Nausicaa: ⟨Odysseus⟩—Washed up on the Phaecian shore after a shipwreck, Odysseus is found by the princess Nausicaa, as she plays ball with her handmaidens. ⟨Ulysses⟩—On the beach, Bloom plays the voyeur to Gerty MacDowell and her companions as they play ball with the children.

14. The Oxen of the Sun: ⟨Odysseus⟩—Odysseus's crew are punished for their blasphemy in slaughtering and eating the oxen of the sun-god Helios. ⟨Ulysses⟩—At the Lying-in Hospital in Holles Street, Mrs Mina Purefoy, an acquaintance of the Blooms, is about to give birth after a protracted labour. Bloom meets Stephen in the company of a group of rowdy medical students, who are paying little regard to hospital decorum.

15. Circe: ⟨Odysseus⟩—The sorceress Circe enchants Odysseus's crew, turning them into swine. Odysseus rescues them with a magic herb. ⟨Ulysses⟩—Stephen and company, very drunk, head off to the red-light district. Bloom follows, to keep a fatherly eye on Stephen.

16. Eumaeus: ⟨Odysseus⟩—Returning to Ithaca disguised as a beggar, Odysseus rests in the home of the swineherd Eumaeus. ⟨Ulysses⟩—Bloom and Stephen take food and coffee at a cab shelter.

17. Ithaca: ⟨Odysseus⟩—Odysseus returns home to Ithaca. ⟨Ulysses⟩—Bloom returns home to 7 Eccles Street.

18. Penelope: ⟨Odysseus⟩—Penelope, Odysseus's wife, has resisted the suitors for the ten years since her husband's departure. ⟨Ulysses⟩—Molly, Bloom's wife, has had a tryst with her manager, Blazes Boylan, that afternoon.

F. 니체가 상정한 가장 큰 동시주의는 'F. 니체⇔허무주의자'였음에 대해, 제임스 조이스는 '작가 제임스 조이스⇔장군 율리시스'의 동시주의에다가 수많은 동시주의 방법으로 '생명 우선주의', '제국주의 전쟁 반대', '허무주의(기독교) 반대'를 온전히 실행하여 소설로 F. 니체의 정신을 더욱 구체적으로 명시하였다.(제임스 조이스는 〈율리시스〉에 'Uebermensch-'초인(超人)'[100]이란 용어를 직접 사용하여 그의 'F. 니체 독서'를 알리고 있다.)

제임스 조이스는 일상생활에서도 '동시주의'를 즐겼는데. "양극(兩極)의 만남, 유대인 같은 희랍인이 희랍인과 같은 유대인을 만나다(Extremes meet. Jewgreek meets greekjew)."[101]라는 진술을 하고 있다.

이것은 F. 니체가 〈도덕의 계보〉에서부터 평생 문제 삼았던, '주인도덕(희랍인)⇔노예도덕(유대인)'을 단 한 문장으로 묶은 동시주의 운영(運營)의 대표적 사례이다.(2-4. '좋다'는 판단(느낌)은, 그 행동 주체에서 유래한 것임.)

13-12

F. 카프카

F. 카프카(F. Kafka, 1883~1924)는 F. 니체 정신을 부활시킨 '다다 혁명 운동'을 떠나 그 문학 세계를 논할 수 없게 되어 있다.

F. 니체는, "도스토예프스키의 간질은 그 병적 고통이 인간 실존의 존엄성에 숭고한 신념에 시금석이 되었다(An epileptic like Dostoyevisky turned his nervous ailment into a testimony of sublime faith in man, in the dignity of human existence)."[103]라고 했다.

카프카와 1933에 그려진 '변신' 그림[102]

이 F. 니체의 말은, 자신의 '마비증(痲痺症)'을 도스토예프스키의 '간질(癎疾)'과 연결한 말

100) D. Gifford, *Ulysses Annotated*, Ibid., p.21.

101) R. Ellmann, *James Joyce*, Oxford University Press, p.395.

102) K. Fingerhut, *Kennst du Franz Kafka?*, Bertuch, 2007, p.44.

103) F. Nietzsche(translated by Oscar Levy), *My Sister and I*, A M O K Books, 1990, p.158.

이지만, 이처럼 간결하고 확실한 '생명의 진실'을 명백하게 한 진술은 사실상 없었다.

즉 모든 '병고(病苦)'는 모든 인간들에게, 그동안 망각(忘却)했던 '육체의 중요성'을 다시 일깨우는 법인데, F. 니체는 자신의 '마비증'을 통해 '육체의 중요성'을 끊임없이 체험하여 철학을 이루었고, 도스토예프스키도 역시 '간질'의 고통 속에서 '육체 우위'를 증언하는 문학을 이루었다는 F. 니체의 지적은 그대로, F. 카프카(폐병)의 전체 문학 세계를 이루었다.

K. 카프카의 대표작 〈변신(變身, The Metamorphosis)〉은, F. 니체와 도스토예프스키 육체에서 지속된 문제가 된 그 '질병(肺病)'을 전면에 내세우고 <u>'인간 생명의 존엄성'을 '동시주의' 방법으로 강조한 작품이다</u>('벌레의 죽음⇔인간의 죽음' 동시주의).

> 그레고르 잠자(Gregor Samsa)는 파산한 가족의 생계를 책임지고 직물회사 외판원으로 바쁘게 뛰어다니며 받은 월급을 가족의 생활비로 쓰고 있던 어느 날, 불안한 꿈에 깨어났을 때 자신은 한 마리 갑충(해충, 딱정벌레, a gigantic insect, some monstrous kind of vermin)으로 변해 있었다.
>
> 그레고르가 이렇게 되자 아버지는 은행 고용인으로 취직하고 여동생도 직장에 나가야 했다. 그레고르는 방에 감금되었다가 어머니에게 들켜 그(갑충)를 본 어머니가 졸도를 하였고, 하숙인(3명)과 가정부의 혐오 대상이 되었는데, 부친이 던진 사과 알은 그레고르 등에 큰 상처를 입혔다. 그가 변신을 했던 당시부터 생활비를 위해 하숙을 하던 사람들도 결국은 나가겠다고 위협을 하여, 가족들은 결국 그레고르를 내쫓거나 없애려 마음을 먹는다.
>
> 그레고르는 자신의 상처 악화로 드디어 세상에서 스스로 사라지려고 마음을 먹는데, 그 변신(變身) 수 개월 후 교회의 종소리가 울리는 아침에 그레고르는 숨을 거두게 된다. 가족은 그레고르의 죽음에 안도(安堵)하고 악몽에서 깨어난 듯 따뜻한 봄날을 맞아 교외로 소풍을 나간다.[104]

F. 카프카의 위의 '벌레' 이야기는 '신체가 병든 사람(폐병 환자)' 이야기이고, 신체(육체)에 모든 인간의 문제가 달려 있다는 (실존주의)철학이 바로 F. 니체의 철학 전부이다.

그래서 F. 니체는 다음과 같이 반복해 말했다.

　3-33. 디오니소스가 인간 사유의 중핵이다.

　8-5. 니체는 '한 마리 벌레'이다.

　8-8. 생명은 전부이고 온전한 것이다.

---

104) 이주동 역, 『카프카 전집 1(단편집)』, 솔출판사, 1997, pp.109~68 ; Willa and Edwin Muir(translated by), *Selected Short Stories of Fannz Kafka*, The Modern Library, 1952, p.19~89, 'The Metamorphosis'.

8-13. '죽음'은 정말로 '삶'보다 못하다.

8-23. '정신'이란 '육체'의 부산물

F. 카프카는 〈변신〉에서 갑충(딱정벌레) 말고도, 〈학술원에의 보고(A Report to an Academy, 1916)〉에서 원숭이, 〈시랑이[狼]와 아랍 사람(1919)〉에서는 시랑이(재칼, 狼), 〈튀기〉에서는 '양+고양이' 등을 동원하여, 인간의 육신이 동물과 다르지 않음을 거듭 거듭 명시하였고, '인간⇔동물' 동시주의 속에 '생명 우선주의'를 시위(示威)하였다.

다다이스트 에른스트(M. Ernst 1876~1976)가 그린 '양·고양이' 튀기 그림105)과 '5세 때의 카프카'106)

그리고 F. 니체가 일방주의 독재를 부정하였듯이(6-4. '이성(理性)'이 독재를 부른다. 5-34. 나의 어린 시절은 '기독교'에 속았다.), F. 카프카도 '부권(父權) 문화'의 일방주의에 절망(絶望)하였다. 이에 작성된 것이 〈선고(1912)〉, 〈유형지에서(In the Penal Colony, 1914)〉, 〈소송(The Trial, 1914)〉, 〈성(The Castle, 1922)〉이었다.

실로 F. 니체와 그를 계승한 '다다 혁명 운동'을 빼놓으면, '현대 자유 민주 시민 정신의 연원(淵源)'은 확인할 길이 없다.

---

105) K. Fingerhut, *Kennst du Franz Kafka?*, Ibid., p.17; R. Rainwater, *Max Ernst; Beyond Surrealism*, Oxford University Press, 1986, p.171, 'Franz Kafka(1938)'.

106) K. Wagenbach, *Franz Kafca-Bilder aus seinem Leben*, Panthean Books, 1984.

P. Waldberg, *Surrealism*, Thames and Hudson, 1978, p.26.

13-13

H. 발

1916년 2월 취리히에 결성된 '다다(Dada)' 모임의 중심에는 F. 니체 사상이 있었는데, 시인으로는 후고 발(Hugo Ball, 1886~1927), R. 휠젠벡, T 짜라가 F. 니체의 신봉자들이었다. 후고 발은 그 중에 가장 연장자(年長者)로서 역시 '카바레 볼테르(Cabaret Voltaire)' 주인이었다.

후고 발(Hugo Ball)은 다음과 같이 소개되고 있다.

> "후고 발은 대학에서 독일 문학, 철학, 역사를 공부했고, 니체(F. Nietzsche)를 학위 논문으로 준비했다. 1912-3년 뮌헨에서 칸딘스키, 휠젠벡과 사귀게 되었다. 1914년 세 차례 군복무 소환에 응했으나, 신체상의 이유로 입영이 거부되었고, 1914년 벨기에 접경지를 여행하다가 발동된 '그 증세'는, 그가 평소 품었던 '사회 개혁과 혁신의 동기를 제공하는 모든 예술의 종합'으로 모델이 되는 '극장 운영의 꿈'을 접게 했고, 베를린으로 가서 정치 철학을 공부하게 했다. 그의 관심 대상은 러시아의 크로포트킨(P. Kropotkin, 1842~1921)과 바쿠닌(M. Bakunin, 1814~1876)의 무정부주의였다. 발은 친구 휠젠벡과 베를린에서 반전 시위 연단에 몇 번 섰는데, 그 처음은 1915년 2월 친구 레이볼트(H. Leybold)가 포함된 戰傷者 추모 모임이었다. 1915년 중반에 발은 뮌헨에서 만났던 가수 헤닝스(E. Hennings)와 베를린을 떠나 취리히로 가 이듬해 2월 5일 '카바레 볼테르'를 열었다. 1916년 7월 건강 회복 차 다다를 떠나 스위스 시골로 갔으나, 휠젠벡과 짜라의 요구로 1917년 1월 '화랑 다다' 결성을 도우려 돌아왔다. 1917년 5월 발은 취리히를 떠났고, 이후에는 다다 운동에 참여하지 않았다. 발은 1917년 말까지 스위스 베른에 살며 '자유 신문(Die Freie Zeitung)'에 기고하였다. 1920년 이후 발은 스위스 시골로 돌아가 15, 16세기 가톨릭 성자 연구에 몰입하며 독실한 신앙에 전념하였다. 한편 발은 1910-21년 사이 그의 일기를 정리하였으니, 1927년 그것은 '시대로부터의 飛翔(Die Flute aus der Zeit)'이라는 이름으로 간행되었다."[107]

1915년 여름에 후고 발은 에미 해닝스(E. Hennings, 1885~1948)와 먼저 스위스 취리히로 떠났는데, 휠젠벡은 1916년 2월 26일에 취리히에서 후고 발과 다시 회동하여 다다를 창립하였고 '다다 혁명 운동'을 주도하였다.

---

107) L. Dickerman, *DADA*, The Museum of Modern Art, 2006, Artists' Biographies, Hugo Ball(A. L. Hockensmith's writings).

'후고 발(Hugo Ball, 1915?)'[108], 후고 발이 주도한 1916년 '카바레 볼테르(Cabaret Voltaire) 공연' 광경[109]

'뮌헨의 에미 헤닝스(1913)'[110], '인형을 들고 있는 에미 헤닝스(1916)'[111], '취리히에 에미 해닝스(1916~7)'[112], '에미 해닝스(1917)'[113]

'후고 발에 의해 1916년 5월에 간행된 '카바레 볼테르'지의 표지[114], 1918년 취리히의 후고 발(H. Ball)과 헨닝스(E. Hennings)[115]

---

108) Ibid., 'Artists' Biographies'-'Hugo Ball'.

109) M. Dachy, *Dada The Dada Movement 1915-1923*, Rizzoli, 1990, p.42.

110) Hugo Ball, *Flight of Time : A Dada Diary*, University of California Press, 1996, 'Emmy Hennings in Munich(1913)'.

111) L. Dickerman, *DADA*, Ibid., p.17, 'Emmy Hennings with a puppet she made(1916)'.

112) Ibid., p.473, 'Emmy Hennings in Zurich-1916~7'.

113) M. Dachy, *Dada The Dada Movement 1915-1923*, Rizzoli, 1990, p.39, 'Photograph of Emmy Hennings(1917)'.

후고발이 마련한 '카바레 볼테르(볼테르 술집)'란 그대로 후고 발의 '전쟁 반대', '생명 존중'의 볼테르 사상(〈寬容論(1763)〉[116])을 그 출발점으로 삼고 있음을 명시한 것이고, 역시 F. 니체의 '실존주의'와 공통인 사고방식이다.(2-5. 인간은 타고난 대로 살아야 한다.)

역시 후고 발은 다음과 같이 말하였다.

> "우리는 모든 도서관에 불을 지르고, 사람이 가슴으로 알게 되는 것만 남길 것이다. 그러면 전설의 아름다운 시대가 열릴 것이다(We should burn all libraries and allow to remain only that which every one knows by heart. A beautiful age of the legend would then begin)."[117]

'도서관'은 전통 문화를 간직한 대표적 장소이다. 후고 발이 그 도서관을 향해 극단적 반감을 불러일으킨 것은, '제1차 세계대전에 대한 혐오'에 관련된 발언이다. 그동안의 인류 문명은 '이성(理性) 논리 일방주의'로, '왕권의 독재'와 '무조건의 축재(蓄財)', '전쟁'과 '관념(이념)의 옹호'를 당연시하여 급기야는 인류가 서로 '정의(正義)'라는 이름으로 인간을 죽이는 극악(極惡)의 광란(狂亂)을 마다하지 않게 되었기 때문이다.

후고 발은, F.T. 마리네티 등이 1911년 이탈리아 밀라노에서 행해진 '야간 흥행(Soirees)'에 이어, 1916년 취리히에서 '카바레 볼테르'를 운영하였는데, 이들은 모두 F. 니체(F. Nietzsche, 1944~1900)의 '생명의 확신(life-affirmation)'에 바탕을 둔 '디오니소스 정신'의 계승으로 의미를 지니고 있다.

그래서 위에서 후고 발이 말한 '불'은, F. 니체가 (〈차라투스트라는 이렇게 말했다〉 서두에) 암시한 '불'과 동일한 '프로메테우스의 불', '모든 가치의 재평가 운동의 불'이다.

---

114) Ibid., p.49.

115) Ibid., p.33.

116) Voltaire(translated by B. Masters), *The Calas Affair : A Treatise on Tolerance*, The Folio Society, 1994.

117) R. Motherwell(edited by), *The Dada Painters and Poets: An Anthology*, The Belknap Press of Harvard University Press, 1981, p.353.-이는 F. 니체의 〈차라투스트라는 이렇게 말했다〉에서 '골짜기로 불을 옮기는 차라투스트라('carry thy fire into the valley'- Zarathustra)'가 후고 발 자신임을 밝히고 있다.-F. Nietzsche(translated by T. Common), *Thus Spake Zarathustra*, The Macmillan Company, 1914, p.4.

13-14

M. 뒤샹

M. 뒤샹(M. Duchamp, 1887~1968)은 자신이 다다이스트 예술가로서 '우상파괴(偶像破壞, Iconoclast)'를 선도(先導)하였고, '의사(−과학자)'로 자처하였고, '만다라' 체험을 대동한 사람이었다는 측면에서 F. 니체와 동류인 그의 성실한 후계자임을 확실히 한 사람이다.

'M. 뒤샹(M. Duchamp, 1887~1968)', '양(羊)으로 분장한 뒤샹', '회전부조를 들고 있는 뒤샹'

A. '우상파괴(偶像破壞, Iconoclast)'

다음은 M. 뒤샹이 그린 'L. H. O. O. Q.(수염을 단 모나리자)'이다.

'L. H. O. O. Q. (1919)'[118], 'L. H. O. O. Q. (1930)'[119], '뒤집힌 그림(1955)'[120]

---

118) A. Schwarz, *The Complete Works of Marcel Duchamp*, Delando Greenidge Editions, 2000, p.377, 'L. H. O. O. Q. (1919)'.

119) *Marcell Duchamp The Art of Making Art in the Age of Mechanical Reproduction*, Francis M. Naumann,

'모나리자(1960)'[121], 'L. H. O. O. Q. (1964)'[122]

이 '수염을 단 모나리자'는 M. 뒤샹 본인의 증언을 참조할 필요가 있다.

1961년 뒤샹은 뉴욕 W B A I 방송국 허버트 크리언(Herbert Crehan)과 라디오 인터뷰에서 역사적 예술 아이콘(모나리자)의 대담(大膽)한 변용(變容)에 관해 담론을 폈다.

뒤샹 : "나는 한 작품(다빈치의 모나리자)에 대해 너무 많은 기대를 할 수 없고, 기대를 해서도 안 된다고 생각을 합니다. 너무 많이 관람을 하게 된 것이 결국 신성 모독을 불렀던 것입니다. (작품의 효과가) 소진(消盡, exhaustion)의 시점에 이른 것입니다. 1919년 다다 운동이 한창일 때, 우리는 많은 것들을 모독하였습니다(we were demolishing many things). '모나리자'가 그 일차 희생이 된 것이지요. 나는 '신성모독(desecrating)'이라는 단순한 생각에서 모나리자의 얼굴에 턱수염과 염소수염을 그려 넣었습니다."

크리언 : "다다 혁명 운동의 전반적인 경향이 '우상파괴(偶像破壞, iconoclastic)'[123]였습니다. 그것은 1차 세계대전 이후 유럽 사회에 크게 성행했던 감정과 관련된 것이지요."

뒤샹 : "우리는 역시 정말 평화주의자였습니다(We were also very pacifist). 우리는 전쟁의 어리석음을 알고 있었습니다. 우리는 그 결과를 다 알고 있었으니, (전쟁은) 아무 소득도 없다는

1999, p.110, 'L. H. O. O. Q. (1930)'.

120) Ibid., p.118, 'L'Envers de la Peinture(1955)'.

121) Ibid., p.212, 'Mona Lisa(1964)'.

122) Ibid., p.247, 'L. H. O. O. Q. (1964)'.

123) 1888년 F. 니체는 "우상 파괴가 진정한 나의 일이다(To overthrow idols is my business)."[F. Nietzsche(translated by A. M. Ludovici), ECCE HOMO-Nietzsche's Autobiography, The Macmillan Company, 1911, p.2]라고 했는데, 1차 세계대전 후 모든 다다이스트, 초현실주의자는 사실상 F. 니체의 태도를 추종한 셈이다.

것입니다. 우리의 혁명 운동은 또 다른 평화 시위운동(pacifist demonstration)이었습니다. 그 재생품 밑에 적은 머리글자—L. H. O. O. Q. 큰 의미로 번역을 해보면, '소화기(消火器)가 있습니다(불—火을 꺼야합니다)—there is fire down bellow.'가 될 것입니다."[124]

이것이 F. 니체의 뒤를 이어 다다이스트가 행한 '우상파괴'의 작업이었다.

A. '의사(醫師—과학자)'로서의 화가

F. 니체는 "2-1. 생리학 의학으로 세운 철학"을 말하고 "2-11. 니체는 '철학적 의사(醫師)'를 대망한다."고도 했다.

그런데 M. 뒤샹은 1920년 '안과(眼科) 의사의 증언'이라는 다음과 같은 작품을 제시하였다.

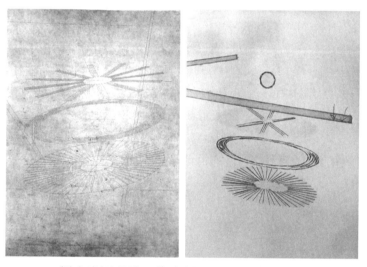

'안과 의사의 증언(1920)'[125], '안과 의사의 증언(1965)'[126]

작품 '안과 의사의 증언(1920)'은 무엇보다 정확히 M. 뒤샹의 의식에 발동하고 있는 '만다라 의식'의 객관화한 것이다.

다음은 M. 뒤샹이 그린 1935년에 그린 '회전 부조(回轉 浮彫, Rotorelief)'들이다.

---

124) A. Schwarz, *The Complete Works of Marcel Duchamp*, Ibid., p.670. –'L. H. O. O. Q.'는 'Elle a chaud au cul(그녀는 뜨거운 엉덩이를 가졌다)'라는 것으로 풀이되었다.

125) A. Schwarz, *The Complete Works of Marcel Duchamp*, Ibid., p.353, 'Oculist Witnesses(1920)'.

126) Ibid., p.354, 'Oculist Witnesses(1965)'.

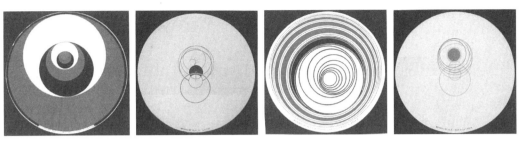

'회전 부조 1(1935)'[127], '회전 부조 2(1935)'[128], '회전 부조 3(1935)'[129], '회전 부조 4(1935)'[130]

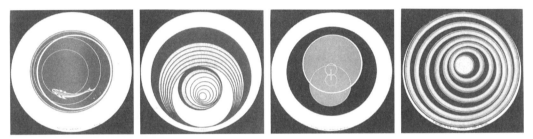

'회전 부조 5(1935)'[131], '회전 부조 6(1935)'[132], '회전 부조 7(1935)'[133], '회전 부조 8(1935)'[134]

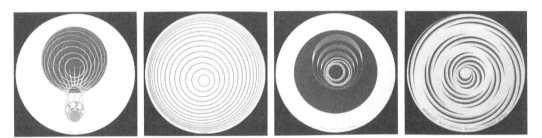

'회전 부조 9(1935)'[135], '회전 부조 10(1935)'[136], '회전 부조 11(1935)'[137], '회전 부조 12(1935)'[138]

---

127) Ibid., p.402, 'Rotorelief No. 1(1935)'.

128) Ibid., p.402, 'Rotorelief No. 2(1935)'.

129) Ibid., p.402, 'Rotorelief No. 3(1935)'.

130) Ibid., p.402, 'Rotorelief No. 4(1935)'.

131) Ibid., p.403, 'Rotorelief No. 5(1935)'.

132) Ibid., p.403, 'Rotorelief No. 6(1935)'.

133) Ibid., p.403, 'Rotorelief No. 7(1935)'.

134) Ibid., p.403, 'Rotorelief No. 8(1935)'.

135) Ibid., p.404, 'Rotorelief No. 9(1935)'.

136) Ibid., p.404, 'Rotorelief No. 10(1935)'.

137) Ibid., p.404, 'Rotorelief No. 11(1935)'.

위의 그림들은 초기에 '안과 의사의 증언' 그림부터 명시한 M. 뒤샹의 '만다라 의식'의 정면을 공개한 것으로, 현대 추상 미술의 전개에 결정적으로 작용했던 '만다라 의식'을 입증하고 있는 자료로 각별한 주목을 요하는 그림들이다.(F. 니체의 '영원회귀-Eternal Recurrence'의 圖形的 체험)

다음 작품은 역시 M. 뒤샹의 '해부학적 의견(an anatomical view)'을 반영하고 있는 작품이다.(2-1. 생리학 의학으로 세운 철학)

'미혼녀 No. 2(1912)'[139], '미혼녀에서 신부로 가는 경로(1912)'[140], '신부(1912)'[141], '샘(1917)'[142]

<u>M. 뒤샹은 '모든 가치의 재평가(Revaluation of All Values)'를 주도한 F. 니체의 확실한 후예인 '다다 혁명 운동가'였다.</u>

13-15

M. 하이데거와 K. 야스퍼스

M. 하이데거(M. Heidegger, 1889~1976)는 자신의 헤겔식 '전체주의'라는 학문적 선입견으로 F. 니체의 '개인주의', '생명 우선주의'를 오독(誤讀)하고, F. 니체의 대의(大意)를 완전 반대로 왜곡 해석을 행한, 대표적 '수구 보수주의(守舊 保守主義)', '허무주의(Nihilism)' 논객이다.

---

138) Ibid., p.404, 'Rotorelief No. 12(1935)'.

139) Ibid., p.325, 'Virgin No.2(1912)'. '파이프'로 인간의 '장기(臟器)'를 대신했다.

140) Ibid., p.326, 'The Passage from Virgin to Bride(1912)'.

141) Ibid., p.326, 'Bride(1912)'.

142) Ibid., p.373, 'Fountain(1917)'.

여기에서는 M. 하이데거의 '실존의 개념', '니힐리즘의 개념', '예술론', '구체적 실천 사례' 등을 간략하게 살펴, M. 하이데거의 F. 니체에 대한 오해가 얼마나 심각(深刻)한 문제인지 간략하게 짚어보기로 한다.

A. '실존(實存)'의 개념

M. 하이데거는 "존재자(存在者, Seiende)와 존재(存在, Sein)에 대한 본질적 차이성"에 "매개적 통로소서 현존재자(現存在者, Dasein)"를 전제할 수밖에 없다고 하고, "인간 존재의 이와 같은 특유의 존재 방식을 가리켜 '실존(실존, Existenz)'이라 한다."[143]고 하여 우선 '개념'에 집착하여 '전통 철학자'의 모습을 고수(固守)하였다.(F. 니체와 M. 하이데거의 공통점은 사실상 이 출발점 '실존(Existenz, Dasein)'에서만 공통이지만, 사실 벌써 그 '개념'에부터 근본적 차이점을 드러내고 있다.)

D. O. 달스트롬(D. O. Dahlstrom)은, M. 하이데거의 '실존(Existence, Existenz)'을 다음과 같이 요약하고 있다.

> 더욱 정확하게 말하여, 실존(existence)은 현존재자(現存在者, Dasein)로서 이런저런 작용을 행하는 것이다. "현존재자의 정수(essence)는 실존에 잠들어 있다." 현존재자(Dasein)가 존재 자체의 가능성 여부를 인지함으로써 그 자체는 어쩔 수 없이 실존의 기초 위에 이해되게 된다. 그래서 실존(existence)은 진짜일 수도 있고, 가짜일 수도 있다. 이 가능성은 각자의 현존재자(Dasein)에 의해 판단이 되고, 어떤 '실존적' 이해에 의해 인도가 되는데, ("실존의 실존성"을 이루고 있는) 실존 구조들의 '실존적' 분석과 이해에 제공되는 원리적 투명성에는 부족함이 없다. 근본적 존재론이 실존적 분석에 근거를 두고 있지만, 실존(existence)의 뿌리는 궁극적으로 '실존적, 즉 존재적'이다. 실존들은 존재를 이루는 현존재자의 특성들이다. 그러기에 현존재자(現存在者, Dasein)는 현존자의 존재로서 구성적 현시적 실존이고 동시에 그것의 발현, 현존재자로서 드러나 있는 실존이다.[144]

> More precisely, existence is the being Dasein always comports itself to, one way or another. "The 'essence' of Dasein lies in its existence." Dasein invariably understands itself on the basis of its existence as the possibility of being itself or not Existence can be authentic or inauthentic accordingly. This possi-

---

143) 전양범 역, 『마르틴 하이데거 존재와 시간』, 시간과 공간사, 1989, p.5.

144) D. O. Dahlstrom, *The Heidegger Dictionary*, Bloomsbury, 2013, p.70, 'Existence(Existenz)'.

bility is "ontically" decided by the respective Dasein, guided by an "existentiel" understanding, without need for the theoretical transparency provided by "existential" analysis and understanding of the structures of existence (which together make up the "existentiality of existence"). Whereas fundamental ontology is grounded in the existential analysis, the roots of the latter are ultimately "existentiel, i.e. ontic." Existentials are the characters of Dasein's being that make up its existentiality. Since Dasein is its disclosedness, existentials at once constitute-and-disclose existence as Dasein's being

위에서 볼 수 있는 바, M. 하이데거의 '실존(實存, existence)'론은 조금 복잡하게 보이지만, 기본적으로 그 이전에 R. 데카르트(R. Decartes, 1596~1650)가 행해 보였던 바, -"나는 생각한다. 그러기에 (그 생각하는) 나는 (틀림없이) 존재한다(I think, therefore I am-Cogito ergo sum)."145)는 그 데카르트의 '존재(실존)' 증명을, 다시 반복해 말한 것이다.

그렇지만, A. 쇼펜하우어는 이에 더욱 구체적으로 모든 존재(객체-Object)는 '표상(Representation)'일 뿐이나, 표상을 이루는 주체(Subject), 개인 철학도의 '의지(Will)'는 '오직 단 하나의 표상' 개인의 '육체(Body)'에 의존함에 주목하였고, 그래서 '개인의 육체'는 '표상'과 '의지'가 겹치는 가장 중요한 것임을 '이성 적합 원리(Principle of Sufficient Reason)'로 증명하였다. 이에 F. 니체도 A. 쇼펜하우어의 '혁명적 고지'를 존중하고, 거기에서 한 걸음 더 나아가 '생명(육체) 긍정' 큰 '실존철학'을 열었다.(2-8. 육체가 근본 문제이다. 4-1. '힘(권력)에의 의지(Will to Power)'는 생명력의 방출이다.)

그리고 F. 니체를 이어 J. G. 프레이저, S. 프로이트, C. G. 융 등 인류학자 정신 분석가들이 줄을 이어 학술적 업적을 보태어 새로운 '실존(육체)' 탐구에 확실한 실적을 올렸음은 한눈으로 확인할 수 있는 사항이다.

그런데도 M. 하이데거는 아직 데카르트의 생각만을 고집하고, 자신(주체, Subject)의 '의지'와 '표상'이 겹쳐 있는 자신의 '몸(실존)'도 어디까지나 '현존재자', 즉 '하나의 표상'일 뿐이라는 생각을 고집하고, 전통 '전체주의', '관념철학'의 영역을 벗지 못하였다.(M. 하이데거의 집착은 언어의 '개념'인데, 그의 '존재자(存在者, Seiende)'라는 용어부터, '개인'이 없는, '전체주의 사상'을 표현하고 있다. 즉 '주체 의지를 포괄하는 육체'를 '하나의 표상-존재자'로의 無視는 '국가주의', '전체주의' 관념철학도의 '自己欺瞞'의 반복의 조짐임.)

---

145) B. Russell, *History of Western Philosophy*, George Allen & Unwin Ltd., 1971, p.586.

　한마디로 M. 하이데거 '실존' 논의는, A. 쇼펜하우어가 〈의지와 표상으로서의 세계(*The World as Will and Representation*)(1818)〉에서 명시한 '육체(Body)'의 의미를 무시(輕視)함으로써 기존 '관념(개념)철학'의 허점(虛點, 허무주의)에 함몰할 수밖에 없었다.

　그리하여 M. 하이데거는 자신의 '존재'론(Ontology)을 기존 보수주의 철학도와 함께, '허무주의(無)'로 결론을 내고 있다.[146]

　이에 대해 F. 니체의 '생명(육체) 긍정'론은, '철학적 관념(개념)주의'에 '육체(개별 생명)에 대한 고려'가 없음을 (누구보다 더) 신랄하게 비판 거부하고, 실존(육체)의 '생물(동물)학적', '긍정적', '현실적' 논의로 직행하여 '생명 긍정'의 '실존철학'의 시조가 되었다.

　즉 F. 니체의 논의는 오직 '육체(표상+의지)'의 '생리학적', '의학적', '정신분석적(psy-choanalytic)', 과학적 (본능, 무의식) 논의로 직행을 하였으니, F. 니체와 M. 하이데거 논리 전개는 '하늘(-데카르트, 하이데거-개념 중심, 관념론, 전체주의, 허무주의)'과 '땅(-쇼펜하우어, 니체-肉體 중심론, 개인주의, 현세 중심)'의 대조(對照)를 이루는 사항이었다. (3-27. '이성(理性)'도 '본능(本能)'에 종속된다.)

B. '니힐리즘'의 개념

　F. 니체의 평생 논의는 바로 '허무주의의 극복 문제'(5-6. 모든 종교는 '허무주의'다., 6-18. '허무주의'는 '가치(價値)의 비자연(非自然)화'다., 6-18. '허무주의'는 '가치(價値)의 비자연(非自然)화'다. 등등)였다.

　그런데, M. 하이데거 자신의 '허무주의' 개념으로 F. 니체를 '극단의 허무주의'자로 규정하는 자신의 '폭군적(暴君的) 독재주의'를 드러내었다. ('차라투스트라, F. 니체의 말'은 오히려 '동시주의'로 개방되어 그 수용자의 임의에 맡겨진 사항임.)

　D. O. 달스트롬은 M. 하이데거의 입장에서 하이데거가 F. 니체를 '허무주의자'로 규정했던 바를 다음과 같이 요약하였다.

　　하이데거는, 니체가 신의 사망, 초감각적 가치, 존재의 질서 같은 점을 이해했던 것, 즉 모든

---

146) J. P. 사르트르와 K. 뢰비트(K. Loewith, 1897~1973)는, M. 하이데거의 저서 〈존재와 시간〉에서, '육체(Body)론 제외되었다.'고 비판을 하였다. -D. O. Dahlstrom, *The Heidegger Dictionary*, Ibid., p.40, 'Bodili- ness (Leiblichkeit)'.

이전의 가치를 절하(切下)하는 역사적 사건을 이해한 최초로 허무주의를 생각하고 체험한 니체 철학을 높이 평가하고 있다. 니체는 '힘에의 의지' 원리에 기초하여 이전의 모든 가치를 재평가하려는 그의 초인(overman)개념으로 '허무주의'를 극복하려 한다. 하이데거는 그 관련 속에서 니체가 확인한 허무주의 형태를 해설하고 있다. 즉 초기적 허무주의로 염세주의(pessimism), 우리가 그 속에 살고 있는 불완전한 허무주의(incomplete nihilism, 이전 가치의 재평가가 없이 피하려는 시도), 극단의 허무주의(extreme nihilism, 어떤 진리도 없음을 아는 수동적 허무주의, 그리고 '힘에의 의지' 형식을 진리로 아는 능동적 허무주의), 그리고 마지막으로 '극단의 허무주의'가 변한 것이, '열락의 고전적' 허무주의(ecstatic-classical nihilism)다. 이 '열락의 고전적' 허무주의, 즉 "신성한 사유의 길(a divine way of thinking)"만이 진정으로 이전의 가치들이 '無(가치)'임을 인식한다.

그러나 니체의 허무주의 극복 시도는, 어떻게 "진짜 허무주의가 드러나는지" 즉 '진짜 허무주의' 역사가 존재와 무관함을 체험하지 못했다. 니체는 고전적 허무주의를 반대로 이해하였으니, 그 극단적 허무주의가 더 이상 허무주의가 아니라고 니체는 이해하고 있다. 그러나 하이데거는 "진짜 허무주의"는 다양한 허무주의라고 주장하고 그것이 존재와는 아무런 관련이 없으므로 극복할 수 없다고 주장한다. 니체는 '존재'론을 묵살한다.(니체는 '생명'과 '생성'을 좋아한다.) 그러니 니체의 존재 망각의 숨길 수 없는 징후는 진지하게 무(nothing) 자체에 대한 질문을 갖는 데 실패하고 있다. 모든 것은 개체(個體)이거나, 무(無)라는 가정에서, 니체는 후자(後者) 완전한 공(空, das nur Nichtige)인 '무(無)'를 알고 있다. 니체의 고전적 허무주의는 완전한 허무주의(consummate nihilism)이니, 고전적 허무주의는 무 자체의 사유를 필요로 한 것이 아니기 때문이다.[147]

Heidegger credits Nietzsche's philosophy with being the first to think and experience nihilism, what Nietzsche understands as the death of God and any otherworldly, supersensible values or order of being, i.e. the historical event when all previous values are devalued. Nietzsche attempts to overcome nihilism with his conception of the will to power as the fundamental principle of beings in general and his conception of the overman, the human being who re-values all previous values on the basis of this principle (6.2: 22–9; 67: 200, 206). In this connection Heidegger glosses the forms of nihilism identified by Nietzsche: pessimism as its preliminary form, the incomplete nihilism in which we live (attempts to elude nihilism without re-valuing previous values), the extreme nihilism (entailing first the passive nihilism that recognizes no truth and then the active nihilism that recognizes truth as a form of the will to power), and, finally, the transformation of extreme nihilism as active into "ecstatic-classical" nihilism (6.2: 77–83). Only this "ecstatic-classical" nihilism—"a divine way of thinking"—genuinely recognizes previous values to be (worth) nothing.
　　However, Nietzsche's attempt to overcome nihilism indicates that he does not experience how "the genuine essence of nihilism

---

147) D. O. Dahlstrom, *The Heidegger Dictionary*, Ibid., p.143~4, 'Nihilism(Nihilismus)'.

> presents itself," namely, its history of having nothing to do with
> being. Nietzsche understands his classical nihilism ironically, i.e.
> as nihilism to such an extreme that it is no longer nihilism. But
> precisely nihilism of this variety, Heidegger contends, is "authentic
> nihilism"; it cannot be an overturning of nihilism since it has
> nothing to do with being as such. Nietzsche is dismissive of talk
> of "being" (he prefers "life" and "becoming"), but a more telltale
>
> sign of his obliviousness to being is his failure to take the question
> of nothing itself seriously. On the assumption that everything is
> either an entity or nothing at all, Nietzsche regards "nothing" as
> the latter, something utterly null and void (*das nur Nichtige*). His
> classical nihilism is the consummate nihilism because it exempts
> itself from any need to think the nothing itself (6.2. 33, 431, 6~
> 205–10).

위의 D. O. 달스트롬의 요약으로 볼 때, M. 하이데거는 자신의 '허무주의(nihilism)'에 대한 확신에 있다. 그의 주장은 충분히 이해할 수 있다. 그의 주장이 바로 '불교적 허무주의'이다. (전통 철학의 '염세주의', '허무주의'는 A. 쇼펜하우어까지 지속된 사항임.)

그리고 F. 니체의 '힘에의 의지'는 'A. 쇼펜하우어의 의지(Will)'론에서 '염세주의', '허무주의'를 제거한 F. 니체의 '생명 긍정' 철학의 지속임을 알 필요가 있다.(4-1. '힘(권력)에의 의지(Will to Power)'는 생명력의 방출이다.)

그러므로 F. 니체의 경우에서 M. 하이데거의 경우를 말하면, M. 하이데거는 '전체주의, 국가주의' 철학을 체질로 삼고 있는 사람이다.(4-13. 철학은 그 철학자의 표현이다. 4-20. 철학은 독재 힘(권력)의 형상화다.) 즉 '일방주의(Unilateralism)'에 감염(感染)된 학자는 그 '일방주의'가 아니면 '학문(철학)'이 없는 것으로 생각한 것이다(과거 '관념철학'의 공통 약점).

그러나 '차라투스트라(F. 니체)'는 모든 방향으로 개방이 되어 있었다.(7-2. 인간 각자는, '가치의 최후 평가자'다.)

동양에 '지나친 것은 모자람과 비슷하다(過猶不及).'란 말이 있다. F. 니체는 '허무주의 극복'을 강조하고 그 대안을 내어 가르쳤다. 그런데 불량(不良) 학생 M. 하이데거는 차라투스트라의 권고를 무시하고 '패배주의', '염세주의', '허무주의'로 갈 수밖에 없는 인간 존재의 필연성을 자신의 '진짜 허무주의'로 내세우고, 보수주의 M. 하이데거 자신의 '허무주의'가 옳다고 강조하였다.

그렇다. 물리학자들의 말을 빌리면, 이 '지구(地球)의 존속(存續)'도 한정(限定)이 있단다 (소위 '블랙홀'로 빨려 들고 있음). 그러므로 M. 하이데거의 말도 절대 거짓이 아니다.

그런데 F. 니체가 평생 강조해 거듭 제기했던 문제는 '말하고 듣고 있는 존재'는 '살아 있는 생명들'이라는 엄연한 사실이다. 그 기본 전제 '생명 긍정'의 '실존주의'를 듣지 않고 다시 '허무주의', '노예 도덕'에로의 복귀를 주장하는 체질적 '허무주의자'들을 향해, 차라투스트라인들 무엇을 다시 어떻게 해 볼 것인가.(10-27. '노예 교육'은 바보짓이다.)

물론 M. 하이데거의 주장도 '생의 긍정'이라고도 말할 수 있을 것이다. 왜냐하면 지상(地上)에 있었던 모든 생명들, 그리고 앞으로 있을 모든 '생명(육체)'들은 바로 '생명 긍정'을 말하지 않는 것은, '명백히 자기모순'이 되기 때문이다.(2-3. '자신의 존중'은 불가피한 문제이다. 6-24. 철학은 '생명의 부정'을 의심도 못했다. 6-23. 철학은 '뻔뻔한 자기기만(自己欺瞞)'이다.)

가령 M. 하이데거는 그의 지적(知的) 능력이 F. 니체의 그것을 능가했다고 해도, 자신의 결론은 이미 '허무주의자(無)'로 주장되었으니, 기존(旣存)의 불교도나 기독교도의 동일한 결론에 다시 함몰(陷沒)되는 것이다.(이것은 역시 모든 과거 '위대하다는 철학자', '성현'들의 결론이었고 M. 하이데거는 '무신론'이라는 점에 더욱 위험하다. - 6-28. '처음(生)'과 '끝(死)'을 혼동하는 철학, 6-21. '이념(理念)'이 철학자를 삼켰다.)

위의 D. O. 달스트롬의 요약으로도 명백히 확인할 수 있듯이, M. 하이데거는, F. 니체가 평생 '죽음(허무주의)'을 망각(초월)하고 오직 '현재 생명 최우선주의'를 강조했던 사항은 안중(眼中)에도 없고, F. 니체가 평생 무시하고 넘어가고자 했던 '허무주의'를 F. 니체에게 거꾸로 적용하여 그가 바로 '허무주의 주체'라고 칭송(稱頌)을 하고(?), M. 하이데거 자신은 '허무주의'를 자신의 '신성한 사유의 길(a divine way of thinking)'로 극복된 것이라고 생각하였다.[148]

더욱 간결하게 말하여, M. 하이데거는 살아있을 때도 인생의 결론은 '허무주의'였다. 그러나 F. 니체는 '앞으로 후예(後裔)가 확실히 있고', 더구나 '아직 죽기도 전(살아있는 존재로서)에 무슨 허무주의 타령인가?'라고 모든 기존 '허무주의' 철학자를 비웃었다.(7-30. '생명에 대한 사랑'이, '최고의 희망'이다. 7-34. '목표'와 '상속자'가 있는 차라투스트라의 죽음(삶))

---

148) M. 하이데거는 뒤에 예술가들이 한결같이 정확하게 수용했던 '동시주의' 늪에 포로가 된 것이다. 즉 F. 니체가 평생 저서를 통해 행한 '양극적 동시주의'는 '생명 긍정'이라는 기본 열쇠를 사용하지 못하면 영원한 미궁 속에 있게 된다. M. 하이데거의 경우가 대표적 경우이다.

C. 예술론

M. 하이데거의 예술론은 다음과 같이 요약이 되고 있다.

하이데거는 '예술의 기원(起源)'에서, 작품은 예술가로 인해 존재하듯이, 예술가란 작품 때문에 예술가라고 할 수 있다는 관점에서, 자신의 미학적 접근 목적을 잡고 있다. 그래서 역시 미학적 체험은, 예술 작품에 걸터앉아야 한다. "작품과 예술가의 근거는 예술이다." 하나의 사물로서의 작품을 이해하려는 미학의 경향은, 사물들의 불투명성뿐만 아니라 하나의 작품은 어떤 미학적 성질에 준비된 도구가 아니기 때문에 오해를 낳고 있다. 하나의 미술품(반 고흐의 '농부의 신발')은, 존재들의 방식대로 존재를 실현한다. 진실은 그 자체로서 작품 속에 내재해 있다.

진실은 외적으로 드러난 것도 아니고 영원한 것도 아니다. 희랍 신전을 예로 들 수 있듯이 예술 작품이란 특별한 역사적 시민을 위해 현실(Earth)에 하나의 작품 세계(World)를 이루고 있다. 우리가 만지고 알 수 있는 어떤 것보다 작품 세계는 시간 공간적으로 무한정으로 열려 있다. 동시에 예술 작품은 현실에 정확하게 자리를 잡고 있다. 작품은 그것이 부각됨을 회피하고 있는데, 현실은 그것을 관통하려 온갖 시도를 한다. 그러한 의미에서 작품은 근본적으로 그 세계로 (현실과) 영원히 불화(不和)한다. 예술 작품은 그런 방식으로 세상에 나온다. 예술 작품을 이루는 질료(물질)는 도구들 속으로 사라짐에 대해, 깨뜨릴 수 없는 현실에 '무궁의 완벽성'은 작품 속에서는 실현이 되고 있다. 이와 반대로 도구로 동원된 개성은 현실에서 소멸되고, 예술 작품은 "자유롭게 된다."

예술 작품 속에 끼어들고 있는 진실은, 작품 세계(world)와 현실(earth) 간의 불가피한 불화(the essential strife)이고, 그것을 통해 예술 작품 자체를 주장한다. 진실의 요점은 드러냄과 감춤 사이에 원시적 투쟁으로 되어 있고, 작품 세계와 현실의 불화로 대표된다. <u>이 불화를 구체화함으로써, 예술품은 미(美)의 가장(假裝) 속에—원초적 투쟁으로서의 진실을 일깨우는 하나의 방법이다.</u>

예술 작품은 창조된다. 작품 속으로 예술가가 사라짐에 대해, 예술품에 (a)창조된 특성은 작품 세계(world)와 현실(earth) 사이에 투쟁의 행태가 제공됨으로써 이루어지고 (b)창조가 끝남으로써 명백하게 된다.

예술 작품이 이들 창조된 특성들을 더욱 순수하게 보이려 할수록, "일상적 영역으로부터 우리를 멀어지게 하고", "작품 세계와 현실 간의 일상적 관계를 변모시킨다." 이러한 의미에서 예술은 항상 창조이고 어떤 시작이다. "예술은 그것이 역사를 기반으로 하는 불가결한 의미로서의 역사이다." 예술 작품은 그 창조자에 더하여, 그것의 보존자 다시 말하여 감정가 학예사가 아닌 취미를 가진 예술사가 비평가들을 필요로 하고, 작품이 진리를 왜곡하고 있는 그 속에 기꺼이 완강하게 버티고 서 있는 사람들까지도 필요로 한다. 예술 창조자와 보존자는 동시에 "한 시민의 역사적 실존(實存, existence)"을 만들어낸다.149)

In "Origin of the Work of Art" Heidegger takes aim at this aesthetic approach by observing that the artist is an artist because of the work just as much as the work is a work because of the artist. So, too, any account of aesthetic experience must piggyback on an account of the artwork. "The origin of the artwork and the artist is art" (5: 2, 44f). Aesthetics' tendency to understand the work as

a thing is misconceived not only because of the opacity of things as such but also because a work is not an implement outfitted with some aesthetic quality. A work of art (e.g. van Gogh's painting of peasant shoes) brings out in its own way the presence (being) of beings, their truth. That truth places itself into the work (5: 25, 73f).

That truth is neither otherworldly nor eternal. As exemplified by the Greek temple, a work of art establishes a world on earth for a particular, historical people. More than anything we can touch or perceive, the world is the open-endedness of the times and spaces of things. At the same time, the artwork places that world squarely on the earth. While sheltering what emerges from it, the earth shatters every attempt to penetrate it and, in that sense, it is inherently at odds with the world (5: 33). The artwork sets forth the earth in just this way. While material disappears into the implements made of it, the impenetrable yet "inexhaustible fullness" of the earth is on display in the artwork. In contrast to the way the produced character of a tool uses up the earth, the artwork "frees [the earth] to itself" (5: 34, 52).

The truth that inserts itself into the artwork is the essential strife between world and earth, through which each asserts itself. The essence of truth consists in the primordial struggle between unhiddenness and hiddenness, epitomized by the strife between world and earth. By embodying this strife, the artwork is one of the ways that truth as that primordial struggle—in the guise (Scheinen) of the beautiful—happens (5: 42f, 48f, 4: 162, 179).

Artworks are created. While the artist disappears into the artwork, the artwork's created character consists in (a) providing the transforming line and shape of the struggle between world and earth, and (b) standing out as created. The more purely the artwork exhibits these created characteristics, the more it "transports us from the realm of the ordinary" and "transforms the customary ties to the world and the earth." In this sense, art is always creative, a beginning. "Art is history in the essential sense that it grounds history." Artworks need, in addition to creators, those who preserve it, i.e. not connoisseurs or curators, art historians or critics with taste, but those who are willing to stand fast in the artworks' transforming truth. Together, the artworks' creators and preservers make up "the historical existence of a people" (5: 34ff, 63–6).

---

149) D. O. Dahlstrom, *The Heidegger Dictionary*, Ibid., pp. 22~4, 'Art(Kunst)'-위에서 역자(譯者)의 설명 편의 상, '작품 세계(world)', '현실(earth)'로 번역을 하였음.

D. O. 달스트롬이 M. 하이데거의 '예술론', '실존(實存)'론의 요약한 구절이다.

M. 하이데거의 '예술'론은 플라톤의 예술론('작품은 현실의 그림자'150))에 자신의 '역사(시간)성'을 첨가한 것이다. 위의 진술에서, <u>이 불화를 구체화함으로써, 예술품은 미(美)의 가장(假裝) 속에-원초적 투쟁으로서의 진실을 일깨우는 하나의 방법이다</u>(By embodying this strife, the artwork is one of the ways that truth as that primordial struggle—in the guise of the beautiful—happens)."란 구절까지가 '플라톤 예술론'의 반복이다('현실'='표상'='현상'='표상의 표상, 허구-예술품' ⇔ '진실-진리'='物自體').

그리고 위의 마지막 부분, "<u>예술 창조자와 보존자는 동시에 '한 시민의 역사적 실존(實存, existence)'을 만들어낸다</u>(Together, the artworks creators and preservers make up 'the historical existence of a people').''는 M. 하이데거의 예술론이다.

간단히 말해 플라톤의 '예술 작품'은 "진리의 단계에 3단계" 멀리 있다는 주장에다가, M. 하이데거의 '역사적 실존' 주장을 첨가하여 '역사적 사료(史料)', '리얼리즘 실현'으로서의 예술품으로 한정을 하였다.

이에 대해 <u>F. 니체는 '허무주의(Nihilism) 극복의 대안'</u>으로 희랍 비극(悲劇)을 전제하였다.(어디까지나 현재 '생명 긍정'의 차라투스트라 중심의 예술론임.)

특히 M. 하이데거가 위에서, "작품이 진리를 왜곡하고 있는 그 속에 기꺼이 완강하게 버티고 서 있는 사람들까지도 필요로 한다(those who are willing to stand fast bin the artworks' transforming truth).''란 F. 니체를 포함한 모든 예술가를 지칭하는 말이다.(이미 F. 니체의 '생명 긍정'의 큰 전제를 무시한 M. 하이데거에게, 우리가 다시 그의 '예술'론까지의 언급함은, 사실상 너무 '세말(細末)주의'에 빠진 경우임.)

---

150) 플라톤은 그의 〈공화국〉에서 "우리는 세 가지 종류의 침대가 있음을 알고 있다. 첫째는 신에 의해서 제작되었다고 생각할 수 있는 마음속에 존재하는 것이다. 어떤 사람의 경우에서도 신 이외에는 그것을 만들어 줄 수 없다. ……둘째는 목수가 만든 것이다. ……그리고 셋째는 화가가 만든 것이다. ……화가, 목수, 신이 각각 침대를 만드는 데 관련이 있다(We have seen that there are three sorts of bed, The first exists in nature, and we would say, I suppose, that it was made by god. No one else could gave made it…The second is made by the carpenter…. And the third by the painter?…so painter, carpenter, and god are each responsible for one kind of bed).''-Plato, *The Republic*, Penguin Books, 1974, p.424~5 ; M. 하이데거의 '현실(earth)'은, 목수의 침대에 해당하고, '작품 세계(world)'는 화가의 침대에 해당하고, '원초적 투쟁'이란 플라톤식 '이념(진실)을 일깨우는 하나의 방법'이란 진술이 그것이다. M. 하이데거는 플라톤과 동일한 '전체주의', '국가주의' 철학으로, 플라톤은 '신(神)'을 '완전한 무(無)'로 전제했음이 구분될 뿐이다. 그러므로 '작품'이란 '허구(감춤)' 속에 '(상상의 세계를) 드러냄'으로써 현실과 '불화'하고 있다고 설명했다.

M. 하이데거의 '미학', '예술론'은, 한마디로 1916년 이후 일어난 '다다 초현실주의 혁명 운동'과는 소위 '아방가르드'와 무관(無關)한, 기껏해야 '구시대, 수구 보수주의, 리얼리즘(역사주의)식 예술 해설 방법'이다.

즉 M. 하이데거는 F. 니체의 '생명 긍정'과 '동시주의'로 펼친 '다다 초현실주의'의 '제국주의 전쟁 반대', '전체 국가주의 반대'는 아예 그의 상상(想像) 밖의 문제들이었다. (M. 하이데거가 문제 삼고 있는 고흐(Vincent van Gogh, 1853~1890)의 작품, 희랍의 신전, 세잔(P. Cezanne, 1839~1906), 클레(Paul Klee, 1879~1940)의 작품은 아직 시대 반영의 '리얼리즘'이나(고흐), 추상의 영역(희랍 神殿), W. 칸딘스키(W. Kandinsky, 1866~1944) 등의 '만다라' 의식의 각자(各自) 발현 정도(세잔, 클레)의 작품들이다.)

그러나 1916년 취리히 '다다 혁명 운동'과 1924년 '초현실주의 운동'은, 모두 F. 니체의 '관념(개념)주의 철폐'와 '현실 생명 우선주의', '제국주의 전쟁 반대'를 그들의 '동시주의(Simul-tenism)'로 시위(示威)하며 '모든 가치의 재평가 운동'을 대대적으로 펼친 미증유(未曾有)의 '혁명 운동'이었다. 보수주의 '전체주의', '허무주의' M. 하이데거의 시력(視力)으로는 그들의 작품을 곁에 두고도 '그들의 혁명 운동'에는 도무지 무감각이었다.

즉 M. 하이데거의 '예술론'은 아무리 높여보아도 '영미(英美)'의 '작품 중심'(뉴 크리티시즘), '관념주의' 구시대(T. S. 엘리엇식 '신고전주의') 사고로 되돌아가자는 것이니, '관념주의(만다라)'에 다시 함몰되는 것으로, '현재의 생명 중심', '(살상 없는) 공정한 경쟁', '전쟁 반대', '제국주의 반대'라는 '새로운 내일을 위한 자유 민주주의 세계관', '모든 가치의 재평가 운동'은 평생 상상도 못 하고, '허무주의 일방주의 고정 관념'으로 오해를 반복하였다.

D. '구체적 실천 사례'

주지(周知)하다시피, 소위 '철학'이란 한 개인의 인생을 통해, 잠시도 거기에서 이탈할 수 없는 개인의 기본 신념이고 행동반경(行動半徑)이다.

그런데 M. 하이데거는 독일 나치(Nazi)의 어려운 시국(1931~1945)에 '프라이부르크(Freibrug) 대학 총장직'을 수락해 놓고, 1933년 5월 27일 M. 하이데거가 프라이브르크 대학 총장 취임시에 '독일 대학의 자기주장'이라는 엄청난 연설을 자진 행하여, 자신이 '국가주의', '전체주의', '일방주의', '봉사(도덕)주의'에 있음을 거듭 명백히 하였다.

다음은 그 취임 연설의 일부이다.

> 자기 자신에게 '법칙'을 부여하는 것이 최고의 자유입이다. 그동안 찬미되어 온 '학문의 자유'는 대학에서 추방되어야 합니다. 그러한 자유는 부정한 자유일 뿐이며 진정한 자유가 아니었습니다. 그것은 제멋대로 거리낌 없이 생각하고 행하는 것을 의미했습니다. 독일 학생의 자유라는 개념은 이제 그것의 진정한 의미를 회복해야 합니다. 그러한 자유로부터 독일 학생들의 미래의 의무와 사명이 비롯됩니다…….
>
> 이 세 가지 의무들은 ―정신적인 사명에서 민족을 통한 국가의 역사적인 운명에 대한 의무들 ― 독일의 본질에 똑같이 근원적입니다. 이로부터 생겨나는 세 가지 봉사들―노동 봉사, 국방 봉사, 그리고 지식 봉사―는 동일하게 필수적이며 서로 동등한 지위를 갖습니다.[151]

<u>과거 '헤겔식', '국가주의', '전체주의' 철학도, 소크라테스가 그의 '독배(毒杯)'를 거부할 수 없었 듯이, 그것이 비록 '나치 정부'였을지라도 '거부(拒否)'와 '도피(逃避)'는 바로 자신의 '철학'에의 '거 부', '도피'로 있을 수 없는 사항이다.</u>(M. 하이데거 철학은, '전체주의', '국가주의' 철학이다.)

이에 대해 F. 니체를 비롯한 '실존(육체)'철학도, 그 '전체주의', '국가주의'의 허점(虛點) 를 모두 간파하고 이미 새로운 '세계관'에 나가 있었고 차라투스트라는 '제자들'에게 차라투스 트라에게까지 '경계심'을 놓지 말라고 가르쳤다.(7-12. '제자들이여, 홀로 가라.' 7-2. 인간 각자는, '가치의 최후 평가자'다.)

그리고 '국가 민족주의' 폐해를 거듭 폭로하였다.(10-4. '국가'보다는 '개인 각자'가 우선이 다. 10-2. '독일 민족 제국주의'가 바그너를 절단 냈다. 10-15. '선량한 유럽주의' 이상(理想))

그렇다 해도 만약 F. 니체가 독일 '나치(Nazi)' 정권 탄생과 운영에 책임이 있다면, 그것은 오직 <u>M. 하이데거와 A. 히틀러 등이 저지른 자신들의 '무지(無知)한 F. 니체 읽기(F. 니체 무시하기)'</u> 가 그 원인일 뿐이다.(그것은 다 '誤讀, 誤解'한 당사자들의 책임이지, 이미 30년 전에 사망한 F. 니체가 그것까지 다 책임을 질 수는 없는 사항이다.)

E. 마무리

M. 하이데거는 한마디로 '사이비 실존주의자(Pseudo-Existentialist)'이다. 즉 A. 쇼펜하우

어 이후 명백하게 거듭 확인된 '육체(Body)'를 무시하고 '보수주의', '관념(개념)철학'으로 되돌아가 '실존주의' 명패(名牌)만 지니고 있는 '가인(假人)'이기 때문이다.

F. 니체와 M. 하이데거의 생각은, 대체로 다음 도표로 요약할 수 있다.

F. 니체와 M. 하이데거의 사상 대조표

	F. 니체	M. 하이데거
'실존' 개념	개인의 '육체(의지+표상)'	현존재자(Dasein=하나의 표상=현상)
적용 대상	각 '개인'	'전체', '국가', '세계'
가치 척도	'힘에의 의지 발휘' 결과	'국가(전체)주의' 실현
논의 한도	현세 개인 중심	궁극적 존재 의미
주장	'생명(육체) 긍정'	'허무주의'
'자유'	'자연(육체)'의 실현	'국가(도덕)주의'의 실현
'예술(비극)'	'생명의 활력소'	'진리(無)'로 가는 '표상의 표상' '역사적 실존' 개별 현상(표상)
실천 방법	'동시주의' – 다원주의	'일방주의', '當爲', '强要'
(나치)정부	무관('국가주의' 비판 대상)	'봉사' 옹호 대상
디오니소스 비극	출산의 고통	'완전한 허무주의' 연출
결론	생명 긍정 현세주의	'무(無)로 향하는 과정'
소속	생명 긍정 예술가	보수(保守) 철학자

1916년 취리히 '다다 초현실주의 혁명 운동'은, F. 니체의 '동시주의(Simultaneism)'를 방법으로 삼아, '생명(육체) 존중'의 '실존주의', '제국주의 전쟁 반대', '관념주의 반대', '생명 존중'의 주장들을 온전히 펴서 오늘날 '지구촌(The Global Village)'이 공인하는 위대한 표준이 되어 있다. 더 이상 몽롱한 'M. 하이데거의 변설'에 머뭇거릴 이유가 없다.

F. '실존철학자' K. 야스퍼스

그런데 K. 야스퍼스(K. Jaspers, 1883~1969)의 '실존'주의도, 역시 '패배주의', '금욕주의' 실존주의로, F. 니체의 '생명 우선주의'와는 정반대편에 있었다.

K. 야스퍼스는 '실존철학'을 다음과 같이 말하고 있다.

인간은 사물과 현 존재로서의 자기에 대한 특수한 전문지식을 모든 입장과 모든 직업에서 요구한다. 그러나 어떠한 경우에든 전문지식만으로는 충분하지 않다. 전문지식은 이를 소유하고 있는 사람에게만 의미 있는 것이기 때문이다. 내가 사용하는 것은 나의 본래적 의욕에 의해서 결정된다. 가장 우수한 법칙, 가장 적절한 조치, 가장 정확한 지식의 결과, 유효한 기술 등은 반대의 의미로도 이용될 수 있다. 인간이 이러한 것을 내실이 풍부한 것으로 충실화하지 않는 한, 무가치한 것이다. 따라서 현실적으로 일어나는 일은 전문지식의 개선에 의해서만이 아니라 결정적으로는 인간의 존재에 의해서 비로소 수정된다. 인간의 내면적 태도, 세계에 있어서 자기를 의식하는 방법, 그를 만족시키는 방법 등이 그의 행위의 근원이다.

‘실존철학’은 모든 전문지식을 이용하기는 하지만, 그것을 넘어서는 사고방식이며 인간이 이렇게 함으로써 자기 자신이 될 수 있다. 이 사고는 대상 인식이 아니다. 오히려 대상 인식적인 사고를 하는 사람을 존재의 하나의 대상 속에서 해명하고 움직이게 하는 것이다. 사고는 모든 세계 인식(철학적 세계 정의로서의)을 넘어섬으로써 부동하게 되며, 자유에 호소하고(실존 해명으로서), 그리고 초월자를 ‘불러냄으로써’ 인간의 무제약적 행위 공간을 얻는다.[152]

위에서 살필 수 있듯이 K. 야스퍼스는 F. 니체(차라투스트라)의 가장 중요한 가르침 ‘7-2. 인간 각자는, ‘가치의 최후 평가자’다.’를 그대로 수용하여, M. 하이데거와는 일단 차별화를 명백히 하고 있다.

왜 위의 ‘F. 니체의 수용’이 중요한지 그 이유는, ‘평가’와 ‘선택’에 궁극의 ‘행동 주체’로서 항상 부정할 수 없는 ‘각 개인’이 자리를 잡고 있기 때문이다.(과거 ‘국가주의’, ‘전체주의’, ‘일방주의’와는 정면으로 배치됨을 인정하고 있음.)

그런데, K. 야스퍼스는 ‘죄(罪)’ 문제에서 다음과 같이 언급하고 있다.

‘첫째는 현존재가 죄이다.’ 광의의 죄는 현 존재 자체이다. 이미 아낙시만드로스가 생각했던 일을—비록 다른 의미에서 이기는 하지만 —칼데론에 의해서 되풀이된다. 곧 인간의 최대의 죄는 탄생했다는 사실이다.

이것은 나는 나의 현존재 자체를 통해서 재난을 일으키고 있다는 점에도 나타나 있다. 이에 대한 구체화가 인도의 사상, 곧 나는 걸을 때마다, 숨 쉴 때마다 미세 생명을 죽이고 있다는 사상이다. 내가 행동을 하든, 하지 않든 간에 나는 현존재에 의해서는 나는 다른 현존재를 제한하고 있는 것이다. 행위와 마찬가지로 인고(忍苦)에 있어서도 나는 현존재의 죄에 빠져 있다.[153]

---

152) K. 야스퍼스(황문수 역), 『비극론/인간론』, 범우사, 1975, p.152~3, ‘실존철학’.
153) Ibid., p.48.

K. 야스퍼스는 위에서 볼 수 있듯이 '원죄(the original sin)'를 수용하고 있었다.

F. 니체의 표현을 빌리면 불교 기독교의 '염세주의', '허무주의'와 다를 것이 없다. 그리고 K. 야스퍼스 같은 '허무주의', '데카당'까지도, 스스로 판단으로 선택해 나가는 경우는 다른 사람이 어쩔 수도 없다.(이것이 '선택의 자유' 그 문제 안에 이루어진 것이다.)

그러나 이에 명시해 두어야 할 가장 중요한 사실은, F. 니체는 궁극적 판단을 각 개인에게 돌려주었음(7-2. 인간 각자는, '가치의 최후 평가자'다.)에 대해, '전통 사상'의 가장 무서운 특징은, <u>그 '허무주의'를 '당위(當爲)', '독재', '일방주의', '전체주의'로 강요 주지시키고 있다는 사실이다.</u>

이에 대해 1916년 '취리히 다다 혁명 운동'은 그것을 '목숨(自殺)'을 담보로, '자기 생명 선택의 자유'를 '주장'했던 대표적 사례였다. 얼마나 정확한 운동이었던가.

13-16

M. 에른스트

M. 에른스트(M. Ernst, 1891~1976)는 독일 낳은 '최고의 다다 초현실주의 화가'이다. M. 에른스트는 F. 니체의 '힘에의 의지', '제국주의 전쟁 반대', '국가 종족주의 반대', '기독교 자선주의 반대', '동시주의(부조리)', '생명의 긍정의 영원회귀' 작품으로 시위(示威)하며, '모든 가치의 재평가 운동'을 주도하였다.

'M. 에른스트(M. Ernst, 1891~1976)'[154], '부인 人魚를 기대고 있는 에른스트'[155]

---

154) '해부학적 견해'를 존중한 M. 에른스트.

155) M. 에른스트 부인 'D. 탠닝(Dorothea Tanning, 1910~2012)'을 인어(人魚)로 형상화한 것임.

A. '힘에의 의지'

1881년 F. 니체는 8월 14일 페터 가스트(Peter Gast=Koeselitz, 1854~1918)에게 준 편지에서 "나는 부서질 수 있는 기계 중 하나일세."[156]라고 말하였다.

이것은 F. 니체가 당시 '유물론(육체 긍정, 유물론, Materialism)'을 수용하고 있다는 증거이다.

그런데 1909년 2월 F. T. 마리네티는 '미래주의' 선언을 하며 거기에서 F. 니체의 '힘(권력)에의 의지(Will to Power)' 문제에 다시 기계의 힘을 첨가한 '역동주의(Dynamism)'를 말하였는데, M. 에른스트(M. Ernst, 1891~1976)는 그에 공감하여 다음과 같은 작품을 남겼다.

   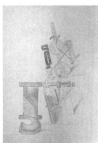 

'오랜 경험의 결과(1919)'[157], '자를 사랑한 정색-正色의 거대 바퀴(1919)'[158], '미니막스와 다다막스가 만든 작은 기계(1919~20)'[159], '웃지 마시오(1919)'[160], '칠레 산 초석(1920)'[161]

B. '제국주의 전쟁 반대'

<u>M. 에른스트는 '제국주의 전쟁'을 '물고기의 전쟁'에 비유하였다.</u>

156) R. Safranski(translated by Frisch), *Nietzsche : A Philosophical Biography*, W. W. Norton & Company, 2002, p.365.

157) W. Spies, *Max Ernst*, Prestel, 1991, p.64, 'Fruit of a Long Experience(1919)'.

158) Ibid., p.65, 'The Great Orthochromatic Wheel that Makes Love to Measure(1919)'.

159) Ibid., p.67, 'A Little Machine Built by Minimax-Dadamax(1919~20)'.

160) Ibid., p.67, 'Don't smile!(1919)'.

161) Ibid., p.68, 'Little Chile Saltpetre(1920)'.

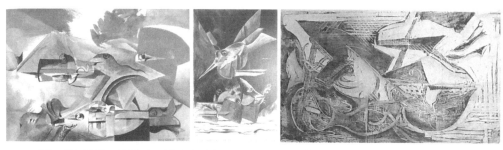

'물고기의 전쟁(1917)'162), '스핀들의 승리-물고기들의 싸움(1917)'163), '무제-물고기들의 전쟁(1917)'164)

'물고기 전쟁(1917)', '물고기 전쟁(1917)'

앙드레 마송의 '물고기들의 전쟁(1926)'165)

---

162) J. Russel, *Max Ernst Life and Work*, Harry N. Abrams, 1960, p.27, 'Battle of Fish(1917)'.

163) W. Spies, *Max Ernst Collages, The Invention of the Surrealist Universe*, Harry N. Abrams, 1988, p.129, 'The Spindle's Victory-The Fishes' Fight(1917)'.

164) P. Rainwater, *Max Ernst Beyond Surrealism*, Oxford University Press, 1986, p.17, 'Untitled-Battle of the Fish(1917)'.

165) E. Shanes, *Dali*, Studio Editions, 1994, p.16, Andre Masson 'Battle of Fishes(1926)'.

'작은 물고기들은 큰 물고기의 밥'이라는 물고들의 원리를 제1차 세계대전을 주도했던 사람들에게 M. 에른스트는 그대로 적용하였다.(8-27. '살상(殺傷)의 무리'는 내 성전(聖殿)을 찾지 말라.)

C. '국가 종족주의 반대'

M. 에른스트는 '국가주의'를 '숲(울타리)' 로고로 표현하였다.

'숲 속에 있는 새(1927)'[166], '새장, 숲, 그리고 검은 태양(1927)'[167], 작품명 확인 불가

'생 드니 문 밤 풍경에 대한 견해(1927)'[168], '생선뼈로 된 숲(1927)'[169]

F. 니체가 '선량한 유럽인(good Europeans)' 정신을 작품으로 실천해 보인 결과이다.('국가 민족주의 반대'- 10-5. 니체의 이상(理想) : '선량한 유럽인', 10-23. 니체는 '자유로운 유럽인'이다.)

166) W. Spies, *Max Ernst*, Ibid., p.168, 'The Bird in the Forest(1927)'.

167) Ibid., p.168, 'Cage, Forest and Black Sun(1927)'.

168) W. Spies & S. Rewald, *Max Ernst : A Retrospective*, The Metropolitan Museum of Art, 2005, p.174, 'Vision Induced by the Nocturnal Aspect of the Porte Saint-Denis(1927)'.

169) 'Fishbone Forest(1927)'.

D. '기독교 자선주의 반대'

세 사람이 보는 앞에서
예수에게 매질하는 마리아[170]

M. 에른스트의 '성녀
세실리아(1923)'[171]

C. 돌치의 '세실리아'

우수한 새-鳥 로플롭이,
마지막 집단 봉사의 자취를
쫓아버리다(1927~9)[172]

그리고 F. 니체는 '5-34. 나의 어린 시절은 '기독교'에 속았다.'고 했는데, M. 에른스트는 '세 사람이 보는 앞에 예수에게 매질하는 마리아(1926)'를 그렸다.(예수도 '무의식 중심'의 아동시절이 있었다.)

역시 F. 니체는 "5-25. '동정(Sympathy)'은 발전 법칙의 좌절이다.", "5-26. '동정'은 허무주의의 실행이다."라고 했다.

이에 M. 에른스트는 '우수한 새-鳥 로플롭이, 마지막 집단 봉사의 자취를 쫓아버리다(1927~9)'라는 작품을 제작했다.

M. 에른스트의 '집단 봉사(group devo-tion)'란 '자선단체의 봉사'를 의미하고, **'로플롭'은 '다다 정신'에 있는 M. 에른스트 자신의 지칭이다.**

F. 니체는 "5-30. 기독교는 '육체'를 경멸한다."고 지적했는데, M. 에른스트는 '성녀 세실리아(1923)'를 '돌 속에 갇힌 형상'으로 제시하였다.

C. 돌치(C. Dolci, 1616~1686) 그림은 세실리아를 라파엘로의 '성모상'과 동일한 절세미인의 얼굴로 형상화 하였다. 이에 대해 M. 에른스트는 육체를 '벽돌 속에 가두어 둔 세실리아상'을 제시하고 얼굴은 아예 보이지도 않게 그렸다.

---

170) W. Spies & S. Rewald(edited by), *Max Ernst ; A Retrospective*, The Metropolitan Museum of Art, 2005, Plates-64, 'The Blessed Virgin Chastises the Infant Jesus before three Witness(1926)'-다다이스트는 모두 기독교의 '신비주의'를 부정하고 있다.

171) W. Spies, *Max Ernst*, Ibid., p.112, 'Saint Cecilia(1923)'.

172) Ibid., p.133, 'Loplop, The bird Superior, chases away the last vestiges of group devotion(1927~9)'

E. '동시주의(부조리)'

M. 에른스트는 역시 '부조리' 그림의 대가였다.

'신체 신화의 홍적층적-洪積層的 그림(1920)'[173], '네오노러 캐링턴의 '타원형 숙녀' 해설에서(1939)'[174], '
이름을 지을 수 없는 동물(1973)'[175]

모두 '새⇔인간', '새⇔말', '괴물⇔인간' 동시주의로 F. 니체가 전제한 '부조리'가 화가
자신 속에 운영됨을 명시하였다.(5-10. 실존(實存)의 심판이 부조리(不條理)이다.)

F. '생명의 긍정의 영원회귀'

M. 에른스트의 '생명 긍정 영원회귀'는 '알' 만다라로 표현되었다.

'내적인 모습 : 알(1929)'[176], '내적인 모습(1929)'[177], '내적인 모습 : 알(1929)'[178]

173) W. Spies, *Max Ernst Collages*, *The Invention of the Surrealist Universe*, Harry N. Abrams, 1988, p.165,
'Physiomythological Diluvian Picture(1920)'.

174) W. Spies & S. Rewald, *Max Ernst : A Retrospective*, Ibid., p.228, 'Illustration for Leonora Carrington's
La dame ovale(1939)'.

175) Ibid., p.161, 'Some Animals, One of Which is illiterate(1973)'.

176) W. Spies, *Max Ernst*, Ibid., p.196, 'The Inner Vision : The Egg(1929)'.

M. 에른스트는 '새끼를 기르는 어미 새'의 모습을 알 속에 담아, F. 니체의 '영원회귀'를 한 장의 작품 속에 요약하였다.(4-11. '생명 긍정'이 즐거움의 원천이다.)

13-17
R. 휠젠벡

독일인 리하르트 휠젠벡(Richard Huelsenbeck, 1892~1974)은 트리스탄 짜라(T. Tzara, 1896~1963)와 함께 1916년 취리히 다다를 선도(先導)한 대(大) 사상가로 1920년에 저술한 〈다다의 등장: 다다의 역사(En Aant Dada : A History of Dadaism)〉는 F. 니체의 정신을 대폭 반영한 다다 이론의 핵심 저술이다.

R. 휠젠벡(Richard Huelsenbeck, 1892~1974)

공원에서 두 아들과 함께 한 휠젠벡(1919)[179] R. 휠젠벡의 '사자 사냥' 그림 아래 있는 H. 아르프, H. 리히터, R. 휠젠벡(1950)[180]

---

177) Ibid., p.353, 'The Inner Vision(1929)'.

178) P. Gimferrer, *Max Ernst*, Rizzoli, 1983, ILLUSTRATIONS 78 'Inside Sight : the Egg(1929)'.

179) R. Motherwell(edited by), *The Dada Painters and Poets: An Anthology*, The Belknap Press of Harvard University Press, 1981, p.278.

R. 휠젠벡은 〈다다의 등장: 다
다의 역사〉에서, '제국주의 전쟁
반대', '독일 국가주의 반대', '현
실 생명 우선주의', '우상파괴',
'물질주의', '동시주의'까지 F. 니
체의 생각을 그대로 수용 그 '구체
적인 실천 운동', '다다 혁명 운동'
으로 직행하였다.

한마디로 1916년 취리히 다다
는 F. 니체의 부정할 수 없는 가장
확실한 후예들이었다. 그것은 R. 휠

'다다의 등장
: 다다의 역사(1920)'[181]

시집 '환상의 기도(1920)'[182]

젠벡의 글과 행적에 그대로 명백하게 되어 있다.

A. '제국주의 전쟁' 반대

1890년 F. 니체는 제1차 세계대전이 터지기 24년 전에, '8-27. '살상(殺傷)의 무리'는 내
성전(聖殿)을 찾지 말라.', '10-2. '독일 민족 제국주의'가 바그너를 절단 냈다.'는 '제국주의
전쟁 반대 선언'을 행하였다.(F. 니체는, '제국주의 전쟁'을, 정확하게 <u>海賊의 깃발을 들고 감행
한 전쟁-the pirate's flag of war</u>'으로 규탄하였음.)

그런데 '차라투스트라'의 후예 R. 휠젠벡은, 1920년 "우리는, 다양한 행정부의 '총체적인
추악한 물질주의가 원인(the most autocratic, sordid and materialistic reasons)'으로 (1
차 세계)대전이 났다는 데 공감을 했다."[183]라고 하였다.

<u>F. 니체의 '제국주의 전쟁 반대'</u>를 더욱 명백히 밝히고 있다.

R. 마그리트는 백인들의 '식민지(植民地) 확장 경쟁'을, 작품 '집단적 발견(1934)', '매혹적

---

180) Ibid., p.292, The Three Kerndadaists, Hans Arp, Hans Richter and Richard Huelsenbeck under
    Huelsenbeck's picture, 'The Lion Hunt(1950)'.

181) Ibid., p.22.

182) L. Dickerman, *DADA*, The Museum of Modern Art, 2006, p.111.

183) R. Motherwell(edited by), *The Dada Painters and Poets: An Anthology*, Ibid., p.23.

인 영역 Ⅳ(1953)'으로 조롱하였다.

'집단적 발견(1934)'[184], '매혹적인 영역 Ⅳ(1953)'[185]

B. '독일 국가주의' 반대

F. 니체는 독일인으로서, '10-1. 우려할 만한 '독일 국가 민족주의'', '10-3. 독일의 '국가 민족주의 노이로제''를 R. 휠젠벡에 앞서 우려하였다.

R. 휠젠벡은 "독일은 재판관과 푸주한(butchers)의 나라라는 오명(汚名)을 씻으려 할 때 항상 시인과 사상가의 나라가 되었다."[186] "독일은 (1차 세계)대전 전까지, 학교 얼간이들의 입을 통해 찬양의 노래를 하여, 이제 100만 이상의 희생을 내었고, 그 패해가 아들 손자에게까지 미쳤기 때문이다."[187]

"문화는 민족정신의 형태로 완전 소박하게 디자인될 수 있다. 그러나 그것은 알 수 없는 판단에 복종하고 양심을 버린 보상적 형상으로 특징을 보인다. 독일인은 감추기 선수다."[188] 라고 했다.

당시 젊은 다다이스트의 말들은, 모두 F. 니체 발언과 무관한 것이 없었다.

같은 다다이스트 M. 에른스트는 역시 '숲(담벼락)' 로고로 규탄해 마지않았다.(M. 에른스트

---

184) J. Meuris, *Rene Magritte*, Taschen, 2004, p.37, Rene Magritte(1898~1967) 'Collective Invention(1934)' : '인어(人魚, 식민지-먹어서는 아니될 생선)' 로고에 '집단적 발견'이란 '식민지 확보 경쟁'에 불이 붙은 유럽을 비판한 그림이다.

185) Ibid., p.162, 'The Enchanted Realm Ⅳ(1953)' : '인어(人魚, 식민지)' 곁에 '돛단배(海賊船)'가 와 있다. 그 일이 '매혹적인 영역'이라 규정하여, '다다 혁명 정신'으로 '식민지 확보 경쟁'을 조롱하였다.

186) R. Motherwell(edited by), *The Dada Painters and Poets: An Anthology*, Ibid., p.39.

187) Ibid., p.39.

188) Ibid., p.42.

항, 참조)

C. '현실 생명 우선주의'

F. 니체는 '관념'을 거부하고 무엇보다 '생명 현실'을 최우선으로 생각하였다. 그것은 그대로 다다이스트의 확신들이 되었다.

F. 니체의 가장 큰 특징은 '2-2. 인간론은 '건강론'이다.', '2-6. '본능의 편함'이 선(善)이다.', '2-10. '육체'는 가장 명확하고도 구체적인 현상이다.'에서 확인할 수 있듯이 표준이 '육체의 현실'이었다.

R. 휠젠벡은 "다다이스트는 '생각을 생활로 바꿀 수 있는 사람-완전한 행동파, 행동을 통해 사는 이'라는 것을 충분히 이해하는 사람이어야 할 것이니, 왜냐하면 행동은 지식을 성취할 가능성을 지니기 때문이다."[189]라고 했고, "<u>다다이스트는 예술을 박차고 나올 필요가 있다고 생각한다</u>. 왜냐하면 그는 어떤 도덕적 안전판으로서의 예술적 사기성을 간파했기 때문이다."[190]라고 말한 것은 모두 F. 니체에게서 학습한 것이다.

D. '육체 중시'

앞서 확인했던 바와 같이 A. 쇼펜하우어, F. 니체의 철학(신념)의 합치점은 '개인의 육체(the individual' body=의지will+표상representation)'이고, 거기에 F. 니체는 '허무주의'가 아닌 '생명 긍정' 쪽이었다.(2-8. 육체가 근본 문제다. 4-1. '힘(권력)에의 의지(Will to Power)'는 생명력의 방출이다.)

R. 휠젠벡도 그 F. 니체와 생각을 같이했다.

R. 휠젠벡은 "<u>다다이스트</u>는 와인과 여자와 광고를 좋아하는 현실의 인간이고 그의 문화는 <u>무엇보다 육체적이다</u>."[191]라고 했다.

F. 니체는 '2-1. 생리학 의학으로 세운 철학'을 주장하고, '2-2. 인간론은 '건강론'이다.', '6-29. '현재 세상'이 '진실의 전부'다.'라고 하였다.

---

189) Ibid., p.28.

190) Ibid., p.43.

191) Ibid., p.42.

E. '무신(無神)론'

F. 니체는 '5-13. 우자(愚者)가 신(神)을 존속시킨다.', '5-18. 희랍인의 폭소 대상이 기독교이다.'라고 하였다.

그런데 R. 휠젠벡은 "<u>다다이스트는 본능적으로 무신론자(atheist)이다.</u> 그는 더 이상 이론적 원리에 행동 규칙을 찾는 형이상학자가 아니다. 그에게는 더 이상 "그대는 하리라."는 없다."[192]라고 하였다.

R. 마그리트도 작품 '천재의 얼굴(1926)'로 관념철학자를 비판하였다.

천재의 얼굴(1926)[193]

F. '우상파괴, 가치 혁명'

F. 니체는 '5-1. '우상(偶像)의 파괴'가 니체의 일이다.', '6-25. '우상 파괴', 그것이 니체가 수행한 '전쟁'이다.', '7-1. '가치의 재평가' : 차라투스트라의 일'이라고 하였다.

R. 휠젠벡은 "내가 이미 앞서 암시했듯이 특히 독일에서 성행한 과도한 우상숭배가 아동 등에 주입되어 있으니, 세금을 낼 성인이 되면 국가의 이익이나 어떤 도둑 갱단의 이익에 "위대한 정신" 숭배를 위한 명령을 수용하여, 자동적으로 무릎을 꿇게 되어 있다."[194]라고 말하고, "정신과 문화와 내면에 관련된 모든 것을 박살내는 데 비용도 들 것 없이 최고의 도구인 시위(데모)를 쓰는 것이다. (그것의 현실적 성취를 부정할 수 없는) 다다를 "오직 부정적 가치뿐"이라고 말하는 것은, 법률적 제한에 갇힌 우상(idiocy)의 한 지시(sign)로 우스운 것이다. 오늘날 당신은 긍정이나 부정의 낡은 톱을 가지고 최고급을 우롱할 수는 없을 것이다."[195]라고 하여 자신이 바로 'F. 니체'의 후예임을 명시하였다.

---

192) Ibid., p.42.

193) D. Sylvester, *Magritte*, Menil Foundation, 1992, p.125, 'The Face of Genius(1926)' : '천재 철학자'가 '실존 (육체)'을 돌아보지 못했음을 '널빤지(국경)', '나무(국가주의)', '석고(반생명)' 로고로 풍자하였다.

194) R. Motherwell(edited by), *The Dada Painters and Poets: An Anthology*, Ibid., p.43.

195) Ibid., p.44.

G. '관념주의' 거부

F. 니체는 '8-23. '정신'이란 '육체'의 부산물', '10-11. '책의 극복'이 '책의 임무'다.', '6-21. '이념(理念)'이 철학자를 삼켰다.'라고 하였다.

R. 휠젠벡은 "다락방에 철학자는 완전 폐기물이고, 직업 예술가, 카페 문학, 일반적으로 지적 성취로 감동을 줄 수 있는 사람, 지성적 문제로 다른 사람들 앞에 그 견해로 특별한 가치를 제공하는 어떤 환영받는 한계를 찾아낸 사회적 재사(才士)-다다이스트는 가능한 그들의 반대편에 있다."[196]

"이 프로그램의 의미는, 다다가 사변적인 것을 떠나 즉 형이상학적인 것을 제거하고 일차적으로 기계와 문명의 성장으로 특징을 보이는 이 시대의 표현으로서, 자체 이해력을 보이고 있다는 점이다."[197]

"다다이스트에게는 담배꽁초나 우산이 "물 자체(物 自體, thing in itself)"만큼이나 귀하고 영원하다."[198]라고 말하였으니, F. 니체를 떠나 어떻게 '다다'를 이야기할 것인가.

H. '예술을 통한 인생관과 세계관의 혁신'

F. 니체는, '8-15. 광대의 웃음에서 그 나락(奈落)을 명상하라.', '5-20. '즐거움'에 여타(餘他)는 무용지물(無用之物)이다.'라고 하여 '생명 속의 예술 정신'을 적극 옹호하였다.

그런데 R. 휠젠벡은 "우리는 카바레 볼테르가 "최신 예술(the newest art)"의 초점이기를 원했다."[199]라고 했고 '예술로 세상 혁명'을 달성하려는 '아방가르드', '다다'를 창설하였다. ('다다'='현대 문학 예술 정신의 기원')

I. '동시주의'

F. 니체는 '동시주의(Simultaneism)' 대가이다.(9-2. 니체는 '잠언(箴言, aphorism)의 대가')

R. 휠젠벡은 해설하기를, "동시성(同時性, 마리네티가 처음 그의 문학적 감성으로 처음 사

---

196) Ibid., p.28.
197) Ibid., p.42.
198) Ibid., p.42.
199) Ibid., p.23.

용했음)은 일종의 추상(抽象, abstraction)이다. 동시에 다른 사건을 일제히 발생시키는 것을 말한다. 그것은 시간 속에 사물의 추이에 고양된 감성을 전제로 하여 a=b=c=d를 a-b-c-d로 바꾸고, 귀의 문제를 얼굴의 문제로 변화시키는 기도이다. 동시성은 변화된 것에는 반대하고, 변화하고 있기를 지향한다."[200]라고 하였다.

<u>R. 휠젠벡의 위의 '동시주의' 논의는, 'F. 니체'와 '다다'와 '초현실주의'를 통합하고 일관되게 관통하고 있는, '현실주의', '자유주의', '주체정신', '다다 운동'의 방향으로 설명의 지극함을 보인 것이다. 이것은 물론 F. 니체의 발상법에 기초를 둔 것이다.</u>('제9장 '동시주의' 창시(創始)와 운용' 참조)

J. '바그너 음악의 긍정'

R. 휠젠벡은 "우리는 음악을 말하고 있을 때, 바그너(W. R. Wagner, 1813~1883)는 반대로 치통을 일으킬 수 있는 강렬한 파열음을 제시하여 추상을 위한 감상자의 허위 속에 내재한 모든 위선(僞善)을 보여주었다."[202]라고 말하였다.

기계적(소음) 오케스트라 도구와 함께 한 루쏠로(L. Russolo)[201]

F. 니체가 바그너 음악에 심취하여 〈비극의 탄생〉을 지었다는 사실은 잘 알려져 있는 사항이다. R. 휠젠벡은 바그너 음악을 '미래주의', '소음(騷音, noise-sound)주의'[203]와 바그너 음악을 연결하고 있는 특징을 보이고 있다.(제12장 연보, 1872년 조 참조)

그리고 R. 휠젠벡에 앞서 'F. 니체 정신'을 존중한 이탈리아 미래주의 루쏠로(L. Russolo, 1885~1947)는 1913년 3월 '소음의 예술(The Art of Noises)'을 선언하였다.

K. '획일화 반대'

R. 휠젠벡은 "나는 거듭 거듭 주장하는 바이다. 획일화 정책(whole spirit business)은 저속

---

200) Ibid., p.35.
201) 'Luigi Russolo with his mechanical orchestra'-루쏠로는 '화음'과 '소음'을 대조적으로 생각을 했다.
202) Ibid., p.26.
203) P. Hulten, *Futurism & Futurisms*, Gruppo Edtoriale, 1986, pp.561~2.

한 효능주의 사기다."[204]라고 하였다.

F. 니체의 기본 정신은 '개인주의'이다. 그것은 '획일화'를 원리적으로 부정한 것이다.(7-12. '제자들이여, 홀로 가라.' 10-9. 가치 실현은 각 개인의 몫이다.)

L. '디오니소스의 후예'

F. 니체는 '3-34. 음악은 열정 그 자체다.', '2-20. 철학자는 무용수(舞踊手)가 돼야 한다.', '3-1. 니체는, 철학자 디오니소스의 제자다.'라고 하였는데, R. 휠젠벡은 역시 다다가 '디오니소스 후예'임을 다음과 같이 증명하고 있다.

R. 휠젠벡은, "그러나 만약 '다다'가 여기에서 죽는다면, 다른 행성에서 어느 날 딸랑이, 큰북, 항아리 덮개, 동시시를 가지고 나타나 세상의 바보스러움을 알리는 사람들이 아직도 있음을 늙은 신에게 알릴 것이다."[205]라고 하였다.

R. 휠젠벡은, 역시 F. 니체의 소위 '영원회귀(Eternal Recurrence)'론도 다 체득하고 있음을 위의 진술로 명시하고 있다('死後에도 또 나타남').

M. 'F. 니체 존중'

R. 휠젠벡은 "위대한 언어학자 니체(F. Nietzsche)가 그러했듯이, 세상에 대한 심리적 자세는 사람들이 마른 식사를 하건 무른 식사를 하건 모두 약간의 소금을 먹는 것과 같다고 할 수 있다."[206]라고 하였다.

R. 휠젠벡은 F. 니체를 '언어학자'라고 말했지만, 이미 그의 발언에 F. 니체의 전작을 다 읽고 그의 생각을 구체적으로 행동으로 실천하는 단계에 나가 있다('운동의 다다'='춤추는 디오니소스').

R. 휠젠벡은 F. 니체의 온전한 후예로서 '다다 혁명 운동'을 펼쳤지만, F. 니체가 '전체주의 독재, 마르크시즘'을 경계하고 '힘에의 의지'론으로 '자유 민주주의론'을 폈으나, 그것을 충분히 학습하지 못한 채로 〈다다의 등장 : 다다의 역사(1920)〉를 저술하였다. 그러나 이것이 그의 28세 때의 저술이니, 그 탁월한 재능은 이미 당시에 F. 니체를 체질화하고 있는 상황이었다.

뒤에 R. 휠젠벡은 선상(船上) 외과 의사로서 세계를 돌며 지속적으로 신문 잡지에 기고를

---

204) R. Motherwell(edited by), Ibid., p.42.

205) Ibid., p.45.

206) Ibid., p.42.

하였으나, 1933년 초부터 나치(Nazi) 당국의 검열이 더욱 강화되자 1936년에는 드디어 미국 행 배에 올랐고, 1939년까지 뉴욕 롱아일랜드에서 홀벡(C. R. Hulbeck)이라는 이름의 정신과 의사로 개업하였고 뒤에 스위스에서 사망하였다.[207] 그러니 R. 휠젠벡은, F. 니체처럼 '국가 민족주의'를 체질적으로 거부 초월하였고, 자신의 '인생관', '세계관'을 펼쳐 보인 탁월한 선구적 인물이었다 할 수 있다.

13-18
T. 짜라

　루마니아 시인 트리스탄 짜라(T. Tzara, 1896~1963)는, R. 휠젠벡과 같이 1916년 2월 취리히 다다 창립 멤버로서, 역시 F. 니체 정신을 고스란히 계승한 희귀한 '혁명가'였다. 특히 R. 휠젠벡이 일부 망각했던 사항('전체주의 반대=개인주의')을 더욱 온전히 계승했던 '차라투스트라'로서, F. 니체의 '생명 존중, 개인주의, 자유정신'을 전면에 주장한 창조적 실천 시인으로서('1918년 7월 23일 선언'), 뒤에 프랑스 파리로 진출하여 '다다'와 '초현실주의 운동'을 연결시켰던 세기(世紀)의 행운아(幸運兒)였다.

'트리스탄 짜라(Tristan Tzara, 1916)'[208], '1918년의 아르프, 짜라, 리히터'[209], 1916년 쟝코가 그린 '안티피린 씨의 첫 번째 천국 여행'[210], 1918년 7월 18일 짜라가 '다다 선언'을 행한 다다의 밤 광고 포스터-쟝코(M. Janco) 제작[211]

---

207) L. Dickerman, *DADA*, Ibid., Artists' Biographies, Richard Huelsenbeck(A. L. Hockensmith's writings).
208) M. Dachy, *Dada The Dada Movement 1915-1923*, Rizzoli International Publications Inc, 1990, p.36, 'Tristan Tzara(1917).
209) L. Dickerman, *DADA*, The Museum of Modern Art, 2006, p.39.
210) Ibid., p.37.

T. 짜라는 1916년 '안티피린 씨 선언(Manifesto of Mr. Antipyrine)'을 발표하여 다다(Dada) 고유의 성격과 행동 방향을 명시했고, 1917년 7월 〈다다 1(DADA 1)〉을 출간했고, 동년 12월에 〈다다 2(DADA 2)〉를 연속 간행하였다.

T. 짜라의 행적 중에 그가 <u>1918년 7월 23일 독자적(獨自的)으로 수행했던 '다다 선언 1918(Dada Manifesto 1918)'은, R. 휠젠벡의 〈다다의 등장 : 다다의 역사(1920)〉를 오히려 2년 앞서 행한 것으로, '다다 혁명 운동'을 바르게 명시하여 즉시 당시 파리의 A. 브르통 등의 공감을 도출하였고, 1920년 1월 파리로 진출, '다다 운동'을 이은 '초현실주의 운동'과 연합하여 '세계적인 가치 혁명 운동'을 주도하게 되었다.</u>

짜라의 1917년의 '다다 1', '다다 2'[212], 1918년의 '다다 3'[213], 1919년 5월 '다다 4-5'[214]

'트리스탄 짜라(1919)'[215], '트리스탄 짜라(T. Tzara, 1896~1963)'

211) Ibid., p.46.

212) Ibid., p.34, 128.

213) L. Dickerman, *DADA*, Ibid., p.52.

214) R. Motherwell(edited by), *The Dada Painters and Poets: An Anthology*, Ibid., p.128.

215) Ibid., p.98.

　　1916년 취리히 다다이스트가 모두 다 그러하였지만, 뚜렷한 '개성들'의 과시하는 중에도 유독 T. 짜라는 '니체 정신'에 가장 탁월하였으니, R. 휠젠벡이 서사적(敍事的) 서술로 F. 니체의 정신을 펼쳤음에 대해, <u>T. 짜라는, F. 니체의 뜻을 자신의 시적(詩的) '동시주의(simultaneism)'로 펼쳤던 것이 특징</u>이다.

A. '트리스탄 짜라'

　　트리스탄 짜라(Tristan Tzara)의 본명(本名)은, '사무엘 로젠스톡(Samuel Rosenstock)'[216]이었다. 그런데 그것을 '트리스탄 짜라(차라)'로 바꾼 것은, 오직 F. 니체의 '차라(투스트라)' 존중에서 그러한 것임을 그의 'F. 니체 정신에의 심취(心醉)'로 충분히 추리 입증할 수가 있다.

　　한마디로 <u>T. 짜라의 '다다이스트로의 과업(課業)'은, 그대로 모든 '7-1. '가치의 재평가' : 차라투스트라의 일'이라는 의미</u>였다.

　　'트리스탄(Tristan)'의 단어의 의미도, 역시 F. 니체가 심취한 R. 바그너의 '새로운 음악', '트리스탄과 이졸데(Tristan und Isolde)'와 관련이 있을 것이다.(다다이스트 R. 휠젠벡도 '바그너 음악'을 거론하고 있음.-R. 휠젠벡 항 참조)

B. '다다(Dada)는 아무것도 의미하지 않는다.'

　　F. 니체는 〈힘에의 의지〉에서, "3-20. '실존(實存-생명)'은 목표와 목적이 없다."라고 하였다. 그런데 30년 후 T. 짜라는 1918년 7월 '선언'에서, "다다는 아무것도 의미하지 않는다(DADA MEANS NOTHING)."[217]라고 하였다.

　　<u>이것은 바로 '다다'가 바로 '생명(Life)'이며 '육체(Body)'이며 '실존(Existence)'이라는 그 기본 원론의 명시</u>이니, 이에 더 보탤 것도 없다.

　　그러므로 F. 니체의 다른 진술, '2-6. '본능의 편함'이 선(善)이다.', '2-9. 육체는 놀라운 개념이다.'라는 등의 발언은 그에 따른 과거 '관념주의', '도덕주의'를 부정(否定)과도 바로 연동이 된 동계(同系) 사항들이다.

　　'T. 짜라의 발언'은 그대로 'F. 니체의 발언'을 더욱 축약한 '다다의 동시주의 어법'으로 바꾼

---

216) L. Dickerman, _DADA_, Ibid., 'Tristan Tzara(A. L. Hockensmith's writings)'.

217) R. Motherwell(edited by), _The Dada Painters and Poets: An Anthology_, Ibid., p.77.

것이다.

즉 'F. 니체 정신'='다다 정신'='트리스탄 짜라 정신'으로, 새로운 '차라투스트라'가 나타나 '동시주의'로 계속 시위(示威)를 행하였으니, 그 '요지(要旨)'는 '오직 생명(육체) 존중', '제국 주의 전쟁 반대'였다.

C. '나는 체계에 반대한다.'

F. 니체는 A. 쇼펜하우어와 함께 '전체주의', '관념주의'를 부정하고, '육체(body)'와 '개인주 의(Individualism)' 편에 섰다. 그리하여 F. 니체는, '6-4. '이성(理性)'이 독재를 부른다.', '6-10. 칸트의 '이성(理性)'이 세계를 날조(捏造)했다.'며 '체계(systems)'와 '관념주의'를 거 부하였다.

그런데 T. 짜라가 '나는 체계에 반대한다(I am against systems).'[218]라고 했던 것은 F. 니체 견해에 동조를 거듭 명시한 것이다.

D. '자선(charity)과 연민(pity)'의 반대

F. 니체는 '5-25. '동정(Sympathy)'은 발전 법칙의 좌절(挫折)이다.', '5-26. '동정'은 허무 주의의 실행이다.'라고 하였다.

T. 짜라의 '자선(charity)과 연민(pity)'의 반대[219]는 F. 니체 생각의 연장이다.

E. '철학적 사고(思考)들'과의 투쟁

F. 니체는 〈우상의 황혼〉에서, '6-25. '우상 파괴', 그것이 니체가 수행한 '전쟁'이다.'라고 말하였다. 그런데 T. 짜라는 'Dada'의 이름으로, '철학적 사고(思考)의 공장(工場)'과의 투 쟁[220]을 선언하였다.

F. '가정(家政)의 거부'

F. 니체는 '5-23. '자연주의'는 건강하다.'는 소위 '원시주의(Primitivism)'의 태도를 자주

---

218) Ibid., p.79.

219) Ibid., p.81.

220) Ibid., p.81.

제시하였다. 그런데 제1차 세계대전은, '상업주의', '자본추구', '족벌(族閥)주의'가 원인이라고 비판이 되었는데, 이에 T. 짜라는 아예 '가정(家政) 거부'[221]를 선언하기에 이르렀다.

　　동일한 다다 초현실주의 화가 M. 에른스트도 '가정(家庭)'의 형성부터 모든 '제국주의(Impe-rialism)' 문제가 발생함을 작품으로 명시하였다.

M. 에른스트의 '두 미소의 만남(1922)'[222], '부부(1923)'[223]

G. '금지(禁止)되어 온, 모든 방법에 관한 지식'

F. 니체는 앞서 '7-11. '진리'는 금지(禁止)하고 있는 것들이다.'라고 하였다.

T. 짜라가 '금지되어 온, 모든 방법에 관한 지식(knowledge of all the means rejected up until now)'[224]이 '다다'라고 했던 것은, '실존(육체)의 자유'를 말한 F. 니체의 생각을 'Dada 운동'으로 활용하고 있는 발언이다.

H. '하인(下人)들의 가치 추구 철폐'

F. 니체는 〈도덕의 기원〉에서, '주인 도덕(Master Morality)', '노예 도덕(Slave Morality)'를 구분하고(2-4. '좋다'는 판단(느낌)은, 그 행동 주체에서 유래한 것임.) 자신은 고대 희랍

---

221) Ibid., p.81, 'DADAIST DISGUST'.

222) W. Spies & S. Rewald, *Max Ernst : A Retrospective*, The Metropolitan Museum of Art, 2005, p.13, 'Encounter of Two Smiles(1922)' ; '신부(파충류)'와 '신랑(독수리)'을 '두 미소'로 묶어 '축하'와 '경멸'의 동시주의를 연출하였다.

223) Ibid., p.146, 'The Couple(1923)' ; '두 부부'가 앉아 아직 미완성인 '담벼락(wall)' 확장을 의논하고 있다. 개인의 '담벼락'이 '국경'이 되고 '사상의 경계'가 됨을 물론이다.

224) R. Motherwell(edited by), Ibid., p.81, 'DADAIST DISGUST'.

의 '주인 정신'으로 나가, ('노예들 도덕'인) '허무주의', '패배주의', '염세주의'에 대한 거부를 선언하였다.

T. 짜라는 역시 '차라투스트라'로서, '우리 하인들이 가치 추구를 위해 설치한 사회적 계급과 균등의 철폐(a negation of every social hierarchy an equation set up for the sake of values by our valets)'[225]를 선언했던 것은, 다다이스트로서 'F. 니체의 주인 정신'을 옹호한 것이고, 특히 T. 짜라가 '우리 하인들(our valets)'이란, 전통 '허무주의', '도덕주의 신봉자들'의 별칭이라는 점은 유념해야 할 사항이다.

I. '투쟁을 위한 무기'

F. 니체는 평생 '전쟁'을 말했지만, 그의 '전쟁'은 '살상(殺傷)의 전쟁'은 결코 아니었다.(7-24. 나의 '전쟁'이란 의미를 알아야 한다. 10-35. 니체는 '손을 씻은 비스마르크'이다.)

T. 짜라도 '투쟁을 위한 무기(weapons for the fight)'[226]를 말하였지만, '살상(殺傷)의 투쟁'이 아님은 물론이다.

T. 짜라의 '투쟁(Fight)'은, 바로 F. 니체의 '전쟁(War)'과 동일한 말이니, '모든 가치의 재평가 운동'이고, '다다 혁명 운동' 그것이었다.

J. '기억에 대한 포기(抛棄)'

F. 니체는 당초, '3-28. '죽음'은 모르고 살아야 한다.', '6-16. '이성(理性)'이 '허무주의' 원인이다.'라고 기존 '허무주의', '운명론', '결정론(決定論, determinism)'을 과감히 거부하였다.

T. 짜라의 '기억에 대한 포기(抛棄, abolition of memory)'[227]도, '결정론', '허무주의' 부정이다.

역시 T. 짜라와 동일한 '다다 초현실주의 운동가' S. 달리는, '물렁한 시계(Soft Watch, 1931)' 로고(Logogram)로 '결정론' 거부를 명시하였다.

---

225) Ibid., p.81, 'DADAIST DISGUST'.
226) Ibid., p.81, 'DADAIST DISGUST'.
227) Ibid., p.81, 'DADAIST DISGUST'.

기억의 고집(1931)[228]

K. '고고학의 폐기'

T. 짜라의 '고고학의 폐기(abolition of archeology)'[229]는 F. 니체(7-21. 프로메테우스는 차라투스트라이다.)를 추종한, F. T. 마리네티 '도서관 불 지르기'와 같은 '모든 가치의 재평가' 운동 그것의 비유적 표현이었다.(F. T. 마리네티 항 참조)

L. '선지자(prophets)의 폐기'

T. 짜라의 '선지자(prophets)의 폐기'[230] 문제는, F. 니체의 〈안티 크리스트〉의 진술과 동종 (同種)의 발언이다.(5-14. 그리스도의 결심이 세상(현세)을 추하게 만들었다.)

M. '우연의 신(神)에 대한 확신'

앞서 F. 니체는, '7-45. 귀족은 '선(옳음)'을 우연히 생각한다.'라고 말하여 '주인 도덕 (master morality)'을 논하였다. 그런데 T. 짜라는, '우연에 의해 그 자리에서 만들어진 모든 신(神)에 대한 절대적이고 의심 없는 확신(absolute and unquestionable faith in every

---

228) R. Descharnes, *Salvador Dali; The Work The Man*, Ibid., p.163, 'The Persistence of Memory(1931)' ; '기억의 고집'은 '결정론(죽음)'의 수용이다. 그것을 S. 달리 자신의 '물렁한 시계(soft watch)-시간 거부' 로고 (logogram)로 '현세 중심', '실존 긍정'을 강조하였다.

229) R. Motherwell(edited by), *The Dada Painters and Poets: An Anthology*, Ibid., p.81, 'DADAIST DISGUST'.

230) Ibid., p.81, 'DADAIST DISGUST'.

god that is the immediate product of spontaneity)'[231]을 강조하였다.

T. 짜라의 '그 자리에서 만들어진 모든 신(神)'이란 '모든 다다이스트 그 자신(차라투스트라)들'의 지칭(指稱)이다.(7-50. '신(神)의 종자(種子)'가 인간 속에 있다.)

그리고 '우연(chance, spontaneity)'이란 '필연'과 '결정론' 일방주의, '허무주의', '철학', '종교' 전반에 대한 거부의 선언이었다.

N. '어리석은 순간에 있는 개인들의 존중'

앞서 살폈듯이, F. 니체(차라투스트라)의 '개인주의 선언'은, A. 쇼펜하우어와 연동된 현대 '실존철학'의 가장 확실한 줄기이다.

그런데 F. 니체는 그것을 '차라투스트라' 이름으로 대대적인 칭송을 단행하였다.(7-2. 인간 각자는, '가치의 최후 평가자'다. 7-12. '제자들이여, 홀로 가라.' 7-44. 그 '개인'이 '법'이고 '필연성'이며 '운명'이다.)

T. 짜라는 그것을 더욱 간결하게, '어리석은 순간에 있는 개인 모두에 대한 존중(to respect all individuals in their folly of the moment)'[232]이라고 요약을 하여, '차라투스트라의 개인 생명(육체) 긍정'을 새로운 차원('賢愚 同行', '四海同胞')의 '다다 혁명 운동'으로 승화(昇華) 전개해 나갔다. 이 지점이 바로 다다이스트가, F. 니체의 '지적 귀족주의(Intellectual aristocratism)'를 극복 청산한 현장이다.

O. '교회를 내버리는 것'

F. 니체의 〈안티 크리스트〉는 F. 니체의 5대 저서('니체 5경-The Five Classics of Nietzsche') 중의 하나다.(2-1. 생리학 의학으로 세운 철학 참조)

T. 짜라는 간결하게 '교회를 내버리는 것(to divest one's church)'[233]이 다다(Dada)라고 하여 F. 니체에 동조를 거듭 명시하였다.

---

231) Ibid., p.81, 'DADAIST DISGUST'.

232) Ibid., p.81, 'DADAIST DISGUST'.

233) Ibid., p.81, 'DADAIST DISGUST'.

P. '곤충(昆蟲, insects) ⇔대 천사(大天使, archangels)'의 동시주의

F. 니체는 '차라투스트라'로서 '제우스', '여호와'와 동일시하였고, 역시 '한 마리 벌레'와 동등시하였다.(8-5. 니체는 '한 마리 벌레'이다.)

T. 짜라는 '태생이 좋은 순수혈통의 곤충과 대천사(大天使)의 신분으로 장식된 영혼(one's soul-pure of insects for blood well-born, and gilded with bodies of archangels)'[234]을 '동시주의'로 제시하였다.

여기에 '곤충(昆蟲, insects, body)'의 의미는, 인간의 '육체(body)적인 존재'에 대한 규정이다. 역시 도스토예프스키[235], F. 카프카[236]와 연결된 발언이니, F. 니체의 '생명 우선', '육체 존중'의 의미를 '대천사(神, 여호와, will)'와 '동시주의' 수법으로 병치(竝置)하였다. 이것이 역시 **다다 혁명 운동'의 핵심 사상**이다('동시주의', '다원주의').

Q. '자유(Freedom)'

'자유'는 'Dada'의 모든 전제(前提)이고, F. 니체 철학의 전부이다.(8-4. 모든 속박(束縛)으로부터 도망을 쳤던 니체, 7-35. 너희도 홀로 가라.)

T. 짜라도 그 '자유(Freedom)'[237]의 전제임은, 불문가지(不問可知)의 사실이다.

R. '생명(LIFE)'

'생명과 육체의 자유 선언'은 당초 'F. 니체 철학과 주장'이다.

T. 짜라가 '생명(LIFE)'[238]을 말함은 '실존(육체) 긍정'의 당연한 사실이다.

---

234) Ibid., p.82, 'DADAIST DISGUST'.

235) 이학수 역, 『까라마조프의 형제들』, 삼성출판사, 1978, p.148 ; R.E. Matlaw(edited by), Fyodor Dostoevsky *The Brothers Karamazov*, W.W. Norton & Company, 1976, pp.96~7.

236) 이주동 역, 『카프카 전집 1(단편집)』, 솔출판사, 1997, pp.109~68 ; Willa and Edwin Muir(translated by), *Selected Short Stories of Fannz Kafka*, The Modern Library, 1952, p.19~89, 'The Metamorphosis'.

237) R. Motherwell(edited by), *The Dada Painters and Poets: An Anthology*, Ibid., p.82, 'DADAIST DISGUST'.

238) Ibid., p.82, 'DADAIST DISGUST'.

S. '삶은 매력적이고 죽음도 역시 매력적이다.'

T. 짜라는 시종(始終) 'F. 니체주의'에 철저(徹底)했다. 한마디로 <u>T. 짜라는 바로 F. 니체의</u> <u>'화신(化身)'</u>이었으니, T. 짜라의 말은 바로 F. 니체 말이라고 생각하는 것이 그 이해의 첩경 (捷徑)이다.

F. 니체는 '차라투스트라'이고 '디오니소스'이다.(3-13. 디오니소스는, '파괴될 수 없는 기쁨' 이다. 3-14. '죽음과 변화'를 초월한 디오니소스 7-40. '죽음'은 축복으로 맞아야 할 것이다.)

그런데 F. 니체 사망 18년(1918년) 후에, T. 차라는 '삶은 매력적이고 죽음도 역시 매력적이 다(Life is charming and death is charming too).'[239]라고 말하여, T. 짜라 자신이 디오니 소스 정신에 나와 있음을 명백히 하였다. 이러한 태도는 R. 휠젠벡도 동일하였다.(R. 휠젠벡, 참조)

T. 제국주의 반대

F. 니체는 "8-27. '살상(殺傷)의 무리'는 내 성전(聖殿)을 찾지 말라. 10-2. '독일 민족 제국 주의'가 바그너를 절단 냈다."라고 하여, 자신의 '제국주의 전쟁 반대'를 확실히 하였다.

그런데 T. 짜라도 "나는 제국주의자가 아니다(I am not an imperialist)."[240]라고 자신의 태도를 확실히 밝혔다.

U. '어떤 사람도 다다로부터 도망할 수 없다.'

F. 니체의 '생명 자유의 대원리'를 자신의 '동시주의'로 명시하였다.(9-27. 모든 사람에게 주는 책 그리고 아무에게도 주지 않는 책)

그것은 '생명(육체)'을 지닌 자가 그 차라투스트라의 신념을 부정할 수 없다는 것을 확신하 고, 그 '선택'은 오히려 수용자 각자에게 일임한 자세를 견지하는 것이었다.

그러나 다른 차라투스트라 T. 짜라는 더욱 친절하게, F. 니체의 자세를 다시 한 번 ('각자 선택을 운명적 강요로') 뒤집어, '어떤 사람도 다다로부터 도망할 수 없다(No one can escape from DADA).'[241]라고, <u>'생명(육체)=다다' 공식을 거듭 주지(周知)시켰다</u>('F. 니체의 지적 귀족

239) Ibid., p.97, 'Supplement'.
240) Ibid., p.97, 'Supplement'.

주의'를 T. 짜라의 '사해동포주의'로).

그리하여 A. 쇼펜하우어, F. 니체, T. 짜라의 연계를 더욱 명시하고 있다. 즉 T. 짜라가 바로 '새로운 차원의 차라투스트라'라는 이야기이다.

<u>F. 니체는 명백히 그 다다이스트 T. 짜라의 모습으로 다시 태어난 것이다.</u> (7-46. 차라투스트라 는 운명이다. 3-12. 디오니소스는 '영원회귀(回歸)'다.)

13-19

A. 브르통

A. 브르통(A. Breton, 1896~1966)은, 1924년 프랑스 파리에서 '초현실주의 선언'으로 유명 하다.

1919년 브르통은 수포(P. Soupault, 1881~1987) 등과 〈문학(Litterature)〉지를 창간했고, 1919년 초에는 취리히 T. 짜라의 〈다다 3〉을 접하고, 그의 '과격한 자세(radical position)'에 감동을 받았다. 그리하여 브르통은 수포(P. Soupault), 아라공(L. Aragon, 1897~1982)과 함 께 〈다다 4-5〉에 기고(寄稿)를 했고, T. 짜라가 파리 온 다음에 A. 브르통은 F. 피카비아 T. 짜라와 연합하여 파리의 '전위(前衛) 예술'을 주도하였다.

A. 브르통은 1920년 '다다를 위하여(Pour Dada)' 글을 썼고 1922년 '다다 이후(Apres Dada)' 글을 쓸 때까지 계속 다다이스트 행사를 도왔다.[242]

'브르통'과 '문학'지[243] '초현실주의 선언(영문판)'[244]

---

241) Ibid., p.98, 'Colonial syllogism'.

242) L. Dickerman, *DADA*, Ibid., Artists' Biographies, Andre Breton(A. L. Hockensmith's writings).

243) R. Motherwell(edited by), *The Dada Painters and Poets: An Anthology*, Ibid., p.169.

244) A. Breton, *Manifestoes of Surrealism*, The University of Michigan Press, 1977.

'공연 중인 A. 브르통(1920)'[245], '파리 초현실주의자들(1930)'[246]

A. 브르통의 '초현실주의 선언(Manifestoes of Surrealism)'도 그 사상적 배경은 '다다 정신(F. 니체 정신)'이었으니, 그들이 전면적으로 수용한 S. 프로이트가 절대적인 F. 니체 사고의 연장이었기 때문이다.(S. 프로이트 항, 참조)

A. 브르통의 '초현실주의 선언'에는 다음과 같은 부분이 있다.

우리는 역시 논리(logic)의 영역에 살고 있으나, 우리 시대의 논리란, 제2차적 관심의 문제 해결에만 적용이 되고 있다. 아직도 성행하고 있는 절대 합리주의(the absolute rationalism)는 우리 경험의 좁은 몇 가지 사실에만 허용될 뿐이다. 다른 한편, 우리는 논리적 결론을 피하고 있다. 말할 것도 없이 경험에는 한계가 있다. 경험은 어떤 장(檻, a cage) 속을 선회해 보지만, 그것으로부터 해방된다는 것은 점점 어려워진다. 경험은 역시 직접적 효용성에 의존하고, 상식(common sense)의 감시를 받는다. 문명이라는 허울 아래, 진보라는 핑계 아래, 옳든 그르든 미신(super-stition)이나 신화로 인정될 수 있는 것을 우리의 마음으로부터 빼앗겼다. 그리고 인습에 맞지 않은 진리 추구의 모든 방법은 상실되어 왔다. 순전히 우연으로 보이지만, 아무도 상상하지 못했던 지적 생활의 한 측면이-내 생각으로는 정말 중요한- 최근 세상에 알려졌다. 그에 대한 영광은, 프로이트(S. Freud, 1856~1939)에게 주어져야 할 것이다. 프로이트의 발견에 힘입어 심리학자들이 결국 프로이트의 탐구로까지 확장되게 되었으니, 그는 단순히 현실의 요약을 넘어 더욱 힘 있게

245) L. Dickerman, *DADA*, Ibid., p 136 : '1920년 5월 파리에서 공연 중인 A. 브르통(의자에 앉은 검은 옷), 수포(엎드린 자세), 엘뤼아르, 프랑켈(앞치마)'.

246) *Salvador Dali-Retrospective 1920-1980*, Prestel-Verlag München 1980, pp.122~3 : '1930년 파리 초현실주의자들: 왼쪽부터 짜라(T. Tzra), 엘뤼아르(P. Eluard, 1895~1952), 브르통(A. Breton), 이르프(H. Arp, 1886~1966), 달리(S. Dali, 1904~1989), 탕기(Y. Tanguy, 1900~1955), 에른스트(M. Ernst, 1891~1976), 크레벨(R. Crevel, 1900~1935), 래이(M. Ray, 1890~1976)'.

현실에 대처할 것이기 때문이다. 아마 상상력은 권리의 회복에 직면해 있는 것 같다. 만약 우리의 심층 심리(the depths of our minds)가 표면 심리를 증대하고 지배하는 이상한 힘을 감추고 있다면, 그것들은 우리들의 최고 관심사다. 먼저 그를 파악하여 경우에 따라서는 이성(reason)의 지배 아래 그들을 복종시키는 것이다. 분석자들은 이것을 얻기 위한 것일 뿐이다. 그러나 이 기획의 실행에는 어떠한 고정된 선험적 방법도 없다는 것, 새 질서가 나올 때까지는 시인 학자들의 영역으로 고려할 수 있다는 것, 그것의 성공은 그에 수반되는 다소간 변덕스러운 경로에 의존한 것은 아니라는 것을 아는 점은 소중하다.[247]

A. 브르통이 위에서 거론해 보인 '절대 합리주의(the absolute rationalism)' 문제는, 헤겔(G. W. F. Hegel, 1770~1831)의 '국가주의 사고방식'을 지칭한 것이다.

헤겔은 "실재(實在)하는 것(the real)은 이성(理性)적(the rational)이고 이성적인 것은 실재하는 것"이라 전제하고, "전체로서 실재에 관한 것(Reality as a whole)이 아니면 진실이 아니고" "전체적인 것(the whole)이 절대적인 것(the Absolute)"이라고 하여 '전체', '절대', '이성(理性)', '국가', '정신', '신'의 개념을 하나로 통합하였다.[248]

이것이 '개별 실존(現存在者, Dasein)'을 무시한 '통합의 전체', '전체주의', '국가주의', '허무주의', '관념주의'였다.

이 헤겔 철학에 정확히 반론을 제기한 철학자가 '개인(Individual)'과 '실존(육체, Body)'의 A. 쇼펜하우어였고, 그를 계승 발전시킨 사람이 F. 니체였다.(2-8. 육체가 근본 문제다. 4-1. '힘(권력)에의 의지(Will to Power)'는 생명력의 방출이다.)

그리고 <u>S. 프로이트는 F. 니체와 동일한 추상법('종족 보존'을 최우선 과제로 한, '희랍 비극론'에 '현재 인간 심성 분석'을 행했다는 공통점)</u>이었다.(S. 프로이트, 항 참조)

A. 브르통은 S. 프로이트(S. Freud, 1856~1939)의 〈꿈의 해석〉을 기초로, 그동안 시인 예술가들이 돌아보지 않았던 '무의식', '꿈'의 영역에 적극 관심을 돌려 '현실'과 '꿈'을 합한 새로운 예술 창작법, '초현실주의'를 소개하였다.

그런데 S. 프로이트는 앞서 살폈던 바와 같이, F. 니체의 학문적 후계자이고, A. 브르통 등 '초현실주의자들'은 '꿈의 세계 속에 예술적 이상(理想)'을 찾았으니, A. 브르통의 '초현실주의

---

247) P. Waldberg, *Surrealism*, Thames and Hudson, 1978, p.66 ; A. Breton, *Manifestoes of Surrealism*, The University of Michigan Press, 1977, pp.9~10.

248) B. Russell, *History of Western Philosophy*, Ibid., pp.702~4.

선언'은 그대로 '예술 정신으로 허무주의를 극복해야 한다'는 F. 니체 정신에로의 정확한 복귀였다.(4-17. 철학과 종교는 병들어 있다. 6-16. '이성(理性)'이 '허무주의' 원인이다. 3-39. '디오니소스의 꿈'은 공동체를 위한 이상(理想)이다. 3-38. 예술의 목적은 '패배의 거부'이다. 7-20. '허무주의'를 다 겪고 폐기한, 차라투스트라 8-15. 광대의 웃음에서 그 나락(奈落)을 명상하라.)

　A. 브르통은 다음과 같이 말하기도 했다.

　　사실 우리가 마주친 갖가지 요소들의 충분한 가치를 평가하기는 어려운 일이다. 한 번 읽은 것으로 그것을 평가하기는 불가능하다고 말해야 할 정도이다. 이러한 요소들은 표면적으로 "어느 누구에 대해 써진 것도 당신의 경우에서처럼 이상한 것(as strange to you who have written them as to anyone else)"이니, 당신이 그것을 불신하는 것은 당연한 것이다. 시적으로 말하면, 고도의 '직접 부조리(不條理, immediate absurdity)'를 특별히 채용한 것이다. 자세히 살펴보면 이 부조리의 특별성은 세상에 불법성과 합법성, 일반적으로 다른 것만큼 객관적인 많은 전제와 사실의 폭로로 유발된 모든 것에 대한 항복(capitulation to everything)에 연유하고 있다.[249]

　F. 니체의 주장을 제외(除外)하고 보면, S. 프로이트 '정신 분석학'에도 별로 남아 있는 것은 없고, '다다 초현실주의 혁명 운동'은 사실상 '현재', '육체의 자유, 욕망의 자유 선언'이니, 그대로 F. 니체 정신의 부활(復活)이고, <u>R. 휠젠벡, T. 짜라, A. 브르통은 F. 니체의 성실한 후예들로 '모든 가치치의 재평가' 운동이 '다다 초현시주의 혁명 운동'이었다.</u>(R. 휠젠벡만 '전체주의 사고 (마르크시즘)'에 많이 기울었으나, 근본적으로 F. 니체의 '개인주의'가 그들의 바탕일 수밖에 없다. T. 차라의 말 '어떤 사람도 다다로부터 도망할 수 없다.' 참조)

　그리고 <u>F. 니체가 보인 '모순(狂人-madman ⇔ 超人-superman의 공존)' 동시주의</u>는 바로 인간 '부조리'의 정면임이, A. 브르통의 선언 속에 다시 확인이 되고 있다.(5-10. 실존(實存)의 심판이 부조리(不條理)이다. 5-5. 도덕과 '실존'은, 이율배반(二律背反)이다. 7-50. '신(神)의 종자(種子)'가 인간 속에 있다.)

---

249) P. Waldberg, *Surrealism*, Thames and Hudson, 1978, p.71 ; A. Breton, *Manifestoes of Surrealism*, The University of Michigan Press, 1977, p.24.

13-20

R. 마그리트

화가 R. 마그리트(R. Magritte, 1898~1967)처럼 F. 니체 정신을 신봉한 예술가(화가)는 없다. 그리고 '제국주의' 영국에 저항한, '반제국주의 운동가'는 세계 어디에도 없다.

즉 '생명 긍정', '현실 긍정', '국가주의 반대', '제국주의 전쟁 반대', '예술을 부정한 예술가', '영원회귀 속의 혁명', '동시주의 실천', '관념주의 부정', '기독교 선악 부정' 등 F. 니체의 정신을 벗어나서 화가 R. 마그리트는 그의 작품을 제작한 적이 거의 없을 정도였다.

'조르제트와 마그리트 22세(1920)',[250] '마그리트 24세(1922)'[251]

R. 마그리트는 '다다 초현실주의 혁명가'로서, F. 니체의 '모든 가치의 재평가 운동'을 작품으로 끝(죽을 때)까지 펼쳐 보였다.

A. '생명 긍정'

R. 마그리트는 '건강한 육체(Body)'의 전제 조건으로 먼저 '빵'을 들었다. (2-2. 인간론은 '건강론'이다. 2-8. 육체가 근본 문제다.)

'영원(1935)'[252], '미래(1936)'[253], '사진(1935)'[254]

---

250) D. Sylvester, *Magritte*, Mercatorfonds, 2009, p.52, 'Magritte and Georgette'.

251) H. Torczyner, *Magritte*, Abradale Press, 1985, p.14.

R. 마그리트는 '생명' 문제는 '빵' 문제임을 구체적으로 제시하였다. F. 니체는 '힘에의 의지'로 물질의 문제를 그대로 긍정하였다.(4-6. '힘(권력, power)'='체력(strength)+지(knowledge)+부(wealth)')

B. '현실 긍정'

R. 마그리트는 종교적 '내세주의(the next world)'를 부정하였다.

'빛의 왕국(1948)'[255], '빛의 왕국 Ⅱ(1950)'[256]

R. 마그리트는 대낮에 '빛의 왕국'을 말하는 사람들을 부정하였다.(5-32. 기독교는 '저 세상'을 말한다.)

C. '국가주의 부정'

R. 마그리트는 F. 니체처럼(10-2. '독일 민족 제국주의'가 바그너를 절단 냈다.), '국가주의'를 부정(否定)하여, '나무(국가주의)' 로고를 통해 풍자 비판하였다.

252) A. M. Hammacher, *Rene Magritte*, Abradale Press, 1995, p.71, 'The Birth of Idol(1926)'.

253) S. Barron & M. Draguet, *Magritte and Contemporary Art,* Los Angeles County Museum of Art, 2006, p.68, 'The Future(1936)'.

254) B. Noel, *Magritte*, Crown Publishers, 1977, p.26, 'Portrait(1935)'.

255) P. Gimferrer, *Magritte*, Academy Edition, 1987, Fig.61 'The Empire of Lights(1948)'.

256) B. Noel, Ibid., p.60, 'The Empire of Light Ⅱ(1900)'.

'숲(1926)'257), '숲의 입구(1926)'258), '풍경(1927)'259)

P. '제국주의 전쟁 반대'

R. 마그리트는 '말방울−폭탄' 로고로, '제국주의 전쟁'을 결사반대하였다. F. 니체도 '살상의 전쟁'에 반대하였다.(8−27. '살상(殺傷)의 무리'는 내 성전(聖殿)을 찾지 말라.)

'출현(1938∼9)'260), '출현(1939)'261), '증언(1938∼9)'262)

---

257) J. Meuris, *Rene Magritte*, Taschen, 2004, p.22, 'The Forest(1926)'. '머리통을 감고 있는 나무'

258) Ibid., p.20, 'The Threshold of the Forest(1926)'. '나무 속에 있는 벽돌 장벽'

259) D. Sylvester, *Magritte*, Mercatorfonds, 2009, p.24, 'Landscape(1927)'. '몸을 꿰고 있는 나무'

260) D. Sylvester, *Rene Magritte*, Manil Foundation, 1994, Fig.1151 'The Present(1938∼9)'.

261) P. Gimferrer, Ibid., Fig.46 'The Present(1939)'.

262) D. Sylvester, *Rene Magritte*, Manil Foundation, 1994, Fig.1139 'The Witness(1938∼9)'.

F. '예술을 부정한 예술가'

R. 마그리트는 F. 니체처럼 '생명 현실'을 우선하고 그것을 위한 수단으로 예술을 생각하였다.

'기만적 이미지(1929)'[263], '불가능의 시도(1928)'[264]

F. 니체는 '현실 생명의 보조 수단'으로 예술을 전제하였다.(3-38. 예술의 목적은 '패배의 거부'이다. 5-23. '자연주의'는 건강하다.)

F. '영원회귀 속의 혁명'

R. 마그리트는 F. 니체처럼, '영원회귀' 속에서 생명을 위한 '가치 혁명'을 꿈꾸었다.

'신호(1953)'[265], '9월 16일(1957)'[266], '걸작' 또는 '지평선의 신비(1955)'[267]

---

263) D. Sylvester, *Magritte*, Mercatorfonds, 2009, p.212, 'Treachery Image(1929)'.

264) Ibid., p.189, 'Attempting the Impossible(1928)'.

265) Ibid., Fig.1360 'The Signature(1953)'.

R. 마그리트는 '초승달' 로고로 '영원회귀'를 말한다. 이에 역시 '무엇을 할 것인가?'에는 '모든 가치의 재평가 운동─다다 초현실주의 운동' 전제될 수밖에 없다.(3-12. 디오니소스는 '영원회귀(回歸)'다. 7-7. 차라투스트라는 '불[火]의 소지자'다.)

G. '동시주의'

R. 마그리트는 '동시주의'의 대가(大家)이다. 다음은 '초승달' 로고에 붙여진 상반(相反)된 제목이다.

'독(1938~9)'[268], '행운(1939)'[269]

'독(毒) ⇔ 행운'의 동시주의가 같은 작품에 제목이다.(9-1. '모든 것을 의심하라.' 9-9. '모순(矛盾) 의식'은 '적대(敵對) 의식') 항상 '명제 ⇔ 반명제'의 동시주의 속에 '실존(육체) 중심 기준'이 자리를 잡고 있다.

H. '관념주의 부정'

R. 마그리트는 과거 '관념철학'을 '돌덩이[巖石]' 로고로 형상화하였다. 물론 F. 니체를 공감한 그 정신의 실현이다.(6-21. '이념(理念)'이 철학자를 삼켰다. 6-22. '철학' 속에 '생명의 진리'는 없다.)

266) A. M. Hammacher, Ibid., p.147, Rene Magritte(1898~1967), 'September 16(1957)'.

267) T. Alden, *The Essential Rene Magritte*, Harry N. Abrams, 1999, p.32, 'The Masterpiece or The Mysteries of Horizon(1955)'.

268) D. Sylvester, *Rene Magritte*, Manil Foundation, 1994, Fig.1142 'Poison(1938~9)'.

269) A. M. Hammacher, Ibid., p.127, 'Good Fortune(1939)'.

'활발한 목소리(1951)'[270], '보이지 않는 세상(1953)'[271], '볼 수 없는 세상(1954)'[272]

I. '기독교 선악 부정'

　R.마그리트는 '사과' 로고로 기독교의 선악(善惡) 론을 부정(否定)하였다. F.니체는 철학과 종교의 '도덕론', '관념주의', '허무주의'를 부정하였다.(5-8. '인과(因果)론'은 허구(虛構)다. 5-11. 예술 운동은 '데카당의 거부 운동'이다.)

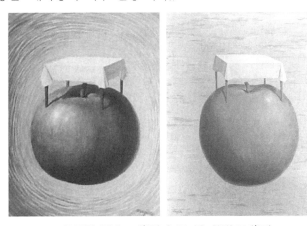

'엄연한 현실(1962)'[273], '아름다운 현실(1964)'[274]

---

270) S. Barron & M. Draguet, Ibid., p.200, 'The Active Voice(1951)'. '관념주의(바윗돌)의 공허한 주장'

271) D. Sylvester, *Rene Magritte*, Manil Foundation, 1994, Fig.1361 'The Invisible World(1953)'.

272) Ibid., p.377, 'The Invisible World(1954)'.

273) D. Sylvester, *Rene Magritte*, Manil Foundation, 1994, Fig.1523 'Fine Realities(1962)'. '무성한 선악(사과) 논쟁'

274) P. Gimferrer, Ibid., Fig.125 'The Beautiful Realities(1964)'.

13-21

J. 라캉

    J. 라캉(J. Lacan, 1901~1981)은 F. 니체 '생명 긍정'을 더욱 구체화한 S. 프로이트의 정신을 계승한 사람이다.

'J. 라캉(J. Lacan, 1901~1981)'

    <u>J. 라캉은 S. 프로이트의 견해에서 출발하였다고 하나, '욕망'을 인간의 '주체(Subject)'로 상정(想定)하여 한 발 더 가까이 F. 니체의 견해에 더욱 크게 동조하였다.</u>

    J. 라캉은 주체(Subject)를, '(a)–다른 것으로부터 독립된 일반적 주체', '(b)–다른 사람들과 동등한 호환(互換)적인 주체', '(c)–자기 확신으로 이루어진 일관된 개인적인 주체' 즉 '무의식적 주체', 세 가지로 나누고, J. 라캉은 주로 (c)항에 관심을 가졌다.[275]

    그리고 J. 라캉은 S. 프로이트 정신 분석에서 출발한 점을 인정하였지만, 소의 '오이디푸스 전 단계(Pre-Oedipal Stage, 생후 6~18개월)'를 '거울 단계'로 분류하여 연구를 집중하였다.

    "거울(을 보는) 단계의 현상에 나는 이중의 가치를 두고 있습니다. 첫째는 아동의 심리발달에 결정적인 역사적 전환점으로서의 가치와, (다른 하나는) 신체 이미지와 리비도상 특수 관계를 유형화하고 있다는 점입니다."[276](3-27. '이성(理性)'도 '본능(本能)'에 종속된다. 3-32. 정념(情念)은, 정신의 정상(頂上)에 있다. 3-37. '생의 부정'은 바보짓이다.)

    그러나 <u>J. 라캉의 큰 약점(弱點)은, '무의식적 주체'라는 F. 니체의 커다란 전제를 수용해 놓고 바로 그것의 '현실적 사회적 활용'으로 바로 나가기보다, 새로운 기호(The Signs)론, 관념론으로 다시 복귀했던 사실이다.</u>(6-29. '현재 세상'이 '진실의 전부'다.)

---

275) D. Evans, *An Introductory Dictionary of Lacanian Psychoanalysis*, Routledge, 1996, pp.195~6.
276) Ibid., p.115.

　그러나 '현실의 생명 문제'가 명백히 우선 사항일지라도, 거기에 도달하고 '현실 개선'에 활용 방법은 꼭 한 가지만 있는 것은 아니니, 그 방법의 선택은 결국 각자가 다 알아서 할 일이라는 것이, 역시 차라투스트라(F. 니체)의 지론(持論)이었다.

13-22

S. 달리

　S. 달리(S. Dali, 1904~1989)는 R. 마그리트와 동계(同系)인 '다다 초현실주의' 화가이다. F. 니체가 '희랍 비극(悲劇)'을 '디오니소스의 고통'으로 해석하고 자기가 바로 디오니소스임을 자임했음에 대해(7-16. 차라투스트라는 '생명 축복'의 디오니소스이다.), S. 달리는 S. 프로이트가 전제한 희랍 비극 〈오이디푸스 왕〉에 그 주인공 오이디푸스로 자임하였다.

　그래서 S. 달리는 그 F. 니체와, '디오니소스⇔오이디푸스' 동시주의를 연출하며 자신의 예술적 경지를 펼쳐 보인 화가, '차라투스트라'의 독특한 후예(後裔)였다.

'S. 달리', 'S. 달리와 갈라', '자화상'

　S. 프로이트는 '현실'과 '꿈(예술 세계)'을 엄격히 구분하고 그것을 혼동하는 사람을 '미치광이'로 규정하였음에 대해, 오히려 S. 달리는 F. 니체처럼 '몽환적 세계(예술 세계)'를 대폭 긍정하고 '생명 긍정'의 '디오니소스(오이디푸스)' 입장에 있었으니, 이 점에서 S. 달리는 '미치광이'라 부정된 F. 니체를 존중한 경우가 되었다.

　이들에 앞서 F. 니체는, '3-12. 디오니소스는 '영원회귀(回歸)'다.'라고 하여 '디오니소스'를 이상화했음에 대해, S. 달리는 스스로의 부인 '갈라'를 '이상적 여성(영원한 어머니)'으로 전제해 놓고, 그녀에 평생 충성을 바쳤던 화가로서 자기 예술 세계를 전개하였다.

그러나 현실적으로 S. 달리가 수행한 '제국주의 전쟁 반대', '기사(騎士, 돈키호테)로서의 S. 달리'는, '관념주의 철학에 반대'와 '우상 타파'를 모두 초월하고, '출람지예(出藍之譽, 스승보다 나은 역량) 예기(銳氣)'로 '핵전쟁 반대 운동'의 선봉장(先鋒將), '차라투스트라'가 되었다.

A. '제국주의 전쟁 반대'

당초 F. 니체는 자신의 '힘에의 의지' 문제가 어떻게 변화할지를 예상하지 못했다.

그러나 이후 전개된 '기계(機械) 문명', '무기(武器)의 힘'은 인간의 기존 가치관을 완전히 재검토하게 만들었다.(F. T. 마리네티 항 참조)

왜냐하면 인간의 '힘에의 의지'는 '공정한 생명 경쟁'으로 전제하였는데, '무기 개발로 이어진 폭력 전쟁'이란 '말 탄 기사(騎士, F. 니체)의 상상'을 완전 벗어난 '반생명의 공포의 대상' 그것의 출현이었다.

그것은 1945년 8월 6일 일본 히로시마에 투하된 '핵무기'가 그것을 더욱 확실하게 증명하였다.

1945년 '히로시마 핵폭탄 투하'는 '살상의 제국주의 전쟁 반대', '다다 혁명 운동'의 당위성을 여지없이 입증한 역사적 사건이었다.

즉 '그 핵무기 개발'은 역설적으로, 그동안 전쟁을 반대해 왔던 '다다 혁명 운동'의 의미를 더욱 확실히 지구촌(地球村, The Global Village)에 쉽게 각인될 수 있는 결정적 계기가 되었다. 그것은 '다다 혁명 운동' 본래의 기본 취지-'전쟁 반대' 문제가, '핵무기 개발과 사용 반대'라는 '평화를 향한 인류의 공동의 목표'로 더욱 알기 쉽게 통일이 되었기 때문이다.

제2차 세계대전 중에 미국은, 일본 등 '추축국(Axis-Power, 樞軸國)'의 항복을 쉽게 받기 위해 핵무기 개발에 박차(拍車)를 가하여, 1945년 8월 6일과 9일에 일본의 히로시마(廣島)와 나가사키(長崎)에 연달아 핵을 투하(投下)하였다.

'핵무기', '히로시마-廣島에 투하 모습(1945. 8. 6.)', '나가사키-長崎에 투하된 모습(1945. 8. 9.)'

'폐허가 된 히로시마(1945. 8. 6.)', '투하 6개월 뒤의 히로시마'277)

히로시마에 처음 원자탄이 투하되었을 때는 그것이 얼마나 '반인류(反人類)'의 무서운 무기
(武器)인지는 비판할 겨를도 없었다.

그러나 인류의 선각자(先覺者)였고, 천재적 예술가 S. 달리는, 그 처참한 어두운 심경을
즉시 '우울한 원자 우라늄의 전원시' 작품 속에 담았다.

우울한 원자 우라늄의 전원시(1945)278)

---

277) Ibid., p.272, 'Hiroshima six months after the bomb'.

278) R. Descharnes, *Salvador Dali: The Work The Man*, Harry N. Abrams, 1989, p.299, 'Melancholy, Atomic,
Uranic Idyll(1945)'.

'성 안토니우스의 유혹(1946)'[279], '아버지의 손을 잡은 아동 달리(1971)'[280], '탑(1934)'[281]

'핵무기 위협' 앞에 인간의 모든 희망은 소용이 없게 되었다. 미국의 말(민주), 코끼리(공화당) 등 위에 탑재한 핵무기 공세에 '진심으로 회개하라!(십자가를 든 맨몸으로의 호소)'는 오히려 그 짐승들의 발목에도 미치지 못하고 있다.

거기에 S. 달리는 '아버지 손을 잡은 아동(우측 확대화)'을 개미만큼의 크기로 제시하였다. 이들이 '살상 전쟁에 반대'를 하는 차라투스트라의 후예들이다.

B. '기사(騎士)로서의 S. 달리'

F. 니체는 '차라투스트라'를 '가치의 재평가 기수(騎手)', '말을 탄 기사(騎士)'로 상상했다.(7-13. 차라투스트라는 정신적 투사(鬪士)다. 7-36. 내 창(槍)은, '웃음 소나기'를 쏟아지게 한다.) 그리하여 '모든 가치의 재평가'에 선두에 서게 하였다.

---

279) Ibid., p.313, 'The Temptation of St. Anthony(1946)'.

280) Ibid., p.587, 'Dali As a Child with his Father(1971)' : 이 '아버지 아들' 그림은 1935년 '밀레 저녁종의 고고학적 추억'에서부터 시작된 화가 자신을 직접 표현한 로고그램(logogram)이다.

281) R. Descharnes & G. Neret, *Salvador Dali*, Taschen, 2006, p.224, 'The Tower(1934)'.

그런데 S. 달리는 자신을 '살상 전쟁 반대의 돈키호테'로 F. 니체의 정신을 새로운 차원으로 승화(昇華)하였다.

'위험에 대항하는 싸움(1956~7)'[282], '풍차로의 돌격(1957)'[283]

이 점이 바로 F. 니체의 정신(8-27. '살상(殺傷)의 무리'는 내 성전(聖殿)을 찾지 말라.)을 제대로 계승한 S. 달리의 웅장한 차라투스트라로서의 새로운 출현이다.

C. '관념철학 거부'

S. 달리는, F. 니체처럼 희랍의 '관념철학 거부'를 다음 그림으로 명시하였다. S. 달리는 라파엘로의 '아테네 학교(1509)'에 대해 '아테네가 불타고 있다(1978~80)'는 작품을 제작하였다.

'아테네 학교(1510)'[284], '아테네가 불타고 있다(1978~80)'[285], '아테네가 불타고 있다(1978~80)'[286]

---

282) R. Michler & W. Loepsinger(edited by), *Salvador Dali : Catalogue Raisonne of Etchings, Prints Ⅱ*, Prestel, 1995, p.97, 'The Fight against Danger(1956~7)'.

283) Ibid., p.97, 'Tilting at the Windmills(1957)'.

S. 달리는 몰론 F. 니체의 〈우상의 황혼〉을 읽었다. 그리하여 '다다 초현주의 운동'의 불가피함을 그림으로 제시하였다.

'석양과 달빛에 비친 철학자(1939)'[287], '다다 초현실주의 천사(1971)'[288]

F. 니체처럼 S. 달리도 '제국주의 살상 전쟁 반대'자였고, '관념주의' 철학을 비웃고, '빵의 중요성'을 작품으로 제시하였다.(6-14. '관념주의'에서도, 니체는 '생명'을 본다.)

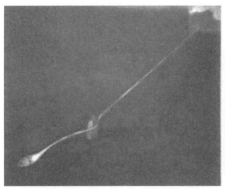

'알 수 없는 상징(1932)'[289], '접시에 요리된 계란, 그리고 접시가 없는 계란(1932)'[290]

284) K. Oberhuber, *Raphael The Paintings*, Prestel, 1999, pp.98~9, 'School of Athens(1510)'.

285) R. Descharnes, *Salvador Dali; The Work The Man*, Ibid., p.418, 'Athens Is Burning(1978~80)'.

286) Ibid., p.418, 'Athens Is Burning(1978~80)'.

287) Ibid., p.246, 'Philosopher Illumined by the Light of the Moon and Setting Sun(1939)'.

288) R. Michler & W. Loepsinger(edited by), *Salvador Dali : Catalogue Raisonne of Etchings, Prints*, Prestel, 1994, p.197, 'Angel of Dada Surrealism(1971)'.

289) R. Descharnes & G. Neret, *Salvador Dali*, Ibid., p.185, 'Agnostic Symbol(1932)'.

290) Ibid., p.184, 'Fried Eggs on the Plate without the Plate(1932)'.

S. 달리는 '빵(먹이)의 중요성'을 '자루가 긴 숟가락' 로고로 형상화했으나, '접시가 없는 계란'으로 '나눔의 여유(餘裕)'도 상상하였다.

D. '중단이 없는 자기 혁신'

F. 니체는 죽을 때까지 자기 혁신을 멈추지 않았다.(8-10. 내 교육에 '중단'은 없다.)

그런데 S. 달리도 1931년에는 작품 '기억의 고집(The Persistence of Memory)'을 그렸는데, 거기에 '녹아내리는 회중시계(melting pocket watches)'를 그려 유명하였으나, 그에 그치지 않고 거기에서 다시 '핵 개발 반대 운동'에 화가의 역량을 거듭 모았다.

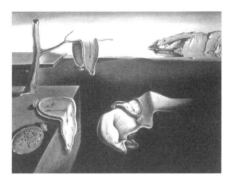

'기억의 고집(1931)'[291]

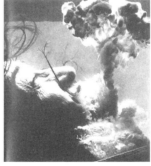

'완전 정지 20년 후에 888조각으로 폭발한 '물렁한 시계 그림'(1954)'[292],
'분명히 나는 핵폭발 문제에 몰입해 있습니다.(1954)'[293]

---

291) R. Descharnes, *Salvador Dali; The Work The Man*, Harry N Abrams, 1989, p.163, 'The Persistence of Memory(1931)'.

292) R. Descharnes & G. Neret, *Salvador Dali*, Ibid., p.468, 'Sketch for Soft Watch, Exploding into 888 Pieces after Twenty Year of Complete Motionlessness(1954)'.

'초현실주의 운동', '전쟁 반대 운동'에도 불구하고 세계 더욱 기계화하여, 각국에서는 '핵무기 확보 경쟁 시대'가 되었다. 이에 S. 달리는 그에 대한 항의(抗議) 표시로, '자신의 분신(分身)'-물렁한 시계를 '888조각으로 폭발'시킨 그림을 그렸다.

'한 화가의 역량 발휘' 문제에서 이보다 더욱 큰 의미는 있을 수 없으니, S. 달리는 F. 니체의 '디오니소스 (희생)정신'을 '핵무기 개발 반대'로 형상화하였다.

S. 달리는 '누드 달리(1954)', '피디아스의 코뿔소식 분열(1954)'도 제작하였다.

'누드 달리(1954)'[294], '피디아스의 코뿔소식 분열(1954)'[295]

'옷을 벗음'은 진정(眞情)의 표현이다. 개는 물 밑(무의식)에 잠들어 있지만, S. 달리는 옷을 벗고 하늘을 향해 호소하고 있다. '핵전쟁은 없어야 한다.'고.

'피디아스의 코뿔소식 분열(Rhinocerotic Disintegration of Illissus of Phidias)'도 '핵전쟁 반대'의 일관된 주장을 담은 '다다 초현실주의 운동'의 지속이다.

E. '우상 타파'

S. 달리가 행한 '우상 타파(Iconoclast)'는 '예수', '링컨', '프로이트', '피카소' 비판으로 행해졌다.

---

293) P. Halsman, *Dali's Mustache*, Flammarion, 1954, p.115, 'Certainly, I personally indulge in atomic explosions(1954)'.

294) R. Descharnes & G. Neret, *Salvador Dali*, Ibid., p.471, 'Dali Nude(1954)'.

295) Ibid., p.469, 'Rhinocerotic Disintegration of Illissus of Phidias(1954)'.

S. 달리의 기독교도 비판 정신은 '쓰레기로 만든 예수(1972)'로 명백히 되어 있다.

'쓰레기로 만든 예수(1972)'[296]

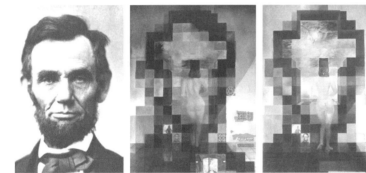

'링컨 상', '20미터 거리에서 지중해를 바라보는 갈라(Gala)가,
링컨의 초상화를 이루었다-로스코에 경배함(1974~5)'[297], '주황색 바탕에 자홍색 흑색 녹색(1961)'[298]

---

296) R. Descharnes, *Salvador Dali: The Work The Man*, Ibid., p.367, 'Christ Made of Debris(1972)'.

297) I. C. Liano, *Dali*, Rozzali, 1982, Figure 130 'Gala Looking at the Mediterranean Sea(1972~74)-Gala Contemplating The Mediterranean Sea which at twenty meters Becomes the portrait of Abraham Lincoln-Homage To Rothko(1976)'.

298) *The Museum of Modern Art New York The History and the Collection*, The Museum of Modern Art, 1984, p.209, Marc Rothko(1903~1970), 'Magenta, Black, Green on Orange(1949)'.

'쥐를 먹는 아이(1939)'[299], '프로이트(1973)'[300]

'피카소의 상(1947)'[301], '투탕카멘(Tut ankh amen, B.C.1332~B.C.1323)'[302], '코브라'

S. 달리는 예수, 링컨, 프로이트, 피카소 작품은 '우상파괴'의 일환이었다.(5-1. '우상(偶像)의 파괴'가 니체의 일이다. 7-43. 쇠망치로 진단하는 우상(偶像)의 장기(臟器))

F. '기사(騎士)의 죽음'

F. 니체는 자신을 즐겨 '기사(騎士, 차라투스트라)'로 자임을 하였고, 1875년 A. 뒤러 (Albrecht Duerer, 1471~1528)의 동판화 '악마와 가사의 죽음(Knight with Death and

299) M. Gerard(edited by), *Dali*, Harry N. Abrams, 1986, Fig.206 'Child Eating a Rat(1939)'.

300) R. Descharnes, *Salvador Dali; The Work The Man*, Ibid., p.233, 'Portrait of Freud(1936)', S. Dali & A. Parinaud, *Maniac Eye Ball*(The Unspeakable Confession of Salvador Dali), Ibid., p.130, 'The Perverse Polymorph of Freud(1939)'; M. Gerard(edited by), *Dali*, Harry N. Abrams, 1986, Fig.206 'Child Eating a Rat(1939)' ; R. Michler & W. Loepsinger(edited by), *Salvador Dali : Catalogue Raisonne of Etchings, Prints Ⅱ*, Ibid., p.157, 'Freud(1973)'.

301) R. Descharnes, *Salvador Dali; The Work The Man*, Ibid., p.308, 'Portrait of Picasso(1947)'.

302) Wikipedia, 'Tut ankh amen'.

Devil)'을 보고 관심을 보였는데, S. 달리도 평소 '기사(돈키호테)'로 자임했고, '기사의 죽음 (The Horseman of Death(1935))'을 역시 작품으로 남겼다.

　F. 니체와 S. 달리는 '인류의 인생관 세계관 가치관을 혁신을 위해 평생을 싸운 투혼(鬪魂)의 기사(騎士)'라는 사실을 그들의 행적을 통해 확실히 증명했던 사람들이다.

뒤러(Albrecht Duerer, 1471~1528)의 '악마와 기사(騎士)의 죽음'[303], S. 달리의 '기사의 죽음(1935)'[304]

13-23
J. P. 사르트르

　J. P. 사르트르(J. P. Sartre, 1905~1980)는 보기 드문 F. 니체 신봉자였다. 그는 소설가로서 작품 〈구토(嘔吐, La Nausee)〉를 통해 F. 니체가 말하는 '부조리(不條理, absurd)' 문제를 새로운 차원(次元)에서 입증하였고, 그의 '실존철학'을 통해 어떻게 '동시주의(同時主義, Simultaneism)'가 개별 주체(개인) 속에 작동하는지를 구체적으로 실증하고 있다.

J. P. 사르트르(1905~1985)

---

303) 뒤러와 동시대 작가 판화전, 국립현대미술관, 1996 : '기사'는 F. 니체(차라투스트라)가 호칭(好稱)하는 최적의 상징적 신분(身分)이었다.

304) R. Descharnes, *Salvador Dali; The Work The Man*, Ibid., p.183, 'The Horseman of Death(1935)'.

J. P. 사르트르와 F. 니체의 공통점은, '개인의 육체(Body)' 속에 '의지(Will, 神)'와 '표상(Representation, 객체, Object)'의 모든 문제가 있다는 사실에의 확신이다.

그런데 J. P. 사르트르의 문제작 〈구토(嘔吐)〉에서는 육체적인 현상 '구토(嘔吐)'가 '주체(Subject)'와 '객체(Object, 표상-Representation)'의 '상호 괴리(乖離)'에서 왔다는 사실이다.

그러나 J. P. 사르트르의 경우는 '육체의 비루(鄙陋)함'을 또 다른 자기가 내려다보는 데서 오는 '구토(부조리)'였음에 대해, F. 니체의 '구토(嘔吐)'는 가식(假飾)으로 육체를 경멸하고 대상들에 대한 '역겨움'이라는 차이가 있다.(4-19. 도덕론자는 '기생충들'이다.)

즉 J. P. 사르트르는 '초월의지(Will)'가 중심임에 대해, F. 니체는 그 '초월의지'가 결국 '허무주의(Nihilism)'에 종착(終着)함을 다 알고 있었다.

J. P. 사르트르의 〈구토〉에는 다음과 같은 대목이 있다.

> '부조리'라는 말이 지금 나의 펜 밑에서 태어난다. 조금 전에, 공원에 있었을 때 나는 그 말을 찾아내지 못했었다. 그러나 그 말을 찾지도 않았었다. 말이 필요 없었다. 나는 말없이 사물을 '가지고' 사물에 '대해서' 생각하고 있었다. 부조리, 그것은 나의 머릿속에 관념도 아니고 소리가 의미하는 것도 아니었다. 그것은 나의 발밑에 죽은 기다란 뱀, 저 나무의 뱀이었다. 뱀이랄까, 손톱이랄까, 또는 매의 발톱이랄까, 뭐래도 좋다. 그리하여 정확한 정의를 내리지 않고 '존재'의 열쇠를, 저 '구토'의 열쇠, 그리고 나 자신의 생활의 열쇠를 발견했다는 것을 알았다. 사실 내가 이어서 파악할 수 있었던 모든 것은 이 근본적인 부조리에 귀착한다. 부조리, 역시 말이다. 나는 말과 싸운다. 거기서는 나는 사물을 만지작거리곤 했다. 그러나 나는 여기에서 부조리의 절대적인 성격을 정착시키고 싶었다. 인간들의 채색된 조그만 세계에 있어서의 한 동작, 한 사건은 상대적으로만 부조리하다……. 그러나 나는 조금 전에 절대(絕對)의 경험을 했다. 절대 또는 부조리의 경험이었다. 그 뿌리, 그것이 부조리하지 않을 수 있는 관계란 아무것도 없었다. 오! 어떻게 나는 그것을 말로 규정할 수 있을까?[232~3][305]

F. 니체는 '구토, 부조리(不條理, absurd)' 문제가 외부(外部) 종교적 문제(기독교)에서 오는 것으로 전제하였다(강력한 종교 부정-〈안티 크리스트〉).

그러나 J. P. 사르트르는 더욱 깊이 들어가, '육체와 욕망을 옹호하는 정신(Will)'과 함께 '알 수 없는 또 다른 억압(Will)'이 실재함을 정확하게 제시하여, 사실 인간 모두가 '부조리(absurdity)'를

---

305) 방곤 역, 『구토』, 문예출판사, 1996, pp.232~3.

<u>안고 사는 존재임을 확실하게 밝혔다.</u>(5-10. 실존(實存)의 심판이 부조리(不條理)이다. 8-12. 예수는 니체에게 항복해야 한다.)

그러한 J. P. 사르트르의 사고(思考)는 그의 '실존철학' 논의를 더욱 선명하게 만든 셈이다.

여기에서 본질보다 존재가 앞선다는 것은 무엇을 의미하는 것일까? 그것은 사람이 먼저 있어 가지고 세상에서 존재하고 세상에 나타난다는 것을 의미하며, 그는 그 다음에 정의된다는 것을 의미한다. 실존주의가 상상하는 사람이란 그것이 정의될 수 없는 것이다. 그것은 처음에 아무것도 아니기 때문이다.

그는 나중에야 비로소 무엇이 되어 그는 스스로가 만들어내는 것이 될 것이다(Only afterward will he be something). 이처럼 인간성이란 있을 수 없다. 그것을 상상할 신이 없기 때문이다. 사람은 다만 그가 스스로를 생각하는 그대로일 뿐 아니라, 또한 그가 원하는 그대로이다. 그리고 사람은 존재 이후에 스스로를 원하는 것이기 때문에 사람은 스스로가 만들어 가는 것 이외엔 아무것도 아니다(Man is nothing else but what he makes of himself).306)

이처럼 나는 나 자신과 모든 사람에 대해 책임이 있으며, 내가 선택하는 어떤 인간 개념을 창조한다. 즉, <u>스스로를 선택함으로써 나는 '인간'을 선택한다.</u>(Therefore, I am responsible for myself and for everyone else. I am creating a certain image of man of my own choosing. In choosing my self, I choose man.)

즉 ―당신은 자유요, 선택하시오, 다시 말하면 창조하시오……라고. 할 바를 지시하는 어떤 보편적인 모럴도 존재할 수 없소, 세상에는 아무런 전제도 없습니다.("You're free, choose, that is, invent." No general ethics can show you what is to be done; there are no omens in the world.)307)

위의 J. P. 사르트르의 주장은, F. 니체의 차라투스트라의 <u>'개인주의(Individualism)' 문제를 더욱 구체화한 것</u>으로 주목할 필요가 있다.(7-35. 너희도 홀로 가라.)

---

306) 방곤 역, 『실존주의는 휴머니즘이다』, 행정고시학회, 1980, pp.15~6 ; Jean-Paul Sartre, *Existentialism and Human Emotions*, Philosophical Library, 1957, p.15.

307) 방곤 역, 『실존주의는 휴머니즘이다』, 행정고시학회, pp.18~9, 27 ; Jean-Paul Sartre, *Existentialism and Human Emotions*, Philosophical Library, 1957, p.18, 28.

13-24

E. 노이만

E. 노이만(Erich Neumann, 1905~1960)은 C. G. 융의 제자로서 '원형심리(Archetypal Psychology)'학의 대가(大家)이다. 그는 특히 인간(남성들)의 원초적인 거점인 '대모(大母, The Great Mother)' 문제를 대대적으로 탐구하여, <u>F. 니체의 '대지(大地) 위의 영웅 차라투스트라—디오니소스'가 어떻게 그 '영원회귀(Eternal Recurrence)'를 행하는지</u> 더욱 상세히 밝혀 놓았다.(이것은 J. G. 프레이저의 〈황금 가지〉 연구를 대폭 수용한 것임.)

E. 노이만(1905~1960)

E. 노이만은 다음과 같은 책을 저술하였다.

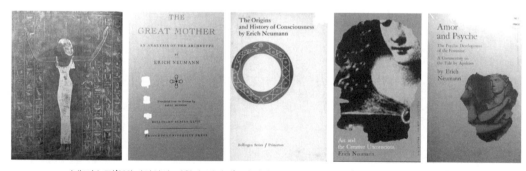

'대모(大母)'308), '의식의 기원과 발달사'309), '예술과 창조적 무의식'310), '아모르와 프시케'311)

---

308) E. Neumann, *The Great Mother*, Princeton University Press, 1974.

309) E. Neumann, *The Originals and History of Consciousness*, Princeton University Press, 1973.

310) E. Neumann, *Art and Creative Unconscious*, Princeton University Press, 1974.

311) E. Neumann, *Amor and Psyche*, Princeton University Press, 1973.

　E. 노이만의 분석 심리학은, 총체적으로는 C. G. 융의 '만다라'론, F. 니체의 '영원회귀'를 주축으로 하고 있지만, 역시 S. 프로이트의 (〈꿈의 해석〉에서 대전제가 되고 있는) '오이디푸스 환상'에서 '어머니(母性)' 문제가 얼마나 포괄적으로 작용하는지 그 심리적 무한성을 밝혀, 더욱 정확하게 결국 F. 니체의 '종족 보전의 디오니소스 정신'이, 얼마나 인류 보편의 전제인지를 남김없이 입증하였다.

　E. 노이만은, J. G. 프레이저에 이어 신화와 민속의 자료를 동원하여 제작한 그의 저서 〈대모(大母, The Great Mother)〉를 통해 F. 니체의 디오니소스(차라투스트라) 정신을 더욱 선명히 이해할 수 있는 확실한 방법을 제공하고 있다. (3-13. 디오니소스는, '파괴될 수 없는 기쁨'이다. 3-14. '죽음과 변화'를 초월한 디오니소스 7-18. 디오니소스 속에 있는 '파괴'와 '자비' 7-40. '죽음'은 축복으로 맞아야 할 것이다. 7-18. 디오니소스 속에 있는 '파괴'와 '자비') 즉 F. 니체의 '디오니소스 정신의 긍정'은, 단순히 '광인(狂人) F. 니체'의 공상(空想)이 아니라, 인류 보편의 '현실 생명과 종족 보전(種族 保全)의 전반적 사고(思考)'임을 확실히 알게 하고 있다.

　E. 노이만의 '대모(大母)'의 탐구 '비극의 주인공 디오니소스'를 넘어 인간 모두에게 '후예를 둔 삶(죽음)'이 어떻게 전제되는지를 구체적인 도형(圖形)으로 알기 쉽게 하였다.

　F. 니체가 전제한 '차라투스트라', '디오니소스'는 특별한 존재가 아니라, 영원한 인간의 존속을 위해 각자 개별적 존재들이 어떻게 '힘에의 의지'를 작동하는지 E. 노이만은 다음의 도표로 깨끗이 설명을 했다. 그러한 측면에서 E. 노이만은 F. 니체, C. G. 융의 학습을 통하고 J. G. 프레이저의 이론을 확대하여 인간 보편의 '생명 긍정' 이론을 다음의 도표로 거의 다 설명하였다.(위의 도표는 S. 프로이트의 '어머니 콤플렉스' 문제까지 포괄하고 있음.)

　E. 노이만은 지상(地上)에서 도도한 '차라투스트라(디오니소스)' 행렬이 어떻게 진행되고 있는지, 더욱 알기 쉽게 문화 인류학까지 동원 설명을 하였다.(특히 '무덤 납골항아리' 설명에 동원된 '히말라야인 풍속'312)은 F. 니체의 디오니소스의 사망과 동일하게 되어있음- 3-29. 생산과 풍요를 위해, 무서운 파괴 해체도 허용된다.)

---

312) E. Neumann, *The Great Mother*, Ibid., pp.151~2.

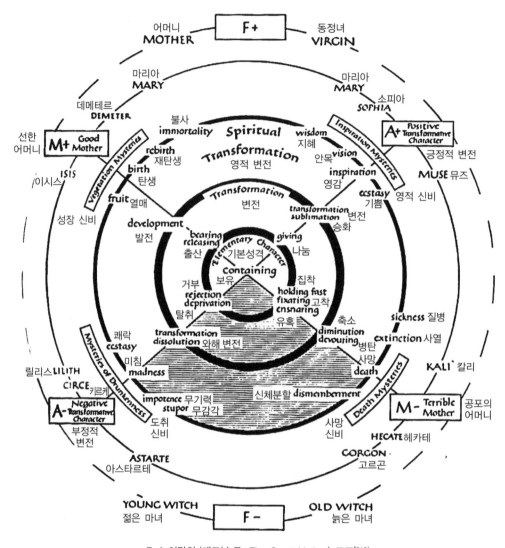

E. 노이만의 '대모(大母, The Great Mother) 도표'[313]

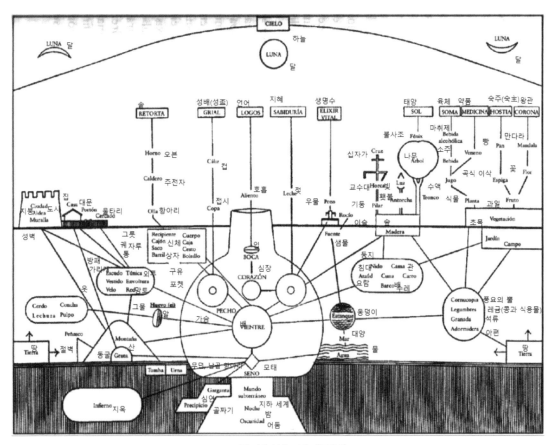

E. 노이만의 '여성(모성) 상징'[314]

　여기에 꼭 하나 첨가해 둬야 할 사항은, **F. 니체(차라투스트라, 디오니소스)는 위의 도표에서 어디로 향하든, 오직 '생명 긍정'이고 '기쁨 속의 삶(죽음)'이고 '축복 속의 삶(죽음)'이어야 한다고 주장했던 점이다.**

　F. 니체 이후 '신화 정신분석학(神話 精神分析學) 전개'는 다음과 같은 도표로 요약될 수 있다.

---

314) E. Neumann, *The Great Mother*, Princeton University Press, 1974, 'Schema 2' : 이 도표는 <u>이제까지 세상을 살고 간 차라투스트라(디오니소스, 영웅, 천재)들이 그 속에 '힘에의 의지'를 발동해 보인 소망의 장소 목표의 상징이고 그것의 종합일 뿐만 아니라 그것을 반복 체험하게 되는 '영원회귀(Eternal Recerrence)'의 목표요 현장(現場)의 공개로 의미를 지니고 있다.</u>

F. 니체 이후 '신화 정신분석학(神話 精神分析學) 전개' 도표

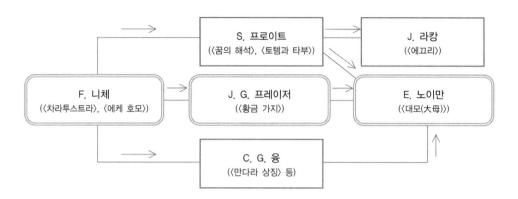

제14장

한국의 F. 니체 수용(受容)사

한국에서 F. 니체 수용의 역사는, 한국 지성(知性)들이 역사적으로 보여 왔던 위대한 '학문과 예술에 대한 열정과 힘'들이 어떻게 발휘되고 있는지를 입증하고 있다.

F. 니체 사망 20년 뒤(1920)에, 26세의 김기전(金起瀍)은, 열악(劣惡)한 식민지 환경에서도 F. 니체의 저서들을 단숨에 독파하고, 요점을 제대로 파악하여, 실제 현실(封建主義 조선 社會)에 그대로 활용 대대적인 근대화 개혁 운동을 전개하여 그 혁명적 기상(氣像)을 과시하였다.

그리고 1930년에 이상(李箱)은, F. 니체와 그 후예(後裔)들인 '다다 초현실주의 운동가'들의 최장기(最長技)인 '동시주의(Simultaneism)'를 체득(體得)하여, 시, 소설, 회화 창작에 모두에 적용, 초현대 서양의 대가들의 정신 영역을, 식민지 한국의 안방에 앉아 바로 체험할수 있게 하였다.

광복 후에도 F. 니체에 대한 관심과 열기(熱氣)는 지속되어 〈니체 전집〉이 연속 간행되었고, 서양의 일부 왜곡(歪曲)된 시각(視覺)들을 초월하여, 바로 F. 니체의 맨 얼굴을 바르게볼 수 있게 하였다.

이것이 역시 세계 제일급의 지성소(知性所), 대한민국의 서울의 역량을 입증하는 구체적인 사례들이다.

14-1
일제 강점기의 김기전(金起瀍), 염상섭(廉想涉)

　한국에서 처음 'F. 니체'의 이름이 거론된 것은 1909년(隆熙, 三年) 〈서북학회월보(西北學會月報)〉 11호 '윤리총화(倫理叢話)'라는 필자 미상(未詳)의 글에서부터였다.

　'윤리총화' 필자는, F. 니체를 '자기를 사랑하는 사람[愛己者]'으로 일단 분류(分類)를 하였다. 그리고 이어 〈서북학회월보(西北學會月報)〉 12호에서는,

> "니체는 마지막 정신병원에서 죽은 독일의 열광적 시인인데…. 씨는 말하기를 '세계의 도덕은, 노예의 도덕이고, 박애(博愛)는 독립할 능력이 없는 자가 환영하는 것이니, 궁극의 의미는 약자의 도덕이다. 독립한 사람에게는 박애(博愛)가 필요 없고 단지 자연으로 완전한 사람이면 족하다.'고 하였으니, 씨는 즉 보통의 도덕을 무시함이라 오류가 없다고는 말하지 못할 것이다."[1]

라고 소개를 하였다.

'서북학회월보', '윤리총화(倫理叢話)' 관련 기록

　11년 후 잡지 〈개벽(開闢)〉[2] 창간호(1920, 6월)에, 소춘(小春) 김기전(金起瀍, 1894~1948)[3]은,

---

1)『서북학회월보』, 12호, p.20(한문 어투를 현대어로 바꾸었음).

2) 1920년 6월부터 1926년 8월까지 72호를 발행하며, 한국의 '新文化 운동'을 주도하였다.

'역만능주의(力萬能主義)의 급선봉(急先鋒) 프리 드리히 니체 선생을 소개함'을 통해, 한국에도 F. 니체가 비로소 그 전모(全貌)를 드러내게 되었다.

'학생' 김기전, '성인(成人)' 김기전(金起瀍, 1894~1948)[4]

김기전이 당시 남긴 글만으로도, 김기전에게 'F. 니체의 말'이 얼마나 폭발적으로 작용했는 가를 넉넉히 알 수 있다.

한마디로 F. 니체 사망 20년 후에, 당시 척박 (瘠薄)한 식민지 한국에도, 그 '차라투스트라'가 바로 출현을 한 것이다.

당시 26세인 김기전은 자신이 직접 '차라투스트라'가 되어 다음과 같이 그의 확신을 글머리 에 직서(直敍)하였다.

> 그대는 그대의 벗을 찾기에 앞서 그대의 적(敵)을 찾으라. 그리하여 선전(善戰)하라. 그대는 그대의 사상(思想)을 향하여 싸우지 아니치 못할지니라.(그래서 너희의 사상은 굴복할지라도 너희 의 억셈은 거기에서 승리를 외칠 것이다.)
>
> 그대가 평화를 구하거든 그 평화는 새로운 전투의 준비로의 평화이어라. 그리고 긴 시간의 평화보 다도 짧은 시간의 평화를 구하라.
>
> 나는 그대에게 어떤 일을 권한다 하면 차라리 전투를 권할 것이다. 평화를 권하고 싶지는 않다. 다만 그대의 사업으로 하여 곧 전투적이 되게 하라. 그대의 평화로 하여금 승리가 되게 하라.
>
> ((Your enemy shall ye seek your war shall ye wage, and for the sake of your thoughts! (And if your thoughts succumb, your uprightness shall still shout triumph thereby!)
>
> Ye shall love peace as a means to new wars ――and the short peace more than the long.
>
> You I advise not to work, but to fight. You I advise not to peace, but to victory. Let your work be a fight, let your peace be a victory![5]))
>
> 그대의 적(敵)이거든 가성적(可成的) 가증(可憎) 가외(可畏)할 적을 택하라. 결코 경멸할 적을

---

3) 김기전(金起瀍, 小春, 金起田, 妙香山人, 浿江漁夫, 自强生, 龜城生)은 1894년 평북(平北) 구성(龜城) 태생으로 1917년 보성전문학교 법과(현 高大 法大 전신)를 졸업하고 1920년 每日申報 편집장, 월간지 開闢의 주필로 활략하 며 일본 제국주의 반대하는 새로운 '사상의 혁명'을 선도한 선각자였다.

4) 김기전, 『소춘 김기전 전집 1』, 국학자료원, 2010.

5) F. Nietzsche(translated by R. J. Hollingdale), *Thus Spoke Zarathustra: A Book for All and For None*, Penguin Classics, 1961, p.52.

갖지 말라. 그대는 그대의 적에 의하여 지극한 희열을 느끼어야 할지니 그러하면 그대의 적의 성공도 즉 그대의 성공이다.[6]

〈개벽〉 창간호' 표지, 김기전의 'F. 니체 소개 글'

위의 김기전의 말은 F. 니체의 〈차라투스트라는 이렇게 말했다〉에 전반부를 인용하고, 마지막 부분은 〈이 사람을 보라〉(7-13. 차라투스트라는 정신적 투사(鬪士)다.)에서 인용하였다. F. 니체는 '적(敵)'을 '관념주의 철학자', '종교적 허무주의자(虛無主義, Nihilists)'였음에 대해, 김기전은 일본 '제국주의자(帝國主義者, Imperialists)'로 전제(前提)한 것이 차이점이다. 이것은 역시 김기전의 탁월한 활용능력에 의한 것이었다.

김기전은 '차라투스트라의 말'에 이어 F. 니체의 일생을 탄생, 수학, 바젤 대학(the University of Basel) 취업, 병고, 사직, 방황, 저술의 경력을 낱낱이 소개하고 그의 질병(疾病)과 '생명 긍정' 철학의 관계도 다음과 같이 제대로 설명을 다하였다.

병, 그 병과 니체와는 가볍게 보지 못할 것이다. 그는 그 병으로 하룻밤의 편한 잠이나 한 근 갈 음식의 소화에도 스스로 감사의 뜻을 표하지 아니치 못하는 가련한 몸이 되었다. 그러나 그 의지는 그 병으로 꺾이지 못했을 뿐만 아니라 오히려 그 병의 반동을 한층 굳게 되었다. 어떻게 말하면 그가 제창한 의지의 철학, 즉 전투의 철학은 그 병마에 대한 고투(苦鬪) 중에 잉태되었다 할 것이다. 그 병고는 그에게 향하여 인생 진면목을 여러 방면으로 통지(通知)(하게) 하였다. 인생은 황량하고 허무한 것으로 결국의 채산(採算)은 자못 고통이라 하여, 어떤 때는 세상을 싫어하고 생을 저주하는 비관의 시기도 있었으나, 어디까지 의지가 강한 그는 이에 굴하지 않고 도리어 그

---

6) 김기전, 『소춘 김기전 전집 1』, Ibid., p.25.

고통으로 백련(百鍊)의 대담(大膽)을 순치(馴致)하였다.[7]

위의 결론이 몇 줄 안 되는 F. 니체의 평생 기록에서, <u>한국의 차라투스트라 김기전</u>이 그의 나이 26세 때 읽어낸, 원조(元祖) '차라투스트라 F. 니체의 생애와 철학의 진면목(眞面目)'이다.

김기전은 〈개벽〉 2호에 '신인생표(新人生標)의 수립자−프리드리히 니체 선생을 소개함 2' 를 계속하여 그의 주요 생각을 간략하면서 명료하게 F. 니체의 주요 쟁점을 거의 다 소개를 하였다.(개별적인 어구의 선택과 내용의 구체적인 문제는 오히려 F. 니체 '진술의 결함(특징)' 으로 더욱 詳論이 필요한 사항임.)

〈개벽〉 2호 '표지'와 김기전의 'F. 니체 소개 첫 면'[8]

다음은 그 중에 〈이 사람을 보라〉에 공개된 〈차라투스트라는 이렇게 말했다〉의 저술 배경을 설명한 대목이다.(7-15. '영원회귀' : '긍정적 삶의 공식'과, 제12장 연보−1881년 8월 참조)

한마디로 그에게는 '질스마리아'의 삼림(森林)을 횡단하여 멀리 '질바플라나'까지 지팡이를 끌고 가는 도중, 문득 이상한 감정이 생기어 거대한 원추형(圓錐形)의 바위 위에서 걸음을 쉬어가는 사이에, 홀연 그의 심중에 떠오르는 사상이 있었다. 그것이 즉 영원윤회설(永遠輪回 說)이었다. 오랜 동안의 잉고(孕苦)로부터 이제 겨우 출산(出産)된 사상, 그는 극도의 환희에 그저 이유도 없이 한참 울었다. 그리고 품속에서 붓을 꺼내어 그 즉시 복음적(福音的) 사상을

---

7) Ibid., pp.28~9.

8) 삽화로 '차라투스트라'의 뱀과 독수리가 제시되었으나, '독수리 목에 감긴 뱀'이라는(친구, 동반자) 전제를 무시하고, 삽화자는 '독수리 부리에 물린 뱀'으로(먹이, 밥) 제시하였다.

여러 행의 단문(短文)으로 적고, 그 밑에 '1881년 8월 초순 해발 6,500척(尺) 인계(人界)를 멀리한 질스마리아에서'라 부기(附記)하였다. 그리하여 그는 여러 날을 말할 수 없는 신생(新生)의 환희 중에서 지냈다. 그러나 그 환희의 생명이 얼마나 길었을는지?9)

그리고 이어 김기전은, F. 니체의 이해에 가장 큰 주장, '생명 긍정(Affirmation of Life)', '실존주의(existentialism)'에 의한 '모든 가치의 재평가'(Revaluation of All Values) 문제를 다음과 같이 간결하게 요약하였다.

> 억압하는 저들이 말하는 소위 선(善)이다. 진리(眞理)다 하는 것은, 무슨 이유로 선이며 진리인가? 저들은 '무슨 이유'인지는 묻지 않고, 유무상대법(唯無上大法, 이보다 위대한 법은 없다)이라 하며, 또는 무슨 신(神)의 말씀이니 성스러운 가르침이니 하여, 무조건 맹목적으로 순종(하게)한다. 그러나 저들이 말하는 초현실적인 실체 즉, 신이라 하는 것은, 실제로 존재한 것이 아니고 단지 저들의 환영(幻影)에 불과한 것이며, 소위 성인(聖人)이라 함도 절대적인 완성품은 아니다. 존재하는 것은, 믿을 수 있는 것은, 오직 생물의 생활의지, 그리고 그 의지의 발휘(發揮)를 열망(熱望)함에 그침이 없는 그것뿐이다. 다시 말하면 생의 충일(充溢), 생의 확대(擴大), 그것뿐이다. 그래서…….
> 그의 가치 개혁은 곧 선악(善惡)의 표준을 전도(顚倒)한 것이다.10)

그리고 다음과 같이 F. 니체의 이해에 요긴 책 〈힘에의 의지(권력의지)〉, 〈즐거운 학문(기꺼운 지식)〉, 〈선악의 피안〉, 〈이 사람을 보라(자서전)〉을 소개하였다.

> 더 많이 적을 수가 없도다. 니체의 사상이 어떠한 것임을 상세히 연구하고자 하면 그의 저술을 볼 것이다. 그의 작품은 전호에 약기(略記)함과 같이 수가 많으나, 〈권력의지(權力意志)〉, 〈기꺼운 지식〉, 〈선악의 피안〉, 〈자서전〉 등은 그의 전 사상을 엿보기에 최적(最適)이다.11)

위의 김기전의 소개에서 주목할 점은, F. 니체가 제일 중요한 책이라고 강조했던 〈차라투스트라는 이렇게 말했다〉는 일단 제외되고 있는 점이다. 이것이 역시 김기전이 F. 니체를 완전히 이해하였다는 사실의 반증(反證)이다.(저서 〈차라투스트라〉는 F. 니체의 '同時主義'까지 알아야 할 또 다른 영역임.)

---

9) Ibid., pp.31~2.

10) Ibid., p.37.

11) Ibid., p.38.

　김기전의 천재성은, F. 니체 읽기는 '단순히 지식(知識, 觀念)에 머물렀던 것이 아니고 현실의 개혁', '가치관의 혁신 운동'으로 돌입했던 사실이 증명을 하고 있으니, 그가 남긴 이후의 모든 글들은, '긍정적 삶의 노래'가 아닌 것이 없었다. 이것은 한마디로 <u>김기전의 출현은, 한국에서 차라투스트라 1호의 화려한 탄생</u>이라는 사실이다.

1932년 4월 '김기전(맨 좌측)'[12]

　김기전의 F. 니체에 대한 폭탄선언 이후, 박달성(朴達成)의 '동서문화상에 현(現)하는 고금의 사상을 일별(一瞥)하고'(〈개벽〉 9호)에서의 〈차라투스트라〉의 인용과, 김억(金億, 1896~?)의 〈도덕의 계보〉에 대한 언급('근대문예 3'-〈개벽〉 16호)은 '김기전의 F. 니체 소개' 폭풍의 여진(餘震)에 해당한다.

박달성의 '동서문화'[13]와 김억(안서)의 '근대문예3'[14]

---

12) 김기전, 『소춘 김기전 전집 3』, 국학자료원, 2011.

　염상섭(廉想涉, 1897~1963)의 명작 '표본실(標本室)의 청개구리'(〈개벽〉 14~6호)는, 역시 F. 니체와 그의 후예(後裔) 다다(Dada)에 관련된 작품이다.

　작품 속에서 염상섭(X)은, 서울을 떠나 평양을 거쳐 진남포로 갔다. 그런데 거기에서 '8년 전 중(中)학교 2년 시대 박물실', '수염 텁석부리 선생'과 비슷한 '미치광이 김창억'을 만났는데. 그는 염상섭(X)과 그의 친구들에게 다음과 같은 '설교(說敎)'를 했다.

　　……이제 불의 심판이 끝나고 세계가 일 대(大) 가정을 이룰 시기가 되었으니, 동서친목회(東西親睦會)를 조직하라 하신 고로 우선 이 사무소를 짓고 내가 회장이 되었으니, 각국의 분쟁을 순찰할 감독관이 없어서 큰일입니다.

　　일동은 와 웃었다.

　　'여기 X군이 어떨까요?' Y는 내 어깨를 탁치며 얼른 추천을 하였다.

　　'글쎄, 해주신다면 고맙지만……'

　　세 사람은 '야-, 동서 친목회 감독관 각하' 하며 더욱 소리를 높여 웃었다.

　　아닌 게 아니라 처마에 주렁주렁 매단 멍석조각이며 감귤 상자 조각들의 사이에 '동서친목회 본부'라고 굵직하게 쓰고 그 옆에 '회장 김창억'이라고 쓴 담배 상자 껍질 같은 마분지 조각이 가로로 매달려 있었다. 나는 모자를 벗어 든 채 양수(兩手)거지를 하고 서서 그 마분지를 쳐다보던 눈을 돌이켜서 동서친목회 회장을 향하여

　　'회의 취지는 무엇인가요?' 물었다.

　　'아까 말씀한 것 같이, 〈성경〉에 가르치신 바, 불의 심판이 끝나지 않았습니까? 구주(歐洲)대전' 의 그 참혹한 포연탄우(砲煙彈雨)가 즉 불의 심판이외다 그려. 그러나 이번 전쟁이 왜 일어났나요……. 이 세상은 물질만능, 금전만능의 시대라 인의예지(仁義禮智)도 없고 오륜(五倫)도 없고 애(愛)도 없는 것은, 이 물질 때문에 사람의 마음이 욕(慾)에 더럽혀진 까닭이 아닙니까……. 부자(父子) 형제가 서로 반목(反目)질시하고 부부가 불화하며 이웃과 이웃이, 한 마을과 마을이,… 그리하여 약육강식의 대원칙에 따라 세계 만국이 간과(干戈)로써 서로 대하게 된 것이 즉 구주대란(歐洲大亂)이외다 그려. 그러나 이제는 불의 심판도 다 끝났다. 동서가 친목(親睦)할 시대가 돌아왔다고 나는 하나님의 말씀대로 신종(信從)합니다. 그렇기 때문에 하나님의 계시대로 세계 각국을 돌아다니며 경찰(警察)을 하여야 하겠쇠다……. 나도 여기에 오래 아니 있겠수다. 좀 더 연구하여 가지고…… 영 미 불 독으로 돌아다니며 천하명승도 구경하고 설교도 해야겠수다.[15]

────────

13) 〈개벽〉 9호.

14) 〈개벽〉 16호.

15) 1921년 〈개벽〉, 9월호 pp.145~6.

염상섭의 '표본실의 청개구리'16)

위의 작품 속에 '김창억'의 발언은, 당시 염상섭의 F. 니체에 대한 관심과, 연장선상에서 문제된 '전쟁 반대의 Dada'에 대한 그의 관심표명으로 주목을 요한다.

'김창억 강연'에 '구주(歐洲)대전'의 참혹한 포연탄우(砲煙彈雨)가 즉 불의 심판'인데, 그 원인은 '물질만능, 금전만능으로 물질 때문에 사람의 마음이 욕(慾)에 더럽혀진 까닭'이란, 바로 1916년 스위스 취리히 다다이스트의 견해였다. 그리고 김창억이 '세계가 일 대(大) 가정 (家庭)을 이룰 시기'란 바로 이탈리아 마리네티(F. T. Marinetti, 1876~1944) 등의 '미래주의' 견해를 취리히 다다가 수용한, '지구촌-세계적 건설(Reconstruction of the Universe)'17)의 전제 바로 그것이다.(사실은 F. 니체의 '선량한 유럽인-good European' 정신의 확대 연장) 그리고 염상섭(X)이 '미치광이 김창억'을 동원한 것은 사실상 모든 다다이스트가 그 '미치광이 F. 니체' 견해를 존중했던 사람들이기 때문이다.

14-2
'동시주의 달인' 이상(李箱)과, 서정주(徐廷柱), 이육사(李陸史)

한국에서 이상(李箱, 1910~1937)의 F. 니체의 수용은, 김기전(金起瀍, 1894~1948)이 사상적으로 수용했던 것과는 달리, F. 니체의 예술적 방법(詩 방법) '동시주의(Simultaneism)'로 달성해 보인 것이었으니, 그것은 F. 니체 자신의 저술과 이미 '동시주의'를 간파(看破)하였던

---

16) 1921년 〈개벽〉, 8월호 표지와 거기에 실린 '標本室의 靑개고리'.

17) P. Hulten, *Futurism & Futurisms*, Ibid., pp.547~51, E. Carispolti's writings.

W. 칸딘스키, 제임스 조이스, 1916년 '다다 운동' 등의 저작과 작품을 통해 거듭 확인을 했던 '모든 가치의 재평가 운동' 그것이었다.

모든 다다이스트가 그러하였듯이, 한국의 이상(李箱)은 자신의 체질(趣向)에 따라 F. 니체, W. 칸딘스키, 제임스 조이스와 같은 '동시주의'로 자신의 예술 세계를 펼쳐보였으니, 이상(李箱)의 경우는 시, 소설, 회화의 영역 모두에서 그의 '다다 초현실주의' 역량을 남김없이 과시하였다.

우선 시의 경우 그의 〈오감도(烏瞰圖) 시제1호〉를 통해 살펴볼 수 있다.

'시제1호'18)

위에서는 '아해(兒孩, 慾望) ⇔ 烏[까마귀-신, 理性]'란 '동시주의' 구조이다. 이상(李箱)의 의식은 명백히 위의 〈오감도〉에서 '아해(욕망)'와 '까마귀(監視)'로 나뉘어 있으니, 그것은 일반적으로 '욕망의 발동(兒孩) ⇔ 억압(까마귀)'의 '대극적 동시주의(Polar Reversal Simultaneism)'라는 것이 그것이다.('不條理'의 구조- 5-10. 실존(實存)의 심판이 부조리(不條理)이다.)

다음은, 소설(〈地圖의 暗室〉, 〈終生記〉) 속에 발동해 보인 '동시주의' 예(例)이다.

F-그는 왜 버려야 할 것을 버리는 것을 버리지 않고서 버리지 못하느냐. 어디까지라도 괴로움이 었음에 변동은 없구나. 그는 그의 행렬의 마지의 한 사람의 위치가 끝난 다음에 지긋지긋이 생각하여 보는 것을 할 줄 모르는 그는 그가 아닌 그이지 그는 생각한다. 그는 피곤한 다리를 이끌어 불이 던지는 불을 밟아가며 불로 가까이 가보려고 불을 자꾸만 밟았다.

(-我是二 雖說沒給得三也 我是三, 나는 둘이니, 셋이 될 수 없다고 할 수 있으나, 나는 셋이다)19)

墓誌銘이다. 一世의 鬼才 李箱은 그 通生의 大作 〈終生記〉 일편을 남기고 西曆 紀元後 一千九百

18) 조선중앙일보, 1934년, 7월 24일: 결손 부분은 임종국 본으로 일부 보완되었음.(이하 동일)

19) 朝鮮(1932) 3월호, p.111, '地圖의 暗室'.

三十七年 丁丑 三月 三日 未時 여기 白日 아래서 그 波瀾萬丈(?)의 生涯를 문득 卒하다. 享年
二十五歲와 十一個月. 嗚呼라! 傷心커다. 虛脫이야 殘存하는 또 하나의 李箱 九天을 우러러 號哭하
고 이 寒山 一片石을 세우노라.[20]

이상(李箱)은 항상 '생(생-욕망) ⇔ 사(死-억압)'의 동시주의에 있었다. 이러한 예술적 방법은
제임스 조이스, 카프카의 방법으로 당초 F. 니체의 동시주의를 학습한 것이다. 이상(李箱)은
이 세 사람 이외에, W. 칸딘스키(〈음향〉 시)[21]까지 알고 작품 속에 활용해 보이고 있었다.(제
13장 참조)

다음은 이상(李箱)이 '회화(繪畵)'를 통해 보인 '동시주의' 연출이다.

'구보 일일(1934. 8. 1~11.) 표제 화 1'[22], '슬픈 이야기 삽화 1 (1937. 6)'[23]

이상(李箱)은 위에서 '열린 우산(開) ⇔ 접힌 우산(閉)', '서 있는 누드(발동) ⇔ 잘린 누드(억
압)'의 '대극적 동시주의'를 보이고 있으니, P. 피카소, M. 에른스트, R. 마그리트 등이 발동해
보인 '다다 초현실주의'의 동시주의이다.(제13장 참조)

이상(李箱)은 F. 니체의 '동시주의'를 W. 칸딘스키와 제임스 조이스, F. 카프카, P. 피카소의

---

20) 朝光(1937) 5월호, p.354, '終生記'.

21) G. Weisenfeld, *Japanese Artists and the Avant-Garde*, University of California Press, 2002, p.277 :
  'W. 칸딘스키의 시집 〈음향〉은 세계적으로 영향력을 발휘하였고, 일본의 무라야마 토모요시(Murayama
  Tomoyoshi, 村山知義)는 '칸딘스키의 시'를 '추오비주츠(Chuo bijutsu, 中央美術)' 1924년 2, 3, 4월호에 소개하
  였다.'

22) 조선중앙일보, 1934. 8월 1~11일(제1~8회).

23) 朝光(1937년 6월), '슬픈 이야기', p.257.

작품을 통해 거듭 확인하였다. 이상(李箱)은 1930년대에 F. 니체를 그의 '동시주의' 수법으로 펼쳤으니, 이것은 1920년 김기전(金起瀍)이 '철학'으로 '행동'으로 '실천'으로 보였던 것과는 새로운 차원의 적용이고 운동('다다 혁명 운동')이다.

한국 최초의 차라투스트라(F. 니체) 김기전(金起瀍)에 이어, 1930년 F. 니체의 후예(後裔) '다다 초현실주의자' 이상(李箱)이 출현하였으니, 이것이 역시 세계 최고급 지성(知性)의 행렬에 뒤질 수 없는 '서울의 현대화 운동 자체'였다.

단지 이상(李箱)은 '다다이스트'와 같이 '자살(自殺)'을 이상(理想)으로 전제했던 것은, '전쟁 반대', '제국주의 반대'의 부권(父權)문화에 저항을 전제로 한 어쩔 수 없는 사항이었다.(A. 쇼펜하우어와 F. 니체 관계 참조- 4-1. '힘(권력)에의 의지(Will to Power)'는 생명력의 방출이다.)

이에 다시 명백히 해 두어야 할 사항은, 당초 F. 니체는 그것('죽음의 긍정')을 오히려 '데카당', '허무주의'로 규정하여 더욱 '건강한 가치 기준의 혁명', '힘에의 추구'를 말하였다. 그러한 측면에서는 이상(李箱)은 선배 김기전(金起瀍)의 F. 니체 학습을 다 체득한 것은 아니었다.

그러나 <u>F. 니체 철학 수용 여부'는 처음부터 개인의 취향(체질)에 의한 문제일 뿐이니, 일률로 규정할 수 없는 사항(이것이 당초 F. 니체의 持論임)이고, 오직 마지막 '개인 각자의 선택과 판단'이 있을 뿐이다.</u>(7-2. 인간 각자는, '가치의 최후 평가자'다.)

1935년에는 일역(日譯) 〈니체 전집〉이 간행되었다.

1935년 日本評論社의 'F. 니체 전집'[24]

---

24) 生田長江 역, 『니체 전집』, 日本評論社, 1935 : '신역 결정판(新譯 決定版)'이라는 광고로 미루어 이미 여러 번의 '니체 번역'이 있었다는 점을 말하고 있고, 당시 한국인은 주로 '일역본(日譯本)'을 참조했을 것이다.

시인 서정주(徐廷柱, 1915~2000)는 1936년 시 전문 잡지 '시인 부락' 후기(後記)에 다음과 같이 적었다.

시인 '서정주(徐廷柱, 1915~2000)'

될 수 있는 대로 햇볕이 바로 쪼이는 위치에 생생하고 젊은 한 개의 시인부락(詩人部落)을 건설하기로 하다. 뒤에로 까마득한 과거에서 앞으로 먼 미래를 전망할 수 있는 곧 —이미 병이 들어 있는 벗들에게는 좋은 요양소(療養所) 오히려 건강한 벗들에게는 명일(明日)의 출발을 위한 충분한 자양(滋養)이 될 수 있도록 여기에 미증유(未曾有)의 아름다운 공사(工事)가 하루바삐 완성될 날을 가다리며 우리 열네 사람은 준비 공작(工作)에 착수하였다······.25)

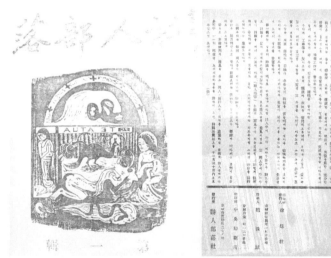

'시인부락(1936)'26) '후기(後記)'27)

---

25) 1936년 시인부락 '後記'.

26) 『한국시잡지전집 4』, 한국문화개발사, 1974.

27) 시인부락 1호, p.32.

위의 서정주 발언에서 주목할 것은 '병든 사람'과 '건강한 사람'을 논하고 자기들이 앞으로 운영할 '시인부락'을 '요양소(療養所)'로 자처하고 있다는 점이다.(10-6. '절대적인 것'은 병 들었다. 2-10. '육체'는 가장 명확하고도 구체적인 현상이다. 2-12. '생(生)의 풍성함'이 표 준이다.)

F. 니체 철학은 한마디로, '신체적으로 건강한 삶'을 최우선으로 생각하였다.

시인 서정주가 당시 F. 니체를 이상화(理想化)하고 있음은 의심의 여지가 없다.

시인 이육사(李陸史, 1904~1944)는 광복 이전에 사망했으나, 1946년 〈육사시집〉이 간행 되었는데 거기에 시 '광야(曠野)'가 실려 있다.

이육사의 '육사시집'[28]

이육사의 '광야' 시에 마지막 연, "다시 千古의 뒤에/ 白馬 타고 오는 超人이 있어/ 이 曠野 에서 목 놓아 부르게 하리라."란 구절은 시인이 〈차라투스트라는 이렇게 말했다〉를 다 읽었다 는 점을 명시하고 있다.

그런데 이육사 시인은 '전통 유교적 예법(敬)'에 구속(拘束)되어, 그 초인(超人)이 시인 생전 (生前)에는 못 오고, '천 년 후(千古)'에나 찾아올 '절망적(絕望的) 생각(超人觀)'에 있었다.

이육사는, F. 니체가 〈차라투스트라〉에서, "그대 친구의 속에 있는 그 초인(超人 Super- man)"라고 했던 말(7-3. 친구의 속에 그 초인(超人)을 동기로 삼아라.)이나, '신(神)의 종자 가 우리 속에 있다(The seeds of godlike power are in us still)'는 충고(7-50. '신(神)의 종자(種子)'가 인간 속에 있다.)를 미쳐 귀담아 듣지는 못하였다.

---

28) 이육사, 『육사시집』, 서울출판사, 1946.

14-3

광복 이후의 박준택(朴俊澤)

광복(光復) 후에 박준택(朴俊澤)은, F.니체의 사상에 각별한 관심을 갖고서 F.니체의 번역 소개에 홀로 열중했던 학자이다. 그가 1959년 '여원사(女苑社)'에서 가장 먼저 〈이 사람을 보라〉를 번역 출간했던 것으로 그의 F.니체 사상에 열광의 정도를 이해할 수 있으며, 이어 '박영사'에서 〈짜라투스트라는 이렇게 말하였다〉, 〈안티 크리스트〉를 번역하였고, 1969년에는 〈우상의 황혼〉을 보태었다. <u>박준택은, F.니체의 '5경(五經)' 중에 4경(四經)을 자신의 손으로 처음 한국어로 번역하는 F.니체에 대한 막강한 열정을 과시하였다.</u>

F.니체의 번역자(飜譯者) 박준택은, 어학력의 부족을 스스로 탄식하는 솔직한 학자로서의 면모를 보이기도 했으나, 광복 이후 세대로서 한국에서 F.니체의 사상에 접한 사람들은 박준택을 모르는 사람이 없을 정도로 그 역할은 대단하였다.

그것을 이름 하여 '박영사 박준택의 시대'라 할 만하다.

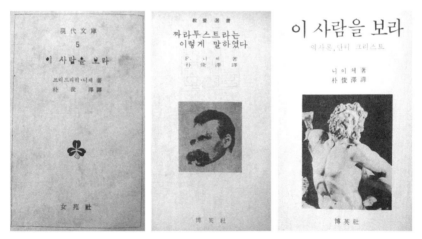

박준택 역의 '이 사람을 보라'[29) '짜라투스트라는 이렇게 말하였다'[30], '이 사람을 보라/ 안티 크리스트'[31)

---

29) 박준택 역, 『이 사람을 보라』, 여원사, 1959.
30) 박준택 역, 『차라투스트라는 이렇게 말하였다』, 박영사, 1959.
31) 박준택 역, 『이 사람을 보라/ 안티 크리스트』, 박영사, 1968.

14-4

〈니체 전집〉'휘문' 시대

1969년 '휘문출판사'에서 〈니체 전집〉의 기획은, 한국에 F. 니체의 면모를 소개하는 데 새 기원을 마련을 하였다. 왜냐하면 '휘문' 시대에 이르러서는 '독문과 교수'와 '독일 유학파'가 가세(加勢)하여 총체적인 F. 니체의 모습을 파악할 수 있는 더욱 안정된 길을 마련해 놓았기 때문이다.

우선 〈비극의 탄생〉(김영철 역), 〈反그리스도者〉(이재기 역), 〈선악의 피안〉(강두식 역), 〈인간적인 너무나도 인간적인〉(이재기 역), 〈짜라투스트라는 이렇게 말하였다〉(강두식 역), 〈우상의 황혼〉(박준택 역), 〈권력에의 의지〉(박환덕 역), 〈도덕의 계보〉(박준택 역), 〈이 사람을 보라〉(구기성 역) 등 일단 '전(全) F. 니체 저술의 망라(網羅)를 목표로 했다'는 점에서 한국에 그 F. 니체 정신의 소개에 새로운 기점을 마련하였다.

김영철 역 '悲劇의 誕生'32) 이재기 역 '反그리스도者'33)

강두식 역 '善惡의 彼岸'34), 이재기 역 '人間的인 너무나도 人間的인'35),
강두식 역 '짜라투스트라는 이렇게 말하였다.'36), 박준택 역 '偶像의 黃昏'37)

---

32) 김영철 역, 『비극의 탄생』, 휘문출판사, 1969.

33) 이기재 역, 『反그리스도者』, 휘문출판사, 1969.

박환덕 역 '權力에의 意志'[38), 박준택 역 '道德의 系譜'[39), 구기성 역 '이 사람을 보라[40)'

　그런데 이 '휘문' 시대의 특징은, 역자(譯者)들이 주로 '독문학도'로서, F. 니체 사상을 구체적으로 해설(消化)하여 소개하기보다는 F. 니체의 생애를 토대로 역자의 단편적 소감을 밝히는 경우였다. 그러므로 그것이 바로 F. 니체로의 안내자 역할이었으나, 더욱 심화된 논의와 분석은 역시 다른 사람들의 몫으로 아직 남겨져 있는 상황이었다.

14-5
〈니체 전집〉 '청하' 시대

　1969년 '휘문'의 〈니체 전집〉 이후, 1974년 '광학사'에서도 F. 니체 사상 소개에 의욕을 보여 〈우상의 황혼〉(정진웅 역) 등을 간행하였다.

　1982년부터 출판사 '청하'에서 더욱 참신한 번역으로 F. 니체 소개를 시작하였으니, 그만큼 더 F. 니체에 대한 일반 독자의 호응도(呼應度)가 높아진 데서 비롯한 결과였다.

　특히 김태현(1982)의 〈도덕의 계보/ 이 사람을 보라〉, 송무(1984)의 〈우상의 황혼/ 반그리스도〉는 인기가 높았고, 강수남(1988)의 〈권력에의 의지〉도 높은 관심들을 모았다.

34) 강두식 역, 『선악의 피안』, 휘문출판사, 1969.
35) 이재기 역, 『인간적인 너무도 인간적인』, 휘문출판사, 1969.
36) 강두식 역, 『짜라투스트라는 이렇게 말했다』, 휘문출판사, 1969.
37) 박준택 역, 『우상의 황혼』, 휘문출판사, 1969.
38) 박환덕 역, 『권력에의 의지』, 휘문출판사, 1969.
39) 박준택 역, 『도덕의 계보』, 휘문출판사, 1969.
40) 구기성 역, 『이 사람을 보라』, 휘문출판사, 1969.

김태현 역의 '도덕의 계보/이 사람을 보라'[41], 송무 역의 '우상의 황혼/안티 크리스트'[42], 강수남 역의 '권력에의 이지'[43]

그런데 1980년 '홍성사'에서 간행한 이덕희 역의 〈나의 누이와 나〉는 F. 니체의 새로운 면모(面貌)를 F. 니체 스스로가 폭로한 것으로, 그동안의 F. 니체 독자들에게 큰 충격을 안겼다.

그것은 그동안 단순히 '오빠누이'의 우호(友好)적인 관계로만 추측된 F. 니체와 그의 여동생 엘리자베트(Elizabeth Foerster Nietzsche, 1846~1935)가, 친교(親交)가 있었고 그것은 이후 다시 사상적 갈등(親 猶太 : 反 猶太 / 反 反猶太 : 反 猶太)으로까지 증폭(增幅) 확대되었다는 사실을, F. 니체 자신이 폭로 명시한 것으로, 'F. 니체 사상의 이해'에 역시 빼놓을 수 없는 문건이다.(제12장 연보 참조)

이덕희 역의
'나의 누이와 나'[44]

이로써 한국에도 'F. 니체 사상의 전모'에 접근할 수 있는 길은 거의 다 트인 셈이다.

그러나 F. 니체를 총체적 관점에서 총괄할 수 있는, '믿을 수 있는 시각(視覺)의 확보'는 여전히 아쉬운 상황이었다.

41) 김태현 역, 『도덕의 계보/ 이 사람을 보라』, 청하, 1982.

42) 송무 역, 『우상의 황혼, 안티 크리스트』, 청하, 1984.

43) 강수남 역, 『권력에의 의지』, 청하, 1988.

44) 이덕희 역, 『나의 누이와 나』, 홍성사, 1980.

14-6
〈니체 전집〉 '책 세상' 시대

2002년에 '책세상'에서 〈니체 전집〉 20권을 기획 출간하였으니, 가장 뚜렷한 특징은 F. 니체 사후에 편집 출간된 〈힘(권력)에의 의지〉를 F. 니체의 생전 유고의 본래 형태로 되돌려 놓았고, 번역을 독일유학의 철학 전공 학도 중심으로 더욱 참신한 F. 니체의 해석에 주력(注 力)했다는 점이다.

1920년 김기전 이상 이후, F. 니체 연구가들의 최대 약점은, F. 니체의 저술을 앞에 놓고도 다른 사람들(서구 사상가들)의 해설 판단에 F. 니체 해석을 의뢰해야 하는 그들의 '정신적 취약 성(脆弱性)'이 근본 문제점이었다.

특히 M. 하이데거(M. Heidegger, 1889~1976)의 F. 니체 해설은, F. 니체의 '생명 긍정'의 대 원론(大 原論)을 무시하고, 자신의 '허무주의'를 반복 강요하는 한낱 '허수아비'였음에도 불고하고, 그가 무슨 'F. 니체 철학의 극복자'로 오해(誤解)를 하게 했던 사실은 실로 죽은 F. 니체가 다시 일어날 '망발(妄發)들'이었다.(M. 하이데거의 '존재자'라는 용어는 처음부터 '개 인'을 무시한 전체주의 사고방식이다.)

거듭 확실히 알아야 할 점은, M. 하이데거는 A. 쇼펜하우어의 '의지+표상=개인 육체', '이성 적합 원리'를 무시하여, 사실 그 F. 니체와는 그 '무신론(無神論)'과 출발점이 '실존(존재자, 실존, Existenz)'이라는 점만 유사할 뿐이고, F. 니체의 '생명 긍정', '개인주의', '동시주의', '힘에의 의지', '생활의 지혜와 방향 제시로서의 예술'론을 완전히 무시하고 오히려 대극(對極) 점에 자리를 잡아, '반생명(허무주의)', '전체주의(존재자 무의미)', '(전통 보수 철학의)독재', '역사 속에 잠든 실존(만다라 속에 있는 예술)'이라는 보수주의(保守主義) 사고를 일방적으로 강요했던 사람('奉事 정신' 강조)이다.

그러한 상황에서 신예(新銳) 백승영은, M. 하이데거의 노추(老醜)를 다음과 같이 정면을 강타하고 있다.

하이데거의 이러한 오해들은 니체의 위버멘쉬(超人)에 결정적 오해를 낳는다. 그는 위버멘쉬(超 人)를, 지상에 대한 지배라는 무조건적 과제 하에 사물들과 인간을 통제 가능하게 하고, 총체적으로 기계화하고 자동화하는 존재로 이해한다. 달리 말하면 위버멘쉬(超人)를 계산하는 이성을 갖는 공작인으로 제시한다. 그래서 그는 위버멘쉬(超人)에서 완성된 근대의 주체성, 총체적 기계화와

자동화에서 존재 망각의 허무주의 정점(頂點)을 보는 것이다. 오해의 정점(頂點)이다.[45]

백승영 역 '우상의 황혼, 안티 크리스트, 이 사람을 보라'[46], '니체, 디오니소스적 긍정의 철학'[47]

거듭 경고(警告)하거니와, M. 하이데거는 F. 니체의 가장 음흉(陰凶)한 모해자(謀害者)이다.

14-7
'다다 혁명 운동' 시대

니체에 대한 사람들의 태도는, 대체로 다음과 같은 다섯 부류로 나누어 볼 수 있다.

1. 무관심한 사람(누구인지도 모르는 사람-健康한 사람)
2. 사갈(蛇蝎)시하는 사람(保守主義者)
3. '비판'과 '수용'을 공유한 사람
4. 열광하는 사람
5. '당연(當然)'시하는 사람

이 다섯 부류 중에 추수자(秋水子, 필자)는 5번에 해당한다.

추수자(秋水子)는 그동안 이전 철학자들의 F. 니체에 대한 악담(惡談, 'F. 니체는 Nazi 負役

---

45) 백승영, 『니체, 디오니소스적 긍정의 철학』, 책세상, 2005, p.412 ; 여기에 '기계화 자동화' 문제는 F. 니체를
　　지지한 F. T. 마리네티 등 '미래주의'의 오류를 F. 니체에 씌운 것으로 M. 하이데거의 '惡意'를 드러내고 있는 점이다.
　　(제13장 'F. T. 마리네티' 항 참조)
46) 백승영 역, 『우상의 황혼, 안티 크리스트, 이 사람을 보라(니체 전집 15)』, 책세상, 2002.
47) 백승영, 『니체, 디오니소스적 긍정의 철학』, 책세상, 2005.

着다.')에 가리어, 스스로 접근을 삼가고 있었다.

그런데 우연히 이상(李箱)을 통해 '다다 혁명 운동'의 전모를 살피게 되었고, 그 다음 부득이 F. 니체를 더욱 자세히 살펴보니, F. 니체의 '저술'에서 미진(未盡)한 부분은 깨끗이 없어졌다.

그동안 추수자(秋水子)가 다다(Dada)의 문건을 통해 찾아낸 'F. 니체의 진술' 속에 항존(恒存)하는 '동시주의(Simultaneism, ⇔)' 구조는, F. 니체의 온전한 이해를 위해 기억할 만한 방법이다. 왜냐하면, 이 '동시주의의 활용'을 통해, 바로 '동시주의' 활용 주체는 항상 그대로 '차라투스트라'라는 사실이다.(13-3. G. B. 쇼(G. Bernard Shaw) 항 참조)

즉 '동시주의' 문제로 F. 니체 해석상의 모든 난점(難點)이 발생하고 있지만, 그러나 '동시주의' 속에 진정한 F. 니체의 사상('선택의 자유사상')이 전개되고 있기 때문이다.(일찍이 한국의 김기전도 그 문제에 봉착했고, 李箱은 그것을 활용, 자신의 '예술 세계'를 펼쳤다.)

'F. 니체의 동시주의' 참뜻을 이해하지 못하면, 독일의 M. 하이데거, 한국의 김기전(金起瀍) 같은 최고급의 지성(知性)도 F. 니체의 이해에 아쉬움을 남기게 마련이다.(즉 'F. 니체 사상은 일방적 강요사항이 아니라 어디까지나 수용자의 선택 사항이다'라는 기본 전제.)

추수자(秋水子)는 그동안 많은 은혜들에 힘입어, 일찍이 E. 노이만, J. G. 프레이저, C. G. 융, S. 프로이트 등 F. 니체 후예(後裔)들의 글을 거꾸로 먼저 읽고, 30년 전에 학위 논문을 썼다.

그런데 오히려 그들의 원조(元祖)인 F. 니체를, 30년 뒤에 비로소 읽게 된 것은 '너무 신중한 선배들'의 염려 때문이었다. 아니, 이 추수자(秋水子)의 게으름이 원인이다.

'한국고대시문학사연구'[48], '한국문예비평사상사'[49], '한국문예비평사상사 2'[50]

---

48) 정상균, 『한국고대시문학사연구』, 한신문화사, 1984.

'다다 혁명 운동과 이상의 오감도'[51], '다다 혁명 운동과 문학의 동시주의'[52], '다다 혁명 운동과 예술의 원시주의'[53]

그동안 저서를 내면서도 F. 니체의 위대함을 몰랐던 것은, 오직 이 추수자(秋水子)의 불찰(不察)이다.

'<u>다다 혁명 운동</u>'과 더불어 이제 세계인은, 누구의 가르침이 없이도 차라투스트라(F. 니체)가 다 되어 있다.

정말 그러하여 세계에 '니힐리즘', '페시미즘', '데카당'이 다 없어지면, 차라투스트라(F. 니체)의 기능도 자연 소멸한 것이니, F. 니체는 섭섭해 할 것이다.(그의 '힘'을 쓸 곳이 없어졌으므로.)

그러나 세계에는 아직도 상당수의 '니힐리즘', '페시미즘', '데카당'들이 남아 있어, '너희 자신에게로 돌아갈지어다.'라는 차라투스트라의 지당한 말씀을 계속 외면을 하고 있으니, (싸우기를 좋아하는) 차라투스트라는 계속 즐거워해도 될 것 같다.

---

49) 정상균, 『한국문예비평사상사』, 민지사, 2005.

50) 정상균, 『한국문예비평사상사 2』, 민지사, 2006.

51) 정상균, 『다다 혁명 운동과 이상의 오감도』, 민지사, 2011.

52) 정상균, 『다다 혁명 운동과 문학의 동시주의』, 학고방, 2012.

53) 정상균, 『다다 혁명 운동과 예술의 원시주의』, 학고방, 2013.

참고 문헌

김기전, 『소춘 김기전 전집』1, 3, 국학자료원, 2010.

김종호 역, 『역사철학』, 대양서적, 1975.

박찬국, 『하이데거는 나치였는가?』, 철학과 현실사, 2007.

백승영, 『니체, 디오니소스적 긍정의 철학』, 책세상, 2005.

李敦化, 『천도교창건사』, 천도교중앙종리원, 1933.

이육사, 『육사시집』, 서울출판사, 1946.

정상균, 『한국고대시문학사연구』, 한신문화사, 1984.

_____, 『한국문예비평사상사』, 민지사, 2005.

_____, 『한국문예비평사상사 2』, 민지사, 2006.

_____, 『다다 혁명 운동과 이상의 오감도』, 민지사, 2011.

_____, 『다다 혁명 운동과 문학의 동시주의』 학고방, 2012.

_____, 『다다 혁명 운동과 예술의 원시주의』 학고방, 2013.

『개벽』, 창간호(1920년 6월), 역만능주의(力萬能主義)의 급선봉(急先鋒) 프리드리히 니체 선생을 소개함.

_____, 2호, 신 인생 표(新人生標)의 수립자—프리드리히 니체 선생을 소개함 2.

_____, 9호, 동서문화상에 현(現)하는 고금의 사상을 일별(一瞥)하고.

_____, 16호, 근대문예 3.

_____, 지(14~6호), 標本室의 靑개고리.

나본(羅本), 三國志通俗演義.

문학사상 1974년 4월, '李箱 발굴 사진'.

詩人部落(1936), '후기'.

朝光(1937) 5월호, '終生記'.

朝光 1937년 6월, '슬픈 이야기' 삽화.

조선 朝鮮(1932) 三月號, p.111, '地圖의 暗室'.

조선중앙일보, 1934년, 7월, 24일 '鳥瞰圖'.

_____, 1934, 8월 1~11일(제1~8회) '소설가 구보씨의 일일' 삽화.

강두식 역, 『선악의 피안』, 휘문출판사, 1969.

_____, 『짜라투스트라는 이렇게 말하였다』, 휘문출판사, 1969.

강수남 역, 『권력에의 의지』, 청하, 1988.

고석구 역, 『버나드 쇼의 凡人과 超人』, 박영사, 1974.

구기성 역, 『이 사람을 보라』, 휘문출판사, 1969.

권기철 역, 『쇼펜하우어의 의지와 표상으로서의 세계』, 동서문화사, 1978.

김영철 역, 『비극의 탄생』, 휘문출판사, 1969.

김종건 역, 『새로 읽는 율리시스』, 생각의나무, 2007.

김태현 역, 『도덕의 계보/이 사람을 보라』, 청하, 1982.

박준택 역, 『이 사람을 보라』, 여원사, 1959.

_____, 『짜라투스트라는 이렇게 말하였다』, 박영사.

_____, 『이 사람을 보라/안티 크리스트』, 박영사.

_____, 『우상의 황혼』, 휘문출판사, 1969.

_____, 『도덕의 계보』, 휘문출판사, 1969.

박환덕 역, 『권력에의 의지』, 휘문출판사, 1969.

방곤 역, 『구토』, 문예출판사, 1996, p.232~3.

_____, 『실존주의는 휴머니즘이다』, 행정고시학회, 1980.

백승영 역, 『우상의 황혼/안티 크리스트/이 사람을 보라』, 책세상, 2002.

生田長江 역, 『니체 전집』, 日本評論社, 1935.

송무 역, 『우상의 황혼/반그리스도』, 청하, 1984.

이덕희 역, 『나의 누이와 나』, 홍성사, 1980.

이재기 역, 『反그리스도者』, 휘문출판사, 1969.

_____, 『인간적인 너무나도 인간적인』, 휘문출판사, 1969.

이주동 역, 『카프카 전집 1(단편집)』, 솔 출판사, 1997.

이학수 역, 『까라마조프의 형제들』, 삼성출판사, 1978.

전양범 역, 『마르틴 하이데거 존재와 시간』, 시간과 공간사, 1989.

정진웅 역, 『우상의 황혼』, 광학사, 1974.

증선지(曾先之), 『십팔사략(十八史略)』.

최재희 역, I. 칸트, 『실천이성 비판』, 박영사, 1973.

황문수 역, K. 야스퍼스, 『비극론/인간론』, 범우사, 1975.

F. Nietzsche (translated by A. M. Ludovici), *ECCE HOMO-Nietzsche's Autobiography*, The Macmillan Company, 1911.

F. Nietzsche(translated by D. F. Ferrer), *Twilight of the Idols*, Daniel Fidel Ferrer, 2013.

F. Nietzsche (translated by T. Common), *The Works of Friedrich Nietzsche, V. III, The Antichrist*, T. Fisher Unwin, 1899.

F. Nietzsche (translated by R. J. Hollingdale), *Thus Spoke Zarathustra: A Book for All and For None*, Penguin Classics, 1961.

F. Nietzsche(translated by Oscar Levy), *My Sister and I*, A M O K Books, 1990.

F. Nietzsche (translated by Wm. A. Haussmann), *The Birth of Tragedy*, The Macmillan Company, 1909.

F. Nietzsche (translated by T. Common), *Beyond Good and Evil*, The Edinburgh Press, 1907.

F. Nietzsche(translated by H. B. Samuel), *On the Genealogy of Morality*, T. N. Faulis, 1913.

F. Nietzsche(translated by T. Common), *The Joyful Wisdom*, The Macmillan Company, 1924.

F. Nietzsche (W. Kaufmann & R. J. Hollingdale-translated by), *The Will to Power*, Vintage Books, 1968.

T. Alden, *The Essential Rene Magritte*, Harry N. Abrams, 1999.

G. Apollinaire, *The Cubist Painters : Aesthetic Meditations*, 1913, George Wittenborn, 1962.

A. Baldassari, *The Surrealist Picasso*, Fondation Beyeler, 2005.

Hugo Ball, *Flight of Time : A Dada Diary*, University of California Press, 1996.

V. E. Barnett, *Kandinsky Water colours I*, Cornell University Press, 1992.

V. E. Barnett, *Kandinsky Water colours I*, Philip Wilson Publishers, 2006.

S. Barron & M. Draguet, *Magritte and Contemporary Art*, Los Angeles County Museum of Art, 2006.

R. J. Benders und S. Oettermann, *Friedrich Nietzsche Chronik in Bildern und Texten*, Carl Hanser Verlag, 2000.

R. T. Bellido, *Kandinsky*, Studio Editions, 1993.

D. Boone, *Picasso*, Studio Edition, 1993.

M. L. Borras, *Picabia*, Rizzoli, 1985.

A. Breton, *Manifestoes of Surrealism*, The University of Michigan Press, 1977.

T. Bulfinch, *Myths of Greece and Rome*, Penguin Books, 1981.

R. Buxton, *The Complete World of Greek Mythology*, Thames & Hudson, 2004.

M. Dachy, *Dada The Dada Movement 1915-1923*, Rizzoli, 1990.

P. Dagen, *Picasso*, MFA Publications, 1972.

D. O. Dahlstrom, *The Heidegger Dictionary*, Bloomsbury, 2013.

R. Descharnes & G. Neret, *Salvador Dali*, Taschen, 2006.

R. Descharnes, *Salvador Dali; The Work The Man*, Harry N Abrams, 1989.

L. Dickerman, *DADA*, The Museum of Modern Art, 2006.

A. Eggum, *Munch and Photography*, Yale University Press, 1989.

R. Ellmann, *James Joyce*, Oxford University Press, 1982.

Die Enzyklopaedie Der Mythologie, Anness Publishing, 1977.

D. Evans, *An Introductory Dictionary of Lacanian Psychoanalysis*, Routledge, 1996.

K. Fingerhut, *Kennst du Franz Kafka?*, Bertuch, 2007.

J. G. Frazer, *The Golden Bough*, Macmillan, 1971.

S. Freud, *Totem and Taboo*, W. W. Norton & Company Inc. 1956.

S. Freud, *On Creativity and the Unconscious*, Harper Colophon Books, 1985.

S. Freud, *The Standard Edition of the Complete Psychological Works of Sigmund Freud*, The
    Hogarth Press, 1953.

H. W. Gabler(edited by), *James Joyce Ulysses*, Vintage Books, 1986.

T. H. Gaster, *The New Golden Bough*, New American Library, 1964.

M. Gerard(edited by), *Dali*, Harry N. Abrams, 1986.

Don Gifford, *Ulysses Annotated*, University of California Press, 1988.

S. Gilbert, *James Joyce's Ulysses*, Penguin, 1963.

P. Gimferrer, *Magritte*, Rizzoli, 1986.

P. Gimferrer, *Magritte*, Academy Edition, 1987.

S. Gohr, *Magritte : Attempting the Impossible*, d. a. p., 2009.

G. Greer, *The Beautiful Boy*, Rizzoli, 2003.

A. M. Hammacher, *Rene Magritte*, Abradale Press, 1995.

G. W. F. Hegel(translated by J. Sibree), *The Philosophy of History*, Dover Publications, 1956.

P. Hulten, *Futurism & Futurisms*, Gruppo Edtoriale, 1986.

C. G. Jung, *Psychological Types*, Routledge & Kegan Paul, 1971.

C. G. Jung, *Psychology and Alchemy*, Routledge & Kegan Paul, 1953.

C. G. Jung, *The Red Book*, W. W. Norton & Company, 2009.

C. G. Jung, *Mandala Symbolism*, Princeton University Press, 1972.

C. G. Jung, *Symbols of Transformation*, Routldge & Kegan Paul, 1970.

Kandinsky Complete Writings on Art, G. K. Hall & Co. 1982.

I. Kant, *The Critique of Practical Reason*, William Benton, 1980.

C. Kerenyi, *Archetypal Image of Indestructible Life*, Princeton University Press, 1976.

D. F. Krell & D. L. Bates, *The Good European : Nietzsche's Work Sites in Word and Image,* The University of Chicago Press, 1997.

Late Picasso(Paintings, Sculpture, Drawings, Prints 1953-1972), The Tate Gallery, 1988.

B. Leal, C. Piot & M. L. Bernadac, *The Ultimate Picasso*, Harry N. Abrams, 2000.

I. C. Liano, *Dali*, Rozzali, 1982.

Marcell Duchamp The Art of Making Art in the Age of Mechanical Reproduction, Francis M. Naumann, 1999.

K. Marx, *Capital* (A Critique of Political Economy), Penguin Books, 1976.

M. P. O. Morford/ R. I. Lenardon, *Classical Mythology*, Oxford University Press, 2007.

R. E. Matlaw(edited by), Fyodor Dostoevsky *The Brothers Karamazov*, W. W. Norton & Company, 1976.

J. Meuris, *Rene Magritte*, Taschen, 2004.

R. Michler & W. Loepsinger(edited by), *Salvador Dali : Catalogue Raisonne of Etchings, Prints*, Prestel, 1994.

R. Michler & W. Loepsinger(edited by), *Salvador Dali : Catalogue Raisonne of Etchings, Prints II*, Prestel, 1995.

R. Motherwell(edited by), *The Dada Painters and Poets: An Anthology*, The Belknap Press of Harvard University Press, 1981.

Willa and Edwin Muir(translated by), *Selected Short Stories of Fannz Kafka*, The Modern Library, 1952.

The Museum of Modern Art New York The History and the Collection, The Museum of Modern Art, 1984.

T. A. R. Neff, *In the Mind's Eye Dada and Surrealism*, Museum of Contemporary Art, 1985.

T. A. R. Neff(edited by), *In the Mind's Eye Dada and Surrealism*, Museum of Contemporary Art, 1985.

E. Neumann, *The Great Mother,* Princeton University Press, 1974.

E. Neumann, *The Originals and History of Consciousness,* Princeton University Press, 1973.

E. Neumann, *Art and Creative Unconscious,* Princeton University Press, 1974.

E. Neumann, *Amor and Psyche,* Princeton University Press, 1973.

B. Noel, *Magritte,* Crown Publishers, 1977.

K. Oberhuber, *Raphael The Paintings,* Prestel, 1999.

W. F. Otto, *Dionysus : Myth and Cult,* Indiana University Press, 1965.

R. Percheron & C. Brouder, *Matisse from color to architecture,* Harry N. Abrams, 2004.

Picabia Opere 1898~1951, Electra, 1986.

M. Picasso, *Pablo Picasso Joy of Life,* Deutscher Kunstverlag, 2007.

Jose Piere, *Futurism and Dadaism,* Edito-Service SA, Geneva, 1969.

J. Pinsent, *Greek Mythology,* Peter Bedrick Books, 1982.

E. A. Poe, *Tales, Poems, Essays,* Collins, 1965.

R. Rainwater, *Max Ernst: Beyond Surrealism,* Oxford University Press, 1986.

H. Read, *A Concise History of Modern Painting,* Thames and Hudson, 1974.

H. K. Rethel & J. K. Benjamin, *Kandinsky Werkverzeichnis der Őlgemaede Band I (1900~1915),* erlag C. H. Beck Muenchen, 1982.

B. Russell, *History of Western Philosophy,* George Allen & Unwin Ltd, 1971.

J. Russel, *Max Ernst Life and Work,* Harry N, Abrams, 1960.

R. Safranski(translated by Frisch), *Nietzsche : A Philosophical Biography,* W. W. Norton & Company, 2002.

Salvador Dali : Retrospektive 1920-1980, Prestel-Verlag Műnchen, 1980.

Jean-Paul Sartre, *Existentialism and Human Emotions,* Philosophical Library, 1957.

F. de Saussure, *Course in General Linguistics,* Philosophical Library, 1959.

U. M. Schneede, *Umberto Boccioni,* Hatge, 1994.

A. Schwarz, *The Complete Works of Marcel Duchamp,* Delando Greenidge Editions, 2000.

E. Shanes, *Dali,* Studio Editions, 1994.

A. Shopenhauer(F. C. White-translated by), *On the Fourfold Root of the Principle of Sufficient Reason (Shopenhauer's Early Four Root),* Avenbury, 1997.

A. Schopenhauer(translated by J. F. J. Payne), *The World as Will and Representation,* Dover Publications, 1969.

A. Schopenhauer(translated by R. J. Hollingdale), *Essays and Aphorisms*, Penguin Books, 2004.

Bernard Show, *Man and Superman*, Holt Rinehart and Winston, 1956.

W. Spies, *Max Ernst*, Prestel, 1991.

W. Spies, *Max Ernst Retrospektive*, Prestel−Verlag, 1979.

W. Spies & S. Rewald(edited by), *Max Ernst : A Retrospective*, The Metropolitan Museum of Art, 2005.

W. Spies, *Max Ernst Collages, The Invention of the Surrealist Universe*, Harry N. Abrams, 1988.

D. Sylvester, *Rene Magritte*, Manil Foundation, 1994.

D. Sylvester, *Magritte*, Menil Foundation, 1992.

D. Sylvester, *Magritte*, Mercatorfonds, 2009.

G. Tinterow & S. A. Stein, *Picasso in The Metropolitan Museum of Art*, The Metropolitan Museum of Art, 2010.

H. Torczyner, *Magritte*, Abradale Press, 1985.

B. Torjusen, *Words and Images of Edvard Munch*, Thames and Hudson, 1986.

Voltaire(translated by B. Masters), The Calas Affair *A Treatise on Tolerance*, The Folio Society, 1994.

Voltaire, *The Best Known Works of Voltaire*, The Book League, 1940.

Voltaire(translated by D. Gordon), *Candide*, Beford/St.Martin's, 1999.

Voltaire(translated by T. Besterman), *The Philosophical Dictionary*, Penguin Books, 2004.

K. Wagenbach, *Franz Kafca−Bilder aus seinem Leben*, Panthean Books, 1984.

P. Waldberg, *Surrealism*, Thames and Hudson, 1978.

G. Weiler, *Mauthner's Critique of Language*, Cambridge University Press, 1970.

G. Weisenfeld, *Japanese Artists and the Avant−Garde*, University of California Press, 2002.

L. Wittgenstein, *Tractatus Logico−Philosophicus*, The Humanities Press, 1951.

J. Young, *Friedrich Nietzsche : A Philosophical Biography*, Cambridge University Press, 2010.

저자 후기

  'F. 니체 읽기'는, 비로소 그 '바보(idiot) 탈피 운동'에 동참(同參)하는 것이다.

  F. 니체를 읽으면, 정말 '자유'가 무엇인지 아는 기회를 갖게 된다.

  1916년 취리히 다다이스트들은 '다다 혁명 운동' 방법은 '예술'이었으나, 그들의 배후(背後)에는 인류 최고의 혁명가 'F. 니체'라는 거인(巨人)이 있었다.

  F. 니체를 읽어서 알면 다행(多幸)이고 몰라도 어쩔 수 없다.

  '주인(主人)'과 '노예(奴隷)'의 구분이 어디에서 생기는가?

  '알면 주인'이고 '모르면 노예'라.

  '예술(藝術)'은 생명(生命)들이니, 그것에 의탁해 그대들의 바쁜 숨을 잠깐 고르게 해 보라.

  그러다가 일단 '주인 정신'이 내 것이 되면, 인생과 사회와 세계가 모두 제 자리들을 잡게 되니, 오직 그 '차라투스트라의 판단(결행)'이 있을 뿐이다.

  '차라투스트라'는 그 '죽음이 올 때'도 오히려 '열락(悅樂)의 디오니소스'이니, F. 니체와 더불어 '디오니소스 찬가'를 아니 부르고 어이 할 것인가. 그리고 그대가 바로 지금 그 '디오니소스'임을 과연 그 누가 막을 것인가.

2014년 10월 15일

추수자(秋水子)

▌ **정상균** Sangyun, Jeong

문학박사(1984. 2. 서울대), 조선대학교, 서울시립대학교 교수 역임.

논저
『다다 혁명 운동과 예술의 원시주의』,
『다다 혁명 운동과 문학의 동시주의』('2013년 대한민국학술원 우수학술도서' 선정),
『다다 혁명 운동과 이상의 오감도』,
『한국문예비평사상사』, 『한국문예비평사상사 2』,
『추상미술의 미학』, 『문예미학』, 『비극론』,
『한국최근시문학사』, 『한국현대시문학사』,
『한국현대서사문학사연구』, 『한국고대서사문학사』, 『한국최근서사문학사연구』.

논문
「태종 이방원(李芳遠)의 참성단(參星壇) 재궁(齋宮)시 고찰」,
「수성궁몽유록 연구」, 「한국고전문학교육의 반성」,
「시조가사의 율성 연구」, 「한국 한문학의 국문학으로서의 가능성과 한계성」.

역서
澤宙先生風雅錄, *Aesthetics of Nonobjective Art*

다다 혁명 운동과 니체의 디오니소스주의

Movement Dada & Nietzsche's Dionysianism

2015년 1월 30일 초판 1쇄 펴냄

지은이 정상균
펴낸이 김흥국
펴낸곳 도서출판 보고사

등록 1990년 12월 13일 제6-0429호
주소 서울특별시 성북구 보문동7가 11번지 2층
전화 922-5120~1(편집), 922-2246(영업)
팩스 922-6990
메일 kanapub3@naver.com
http://www.bogosabooks.co.kr

ISBN 979-11-5516-324-5 93160
ⓒ 정상균, 2015

정가 40,000원

이 도서의 국립중앙도서관 출판예정도서목록(CIP)은 서지정보유통지원시스템 홈페이지(http://seoji.nl.go.kr)와 국가자료공동목록시스템(http://www.nl.go.kr/kolisnet)에서 이용하실 수 있습니다.(CIP제어번호 : CIP2015000040)